Barth · Goebbels und die Juden

CHRISTIAN T. BARTH

Goebbels

und die

Juden

FERDINAND SCHÖNINGH

Paderborn · München · Wien · Zürich

Die vorliegende Arbeit wurde vom Fachbereich 16 – Geschichtswissenschaft der Johannes Gutenberg-Universität Mainz im Jahr 2002 als Dissertation zur Erlangung des akademischen Grades eines Doktors der Philosophie (Dr. phil.) angenommen.

Der Originaltitel lautet: „Antisemitismus bei Joseph Goebbels. Erscheinungsformen, Entwicklungsstufen und Einflußfaktoren 1914-1945"

Bibliografische Information Der Deutschen Bibliothek

Die Deutsche Bibliothek verzeichnet diese Publikation in der Deutschen Nationalbibliografie; detaillierte bibliografische Daten sind im Internet über http://dnb.ddb.de abrufbar.

Umschlaggestaltung: Evelyn Ziegler, München

Gedruckt auf umweltfreundlichem, chlorfrei gebleichtem
und alterungsbeständigem Papier ⊛ ISO 9706

© 2003 Ferdinand Schöningh, Paderborn
(Verlag Ferdinand Schöningh GmbH, Jühenplatz 1, D-33098 Paderborn)

www.schoeningh.de

Printed in Germany. Herstellung: Ferdinand Schöningh, Paderborn

ISBN 3-506-70579-2

INHALTSVERZEICHNIS

für
Ann-Marie

VORBEMERKUNG UND DANKSAGUNG

Das vorliegende Buch ist die in Einzelheiten überarbeitete Fassung meiner im Sommer 2002 beim Fachbereich 16 – Geschichtswissenschaft der Johannes Gutenberg-Universität Mainz unter dem Originaltitel „Antisemitismus bei Joseph Goebbels – Erscheinungsformen, Entwicklungsstufen und Einflußfaktoren 1914-1945" eingereichten Dissertation.

Sie ist erwachsen aus Forschungen zu Goebbels' eigentlicher Rolle bei der Totalisierung des Krieges. Im Rahmen einer eingehenden Untersuchung edierter wie archivalischer Quellen waren manche Abweichungen zu bestehenden Behauptungen aufgefallen, es ergaben sich bestimmte Notwendigkeiten der Präzisierung beziehungsweise der Korrektur. Dies gilt für eine generelle Einschätzung von Person wie Einfluß, insbesondere im Zusammenhang mit Zielen, Konzepten und Maßnahmen in der Judenfrage.

Dem Dissertationsprojekt ist von außen teils mit Interesse, teils aber auch mit gewissem Befremden begegnet worden. Die erneute Auseinandersetzung mit Charakterzügen, Denkwelten und Politik Joseph Goebbels' wurde vereinzelt skeptisch bewertet, und eine Beschäftigung mit Hintergründen von Judenfeindschaft innerhalb der nationalsozialistischen Führungskreise als obsolet erachtet; teilweise wurden Bedenken vorgetragen, daß Differenzierungen problematische Potentiale bergen könnten.

Die Arbeit bemüht sich um eine möglichst wirklichkeitsnahe Darstellung, es liegt keineswegs in ihrer Absicht, Relativierungen irgendwelcher Art vorzunehmen oder anzuregen. Auch ist es nicht Zweck und Aufgabe, Sympathien für Joseph Goebbels zu erwecken, vielmehr sollen bedeutsame Hintergründe seines Denkens und Handelns historisch transparent und damit der Gegenwart eher faßbar werden.

Mein Dank gebührt zunächst allen Mitarbeiterinnen und Mitarbeitern der benutzten Archive und Bibliotheken für die zuvorkommende Unterstützung; besonders hervorheben möchte ich an dieser Stelle die Freundlichkeit und Hilfsbereitschaft der Damen und Herren der Hessischen Landesbibliothek in Wiesbaden.

Ferner danke ich Frau RA Cordula Schacht für die Erlaubnis, Archivalien aus dem Nachlaß Goebbels des Bundesarchivs Koblenz in die Forschungsarbeit einzubeziehen.

Dies aber ist vor allem Gelegenheit und Rahmen, verbindlichen Dank zu sagen meinem verehrten Doktorvater, Universitätsprofessor Dr. Winfried Baumgart, der mir seit Studienbeginn (Vorkurs!) ein maßgebendes Vorbild, nicht allein in fachlicher, sondern insbesondere in menschlicher Hinsicht gewesen ist und immer bleiben wird. Studium und Promotion unter seiner Leitung waren mir Ehre und Gewinn.

Christian Toni Barth
Rüdesheim am Rhein, im November 2002

I. Einführung

1. EINLEITUNG

Antisemitismus war ein konstitutiver Bestandteil nationalsozialistischer Weltanschauung und Herrschaftspraxis, der sich in einem breiten Spektrum zwischen persönlicher Diffamierung und genereller Vernichtung manifestierte. Doch erscheint die nationalsozialistische Judenpolitik nicht allein erklärbar als Produkt oder Folge schwer durchschaubarer technokratischer Strukturen und Abläufe, sie wurde von Personen bestimmt, und bestimmend waren persönliche wie politische Momente. Dies gilt in besonderer Weise für Dr. Paul Joseph Goebbels.

Eine Untersuchung von Judenfeindschaft in den Bezügen zu ihren Betreibern wird nicht unbedingt bedeutsam neues Licht auf die ereignisgeschichtlichen Sachverhalte werfen, kann aber möglicherweise einige Hintergründe erhellen, und damit im Sinne Jacob Burckhardts vielleicht einen kleinen Beitrag dazu leisten, daß „das Vergangene und damit auch ein [...] Theil der Gegenwart objektiv wird".[1]

Joseph Goebbels preßte in einem Zeitraum von 1924 bis 1945 in vielfältiger politischer Funktion antisemitische Propaganda verschiedener Radikalitätsstufen in die deutsche und internationale Öffentlichkeit. Er galt als Exponent und teilweise auch als Arrangeur der entsprechenden Politik. Seine judenfeindliche Haltung war in ihrem Kern wohl authentisch, gleichwohl lassen sich in der Gegenüberstellung von Anspruch und Wirklichkeit mancherlei Abweichungen erkennen. Insbesondere erscheinen die jeweiligen Propagandaaspekte eng verzahnt mit einer Vielzahl anderer Gesichtspunkte und situativ innen-, außen- oder parteipolitisch beziehungsweise auch persönlich bedingt, wobei sich die Sphären oftmals überlagerten und wahrscheinlich wechselseitig verstärkten.

Goebbels ist, soweit feststellbar, nicht in außergewöhnlich judenfeindlichen Umfeldern aufgewachsen und erzogen worden, er selbst pflegte in seiner Studienzeit intellektuellen Umgang mit Josef Joseph, einem jüdischen Rechtsanwalt aus der Nachbarschaft, der ihn in seinen frühen literarischen Arbeiten wohlwollend unterstützte.[2] Unabhängig davon konkretisierten sich Anfang der zwanziger Jahre allmählich antisemitische Annahmen im Zusammenhang mit der Ausbildung eines politischen Weltbildes. Der Weg zur Judenfeindschaft führte hauptsächlich über national-sozialistische Einsichten und Folgerungen. Haltbare Hinweise für ein negatives Schlüsselerlebnis finden sich auf heutigem Quellenstand nicht.

Im Sommer 1924 waren mancherlei Anschauungen geformt und gefestigt. Goebbels hatte sich bis dato sehr intensiv mit der politischen und gesellschaft-

---

[1] BURCKHARDT, S. 83.
[2] Vgl.: ERCKENS, S. 124-131 und S. 187-191.

lichen Situation Deutschlands befaßt. Ausgehend von einer ausgesprochen kritischen Einschätzung der Gesamtlage, entwarf er in offensichtlich dramatischen inneren Prozessen die Vision einer „neuen Welt", gestaltet vom „neuen Menschen", einer Generation von Idealisten ohne Tradition und Geschlecht, zu denen er auch sich selbst zählte. Völkisch umgedeutet, erschienen kommunistische Grundgedanken zunächst vorbildlich: Ein radikal-sozialistischer großdeutscher Staat würde die Rahmenbedingungen für gesellschaftliche Ausgleichsprozesse schaffen, die den einzelnen zum Wohle der Gemeinschaft in besonders starker Weise bände.

In einem „Umfeld ungeheurer moralischer Verwirrung und Verwilderung"[3] leiteten die Frage nach Verursachern politischer und gesellschaftlicher Fehlentwicklungen und insbesondere die zermürbende Suche nach Blockierern oder Zerstörern zukünftiger Visionen auch Goebbels stets in irgendeiner Weise auf antisemitische Gleise. Mit hoher Wahrscheinlichkeit begünstigten seine Charaktermerkmale eine gewisse grundsätzliche Anfälligkeit für judenfeindliche Vorurteile.

2. FORSCHUNGSÜBERSICHT UND ZIELSETZUNGEN DER ARBEIT

Eine Auseinandersetzung mit Teilaspekten der judenfeindlichen Einstellung von Goebbels ist in biographischen Arbeiten unterschiedlichen akademischen Anspruchs sowie in geschichtswissenschaftlichen Überblicksdarstellungen und Spezialuntersuchungen dokumentiert.[4] Ergänzende Beiträge kommen außerdem aus benachbarten Disziplinen, zu nennen sind insbesondere Publizistik, Filmwissenschaft, Literatur- und Sprachwissenschaft, Soziologie, Psychologie, Philosophie, Rechtswissenschaft und Religionswissenschaft.

Bereits unmittelbar nach der Machtübernahme der Nationalsozialisten sind einige regimenahe Biographien über Joseph Goebbels erschienen.[5] Sie sind ihrerseits als Zeitzeugnisse interessant, für die vorliegende Fragestellung aber praktisch nicht verwertbar.[6]

---

[3] Golo Mann, zitiert nach: GIDAL, S. 327.

[4] Geschlossene Darstellungen der Judenpolitik des Dritten Reiches auf neuestem Forschungsstand liegen mit Peter Longerich „Politik der Vernichtung", Henry Friedlander „Der Weg zum NS-Genozid. Von der Euthanasie zur Endlösung", Saul Friedländer „Das Dritte Reich und die Juden" sowie Avraham Barkai/Paul Mendes-Flohr „Deutsch-Jüdische Geschichte der Neuzeit" vor. Die eingebrachten Spezialuntersuchungen werden in den Anmerkungen angegeben und finden aufgrund ihrer Vielzahl an dieser Stelle keine aufzählende Erwähnung. Bei Auswahl der Literatur wurden die neueren Untersuchungen tendenziell bevorzugt, ohne allerdings die grundlegenden älteren Werke außer acht zu lassen. Eine wissenschaftliche Berücksichtigung sämtlicher Arbeiten zu Ursachen, Ausprägungen und Folgen von Antisemitismus im relevanten Zeitraum erscheint kaum noch leistbar, hier sei auf die neu erschienene „Bibliographie zum Nationalsozialismus" von Michael Ruck hingewiesen.

[5] Vgl.: BADE, Goebbels; KRAUSE; JUNGNICKEL; SCHMIDT-PAULI, S. 152-157 und S. 193 f.

[6] Vgl. exemplarisch: „Er [Goebbels] erlebt mit unerhörter Deutlichkeit an der Universität Frankfurt die Herrschaft des Judentums und spürt, wohin er nur greift, den zersetzenden Einfluß dieses heimatlosen Denkens." BADE, Goebbels, S. 10.

Auch die frühzeitig nach 1945 veröffentlichten Arbeiten zu seiner Person und Handlungsweise erscheinen in Konzept wie Urteil in mancher Hinsicht fragwürdig[7]. Ursprünglich möglicherweise in starkem Bemühen um eine Markierung von Distanz eingebaute dämonisierende oder auch verballhornende Prädikationen, die sich durchaus auch in neueren Arbeiten niedergeschlagen haben, stehen einer sachlichen Auseinandersetzung im Wege.

Der Gesichtspunkt der antisemitischen Einstellungen Goebbels' wird in der Memoirenliteratur, wie auch in älteren biographischen Darstellungen oder editorischen Kommentaren, zumeist als kaum weiter zu hinterfragende Tatsache angenommen und insgesamt recht vereinfachend auf eine oder wenige Ursachen zurückgeführt, hierbei überwiegt der Aspekt des Opportunismus.[8] Demgegenüber wird derartigen Motiven teilweise auch gänzlich widersprochen.[9] Goebbels erscheint im einzelnen als Nihilist oder auch als Existentialist[10], der ehemalige Vizekanzler Franz von Papen spricht in seinen Erinnerungen mit dementsprechendem Bezug von „fürchterlicher Dialektik".[11] Recht abwägend hingegen betrachtet bereits Max H. Kele die Hintergründe von Goebbels' Weltbild, insbesondere hinsichtlich seiner sozialistischen Grundhaltung.[12]

Bei einigen Autoren erfährt der antisemitische Gesichtspunkt recht starke Glättung, so beispielsweise bei Wilfred von Oven[13], dem ehemaligen Pressereferenten des Propagandaministers, der aus seiner Bewunderung für den damaligen Dienstherrn ohnehin keinen Hehl macht.[14] Friedrich Christian Prinz zu Schaumburg-Lippe, zeitweise (1933-1935) persönlicher Adjutant, skizziert Goebbels distanzlos als idealistischen Anhänger und antizipierenden Unterstützer Hitlers im Kampf gegen eine „Phalanx der Mittelmäßigkeit".[15]

Helmut Heiber führt viele Charakterzüge Goebbels' auf angenommene Minderwertigkeitskomplexe zurück.[16] Hinsichtlich der antisemitischen Ein-

---

[7] Vgl. dazu im Überblick: HÖVER, S. 13-22; MCMASTERS HUNT, S. 8-34; MÜLLER, Goebbels, Teil I, S. 21-31.

[8] Vgl.: STEPHAN, S. 179-184; KESSEMEIER, S. 22-24; BRAMSTED, S. 497; REIMANN, S. 111-116 und S. 185; BOELCKE, Kriegspropaganda, S. 20 f. Boelcke sieht Goebbels erst Mitte der zwanziger Jahre von Hitler zu Antisemitismus „bekehrt". Reimann geht davon aus, Antisemitismus sei für Goebbels mehr eine Verlegenheit gewesen, eine Ausrede, damit ihm die eigenen Parteigenossen keine Vorwürfe machen könnten, er scheide aus dem nationalsozialistischen Programm aus, was sie als Kern betrachteten. Goebbels' Antisemitismus habe keiner echten inneren Überzeugung, sondern kalter Berechnung und politischer Taktik entsprochen, vgl.: REIMANN, S. 57 bzw. S. 105 f.; dementsprechend: SCHILDT, S. 78; HOCHHUTH, Täter, S. 185 und S. 201; HOCHHUTH, Goebbels, S. 21 f., S. 25-28 und S. 37-41; KÜHNL, Linke, S. 149 f.; TREVOR-ROPER, S. 26 f.; BACKES, S. 66 f.; FRAENKEL/MANVELL, S. 136 f. Zu der Arbeit von Fraenkel/Manvell vgl. kritisch: HEIBER, Redakteure, S. 66-75. Vgl. auch: SEMMLER, 16.8.1943, S. 98; HANFSTAENGL, S. 197-201 und S. 317-319.

[9] Vgl.: SCHULZ, Aufstieg, S. 407; GISEVIUS, S. 233.

[10] Vgl.: SCHILDT, S. 78 bzw. KREBS, S. 169.

[11] Vgl.: PAPEN, S. 327 und S. 635.

[12] Vgl.: KELE, S. 83 f., S. 166, S. 174 und S. 217; eher journalistisch angelegt: WYKES.

[13] Vgl.: OVEN, Goebbels, S. 114-123 und S. 91.

[14] Vgl.: OVEN, Finale, 26.4.1944, S. 292.

[15] Vgl.: SCHAUMBURG-LIPPE, S. 10 und S. 6.

[16] Vgl.: HEIBER, Goebbels, S. 14; SCHWERIN VON KROSIGK, S. 231.

stellung geht er von einer grundlegenden Diskrepanz zwischen Privatperson und Propagandaminister aus.[17] Insbesondere sei dieser in seinen Studienjahren vom „antisemitischen Bazillus" noch fast unberührt geblieben, es habe erst weiterer Enttäuschungen und schließlich opportunistischer Erwägungen bedurft, um aus ihm einen „wenigstens rationalen Antisemiten" zu machen. Er sei niemals „metaphysischer Antisemit à la Hitler" gewesen, seine „höchste" Stufe habe er im „intellektuellen Kampf gegen den plastischen Dämon des Verfalls" erreicht.[18]

Die dementsprechend richtungsweisenden Enttäuschungen sieht Heiber in Goebbels' Ausschluß aus kultureller Berufstätigkeit durch Juden[19] sowie in einer unzureichenden Würdigung seiner Leistungen durch Friedrich Gundolf (recte: Gundelfinger), seinen Heidelberger Professor.[20] Die angenommenen opportunistischen Beweggründe befestigt Heiber an Goebbels' Tätigkeit als „hauptamtlicher und finanziell voll abhängiger Funktionär der Partei des Rassenwahns".[21]

Richard McMasters Hunt, Hans-Dieter Müller, Joachim C. Fest, Elke Fröhlich, Claus-Ekkehard Bärsch, Ulrich Höver, Ralf Georg Reuth und Frank-Lothar Kroll setzen sich, in Abhängigkeit vom jeweiligen Schwerpunkt ihrer Untersuchungen unterschiedlich akzentuiert, grundsätzlich stärker mit der Komplexität der betrachteten Fragestellung auseinander. Als Grundlage ihrer Arbeiten waren zumeist auch zuvor verschollene Quellen zugänglich. Die Arbeiten relativieren die älteren Forschungsergebnisse in entscheidenden Punkten, insbesondere beschäftigen sie sich größtenteils auch mit möglichen intrinsischen Motivationsfaktoren von Antisemitismus, wobei opportunistische Elemente verschieden bewertet werden. McMasters Hunt widerspricht diesen völlig, Höver, Müller und Bärsch stufen sie tendenziell eher zurück, Fest und Fröhlich räumen ihnen weiterhin ursächlichen Stellenwert ein, Peuschels Darstellung konzentriert sich eher auf die Ereignisse, spricht aber vage von „Ehrgeiz, Fanatismus und Rigorismus". Auf Grund einer anderen Zielsetzung seines Beitrages läßt Kroll diese Frage offen.[22]

Die Spezialuntersuchung von Richard McMasters Hunt zur Entwicklung von Goebbels' national-sozialistischer Überzeugung berücksichtigt auch psychologische Kategorien. Dabei setzt er sich kritisch mit Momenten tendenziöser Interpretationsversuche früher Biographen auseinander. Er betrachtet Goebbels' Judenfeindschaft als authentisch und leitet sie gewissermaßen summarisch sowohl aus antisemitischen Zeitgeistströmungen (besonders während der Sozialisationsphasen) wie auch aus grundsätzlichen persönlichen Neigun-

---

[17] Vgl.: HEIBER, Goebbels, S. 259.
[18] Vgl.: ebenda, S. 30 f., S. 72-74, S. 122 und S. 258.
[19] Heiber nennt: „Ullstein-Verlag", „Mosse-Verlag", „Berliner Tageblatt", vgl.: ebenda, S. 38 f.; REUTH, Goebbels, S. 71 f.; BRAMSTED, S. 50; FRAENKEL/MANVELL, S. 43 f.
[20] Vgl.: HEIBER, Goebbels, S. 38. Zum dementsprechenden Aspekt späterer Rache an jüdischen Verlagen und Redakteuren vgl.: ebenda, S. 41 f.; REUTH, Goebbels, S. 72.; KESSEMEIER, S. 254/Anm. 80.
[21] HEIBER, Goebbels, S. 72.
[22] Vgl.: PEUSCHEL, S. 58 bzw. KROLL, S. 303.

gen zu Vorurteilen ab. McMasters Hunt bewegt sich damit in Erklärungsmustern der „Kritischen Theorie", hinzu kommen angenommene religiöse Gesichtspunkte.[23]

Hans-Dieter Müller versucht, Goebbels' Weltanschauung auf Grundlage der frühen wissenschaftlichen, literarischen und propagandistischen Produktion zu rekonstruieren, wobei ebenfalls psychologische Gesichtspunkte der „Kritischen Theorie" einbezogen werden. Seine Ergebnisse deuten auf einen autoritär geprägten, irrationalen Charakter ohne sachliche Kritikfähigkeit und daher ohne eigentliche politische Meinung, verstrickt in recht diffuse, mythisch motivierte Annahmen, Unterstellungen und Ängste.[24] Innerhalb dieser Konstrukte definiert Müller auch Goebbels' Judenfeindschaft als ein in Anlehnung an die Haltung Hitlers willkürlich gewähltes Haßziel, quasi als Projektionsobjekt alles Negativen und Gegenpol zur uneingeschränkt anerkannten und geheiligten obersten Autorität (Hitler). Judenfeindliche Ausfälle Goebbels' betrachtet Müller bis zum Frühjahr 1926 noch als „antisemitische Affekte".[25]

In den Arbeiten von Joachim C. Fest überwiegt hinsichtlich der vorliegenden Frage, bei vielschichtiger Analyse einbezogener Faktoren, der Aspekt der Opportunität, und zwar auf zwei Ebenen: Goebbels' Antisemitismus wird zunächst auf ein dauerhaftes Streben nach Anerkennung und Anbindung an Hitler zurückgeführt, in diesem Zusammenhang wird ein gezielter Einsatz entsprechender Propaganda zur außenwirksamen Etablierung der Partei wie auch zur Selbstdarstellung gesehen. Zweitens geht Fest von einer gewissen Eigendynamik intellektueller Radikalität aus, die Goebbels stets zur äußersten Konsequenz gedrängt habe, und auf dem Weg dahin seien Einwände, Erfahrungen, Vorlieben und Vernunft verlorengegangen.[26]

Elke Fröhlich schließt die Existenz eines antisemitischen Schlüsselerlebnisses entgegen Heiber aus.[27] Ebenso widerlegt sie dessen Behauptung, Goebbels habe eine antisemitische Haltung erst unter dem Einfluß Hitlers angenommen.[28] Sie sieht opportunistische Motive im Zusammenhang mit der Agitation gegen politische Gegner[29] und insbesondere mit der „Reichskristallnacht".[30] Goebbels sei außerdem durch einen starken Vernichtungswillen angetrieben worden. Verhaltensbestimmend erscheinen eine starke Autosuggestionskraft sowie ein Gefühl absoluter Unterlegenheit Hitler gegenüber, Fröhlichs Argumentation berührt also auch psychologische Kategorien.[31]

---

[23] Vgl.: McMasters Hunt, S. 104-108.

[24] Vgl.: Müller, Goebbels, Teil I, S. 91-101.

[25] Vgl.: ebenda, S. 88 f.

[26] Vgl.: Fest, Porträtskizze, S. 573 f.; Fest, Gesicht, S. 119 f., S. 122 f. und S. 133 f.

[27] Vgl.: Fröhlich, Tagebuch, S. 492 vs. Heiber, Goebbels, S. 31 und S. 38.

[28] Vgl.: Goebbels, Tagebücher, Band I/I [Einleitung], S. XXX vs. Heiber, Goebbels, S. 31.

[29] Vgl.: Fröhlich, Tagebuch, S. 511; Fröhlich, Goebbels, S. 58.

[30] Vgl.: Fröhlich, Tagebuch, S. 517; Fröhlich, Goebbels, S. 64; Goebbels, Tagebücher, Band I/I [Einleitung], S. XLVIII, S. XXX und S. XXXII f.

[31] Vgl.: Fröhlich, Tagebuch, S. 490 und S. 518-521; Goebbels, Tagebücher, Band I/I [Einleitung], S. L und S. LIV; Fröhlich, Krisenjahr, S. 197 f. und S. 201; Goebbels, Tagebücher, Band I/9, [Einleitung Möller], S. 7. Zu Aspekten des Verhältnisses von Goebbels zu Hitler vgl. ausführlich: Barth.

Ziel der Untersuchung von Claus-Ekkehard Bärsch, die den Zeitraum von 1924-1927 abdeckt, „ist die Substanz der nationalsozialistischen Ideologie des Dr. phil. Joseph Goebbels", ihn „interessieren die Inhalte seines Denkens im Hinblick auf die Folgen, insbesondere die Judenvernichtung".[32] Unter Einbeziehung psychologischer Kategorien und in Weiterentwicklung der Ansätze von Müller zeigt Bärsch eine Verstrickung von Goebbels' Gedanken und Erwartungen in ein mystisch-apokalyptisches Netz von dunklen Ängsten. Ausgehend von einer Wahrnehmung der Juden als Kraft des Bösen, habe er eine generelle Vernichtungsabsicht entwickelt, und zwar unabhängig von jeglicher konkreter Erfahrung.[33] Auf dieser Grundlage werden die antisemitischen Elemente der inneren wie der äußeren Haltung von Goebbels ungebrochen auf die Judenvernichtung ab 1941 bezogen. Damit konstruiert Bärsch einen unmittelbaren Kausalzusammenhang.[34]

Politische Gesichtspunkte bleiben bei Bärsch weitgehend ausgeklammert, er unterstellt Goebbels, ähnlich wie Müller und dabei in völligem Gegensatz zu Heiber, ein grundsätzlich irrationales Handeln beziehungsweise sogar ein Unvermögen, zweckrational zu handeln. Es gebe bei Goebbels keinen Bruch zwischen öffentlicher Rede und wirklicher Überzeugung.[35] Somit werden eine Instrumentalisierung von Antisemitismus wie auch eine entsprechende politisch-demagogische Komponente grundsätzlich ausgeschlossen.

Ulrich Höver will mit seinem Beitrag klären, ob Goebbels „ein konzeptionsloser Machtmechaniker war, oder ob er ein eigenes, für ihn verbindliches politisches Weltbild besaß"[36], Höver bewegt sich damit auf dem von McMasters Hunt eingeschlagenen Kurs. Er untersucht den Zeitraum von 1924-1933 und skizziert den Fortlauf der angelegten Stränge in einem kursorischen Ausblick bis 1945. Goebbels' Antisemitismus erscheint nationalistisch wie sozialistisch (insbesondere im Verständnis von antikapitalistisch) bedingt. Hierbei sieht Höver Fanatismus als treibende Kraft und schließt opportunistische Motive aus, Einflüsse durch die Rassentheorien werden ausdrücklich zurückgestuft.[37] Im Gegensatz zu Bärsch beurteilt Höver die Frage nach unmittelbaren Bezügen zwischen antisemitischer Agitation der *Kampfzeit* und der Judenvernichtung ab 1941 recht vorsichtig, er unterstellt Goebbels allerdings, ab 1933 auf dieses Ziel hingearbeitet zu haben.[38]

Etwa im gleichen Zeitraum entstanden wie die Arbeit von Höver und daher wechselseitig offenbar unbeeinflußt, erscheint die Goebbels-Biographie

---

[32] BÄRSCH, Erlösung, S. 26.
[33] Vgl.: BÄRSCH, Katastrophenbewußtsein, S. 126 und S. 140-144; BÄRSCH, Religion, S. 104-107. „Die intensive ideologische Rede von ‚Triumph' und ‚Opfer' läßt die Vermutung zu, daß bei Goebbels die Art und Weise über Opfer zu denken erst zu seinem Antisemitismus führte." BÄRSCH, Erlösung, S. 109; hierzu auch: ebenda, S. 292 f.; HÖHN, S. 254 f.
[34] Vgl.: BÄRSCH, Erlösung, S. 133-136; BÄRSCH, Katastrophenbewußtsein, S. 126.
[35] Vgl.: BÄRSCH, Erlösung, S. 8, S. 233 f. und S. 277.
[36] HÖVER, S. 23.
[37] Vgl.: ebenda, S. 151 bzw. S. 162-171.
[38] Vgl.: ebenda, S. 173-179 bzw. S. 466-472.

von Ralf-Georg Reuth tendenziell eher journalistisch angelegt.[39] Sie malt durch eine ausführliche Nachzeichnung der gesamten Lebensspanne und durch recht kräftige Akzentuierung der Figur ein kontrastreiches Bild von Goebbels mit vielfältigen Verknüpfungen zu den jeweiligen politischen Ereignissen, möglicherweise unter etwas zu starker Vermischung von Darstellung und Werturteil.[40] Ähnlich wie Heiber erklärt auch Reuth in seiner Biographie die Entstehung von Goebbels' antisemitischer Gesinnung mit einem krankhaften Minderwertigkeitsgefühl und sozialer Zurücksetzung[41], also eher personenbezogenen Motiven. Im editorischen Kommentar zu seiner Auswahlausgabe der Goebbels-Tagebücher dagegen deutet Reuth die Ausbildung von Judenfeindschaft als Folge einer radikal-antikapitalistischen Haltung.[42]

Frank-Lothar Kroll interpretiert Antisemitismus bei Goebbels in erster Linie im Zusammenhang einer Entgegensetzung von alten und neuen Völkern. Als Ausgangspunkt seiner judenfeindlichen Haltung erscheint die Annahme einer zersetzend-blockierenden Wirkung des Judentums im Kampf des Neuen gegen das Alte.[43]

Mit gewissen Vorbehalten ist die Arbeit von David Irving zu lesen. Wenngleich auch er die Komplexität der Bedingungsfaktoren berücksichtigt, erscheinen mancherlei Schlußfolgerungen verzerrt. Goebbels wird, gewissermaßen zugunsten Hitlers, in der Judenfrage recht stark belastet, dies gilt beispielsweise im Zusammenhang mit der „Reichskristallnacht".[44]

Mit dieser Arbeit soll nun versucht werden, Antisemitismus als eines der zentralen Merkmale der nationalsozialistischen Ideologie und Herrschaftspraxis in präzisierte Beziehung zu Joseph Goebbels zu setzen und hierbei entsprechende Erscheinungsformen, Entwicklungsstufen und Einflußfaktoren in ihrer gegenseitigen Bedingung exemplarisch darzustellen. Indem biographische (kursorisch und mit gebotener Vorsicht auch psychologische) Aspekte mit strukturellen in Verbindung gebracht und somit persönliche und sachliche Bestimmungselemente in ihren wahrscheinlichen Wechselwirkungen beschrieben werden, soll die Problematik auf beiden Ebenen (biographisch und strukturell) veranschaulicht werden. Angelehnt an Johann Gustav Droysen soll also der Versuch unternommen werden, im Sinne von Erkennen zu verstehen.[45]

Unter eher pragmatischem Aspekt sind Goebbels' Beteiligungs- wie Verantwortungsgrad in bezug auf die Judenpolitik festzustellen, die entsprechenden Arbeitsergebnisse erscheinen maßgeblich für eine präzisierte Einschätzung seiner Rolle bei Aufrichtung, Stabilisierung und Exekution

---

[39] Zu konzeptionellen wie formalen Schwachpunkten der Darstellung Reuths vgl.: SÖSEMANN, Inszenierungen, S. 42 f.; MOLL, Reuth, S. 272 f.; SÖSEMANN, Reuth, S. 114 f.
[40] Vgl. exemplarisch: REUTH, Goebbels, S. 502.
[41] Vgl.: ebenda, S. 307 und S. 342.
[42] Vgl.: REUTH, Glaube, S. 28-30.
[43] Vgl.: KROLL, S. 303.
[44] Vgl.: IRVING, Goebbels, S. 288-291.
[45] Vgl.: DROYSEN, S. 26 f.

staatlich institutionalisierter Judenfeindschaft in Deutschland bzw. in besetzten Gebieten. Gleichzeitig können entsprechende biographische Gesichtspunkte schärfer konturiert werden.

Forschungskontroversen zu zentralen Fragestellungen der nationalsozialistischen Judenpolitik werden, soweit nicht Aspekte einer Einflußnahme durch Goebbels diskutiert sind, in der vorliegenden Arbeit grundsätzlich nicht dargestellt, sie sind über die angegebenen Spezialuntersuchungen nachvollziehbar. Auch erfolgt keine systematische Auseinandersetzung mit offiziellen oder inoffiziellen Reaktionen in In- oder Ausland auf Maßnahmen oder Propagandakampagnen zur Judenfrage, an geeigneten Stellen kann exemplarisch auf diese Gesichtspunkte ein Schlaglicht gelenkt werden.[46] In vollem Bewußtsein der schwerwiegenden Belastung der Fragestellung soll die Auseinandersetzung möglichst *„sine ira et studio"*[47] erfolgen, um einen kleinen Beitrag zu einer möglichst sachlichen Auseinandersetzung mit den Schattenseiten der deutschen Geschichte zu leisten, und zwar ausdrücklich ohne ein moralisches Urteil vorbereiten und fällen zu wollen, in Bereichen, die indiskutabel sind.[48]

Eine distanzierte Haltung zu zitierten Elementen nationalsozialistischen Gedankenguts ist bei Gestaltung der vorliegenden Textsorte selbstverständlich, daher wird auf eine wiederkehrende Bekundung durch entsprechende Sprachmittel oder typographische Markierung im darstellenden Teil ausdrücklich verzichtet, doch werden spezielle Ausdrücke der *lingua tertii imperii*[49] kursiv gedruckt.

Zentrale Fragestellungen der Arbeit erstrecken sich auf Entstehung, Einflußfaktoren und Ausmaß der judenfeindlichen Einstellung von Joseph Goebbels. Seine entsprechenden Beweggründe erscheinen recht vielschichtig. Sie befinden sich auf persönlichen wie auch auf unterschiedlichen politischen Ebenen, das heißt sie sind einerseits Ausdruck innerer Überzeugung, können andererseits aber auch Motivation aus angenommenen Zweckmäßigkeiten geschöpft haben, hierbei konnten sie persönlich, parteipolitisch, innen- oder auch außenpolitisch bestimmt und funktionalisiert sein. In diesem Zusammenhang soll deutlich werden, wie Goebbels persönliche und parteipolitische antisemitische Tendenzen nach innen wie außen trug und rechtfertigte. Es geht bei diesem Gesichtspunkt also um einen Vergleich von Anspruch und Wirklichkeit.

Gleichzeitig wird auch ein Licht auf Methoden und Mittel der Verwirklichung von Ideologie geworfen. In Nebenaspekten sind die wichtigsten Maßnahmen und Eingriffe anderer beteiligter Funktionen und Personen zu skiz-

---

[46] Zur Einschätzung Deutschlands durch die USA vgl. exemplarisch: MAUCH.

[47] TACITUS Ann I, 1, 3.

[48] Vgl.: „What is surprising, however, is that so much of the more serious, even the more academic literature has fallen under the shadow of such emotionally charged vocabulary. [...] But his task as a historian is neither to condemn nor to justify: it is merely to explain. Condemnation and justification may be signs of moral strength, even acts of moral bravery, but they are also acts of historical cowardice for they stand in the way of historical explanation." TAYLOR, Propaganda, S. 29; dementsprechend: STOLLEIS, S. 178 f.

[49] Vgl.: KLEMPERER, LTI, S. 17.

zieren. Besondere Berücksichtigung soll das Verhältnis zwischen Goebbels und Hitler erfahren. Es ist zu erwägen, inwieweit eine mögliche wechselseitige Verstärkung judenfeindlicher Einstellungen erfolgt sein könnte, Schwerpunkt der Betrachtung sind dabei allerdings mögliche Einwirkungen Hitlers auf Goebbels.[50]

Die Ausbildung einer antisemitischen Grundhaltung und ihre Weiterentwicklung zu einer extremen Position erfolgten bei Goebbels in einem mehrstufigen Prozeß, in welchem situative persönliche Lebenserfahrungen mit einer Vielzahl von politischen und gesellschaftlichen Entwicklungen in enger Wechselwirkung gestanden haben dürften. Hinsichtlich seiner Einstellungen zu einzelnen Juden beziehungsweise zu den Juden generell können verschiedene Phasen voneinander abgegrenzt werden. Die vorliegende Darstellung folgt einer dementsprechenden Unterteilung. Die jeweiligen Kapitel sind zeitlich angeordnet und ihrerseits thematisch untergliedert, insofern bildet ihr Aufbau eine Mischform von chronologischer und sachlicher Organisation. Die Quellenfülle erfordert eine exemplarische Behandlung.

Im ersten darstellenden Kapitel werden die strukturellen Grundlagen umrissen. Die Jahre 1914-1924 sind unter politischem Aspekt für die Ausbildung radikalsozialistischer Anschauungen bei Goebbels bedeutsam. Er entwickelte, teilweise wohl gewissermaßen unbewußt, ein politisches Konzept, das gekennzeichnet war von einer scharf nationalistisch-antikapitalistischen wie antidemokratischen und, daraus im wesentlichen folgend, antisemitischen Vision. Auf der Basis des zugänglichen Quellenmaterials kann dieser Entwicklungsvorgang nicht in allen Einzelheiten nachvollzogen werden. Die antisemitische Haltung von Goebbels erscheint aber im Sommer 1924 in ihren Grundlagen fertig und verfestigt.

1924 erfolgte Goebbels' Eintritt in die aktive Politik. Er machte sich in der nationalsozialistischen Bewegung recht schnell einen Namen als talentierter Agitator. Die Judenfrage stand hierbei oftmals im Mittelpunkt seiner Propagandaprodukte und erfuhr in diesem Zusammenhang gewisse Erweiterung und Präzisierung.

Die 1926 mit der Übernahme der Gauleitung in der Reichshauptstadt beginnende Phase ist grundsätzlich gekennzeichnet von bewußt instrumentalisierter Agitation und damit psychischem Druck gegen Juden in Berlin wie auch im Reichsgebiet. In exemplarisch dargestellten Fällen ist Goebbels auch als Arrangeur physischer Gewalt nachweisbar.

Nach der Machtübernahme der Nationalsozialisten erfolgten richtungsweisende faktische wie juristische antisemitische Maßnahmen im Reichsgebiet.

---

[50] Die Frage nach einer ideologischen Beeinflussung Hitlers ist bereits von Zeitzeugen sehr kontrovers beantwortet worden, beispielsweise sieht Albert Speer Goebbels neben Bormann als Scharfmacher des Parteiführers, vgl.: SPEER, Erinnerungen, S. 136; SPEER, Sklavenstaat, S. 349. Otto Wagener ist der Auffassung, Goebbels müsse als Verfälscher von Hitlers Absichten gelten, vgl.: TURNER, S. 298-308. Zur Forschungsdiskussion in bezug auf die Judenvernichtung vgl.: HILDEBRAND, S. 200-206; JÄCKEL, Hitler, S. 88-90; JÄCKEL, Weltanschauung, S. 55-78 und S. 97-119; KERSHAW, Hitler, Band I, S. 716.

Goebbels leistete aktive Beiträge zur Judenpolitik; weiterhin erscheint er als Urheber gegen Juden gerichteter physischer Gewalt, dies gilt insbesondere für sein eigenes Gaugebiet.

Mit der Besetzung polnischer Gebiete 1939 begannen systematische und breitangelegte Maßnahmen unterschiedlicher Härtegrade, wobei Diskriminierung und mittel- wie unmittelbarer Mord elementare Bestandteile waren und mit fortschreitender Kriegsdauer zum übergeordneten Zweck der Verfahrensweise wurden. Teilweise akzeptierte, teilweise begünstigte Goebbels die Maßnahmen bis hin zur systematischen physischen Vernichtung.

3. QUELLENBERICHT

Die Quellenlage zur vorliegenden Fragestellung ist recht günstig. Neben umfangreichen Ausgaben der relevanten Akten von Staat und Partei ist der Bestand insbesondere der von Goebbels selbst verfaßten Dokumente bemerkenswert groß. Allen voran sind hierbei sicherlich die Tagebuchaufzeichnungen zu nennen, die den größten Teil des Betrachtungszeitraums abdecken und vom Institut für Zeitgeschichte in zwei Abteilungen ediert sind[51]; Teilausgaben haben zudem Reuth, Lochner, Hochhuth und Irving[52] vorgelegt, sie aber bleiben hier angesichts der wissenschaftlichen Ausgabe weitgehend unberücksichtigt. Außerdem sind selbstverständlich die in verschiedenen Textsorten und Medien veröffentlichten politischen und literarischen Produkte relativ leicht zugänglich. Kleinere unsystematisch-tagebuchartige Überreste, vermischt mit anderen Notizen und kleinen Dichtungen, sind bislang nur im Bundesarchiv Koblenz (Nachlaß Goebbels N 1118) greifbar, sie erscheinen allerdings hinsichtlich der Fragestellung gehaltlos und können daher kaum ausgebeutet werden.[53] Die Bestände des Bundesarchivs umfassen außerdem Originalmanuskripte kleinerer wie auch umfangreicherer literarischer Versuche, die in Detailfragen zu konsultieren sind, beispielsweise im Zusammenhang mit textkritischen Untersuchungen zu Vorstufen des Tagebuchromans „Michael". Ferner finden sich das Typoskript eines recht bedeutsamen literaturwissenschaftlichen Vortrages sowie Dokumente aus privater Korrespondenz. Schließlich werden dort auch die der Edition zugrundeliegenden Tagebücher auf Microficheglasplatten aufbewahrt. Weitere Teilbestände finden sich im Bundesarchiv

---

[51] Teil I befindet sich in umgekehrt chronologischer Überarbeitung, fertiggestellt sind bislang die Aufzeichnungen ab März 1936. Die neue Ausgabe wird, nach freundlicher Information von Frau Dr. Fröhlich, die Überlieferungslücken der alten Ausgabe schließen. Mit hoher Wahrscheinlichkeit ergeben sich aus den entsprechenden Passagen Präzisierungsmöglichkeiten der vorliegenden Fragestellung. Aufgrund der durch die Vorbereitungen zur Herausgabe bedingten augenblicklichen Unzugänglichkeit der Quellenstücke müssen diese Tagbucheinträge zunächst leider unberücksichtigt bleiben. Der Editionsplan sieht die Veröffentlichung des letzten Quellenbandes für das Jahr 2004 vor, dementsprechend neue Erkenntnisse würden in geeignetem Rahmen nachgereicht werden.

[52] Vgl.: REUTH, Tagebücher; LOCHNER; HOCHHUTH, Goebbels; IRVING, Tagebücher.

[53] Vgl.: GOEBBELS, Tagebuch WS 1918/19; GOEBBELS, Aus meinem Tagebuch II.

Berlin (Reichsverwaltungsakten) sowie in den Stadtarchiven Wuppertal und Mönchengladbach.

Der relevante Anteil nichtveröffentlichten Archivmaterials erscheint grundsätzlich relativ klein und ist in Auswahl eher ergänzend oder präzisierend zu berücksichtigen. Dies gilt auch für die umfangreiche Edition der „Akten der Partei-Kanzlei", hierbei sind insbesondere die Aktenstücke von Walter Tießler, dem Verbindungsmann des Reichspropagandaministeriums zu Rudolf Heß, bis 1941 „Stellvertreter des Führers", beziehungsweise, ab 1941, zu Martin Bormann, dem „Leiter der Parteikanzlei des Führers" in gewisser Weise bedeutsam, in den Zitatangaben wird auf diese Dokumente mit eingeklammerter Initiale (Ti.) hingewiesen.[54]

Das Gerüst der vorliegenden Arbeit ist auf Grundlage der Goebbels-Tagebücher errichtet worden. Mit diesen Aufzeichnungen ist der Forschung sehr umfangreiches biographisches Quellenmaterial zur Zeit des Nationalsozialismus zugänglich geworden.[55] Ihre Bedeutung für die geschichtswissenschaftliche Forschung ist anfangs möglicherweise etwas überbewertet worden, im Gegenzug sind recht weitreichende, teils aber berechtigte Relativierungen erfolgt. Ausgehend von den grundlegenden Bemerkungen Konrad Repgens zum Umgang mit zeitgeschichtlichen Quellen, haben insbesondere Bernd Sösemann, Hans Günter Hockerts und Martin Moll auf eine Vielzahl quellenkritischer Aspekte aufmerksam gemacht.[56] Schließlich schränkt selbst Wilfred von Oven die Übereinstimmung der Aufzeichnungen mit der Wirklichkeit in einem konkreten Fall, dem Zusammentreffen von Goebbels mit dem Schriftsteller Knut Hamsun, ein.[57]

Sicherlich müssen die Aufzeichnungen als geistige Produkte Joseph Goebbels' mit entsprechender Vorsicht benutzt werden, dies gilt allerdings für diese Quellengattung generell. Bei kritisch vergleichender Einbeziehung anderer Quellenstücke können und müssen sie in bezug auf die Fragestellung genutzt und ausgebeutet werden. Eine Gegenüberstellung mit akademischen und literarischen Produkten, Reden, Aufsätzen, Glossen, Denkschriften, amtlichen Verfügungen, amtlicher Korrespondenz und Konferenzprotokollen, mit Zeitzeugenberichten sowie mit entsprechenden Quellen anderer Provenienz, die im darstellenden Teil eingeführt und in den Anmerkungen angegeben werden, kann ein Licht auf verwirklichte Einstellungen und Propaganda wie auf tatsächliches politisches Verhalten werfen, während die Tagebücher ja teilweise eher den jeweiligen Anspruch

---

54 Vgl.: MOLL, Microfiche, S. 493-498.
55 Vgl.: JÄCKEL, Tagebücher, S. 637-648; BUCHER, Tagebücher, S. 89-95; SCHULZ, Tagebücher, S. 386-389. Zur Überlieferung vgl.: GOEBBELS, Tagebücher, Band I/I, S. LVII-LXXVII und FRÖHLICH, Tagebuch, S. 497-507. Zu Vorgeschichte, Auffindung und Vermarktung vgl.: KOCH, Tagebücher.
56 Vgl.: REPGEN, Fortleben, S. 472-476; SÖSEMANN, Sinn, S. 141-174; SÖSEMANN, Tagesaufzeichnungen, S. 216-244; SÖSEMANN, Inszenierungen, S. 1-45, insbesondere S. 14-17; HOCKERTS, Edition, S. 256-264; HOCKERTS, Tagebücher, S. 361-363 (Einordnung als Überreste, nicht Tradition); MOLL, Microfiche, S. 493-498.
57 Vgl.: OVEN, Goebbels, S. 99 vs. GOEBBELS, Tagebücher, Band II/8, 19.5.1943, S. 326-328/Z. 217-267.

reflektieren. Ausgehend von Goebbels' Maxime, Propaganda habe mit Wahrheit überhaupt nichts zu tun[58], ist allerdings gleichzeitig auch in umgekehrter Richtung zu forschen. Eine entsprechende Nachzeichnung von Propagandakampagnen im Bereich der Presse erfolgt in dieser Arbeit *pars pro toto* anhand der im wesentlichen maßgebenden Leitorgane „Der Angriff", „Völkischer Beobachter" und „Das Reich" sowie der entsprechenden Aufsatzsammlungen.

Tendenziell zeigt sich in relativ frühen Phasen politischer Positionsbestimmung und Betätigung eine recht weitreichende Überschneidung von Darstellung und Überzeugung, mögliche Abweichungen zeichnen sich Ende der zwanziger Jahre ab. Insbesondere die frühen schriftlichen Produkte sind teilweise bereits von Hans-Dieter Müller im Hinblick auf ihre ideologischen Potentiale erforscht worden, im folgenden kann dementsprechend auf bestimmte Ergebnisse verwiesen werden.

Wenngleich bei Benutzung der Tagebuchaufzeichnungen also gewisse Einschränkungen zu machen sind, so ermöglichen sie dennoch Rückschlüsse auf die gedankliche Sphäre eines der prominentesten Partei- und Regierungsmitglieder des Dritten Reiches bezüglich der Judenfrage, die für andere nicht gezogen werden können.

Die eingebrachten Aufzeichnungen[59] umfassen den Zeitraum vom 27. Juni 1924 bis zum 10. April 1945, wobei in der veröffentlichten Überlieferung einige Lücken klaffen. Auch die als besonders wichtig eingeschätzten Niederschriften vom 17. Oktober 1923 bis 26. Juni 1924[60] sollen erst in der überarbeiteten Ausgabe zugänglich werden. Vor 1923 liegende Begebenheiten und Stimmungen hielt Goebbels in seinen „Erinnerungsblättern" fest, die er zwischen Ende Juli und Mitte August 1924 in einem Guß niederschrieb.[61] Unter literaturwissenschaftlichem Aspekt erscheinen sie als „innerer Monolog", vielleicht eher noch als „stream of consciousness". Ihr syntaktischer Bau ist oftmals elliptisch, in rascher Abfolge skizzieren Stichpunkte schnelle Gedankensprünge. In den entsprechenden Passagen können frühe Entwicklungsstadien von Antisemitismus grob umrissen werden. Auch diese Aufzeichnungen müssen aber vor dem Hintergrund ihrer Entstehung und Funktion gesehen werden. Wenngleich ihr Autor zeitnahe, heute möglicherweise verschollene fragmentarische Tagebuchnotizen benutzt haben mag, sind die „Erinnerungsblätter" auf Grund ihres Aufzeichnungsdatums als *ex post*-Betrachtungen anzusehen, das heißt sie spiegeln die Perspektive des Jahres 1924 wider. Zu diesem Zeitpunkt bezeichnete sich Goebbels selbst bereits als Antisemit.[62]

---

[58] Vgl.: „Was ist denn Wahrheit im Krieg? [...] Wahr ist, was den Sieg herbeiführen hilft. [...] Propaganda hat mit Wahrheit überhaupt nichts zu tun." Goebbels, zitiert nach: Oven, Finale, 28.6.1943, S. 43; dementsprechend: Oven, Goebbels, S. 73.

[59] Die Tagebuchaufzeichnungen weisen einige, teils systematische orthographische wie grammatische Besonderheiten auf, die in den Zitaten übernommen und in wichtigen Fällen beim jeweils ersten Auftreten markiert werden.

[60] Vgl.: Goebbels, Tagebücher, Band I/I, S. XXXI; Sösemann, Inszenierungen, S. 15 f.

[61] Vgl.: Goebbels, Tagebücher, Band I/I, S. XXIV. Zur Entstehung der „Erinnerungsblätter" vgl.: ebenda, 1.8.1924, S. 57, 2.8.1924, S. 59 und 11.8.1924, S. 63.

[62] Vgl.: ebenda, 4.7.1924, S. 33.

Aus dieser Tatsache ergeben sich für die Interpretation entsprechende Folgen: Die offensichtlich im Zuge eines „brainstorming" entstandenen, größtenteils stichpunktartigen Bemerkungen könnten emotional überzeichnet, Ursachen und Folgewirkungen könnten konstruiert oder verzerrt sein. Komplementäre Quellen dieser Phase sind Privatkorrespondenz, literarische Produkte und ein literaturwissenschaftlicher Vortrag vom Oktober 1922.

Die regulären täglichen Aufzeichnungen lassen sich inhaltlich in verschiedene Phasen einteilen. Ursprünglich zur Erleichterung von Gewissen und Seele bestimmt[63], enthalten sie zunächst eine Mischung aus ideologischen Darlegungen, alltäglichen Bekümmernissen und rein privaten Angelegenheiten, antisemitische Bemerkungen erfolgen recht regelmäßig und mit relativ hohem Schärfegrad. Mit Übernahme der Gauleitung in Berlin im November 1926 rücken politische Aspekte stärker in den Vordergrund, antisemitische Polemik tritt tendenziell etwas zurück, flammt aber stellenweise infernalisch auf. Eine Grenzmarke kann 1936 gesetzt werden: Nachdem Goebbels schon 1934 überarbeitete Auszüge seiner Aufzeichnungen im Zusammenhang mit der Vorgeschichte des 30. Januar 1933 publiziert hatte[64], verkaufte er durch persönliche Vermittlung Hitlers die Kopierrechte an den Tagebüchern vorteilhaft an den parteieigenen Eher-Verlag.[65] Die politischen Fragen finden seither bevorzugte Erwähnung.[66]

Einzelne Aspekte könnten dementsprechend im Hinblick auf die geplante Publikation Abmilderung oder Verstärkung gefunden haben; grundsätzlich ist nicht auszuschließen, daß zentrale politische Probleme nicht erwähnt werden, sei es aus Gründen der Geheimhaltung oder schlicht, weil ihr Autor durchaus nicht in sämtliche Regierungsfragen eingeweiht war.[67] Berichten der Pressereferenten Wilfred von Oven wie auch Rudolf Semler zufolge sah Goebbels in seinem Tagebuch ein zentrales zeitgeschichtliches Quellenwerk. Er schrieb allerdings nicht direkt aus dem Fenster heraus, vielmehr betrachtete er seine Aufzeichnungen nachweislich als Rohfassung und plante eine gründliche Überarbeitung in einer erhofften müßigen Nachkriegsphase.[68] Insofern dürf-

---

[63] Vgl. exemplarisch: „Ich fühle das Bedürfnis, Rechenschaft über mein Leben abzulegen." GOEBBELS, Aus meinem Tagebuch II, Blatt 132; „mein lieber Gewissensarzt! Zu Dir komm ich am liebsten." GOEBBELS, Tagebücher I/I, 23.9.1924, S. 89; „Gute Nacht, du mein liebes Buch, mein sorgsamer Beichtvater. Dir sage ich Alles. Alles! Hier bin ich Mensch, hier darf ich's sein." Ebenda, 23.3.1925, S. 97; FRÖHLICH, Tagebuch, S. 494 f. Vgl. dagegen: SÖSEMANN, Sinn, S. 148 f.

[64] Vgl.: GOEBBELS, Kaiserhof.

[65] Vgl.: GOEBBELS, Tagebücher, Band I/3,II, 22.10.1936, S. 222/Z. 58-61; REUTH, Goebbels, S. 341.

[66] Zu möglichen Propagandaaspekten der Aufzeichnungen vgl.: SÖSEMANN, Inszenierungen, S. 44 f.

[67] Vgl.: JÄCKEL, Tagebücher, S. 645 f.

[68] Vgl.: GOEBBELS, Tagebücher, Band I/9, 30.3.1941, S. 212/Z. 23-27; „Ich habe nur eine Bitte an das Schicksal, daß es mir eines Tages, wenn dieser Krieg glücklich überstanden ist, zehn Jahre Zeit geben möge, um meine Tagebücher auszuwerten. Darin ist ein solcher Schatz an Erfahrungen und politischen Lehren angehäuft, daß davon viele kommende Generationen von Politikern profitieren können." Goebbels, zitiert nach: OVEN, Finale, 12.7.1943, S. 67; dementsprechend: ebenda, 18.4.1943, S. 646 f.; SEMMLER, 19.1.1941, S. 20 f.; OVEN, Goebbels, S. 160; FRAENKEL/MANVELL, S. 247.

ten gewisse Freiräume für persönliche Momente bestanden haben, und tatsächlich kommen auch einige politisch brisante Aspekte zu recht unverblümter Darstellung.[69]

Ab 1941 erfolgte die Niederschrift des Tagebuchs im persönlichen Diktat an Geheimsekretär Richard Otte.[70] Die Aufzeichnungen weisen ab diesem Zeitpunkt eine weitläufigere Ausführlichkeit auf, zudem sind jeweils Meldungen des „Oberkommandos der Wehrmacht" zur militärischen Lage vorangestellt.[71] Die Bemerkungen zur Judenfrage bewegen sich in einem breiten Spektrum zwischen recht deutlicher Referenz und umständlicher Umschreibung, vorherrschend sind in diesem Zusammenhang Propagandaaspekte.

Bedeutsame inhaltliche wie stilistische Veränderungen sind in der erwähnten, 1934 unter dem Titel „Vom Kaiserhof zur Reichskanzlei" veröffentlichten Ausgabe der Aufzeichnungen von Januar 1932 bis April 1933 nachweisbar.[72] Hierbei erfolgten gewisse Beugungen auch mit antisemitischem Zweck. In diesem Zusammenhang sei auf ein Beispiel verwiesen, das sich im direkten Vergleich der beiden Versionen selbst erklärt: Am 8. Januar 1933 notierte Goebbels: „Auf dem Büro Ärger. Man intrigiert gegen mich in der eigenen Partei. Sucht mir faule Wechselgeschäfte nachzuweisen. Die Rinder! Alles ist sauber. Aber diese Gemeinheit!"[73] In der Kaiserhof-Ausgabe sind diese Textstellen emendiert beziehungsweise umgewandelt. Plötzlich ist von einer internen Intrige keine Rede mehr, vielmehr erscheinen die Unregelmäßigkeiten als Kern einer von Juden explizit gegen Goebbels gerichteten Kampagne: „Die Berliner Judenpresse hat sich einen neuen Trick erdacht. Sie hat sich die Lüge aus den Fingern gesogen, ich hätte faule Wechselgeschäfte gemacht. Aber diese Verleumdung ist zu dumm, als daß sie einer Widerlegung bedürfte."[74]

Wenngleich mit gewissen perspektivischen Brechungen also können anhand der Tagebuchaufzeichnungen Aufstieg, Etablierung und Untergang des Nationalsozialismus verfolgt werden. Über die vorliegende Fragestellung weit hinaus können Einblicke in interne Abläufe neue Zugänge zu geschichtswissenschaftlichen Fragestellungen eröffnen, beispielsweise hinsichtlich der

---

[69] Vgl. jeweils exemplarisch: zu Röhm: REUTH, Tagebücher, Band 2, 1.7.1934, S. 843; zur Blomberg-Fritsch-Krise: GOEBBELS, Tagebücher, Band I/5, 27.1.1938, S. 118/Z. 59-62; zum Heß-Flug: GOEBBELS, Tagebücher, Band I/9, 13.5.1941, S. 309 f./Z. 71-102.

[70] Vgl.: OVEN, Finale, 12. 7.1943, S. 67 f.

[71] Sösemann geht davon aus, daß auch nicht von Goebbels stammende, vorgeformte Textabschnitte ohne diesbezügliche Kennzeichnung in die Tagebuchdiktate integriert sind, vgl.: SÖSEMANN, Sinn, S. 147. Er hat in diesem Zusammenhang auf Übereinstimmungen mit Publikationen von Goebbels in der Berliner Tagespresse („Der Angriff") aufmerksam gemacht, auch nachträgliche Auffüllungen des Textes hält er für nicht ausgeschlossen, vgl.: SÖSEMANN, Inszenierungen, S. 7-12 und S. 17-24; dementsprechend: BENZ, Geschichte, S. 197.

[72] Zu Korrekturen gegenüber dem Originalmanuskript vgl.: SÖSEMANN, Inszenierungen, S. 24-32; NILL, S. 154 f. Zu möglicher interner Kritik gegen diese Publikation vgl.: ROSENBERG, Tagebuch, 7.7.1934, S. 36.

[73] GOEBBELS, Tagebücher, Band I/II, 8.1.1933, S. 329.

[74] GOEBBELS, Kaiserhof, 7.1.1933, S. 236. Zu Ausdruck und Verständnis von „Judenpresse" vgl. grundlegend: HITLER, Kampf, S. 351 f.; DÜHRING, Judenfrage, S. 13-15; vgl. hierzu auch: DIEHL, S. 42-50.

wechselhaften Machtkonstellationen innerhalb der Partei- und Staatsführung, verschiedener kritischer Phasen der Partei oder außenpolitischer Konzepte wie Kriegsziele. Sie können insbesondere in den Nachzeichnungen der Besprechungen zwischen Goebbels und Hitler ein Licht auf die Gedankenwelten des Reichskanzlers werfen, was beispielsweise Ian Kershaw für seine neue Hitler-Biographie ausnutzt. Speziell zur Person Goebbels' lassen sich vielfältige biographische Aspekte erschließen. Vor den Augen des Lesers entsteht ein recht klares Persönlichkeitsprofil. Es zeigt intellektuellen Scharfsinn neben naiver Führertreue, verzehrendes Selbstmitleid neben rücksichtsloser Aggressivität, depressiven Pessimismus neben mitreißender Energie, fanatischen Sozialismus neben individuellem Lebensgenuß und politische Biegsamkeit neben starrer Gradlinigkeit. Das ausgeprägte Sendungsbewußtsein von Goebbels erschließt sich aus dem breiten Spektrum seiner Konzepte. Er äußerte sich in seinen Aufzeichnungen zu ausgesprochen vielfältigen Fragen der Partei-, Staats- wie Kriegführung, oftmals unter Hinweis auf die, seiner Meinung nach, gravierenden Fehler der jeweils Verantwortlichen.

Hans-Dieter Müller nennt das frühe Tagebuch ein Spiegelkabinett, das in vielfachen Brechungen ein Charakterbild von Goebbels erkennbar mache, welches diesem selbst aber verborgen geblieben sei.[75]

4. BEGRIFFLICHE ASPEKTE UND DEUTUNGEN VON ANTISEMITISMUS

Entstehung und Entwicklung von Begriff und Ausdruck des rassischen Antisemitismus sind ausführlich untersucht, dargestellt und gegen den religiösen Antijudaismus abgegrenzt[76], daher können die wesentlichen Gesichtspunkte in grobem Zug skizziert werden.

Im Spätsommer 1879 sprach Wilhelm Marr erstmals von „Antisemitismus". Der Ausdruck gibt allerdings den semantischen Gehalt des Begriffes nicht kongruent wieder, sondern enthält in gewisser Weise abschwächende Anteile. Die Betreiber einer theoretischen und in ihrem Selbstverständnis wissenschaftlichen Auseinandersetzung mit angenommenen oder tatsächlich vorhan-

---

[75] Vgl.: MÜLLER, Goebbels, Teil I, S. 90.

[76] Zu Definition, Entstehung, Funktion und Verwendung des Ausdrucks vgl.: FUCHS/RAAB, S. 49 f.; NIPPERDEY/RÜRUP, S. 129 f., S. 137 f. und S. 140-146; BEIN, Judenfrage, S. 217-244; GLASER, S. 205-216; JONCA, S. 43 f.; GRAML, Reichskristallnacht, S. 45-83; JOCHMANN, Struktur, S. 99-140; SCHULZ, Aufstieg, S. 123-131; GINZEL, Judenhaß, S. 134-164; GREIVE, S. 47-89, BAUER, S. 77-87; POLIAKOV, Geschichte, Band VI, S. 106-119 und S. 184-265. Die früheste nachweisbare Verwendung des Ausdrucks erfolgte 1865 im Staatslexikon, allerdings in anderem Zusammenhang. Zur Entwicklung des politischen Antisemitismus zwischen 1881 und 1912 vgl.: SCHEIL, S. 72-127. Zum Aspekt eines „Antisemitismus der Linken" vgl.: GREIVE, S. 89-98. Zu Aspekten von „Erlösungsantisemitismus" vgl.: FRIEDLÄNDER, Reich, S. 102-105; SCHOEPS, S. 265 f. Zu einem Überblick über Antisemitismus in der Weimarer Zeit vgl.: MANN, Antisemitismus, S. 169-201; vgl. grundsätzlich auch: NOLTE, S. 85 f.

denen problematischen Aspekten des Zusammenlebens mit Juden waren in der Mehrzahl ursprünglich bestrebt, assoziative Verbindungen zu den Einstellungen und Ereignissen des Mittelalters beziehungsweise der frühen Neuzeit zu vermeiden.[77]

In der zweiten Hälfte des 19. Jahrhunderts waren partielle Loslösungen der in langer Tradition betriebenen Judenfeindschaft von ihren religiösen Zusammenhängen vorgenommen worden. Künstlich vermischt mit Grundannahmen und Derivaten Charles Darwins, wurde sie in eine tiefere Sphäre gedrückt. Als wichtigste Konstrukteure oder Wegbereiter von Rassenantisemitismus gelten Graf Joseph Arthur de Gobineau, George Vacher de Lapouge, Edouard Drumont, Eugen Dühring, Wilhelm Marr, Houston Stewart Chamberlain, Adolf Wahrmund, Paul de Lagarde (recte: P.A. Bötticher) und auch Heinrich von Treitschke.

Gobineau behauptete einen generellen Vorrang der weißen Rasse, er sah im *Arier* das eigentlich kreative Element und den Schöpfer von Kultur, während *niedere Rassen* allein zur Knechtschaft existierten. Dabei wähnte er die *arische Rasse* in starker Bedrohung und prophezeite ihren Untergang, wenn es nicht gelänge, sie rein zu halten, es durfte also zu keinen weiteren Vermischungen kommen.[78] Hier wurzeln wohl die Grundüberlegungen der „Nürnberger Gesetze" von 1935. Die judenfeindliche Stoßrichtung dieser Annahmen wurde im wesentlichen von den oben genannten Autoren, allen voran Chamberlain, verstärkt. Diese verbanden die von Gobineau beklagte Degeneration der Rassen mit einer angenommenen Zersetzungskraft und -tätigkeit der Juden und forderten deren Vernichtung, um die *Arier* zu retten.[79] Heinrich von Treitschke wird vorgeworfen, das entsprechende Gedankengut salonfähig gemacht zu haben.[80]

Goebbels unterschied grundsätzlich nicht zwischen biologischer und antisemitischer Rassenlehre, auch religiös bestimmte Aspekte spielten wohl keine Rolle. Er übernahm in Grundannahme und Ableitung im wesentlichen die Kombinationen von Chamberlain, dessen Thesen er nachweislich als richtungsweisend betrachtete.[81] Die Auseinandersetzung mit dem Schriftgut Chamberlains erscheint überhaupt prägend für die Entwicklung und Verfestigung seiner Einstellungen.

---

[77] Vgl.: BEIN, Judenfrage, S. 217 f.; NIPPERDEY/RÜRUP, S. 140 f. Man sprach daher gewissermaßen euphemistisch von „Semiten". Zur Unterscheidung von Semiten und Juden in der zeitgenössischen Diskussion vgl. exemplarisch: CHAMBERLAIN, Band I, S. 251 f., S. 303 und S. 409-525; vgl. hierzu: NIPPERDEY/RÜRUP, S. 130 f.

[78] Vgl. exemplarisch: GOBINEAU, Band 1, S. 163-170 und Band 2, S. 22-100, vgl. hierzu: LÉMONON, S. 39-48. Zur Fortentwicklung vgl. exemplarisch: CHAMBERLAIN, Band I, S. 310-387.

[79] Vgl. exemplarisch: ebenda, S. 310-546; weiterführend zu Chamberlain, mit besonderem Bezug zu Goebbels, vgl.: BÄRSCH, Erlösung, S. 333-369. Zum Aspekt eines Rassenkampfes vgl. exemplarisch: CHAMBERLAIN, Band I, S. 631 f.; DÜHRING, Judenfrage; DÜHRING, Religion; STOECKER, S. 143-271.

[80] Vgl.: TREITSCHKE, S. 575; vgl. hierzu: MANN, Antisemitismus, S. 178 f.

[81] Vgl.: CHAMBERLAIN, Band I, S. 310-378 und S. 411-462; GOEBBELS, Tagebücher, Band I/I, 8.5.1926, S. 178; „Christus [...] lebte bei den Juden und wurde dort gekreuzigt. Das war nicht die Schuld der Juden, so wenig wie es ihr Verdienst war, daß er bei ihnen zur Welt kam und dort lebte." Goebbels, zitiert nach: SCHAUMBURG-LIPPE, S. 47.

Dementsprechend findet sich in Gedankenwelt und Sprachgebrauch eine Vielzahl von Übereinstimmungen zu Chamberlain in Inhalt und Ausdruck, welcher allerdings nur kursorisch durch Angabe der jeweiligen Referenzstelle in den Anmerkungen nachgegangen werden kann, dergestalt werden vereinzelt auch wahrscheinliche Bezüge zu den anderen Autoren hergestellt.

Mögliche Entstehungsbedingungen von Antisemitismus werden in verschiedenen Disziplinen erforscht und diskutiert. Zu unterscheiden sind im weiteren Sinne gesellschaftlich oder ökonomisch orientierte Ansätze von Theorien, die sich mit der Psyche des Individuums beschäftigen.

Geschichtswissenschaftliche Erklärungsversuche setzen sich grundsätzlich mit den Besonderheiten einer bestimmten historischen Situation oder Entwicklung hinsichtlich ihrer Entstehung, Ausprägung, Wechselwirkungen und Bedeutung auseinander und müssen sich, auch im Zusammenhang mit einer Erforschung von Judenfeindschaft, grundsätzlich auf Gesichtspunkte der *ratio* beschränken. Emotional-unbewußte Bedingungen judenfeindlicher Einstellungen erscheinen eher innerhalb psychosozialer Ansätze nachvollziehbar, dies gilt insbesondere für die mitunter in fanatischen Haß entgleisenden Aggressionen von Joseph Goebbels.

Innerhalb der Soziologie wird Antisemitismus als Ausdruck sozialer Desorganisation betrachtet und untersucht, frühe Deutungen von Judenfeindschaft als Gruppenerscheinung sind bereits 1926 entstanden (Fritz Bernstein). Die auf den Triebforschungen Sigmund Freuds aufgebaute und im wesentlichen von Erich Fromm begründete „Kritische Theorie" der „Frankfurter Schule" definiert und erklärt Antisemitismus im Zusammenhang mit defizitären Persönlichkeitsmerkmalen (bis hin zum Selbsthaß) und sozialer Isolation des jeweiligen Betreibers.[82] Die Ausbildung einer antisemitischen Haltung erscheint in dieser Richtung als eine psychosoziale Reaktion von besonders autoritätsgebundenen Menschen auf die politischen, ökonomischen wie sozialen Umbrüche und Abhängigkeitsverhältnisse komplexer Gesellschaften. Eine judenfeindliche Einstellung ermögliche die personifizierende Erklärung der undurchschauten kapitalistischen Moderne mit ihren sozialen Gegensätzen, Krisen und Zwängen, welcher der einzelne relativ ohnmächtig gegenüberstehe.[83]

Unter Berücksichtigung der Einschränkungen Droysens, nur soweit und in solchen Bereichen arbeiten zu wollen, mit denen man sich sachlich vertraut gemacht habe[84], kann auf psychologische Momente in bezug auf die judenfeindliche Einstellung von Goebbels im Rahmen der vorliegenden Arbeit nur kursorisch und mit gebotener Vorsicht verwiesen werden, analytische Auseinandersetzungen müssen den entsprechenden Fachdisziplinen vorbehalten bleiben.

---

[82] Vgl.: RENSMANN, S. 11-14 und S. 28-174; mit besonderem Bezug auf Goebbels vgl.: MÜLLER, Goebbels, Teil I, S. 90-101.

[83] Vgl.: RENSMANN, S. 13.

[84] Droysen, zitiert nach: BRANDT, S. 9.

II. Goebbels und die Juden:
Phasen und Bestimmungsfaktoren
einer Entwicklung

1. VERZWEIFLUNG UND VISION: URSPRÜNGE JUDENFEINDLICHER GRUNDHALTUNGEN 1914-1924

WELTANSCHAULICHE GRUNDLAGEN

Paul Joseph Goebbels wurde am 29. Oktober 1897 in Rheydt als viertes von sechs Kindern einer eher kleinbürgerlichen Familie geboren. Infolge einer Fußbehinderung seit früher Kindheit in eine Außenseiterrolle gedrängt, konnten Kontakte zu Gleichaltrigen offensichtlich nur vereinzelt hergestellt und aufrechterhalten werden. Goebbels entwickelte sich wohl in gewisser Weise zum Eigenbrötler[1], ein Streben nach allgemeiner Anerkennung wurde ihm wahrscheinlich bedeutsam.

Die allgemeine Hochstimmung bei Ausbruch des Ersten Weltkrieges teilte auch der Schüler Goebbels. Vom aktiven Militäreinsatz ausgeschlossen, meldete er sich zu einem freiwilligen Ersatzdienst bei der Reichsbank.[2] In den „Erinnerungsblättern" haben sich (wohl auf Grund ihrer rückblickenden Gestaltung) nur vage Anzeichen von Kriegsbegeisterung niedergeschlagen, aus dem ersten Kriegsjahr sind einige euphorische, teils mythisch durchzogene Schulaufsätze erhalten geblieben.[3] Recht bald aber richtete er sein Augenmerk auf gesellschaftliche Aspekte. Goebbels erhoffte sich von der augenscheinlichen Notwendigkeit, gemeinsame Kräfte über die scharf abgegrenzten Standesschranken hinaus zu bündeln, daß letztere dadurch abgebaut beziehungsweise ganz eingeebnet werden würden, dementsprechende Tendenzen zeichnen sich beispielsweise in privater Korrespondenz mit Bezug auf Idealvorstellungen des von ihm sehr verehrten Wilhelm Raabe ab.[4]

Den alle Schichten durchdringenden Einschnitt im Herbst 1918 erlebte Goebbels als Student in Würzburg. Die Ereignisse der „Novemberrevolution" erfüllten ihn offensichtlich mit Abscheu und begünstigten wahrscheinlich die Ausbildung einer voreingenommenen Haltung gegenüber den neuen staatlichen Strukturen.[5] Etwa zeitgleich begann seine kritische Auseinander-

---

[1] Vgl.: GOEBBELS, Tagebücher, Band I/I, Erinnerungsblätter, S. 2.

[2] Vgl.: ebenda, S. 4; REUTH, Goebbels, S. 23.

[3] Vgl.: GOEBBELS, Nichtkämpfer; GOEBBELS, Lied.

[4] Vgl.: „[N]iemals werde ich somit in den Ruf aus dem Horaz einstimmen können: ‚Odi profanum vulgus' ‚ich hasse das niedere Volk'. [...] Raabe [...] ‚Sieh auf zu den Sternen'." GOEBBELS, Brief Zilles, 26. Juli 1915, Blätter 3 f. Vgl. auch: REUTH, Goebbels, S. 24; SCHRADER, Goebbels, S. 112-115.

[5] Vgl.: GOEBBELS, Tagebücher, Band I/I, Erinnerungsblätter, S. 10. Zu späteren Äußerungen in bezug auf die Revolution von 1918 vgl. exemplarisch: „Reichstagsrede vom 25. Februar 1932", in: GOEBBELS, Reden, Band I, S. 22-42, insbesondere S. 30. Zu Geschichtskritik und revanchistischen Absichten von Goebbels vgl.: KROLL, S. 278-283.

setzung mit der katholischen Religion. Der junge Mann, der sich vormals mit dem Gedanken getragen hatte, Pfarrer zu werden, löste allmählich die inneren Verbindungen zu seiner Konfession.[6] Im Verlauf der wohl sehr engen Beziehung zu der aus guten Verhältnissen stammenden Kommilitonin Anka Stalherm dürfte Goebbels die fortwährende Unüberwindlichkeit sozialer Schranken deutlich geworden sein: Die Familie Frl. Stalherms befürwortete die Verbindung offensichtlich nicht, Heiratspläne wurden verworfen, Goebbels war wieder ausgegrenzt.[7]

Wichtige Stützen seiner Welt brachen in dieser Zeit ein, Goebbels geriet in schwerwiegende innere Krisen und verlagerte sein Interesse nach außen in politische Gebiete.[8] Insbesondere lenkte er hierbei sein Augenmerk, wohl mit gewissen reflexiven Bezügen, auf die soziale Frage und gelangte dabei zu einer dramatischen Einschätzung der Gesamtsituation Deutschlands in politischer, wirtschaftlicher sowie gesellschaftlicher Hinsicht.[9] Claus-Ekkehard Bärsch spricht in diesem Zusammenhang von einem ausgeprägten Katastrophenbewußtsein.[10]

Die Beurteilung seiner persönlichen Lage wie auch der Situation Deutschlands erfolgte von einem Standpunkt tiefer innerer Zerrissenheit und Unzufriedenheit, die Aufzeichnungen deuten dabei eher auf eine emotionale denn auf eine kritisch-sachliche Auseinandersetzung. Die Welt erschien Goebbels „angefault [und] morsch".[11] Dialektisch entgegen setzte er die allmählich ausgebildete Zukunftsvision einer „neuen Welt", gekennzeichnet durch ein besonderes Zusammengehörigkeitsgefühl aller Mitglieder der Gesellschaft und geleitet von einer charismatischen Führergestalt.[12]

---

[6] Vgl.: GOEBBELS, Tagebücher, Band I/I, Erinnerungsblätter, S. 13.

[7] Vgl.: GOEBBELS, Brief Stalherm, 6.9.1919; GOEBBELS, Brief Stalherm, 29.11.1919; GOEBBELS, Tagebücher, Band I/I, Erinnerungsblätter, S. 8 und S. 17; GOEBBELS, Aus meinem Tagebuch I, Blätter 50-105; REUTH, Goebbels, S. 43 f.

[8] Vgl.: GOEBBELS, Tagebücher, Band I/I, Erinnerungsblätter, S. 11. Zu möglichen Selbstmordgedanken vgl. exemplarisch: ebenda, S. 26 und S. 28 f. Zu Momenten der Verzweiflung 1925/1926 vgl.: BÄRSCH, Erlösung, S. 140-151, mit weiteren entsprechenden Belegstellen aus den Tagebuchaufzeichnungen. Zu den Anfängen politischen Interesses vgl.: GOEBBELS, Tagebücher, Band I/I, Erinnerungsblätter, S. 11.

[9] Vgl. exemplarisch: „Im Reich die Dinge auf des Messers Schneide. Hier unter Abschluß von der Welt vergrößert sich das Unglück zu phantastisch-grotesken Dimensionen." Ebenda, S. 28; dementsprechend: ebenda, S. 25-29; „Hirn und Herz sind mir wie ausgetrocknet vor Verzweiflung um mich und mein Vaterland. Eine drückende Schwere liegt über Deutschland. Man muß auf das Schlimmste warten. Ich wollte mithelfen am Wiederaufbau. Und überall weist man mich ab. [...] Verzweiflung! Verzweiflung! Ich mag nicht mehr leben, um all das Unrecht anzusehen. Ich muß mitkämpfen für Recht und Freiheit! Verzweiflung! Hilf mir, großer Gott! Ich bin am Ende meiner Kraft!!!" Ebenda, 4.7.1924, S. 34 (das ist Goebbels' innerer Zustand, kurz bevor er seine „Erinnerungsblätter" aufzeichnet); dementsprechend: ebenda, 7.7.1924, S. 37, 17.7.1924, S. 43, 23.7.1924, S. 48, 25.7.1924, S. 50 und 28.7.1924, S. 51.

[10] Vgl.: BÄRSCH, Erlösung, S. 50 f., S. 83 und S. 163-171; BÄRSCH, Religion, S. 98-103.

[11] Vgl.: GOEBBELS, Saat; REUTH, Goebbels, S. 47.

[12] Vgl.: GOEBBELS, Tagebücher, Band I/I, 27.6.1924, S. 29, 7.7.1924, S. 36 und 30.7.1924, S. 53-55. Zum Aspekt einer Erneuerung von Welt und Mensch vgl.: KROLL, S. 290-307. Zur Entwicklung des Führer-Mythos vgl.: BARTH.

Am Ideal einer derartigen *Volksgemeinschaft* hielt Goebbels auch nach der Machtübernahme 1933 zunächst fest[13], erst in der Wendephase des Krieges distanzierte er sich von dieser Vision. Am 30. Januar 1943, im Anschluß an eine Rede, die er im Angesicht der Vernichtung der 6. Armee bei Stalingrad stellvertretend für Hitler gehalten hatte und in welcher er die deutsche Bevölkerung auf eine Totalisierung des Krieges vorbereitete, äußerte sich Goebbels recht zynisch und resignativ über die Versuche, in Deutschland eine *Volksgemeinschaft* zu erschaffen: Bei Licht besehen, sei es vollkommen gleichgültig, ob man die Diktatur oder die Demokratie für die bessere Regierungsform halte. Betrogen werde das sogenannte ,Volk' in beiden Fällen. Es wolle sogar betrogen werden. Leider habe der Nationalsozialismus einen Großteil seiner Energien an die Verwirklichung eines überhaupt nicht realisierbaren Wunschtraumes verschwendet, den Bauch- und Bettplebs zur ,höheren Stufe einer sogenannten Volksgemeinschaft' emporzuheben. Die Massen blieben, was sie immer schon gewesen seien: dumm, gefräßig und vergeßlich. Genauso müßten sie genommen werden.[14]

Hans-Dieter Müller schließt aus seiner Untersuchung von Goebbels' Dissertation, daß dieser zum Zeitpunkt der Promotion zu selbständig-philosophischem und politischem Denken nicht fähig gewesen sei und sich statt dessen in einer politisch mythologisierten Sphäre zwischen Fatalismus, Autoritätsgläubigkeit und unreflektiertem Patriotismus bewegt habe.[15] Claus-Ekkehard Bärsch hat darauf aufmerksam gemacht, daß Aufbau und Verfolgung der Utopie von *Volksgemeinschaft* in einem möglicherweise unbewußten Streben nach Heilung oder Ausgleich eigener Defekte oder Defizite begründet gewesen sein könnten[16], insofern wären persönliche und politische Aspekte verzahnt.

Sicherlich in gewissem Zusammenhang mit seiner persönlichen Situation und wohl zusätzlich begünstigt durch Berichte seines aus Kriegsgefangenschaft heimgekehrten Bruders „von entsetzlichen und geradezu himmelschreienden Verhältnissen innerhalb des deutschen Kapitalismus während des Krieges"[17], konkretisierte sich seit Frühjahr 1920 allmählich eine dementsprechend kritische Haltung.

Im Zusammenhang mit immer wiederkehrenden Bezugnahmen auf seine materielle Notlage erscheinen in den „Erinnerungsblättern" erste verbale Ausfäl-

---

[13] Zum Ausblick vgl.: „Wenn ich den politischen Durchbruch auf seinen einfachsten Nenner bringe, dann möchte ich sagen: Am 30. Januar ist endgültig die Zeit des Individualismus gestorben." „Ansprache an die Intendanten und Direktoren der Rundfunkgesellschaften", 25. März 1933, in: GOEBBELS, Reden, Band I, S. 82-107, Zitatstelle S. 82.

[14] Goebbels, zitiert nach: BORRESHOLM, S. 11 f.; vgl. auch (abgemildert): SCHAUMBURG-LIPPE, S. 40.

[15] Vgl.: MÜLLER, Goebbels, Teil I, S. 57.

[16] Vgl.: BÄRSCH, Erlösung, S. 69, S. 72 f., S. 137, S. 140 und S. 151-171; HÖHN, S. 247 f.; hierzu exemplarisch: „Klassenkampf und Volksgemeinschaft", in: GOEBBELS, Die Zweite Revolution, S. 13-17; „Idee und Opfer", in: ebenda, S. 17-21; „Der Glaube an das Proletariat", in: ebenda, S. 55-58; „Das russische Problem", in: ebenda, S. 44-47.

[17] GOEBBELS, Brief Stalherm, 14.4.1920, Blätter 114-122. (= Anhang Stück 1).

le gegen Juden, Goebbels beschuldigte sie beispielsweise, als Pfandleiher aus seiner Not Gewinn zu schlagen.[18] Allerdings ist in dieser Zeit wohl noch keine antisemitische Verallgemeinerung erfolgt. Die auffällig positive Gestaltung Judas Iscariots in einem dramatischen Versuch Goebbels' vom Herbst 1918 deutet darauf hin, daß er in dieser Zeitphase noch keine radikal antisemitische Überzeugung vertrat. Die Figur des Judas ist in religiöser wie weltlicher Literatur bereits seit dem 2. Jahrhundert in verschiedenen Abstufungen negativ und oftmals mit scharf judenfeindlicher Kontur dargestellt, Goebbels hingegen charakterisiert den Verräter Christi als selbstlosen sozialrevolutionären Patrioten.[19]

In einem Brief an Anka Stalherm von Anfang 1919 bekannte er im Zusammenhang mit kritischen Bemerkungen des Literaturwissenschaftlers Adolf Bartels zu Heinrich Heine ausdrücklich, daß er den übertriebenen Antisemitismus nicht leiden möge, die Juden seien zwar nicht seine besonderen Freunde, er meine aber, durch Schimpfen oder gar durch Pogrome könne man sie nicht aus der Welt schaffen, und wenn man das könne, so sei es „sehr unedel und menschenunwürdig".[20]

Nach Abschluß seiner Promotion (1922)[21] bemühte sich Goebbels vergeblich um eine Anstellung in der Redaktion einer seriösen Tageszeitung. Mehrfach bewarb er sich beim „Berliner Tageblatt", eine Vielzahl unaufgefordert eingesandter Beiträge wurde nicht angenommen, nur kleinere Artikel konnten in der „Westdeutsche[n] Landeszeitung" untergebracht werden.[22] Ohne greifbare berufliche Perspektive vor Augen, verblieb er in weitgehender wirtschaftlicher Abhängigkeit von seinen Eltern[23] beziehungsweise von seiner neuen Gefährtin, Frl. Else Janke.

KONKRETISIERUNG POLITISCHER KONTUREN

Eine intensive, wenngleich wohl unsystematische Auseinandersetzung mit vielfältigen literarischen und fach- oder pseudowissenschaftlichen Werken begünstigte wahrscheinlich die Ausbildung und allmähliche Verfestigung der Grundlagen politischer Annahmen. Hierbei entnahm Goebbels offenbar einzelne gedankliche Versatzstücke verschiedenster Provenienz und fügte sie nach Gutdünken zu einem eigenen Weltbild zusammen.[24] Etwa ab Winter

---

[18] Vgl. exemplarisch: GOEBBELS, Tagebücher, Band I/I, Erinnerungsblätter, S. 5, S. 14 bzw. S. 16.

[19] Vgl.: ebenda, S. 9; WAMBACH, S. 4-11; GOEBBELS, Judas.

[20] GOEBBELS, Brief Stalherm, 17.2.1919 (= Anhang Stück 2); vgl. exemplarisch: BARTELS, S. 42 f.

[21] Zu möglichen sprachlichen Besonderheiten und Übereinstimmungen mit den späteren Propagandaprodukten vgl.: NEUHAUS, S. 406-416.

[22] Vgl.: GOEBBELS, Tagebücher, Band I/I, Erinnerungsblätter, S. 23 f.; RIESS, S. 13; FRAENKEL/MANVELL, S. 70; REUTH, Goebbels, S. 56 f.

[23] Vgl.: GOEBBELS, Tagebücher, Band I/I, 28.7.1924, S. 51; auch: Nichts erwarte ihn, keine Freude, kein Schmerz, keine Pflicht und keine Aufgabe; es sei ein armseliges Leben, das sich nach dem verdammten Geld richten müsse, vgl.: ebenda, 17.7.1924, S. 43 und 21.8.1924, S. 46.

[24] Vgl.: McMASTERS HUNT, S. 79-93. Kroll warnt hierbei wohl zu Recht vor einer Überbetonung der Verbindungslinien zwischen dem Gedankengut nationalkonservativer Theoretiker und ideologischen Elementen des Nationalsozialismus, vgl.: KROLL, S. 288 f.

1920/21 zeichneten sich vage Verbindungslinien zwischen verschiedenen problematischen Aspekten von Geschichte, Gegenwart wie Zukunft Deutschlands und dem angenommenen Wirken eines *internationalen Judentums* ab. Es ist fraglich, ob dahingehend ein rational gesteuertes Vorgehen angenommen werden kann, möglicherweise waren Prozeß und Produkt zunächst eher emotional bestimmt.[25]

Hatte Goebbels sich zunächst noch für die starken Charaktere der mittelalterlichen Heldenepik und der zentralen Werke des Sturm und Drang begeistert, so vertiefte die Lektüre von Fjodor Michailowitsch Dostojewski und Graf Leo Nikolajewitsch Tolstoi sein gesellschaftliches Problembewußtsein, zudem begründete sie eine nachhaltige Sympathie für Rußland und seine Menschen. Dostojewskis Werk ebnete wohl auch Leitwege in gewissermaßen irrationale Sphären, ein entsprechendes Zitat stellte Goebbels seiner Dissertation voran.[26] Zu den ansonsten gelesenen Autoren gehörten unter anderem Paul Claudel, Gustav Meyrink, August Strindberg und Henrik Ibsen.

Verschiedene Elemente des Gedankenguts von Friedrich Nietzsche durchklingen bereits die frühen Tagebuchaufzeichnungen, Goebbels erwähnte den Philosophen allerdings erstmals in den Notizen des 23. März 1925.[27] Das Werk Wilhelm Raabes brachte ihn möglicherweise in frühen intellektuellen Kontakt mit gewissen gegen Juden (zum Beispiel „Hungerpastor") wie auch gegen das Bürgertum (zum Beispiel „Stopfkuchen") gerichteten Aspekten.[28] „Das dritte Reich" von Arthur Moeller van den Bruck entwickelte unter anderem grundlegende Gedanken zu Bedeutung und Beurteilung von Revolution und Sozialismus als gesellschaftspolitische Phänomene (mit einer entsprechenden Einschätzung der Revolution von 1918), zu einer kritischen Auseinandersetzung mit der Demokratie in der Weimarer Republik sowie zu Geschichte und zukünftigem Stellenwert von Nationalismus.[29]

Persönlich tief erschüttert zeigte sich Goebbels im Zusammenhang mit Oswald Spenglers kulturpessimistischem Buch „Der Untergang des Abendlan-

---

[25] Eine entsprechende Systematisierung ist später im Zusammenhang mit der programmpolitischen Arbeit („Das kleine abc des Nationalsozialisten", „Der Nazi-Sozi") erfolgt, vgl.: GOEBBELS, abc bzw. GOEBBELS, Nazi-Sozi.

[26] Vgl.: GOEBBELS, Tagebücher, Band I/I, Erinnerungsblätter, S. 17 f.; GOEBBELS, Ausschnitte [Blätter 26-28]. Vgl. hierzu: KOPELEW, S. 821 f.; SCHÜDDEKOPF, S. 159-170; SCHILDT, S. 82-85. Zum Dostojewki-Zitat: „Vernunft und Wissen jedoch haben im Leben der Völker stets nur eine zweitrangige, eine untergeordnete, eine dienende Rolle gespielt, und das wird ewig so bleiben. Von einer ganz anderen Kraft werden die Völker gestaltet und auf ihrem Wege vorwärts getrieben, von einer befehlenden und zwingenden Kraft, deren Ursprung vielleicht unbekannt und unerklärlich bleibt, die aber nichtsdestoweniger vorhanden ist." Goebbels (Dissertation), zitiert nach: MÜLLER, Goebbels, Teil I, S. 55.

[27] Vgl.: GOEBBELS, Tagebücher, Band I/I, 23.3.1925, S. 97; MCMASTERS HUNT, S. 83-87.

[28] Zu grundlegenden Aspekten von Goebbels' Einstellungen gegen das Bürgertum vgl.: MÜLLER, Goebbels, Teil I, S. 96 f.

[29] Vgl.: MOELLER VAN DEN BRUCK, S. 1-78, insbesondere S. 8 f. und S. 30 f. sowie S. 130-154 bzw. S. 300-322. Zu zentralen Begriffen im Denken Moeller van den Brucks vgl.: GOELDEL, S. 37-51; hierzu: GOEBBELS, Tagebücher, Band I/I, 18.12.1925, S. 148 f., 30.12.1925, S. 151 und 6.1.1926, S. 153; MCMASTERS HUNT, S. 187-190.

des". Dessen ausgesprochen kritische Einschätzung und Erklärung der abendländischen Verfassung („Herrschaft des Geldes" und des „Intellektes", Gegenbegriff zur Seele) verankerte sich in seinen Gedankenwelten[30] und begünstigte mit hoher Wahrscheinlichkeit eine weitere Ausbildung antikapitalistischer und antiparlamentarischer Einstellungen.[31]

Im Rahmen seines öffentlichen Vortrages zum Thema „Ausschnitte aus der deutschen Literatur der Gegenwart" ging Goebbels am 30. Oktober 1922 auch knapp auf Oswald Spengler ein und bezeichnete dessen eigentlich recht unspektakulären Worte über das Judentum[32] als von „eminenter Bedeutung": Es scheine ihm, daß „hier die jüdische Frage an der Wurzel erfaßt [...][sei][und] eine geistige Klärung der Judenfrage herbeiführen müßte".[33] Eine Erläuterung dieser recht vagen Bemerkungen unterblieb bei dieser Gelegenheit.

Immerhin wird deutlich, daß sich Goebbels im Herbst 1922 mit Grundproblemen der Judenfrage beschäftigte und hierbei Spenglers Auseinandersetzung gegen vereinfachende Erklärungsansätze[34] beziehungsweise auch gegen Formen von Radauantisemitismus abgrenzte – eine politische Linie, die er auch später in der Beurteilung unkontrollierter Aktionen oder Stellungnahmen führender Nationalsozialisten generell beibehielt. Eine scharf judenfeindliche Einstellung, wie sie Ralf-Georg Reuth hier begründet sieht[35], erscheint in diesem Vortrag nicht vermittelt. Dagegen sprach Goebbels an späterer Stelle seiner Ausführungen mit Anerkennung von Professor Friedrich Gundolf. Auch in den „Erinnerungsblättern" erwähnte er persönlich bekannte Juden in einwandfreier Form.[36] Die in der älteren Forschungsliteratur gelegentlich herge-

---

30 Vgl.: SPENGLER, Untergang, Band I, S. 44, S. 154 und S. 232; hierzu: „Spengler 2. Band. Verzweiflung. [...] Spenglers Nachwirkungen. Pessimismus. Verzweiflung. Ich glaube an nichts mehr [...] Spengler ‚Untergang des Abendlandes' II. Band. Erschütternde Wirkung. Bis heute fortdauernd." GOEBBELS, Tagebücher, Band I/I, Erinnerungsblätter, S. 21-23; dementsprechend: ebenda, S. 28 f. Zu möglichen Einflüssen Spenglers auf Goebbels vgl.: MICHEL, S. 104-111; hinsichtlich einer gewissen Nachhaltigkeit der Untergangsvisionen bis 1945 vgl.: „Unausgesprochene Perspektiven (Der deutsche Weltkampf)", in: DAS REICH, Nr. 4, Jahr 1945, 28. Januar, S. 1 f.; SÖSEMANN, Sinn, S. 137. Zum Hintergrund von Spenglers Buch vgl.: FELKEN, S. 131-134. Eine Spezialuntersuchung zu Oswald Spengler entsteht augenblicklich am Lehrstuhl Baumgart.

31 Zu Spenglers Theorie einer Symbiose von Kapitalismus und parlamentarischer Demokratie vgl. exemplarisch: SPENGLER, Untergang, Band II, S. 541 und S. 633. Hinsichtlich einer positiven Prädikation von Sozialismus bei Spengler vgl.: SPENGLER, Untergang, Band I, S. 190 und S. 507-509; SPENGLER, Preussentum, S. 42; hierzu: VÖLKISCHE FREIHEIT, 20.9.1924, Nr. 28, S. 5; auch: SPENGLER, Neubau, S. 3-39; GOEBBELS, Tagebücher, Band I/I, 29.4.1925, S. 108 und 1.5.1925, S. 108; LAGARDE, Band I, S. 96 f.; KROLL, S. 286-289.

32 Judenfeindliche Aspekte fanden in Spenglers Untergangsvisionen eher distanzierte Erklärung als kausale Einbindung. Spengler ging von einem grundsätzlichen Mißverständnis zwischen abendländischer und jüdischer Kultur aus, welche einen tiefgründigen wechselseitige Haß erzeugt habe, vgl.: SPENGLER, Untergang, Band II, S. 246-399, S. 541, S. 580 und S. 587-633; BEIN, Judenfrage, S. 322-324.

33 GOEBBELS, Ausschnitte [Blätter 36-44], Zitatstelle [Blätter 41-42] (= Anhang Stück 3).

34 Vgl. exemplarisch: DINTER, S. 10 f., S. 22-24 und S. 44-55.

35 Vgl.: REUTH, Goebbels, S. 75.

36 Vgl.: GOEBBELS, Ausschnitte [Blätter 45-47] bzw. GOEBBELS, Tagebücher, Band I/I, Erinnerungsblätter, S. 18 und S. 21 f.; REUTH, Goebbels, S. 52 f.

stellten Bezüge zwischen Goebbels' Antisemitismus und seinen jüdischen Professoren sind auf Grundlage der Tagebuchaufzeichnungen, wie erwähnt, bereits von Elke Fröhlich entkräftet worden.[37] Goebbels las in dieser Phase Walther Rathenau und Heinrich Heine.[38]

Etwa in diesem Zeitraum sind wohl auch die autobiographisch geprägte Erzählung „Michael Voormann's Jugendjahre" und deren in Tagebuchform übertragene Version „Michael Voormann" entstanden. Beide Texte bilden die Grundlage für den 1929 herausgegebenen und in mancher Hinsicht bedeutsam überarbeiteten Tagebuchroman „Michael", sie enthalten nicht dessen scharf judenfeindliche Passagen.[39]

Maßgebende antisemitische Beeinflussung erfuhr Goebbels wohl ab 1923 in Auseinandersetzung mit den bereits skizzierten Thesen Houston Stewart Chamberlains.[40] Offensichtlich erfolgte nun eine breitere Beschäftigung mit verschiedenen Gesichtspunkten der Judenfrage, in diesem Zusammenhang rezipierte Autoren waren Eugen Dühring, Paul Anton de Lagarde und Theodor Fritsch; später bezeichnete Goebbels deren Theorien als Gedankengrundlagen der „rassemäßig und kulturell bestimmten Forderungen" der „Nationalsozialistischen Deutschen Arbeiterpartei" (im folgenden NSDAP).[41]

Im Rahmen einer wohl von Frl. Janke vermittelten Anstellung in der Depotbuchhaltung der Dresdner Bank in Köln dürften sich Anfang 1923 mit hoher Wahrscheinlichkeit antikapitalistische Haltungen präzisiert und gefestigt haben.[42] *Nolens volens* selbst zu einem kleinen Zahnrad in den Getrieben der Geldwirtschaft geworden, standen Goebbels dort verschiedene Aspekte finanzwirtschaftlicher Vorgänge täglich vor Augen. In präzisierter Definition und inhaltlicher Umdeutung des kommunistischen Ausdrucks „Kapital" unterschied er nun zwischen „passivem Börsenkapital" und „aktivem Industriekapital".[43] Seine dementsprechende Haltung war damit in ihrer Grundlage

---

[37] Vgl.: FRÖHLICH, Tagebuch, S. 492. Zu Goebbels' Studien bei Gundolf und Freiherr von Waldberg vgl.: SAUDER, Germanist, S. 57-60.

[38] Vgl.: GOEBBELS, Brief Stalherm, 17.2.1919 (= Anhang Stück 2); OVEN, Goebbels, S. 91.

[39] Vgl.: GOEBBELS, Michael Voormann Jugendjahre, Blätter 148-201. Sösemann datiert, mit Bezug auf Heiber, auf die zweite Jahreshälfte 1923, vgl.: SÖSEMANN, Inszenierungen, S. 16 bzw. HEIBER, Goebbels, S. 34. Hinsichtlich einer ideologischen Analyse vgl.: MÜLLER, Goebbels, Teil I, S. 61-82; FRAENKEL/MANVELL, S. 45-48. Zu autobiographischen Bezügen in „Michael Voormann" vgl.: GOEBBELS, Tagebücher, Band I/I, Erinnerungsblätter, S. 14; STEPHAN, S. 25 f.; SINGER, S. 68-79; MAYER, S. 391-394. Zu inhaltlichen Aspekten vgl.: HÖHN, S. 245-255; MAYER, S. 394-399; WAMBACH, S. 2 f. und S. 11-14; NILL, S. 155-160.

[40] Vgl.: GOEBBELS, Tagebücher, Band I/I, Erinnerungsblätter, S. 27; in späteren Einträgen bezeichnete Goebbels ihn als „Bahnbrecher", „Wegbereiter", „Vater unseres Gedankens", vgl.: ebenda, 8.5.1926, S. 178. Zu einem persönlichen Besuch bei Eva Chamberlain vgl.: ebenda, 24.7.1933, S. 450.

[41] Vgl.: GOEBBELS, Kampf um Berlin, S. 216. Zu Grundlagen der Rassentheorie Chamberlains vgl.: CHAMBERLAIN, Band I, S. 310-378. Zu den genannten Autoren vgl. exemplarisch: DÜHRING, Judenfrage, S. 90; DÜHRING, Religion, S. 135 f.; LAGARDE, Band I; LAGARDE, Band II; FRITSCH.

[42] Vgl.: GOEBBELS, Tagebücher, Band I/I, Erinnerungsblätter, S. 24; hierzu: REUTH, Glaube, S. 28-30.

[43] Vgl.: GOEBBELS, Tagebücher, Band I/I, Erinnerungsblätter, S. 25-27. Zu verächtlichen Bemerkungen über Geld vgl.: GOEBBELS, Aus meinem Tagebuch II, Blatt 133. Die Abgrenzung

wohl vervollständigt. Sie stützte sich auf die Annahme völliger Unvereinbar-
keit (börsen-) kapitalistischer und völkischer Interessen, im kleinen sah er sich
persönlich benachteiligt.[44]

Die Bedeutung dieser relativ kurzen Berufstätigkeit für Goebbels' ideologische Prägung ist daher wohl recht hoch einzustufen. Schlagwortartig streute er in die entsprechenden Bemerkungen der „Erinnerungsblätter" auch Hinweise auf „das Judentum" ein. Zusammenhänge erscheinen möglich, sind aber
auf heutigem Quellenstand nicht nachweisbar.[45]

Von der Inflation 1923 erhoffte sich Goebbels zunächst tiefe Einbrüche der
kapitalistischen Strukturen, er bekannte: „Ich bin deutscher Kommunist."[46]
Im weiteren Verlauf aber mischten sich starke Bedenken ein, er sah das „Unglück zu phantastisch-grotesken Dimensionen" vergrößert.[47]

Tatsächlich hatte die Geldentwertung erschreckende Ausmaße angenommen[48], Goebbels sah die Guthaben kleiner Sparer zerfallen, während sich andere ihrer Schulden elegant entledigen beziehungsweise ihr Vermögen durch
„heilige Spekulation"[49] vervielfachen konnten. Stark moralisch wertend notierte er schließlich, vom Geld komme alles Übel der Welt, der Mammon sei
die Verlebendigung des Bösen im Prinzip der Welt, er hasse das Geld aus dem
tiefsten Grunde seiner Seele.[50] Im Niedergang des III. Reiches erfolgte noch
einmal eine Wiederaufnahme dieser Motive: In einer Rundfunkansprache vom
28. Februar 1945 nannte der Propagandaminister die Göttin der Geschichte

---

zwischen „schaffendem" und „raffendem" Kapital geht auf Überlegungen Gottfried Feders zurück, die er 1919 in seiner Broschüre „Manifest zur Brechung der Zinsknechtschaft des Geldes"
publiziert hatte und die wohl auch Hitler seinerzeit beeinflußt hatte, vgl.: TYRELL S. 30 f. Zur
entsprechenden Unterscheidung Hitlers vgl. exemplarisch: HITLER, Kampf, S. 228-233 (dementsprechend: GOEBBELS, abc, S. 11; GOEBBELS, Lenin, S. 18 f.). Vgl. auch: „Ich will mich jetzt
in Gottfried Feders ‚der deutsche Staat auf nationaler und sozialer Grundlage' vertiefen. Der
Katechismus der völkischen Bewegung, wie Adolf Hitler sagt." GOEBBELS, Tagebücher, Band
I/I, 20.9.1924, S. 88.

[44] Später formulierte er diesen Aspekt präzise: „Kommunisten und Nationalsozialisten werden
oft in einem Atemzug genannt. Man sagt: ‚sie sind beide Antikapitalisten' – das stimmt! Aber
der Unterschied ist dennoch sehr gravierend: Wenn die Kommunisten von Kapital sprechen,
dann meinen sie jeden privaten Reichtum. Wenn wir sagen, wir sind gegen den Kapitalismus,
dann heißt das: wir sind gegen den Mißbrauch des Kapitals!" Goebbels, zitiert nach: SCHAUM-
BURG-LIPPE, S. 205.

[45] Vgl.: GOEBBELS, Tagebücher, Band I/I, Erinnerungsblätter, S. 26 f.; hierzu möglicherweise ursächlich: CHAMBERLAIN, Band I, S. 270.

[46] GOEBBELS, Tagebücher, Band I/I, Erinnerungsblätter, S. 27; vgl. hierzu: LÖW, Denken, S. 94-
104.

[47] Vgl.: GOEBBELS, Tagebücher, Band I/I, Erinnerungsblätter, S. 28.

[48] Vgl.: FISCHER, Wirtschaft, S. 159-162 und S. 166 f.; BORCHARDT, S. 697-703; KELLENBENZ, S.
428-433. Zur Entwertung der Mark 1920-1923 vgl.: QUELLEN ZUR DEUTSCHEN WIRTSCHAFTS-
UND SOZIALGESCHICHTE VOM ERSTEN WELTKRIEG BIS ZUM ENDE DER WEIMARER REPUBLIK, S.
538.

[49] GOEBBELS, Tagebücher, Band I/I, Erinnerungsblätter, S. 25.

[50] Vgl.: GOEBBELS, Aus meinem Tagebuch II, Blatt 133; entsprechend: GOEBBELS, Tagebücher,
Band I/I, 9.7.1924, S. 37, 17.7.1924, S. 41 und 28.7.1924, S. 51. Zu eingestreuten antisemitischen
Bemerkungen vgl.: ebenda, Erinnerungsblätter, S. 26 und S. 27; hierzu auch: REUTH, Goebbels,
S. 59-63.

eine „Hure des Geldes und eine feige Anbeterin der Zahl", falls sie einen Triumph der Gegner zulasse.[51]

Die Vision eines von jeglicher Fremdbestimmung freien[52], in neuer Gesellschaftsordnung[53] national-sozialistisch[54] organisierten Großdeutschland[55] rückte bis 1924 in dramatischer Weise ins Zentrum jeglicher politischer Auseinandersetzung.[56]

In diesen Zusammenhängen zog Goebbels nun in mancher Hinsicht antisemitische Verbindungslinien, die ihn wohl zur Überzeugung leiteten, daß der Weg zur Verwirklichung der entsprechenden Pläne auf internationaler wie auf nationaler Ebene durch Juden absichtlich blockiert werde, um Ausbeutung und Zerstörung der deutschen Nation ungehindert fortsetzen zu können. Er sah Deutschland innen- wie außenpolitisch in einem Spannungsfeld zwischen Kapitalismus und Bolschewismus[57], ging dabei allerdings nicht von einer Identität der Exponenten aus, vielmehr wähnte Goebbels ein *internationales Judentum* als verbindendes Element hinter den beiden an sich entgegengesetzten Prinzipien.[58]

---

[51] Vgl.: „Rundfunkansprache", 28. Februar 1945, in: GOEBBELS, Reden, Band II, S. 429-446, Zitatstelle S. 435; hierzu: DÜHRING, Judenfrage, S. 17-20 und S. 147-155; HITLER, Kampf, S. 308.

[52] Vgl.: GOEBBELS, Tagebücher, Band I/I, 11.7.1924, S. 40; zur weiteren Entwicklung dieses Aspekts: ebenda, 28.5.1925, S. 115 und 16.11.1930, S. 634.

[53] Vgl.: ebenda, 7.7.1924, S. 36 und 30.7.1924, S. 53 f.

[54] Vgl.: ebenda, 30.7.1924, S. 53 f., 9.7.1924, S. 38 und 14.7.1924, S. 41. Sichtweise und inhaltliche Definition von Sozialismus unterschieden sich dabei aber grundsätzlich von den entsprechenden marxistischen Ansätzen, hinter den gleichen Ausdrücken standen unterschiedliche Begriffe. Hans-Dieter Müller spricht hier von Entkonkretisierung und Umdeutung eines eher materiell definierten Begriffs von Sozialismus in einen metaphysisch verstandenen (Befreiung von kapitalistischer Ausbeutung vs. Bodenverbundenheit, Opfer, Kampf, Volksgemeinschaft), in diesem Zusammenhang ist auch die begriffliche Aufspaltung von Kapital in Industrie- und Börsenkapital zu sehen, vgl.: MÜLLER, Goebbels, Teil II, S. 147 f.

[55] Vgl.: GOEBBELS, Tagebücher, Band I/I, 11.7.1924, S. 40; zur weiteren Entwicklung dieses Aspekts: ebenda, 28.5.1925, S. 115 und 16.11.1930, S. 634.

[56] Vgl.: „Die völkische Frage verknüpft sich in mir mit allen Fragen des Geistes und der Religion. Das hat nichts mehr mit Politik zu tuen. Das ist Weltanschauung. Ich fange an Untergrund zu finden. Boden, auf dem man stehen kann. Wir kämpfen nur um eins: um die wirkliche deutsche Freiheit. [...] Ein freies Volk in der Arbeit an Staat und Gemeinschaft. Keine Kirchhofsruhe, sondern Zucht in der Freiheit." Ebenda, 20.8.1924, S. 73; hierzu: BÄRSCH, Erlösung, S. 43-71. Goebbels stützte sich hierbei wohl auf Teile des ursprünglich national orientierten sozialistischen Konzepts von August Bebel, der sich ausdrücklich gegen antisemitische Tendenzen gewandt hatte, vgl. exemplarisch: BEBEL, S. 14-21, sowie auf Gedanken des scharf antisemitischen Gründers der „Christlichsozialen Arbeiterpartei", Adolph Stoecker, vgl. exemplarisch: STOECKER, S. 143-271. Zu Goebbels' positiver Beurteilung Bebels im Jahr 1932 vgl.: „Preußen muß wieder preußisch werden", Wahlrede Mitte April 1932, in: GOEBBELS, Revolution, S. 63. Bemerkungen von Goebbels über Stoecker in: GOEBBELS, Kampf um Berlin, S. 216.

[57] Vgl.: DÜHRING, Judenfrage, S. 94; REUTH, Glaube, S. 30 f.

[58] 1926 präzisierte er diesen Gesichtspunkt wie folgt: „Die Judenfrage, auch die im Bolschewismus, ist komplizierter als man denkt. Es wird wahrscheinlich nicht so sein, daß der kapitalistische oder der bolschewistische Jude ein und dasselbe sind. Vielleicht im Endeffekt, niemals aber in der heutigen Praxis. Vielleicht wollen sie zuletzt beide dasselbe: Du sollst alle Völker fressen!" „National und international?", in: GOEBBELS, Die Zweite Revolution, S. 40-43, Zitatstelle S. 42; vgl. auch: KÜHNL, Linke, S. 356-359.

Gewissermaßen komplementär zu der angenommenen jüdisch-kapitalistischen Ausbeutung in wirtschaftlicher Hinsicht schien Deutschland auf politischer Ebene einer latenten jüdisch-bolschewistischen Bedrohung ausgesetzt. Goebbels ging davon aus, daß von dieser Seite stetig auf eine nachhaltige innenpolitische Schwächung des Reichs hingearbeitet werde, um aus einem Zustand relativer Unregierbarkeit internationale Herrschaftsstrukturen einzurichten, mit dem übergeordneten Ziel, die wirtschaftliche Ausbeutung ungestört fortzusetzen und, letztlich global, auszuweiten.[59] Insofern sah er ursächliche strukturelle Zusammenhänge zum parlamentarischen System, zur politischen Meinungsbildung in Presse und Literatur, zu „Versailler Vertrag" und Inflation sowie ereignisgeschichtliche Verbindungen zu „Novemberrevolution" und „Räterepublik".[60]

Seine Haltung zum Bolschewismus erscheint allerdings nicht frei von Widersprüchen. Eigentlich fand Goebbels wesentliche Elemente eines im mancher Hinsicht auch für Deutschland (mit den entsprechenden Umdeutungen) angestrebten staatlichen Sozialismus in der Sowjetunion idealtypisch verwirklicht – eine Einschätzung, an welcher er mit einigen Einschränkungen, *notabene*, Zeit seines Lebens festhielt.[61]

Besonders den „Versailler Vertrag" von 1919 interpretierte Goebbels mittlerweile als Symbol und Werkzeug international-jüdischer Unterdrückung und Ausbeutung. Hatte er die Pariser Vereinbarungen bislang in seinen Aufzeichnungen unerwähnt belassen, so äußerte er sich Ende August 1924 plötzlich mit bitteren antisemitischen Kommentaren und dunklen Drohungen zu Gegenstand und Verlauf der „Londoner Konferenz", auf welcher die Modalitäten der Reparationszahlungen im Rahmen des „Dawes-Plans" verhandelt wurden: Das Herz krampfe sich zusammen bei dem Gedanken, daß man nun ein geknech-

---

[59] Vgl.: GOEBBELS, Tagebücher, Band I/I, 30.7.1924, S. 53 f. Vgl. hierzu möglicherweise grundlegend: DÜHRING, Judenfrage, S. 90 („Sie sind ein zersetzendes Element geworden, welches sich in die andern Völker eindrängt und deren politisches Gefüge zum Vorteil der auserwählten Interessen ausnutzt.").

[60] Vgl. hierzu: CHAMBERLAIN, Band I, S. 382; GOEBBELS, Tagebücher, Band I/I, 30.7.1924, S. 53 f. und 30.8.1924, S. 80. Zur tatsächlichen Beteiligung von Juden bei der Novemberrevolution 1918 vgl. ausführlich: ANGRESS, Juden, S. 137-308; KNÜTTER, S. 69-71; MANN, Antisemitismus, S. 186-189; ADLER, Juden, S. 139-146. Auch die verfassungsrechtlichen Konturen der Weimarer Republik konnten mit Hugo Preuß auf einen Juden zurückgeführt werden. Zu dieser Verfassungskonzeption vgl.: MAUERSBERG, S. 56-125; HUBER, S. 954 und S. 1178-1204; GOEBBELS/MJOELNIR, Isidor, S. 47.

[61] Vgl.: GOEBBELS, Tagebücher, Band I/I, 30.7.1924, S. 53 und 9.7.1924, S. 38. Im Sommer 1924 vertrat er die Ansicht, der Bolschewismus sei in seinem Kern gesund und erst später „jüdisch verseucht worden", vgl.: ebenda, 7.7.1924, S. 35. Die wirklichen Arbeiter, „in Tatsache national bis auf die Knochen", würden von den ihnen geistig sehr überlegenen Juden „mit ihrem Phrasenbrei vernichtet", vgl.: ebenda, 14.7.1924, S. 41; auch: CHAMBERLAIN, Band I, S. 386. Daher forderte er euphorisch: „Russische Männer, jagt das Judenpack zum Teufel und reicht Deutschland die Hand. Zum kommenden Menschen." GOEBBELS, Tagebücher, Band I/I, 30.7.1924, S. 54. Schon Marr hatte Ende des 19. Jahrhunderts entsprechende Zusammenhänge gesehen, vgl.: MARR, Judenthum, S. 34 f.; MARR, Anarchie, S. 115-132; dementsprechend später: GOEBBELS, Lenin, S. 17 und S. 31.

tetes Sklavenvolk sei und ausländischen Juden für Ewigkeit oder bis zu einem Zeitpunkt der Selbstbefreiung Zins zahlen solle[62]: „Dann vae victis."[63]

Im Rahmen der politischen Meinungsbildung in Deutschland betrachtete Goebbels jüdische Autoren und Verleger wohl zunächst als die gefährlichsten Gegner. Er fand, daß ihre Darlegung vaterländischer und sozialistischer Fragestellungen mit einer schwer entschlüsselbaren und daher irreführenden Doppelbödigkeit erfolge[64]: „Aber diese jüdischen Ideologen lassen das außer acht, was als ewiges Gesetz in der Brust des abendländischen Menschen geschrieben steht: die Liebe zum Vaterland. Darum bekämpfen wir diese phantastische, lügenhafte [...] Ideenwelt."[65] In recht nüchterner Einschätzung der Möglichkeiten mancher Parteigenossen mußte er später zugeben, daß argumentative Auseinandersetzungen leicht mit Niederlagen für seine Seite enden konnten, möglicherweise fühlte sich auch Goebbels selbst ihnen nicht in jeder Beziehung gewachsen, stand er doch damals erst am Anfang seiner demagogischen Erfolge.[66]

Seine antisemitische Haltung hatte bereits im Sommer 1924 einen hohen Schärfegrad erreicht[67], teilweise plädierte Goebbels für physische Gewaltmaßnahmen bis hin zur Deportation.[68] Derartige Entgleisungen waren in dieser frühen Entwicklungsstufe grundsätzlich nicht gegen persönlich bekannte Juden gerichtet, seine Idiosynkrasien bezogen sich überwiegend auf eine gewissermaßen ungreifbare anonyme gesellschaftliche Größe. Die judenfeindlichen Einstellungen bildeten sich insofern weitgehend unabhängig von ihrem Ob-

---

[62] Vgl.: GOEBBELS, Tagebücher, Band I/I, 30.8.1924, S. 80, 14.7.1924, S. 41, 21.7.1924, S. 46, 23.7.1924, S. 48, 28.7.1924, S. 51, 12.8.1924, S. 63, 20.8.1924, S. 73 und 29.8.1924, S. 79; hierzu wohl ursächlich: CHAMBERLAIN, Band I, S. 19 und S. 382.

[63] GOEBBELS, Tagebücher, Band I/I, 23.8.1924, S. 76. Zum Aspekt der Sklaverei wie auch zum zitierten römischen Motto vgl.: MARR, Judenthum, S. 4 bzw. Titelblatt.

[64] Vgl.: „Maximilian Harden ‚Prozesse'. Wie verlogen manchmal, wie selbstgefällig, wie für den eigenen lieben Rausch geschrieben. Dabei überraschende Geistesblitze. Meine Herren Völkischen, Sie müssen etwas regsamer, etwas geistig elastischer sein, um diese Art von Schriftstellern kaput [sic] zu machen. Mit Schimpfen und [unleserlich] allein geht das nicht. Harden ist ein Mann, der aufs Ganze geht, mit Schärfe, Lauge, Witz und Satire. Die typisch jüdische Kampfesweise. Ob man die Juden anders schlagen kann, als mit ihren eigenen Waffen? Ich sehe mit großer Besorgnis in die völkische Zukunft." GOEBBELS, Tagebücher, Band I/I, 30.6.1924, S. 30 f. Zum angesprochenen Buch vgl.: HARDEN. Zu Harden (alias Isidor Witkowski) vgl.: MANN, Harden, S. 292-305; auch: „An Harden kann man, wenn man die Augen aufmacht, die ganze Rassenfrage studieren." GOEBBELS, Tagebücher, Band I/I, 2.7.1924, S. 31; dementsprechend: ebenda, 27.6.1924, S. 30, 4.7.1924, S. 33 f. und 7.7.1924, S. 35; hierzu auch: BÄRSCH, Erlösung, S. 234, BÄRSCH, Religion, S. 104.

[65] GOEBBELS, Tagebücher, Band I/I, 2.7.1924, S. 32.

[66] Vgl.: ebenda, 30.6.1924, S. 30 f. und 10.9.1924, S. 84.

[67] Vgl.: „Judenfrage. Ich darf kaum noch etwas darüber lesen, ich ärgere mich halbtot." Ebenda, 11.8.1924, S. 63; dementsprechend: ebenda, 30.6.1924, S. 30 f. und 25.9.1924, S. 90; MÜLLER, Goebbels, Teil I, S. 88 f.

[68] Vgl.: „Wenn ich in Deutschland zu sagen hätte, dann würden Sie [Harden] heute noch im Verein mit Herrn Warburg, Herrn Louis Hagen, Herrn Nathan und etlichen anderen gelben Lümmeln im Viehwagen über irgend eine Grenze geschoben. Der Geist ist eine Gefahr für uns. Wir müssen den Geist überwinden." GOEBBELS, Tagebücher, Band I/I, 2.7.1924, S. 32. (Goebbels referiert mit „Geist" generell auf Intellektualismus).

jekt, die Begriffsdefinition der „Kritischen Theorie" erscheint zutreffend.[69] Im Verborgenen seiner Aufzeichnungen konnte Goebbels für einzelne Juden sogar Worte des Respekts finden, beispielsweise für Rosa Luxemburg. Er sah in ihrem starken Idealismus die Triebfeder ihres politischen Engagements, was er positiv bewertete[70], vielleicht mit Bezügen auf seine eigene Motivation.

Goebbels bezeichnete seine Einstellung in dieser Zeit ausdrücklich als antisemitisch, er distanzierte sich hierbei allerdings von opportunistischen Motiven jeglicher Art. Reflexive Tagebucheinträge vom Sommer 1924 weisen auf ein besonderes Streben nach Einsicht, Klarheit und auch nach einer gewissen Gerechtigkeit in der Judenfrage.[71] Die teiljüdische Abstammung seiner Gefährtin Else Janke erscheint vor diesem Hintergrund in gewisser Weise ironisch, sah er doch seine Beziehung durch diesen Sachverhalt belastet, ohne zunächst allerdings Konsequenzen zu ziehen. Mitte 1925, Goebbels stand am Beginn seiner Parteikarriere, gestand er sich dann aber ein, daß eine Heirat mit Frl. Janke nicht möglich sei.[72]

Bis Sommer 1924 hatte sich also aus den antikapitalistischen, sozialistischen und nationalistischen Versatzstücken allmählich und Goebbels selbst möglicherweise gewissermaßen unbewußt ein Gesamtbild mit antisemitischem Kolorit entwickelt. Hinsichtlich der radikal-sozialistischen Elemente bewegte er sich damit teilweise in einer Tradition, die Hannah Arendt „Antisemitismus der Linken"[73] nannte und die auf Karl Marx persönlich zurückgeführt worden ist.[74]

Diese Überlegungen bilden wohl, vor dem Hintergrund möglicher begünstigender psychologischer Dispositionen, die Grundlage seiner antisemitischen Einstellung. Sie erscheint in gesellschaftlicher Hinsicht national-sozialistisch bestimmt. Punktuelle Ergänzungen erfuhr sie offenbar durch einige rassistische Elemente in bezug auf die insbesondere von Chamberlain angenommene generelle Gefährdung Zentraleuropas im „Rassenkampf" – Goebbels nahm die Juden durchaus als eine dem *Arier* entgegenwirkende Rasse wahr.[75]

Die Grundannahme einer grenzübergreifend gesteuerten jüdischen Verschwörung gegen Deutschland und die daraus abgeleitete Notwendigkeit ra-

---

[69] Vgl.: RENSMANN, S. 92 f.

[70] Vgl.: GOEBBELS, Tagebücher, Band I/I, 2.7.1924, S. 32.

[71] Vgl.: „Man kann als Mensch so schlecht aus seiner Haut heraus. Und jetzt ist meine Haut doch eine etwas einseitige [sic] antisemitische. Hoffentlich werde ich bald klar und gerecht." Ebenda, 4.7.1924, S. 33; dementsprechend: ebenda, 21.8.1924, S. 74.

[72] Vgl.: ebenda, Erinnerungsblätter, S. 25 bzw. 8.6.1925, S. 117.

[73] Kernelemente: Kampf gegen jüdische Einflußnahme auf Politik und Wirtschaft bzw. Einsatz von Antisemitismus als revolutionäres, staatsfeindliches Moment, vgl.: ARENDT, S. 74-76.

[74] Vgl.: MARX, S. 42-49; HÖVER, S. 159; REINHARZ, S. 229-245; GREIVE, S. 89-98. Zu antisemitischen Aspekten bei Marx vgl.: ARENDT, S. 57 f. und S. 71-86; SILBERNER, Kommunisten, S. 16-42; SILBERNER, Sozialisten, S. 107-142; GLASNER, S. 250-264; HAUG, S. 235-241, in kritischer Auseinandersetzung mit Silberner. Zu antisemitischen Aspekten bei Friedrich Engels und Ferdinand Lassalle vgl.: SILBERNER, Sozialisten, S. 143-180. Zu antisemitischen Elementen in der Agitation der KPD vgl.: WINKLER, S. 349 f.

[75] Vgl.: „Das Geld ist die Kraft des Bösen und der Jude sein Trabant. Arier, Semit, positiv, negativ, aufbauend, niederreißend. Der Jude hat die schicksalhafte Mission, die kranke arische Rasse

dikaler Gegensteuerung hatten sich damit bereits in dieser frühen Phase als Zentralaspekte der wahrgenommenen Gesamtproblematik ausgebildet.[76] Sie erscheinen zunächst als tatsächliche Überzeugungen und bildeten, ab 1926 im Kontakt zu Hitler maßgeblich gefestigt, den Ausgangspunkt aller antisemitischen und antibolschewistischen Agitation der Folgejahre. Ab 1939 ergaben sich wohl gewisse innere Distanzierungen, Goebbels erhielt die Verschwörungstheorie allerdings als Propagandakonstruktion bis in die Krisenjahre des Krieges aufrecht[77], dann mit hoher Wahrscheinlichkeit aber teilweise entgegen innerer Überzeugung.[78]

---

wieder zu sich selbst zu bringen. Unser Heil oder unser Verderben. Das hängt von uns ab." GOEBBELS, Tagebücher, Band I/I, 6.8.1924, S. 60. Zum Aspekt eines Kampfes ums Dasein vgl.: ebenda, 11.7.1924, S. 40. Zum Aspekt jüdischer Gefahr vgl. exemplarisch: CHAMBERLAIN, Band I, S. 18 f. und S. 397-405; SPENGLER, Untergang, Band II, S. 193. Zu fatalistischen Zügen im Geschichtsbild von Goebbels vgl.: KROLL, S. 270-273; BÄRSCH, Erlösung, S. 181-183. In ähnlichem Argumentationszusammenhang ist wohl auch die besonders kritische Haltung zum Bürgertum hauptsächlich zu erklären, denn die wahrgenommene „Trägheit", das biedere und widerstandslose Hinnehmen der von Goebbels so leidenschaftlich beobachteten, analysierten und kommentierten Gesamtsituation Deutschlands, das also passive Blockieren einer günstigeren Zukunft erschien ihm ebenso verwerflich wie die angenommene aktive Gegenwirkung des Judentums. Vgl. hierzu, später entstanden, exemplarisch: „Idee und Opfer", in: GOEBBELS, Die Zweite Revolution, S. 17-21, Zitatstelle S. 18. Goebbels ging hierbei noch weiter und behauptete, das Bürgertum habe durch seine Passivität erst die deutsche Arbeiterschaft in die Hände der Juden getrieben, vgl.: GOEBBELS, Lenin, S. 20; hierzu: SCHULZ, Aufstieg, S. 399 f. Der Aspekt der kritischen Distanz zum Bürgertum erscheint insofern bedeutsam, als Goebbels ebendort später die Keimzellen für Widerstände gegen die Judenpolitik des III. Reiches sah. Seine Argumentation richtete sich dementsprechend gegen die „politische Instinktlosigkeit" in bezug auf die angenommene jüdische Gefahr und gegen eine aus seiner Sicht larmoyante Anteilnahme an Einzelschicksalen, die bis zur Unterminierung judenpolitischer Maßnahmen führen konnte.

[76] Vgl. hierzu möglicherweise grundlegend: DÜHRING, Judenfrage, S. 168-175; auch: KROLL, S. 303.

[77] Vgl. auch: „Marxismus und Liberalismus sind gleiche Größen mit umgekehrten Vorzeichen." GOEBBELS, Wege, S. 6. Von der gleichen Annahme ging auch Alfred Rosenberg aus, vgl. hierzu: KROLL, S. 301 f. Zum Aspekt von Antisemitismus zur Verbindung antagonistischer Bestandteile (Antibolschewismus und Antikapitalismus) in der nationalsozialistischen Weltanschauung vgl.: MOMMSEN, Funktion, S. 184. Zur tatsächlichen Zusammensetzung der Kommunistischen Partei der Sowjetunion und ihrer Haltung in der Judenfrage vgl.: SILBERNER, Kommunisten, S. 138-210.

[78] Vgl.: BORRESHOLM, S. 179 f.; insbesondere: „Kundgebung des Gaues Berlin der NSDAP", 18. Februar 1943, in: GOEBBELS, Reden, Band II, S. 172-208, Zitatstellen S. 177 und S. 181.

2. VÖLKISCHE POLITIK UND AGITATION: PRÄZISIERUNG UND AUSRICHTUNG AGGRESSIVER EINSTELLUNGEN 1924-1926

ANFÄNGE POLITISCHER AKTIVITÄT

Im Sommer 1924 zeichnete sich für Goebbels ein Ende der persönlichen und beruflichen Orientierungslosigkeit ab. Fritz Prang, ein ehemaliger Schulkamerad, lud ihn zu einer Versammlung der Elberfelder Ortsgruppe der „Deutschvölkischen Freiheitspartei" (im folgenden DVFrP), einem Surrogat der damals verbotenen NSDAP im Rheinland[1], ein. Obgleich sich Goebbels über Protagonisten und Ablauf der Veranstaltung recht kritisch äußerte[2], war doch der erste Schritt zur aktiven Politik getan.

Besondere Motivation schöpfte er wenig später aus seiner Teilnahme am Parteikongreß der getarnten Nationalsozialisten in Weimar.[3] Im Laufe dieser Veranstaltung fand der eher unauffällige Einzelgänger, daß er ein akzeptiertes Mitglied einer breiteren Bewegung sei, möglicherweise konnte er Kontakt zu einigen Spitzen der Partei (Erich Ludendorff, Julius Streicher, Gregor Straßer, Albert von Graefe) herstellen. Insbesondere Ludendorff habe im persönlichen Gespräch viele skeptische Einwände beseitigt und ihm „den festen, letzten Glauben" gegeben.[4] Goebbels hatte also eine gewisse Stabilisierung erfahren, wenngleich er infolge einer gewissen Neigung zur Wankelmütigkeit doch im weiteren Verlauf auch immer wieder, und zwar insbesondere in räumlichem Abstand zu politischen Leitfiguren, erschüttert wurde – ein Verhaltensmuster, das sich dann in bezug auf Hitler festigte.[5]

Im Hinblick auf die Judenfrage könnten Goebbels auf dem Parteitag einschlägige Impulse zugekommen sein, wenngleich er hierbei eine gewisse Distanz zu den ausufernden Darlegungen Julius Streichers, Herausgeber des radikal-antisemitischen Blattes „Der Stürmer"[6], wahrte, die er auch, mit einigen

---

1 Vgl.: BÖHNKE, S. 38-81.
2 Vgl.: GOEBBELS, Tagebücher, Band I/I, 30.6.1924, S. 31.
3 Vgl.: SCHILDT, S. 18-21. Die Tagebucheintragungen vom 19. August 1924 spiegeln seine fiebrige Begeisterung wider. Noch am Vortag, als es schien, daß er in Ermangelung der notwendigen Mittel kurzfristig auf eine Teilnahme am Kongreß verzichten müsse, hatte er geschrieben: „Nebenbei: ich glaube, so ein Parteikongreß ist etwas Schreckliches. Die Mengen Massen Menschen, die alle gerne einmal reden möchten. Und dabei lauter Gesinnungsfreunde." GOEBBELS, Tagebücher, Band I/I, 15.8.1924, S. 65.
4 Vgl.: ebenda, 19.8.1924, S. 67.
5 Vgl.: „Bin ich auf dem richtigen Weg? Ich zweifle manchmal. Fände ich doch den felsenfesten unbeirrbaren Glauben!!!" Ebenda, 22.9.1924, S. 89.
6 Vgl. exemplarisch: „Der Stürmer" 12 (1934) Mai 1934, Sondernummer 1 („Ritualmordnummer"), faksimiliert in: THE HOLOCAUST, Band 4, S. 92-111. Zu „Der Stürmer" vgl.: WULF, Presse, S. 260-264; BAIRD, Streicher, S. 231-240.

Schwankungen, bis in die Kriegsjahre beibehielt.[7] Goebbels dürfte in diesem Zusammenhang bereits die Möglichkeiten und Wirkungsbedingungen antisemitischer Agitation zur Ansprache der Massen erkannt haben.[8]

Seine Parteiarbeit begann mit einer Beschäftigung als Sekretär bei Friedrich Wiegershaus, dem Führer des „Völkisch-Sozialen Blocks" der „Deutschvölkischen Freiheitspartei"[9] und Herausgeber der Wochenschrift „Völkische Freiheit, Rheinisch=westfälisches Kampfblatt der Nationalsozialistischen Freiheitsbewegung für ein völkisch=soziales Großdeutschland". Als Parteiblatt diente die Zeitschrift selbstverständlich der Vermittlung entsprechender Anschauungen und Werthaltungen. Schwerpunkte bildeten, durchgehend versetzt mit antisemitischen und antimarxistischen Akzenten, völkische Fragen um Gegenwart und Zukunft Deutschlands. Ereignisse, Beiträge und Stellungnahmen politischer Gegner oder auch jüdischer Privatpersonen, die polemische Potentiale bargen, wurden rücksichtslos ausgeschlachtet.

Goebbels lancierte zunächst einige Artikel, die seine völkischen Ansichten darlegen sollten[10] und offenkundig Zustimmung fanden. Zum 1. Oktober 1924 wurde er als Schriftleiter des Blattes bestellt, neben seiner Sekretärstelle in ehrenamtlicher Funktion allerdings. Den überwiegenden Teil der redaktionellen Aufgaben übernahm der junge Journalist persönlich, offensichtlich gleichermaßen konzeptionell wie auch praktisch. Erstmals schien damit eine befriedigende Aufgabe gefunden, Goebbels notierte, nun habe er ein Sprachrohr und ersticke nicht mehr an seinen Gedanken.[11]

Möglicherweise ist dementsprechend eine gewisse Umleitung radikaler Anschauungen in die journalistischen Produkte erfolgt. Umfang und Häufung ausfälliger Tagebuchabschnitte vermindern sich mit Beginn seiner redaktionellen Arbeit, ohne aber völlig zu verschwinden; dies gilt insbesondere für antisemitische Passagen.[12] Sie scheinen in diesem Zeitraum zumeist motiviert durch einschlägige Lektüre und bestehen aus dementsprechenden Verallgemeinerungen und Kommentaren.[13] Daneben finden sich auch immer wieder

---

[7] Zur antisemitischen Haltung Ludendorffs vgl.: POLIAKOV, Geschichte, Band VIII, S. 24-31.

[8] Vgl.: „Fanatiker mit den eingekniffenen Lippen. Berserker. Vielleicht etwas pathologisch. Aber er ist gut so. Auch die haben wir nötig. Für die Massen zu packen. Hitler soll ja auch etwas davon weg haben." GOEBBELS, Tagebücher, Band I/I, 19.8.1924, S. 68.

[9] Vgl.: MÜLLER, Goebbels, Teil I, S. 7. Zu den Parteiflügeln vgl.: ERDMANN, Band 4/II, S. 344; SCHILDT, S. 13-21.

[10] Vgl.: GOEBBELS, Tagebücher, Band I/I, 13.8.1924, S. 64, 14.8.1924, S. 65, 15.8.1924, S. 65 und 21.8.1924, S. 74; auch exemplarisch: „Politisches Tagebuch", in: VÖLKISCHE FREIHEIT, 13.9.1924, Nr. 27, S. 4; „Ein Ehrentag für Ludendorff" und „Das Führerproblem", in: ebenda, 20.9.1924, Nr. 28, S. 1 bzw. S. 2 f.; REUTH, Goebbels, S. 82 f.

[11] Vgl.: GOEBBELS, Tagebücher, Band I/I, 27.9.1924, S. 91 und 3.10.1924, S. 93 f. Systematische Hinweise auf seine dementsprechenden Aufgaben finden sich in den Tagebuchaufzeichnungen zwischen 30. August und 7. Oktober 1924, vgl.: ebenda, S. 80-95.

[12] Vgl. exemplarisch: ebenda, 10.9.1924, S. 84 und 25.9.1924, S. 90. Eine sichere Aussage kann diesbezüglich allerdings erst nach Vervollständigung der neuen Tagebuchedition erfolgen, die Aufzeichnungen zwischen 7. Oktober 1924 und 14. März 1925 sind in der augenblicklich zugänglichen Ausgabe nicht veröffentlicht.

[13] Vgl.: ebenda, 26.2.1926, S. 164 und S. 188.

vereinzelte, gewissermaßen *en passant* eingestreute stark abwertende Bemerkungen wie auch völlige Entgleisungen. Sie stehen zumeist in enger zeitlicher Abfolge, was auf eine phasenorientierte Beschäftigung hindeutet.[14]

Schon in seinen frühen Artikeln konnte Goebbels die zentralen Elemente seiner oben dargestellten Haltungen ausführlich darlegen, ausbauen und klarer präzisieren, hierbei waren auch antisemitische Diskurse möglich, wahrscheinlich wurden sie in gewisser Weise erwartet.[15] Er befaßte sich beispielsweise mit „Grundproblemen des Judentums"[16] sowie mit der angenommenen Verbindung zwischen Judentum und Marxismus. Dabei stellte er fest, daß Marxismus eine jüdische Mache sei, die darauf ausgehe, die rassenbewußten Völker zu entmannen und zu entsittlichen.[17]

Das Parteiblatt bot außerdem nun die Möglichkeit, Persönlichkeiten aus Politik und Presse vor einem mehr oder minder breiten Publikum anzugreifen.[18] In diesem Zusammenhang erfolgten gezielte Attacken auf Theodor Wolff, den jüdischen Herausgeber des oben erwähnten „Berliner Tageblatts", wie auch auf den Publizisten und Schriftsteller Maximilian Harden.[19] Die Rubriken „Aus meiner Tagesmappe", „Politisches Tagebuch", „Streiflichter" und „Randbemerkungen" waren regelmäßig mit antisemitischen Meldungen und Kommentaren versehen.[20] Gastautoren wie Theodor Fritsch und Gottfried Feder ergänzten mit teilweise scharf judenfeindlichen Beiträgen, in Zitaten kamen Lagarde, Chamberlain, Ludendorff und Hitler zu Wort.[21]

Goebbels erscheint bereits in dieser frühen Phase der Parteiarbeit karrierebewußt, mit Bezug auf seine Arbeit bei dem kleinen Organ notierte er: „Sprungbrett. Nach oben."[22]

---

[14] Vgl.: ebenda, 23.11.1925, S. 143, 28.11.1925, S. 144, 5.12.1925, S. 145, 9.12.1925, S. 146, 10.12.1925, S. 147, 28.6.1926, S. 189 und 20.8.1926, S. 203.

[15] Vgl. exemplarisch: „Industrie und Börse", in: VÖLKISCHE FREIHEIT, 4.10.1924, Nr. 30, S. 3; „Die Katastrophe des Liberalismus", in: ebenda, 11.10.1924, Nr. 31, S. 3 f.; „Nationale Intelligenz", in: ebenda, 25.10.1924, Nr. 33, S. 3 f.; „Das Fiasko der modernen deutschen Literatur", in: ebenda, 1.11.1924, Nr. 34, S. 3 f.

[16] GOEBBELS, Tagebücher, Band I/I, 23.9.1924, S. 89.

[17] Vgl.: „An alle schaffenden Stände!" In: VÖLKISCHE FREIHEIT, 15.11.1924, Nr. 36, S. 1.

[18] Vgl. hierzu: DÜHRING, Judenfrage, S. 168-175 („Erfordernis einer wirksamen Aufklärungspropaganda mit der Brechung der Judenmacht als letztem Ziel").

[19] Vgl. exemplarisch: „Aus meiner Tagesmappe", in: VÖLKISCHE FREIHEIT, 11.10.1924, Nr. 31, S. 3; „Streiflichter", in: ebenda, 20.9.1924, Nr. 28, S. 2; „Aus meiner Tagesmappe", in: ebenda, 20.9.1924, Nr. 28, S. 5; „Streiflichter", in: ebenda, 25.10.1924, Nr. 33, S. 2; „Streiflichter", in: ebenda, 29.11.1924, Nr. 37/38, S. 2; „Harden spricht einmal die Wahrheit", in: ebenda, 20.9.1924, Nr. 28, S. 4. Helmut Heiber spricht in diesem Zusammenhang von „Rache", vgl.: HEIBER, Goebbels, S. 41 f. Zu Theodor Wolff vgl.: SÖSEMANN, Wolff, S. 17-30; BENZ, Geschichte, S. 37.

[20] Vgl. exemplarisch: VÖLKISCHE FREIHEIT, 1.11.1924, Nr. 34 „Streiflichter", S. 2, „Aus meiner Tagemappe", S. 3 und „Randbemerkungen", S. 4.

[21] Vgl. exemplarisch: „Die Dynastie Warburg", in: VÖLKISCHE FREIHEIT, 11.10.1924, Nr. 31, S. 1 und 15.11.1924, Nr. 36, S. 3 f.; „Der Justizverrat an Adolf Hitler", in: ebenda, 29.11.1924, Nr. 37/38, S. 1 f. (Fritsch); „Aufwertung", in: ebenda, 1.11.1924, Nr. 34, S. 4 (Feder).

[22] GOEBBELS, Tagebücher, Band I/I, 3.10.1924, S. 93.

Tatsächlich konnte er sich binnen kurzer Zeit auch als Parteiredner etablieren, wobei er sich schon im September 1924 als „Demagoge schlimmster Sorte"[23] bezeichnete. Ausgehend von Redeeinsätzen auf Veranstaltungen der Ortsgruppe Mönchengladbach der „Nationalsozialistischen Freiheitsbewegung Großdeutschlands" (im folgenden auch NSFB)[24] wurde Goebbels recht bald regional und dann auch überregional in Großstädten Nord- und Ostdeutschlands und schließlich auch im Süden eingesetzt.[25]

Mitte Januar 1925 legte er sein redaktionelles Mandat für die „Völkische Freiheit" nieder, um fortan konzentriert für Gregor Straßer am Aufbau der NSDAP in Westdeutschland mitzuwirken.[26] Redaktionell arbeitete er im Frühjahr 1925 für die „Deutsche Wochenschau, Nachrichtendienst der nationalsozialistischen Freiheits-Bewegung Großdeutschlands".[27] Im Mai 1925 kam ein entsprechendes Angebot von Alfred Rosenberg, damals Chefredakteur des „Völkischen Beobachter". Goebbels kommentierte zunächst etwas distanziert, Rosenbergs Zeitung sei ein „Ausflußrohr für den gärenden Radikalismus"[28], nahm dann aber an.

Im September 1925 wurde er zum Geschäftsführer des „Westblocks", der durch regionalen Zusammenschluß der Gaue Nord- und Westdeutschlands zur „Arbeitsgemeinschaft NordWest" unter Leitung Gregor Straßers gegründet worden war, bestellt.[29] Goebbels war in dieser Phase zunächst fest in Strukturen und politische Perspektiven des linken Parteiflügels um Straßer integriert, insbesondere das von diesem per 1. Oktober 1925 herausgegebene Blatt „Nationalsozialistische Briefe, Halbmonatsschrift für national=sozialistische Weltanschauung", für das Goebbels nunmehr als bezahlter Schriftleiter arbeitete, betrachtete er als „Kampfmittel gegen die verkalkten Bonzen in München".[30] Im Zuge der Entwicklung eines neuen linksbündigen Parteiprogramms gerieten Goebbels und Straßer jedoch in eine gewisse Konkurrenzsituation, in welcher Bruch und allmähliche Hinwendung zu Hitler vorgezeichnet scheinen.[31]

---

[23] Ebenda, 4.9.1924, S. 82.

[24] Vgl.: ebenda, 22.8.1924, S. 75. Unter der Reichsführerschaft Albert von Graefes, Erich Ludendorffs und Gregor Straßers hatten sich die DVFrP und die NSDAP auf der 2. Weimarer Tagung im August 1924 zur NSFB zusammengeschlossen.

[25] Vgl. exemplarisch jeweils: GOEBBELS, Tagebücher, Band I/I, 3.9.1924, S. 81, 18.9.1924, S. 87, 19.9.1924, S. 88, 29.9.1924, S. 92, 6.10.1924, S. 94, 3.9.1925, S. 124, 5.9.1925, S. 125, 28.11.1925, S. 144, 5.12.1925, S. 145, 7.12.1925, S. 146, 6.3.1926, S. 165, 12.3.1926, S. 166, 24.4.1926, S. 176, 3.5.1926, S. 177 und 29.5.1926, S. 183.

[26] Vgl.: KISSENKOETTER, S. 273-284; SCHILDT, S. 28 f.; BRAMSTED. Zu Aufbau und Erweiterung der Bewegung im Ruhrgebiet vgl.: BÖHNKE, S. 98-123.

[27] Vgl.: GOEBBELS, Tagebücher, Band I/I, 16.4.1925, S. 104.

[28] Vgl.: ebenda, 22.5.1925, S. 113. Rosenberg hatte außerdem 1924 die antisemitisch orientierte Zeitschrift „Der Weltkampf. Monatsschrift für die Judenfrage in allen Ländern" gegründet, vgl.: WULF, Presse, S. 261. Zum „Völkischen Beobachter" vgl. auch: HITLER, Kampf, S. 664 f.

[29] Vgl.: GOEBBELS, Tagebücher, Band I/I, 9.9.1925, S. 126. Zur „AG Nord-West" vgl. ausführlich: SCHILDT, S. 101-186; PÄTZOLD/WEISSBECKER, S. 86-93.

[30] Vgl.: GOEBBELS, Tagebücher, Band I/I, 21.8.1925, S. 121; auch: ebenda, 23.9.1925, S. 129; MÜLLER, Goebbels, Teil I, S. 8 f.; SCHILDT, S. 105 und S. 115-118.

[31] Vgl.: GOEBBELS, Tagebücher, Band I/I, 18.12.1925, S. 149 und 23.12.1925, S. 150; hierzu: KERSHAW, Hitler, Band I, S. 352; SCHILDT, S. 121 f. und S. 126-139. Zu Straßers Entwurf vgl.: KÜHNL,

Im Zentrum seines Denkens und Arbeitens blieben zunächst radikal-sozialistische Fragen um ein Verwirklichen von *Volksgemeinschaft* in den oben besprochenen Konturen und vor dem Hintergrund der bereits skizzierten angenommenen Hindernisse. Hierbei forderte Goebbels leidenschaftlichen Einsatz für die Befreiung des Proletariats: Volksgemeinschaft sei ein Produkt aus Liebe und Haß, man brauche heute keine Politiker, sondern Fanatiker und Berserker.[32] Eine schlüssige Abgrenzung zu Kommunismus und Bolschewismus gelang hierbei nicht, Goebbels war sich der Berührungspunkte bewußt und erwog wohl sogar Möglichkeiten einer Zusammenarbeit mit führenden Kommunisten.[33]

Eine derartig lavierende Haltung wurde in der Münchner Parteizentrale nicht gebilligt. Den für den „Völkischen Beobachter" verfaßten vergleichenden Artikel „Nationalsozialismus und Bolschewismus" bezeichnete Rosenberg verständnislos als „probolschewistische Abweichung".[34] Später pflegte Goebbels eindeutigere Abgrenzungen zur politischen Linken[35], gleichwohl

---

Linke, S. 20-42; DOKUMENTATION, Programmatik, S. 317-333. Zu antisemitischen Aspekten im Straßer-Entwurf vgl.: Dokument „Der nationale Sozialismus", in: DOKUMENTATION, Programmatik, S. 331. Zur weiteren Diskussion des Programmentwurfs vgl.: GOEBBELS, Tagebücher, Band I/I, 25.1.1926, S. 157, 6.2.1926, S. 159 und 15.2.1926, S. 161 f.; SCHILDT, S. 140-155. Am 22. Mai 1926 wurde das bewährte Programm vom 24. Februar 1920 für unabänderlich erklärt, vgl.: DAS PARTEIPROGRAMM DER N.S.D.A.P., S. 22 f.; SCHILDT, S. 179; ERDMANN, Band 4/II, S. 349; KERSHAW, Hitler, Band I, S. 352-358. Die Bemühungen und Auseinandersetzungen um neue Akzente waren damit hinfällig. Zur grundsätzlichen Unerschütterbarkeit des Parteiprogramms der NSDAP vgl.: HITLER, Kampf, S. 409-415 und S. 511-515; SCHILDT, S.159 f.

[32] Vgl.: GOEBBELS, Tagebücher, Band I/I, 28.5.1925, S. 115 und 8.6.1925, S. 116; „Der Glaube an das Proletariat", in: GOEBBELS, Die Zweite Revolution, S. 55-58 (= „Die Radikalisierung des Sozialismus", 6. Nationalsozialistischer Brief vom 15. Dezember 1925); hierzu: GOEBBELS, Tagebücher, Band I/I, 7.12.1925, S. 146, 9.12.1925, S. 146 und 24.4.1925, S. 106, mit Bezug auf: FISCHER, Tendenzen, S. 333-357. Vgl. auch: GOEBBELS, abc, S. 3.

[33] Vgl.: „Ich denke lange über das außenpolitische Problem nach. Man kommt nicht um Rußland herum." GOEBBELS, Tagebücher, Band I/I, 20.1.1926, S. 156; „und wenn's dann zum Letzten kommt, dann lieber mit dem Bolschewismus den Untergang, als mit dem Kapitalismus ewige Sklaverei." Ebenda, 23.10.1925, S. 137; „Ich finde es grauenhaft, daß die Kommunisten und wir uns gegenseitig die Köpfe einschlagen. [...] Wo können wir einmal mit führenden Kommunisten zusammenkommen?" Ebenda, 31.1.1926, S. 158; hierzu: „In der Sehnsucht nach dem Osten treffen sich völkische und kommunistische Hoffnungen. Die Kommunisten suchen das Rußland Lenins, wir suchen das Rußland Dostojewskis." „Politisches Tagebuch", in: VÖLKISCHE FREIHEIT, 13.9.1924, Nr. 27, S. 4; „Die russische und die deutsche Seele suchen sich, und beide werden sich einst finden." „Nationale Intelligenz", in: ebenda, 25.10.1924, Nr. 33, S. 3 f., Zitatstelle S. 3; hierzu: HÖVER, S. 79; FISCHER, Enemies, S. 259-279; WOLTON, S. 272-297. Vgl. dagegen: „Die kommunistische Partei Deutschlands ist die revolutionär-klassenkämpferische Partei der Arbeiterschaft, die mit Gewalt und Terror die Diktatur des Proletariats erstrebt. Ihr wirtschaftliches Ziel, die Sozialisierung aller Produktionsmittel, ist, zumal in einem Industriestaat, vollkommen unerreichbar, ihre Methoden sind russisch=jüdisch, ihre Führer (vor allem in Rußland) sind vornehmlich Juden und stehen nachweislich mit der goldenen Internationale in engster Verbindung." GOEBBELS, abc, S. 20.

[34] Vgl.: „Nationalsozialismus und Bolschewismus. Rede und Gegenrede über das ‚russische Problem'", in: „Völkischer Beobachter" 38 (1925), 14. November (Beilage: Nationalsozialismus und Wirtschaftspolitik, Nr. 27), zitiert nach: SCHILDT, S. 86; hierzu: GOEBBELS, Tagebücher, Band I/I, 2.11.1925, S. 140 und 14.11.1925, S. 143. Diese Meinungsverschiedenheit ist wohl als Anfang der bis 1945 reichenden Grabenkämpfe zwischen Goebbels und Rosenberg zu betrachten.

[35] Vgl.: GOEBBELS, Kaiserhof, 6.11.1932, S. 197.

bediente er sich in ihrer Methodenkiste, beispielsweise 1932 im Zusammenhang mit dem Streik der „Berliner Verkehrsbetriebe".[36]

Die Problematik um die Zukunft Deutschlands hatte jedenfalls neben der im weiteren Sinne privaten auch eine parteipolitische Dimension bekommen.[37] In gewisser inhaltlicher Folgerichtigkeit standen auch die angenommenen Verbindungen zwischen den radikal-sozialistischen Gesichtspunkten und der Judenfrage wohl weiterhin im Vordergrund antisemitischer Einstellung wie Propaganda. Goebbels charakterisierte die judenfeindliche Haltung seiner Bewegung als Mittel zum Zweck, ausdrücklich aber nicht als Selbstzweck. Ende Juni 1925 sprach er in einer Beilage zum „Völkischen Beobachter" ausdrücklich von der Notwendigkeit einer Beseitigung „des Juden" als „Hauptträger jenes schamlosen kapitalistischen Systems", die Lösung der Judenfrage sei der erste Schritt zur Lösung der sozialen Frage.[38] In diesem Zusammenhang und dabei in gewisser Kontinuität zu seinem Vortrag vom Herbst 1922 grenzte er seine Partei ausdrücklich gegen solche politische Gruppierungen ab, deren Programme sich im Antisemitismus erschöpften.[39]

Im Herbst 1925 veröffentlichte Goebbels „Das kleine abc des Nationalsozialisten", eine schmale Broschüre, die bereits im Januar 1926 in zweiter Auflage (11-20000) in Druck gebracht wurde[40], und in welcher er auch seine dargestellten Einsichten zur angenommenen international jüdischen Verschwörung gegen ein freies Deutschland präzisiert zusammenfaßte. Darstellung und Einschätzung der entsprechend wahrgenommenen wirtschaftlichen wie auch kulturellen Verflechtungen fanden dabei besondere Berücksichtigung.[41]

---

[36] Vgl.: ebenda, 2.11.1932, S. 191-193. Zum Streik und der Haltung der NSDAP vgl.: OLTMANN, S. 1383-1386.

[37] Vgl.: „Für uns ist das Kernproblem unserer Tage die Lösung der sozialen Frage. Soziale Frage nicht im Sinne von weniger Arbeit und mehr Lohn. Soziale Frage ist für uns die Frage nach der Verständigungsmöglichkeit und –fähigkeit der Volksgenossen untereinander. In dem Augenblick wird Deutschland frei sein, in dem die 30 Millionen links und die 30 Millionen rechts sich verständigen können. Die bürgerlichen Parteien können dieses Ziel nicht erreichen, der Marxismus will es nicht erreichen. Nur eine Bewegung ist dazu imstande: der nationale Sozialismus, verkörpert in seinem Führer Adolf Hitler." GOEBBELS, Lenin, S. 22. Die Rede wurde erstmals gehalten in Düsseldorf (Druck: 1926), vgl.: GOEBBELS, Tagebücher, Band I/I, 9.10.1925, S. 133. Zu inhaltlichen Aspekten vgl.: SCHILDT, S. 174-176.

[38] Vgl.: „Forderung", in: GOEBBELS, Die Zweite Revolution, S. 36-39, Zitatstelle S. 37; SCHILDT, S. 77.

[39] Vgl.: „Sie haben recht: der Antisemitismus ist der Anfang unserer Erkenntnisse. Aber er ist noch nicht alles. Er ist eben nur ein Anfang, der für uns längst zur Selbstverständlichkeit wurde. Sie bleiben bei diesem Anfang stehen, toben in der primitivsten Weise gegen Juden und Judengenossen und übersehen dabei gerne, was Ihre eigenen Volksgenossen und vor allen Dingen Sie selbst an Schuld tragen. Machen wir uns doch selbst nichts weiß: jedes Volk hat die Juden, die es verdient; das deutsche Volk in seiner heutigen Form verdient keine anderen Juden, als die es hat." „Die Radikalisierung des Sozialismus," in: GOEBBELS, Die Zweite Revolution, S. 51-55, Zitatstelle S. 53; Referenzstellen: GOEBBELS, Tagebücher, Band I/I, 7.12.1925, S. 146 und 9.12.1925, S. 146. Vgl. hierzu: CHAMBERLAIN, Band I, S. 19.

[40] Vgl.: GOEBBELS, Tagebücher, Band I/I, 26.10.1925, S. 138 und 13.1.1926, S. 155; SCHILDT, S. 122 f.

[41] Vgl.: „Warum ist die N.S.D.A.P. judengegnerisch? Weil der Jude ein zersetzender Fremdkörper im deutschen Volke ist, weil er durch seine lügenhaften ‚Kulturinstitute' die deutsche Volks-

Dementsprechend rief Goebbels zum Kampf gegen das parlamentarische System auf. Es sei „das Aushängeschild des krassesten mammonistischen und kapitalistischen Egoismus [...], gehalten und geführt von Juden und Judengenossen, zur gemeinsamen Ausbeutung des schaffenden deutschen Volkes, und zwar mit staatlichen Mitteln".[42] Gleichermaßen polemisch entlud er sich auch in seinen Tagebuchaufzeichnungen: „Juden und Judenknechte", wie er die Abgeordneten des Reichstags nannte[43], hatten aus seiner Sicht Deutschland auf den Konferenzen von London und Locarno einmal mehr verraten.[44]

POLITISCHE UND PERSÖNLICHE LEITLINIEN ZU HITLER

Der Zusammenschluß kleinerer regionaler Parteieinheiten zu größeren organisatorischen Gebilden brachte auch Goebbels weiter nach oben. Am 6. und 7. März 1926 wurden auf einem Parteitag in Essen die Gaue „Rheinland-Nord" und „Westfalen" zum „Großgau Ruhr" verschmolzen. Goebbels sollte die Gauleitung im Kollegium mit Karl Kaufmann und Franz von Pfeffer (recte: Pfeffer von Salomon) übernehmen. Die Trennung der Kompetenzen innerhalb dieser triumviralen Führungsspitze war allerdings recht unscharf, schließlich entschied Hitler persönlich im Juni 1926 zugunsten Kaufmanns, vielleicht auch bereits im Hinblick auf eine andere Verwendung für den jungen Propagandisten.[45]

Trotz der in den Tagebuchaufzeichnungen nachweisbaren Enttäuschung bemühte sich Goebbels, die Entscheidung Hitlers zu akzeptieren und zu unter-

---

moral vergiftet, weil er niederreißt, statt aufzubauen, weil er der Vater des Klassenkampfgedankens ist, durch den er das deutsche Volk in zwei Teile zerreißt, um es desto brutaler beherrschen zu können, weil er der Schöpfer und Träger des internationalen Börsenkapitalismus, des Hauptfeindes der deutschen Freiheit ist." GOEBBELS, abc, S. 6; „Wer ist der Hauptfeind dieser kulturellen Erneuerung Deutschlands? Das Judentum, das den deutschen Geist vergiftet, indem es Kultureinrichtungen, wie Presse, Theater, Wissenschaft, Literatur mit lügenhaftem Geist erfüllt." Ebenda, S. 15; dementsprechend: ebenda, S. 7 f.; „Um die deutsche Scholle", Rede in München am 11. Mai 1930, in: GOEBBELS, Revolution, S. 27-34, Zitatstelle S. 31 f.; „Appell an die Nation", Datum und Ort unbekannt [möglicherweise 7.1.1932], in: GOEBBELS, Reden, Band I, S. 1-3; hierzu auch: HÖVER, S. 155 f. Zur Verwendung des Wortfeldes „Handel, Geld, Reichtum" im Zusammenhang mit antisemitischen Referenzen vgl.: BEISSWENGER, S. 27-29. Zur Wiederaufnahme 1944 vgl.: GOEBBELS, Tagebücher, Band II/12, 10.6.1944, S. 437 f./Z. 77-83 und 12.6.1944, S. 450/Z. 104-110.

[42] GOEBBELS, abc, S. 7; vgl. hierzu auch: HÖVER, S. 155 f.

[43] Vgl.: GOEBBELS, Tagebücher, Band I/I, 28.11.1925, S. 144; hierzu: HEIBER, Goebbels, S. 84-86; DÜHRING, Judenfrage, S. 18 f. und S. 34-37. Zum relativen Anteil von Juden an der Gesamtzahl der Parlamentarier (ca. 2%) vgl.: HAMBURGER, S. 63-65.

[44] Vgl.: GOEBBELS, Tagebücher, Band I/I, 16.10.1925, S. 135, 2.10.1925, S. 131, 21.10.1925, S. 136, 23.10.1925, S. 137, 28.11.1925, S. 144, 24.5.1926, S. 182 und 25.10.1926, S. 214. Zu Verachtung für System und Vertreter der Weimarer Republik vgl. exemplarisch: ebenda, Erinnerungsblätter, S. 15, S. 17, S. 25 und S. 28. Zu entsprechend antisemitischen Elementen vgl. auch die Reichstagsrede vom 23. Februar 1932, in: GOEBBELS, Reden, Band I, S. 4-21, insbesondere S. 19 f.; Referenzstelle: GOEBBELS, Tagebücher, Band I/II, 23.2.1932, S. 131.

[45] Vgl.: GOEBBELS, Tagebücher, Band I/I, 26.2.1926, S. 164, 7.3.1926, S. 165 und 21.6.1926, S. 187; BÖHNKE, S. 107-110.

stützen. Hatte er während der laufenden Personaldebatte noch recht resignativ notiert, in der Diskussion um den neuen Gauleiter sei von seiner Person überhaupt keine Rede, als hätte er „nie einen Schlag getan"[46], so schrieb er nun: „Gestern wurde Kaufmann von uns zum Gauleiter bestimmt. Das ist gut so. Ich bekomme eine riesige Entlastung. Die ich von Herzen gerne entgegennehme."[47] In dieser recht frühen Kontaktphase mit Hitler zeichnete sich bereits ein Verhaltensmuster ab, dem Goebbels mit wenigen Ausnahmen fortan folgte: Deutlich erscheint sein Bemühen, abweichende eigene Auffassungen mit Hitlers Meinung und Entscheidungen in Übereinstimmung zu bringen und sie schließlich als gemeinsam erarbeiteten Konsens darzustellen.

Am Anfang seiner Parteikarriere hatte Goebbels Hitler noch recht distanziert beobachtet, dabei aber im Zusammenhang mit Spaltungstendenzen innerhalb der „Nationalsozialistischen Freiheitsbewegung Großdeutschlands" recht frühzeitig dessen vereinigende Kraft als den festen Pol, um den alles nationalsozialistische Denken kreise[48], erkannt. Es ist unklar, wann Goebbels erstmals auf Hitler aufmerksam geworden war. Er studierte im Wintersemester 1919/20 in München, wohl aber, ohne dessen erste öffentliche Rede bei der „Deutschen Arbeiterpartei" am 16. Oktober 1919[49] miterlebt zu haben. Goebbels beschäftigte sich offensichtlich erst ab etwa 1922 mit den völkischen Gruppierungen in Süddeutschland.[50] Mit hoher Wahrscheinlichkeit hat er den Hochverratsprozeß gegen Hitler verfolgt.[51] Joachim C. Fest zitiert aus einem Brief, den Goebbels Hitler mit Bezug auf die Verhandlung vom Februar 1924 geschickt habe und der das spätere Verhältnis bereits vorzeichnet.[52]

Die erste Erwähnung Hitlers plazierte Goebbels in die „Erinnerungsblätter" des Jahres 1923: „Die Judenfrage in der Kunst. Gundolf. Geistige Klärung. Bayern. Hitler."[53] Auf Grund der für die „Erinnerungsblätter" charakteristischen stichwortartigen Sprunghaftigkeit der Formulierung ist hierbei

---

[46] Vgl.: GOEBBELS, Tagebücher, Band I/I, 7.6.1926, S. 184 und 12.6.1926, S. 185.

[47] Ebenda, 21.6.1926, S. 187.

[48] Vgl.: ebenda, 15.9.1924, S. 86.

[49] Vgl.: HITLER, Kampf, S. 390 f.; FEST, Hitler, S. 173 f.; KERSHAW, Hitler, Band I, S. 185.

[50] Im Jahr 1922 hatte Goebbels Hitler mit hoher Wahrscheinlichkeit noch nicht persönlich gesehen, es gibt in den „Erinnerungsblättern" keinen Hinweis auf einen Aufenthalt in München zwischen 1921 und 1923. Vgl. hierzu auch: FRAENKEL/MANVELL, S. 65. Ein frühzeitiger Kontakt zur NSDAP und zu Hitler wie auch der Parteieintritt im Jahr 1922 gehören wohl zu den von Goebbels selbst verbreiteten Legenden, welche die zeitgenössischen Biographen aufgenommen hatten und die auch vereinzelt übernommen worden sind, vgl.: SCHMIDT-PAULI, S. 154; BADE, Goebbels, S. 10 f.; KRAUSE, S. 10; JUNGNICKEL, S. 40; RIESS, S. 18-20; BORRESHOLM, S. 45. Tatsächlich gehörte seine niedrige Mitgliedsnummer wohl ursprünglich Fritz Prang. Karl Kaufmann behauptete in einem Brief vom 4. Juni 1927 an Otto Straßer, Goebbels sei erst Anfang 1925 Parteimitglied geworden, vgl.: IRVING, Goebbels, S. 34; OVEN, Goebbels, S. 74 f. und S. 133.

[51] Zum Prozeß gegen Hitler vgl.: HITLER, Prozeß.

[52] Vgl.: „Was Sie da sagten, das ist der Katechismus eines neuen politischen Glaubens in der Verzweiflung einer zusammenbrechenden, entgötterten Welt [...] Ihnen gab ein Gott, zu sagen, was wir leiden. Sie faßten unsere Qual in erlösende Worte." Goebbels, zitiert nach: FEST, Hitler, S. 289.

[53] GOEBBELS, Tagebücher, Band I/I, Erinnerungsblätter, S. 26.

aber ein unmittelbarer Bezug zwischen der „Judenfrage in der Kunst" und Hitler, sofern überhaupt, nur mit Vorbehalt herzustellen.

Die Suche nach dem „starken Genie, das aus dem Chaos der Zeit auf neuen Wogen zu neuen Zielen führt"[54], blieb lange Zeit im Abstrakten; ab Oktober 1925, Goebbels las gerade „Mein Kampf", begannen sich seine messianischen Erwartungen in der Person Hitlers zu konkretisieren.[55] Möglicherweise hatte er in dessen Buch gewisse Kongruenzen zu eigenen Ansichten erkannt.[56]

In der unmittelbaren Folgezeit der Lektüre von „Mein Kampf" beziehungsweise der persönlichen Begegnungen mit Hitler ist in den Tagebuchaufzeichnungen zunächst keine weitere Verschärfung antisemitischer Stellungnahmen zu verzeichnen. Einzelne Aspekte könnten durch das genannte Buch inspiriert sein, beispielsweise die Annahme eines jüdischen Parasitismus.[57]

Die Formulierungen in den Tagebüchern deuten darauf hin, daß Goebbels durch Hitler im Sommer 1926 verschiedene Einsichten bezüglich der angenommenen *Rassenfrage* gewann. Die Aufzeichnungen bringen seine Faszination über entsprechende Ausführungen des Parteichefs zum Ausdruck.[58] Nachweislich erhielt Goebbels korrigierende Impulse in bezug auf die Haltung zu Sozialismus und Bolschewismus.[59] Dementsprechend erscheinen in unmittelbarer Folge persönlicher Unterredungen plötzlich sehr kritische Tagebuchbemerkungen, oftmals kombiniert mit antisemitischen Gesichtspunkten und erkennbar durchdrungen von nationalistischem Sendungsbewußtsein.[60]

---

54 Goebbels (Dissertation), zitiert nach: REUTH, Goebbels, S. 54; vgl. hierzu: MÜLLER, Goebbels, Teil I, S. 40 f.; „Das Führerproblem", in: VÖLKISCHE FREIHEIT, 20.9.1924, Nr. 28, S. 2 f. Nachweisliche Anrede als „Führer und Held, Inkarnation unseres Geistes und unserer Idee" im Januar 1925, vgl.: „Politisches Tagebuch", in: ebenda, 10.1.1925, Nr. 1/2, S. 1.

55 Vgl.: GOEBBELS, Tagebücher, Band I/I, 29.8.1925, S. 123 und 14.10.1925, S. 134 f. Zu möglichen Gründen für Goebbels' Faszination für Hitler vgl.: STEPHAN, S. 20-22.

56 Speziell zu antisemitischen Aspekten vgl. exemplarisch: HITLER, Kampf, S. 54-70 und S. 165-186. Zur Verbindung von antiparlamentarischen und antisemitischen Aspekten vgl. exemplarisch: ebenda, S. 57, S. 72 f., S. 80-134, S. 182 und S. 377-379. Zu antisemitisch-antikapitalistischen Aspekten vgl. exemplarisch: ebenda, S. 228-233 und S. 309; hierzu: ZEHNPFENNIG, S. 110-152; JÄCKEL, Weltanschauung, S. 60.

57 Vgl. exemplarisch: HITLER, Kampf, S. 165, S. 334-345 und S. 350 f. vs. GOEBBELS, Tagebücher, Band I/I, 5.12.1925, S. 145; dementsprechend: „Menschen, seid menschlich!", 28. November 1927, in: GOEBBELS, Angriff, S. 336-338, Zitatstelle S. 337; dazu: HÖVER, S. 158 f. Später sprach Goebbels von „Sozialparasitismus", vgl.: GOEBBELS, Tagebücher, Band I/I, 8.5.1929, S. 370.

58 Vgl.: „Der Chef spricht über Rassenfragen. Man kann das so nicht wiedergeben. Man muß dabei gesessen haben. Er ist ein Genie. Das selbstverständlich schaffende Instrument eines göttlichen Schicksals." Ebenda, 24.7.1926, S. 196.

59 Vgl.: „Rußland will uns fressen. Alles das steht in seiner Broschüre und in dem nächstens erscheinenden 2. Bande seines ,Kampf'. Wir kommen aneinander. [...] Soziale Frage. Ganz neue Einblicke. Er hat alles durchgedacht. [...] Boden [...] dem Volke. Produktion, da schaffend, individualistisch. Darüber läßt sich reden. [...] Ich beuge mich dem Größeren, dem politischen Genie!" Ebenda, 13.4.1926, S. 172 f.; auch: ebenda, 16.4 1926, S. 174; hierzu grundlegend: HITLER, Kampf, S. 351 f. und S. 751-753; HITLER, Buch, S. 156-159.

60 Vgl.: „Dazwischen las ich Iw. Naschiwin ,Rasputin' mit tiefer Erschütterung aus. Das grandiose Gemälde des russischen Bolschewismus. Wohl etwas weißrussisch gesehen. Aber niederdrückend in seiner satanischen Grausamkeit. So mag der Teufel wüten, wenn er die Welt

Im Juni 1926 war damit die Grundlage der bis zum Kriegsende bestehenden Annahme von der ursächlichen Verbindung zwischen Judentum und Bolschewismus, der daraus resultierenden Bedrohung für Zentraleuropa und der entsprechenden Abwehraufgabe vervollständigt und im Vergleich zu den Einschätzungen von 1924 präzisiert. Darstellung und Argumentation in dieser Problematik auf den Parteitagen der dreißiger Jahre sowie die Haltung, welche Goebbels schließlich im Zusammenhang mit dem Rußlandfeldzug ab 1941 einnahm und mit gewissen Meinungsschwankungen bis Ende April 1945 beibehielt, erscheinen hier verwurzelt.

Die allmähliche Hinwendung zu Hitler hatte also im Herbst 1925 begonnen. Auch Hitler war auf den jungen Propagandisten aufmerksam geworden.[61] Das wohl erste persönliche Zusammentreffen Anfang November 1925 war für Goebbels von nachhaltiger Wirkung, er unterlag der Ausstrahlung des Parteiführers.[62] Wenngleich er im Zusammenhang mit den internen Flügelgefechten auch gelegentlich Kritik an Hitler übte[63], übernahm Goebbels dessen Positionen doch in immer weiterem Ausmaß. Bedeutsam erscheinen hierbei persönliche Zusammentreffen wie beispielsweise zu Ostern 1926[64], insbesondere aber eine mehrtägige Einladung zum Obersalzberg in Hitlers privates Refugium. Von Gefühlen der Anerkennung und Integration in die obersten Zirkel über alle Maßen begeistert[65], notierte er: „Diese Tage waren mir Richtung und Weg! [...] Nun ist mir der letzte Zweifel geschwunden."[66] Der Schwenk von Straßer zu Hitler war innerlich vollzogen, die Benachteiligung bei Bestellung der Leitung im Großgau Ruhr vergessen. Ein offizielles Bekenntnis folgte Ende August 1926. Goebbels' Position im „Westblock" war damit unhaltbar geworden, Hitler schickte ihn als Gauleiter nach Berlin.[67]

---

beherrscht. Der Jude ist wohl der Antichrist der Weltgeschichte. Man kennt sich kaum mehr aus in all dem Unrat von Lüge, Schmutz, Blut und viehischer Grausamkeit. Wenn wir Deutschland davor bewahren, dann sind wir wahrhaft patres patriae!" GOEBBELS, Tagebücher, Band I/I, 26.6.1926, S. 188; dementsprechend: NASCHIWIN.

[61] Vgl.: GOEBBELS, Tagebücher, Band I/I, 12.10.1925, S. 134 und 26.10.1925, S. 138.

[62] Vgl.: „Alles hat dieser Mann, um König zu sein. Der geborene Volkstribun. Der kommende Diktator." Ebenda, 6.11.1925, S. 141; auch: ebenda, 23.11.1925, S. 143, 29.12.1925, S. 151 und 6.2.1926, S. 159. Reuth datiert das erste Zusammentreffen auf den 12. Juli 1925 im Rahmen der Gauführertagung Nord- und Nordwestdeutschlands in Weimar, vgl.: REUTH, Goebbels, S. 90.

[63] Vgl.: GOEBBELS, Tagebücher, Band I/I, 15.2.1926, S. 161 f.

[64] Vgl.: ebenda, 16.4.1926, S. 174, 19.4.1926, S. 175 und 24.5.1926, S. 182.

[65] Vgl.: ebenda, 14.6.1926, S. 186, 16.6.1926, S. 186, 6.7.1926, S. 191, 18.7.1926, S. 194, 20.7.1926, S. 195, 23.7.1926, S. 196 und 24.7.1926, S. 196 f.

[66] Ebenda, 25.7.1926, S. 197.

[67] Vgl.: ebenda, 25.8.1926, S. 204; GOEBBELS, Kampf um Berlin, S. 20-22 und S. 38 f.; GOEBBELS, Tagebuch, Dokument Nr. 4, S. 115 f. Zum Hintergrund der Berufung vgl.: ebenda, Dokumente Nrn. 1-3, S. 111-114; BARTH, S. 38-59.

3. ETABLIERUNG IN HAUPTSTADT UND REICH: AKZEPTANZ UND BEGÜNSTIGUNG PSYCHISCHER GEWALT 1926-1933

AUSWIRKUNGEN PERSÖNLICHER UND POLITISCHER ASPEKTE DER GAULEITUNG IN BERLIN

Im Zentrum der parteipolitischen Arbeit der Jahre 1926-1933 standen Aufbau und Etablierung der NSDAP in Berlin wie auch im Reichsgebiet. Hitler hatte entsprechende Mandate verliehen. Mit Wirkung vom 1. November 1926 wurde Goebbels zum Gauleiter in Berlin bestellt[1], ab 27. April 1930 arbeitete er parallel als Reichspropagandaleiter der NSDAP.

In dieser Phase kann Goebbels als Mensch charakterisiert werden, der sich durch übersteigerten Patriotismus, ausgesprochene Radikalität und, seinem sozialistischen Anspruch eigentlich entgegengesetzt, durch weitgehende Menschenverachtung auszeichnete. Dennoch blieb er in Einzelfällen undogmatisch und, in bestimmten Grenzen, selbstkritisch.[2] Konsequenz und Courage standen neben Unentschlossenheit und Zögern: „Wir stehen wohl bald vor der Macht. Aber dann? Bange Frage."[3] Bei allem Relismus unterlag er durchweg dem Charisma Hitlers.

Hinsichtlich der Einstellung zur Judenfrage hielt Goebbels an den besprochenen Auffassungen und Zielsetzungen insgesamt fest, seine antisemitische Haltung vertiefte sich wohl infolge unmittelbarer und teilweise auch persönlicher Auseinandersetzung mit Juden auf politischen oder privaten Gebieten. Wesentliche Triebfeder politischen und hierbei insbesondere antisemitischen Handelns blieb offensichtlich das Leitbild von *Volksgemeinschaft* in den Konturen von nationalem Sozialismus[4], das in Gegenstand und Folgerungen weitere, auch judenfeindliche Präzisierung fand.

---

[1] Vgl.: GOEBBELS, Tagebücher, Band I/I, 18.10.1926, S. 213.

[2] Vgl.: ebenda, 2.9.1929, S. 417.

[3] Ebenda, 2.12.1930, S. 640; vgl. auch: ebenda, 3.11.1929, S. 449.

[4] Goebbels definierte wie folgt: „Der Sozialismus, wie wir ihn verstehen, geht im Gegensatz zum Kapitalismus nicht vom Einzelmenschen, sondern vom Volk aus. Deshalb ist unser Sozialismus völkisch, beruft sich auf das Volk als den obersten Wertmesser. Der Sozialismus, wie wir ihn verstehen, will, daß alle Politik, alle Wirtschaft, alle Kultur dem Volk dienstbar sei." GOEBBELS, Proletariat, S. 14 f. Zum Ausblick vgl.: „Das wesentliche dieser revolutionären Entwicklung ist, daß der Individualismus zerschlagen wird und an die Stelle des Einzelmenschen und seiner Vergottung das Volk tritt." „Erobert die Seele der Nation", 8. Mai 1933, in: GOEBBELS, Revolution, S. 175-201, Zitatstelle S. 184 f. Vgl. dementsprechend: GOEBBELS, Kaiserhof, 7.4.1933, S. 295; „Die deutsche Kultur vor neuen Aufgaben", 15. November 1933, in: GOEBBELS, Reden, Band I, S. 131-141, Zitatstelle S. 134; „Richard Wagner und das Kunstempfinden unserer Zeit", 6. August 1933, in: GOEBBELS, Signale, S. 191-196, Zitatstelle S. 192; „Volksgemeinschaft: Alles im Rausch. Volkstag für Freiheit, Ehre und Frieden. Wie ich ihn konzipierte. Die Erfüllung einer propagandistischen Vision." GOEBBELS, Tagebücher, Band I/3,II, 29.3.1936, S. 51/Z. 7-22.

Goebbels betrachtete es, wohl unter Vermischung ideologischer Elemente Hitlers, als natürlich, für die deutsche Nation als die „erste und schöpferischste auf dem Erdball" einen ihr angemessenen Rang zu beanspruchen. Bereits in seiner Abiturrede hatte er entsprechende Forderungen erhoben, damals allerdings durchaus im Einklang mit dem Zeitgeist.[5] In verklärtem Sendungsbewußtsein deutete er es als göttliche Mission, sein „unterdrücktes Volk von den Sklavenketten" zu befreien. Wo immer er hierbei auf „Widerstand stoße, gleichviel wann und wie", da wollte er versuchen, „ihn zu brechen".[6] Im Zusammenhang mit den notwendigen Maßnahmen zur Verwirklichung seiner Vision versteifte sich der junge Gauleiter gelegentlich in romantischer Weise, eine martyrische Opferbereitschaft erschien ihm insofern als Lebenszweck.[7] Allerdings beschlichen ihn hierbei gelegentlich auch grundsätzliche Zweifel, ob die Deutschen diese Opfer eigentlich verdienten, denn das Bild, das er sich vom Volk machte, unterlag seit seiner Jugend starken Schwankungen zwischen recht undifferenzierter Euphorie und zynischer Verachtung der „Canaille Mensch"[8], wobei teilweise auch kritisch-reflexive Bezüge nicht ausgeschlossen wurden.[9]

Antisemitismus blieb ein wichtiger Gesichtspunkt der Auseinandersetzung um die Erreichung der übergeordneten national-sozialistischen Ziele, die Überwindung jüdischen Einflusses erscheint hierbei als Etappenziel. Im Vergleich von Tagebuchaufzeichnungen und praktizierter Propaganda lassen sich gewisse Verschiebungen dahingehend erkennen, daß Goebbels privat wohl die angenommene jüdische Verantwortung für den Zustand Deutschlands vorsichtig relativierte und insofern ein gewisses Unterscheidungsvermögen zeigte. Mit Bezug auf Julius Streicher notierte er beispielsweise, dessen primitive Judenmanie gehe an fast allen Problemen vorbei. Der Jude allein sei eben nicht an allem schuld, man selbst trage ebenfalls Schuld und müsse das erkennen,

---

5 Vgl.: GOEBBELS, Abiturientenrede, Blätter 2-7.

6 GOEBBELS, Tagebücher, Band I/I, 16.10.1928, S. 277 f.; vgl. auch: ebenda, 23.10.1930, S. 622; GOEBBELS, Lenin, S. 10-13; „Nieder mit dem Tributsystem", Wahlrede am 14. September 1932, in: GOEBBELS, Revolution, S. 109-120; „Der Youngplan", 1. Juli 1929, in: GOEBBELS, Angriff, S. 116 f. Der Aspekt einer Versklavung Deutschlands durch Juden blieb eine Propagandakonstante bis 1945, vgl. exemplarisch: GOEBBELS, Tagebücher, Band II/15, 9.1.1945, S. 93 f./Z. 204-213.

7 Vgl. exemplarisch: GOEBBELS, Tagebücher, Band I/I, 29.10.1928, S. 284, 28.1.1929, S. 325, 1.4.1929, S. 352 und 31.12.1929, S. 477.

8 Ebenda, 7.2.1929, S. 329; vgl. auch: ebenda, 21.4.1928, S. 216 f., 30.4.1928, S. 220, 18.6.1928, S. 236, 16.10.1928, S. 277 f., 4.12.1928, S. 299, 27.12.1928, S. 309, 12.2.1929, S. 331, 13.3.1930, S. 514, 8.9.1930, S. 600 und 21.11.1930, S. 636; GOEBBELS, Tagebücher, Band I/II, 3.1.1931, S. 2. Während Goebbels in der Landbevölkerung den „rassische[n] Adel des deutschen Volkes" sah, notierte er nach einem Besuch in Hamburg St. Pauli, rassistische Bewertungskategorien auf das eigene Volk beziehend: „Untermenschentum. Was soll damit gemacht werden?" Beide Zitate: GOEBBELS, Tagebücher, Band I/I, 18.6.1929, S. 387.

9 Vgl.: „Kirmes in Rheydt! Das Volk lacht und amüsiert sich. Ich mit. Wir sind Canaillen. Was ist zu machen? Warum hat Gott uns so gemacht? Man schämt sich manchmal über sich selbst." Ebenda, 16.9.1924. Vgl. dementsprechend: GOEBBELS, Tagebücher, Band I/II, 9.4.1931, S. 46, 12.4.1931, S. 47, 27.5.1931, S. 70 und 30.6.1931, S. 85. (Selbstverachtung ist ein Aspekt der „Kritischen Theorie").

um Verbesserungen erzielen zu können.[10] Diesen Einsichten trug er allerdings in der öffentlichen Darstellung zumeist keine Rechung. Seinem Publikum erklärte er: „Wir sind als Sozialisten Judengegner, weil wir im Hebräer die Inkarnation des Kapitalismus, das heißt des Mißbrauchs mit den Gütern des Volkes sehen. [...] Wir sind als Nationalisten Judengegner, weil wir im Hebräer den ewigen Feind unserer nationalen Ehre und unserer völkischen Freiheit sehen."[11]

Als Goebbels Anfang November 1926 die Leitung des am 14. März 1925 gegründeten Berliner Gaugebietes übernahm, war die NSDAP dort eine kaum beachtete Splitterbewegung.[12] In der Reichshauptstadt ging es daher zunächst darum, Aufmerksamkeit zu erregen, um Mitglieder wie Wähler zu gewinnen und damit, sicherlich nicht zuletzt, auch Hitlers Gunst zu verfestigen. Antisemitische Agitation wie Aktion spielten hierbei wichtige Rollen, ein entsprechend gezielt funktionalisierter Einsatz ist erkennbar.[13]

Der Berliner Gauleiter interpretierte die Aufbauphase der Partei als revolutionären Kampf, daher auch die Bezeichnung *Kampfzeit*. Äußerste Radikalität in Gedanke, Wort und Handeln erschien notwendig und gerechtfertigt. Auf Grundlage seiner Einsicht, Berlin brauche seine Sensation, wie der Fisch das Wasser, diese Stadt lebe davon, und jede politische Propaganda, die das nicht erkannt habe, werde ihr Ziel verfehlen[14], arbeitete Goebbels während der Folgejahre bis 1933 überwiegend mit dem Mittel der Provokation tatsächlicher wie angenommener politischer Gegner oder Konkurrenten. Eine Viel-

---

[10] Vgl.: GOEBBELS, Tagebücher, Band I/I, 22.2.1930, S. 503 und 29.6.1929, S. 392; „Ich habe kurz geredet. Gegen den Antisemitismus der Banausen." Ebenda, 3.11.1930, S. 628; vgl. hierzu: CHAMBERLAIN, Band I, S. 18 f.

[11] „Warum sind wir Judengegner?", 30. Juli 1928, in: GOEBBELS, Angriff, S. 329-331, Zitatstelle S. 330; vgl. auch: „wir wollen ihn [den Juden] beseitigen, um in ihm den Hauptträger jenes schamlosen kapitalistischen Systems zur Strecke zu bringen." „Forderung", in: GOEBBELS, Die Zweite Revolution, S. 36-39, Zitatstelle S. 37; dementsprechend: GOEBBELS, abc, S. 6; „Das Volk ist für uns der höchste und letzte Zweck", 1. Mai 1931, in: „Der Angriff", Nr. 93 vom 2.5.1931, zitiert nach: HÖVER, S. 154; GOEBBELS, Lenin, S. 7, S. 13 f., S. 17 und S. 19-24; GOEBBELS/MJOELNIR, Hakenkreuzler, S. 6 und S. 15-19; GOEBBELS, Nazi-Sozi, S. 7; dementsprechend (Rosenberg): „Börse und Bolschewismus!", in: „Völkischer Beobachter", 18.6.1925, zitiert nach: ROSENBERG, Kampf, S. 358-361; hierzu: BÄRSCH, Erlösung, S. 79 und S. 83 f.

[12] Vgl.: HEIBER, Goebbels, S. 57. Zur Situation der Berliner NSDAP zum Zeitpunkt der Bestellung von Goebbels vgl.: BROSZAT, Anfänge, S. 85-91 sowie die Dokumente S. 92-118. Zu Organisation und Aufbau der NSDAP in Berlin vgl.: BROWN, S. 245 f. Zu Entwicklung und Verteilung der Mitgliederzahl der NSDAP Berlin 1921 bis 1939 vgl.: FALTER, S. 183-188. Zur Entwicklung des Rechtsradikalismus in Berlin bis 1926 vgl. ausführlich die Spezialuntersuchung von KRUPPA, S. 63-327.

[13] Vgl.: „Die Straße ist nun einmal das Charakteristikum der modernen Politik. Wer die Straße erobern kann, der kann auch die Massen erobern; und wer die Massen erobert, der erobert damit auch den Staat." GOEBBELS, Kampf um Berlin, S. 86; hierzu auch: BADE, SA. Zur Bedeutung von Antisemitismus in bezug auf ein Gewinnen von Sympathisanten und Wählern vgl.: JOCHMANN, Funktion, S. 147-164; KRUPPA, S. 340 f. und insbesondere S. 342-369. Relativ einschränkend in bezug auf die Bedeutung von Antisemitismus zur Gewinnung von Sympathisanten vgl.: WINKLER, S. 358-362; ZEMAN, S. 77.

[14] Vgl.: GOEBBELS, Kampf um Berlin, S. 27.

zahl von Beleidigungsprozessen, spektakuläre Massenveranstaltungen und provokant treffsichere Publikationen wurden in Tagespresse wie Öffentlichkeit teilweise eingehend besprochen. Sie trugen tatsächlich wesentlich dazu bei, den Bekanntheitsgrad der NSDAP in Berlin erheblich zu steigern und der Partei Sympathisanten beizuleiten.[15] Gleichzeitig konnte damit eine weitere wichtige operative Zielsetzung verfolgt werden: den Gegner mürbe zu machen.[16]

Wie erwähnt kommt hierbei dem zielgerichteten Einsatz antisemitischer Agitation beziehungsweise Aktion eine Schlüsselfunktion zu. Aus Absicht und Vorgehensweise machte Goebbels keinen Hehl, beispielsweise bezeichnete er auf einer Veranstaltung im Kriegervereinshaus am 4. Mai 1927 einen kritischen Journalisten ohne jegliches Wissen um dessen Person als „gemeine Judensau". Dabei gab er seiner Hoffnung Ausdruck, er möge verklagt werden, um so Namen und Adresse des unter einem Pseudonym Schreibenden zu erfahren.[17]

Tatsächlich waren einige politische oder persönliche Gegner des Gauleiters in Presse, Justiz und Exekutive Juden[18], besonders hinzuweisen ist hierbei wohl auf den damaligen Leiter der Berliner Kriminalpolizei und stellvertretenden Berliner Polizeipräsidenten Bernhard Weiß, von Goebbels in Leitartikeln, Reden, Aktionen und auch in einschlägigen Publikationen als „Isidor Weiß" vielfältig verhöhnt.[19] Die gegen Weiß gerichtete Agitation erfolgte nach-

---

[15] Beispielsweise konnten nach Ausschreitungen infolge des Märkertags der NSDAP-Berlin am 19. und 20. März 1927 in Trebbin zur Feier des zweiten Jahrestages der Gründung der Berliner SA 400 neue Parteimitglieder gewonnen werden, vgl.: REUTH, Goebbels, S. 117-119; BERING, Notwendigkeit, S. 307-326. Zu Grundzügen nationalsozialistischer Propaganda der „Kampfzeit" vgl.: LONGERICH, Propaganda, S. 291-296.

[16] Vgl.: „Neue Methoden der Propaganda", in: GOEBBELS, Wege, S. 15-18, Zitatstelle S. 18; „Opfergang", in: GOEBBELS, Wege, S. 52-56; „Erkenntnis und Propaganda", Rede vom 9. Januar 1928, in: GOEBBELS, Signale, S. 28-52; hierzu wohl grundlegend: HITLER, Kampf, S. 193-200, S. 371 f. und S. 375-377. Vgl. auch: BÄRSCH, Erlösung, S. 104.

[17] Auf dieser Veranstaltung erfolgte auch der sogenannte „Stucke-Zwischenfall", der am Folgetag (5. Mai 1927) zum Parteiverbot für die NSDAP-Berlin bis 31. März 1928 führte, vgl.: REUTH, Goebbels, S. 119 f. und S. 138. Goebbels' Version in: GOEBBELS, Kampf um Berlin, S. 217-221; GOEBBELS/MJOELNIR, Isidor, S. 71 und Karikatur S. 24. Zum entsprechenden Prozeß gegen Goebbels am 28. Februar 1928 vgl.: REUTH, Goebbels, S. 132 f. Zum „Isidorprozeß" am 28. April 1928 vgl.: BERING, Kampf, S. 283-351; REUTH, Goebbels, S. 135 f. und S. 169. Dokumente zur Besprechung der Prozesse im „Berliner Börsen-Courier" vgl. exemplarisch bei: KESSEMEIER, S. 294.

[18] Zur jüdischen Abwehrbewegung in der Weimarer Republik vgl.: PAUCKER, Abwehr, S. 152-163 mit einem kommentierten bibliographischen Abschnitt; PAUCKER, Self-Defence, S. 58-64; YAHIL, S. 58-62, WALTER, S. 192-199; BARKAI, Orientierungen, S. 109-113.

[19] Vgl. exemplarisch: „Angenommen", 9. April 1928, in: GOEBBELS, Angriff, S. 310-312; „Weil es so schön war", 18. Juni 1928, in: ebenda, S. 312-314; „Finden Sie, daß Isidor sich richtig verhält?", 29. Oktober 1928, in: ebenda, S. 314-316; „Rund um den Alexanderplatz", 11. März 1929, in: ebenda, S. 316-318; „An der Klagemauer", 6. Mai 1929, in: ebenda, S. 318-320; auch: GOEBBELS/MJOELNIR, Isidor, S. 72; GOEBBELS, Kampf um Berlin, S. 135-142; „Prozesse", 20. April 1931, in: GOEBBELS, Wetterleuchten, S. 131-133; GOEBBELS, Das erwachende Berlin, S. 91 und S. 122; zeitgenössisch: HINKEL, S. 231 f.; RAHM, S. 48-55; OVEN, Goebbels, S. 200-203; hierzu auch: KESSEMEIER, S. 72 f.; RIESS, S. 61-64; BERING, Kampf, S. 145-227 und S. 241-282; BERING, Bernhard Weiß, S. 20-31; REUTH, Goebbels, S. 128 f. Der Spottname für Weiß war allerdings

weislich stellvertretend für das gesamte demokratische System; Goebbels handelte mit der entsprechenden Konzentration auf einen Gegner im Einklang mit Maximen Hitlers.[20] Gleichzeitig, und wohl in gewisser Identifizierung von Person und Politik, bewegte er sich in derartigen Auseinandersetzungen oftmals auch auf einer persönlichen Ebene, in seinen Aufzeichnungen sprach der Gauleiter wörtlich von „Rache" an einem herbeigehofften Tag der Abrechnung.[21]

Ursprünglicher Anlaß der Kampagne gegen Weiß war wohl das angesprochene Parteiverbot gegen die Berliner NSDAP, das von 5. Mai 1927 bis 31. März 1928 aufrechterhalten wurde. Mündliche Attacken gegen den Stellvertretenden Berliner Polizeipräsidenten wurden direkt nach dem Verbot auf einer Parteiveranstaltung in Stuttgart vorgebracht, den ersten Leitartikel gegen Weiß lancierte Goebbels am 15. August 1927 in seiner neugegründeten Zeitschrift „Der Angriff".[22]

Mit diesem Blatt hatte der Berliner Gauleiter eine wichtige eigene Propagandaplattform geschaffen und sich insofern gegen die Straßer-Brüder durchgesetzt[23], welche die bis dato lokal etablierten Parteiorgane („Berliner Arbei-

---

schon im Juli 1923 von der kommunistischen „Rote Fahne" geprägt worden, vgl.: „Rote Fahne", Nr. 152 vom 5. Juli 1923, zitiert nach: ANGRESS, Kampfzeit, S. 375/Anm. 63; auch: HÖVER, S. 160 f.; BERING, Stigma, S. 15-25; BERING, Kampf, S. 242; ANGRESS, Weiß, S. 57-60; BRAMSTED, S. 83-85; HEIBER, Goebbels, S. 71-74; BADE, Goebbels, S. 34-40; JUNGNICKEL, S. 56-59.

[20] Vgl.: „Isidor: das ist kein Einzelmensch, keine Person im Sinne des Gesetzbuches. [...] Isidor: das ist kein Einzelmensch, keine Person im Sinne der Visage. Isidor ist das von Feigheit und Heuchelei entstellte Ponim der sogenannten Demokratie, die am 9. November leere Throne eroberte und heute über unseren Häuptern den Gummiknüppel der freiesten Republik schwingt." „Rund um den Alexanderplatz", 11. März 1929, in: GOEBBELS, Angriff, S. 316-318, Zitatstelle S. 316; Zitat ähnlich auch im Vorspann von GOEBBELS/MJOELNIR, Isidor, S. 9; vgl. auch entsprechende Karikaturen in: ebenda, S. 20-44. In gleichem Tenor schrieb Goebbels später, Weiß müsse nun zur Strecke gebracht werden, er sei für jeden Berliner Nationalsozialisten der Repräsentant des Systems. Wenn er falle, dann sei auch das System nicht lange mehr zu halten, vgl.: GOEBBELS, Kaiserhof, 24.6.1932, S. 116 f.; hierzu: HITLER, Kampf, S. 128; KESSEMEIER, S. 74; BRAMSTED, S. 72-77.

[21] Vgl.: GOEBBELS, Kaiserhof, 25.1.1932, S. 31 und 24.6.1932, S. 117; GOEBBELS, Tagebücher, Band I/II, 2.7.1932, S. 195; GOEBBELS, Tagebücher, Band I/I, 14.9.1929, S. 424. Zu einer generellen Abrechnung mit politischen Gegnern nach einer möglichen Machtübernahme vgl.: „1918 wird gutgemacht und 1923 nachgeholt. Und dabei abgerechnet mit Marxismus und Reaktion. Es soll einmal ein herrliches Erwachen werden. Auf den Tag, ihr Herren!" Ebenda, 9.11.1929, S. 451 f. Die entsprechenden Tagebuchpassagen erscheinen recht eindeutig: „Das alles [gemeint ist die SPD] werden wir einmal mit Stumpf und Stil ausrotten!" Ebenda, 16.11.1930, S. 634. Zum Tode Stresemanns notierte Goebbels: „Diese Nacht [...] starb Stresemann. Hingerichtet durch einen Herzschlag. Ein Stein auf dem Weg der deutschen Freiheit weggeräumt. Gut so! Er hat sich dem kommenden Strafgericht entzogen." Ebenda, 3.10.1929, S. 434. Zur „Preußischen Denkschrift", welche die Staatsfeindlichkeit der NSDAP nachweisen sollte und an der auch Weiß mitgearbeitet hatte, vgl. mit Bezug auf Goebbels: KEMPNER, Nazi-Stopp, S. 63-69. Weiß wurde in der Legislaturperiode von Papen am 20. Juli 1932 entlassen und verließ Deutschland 1933, vgl.: ANGRESS, Weiß, S. 63; BERING, Kampf, S. 353-394; OVEN, Goebbels, S. 203.

[22] Vgl.: „Isidor", 15. August 1927, in: GOEBBELS, Angriff, S. 308 f.; REUTH, Goebbels, S. 129.

[23] Vgl.: GOEBBELS, Kampf um Berlin, S. 184-206; hierzu: HÖVER, S. 83/Anm. 7; REUTH, Goebbels, S. 125; KESSEMEIER, S. 47-51; BRAMSTED, S. 77-83 und S. 91-93; LEMMONS, S. 21-64 und S. 111-127, zur Zielgruppe S. 89-110.

ter-Zeitung" und „Der nationale Sozialist") kontrollierten und diese auf dem Höhepunkt interner Auseinandersetzung auch dazu benutzten, Goebbels' Stellung in Berlin zu untergraben, um ihn zu fällen.[24] Tatsächlich war die Situation in der Reichshauptstadt in diesem Zeitraum angesichts des lokalen Verbots von Partei und „Sturmabteilung" (im folgenden SA)[25] für Goebbels wie für seine Bewegung recht kritisch. Der Gauleiter mußte die eigenen Reihen zusammenhalten und gleichzeitig auch nach außen im politischen Gespräch bleiben. Zu jeder Ausgabe des „Angriff" steuerte er einen politischen Leitartikel bei, oftmals scharf antisemitisch akzentuiert. Die judenfeindlichen Leitlinien, die Goebbels aus anderen Propagandaprodukten (zum Beispiel „Lenin oder Hitler", „Die Zweite Revolution") fortentwickelte oder in spätere Derivate (zum Beispiel „Michael") einleitete, können nach Inhalt wie Ausdruck im wesentlichen auf folgende Thesen verdichtet werden:

(1) Juden seien Lügner, Unfriedenstifter und Terroristen. Als Volksfeinde mißbrauchten sie ihr Gastrecht, daher seien sie unschädlich zu machen, genau wie auch ein Mediziner einen Bazillus aus dem Umlauf nehme.[26]

(2) Das deutsche Volk werde durch Betrug, Korruption und kapitalistische Ausbeutung vernichtet, Regierung und Justiz förderten diesen Prozeß.[27]

(3) Der Jude sei Ursache und Nutznießer der deutschen Sklaverei. Er habe die deutsche Rasse verdorben, seine Moral angefault, seine Sitte unterhöhlt und seine Kraft gebrochen. Der Jude sei der plastische Dämon des Verfalls; selbst unschöpferisch, handele er mit Lumpen, Kleidern, Edelsteinen, Aktien, Völkern und Staaten, wobei er jede seiner Waren irgendwann gestohlen habe. Der Jude sei die Inkarnation des Kapitalismus, des Mißbrauchs der Volksgüter. Er sei Feind und Zersetzer einer blutsmäßigen Einheit, der bewußte Zerstörer der arischen Rasse.[28]

(4) Das deutsche Volk befinde sich in einem Dauerzustand der Notwehr gegen den Wahn des Goldes.[29]

---

[24] Vgl. exemplarisch: „Folgen der Rassenvermischung", in: „Der Nationale Sozialist", 17/1927, zitiert nach: GOEBBELS, Tagebuch, Dokument Nr. 6, S. 120; vgl. auch: ebenda, Dokumente Nrn. 7-18, S. 120-138; hierzu: REIMANN, S. 103-107; KERSHAW, Hitler, Band I, S. 379 und S. 413-417. Zur Zeitschrift vgl. auch: SCHILDT, S. 168 f.

[25] Vgl. hierzu propagandistisch: BADE, SA, S. 114-162.

[26] Vgl. exemplarisch: „Der Jude", 21. Januar 1929, in: GOEBBELS, Angriff, S. 322-324.

[27] Vgl. exemplarisch: „Knorke!", 28. Januar 1929, in: ebenda, S. 326-328; „Rund um die Gedächtniskirche", 23. Januar 1928, in: ebenda, S. 338-340; „Prozesse", 11. Juli 1927, in: ebenda, S. 324-326.

[28] Vgl. exemplarisch: „Warum sind wir Judengegner?", 30. Juli 1928, in: ebenda, S. 329-331, fast wörtlich auch in: GOEBBELS, Michael, S. 57 f.; ebenso: „Menschen, seid menschlich!", 18. November 1927, in: GOEBBELS, Angriff, S. 336-338; „Deutsche, kauft nur bei Juden!", 10. Dezember 1928, in: ebenda, S. 331-333; „Was wir wollen", in: GOEBBELS/MJOELNIR, Isidor, S. 163-165. Zum Ausdruck „plastischer Dämon des Verfalls" vgl.: WAGNER, S. 39; SCHOEPS, S. 267.

[29] Vgl. exemplarisch: „Der Weltfeind", 19. März 1928, in: GOEBBELS, Angriff, S. 333-335; „Der Jude", 21. Januar 1929, in: ebenda, S. 322-324; „Prozesse", 11. Juli 1927, in: ebenda, S. 324-326; „Knorke!", 28. Januar 1929, in: ebenda, S. 326-328; „Warum sind wir Judengegner?", 30. Juli 1928, in: ebenda, S. 329-331; „Deutsche, kauft nur bei Juden!", 10. Dezember 1928, in: ebenda, S. 331-333; „Der Weltfeind", 19. März 1928, in: ebenda, S. 333-335; „Menschen, seid menschlich!",

Besondere judenfeindliche Akzente setzte man in einer speziellen Rubrik des Blattes („Dreißig Charakterköpfe"), die zusammengefaßt später (1928) in Buchform publiziert wurde[30], sowie durch eine eigentlich ironisch gemeinte Beilage („Der Philosemit. Zeitung für die Befreiung aller Staatsbürger jüdischen Glaubens und mosaischen Aussehens, einschließlich der aus der israelitischen Abstammung ausgetretenen, insbesondere aber der in deutschvölkischer Knechtschaft schmachtenden jüdischvölkischen Staatsbeamten, Richter, Lehrer und Bankdirektoren sowie aller sonstigen hebräischen Kopf- und Handelsarbeiter des deutschnationalen Verbandes nationaldeutscher Semiten"), die aber Irritationen und Mißverständnisse auslöste und daher bald wieder eingestellt wurde.[31]

Antisemitische Agitation wirkte wohl nicht allein aufmerksamkeitserregend und diffamierend, Goebbels dürfte auch frühzeitig mit Einflüssen auf entsprechende latente Einstellungen in seinen Zielgruppen gerechnet haben. Durch Stigmatisierungen konnten Gleichklänge mit tief verwurzelten antisemitischen Anlagen in der Berliner Bevölkerung erzeugt werden.[32] Angesichts der nicht unbedeutenden Zuwanderung von Ostjuden, insbesondere nach Berlin, waren Teile der Öffentlichkeit für bestimmte Elemente der Problematik wohl auch empfänglich.[33] Goebbels folgte insofern einer Propagandastrategie, die als „sechster Sinn totalitärer Bewegungen" bezeichnet worden ist[34]: Dem Anbieten einer verlockend einfachen Diagnose, was hinter den Kulissen der Politik im Dunkeln wirklich vor sich gehe, und damit die Zurückführung von Verantwortung für alles Widrige auf eine im Verborgenen agierende Macht. Hierbei wurden im Anklang an die düstere, irrationale Welt germanischer Mythen sachliche und emotionale Ebenen verbunden.[35]

---

18. November 1927, in: ebenda, S. 336-338; „Rund um die Gedächtniskirche", 23. Januar 1928, in: ebenda, S. 338-340.

[30] Vgl.: GOEBBELS/MJOELNIR, Isidor, S. 47-76; hierzu: GOEBBELS, Tagebücher, Band I/I, 8.1.1926, S. 153. 1929 folgte ein zweiter Band mit entsprechenden Inhalten. Das erste Kapitel hatte Goebbels beigesteuert, es stand unter dem Thema „Signale, Weckrufe vor dem Anbruch", dabei ein Unterkapitel „Der Jude", vgl. exemplarisch: GOEBBELS, Knorke, S. 16-18 und S. 21-23.

[31] Vgl.: KESSEMEIER, S. 53; BRAMSTED, S. 81; HEIBER, Goebbels, S. 65. Zum Ausdruck „Philosemit" vgl.: NIPPERDEY/RÜRUP, S. 139 f. Zu Struktur, Inhalt, Gestaltung, Zielen und Wirkungen der Leitartikel in „Der Angriff" vgl. grundlegend: KESSEMEIER, S. 45-134. Speziell zur Auseinandersetzung mit den Juden in den Leitartikeln vgl.: ebenda, S. 72 f. Zu Zielen und Wirkung S. 109-134 und S. 270 f.

[32] Die Klageschrift der Oberstaatsanwaltschaft stützt diesen Aspekt: „Wenn auch der Vorname ‚Isidor' seinem Wortstamm nach keine Beschimpfung enthält, so wird er im Volksmunde bekanntlich vielfach gebraucht, um die jüdische Herkunft einer Person zu bezeichnen, und zwar im verächtlichen Sinne." Anklageschrift des Oberstaatsanwalts in Sachen II PJ 430/27 vom 2.3.1928, zitiert nach: REUTH, Goebbels, S. 638/Anm. 108; vgl. hierzu auch: ZEMAN, S. 77.

[33] Vgl.: MAURER, Ostjuden, S. 479-491. Zu einer breiten innenpolitischen Funktionalisierung der Ostjudenfrage bereits in der Frühzeit der Weimarer Republik vgl.: ebenda, S. 492-506.

[34] Arendt, zitiert nach: BURLEIGH, S. 27.

[35] Vgl.: ARENDT, S. 544-577. Zu konstitutiven Merkmalen und Wirkung totalitärer Propaganda zur Massengewinnung vgl. grundlegend: BURLEIGH, S. 27 (Versprechen von Zugehörigkeit; Gegenentwurf zu einer von tiefen Gegensätzen zerfurchten Gesellschaft; dynamischer Aufbruch statt Stagnation; Anspruch, in einer vorwiegend materiell bestimmten Gesellschaft Träger einer idealistisch-nationalen Mission zu sein); auch: BOELCKE, Kriegspropaganda, S. 17.

Im Vorfeld der Reichstagswahl vom 6. November 1932 gab Goebbels dementsprechend eindeutige Anweisungen hinsichtlich einer Verwendung antisemitischer Motive: Die Judenfrage müsse im kommenden Wahlkampf noch mehr als bisher in den Vordergrund gestellt werden. Immer und immer wieder müsse man den breiten Massen klarmachen, daß Papen von der Judenpresse gelobt werde, daß sein Wirtschaftsprogramm von dem Juden Jakob Goldschmidt stamme und daß sein Kabinett von den jüdischen Geldmächten gestützt werde.[36] Ähnliche Parolen hatte Goebbels bereits im Rahmen früherer Wahlkampfkonzepte ausgegeben.

Zur Streuung nationalsozialistischer Propaganda stützte sich der Berliner Gauleiter nicht allein auf Publikationen und Parteiveranstaltungen, die ja überwiegend einschlägig interessierte oder auch unfreiwillig beteiligte Kreise erreichten. Eine breitere Öffentlichkeit wurde auf Partei und Programm aufmerksam gemacht durch konzertierte Kampagnen und Aktionen, die Goebbels zunächst für sein Gaugebiet, später auch reichsweit organisierte, und die ebenfalls oftmals einen spektakulären Gebrauch judenfeindlicher Elemente aufwiesen.

Die im folgenden skizzierten Beispiele repräsentieren eine Bandbreite zwischen verbaler Agitation und physischer Gewalt.[37]

(1) Warenhaus-Propaganda

Vor dem Hintergrund des Partei- und Uniformverbots[38] startete Goebbels im Winter 1927 eine breit angelegte Kampagne gegen jüdische Kaufleute und Handelshäuser Berlins mit sogenannten „Warenhaus-Sondernummern" sowie in regulären Leitartikeln von „Der Angriff".[39] Die diskriminierende Agitation erstreckte sich über einen relativ langen Zeitraum bis zum Winter 1928, sie sollte wohl gewisse Neidinstinkte ansprechen und dahingehende Änderungen

---

[36] Vgl.: „Streng vertrauliche Information No. 11 des Reichspropagandaleiters an alle Gaupropagandaleiter, NS-Pressestellen und NS-Zeitungsredaktionen vom 20.10.1932", zitiert nach: HÖVER, S. 177/Anm. 25; auch: WALTER, S. 231-236. Kershaw weist auf eine relative Abnahme antisemitischer Propagandaelemente in den öffentlichen Darstellungen Hitlers 1927/1928 sowie im Wahlkampf 1930 zu Gunsten antimarxistischer Agitation und der Lebensraumdoktrin hin, vgl.: KERSHAW, Hitler, Band I, S. 369 bzw. S. 418; auch: MANN, Antisemitismus, S. 197 f.

[37] Zu grundsätzlichen Gesichtspunkten von Gewalt als Mittel zur Durchsetzung mythischer und als solche rational indiskutabler ideologischer Komponenten vgl.: MÜLLER, Goebbels, Teil I, S. 99 f.

[38] Vgl.: WALTER, S. 209-211.

[39] Vgl.: „Der Christus ans Kreuz schlagen ließ, macht heute mit dem Christfest seinen Reibach", Erste Warenhaus-Sondernummer, 12. Dezember 1927 (auf die innere Distanz Goebbels' zu religiös motivierter Judenfeindschaft wurde bereits hingewiesen); vgl. auch: „Warenhäusler versklaven deutsche Arbeitskraft", Zweite Warenhaus-Sondernummer, 20. Februar 1928; „Sechs Millionen Reichsmark Dividende! – Ein ‚kleiner Teil' von Karstadts Riesengewinnen", Dritte Warenhaus-Sondernummer, 11. Juni 1928, jeweils zitiert nach: KESSEMEIER, S. 73; auch: Anweisung Nr. 606 vom 13. Mai 1938, in: WULF, Presse, S. 103.

im Kaufverhalten bewirken. Der spätere reichsweite Boykott vom 1. April 1933 hat möglicherweise hier seine Grundlage. Die Kampagne gipfelte am 4. Juni 1928 zunächst in einer „Protestmassenversammlung gegen den organisierten Mord am deutschen Fleiß und am deutschen Gewerbe", auf welcher Goebbels unter dem Motto „Das Warenhaus, der Bankpalast – beim Volk aber ist der Hunger zu Gast" sprach.[40]

Bei der Warenhaus-Kampagne handelt es sich durchaus nicht um eine originäre Erfindung der Berliner Gauleiters oder der Nationalsozialisten, vielmehr pflegte Goebbels mit seinen Boykottaufrufen gegen jüdische Kaufleute eine seit langer Zeit bestehende antisemitische Tradition, die sich bereits im Jahr 1875 nachweisen läßt.[41] Auch dürften die wirtschaftlichen Interessen der Einzelhändler nicht im Zentrum seines Interesses gestanden haben, vielmehr ist zu berücksichtigen, daß Goebbels in dieser Zeit unter starkem internen Druck stand, die Wahlergebnisse schienen seine Gegner, allen voran Straßer, zu bestätigen. Bei den Reichstagswahlen vom 20. Mai 1928 war die NSDAP in Berlin hinter dem Reichsdurchschnitt zurückgeblieben[42], Popularität und Bekanntheitsgrad der Partei in der Reichshauptstadt mußten unbedingt gesteigert werden.

(2) Remarque-Aktion und Kurfürstendammkrawalle

Im Dezember 1930 organisierte und inszenierte Goebbels, mittlerweile auch Reichspropagandaleiter der NSDAP, in Berlin recht breit angelegte Störmaßnahmen auf Vorstellungen der Verfilmung von Erich Maria Remarques Roman „Im Westen nichts Neues"[43], aus welchen er offensichtlich auch eine persönliche Freude schöpfte.[44] Die Uraufführung am 5. Dezember 1930 war regulär verlaufen, die Attacken setzten am Folgetag ein.[45] Zur praktischen Durchführung bediente man sich weißer Mäuse, Stinkbomben und antisemitischer Parolen[46], später erfolgte ein weitergehender Einsatz der SA. Die in of-

---

[40] Vgl.: REUTH, Tagebücher, Band 1, S. 296/Anm. 16 und 17; auch: „Deutsche, kauft nur bei Juden!" 10. Dezember 1928, in: GOEBBELS, Angriff, S. 331-333.

[41] Vgl.: GINZEL, Judenhaß, S. 147-149; „Jahrbuch für deutsche Frauen und Mädchen", 1904, zitiert nach: HAMANN, S 476.

[42] Der NSDAP Reichsdurchschnitt betrug 2,6%, in Berlin hingegen nur 1,5%, vgl.: WAHLEN UND ABSTIMMUNGEN IN DER WEIMARER REPUBLIK, S. 44.

[43] Remarque war kein Jude, sein Buch war allerdings innerhalb des Ullstein-Konzerns im Propyläen-Verlag erschienen. Zu Buchbesprechungen und Kommentaren verschiedenen politischen Kolorits vgl.: SCHRADER, Remarque, S. 18-101.

[44] Vgl.: „Am Freitag gehen wir in den Film ,Im Westen nichts Neues'. Da soll den Eunuchen Mores beigebracht werden. Ich freue mich darauf." GOEBBELS, Tagebücher, Band I/I, 3.12.1930, S. 640.

[45] Vgl.: DÖRP, Remarque, Band II, S. 45; unschärfer bei: RABENALT, S. 22 f. und DAOUD-HANNA, S. 23-29.

[46] Vgl.: „Krawalle beim Remarque-Film", „Berliner Börsen-Courir", 6. Dezember 1930; „Weiße Mäuse bei Remarque", „Neue Preussische Kreuz-Zeitung", 7. Dezember 1930, beide Artikel zitiert nach: SCHRADER/SCHEBERA, S. 257; „Neue Tumulte um den ,Kriegsfilm'", „Deutsche

fensichtlicher Begeisterung niedergeschriebenen Tagebuchaufzeichnungen erwecken den Eindruck, die Aktion habe eine breite Unterstützung in der Bevölkerung („Erbitterte Menge") gefunden und werde nun gewissermaßen automatisch und mit Wohlwollen der Polizei vorangetrieben, ein Phänomen, das Goebbels später als *Volkszorn* bezeichnete.[47] Die „Remarque-Aktion" wurde durch flankierende Zeitungsartikel unterstützt und ausgeschlachtet, zudem wurden weitergehende Maßnahmen vorbereitet, die das politische Klima anheizten.[48]

Eine polemische Auseinandersetzung mit „Im Westen nichts Neues" war bereits seit einiger Zeit in Gang, stand doch die Botschaft Remarques den nationalsozialistischen Prinzipien immanent entgegen. Die pazifistische Tendenz erschien Goebbels als wichtiger Bestandteil einer angenommenen jüdischen Taktik der *Wehrkraftzersetzung*, die insbesondere vor dem Hintergrund der Regulierung der Reparationsleistungen im Rahmen des „Young-Plans"[49] scheinbar darauf hinwirkte, Deutschland nachhaltig zu schwächen und seine Ressourcen weiterhin auszubeuten.[50] Goebbels hatte das Buch im Sommer 1929 gelesen, als sowohl der Roman wie auch der „Young-Plan" gerade energisch diskutiert wurden. Er schätzte die Gefahr einer entsprechenden emotionalen Beeinflussung eines breiteren Publikums wohl sehr hoch ein und unterstellte eine gezielte, jüdisch gesteuerte Kampagne des Ullstein-Verlages, um möglichen Widerständen in breiten Schichten der deutschen Bevölkerung gegen die neu konturierten Reparationsbestimmungen vorzubeugen. Etwaige revanchistische Stimmungen sollten, so der Verdacht, in eine pazifistische Grundhaltung umgeleitet werden.[51]

Dementsprechend war die Gegenpropaganda gestaltet worden. Unterstützt von der „Deutschnationalen Volkspartei" (DNVP), brandmarkte man die Anerkennung des „Young-Plans" als Eklat der Regierung gegen das deutsche

---

Tageszeitung", 9. Dezember 1930 Morgenausgabe und „Ablenkungsversuche der Linken. Nächtliche Ausschreitungen in Berlin W", „Deutsche Tageszeitung", 9. Dezember 1930 Abendausgabe, beide Artikel zitiert nach: SCHRADER/SCHEBERA, S. 258. Eine Vielzahl weiterer Kommentare zu Vorführungen und Ausschreitungen ist ediert bei: SCHRADER, Remarque, S. 105-125. Zum Ablauf der Störmanöver vgl.: DÖRP, Remarque, Band II, S. 58-60; propagandistisch vgl. beispielhaft: KRAUSE, S. 15-17. Der Einsatz von Chemikalien und Mäusen hatte sich bereits 1926 bei entsprechenden Aktionen in Elberfeld gegen Carl Zuckmayers „Füchse im Weinberg" bewährt, vgl.: HEIBER, Goebbels, S. 89-91.

[47] Vgl.: „Schon nach 10 Minuten gleicht das Kino einem Tollhaus. Die Polizei ist machtlos. Die erbitterte Menge geht tätlich gegen Juden vor. [...] ,Juden heraus!' [...] Die Polizei sympathisiert mit uns. Die Juden sind klein und häßlich. Draußen Sturm auf die Kassen. Fensterscheiben klirren. Tausende von Menschen genießen dieses Schauspiel. [...] Die Nation steht auf unserer Seite." GOEBBELS, Tagebücher, Band I/I, 6.12.1930, S. 642.

[48] Vgl.: RIESS, S. 94 f.

[49] Vgl.: ERDMANN, Band 4/I, S. 267.

[50] Vgl.: GOEBBELS, Tagebücher, Band I/I, 17.5.1930, S. 547 und 26.5.1930, S. 552; dementsprechend bereits 1924: „Industrie und Börse", in: VÖLKISCHE FREIHEIT, 4.10.1924, Nr. 30, S. 3; auch: GOEBBELS, abc, S. 17; GOEBBELS, Lenin, S. 20.

[51] Vgl.: GOEBBELS, Tagebücher, Band I/I, 21.7.1929, S. 399 und 23.7.1929, S. 400; DÖRP, Remarque, Band I, S. 54 f.

Volk, in die Agitation hatte Goebbels auch wieder einschlägige antisemitische Grundstoffe vermischt.[52]

In der rechtskonservativen Presse war die bislang recht unscharfe Auseinandersetzung mit Remarques Buch durchaus selbstkritisch kommentiert worden[53], hier mußte verlorenes Gelände zurückgeholt werden. Im Zusammenhang mit der „Einheitsfront" der Rechten gegen den „Young-Plan" hatte Goebbels am 2. September 1929 einen Generalangriff gegen die „jüdische" Presse mit scharf antisemitischen Unterstellungen hinsichtlich der angenommenen Einwirkungen auf die deutsche Bevölkerung eröffnet. In diesem Zusammenhang forderte er restriktive Bestimmungen bezüglich Kontrolle und Zusammensetzung der Redaktionen, wie sie später im „Schriftleitergesetz" (4. Oktober 1933) und in Anschlußgesetzen verwirklicht wurden.[54]

Doch bei der „Remarque-Aktion" überlagerten sich wahrscheinlich weitere Gesichtspunkte. Die Kampagne könnte als erste Testreihe betrachtet werden, inwieweit die Bevölkerung für (antisemitische) Terrormaßnahmen zu gewinnen war. Die Reichstagswahlen vom 14. September 1930 hatten den Nationalsozialisten 18,3% der Stimmen gebracht[55], eine Regierungsbeteiligung zu Hitlers Bedingungen allerdings nicht ermöglicht. Goebbels ließ sich nicht entmutigen: Kampf heiße die Parole, Opposition oder Regierung, man werde um ein neues Deutschland fechten, insbesondere der Judenfrage müsse allenthalben größere Beachtung geschenkt werden.[56] Dementsprechend und wohl auch anknüpfend an die „Warenhauskampagne" wurden am 13. Oktober 1930, dem Tag der Eröffnung des Reichstages, Kaufhäuser in Berlin beschädigt.

Offenbar entwickelte sich die laufende „Remarque-Kampagne" außerdem zu einer Machtprobe zwischen Goebbels und dem preußischen Innenminister Carl Severing (SPD)[57], dessen Behörde ja den Film unmittelbar zuvor freigegeben hatte. Der Gauleiter rechnete damit, daß eine kurzfristige Absetzung dem Prestige der Regierung Schaden zufügen und öffentlichkeitswirksam zeigen würde, daß die Mehrheit der Bevölkerung hinter den radikalen Positionen stehe.[58] Die im Nachfeld der Ereignisse im Preußischen Landtag eingebrachten Miß-

---

[52] Vgl. exemplarisch: „Der Youngplan", in: GOEBBELS, Angriff, S. 116 f.; „Volksbegehren und Sozialismus", in: ebenda, S. 118-120; „Gegen die Young-Sklaverei", in: ebenda, S. 120-125; auch: Sportpalastrede vom 27. September 1929, zitiert nach: KEMPNER, Nazi-Stopp, S. 68; DÖRP, Remarque, Band II, S. 48 f.

[53] Vgl.: Roman Hoppenheit, in: „Politische Wochenschrift für Volkstum und Staat", 13. Juli 1929, zitiert nach: DÖRP, Remarque, Band I, S. 56.

[54] Vgl.: „Wir sind als Volk verjudet, im Denken wie im Handeln. Wir werden uns dieser furchtbaren Tatsache nur noch in einer schwachen verzweifelt aufbegehrenden Minderheit bewußt. Erreicht hat das der Jude in der Hauptsache durch systematische Beeinflussung der öffentlichen Meinung mit Hilfe der Presse." „Großmacht Presse", in: GOEBBELS, Angriff, S. 197-199, Zitatstelle S. 198; DÖRP, Remarque, Band I, S. 56 f.

[55] Vgl.: WAHLEN UND ABSTIMMUNGEN IN DER WEIMARER REPUBLIK, S. 44.

[56] Vgl.: GOEBBELS, Tagebücher, Band I/I, 15.9.1930, S. 603; „Weiter Arbeiten!", in: „Der Angriff" vom 28.9.1930, zitiert nach: HÖVER, S. 177.

[57] Vgl.: VASOLD, Severing.

[58] Vgl.: „Es geht jetzt um das Prestige: Severing oder ich?" GOEBBELS, Tagebücher, Band I/I, 9.12.1930, S. 644; dementsprechend: „In die Knie gezwungen", in: GOEBBELS, Wetterleuchten, S. 40-43, Zitatstelle S. 41 f.

trauensanträge gegen Carl Otto Braun, den Preußischen Ministerpräsidenten[59], und Severing scheiterten allerdings.[60] Gleichzeitig konnte der neue Polizeipräsident Albert Grzesinski (SPD)[61], der auf Grund abermals verschärfter persönlicher Agitation gegen seinen Vizepräsidenten Weiß am 10. November 1930 ein einwöchiges Verbot über Goebbels' „Der Angriff" verhängt hatte, blamiert werden, denn die Polizei erschien der SA gegenüber relativ ohnmächtig.[62]

Zudem befand sich Hitler in dieser Zeit gerade in Berlin, und nach den verschiedenen Erschütterungen von Frühjahr und Sommer des Jahres konnte es nicht schaden, dem Parteiführer einmal eine auffrischende Kostprobe der organisatorischen und demagogischen Potentiale zu geben.[63]

Als weiterer möglicher Hintergrund der Angelegenheit erscheint die Notwendigkeit von Aufwertung und Wiedereingliederung der SA nach der sogenannten ersten „Stennes-Revolte" vom August 1930.[64] Für Goebbels war es wichtig, Vertrauen und Unterstützung der Parteitruppe in Berlin zurückzugewinnen. In dieser Absicht wohl hatte er sie bereits wieder im Oktober 1930 eingesetzt, um den berühmten Vortrag von Thomas Mann zu stören.[65] Auch nun im Dezember war die SA wieder maßgeblich beteiligt und konnte sich zudem gegenüber der Polizei als Ordnungsmacht aufspielen.[66] In dieser Hinsicht erscheint die „Remarque-Aktion" als parteipolitische Maßnahme mit gezieltem Einsatz von Antisemitismus zum Zweck der Binnenintegration.

Goebbels schätzte die kohäsiven Möglichkeiten derartiger Veranstaltungen offensichtlich generell recht hoch ein, Anfang 1931 forderte er ausdrücklich, die Partei durch „steigende Aktionen" in Schwung zu halten.[67]

---

[59] Vgl.: VASOLD, Braun.

[60] Vgl.: SCHRADER, Remarque, S. 176-182.

[61] Vgl.: GRZESINSKI, S. 117-125; MAI; GOEBBELS/MJOELNIR, Isidor, S. 75.

[62] Vgl.: REUTH, Goebbels, S. 181. Zudem schwebte ein Verfahren wegen Hochverrats gegen Goebbels, vgl.: DÖRP, Remarque, Band II, S. 48 f. Zum Aspekt des Einsatzes antisemitischer Agitation gegen Vertreter der SPD vgl. exemplarisch: KELE, S. 145 f. Zum Aspekt der relativen Abwertung der Polizei gegenüber der SA vgl.: DÖRP, Remarque, Band II, S. 61 f.

[63] Der „Hindenburgprozeß" vom Januar 1930 hatte Goebbels' Ansehen in der Parteizentrale München erheblich geschmälert, der Konflikt mit den Straßer-Brüdern um die Vorherrschaft in Berlins rechter Presselandschaft und somit gewissermaßen um die intellektuelle Leitung in seinem Gaugebiet hatte ständige Verzögerungen in der Berufung zum Reichspropagandaleiter verursacht, jeweils nicht ohne Rückwirkungen auf sein Verhältnis zu Hitler aufgrund dessen lavierender Haltung in diesen Fragen, vgl.: GOEBBELS, Tagebücher, Band I/I, 27.5.1930, S. 553, 28.5.1930, S. 553, 28.6.1930, S. 566 f., 29.6.1930, S. 567, 30.6.1930, S. 568, 2.3.1930, S. 507, 5.3.1930, S. 509, 16.3.1930, S. 515 und 28.11.1930, S. 637 f. Zum „Hindenburgprozeß" vgl.: ebenda, 1.1.1930, S. 477 und 4.1.1930, S. 478; DÖRP, Remarque, Band II, S. 53-55. Zum Hintergrund vgl. ausführlich: HÖVER, S. 319-334; REUTH, Goebbels, S. 182 f.

[64] Vgl.: SCHULZ, Aufstieg, S. 582-584. Zu Hintergrund und Konfliktpotential der SA vgl.: ebenda, S. 483-495 und S. 636-642; DÖRP, Remarque, Band II, S. 56 f.

[65] Zum Vortrag „Deutsche Ansprache. Ein Appell an die Vernunft" vgl.: MANN, Ansprache, S. 294-314; hierzu, mit kommentierenden Presseausschnitten: SCHRADER/SCHEBERA, S. 263-281. Zu einer ursprünglich positiven Einschätzung der Werke Thomas Manns vgl.: GOEBBELS, Ausschnitte [Blatt 32].

[66] Zu den „Stennes-Krisen" vgl.: SCHULZ, Aufstieg, S. 582-584; LONGERICH, Bataillone, S. 93-109; HEIBER, Goebbels, S. 91-94; HANFSTAENGL, S. 226 f.

[67] Vgl.: GOEBBELS, Tagebücher, Band I/II, 18.1.1931, S. 9.

Vielleicht in diesem Zusammenhang wurde am 12. September 1931, dem jüdischen Neujahrsfest, in Berlin ein Pogrom gegen „Personen, deren Äußeres auf ihre Zugehörigkeit zum Judentum schließen läßt"[68] durchgeführt, das der Gauleiter mit hoher Wahrscheinlichkeit als Arbeitslosendemonstration, wohl eine weitere frühe Inszenierung von *spontanem Volkszorn*, konzipiert hatte, und welches dann von Wolf-Heinrich Graf von Helldorf, dem damaligen SA-Gruppenführer und späteren Berliner Polizeipräsidenten, mit SA-Mannschaften in Zivil durchgeführt wurde.[69] Es handelte sich hierbei um eine verdeckte, planmäßige und gezielte physische Gewaltmaßnahme gegen Berliner Juden.

Die Aktion stand in einer gewissen Tradition: Bereits 1927 hatten SA-Mitglieder vereinzelte, möglicherweise von Goebbels angeregte Übergriffe auf „Passanten jüdischen Aussehens" verübt, die in der Tagespresse als „Kurfürstendammkrawalle" besprochen worden waren.[70] Selbst Grzesinski soll Mitgliedern der jüdischen Oberschicht in dieser Phase dargelegt haben, daß festlich gekleidete Damen auf die verhetzten und arbeitslosen Menschen aufreizend wirkten.[71]

Die Aktionen in der „Remarque-Kampagne" wurden jedenfalls mehrere Tage fortgesetzt. Goebbels berichtete von „großen Demonstrationen" gegen den Film und glaubte bereits ein frühes revolutionäres Stadium eingeleitet.[72] Flankierend propagierte er weitergehende Maßnahmen: In seinem „Angriff" vom 9. Dezember 1930 forderte der Gauleiter von der Reichsregierung, sämtliche ausländischen Filmerzeugnisse, die geeignet seien, das Ansehen Deutschlands in der Welt herabzusetzen, zu verbieten.[73]

Tatsächlich hatten die Unruhen Ausmaße angenommen, welche die verantwortlichen Behörden nötigten, den Remarque-Film abzusetzen, wenngleich dem in der zugehörigen offiziellen Verlautbarung ausdrücklich widersprochen wurde.[74] Der Terror hatte anscheinend gesiegt[75], und Goebbels durfte auch

---

[68] „Anklageschrift gegen 38 S.A.-Männer im Kurfürstendammprozeß", zitiert nach: REUTH, Goebbels, S. 206.

[69] Vgl.: GOEBBELS, Kaiserhof, 1.4.1932, S. 74; WALTER, S. 215 und S. 217; REUTH, Goebbels, S. 206.

[70] Vor dem Hintergrund des Partei- und Uniformverbots zur Hebung der Moral der SA sowie zur Demonstration von „Trotz Verbot nicht tot", vgl.: HEIBER, Goebbels, S. 67; REUTH, Goebbels, S. 129; hierzu: GOEBBELS, Kampf um Berlin, S. 102, S. 170 und S. 182; „Prozesse", 11. Juli 1927, in: GOEBBELS, Angriff, S. 324-326; „Menschen, seid menschlich!", 28. November 1927, in: ebenda, S. 336-338 und, etwas vager, „Rund um die Gedächtniskirche", 23. Januar 1928, in: ebenda, S. 338-340. Zu Ablauf und Hintergründen der Krawalle vgl. ausführlich: WALTER, S. 211-221.

[71] Vgl.: JOCHMANN, Funktion, S. 167.

[72] Vgl.: GOEBBELS, Tagebücher, Band I/I, 8.12.1930, S. 643 und 10.12.1930, S. 644; ferner exemplarisch: „Der Krieg am Nollendorfplatz. Polizei geht mit Samthandschuhen vor", „Die Welt am Abend", 8. Dezember 1930, zitiert nach: SCHRADER, Remarque, S. 139 f.

[73] Vgl.: „Der Angriff", 9. Dezember 1930, zitiert nach: DÖRP, Remarque, Band II, S. 63.

[74] Vgl.: „Vossische Zeitung", 10. Dezember 1930 und 11. Dezember 1930, zitiert nach REUTH, Goebbels, S. 18; „Spruch der Filmoberprüfstelle", „Deutsche Tageszeitung", 12. Dezember 1930, Morgenausgabe, zitiert nach: SCHRADER/SCHEBERA, S. 260 f.; einen Querschnitt durch weitere Kommentare in: SCHRADER, Remarque, S. 145-173; hierzu auch: DÖRP, Remarque, Band II, S. 45 f.

[75] Vgl.: „Die n.s. Straße diktiert der Regierung ihr Handeln. Das war eine Nervenprobe. Aber wir haben sie bestanden." GOEBBELS, Tagebücher, Band I/I, 10.12.1930, S. 644; „In die Knie gezwungen", „Der Angriff", 12. Dezember 1930, zitiert nach: SCHRADER, Remarque, S. 161-165; auch: BELLING, S. 17-19.

persönlich triumphieren: „Mein Ansehen in München ist durch die Remarque-Sache mächtig gestiegen."[76] Noch 1941 bezog er sich auf das damalige Erfolgserlebnis.[77] Die Nationalsozialisten in anderen Großstädten Deutschlands nahmen sich die „Remarque-Aktion" zum Leitbild entsprechender eigener Maßnahmen.[78] „Im Westen nichts Neues" wurde 1933 wegen „literarischen Verrats am Soldatentum des Weltkriegs"[79] indiziert und auch verbrannt.

(3) Reichstag-Zwischenfälle

Im Mai 1932 inszenierte die NSDAP sogar im Reichstagsgebäude offene Gewalt und persönliche antisemitische Diffamierung. Die Ereignisse wurden ursprünglich dadurch ausgelöst, daß Nationalsozialisten Helmut Klotz in der Wandelhalle des Reichstags verprügelten. Ehemals Mitglied der NSDAP, hatte Klotz in dem von ihm herausgegebenen Blatt „Antifaschistisch-Sozialistische Korrespondenz" die homosexuelle Neigung des SA-Führers Ernst Röhm ans Licht gebracht und damit die Einleitung eines Strafverfahrens nach §175a(4) Reichsstrafgesetzbuch gegen diesen verursacht.[80] Reichstagspräsident Paul Löbe ordnete an, die Gewalttäter ohne Rücksicht auf mögliche Immunität vor Ort zu verhaften. Die Kriminalbeamten wurden durch den Vizepräsidenten der Polizei persönlich ins Plenum geführt, die NSDAP-Fraktion tobte, man skandierte seinen Spottnamen, und Goebbels, seit 13. Juni 1928 Mitglied des Reichstags[81], rief: „Da kommt das jüdische Schwein, der Weiß, hier herein und provoziert uns durch seine Anwesenheit."[82] Wenige Tage später wurden im Verlauf einer regelrechten Saalschlacht im Reichstag acht Abgeordnete aus verschiedenen Parteien schwer verletzt.[83]

Die Ereignisse im Reichstag verdeutlichten noch einmal den radikalen Standpunkt der NSDAP in bezug auf die parlamentarische Demokratie. Der Reichspropagandaleiter konnte auf diese Weise Straßers Bemühungen, sich im Hinblick auf eine mögliche Regierungsbeteiligung (das wankende Kabinett Brüning befand sich gerade in seiner kritischen Phase, „100 Meter vor dem Ziel") als gemäßigte Alternative zu Hitler zu präsentieren, ins Leere leiten und damit mithelfen, eine Abspaltung zu verhindern.[84]

---

[76] GOEBBELS, Tagebücher, Band I/I, 17.12.1930, S. 647.

[77] Vgl.: GOEBBELS, Tagebücher, Band II/2, 12.10.1941, S. 99/Z. 85-90.

[78] Vgl.: SCHRADER, Remarque, S. 200-280. Zu Versuchen einer journalistischen Gegenoffensive vgl. exemplarisch: „Der Film", 14. XII. 1930, in: SÖSEMANN, Wolff , S. 289-296.

[79] Vgl.: KETTERLE, S. 268.

[80] Vgl.: GOEBBELS, Kaiserhof, 12.5.1932, S. 96 f.; REUTH, Goebbels, S. 208 und S. 224.

[81] Vgl.: FIGGE, S. 55-59.

[82] „Vossische Zeitung", 12. Mai 1932, zitiert nach: REUTH, Tagebücher, Band 2, S. 655/Anm. 33; REUTH, Goebbels, S. 224. Zur Reichstagssitzung vgl.: VERHANDLUNGEN DES REICHSTAGS, Band 446, 64. Sitzung, 12. Mai 1932, S. 2686-2688; FIGGE, S. 163 f.

[83] Vgl.: „Das war ein warnendes Beispiel. So allein kann man sich Respekt verschaffen. [...] Brachialgewalt gegen Provokation, das ist das einzige, was imponiert. Scheu und voll Achtung schleichen die jüdischen Journalisten um die Trümmer und Blutlachen herum. Wie wird ihnen zumute sein?" GOEBBELS, Kaiserhof, 28.5.1932, S. 100 f.

[84] Vgl.: REUTH, Goebbels, S. 222-225.

Goebbels zögerte also durchaus nicht, physische Druckmittel einzusetzen oder zu nutzen, wenn er Möglichkeiten sah, seine Ziele auf diese Weise zu fördern. Beispiele für explizit gegen Juden gerichtete Aktionen liegen vor. Die entsprechenden Terrormaßnahmen erscheinen hinsichtlich Handlung und Wirkung auf Gegner wie Öffentlichkeit kühl kalkuliert und unterscheiden sich in dieser Hinsicht von unbedachten Exzessen (Radauantisemitismus) anderer, die Goebbels wegen der oftmals unvermeidbaren Rückschlagschäden für die eigene Seite grundsätzlich kritisierte.[85] Blessuren auf der Gegenseite erschienen vollauf gerechtfertigt, man handelte schließlich in Notwehr.[86] Opfer in eigenen Reihen konnten als Märtyrer der Bewegung mancherlei nachhaltige Beiträge leisten. Außerdem ging Goebbels ja davon aus, daß man sich in einer revolutionären Phase befinde: Manchmal müsse man eben auch die Härte aufbringen, lieber einen Unschuldigen mitleiden zu lassen, als zuzugeben, daß das Fundament unterhöhlt werde, auf dem man stehe.[87] Schon im Dezember 1925 hatte er notiert: „Siege allein genügen nicht. Der Feind muß vernichtet werden."[88]

Goebbels' antisemitische Haltung dürfte in der betrachteten Phase auf zwei Ebenen gefestigt worden sein. Zu der längst (vielleicht eher emotional als rational) verhärteten Grundannahme ursächlicher Verstrickung eines internationalen Judentums in die Situation Deutschlands und der sich daraus selbstverständlich ergebenden Opposition von Juden gegen die nationalsozialistische Bewegung kam nun eine Ausbildung recht weitgehender persönlicher Feindschaften. Goebbels' Antisemitismus erscheint somit nunmehr allgemein und speziell begründet und erreichte in entsprechend gegenseitiger Verstärkung einen recht hohen Schärfegrad. Überlegungen über Existenz und Erscheinen von Juden in der Öffentlichkeit lösten regelmäßig heftige Entgleisungen aus.[89] Im Zusammenhang mit einem Besuch in Wien forderte er eine

---

[85] Vgl.: „Presse hetzt wegen ‚Fememord' in Dresden. Peinliche Sache. Da scheinen die Unseren wieder eine haarige Dummheit gemacht zu haben." GOEBBELS, Tagebücher, Band I/II, 30.12.1932, S. 318; auch: ebenda, 31.12.1932, S. 319.

[86] Vgl.: ebenda, 3.1.1931, S. 2, 23.1.1931, S. 12 und 25.1.1931, S. 12; GOEBBELS, Kaiserhof, 22.6.1932, S. 115; hierzu auch: KESSEMEIER, S. 74.

[87] Vgl.: GOEBBELS, Kaiserhof, 31.1.1932, S. 35 und 2.11.1932, S. 191.

[88] GOEBBELS, Tagebücher, Band I/I, 7.12.1925, S. 146; vgl. auch: GOEBBELS, Tagebücher, Band I/II, 3.3.1931, S. 29; GOEBBELS, Kaiserhof, 21.1.1932, S. 28, 24.1.1932, S. 31 und 29.1.1932, S. 34; GOEBBELS, Tagebücher, Band I/I, 30.8.1929, S. 416. Zu berücksichtigen ist hierbei allerdings der aus heutiger Sicht eigentümliche Stellenwert von Gewalt als Mittel der politischen Auseinandersetzung in diesem Zeitraum. Nicht allein die Extremparteien hatten spezielle Kampfverbände organisiert, um Veranstaltungen zu schützen, zu stören oder um Meinungen zu verstärken. Auf einem der Höhepunkte der Auseinandersetzungen im Juni/Juli 1932 sind allein in Preußen 99 Menschen getötet und 1125 verletzt worden, der „Altonaer Blutsonntag" forderte 17 Tote und über 100 Verwundete, vgl.: REUTH, Tagebücher, Band 2, S. 671/Anm. 45. Zum Aspekt politischer Gewalt in der Weimarer Republik zwischen 1924 und 1933 vgl. ausführlich: SCHUMANN, S. 203-358.

[89] Vgl.: GOEBBELS, Tagebücher, Band I/I, 21.8.1929, S. 412 f.; dementsprechend: GOEBBELS, Michael, S. 57 f.

grundsätzliche Entfernung der Juden aus dem Stadtbild[90], etwa elf Jahre später leitete der Gauleiter dann dahingehend ausgerichtete Maßnahmen in Berlin ein.

Dementsprechend erfolgte die weitere Auseinandersetzung mit der Judenfrage in nicht unwesentlichem Umfang im Emotionalen, vielleicht ohne Sachliches und Persönliches selbst trennen zu können oder zu wollen. Die relevanten Tagebuchaufzeichnungen, Reden und Publikationen erscheinen teilweise in fanatischer Weise haßerfüllt. Sie sind in dieser Hinsicht wohl überwiegend als glaubhaft einzustufen[91], denn zumeist tragen die Ausfälle gegen bestimmte Juden in Presse[92], Rechtsprechung[93], Parlament[94] und Regierung[95] persönliche Akzente. Verschiedene reflexive Tagebucheinträge deuten darauf hin, daß Goebbels die Fähigkeit zu hassen in gewisser Hinsicht als Merkmal politischen Instinkts betrachtete, zumeist ist auch hierbei eine antisemitische Ausrichtung vorhanden.[96] Im September 1942 stellte er in einem seiner Leitartikel „Haß" als erstrebenswerte Tugend dar, welche dem deutschen Volk seiner Meinung nach allerdings fehle.[97] Stellenweise werfen die Tagebuchnotizen auch ein Licht auf dementsprechende Beschäftigungen ihres Autors: „Gestern abend war ich so todmüde, daß ich vor lauter Erschöpfung nicht einschlafen konnte. Ich habe lange noch gehaßt."[98]

---

90 Vgl.: GOEBBELS, Tagebücher, Band I/II, 12.5.1930, S. 544.

91 Vgl.: GOEBBELS, Tagebücher, Band I/I, 20.6.1929, S. 392, 29.8.1929, S. 415, 30.10.1929, S. 447 und 4.12.1928, S. 299.

92 Vgl. exemplarisch: ebenda, 12.5.1928, S. 222, 1.10.1928, S. 285, 17.11.1928, S. 292, 18.11.1928, S. 292, 13.3.1929, S. 342 und 10.9.1929, S. 422; GOEBBELS, Kampf um Berlin, S. 27.

93 Vgl. exemplarisch: GOEBBELS, Tagebücher, Band I/I, 20.6.1928, S. 236, 20.6.1929, S. 388 f. und 31.5.1930, S. 554.

94 Vgl. exemplarisch: ebenda, 28.11.1925, S. 144, 24.5.1926, S. 182, 25.10.1926, S. 214, 13.6.1928, S. 234, 15.6.1928, S. 235, 16.6.1928, S. 235, 2.8.1928, S. 251, 13.11.1928, S. 290, 15.11.1928, S. 290, 16.11.1928, S. 291, 4.12.1928, S. 299, 1.2.1929, S. 326, 2.2.1929, S. 326, 7.2.1929, S. 328, 23.2.1929, S. 335, 1.3.1929, S. 337, 26.4.1929, S. 364, 3.10.1929, S. 434 und 16.11.1930, S. 634; HEIBER, Goebbels, S. 84-86.

95 Vgl. exemplarisch: GOEBBELS, Tagebücher, Band I/II, 14.3.1932, S. 141 und 2.4.1932, S. 150; GOEBBELS, Tagebücher, Band I/I, 6.5.1928, S. 221 und 18.11.1928, S. 292; GOEBBELS, Kaiserhof, 15.10.1932, S. 182.

96 Vgl. exemplarisch: „Ein jüdischer Proletarierführer verteidigt schwerkapitalistische ostgalizische Schieber. Man konnte hassen lernen." GOEBBELS, Tagebücher, Band I/I, 9.12.1925, S. 146 f. Vgl. auch: ebenda, 3.9.1929, S. 418 und 30.10.1929, S. 447; GOEBBELS, Michael, S. 57 f.; „Deutschlands Feinde sind Deine Feinde, hasse sie aus ganzem Herzen." „10 Gebote für Nationalsozialisten", in: GOEBBELS, Nazi-Sozi [ohne Paginierung, Folgeseite des Titelblattes]; hierzu auch: BÄRSCH, Erlösung, S. 256.

97 Vgl.: „Das Hassen müssen wir Deutschen noch lernen. Wir eignen uns nur schlecht zum Chauvinismus, und wenn einer bei uns die Volksseele zum Kochen bringen will, dann muß er es schon sehr geschickt anfangen." „Seid nicht allzu gerecht!", 6. September 1942, in: GOEBBELS, Das eherne Herz, S. 451-457, Zitatstelle S. 454; entsprechend: HITLER, Kampf, S. 714. Zum Stellenwert von „Haß" in der nationalsozialistischen Weltanschauung vgl. exemplarisch: ALEXANDER, S. 324 f.

98 GOEBBELS, Tagebücher, Band I/I, 12.6.1929, S. 385; vgl. entsprechend: GOEBBELS, Michael, S. 91. Psychologisch möglicherweise bedeutsam erscheint ein merkwürdiger Traum, den Goebbels in seinen Aufzeichnungen schildert: Er sei in einer Schule durch die weiten Gänge von mehreren ostgalizischen Rabbinern verfolgt worden, die ihm immerzu „Haß" nachgerufen hätten. Er selbst sei einige Schritte voraus gewesen und habe mit demselben Ruf geantwortet. So sei es

Goebbels schätzte den Propagandawert von Haßkampagnen sehr hoch ein, auch dahingehend bestehen Parallelen zu entsprechenden Forderungen Hitlers.[99] Den aggressiv-emotionalen Attacken war argumentativ auch schwer zu begegnen, sie entfalteten ihre Wirkungen oftmals durch Auslösung latenter Reflexe. Indem sich angegriffene Persönlichkeiten nur vergleichsweise unzureichend und letztlich wirkungslos wehrten, wie etwa Weiß, trugen die von Goebbels lancierten Kampagnen wohl wirklich zu gewissen Destabilisierungen des politischen Systems bei und erzeugten gleichzeitig Synergieeffekte in bezug auf die Öffentlichkeitsarbeit der Partei wie auch hinsichtlich seines persönlichen Ansehens: „Glaubt mir, die da draußen im Lande schauen auf uns. Berlin ist mit einem Male zum Zentrum des Kampfes geworden. Gelingt es uns, in dieser Asphaltwüste die rote Judenpest zu brechen, dann wird unsere Tat unsterblich sein."[100]

Hitler berief ihn gegen starke interne Widerstände am 27. April 1930 zum Reichspropagandaleiter der NSDAP.[101]

Auch im kulturellen Bereich unterstellte Goebbels weiterhin einen zerstörenden Einfluß von Juden, wobei er sich auf Produktion wie Kritik bezog.[102] Im November 1930 sprach er von „schrecklicher Judentyrannei" an den Bühnen von Berlin, da müsse „mit eisernem Besen ausgefegt" werden[103]; als Reichsminister für Volksaufklärung und Propaganda arbeitete er ja ab September 1933 tatsächlich mit viel Energie an der Ausgrenzung von Juden aus allen Kulturbereichen. Die Judenfrage, so notierte er im Anschluß an eine Rundfunksendung mit „Judenmusik" („Hoffmanns Erzählungen" waren übertragen worden), sei doch die Frage aller Fragen.[104] Ausnahmen gestatte-

---

stundenlang gegangen, er sei aber nicht eingeholt worden. „Soll das eine gute Vorausdeutung sein?" Direktes und indirektes Zitat: GOEBBELS, Tagebücher, Band I/I, 17.12.1929, S. 470; vgl. hierzu: DÜHRING, Judenfrage, S. 94. Zu möglichen Verbindungen von Haß und Selbstzerstörungsängsten auf Grundlage der Theorien Theodor W. Adornos, Max Horkheimers und Leo Löwenthals vgl.: RENSMANN, S. 96-113, insbesondere S. 110 f.

[99] Vgl.: GOEBBELS, Tagebücher, Band I/I, 11.9.1930, S. 601 und 2.3.1930, S. 508; „Die Riesenarena dröhnt vor Wut und Haß und Rachegeschrei. [...] Raserei und Extase. Wie lange kann man das noch steigern?" Ebenda, 22.11.1930, S. 636. Vgl. auch: KESSEMEIER, S. 104-107; hierzu auch Hitler: „Trotz und Haß, Haß und wieder Haß." „Deutschland am Scheidewege", Rede vom 10. April 1923, in: HITLER, Aufzeichnungen, S. 873-876, Zitatstelle S. 876.

[100] „Der unbekannte SA-Mann", in: GOEBBELS, Wege, S. 60-64, Zitatstelle S. 63.

[101] Vgl.: GOEBBELS, Tagebücher, Band I/I, 28.4.1930, S. 538. Reuth datiert auf den 26. April, vgl.: REUTH, Goebbels, S. 165. In der älteren Forschung besteht dahingehend völlige Unklarheit, vgl.: RIESS, S. 75; REIMANN, S. 131/Anm. 58. Zu den Widerständen gegen die Beförderung von Goebbels vgl. exemplarisch: GOEBBELS, Tagebücher, Band I/I, 20.11.1929, S. 457, 31.1.1930, S. 492 und 23.3.1930, S. 518.

[102] Vgl.: ebenda, 3.12.1928, S. 298 f., 31.1.1929, S. 326, 18.2.1929, S. 333, 20.2.1929, S. 334 und 3.2.1930, S. 494; GOEBBELS, Tagebücher, Band I/II, 13.2.1933, S. 374; GOEBBELS, Lenin, S. 7.

[103] Vgl.: GOEBBELS, Tagebücher, Band I/I, 9.11.1930, S. 630.

[104] Vgl.: ebenda, 15.2.1929, S. 332; auch: „Höre entsetzliches Radio, das ist direktes Negertum. Die Kunst des Untermenschen." Ebenda, 19.1.1930, S. 486; „Hörspiel von Polgar [...] Mit Pallenberg. Gut, aber P. ist auf der Bühne wirksamer. Das Stück selbst ist zersetzender Judendreck." Ebenda, 29.12.1930, S. 652.

te er in bezug auf Schauspielerinnen, zum Beispiel bei Elisabeth Bergner.[105] Außerdem konnte der Reichspropagandaleiter auch noch durchaus anerkennende Worte für die Professionalität jüdischer Bühnenkünstler finden, wobei er allerdings im Talent der Verstellung eine typisch jüdische Fähigkeit sah.[106] Derartige Relativierungen von Judenfeindschaft sind keine Einzelfälle, auch Bücher jüdischer Autoren, die Goebbels 1929 noch las, konnten ihm im ersten Eindruck positiv erscheinen, wenngleich er sie kurze Zeit später, vielleicht einer kategorischen inneren Instanz folgend, radikal verunglimpfte.[107] Er ging generell davon aus, daß die Juden hinter verschiedenartigen Masken ihr wahres Gesicht, ihre tatsächlichen Absichten verbargen und somit in fortgesetzt erfolgreicher Täuschung auf Kosten des deutschen Volkes lebten. Allein Vertreter der nationalsozialistischen Bewegung schienen diese Larve durchschauen zu können, hierbei nutzte man jede Gelegenheit, um „Studien" zu betreiben.[108] Selbst die Passionsspiele in Oberammergau dienten Goebbels zu antisemitischer Empirie: „Die Szenen vor Pilatus waren geradezu Musterlektionen über die Juden. So hat er's immer gemacht und so macht er's auch noch heute."[109]

Mit offensichtlicher Freude am Thema machte er die Judenfrage weiterhin zum Gegenstand politischer Agitation und auch in Privatgesprächen wurde sie diskutiert.[110] In einer Phase annähernd freundschaftlicher Kontakte zu Hermann Göring[111] war er dessen Einladung zu einem Verwandtenbesuch nach Schweden gefolgt. Er glaubte dort zu erkennen, wie Judentum und Marxismus unter dem Deckmantel der Sozialdemokratie systematisch die letzten Reste von Wehrhaftigkeit im Volk zerfetzten.[112] Auf völliges Unverständnis stieß offenbar eine Nichte Görings, die, obgleich schön und blond, Remarque und die Juden gelobt habe. Goebbels resümierte fassungslos: „Gesinnungsperversion. Das kann mich maßlos aufregen. Ich werde grob, Göring noch gröber."[113]

---

[105] Vgl.: „Ein jüdisches liebes Kind." Ebenda, 16.4.1929, S. 361.

[106] Vgl.: GOEBBELS, Tagebücher, Band I/II, 4.4.1929, S. 354; GOEBBELS, Tagebücher, Band I/I, 6.1.1930, S. 479, 26.1.1930, S. 490 und 29.12.1930, S. 652; HITLER, Kampf, S. 332.

[107] Vgl.: GOEBBELS, Tagebücher, Band I/I, 8.7.1929, S. 397 und 17.7.1929, S. 398 f.

[108] Vgl.: „In der Nelson-Revue. Jüdische Sache! Wir haben den ganzen Abend Studien gemacht. [...] Der Jude verulkt sich am liebsten selbst. Dort, wo er sich unbeobachtet glaubt, kann man ihn am besten erkennen." Ebenda, 6.4.1930, S. 525. „Den Juden Emil Ludwig Cohn habe ich zu Ende gelesen. Eine elende Tendenzmache. Aber man muß einmal hindurch, um auch diese Art zu durchschauen. Ein Hebräer, der unter dem Schein der wissenschaftlichen Objektivität seiner ewigen Leidenschaft, der Lüge, huldigt." Ebenda, 17.7.1929, S. 398 f.

[109] Ebenda, 21.7.1930, S. 579; vgl. dementsprechend: PICKER, 5.7.1942, S. 442 f. Zur Edition der Tischgespräche von Picker vgl. kritisch: REPGEN, Fortleben, S. 474.

[110] Vgl. exemplarisch: „Abends vor übervollem Saal geredet. ‚Warum sind wir Judengegner?' Ein knorkes Thema. Ich war herrlich in Form." GOEBBELS, Tagebücher, Band I/I, 2.11.1928/3.11.1928, S. 285 f. „Ich habe einen schweren Zusammenstoß mit Anka in der Judenfrage. Sie denkt noch zu bürgerlich." Ebenda, 11.3.1929, S. 341.

[111] Zu Biographie und Politik Hermann Görings vgl. einführend: KUBE; MASER.

[112] Vgl.: „Es ist zum Weinen, wie instinktlos die blonde Rasse geworden ist. Nach außen Germanen, nach innen Halbjuden." Indirektes und direktes Zitat: GOEBBELS, Tagebücher, Band I/I, 20.4.1930, S. 532-534.

[113] Ebenda, 17.5.1930, S. 547. Wer Goebbels' Meinung widersprach, mußte grundsätzlich damit rechnen, in seinen Tagebuchaufzeichnungen als „Halbjude" oder als „weißer Jude" bezeichnet

1929 erschien die gründlich überarbeitete und hinsichtlich antisemitischer Tendenz neu akzentuierte beziehungsweise dahingehend wesentlich ergänzte Ausgabe des Tagebuchromans „Michael".[114] Die entsprechenden Textabschnitte zeigen teilweise wörtliche Übereinstimmungen mit dem bereits zitierten Aufsatz „Warum sind wir Judengegner?" vom Juli 1928.[115] Einschlä-

---

zu werden, vgl.: ebenda, 24.4.1930, S. 536 und 19.5.1930, S. 548; GOEBBELS, Tagebücher, Band I/II, 5.1.1933, S. 326; GOEBBELS, Tagebücher, Band I/4, 20.4.1937, S. 103/Z. 33-36.

[114] Vgl. exemplarisch: „Keinen Juden sah ich bis heute. Das ist ein wahres Labsal. Der Jude ist für mich direkt ein körperlicher Ekel. Ich bekomme Übelkeitsanfälle bei seinem Anblick. Der Jude ist uns im Wesen entgegengesetzt. Ich kann ihn gar nicht hassen, nur verachten. Er hat unser Volk geschändet, unsere Ideale besudelt, die Kraft der Nation gelähmt, die Sitten angefault und die Moral verdorben. Er ist das Eitergeschwür am Körper unseres kranken Volkstums. Religion? Naiv, wie Ihr seid. Was hat das mit Religion zu tun? Entweder er richtet uns zugrunde, oder wir machen ihn unschädlich. Ein anderes ist da nicht denkbar. Friede? Kann die Lunge mit dem Tuberkelbazillus Frieden halten? Der Jude ist nicht schöpferisch. Er ist im Wesen händlerisch veranlagt. Er handelt mit allem: mit Lumpen, mit Geld, mit Aktien, mit Kuxen, mit Bildern, mit Büchern, mit Parteien und Völkern. Genau so schlau werden wie er? Er ist gar nicht schlau. Er ist nur raffiniert, gerieben, durchtrieben, gerissen und skrupellos. Da tun wir es ihm doch nie gleich. [...] Wer den Teufel nicht hassen kann, der kann auch Gott nicht lieben. Wer sein Volk liebt, der muß die Vernichter seines Volkes hassen, aus tiefster Seele hassen. [...] Christus kann gar kein Jude gewesen sein. Das brauche ich erst gar nicht wissenschaftlich zu beweisen. Das ist so!" GOEBBELS, Michael, S. 57 f. Diese Passage ist in der Urfassung „Michael Voormann" nicht vorhanden, vgl.: GOEBBELS, Michael Voormann, Blatt 134. Zur Überarbeitung von „Michael Voormann" vgl.: GOEBBELS, Tagebücher, Band I/I, 28.5.1928, S. 228, 29.5.1928, S. 228, 5.6.1928, S. 231, 9.6.1928, S. 232, 10.8.1928, S. 255, 13.8.1928, S. 255, 15.8.1928, S. 256, 16.8.1928, S. 256 und 17.8.1928, S. 256; auch: MCMASTERS HUNT, S. 106-108; MÜLLER, Goebbels, Teil I, S. 63-67; MICHEL, S. 127-130; NILL, S. 155-166. Zu antisemitischen Einfügungen in „Michael" vgl. auch: GOEBBELS, Michael, S. 82 vs. GOEBBELS, Michael Voormann, Blatt 148. Goebbels dürfte bei Paul Anton de Lagarde die Anregung für die oftmals zur polemischen Referenz auf Juden gebrauchten metaphorischen Entlehnungen aus dem Lexikon der Pathologie bekommen haben: „Die Juden sind [...] nichts anderes als Träger der Verwesung. [...] Mit Trichinen und Bazillen wird nicht verhandelt, Trichinen und Bazillen werden auch nicht ,erzogen', sie werden so rasch und gründlich wie möglich unschädlich gemacht." Lagarde, zitiert nach GLASER, S. 210; dementsprechend: LAGARDE, Band II, S. 108; CHAMBERLAIN, Band I, S. 18, S. 219-295, S. 304 und S. 388 f. bzw. CHAMBERLAIN, Band II, S. 647. Ebenso findet sich bei Chamberlain ein Vergleich zwischen Juden und Rebläusen, vgl.: CHAMBERLAIN, Band I, S. 23. Zur Prädikation „Parasit" vgl. auch: BEIN, Judenfrage, S. 357-370; BEIN, Parasit, S. 121-146; BEISSWENGER, S. 29 f. Zur Typisierung der Juden im kollektiven Singular vgl.: BEISSWENGER, S. 34-36. Vgl. auch: „Christus ist das Genie der Liebe, als solches der diametrale Gegenpol zum Judentum, das die Inkarnation des Hasses darstellt. Der Jude bildet eine Unrasse unter den Rassen der Erde. Er hat dieselbe Aufgabe, die im menschlichen Organismus der Giftbazillus hat: den Widerstand der gesunden Kräfte mobil zu machen oder ein zum Tode bestimmtes Lebewesen schneller und geräuschloser sterben zu lassen. Christus ist der erste Judengegner von Format. ,Du sollst alle Völker fressen!' Dem hat er den Krieg angesagt. Deshalb mußte das Judentum ihn beseitigen. Denn er rüttelte an den Fundamenten seiner zukünftigen Weltmacht. Der Jude ist die menschgewordene Lüge." GOEBBELS, Michael, S. 82. Vgl. hierzu: CHAMBERLAIN, Band I, S. 278 und S. 302. Eine entsprechende Präzisierung erfolgte im Gespräch mit Hitler 1939: Hitler sei tief religiös, allerdings ganz antichristlich, das Christentum sei ein Verfallssymptom, eine Ablagerung der jüdischen Rasse, vgl.: GOEBBELS, Tagebücher, Band I/7, 29.12.1939, S. 250/Z. 27-38.

[115] Vgl.: „Warum sind wir Judengegner?", 30. Juli 1928, in: GOEBBELS, Angriff, S. 329-331, Zitatstelle S. 329.

gige Metaphern fanden auch in späteren Aufsätzen wörtliche Wiederaufnahme[116], schließlich benutzte Goebbels die entsprechenden Bilder und Vergleiche auch zur Rechtfertigung der Judenvernichtung im Rahmen der *Endlösung*.[117]

In der oppositionellen Szene wurden unterdessen Schmähgedichte auf Goebbels veröffentlicht, beispielsweise von Kurt Tucholsky. Goebbels kehrte diese Gegenpropaganda insofern um, als er sie in eigene Produkte einbezog.[118] Wohl beiderseitig hatte man sich dabei aber von sachlichen Ebenen weit entfernt.[119] Politische und persönliche Agitationsebenen waren gegen Ende der betrachteten Phase kaum noch zu unterscheiden.

Im April 1931 wurde der Berliner Gauleiter kurzfristig in Haft genommen, weil er mehreren Vorladungen zu Gerichtsverhandlungen in Beleidigungsprozessen keine Folge geleistet hatte. Als persönliche Demütigung empfunden, konnten derartige publizistische und juristische Maßnahmen düstere Reaktionen auslösen.[120] Ulrich Höver unterscheidet in diesem Zusammenhang fünf Kategorien von Drohungen, die zwischen 1924 und 1933 in Goebbels' Schriften nachweisbar sind: Pogrome, Ausschluß aus dem öffentlichen Leben, Vertreibung aus Deutschland, Mord/Hinrichtung, grauenvolles Ende.[121]

---

[116] Vgl.: „Der Jude", 21. Januar 1929, in: ebenda, S. 322-324, Zitatstelle S. 322 f.; „Um die deutsche Scholle", Rede vom 11. Mai 1930, in: GOEBBELS, Revolution, S. 27-34, Zitatstelle S. 31.

[117] Vgl. exemplarisch: GOEBBELS, Tagebücher, Band II/3, 27.3.1942, S. 561/Z. 174-200.

[118] Vgl. exemplarisch: „Joebbels", „Weltbühne" vom 24. Februar 1931, in: TUCHOLSKY, S. 790; Druck auch in: „Wie lange noch, Catilina?", 28. Februar 1931, in: GOEBBELS, Wetterleuchten, S. 85-87, Zitatstelle S. 86. Reimann behauptet, die unmittelbare Auseinandersetzung mit der (jüdischen) Berliner Presse habe Goebbels zum überzeugten Antisemiten gemacht, vgl.: REIMANN, S. 113-116.

[119] Vgl.: „Mit Tonak [Albert Tonak, Chauffeur und Beschützer] durch den Zoo. Die scheußlichen Affen! Welch ein Weg von diesem Urvieh bis zum nordischen Menschen! Ein Affe sieht genau aus wie ein Pressehebräer." GOEBBELS, Tagebücher, Band I/II, 15.2.1931, S. 22; auch: ebenda, 16.3.1931, S. 34. Aller Polemik ungeachtet, hob Goebbels in den eigenen Reihen die sachliche Professionalität der gegnerischen jüdischen Journalisten hervor: „Das wird aber nicht in Studierstuben gelöst, sondern im Kampf, im bitteren Kampf, in dem man täglich mit dem Gegner zusammenstößt und ihm absieht, wie er es fertig gebracht hat, das Volk auf die falsche Bahn zu lenken. Wenn ich zum Beispiel die Zeitungen sehe, so muß ich schon sagen, daß ich am meisten aus dem ,Berliner Tageblatt' lerne. Das ist vorbildlich jüdisch geleitet. Ich habe da – vom jüdischen Standpunkt – noch nie einen Schnitzer gefunden, während die nationalen Blätter oft daneben schlagen." „Erkenntnis und Propaganda", Rede am 9. Januar 1928, in: GOEBBELS, Signale, S. 28-52, Zitatstelle S. 45. Zur Anerkennung journalistischen Könnens von Juden vgl. auch: SCHAUMBURG-LIPPE, S. 190.

[120] Vgl. exemplarisch: „Die Judenpresse heult vor Freude. Ich muß meine Sachen abgeben und werde unter dem Hohngelächter von Zuhältern und Dieben in die Zelle gesperrt. [...] Staatsanwalt Stenig, dieses Schwein, hetzt gegen mich." GOEBBELS, Tagebücher, Band I/II, 28.4.1931, S. 57; auch: GOEBBELS, Kampf um Berlin, S. 175 f.

[121] Vgl.: HÖVER, S. 173-178; exemplarisch: „Menschen, seid menschlich!", 28. November 1927, in: GOEBBELS, Angriff, S. 336-338, Zitatstelle S. 336 f.; „Revolutionäre Forderungen", 6. August 1928, in: ebenda, S. 170-172, Zitatstelle S. 171; „Wie lange noch, Catilina?", 28. Februar 1931, in: GOEBBELS, Wetterleuchten, S. 85-87, Zitatstelle S. 85 und S. 87; „Nazigefahr beseitigt", 3. März 1931, in: ebenda, S. 87-89, Zitatstellen S. 87 und S. 89; „Sie lügen, sie lügen!", 10. März 1931, in: ebenda, S. 96-98, Zitatstelle S. 98; „Zweierlei Maß", 27. März 1931, in: ebenda, S. 116-118, Zitatstelle S. 118; „Mit durchschnittener Kehle", 29. Mai 1931, in: ebenda, S. 158-161,

Die Lage verschärfte sich Anfang 1932: Nachdem in der Presse bereits seit Ende 1930 Diffamierungen seines ältesten Bruders Konrad und auch seiner Mutter Katharina erfolgt waren[122], hatte es nun, offensichtlich im Zusammenhang mit Goebbels' Heirat am 19. Dezember 1931, in der erwähnten Zeitschrift von Helmut Klotz persönliche Angriffe gegen seine Frau Magda Goebbels gegeben (ihre Abstammung wurde auf Grund ihres jüdischen Stiefvaters diskutiert[123]), die sich in den Tagebuchaufzeichnungen gewichtig niederschlugen: „Gemein werden sie [‚die Hebräer'], wenn sie auch noch die Frauen in den Schlamm des Tageskampfes hineinziehen. Aber das werden wir ihnen, kommen wir einmal an die Macht, mit Zins und Zinseszins vergelten!"[124]

Wohl infolge fortgesetzt unsachlicher Presseberichte gegen seine Familie[125] kulminierten die Tagebuchdrohungen gegen bestimmte Redakteure der „Judenjournaille"[126] im März und April 1932: „‚8-Uhr-Abendblatt'. Es hat mich in einer Art und Weise beleidigt, die jeder Beschreibung spottet. Man muß endlich ein Exempel statuieren. Am besten wäre es, man ließe eine solche Schreiberkreatur von einem S.A.-Trupp aus der Redaktion herausholen und auf der Straße verprügeln."[127] Klotz wurde ja im Rahmen der angesprochenen „Reichstags-Zwischenfälle" von einem entsprechenden Schicksal ereilt, die Ereignisse könnten insofern auch eine persönliche Facette getragen haben.

In den Tagebuchaufzeichnungen finden sich Anhaltspunkte dafür, daß Goebbels hin und wieder auch ein gewisses Unbehagen in bezug auf seine scharfe Haltung in der Judenfrage beschlichen haben mag. Er vergegenwärtigte sich in solchen Phasen Grundzüge des spezifisch interpretierten Darwinismus, indem er Betrachtungen über die Grausamkeit der Natur und die allgemeine Härte des Lebens anstellte. Ergänzend suchte er Beispiele für aggressives Verhalten von Juden, das entsprechende Gegenmaßnahmen erheische.[128] Auch den immer wiederkehrenden Gleichsetzungen von Juden mit Ungeziefer, das bekämpft beziehungsweise unschädlich gemacht werden müsse, könnte insofern eine gewisse psychologische Funktion zukommen.[129]

Zitatstelle S. 160 f.; „Die Juden sind schuld!", 24. August 1932, in: ebenda, S. 323-325, Zitatstelle S. 325; „Pressecanaillen", in: GOEBBELS, Die Zweite Revolution, S. 33-36, Zitatstelle S. 34; „Maximilian Harden", in: GOEBBELS/MJOELNIR, Isidor, S. 70; „Vorsicht, Gummiknüppel!", in: ebenda, S. 112-114; GOEBBELS, abc, S. 15 f.; weitere Belege bei HÖVER, S. 173-178; hierzu propagandistisch: KRAUSE, S. 40-42.

[122] Vgl.: GOEBBELS, Tagebücher, Band I/I, 17.12.1930, S. 646.

[123] Vgl.: AP-Korrespondenz Nr. 54/31 vom 22.12.1931, zitiert nach: REUTH, Goebbels, S. 211; HEIBER, Goebbels, S. 95; EBERMAYER/ROOS, S. 176.

[124] GOEBBELS, Kaiserhof, 7.1.1932, S. 20; vgl. auch: ebenda, 22.1.1932, S. 28.

[125] Vgl. exemplarisch: ebenda, 9.3.1932, S. 59.

[126] Ebenda, 25.4.1932, S. 87; vgl. auch: ebenda, 19.5.1932, S. 99; HITLER, Kampf, S. 267-269.

[127] Direktes und indirektes Zitat: GOEBBELS, Kaiserhof, 19.4.1932, S. 84; vgl. dementsprechend: „Die Hetze in der Presse ist auf das tiefste persönliche Niveau herabgesunken. Man muß sich am Ende dazu entschließen, eine solche Kreatur einfach niederzuknallen." Ebenda, 13.3.1932, S. 62.

[128] GOEBBELS, Tagebücher, Band I/I, 17.7.1928, S. 246, 24.7.1928, S. 249 und 30.6.1929, S. 393; GOEBBELS, Tagebücher, Band I/II, 3.1.1931, S. 2 und 16.3.1931, S. 34.

[129] Vgl.: „Fragen und Antworten für den Nationalsozialisten" (1932), zitiert nach: ERDMANN, Band 4/II, S. 416. Der Jude sei „unschädlich zu machen" und der „Kampf gegen die jüdische Welt-

In der Auseinandersetzung mit Rassenfragen verblieb Goebbels bei den ursprünglich angenommenen Gesichtspunkten der immanenten Opposition von *Arier* und *Jude*[130], die er auch in scharfer Akzentuierung regelmäßig in seine entsprechenden Propagandaprodukte einfließen ließ.[131] Weitergehenden Entwicklungen gegenüber wahrte er wohl zunächst eine verhältnismäßig distanzierte Haltung und wirkte in seinen Einflußbereichen möglicherweise eher abfedernd[132], obgleich er sich durch einschlägige Literatur und persönliche Kontakte zu Vertretern von Rassentheorien weiterhin auch mit den entsprechenden Fragestellungen befaßte[133]; nicht zuletzt ist zu bedenken, daß dahingehend eine besondere Affinität zu den Gedankenwelten Hitlers bestand.

BESONDERE GESICHTSPUNKTE DER REICHSPROPAGANDALEITUNG

Die Berufung zum Reichspropagandaleiter der NSDAP brachte Goebbels in regelmäßigeren Kontakt zu Hitler. Vor dem Hintergrund teilweise abweichender Meinungen in bezug auf die grundsätzliche Interpretation von National-

---

pest auf der ganzen Linie aufzunehmen", weil der „jüdisch-zersetzende Geist schon weite Kreise unseres Volkes verseucht" habe. Zu Erläuterung benutzte Goebbels metaphorische Vergleiche zwischen Juden und Flöhen: „Gewiß ist der Jude auch ein Mensch. Noch nie hat das jemand von uns bezweifelt. Aber der Floh ist auch ein Tier, – nur kein angenehmes. Und da der Floh kein angenehmes Tier ist, haben wir vor uns und unserem Gewissen nicht die Pflicht, ihn zu hüten und zu beschützen, ihn gedeihen zu lassen, damit er uns sticht und peinigt und quält, sondern ihn unschädlich zu machen. Gleich so mit den Juden." GOEBBELS, Nazi-Sozi, S. 7. Vgl. auch: „Der Jude ist für ein Volk dasselbe, wie ein Tuberkelbazillus für eine Lunge. Der Tuberkelbazillus wird erst gefährlich, wenn er auf eine schwache Lunge trifft. Gefährlich wird der Jude erst, wenn er auf ein schwaches Volk trifft. Das war in Deutschland der Fall." „Um die deutsche Scholle", Rede vom 11. Mai 1930, in: GOEBBELS, Revolution, S. 27-34, Zitatstelle S. 31. Vgl. dementsprechend: „Man kann den Juden nicht positiv bekämpfen. Er ist ein Negativum, und dieses Negativum muß ausradiert werden aus der deutschen Rechnung, oder es wird ewig die Rechnung verderben. Man kann sich mit dem Juden nicht über die Judenfrage auseinandersetzen. Man kann ja doch niemandem nachweisen, daß man das Recht und die Pflicht habe, ihn aufzuhängen." GOEBBELS, Knorke, S. 17. Vgl. auch: GOEBBELS, Kampf um Berlin, S. 27, S. 102, S. 138 und S. 177; hierzu: REIMANN, S. 116.

130 Vgl. hierzu: CHAMBERLAIN, Band I, S. 314.
131 Vgl. exemplarisch: „Der Jude hat unsere Rasse verdorben, unsere Moral angefault, unsere Sitte unterhöhlt und unsere Kraft gebrochen." „Warum sind wir Judengegner?", 30. Juli 1928, in: GOEBBELS, Angriff, S. 329-331, Zitatstelle S. 329. Zum Aspekt einer „rassischen Minderwertigkeit" von Juden vgl.: „Gesinnungsperversion", 2. Februar 1930, in: ebenda, S. 133-135, Zitatstelle S. 134; „Lösung der Judenfrage! Konsequente Ausmerzung aller fremdrassigen Elemente aus dem öffentlichen Leben auf allen Gebieten. Reinliche Scheidung zwischen deutsch und nichtdeutsch allein nach den Rücksichten der Rasse und nicht etwa einer vorgetäuschten Nationalität oder gar Konfession." „Revolutionäre Forderungen", 6. August 1928, in: ebenda, S. 170-172, Zitatstelle S. 171. Vgl. hierzu: CHAMBERLAIN, Band I, S. 383.
132 Vgl.: „Gestern erregte Auseinandersetzung mit Konopath. Er mußte klein beigeben. Man darf seinem Rassefimmel nicht allzuviel Spielraum geben." GOEBBELS, Tagebücher, Band I/I, 20.12.1930, S. 648; hierzu: HÖVER, S. 162-171.
133 Vgl.: GOEBBELS, Tagebücher, Band I/I, 24.8.1928, S. 258 und 11.6.1930, S. 559 f.

Sozialismus sowie auch hinsichtlich der politischen Vorgehensweise zur angestrebten Machtübernahme (Legalitätskurs oder Revolution) erscheint der Stellenwert von Antisemitismus als uneingeschränktes *tertium comparationis* recht hoch. Im ständigen Gerangel um die Gunst des Parteiführers[134] war die Judenfrage wohl ein wichtiges Kontaktmittel, nachweislich wurden entsprechende Fragestellungen immer wieder gemeinsam und auch mit Gästen erörtert.[135]

Goebbels konzipierte seine antijüdischen Kampagnen zumeist aus eigenem Antrieb, sie konnten aber auch, insbesondere für den überregionalen Einsatz, von Hitler bestellt werden. Der Reichspropagandaleiter zeigte sich in diesen Fällen besonders dienstfertig. Beispielsweise erhielt er im März 1931 den Auftrag, einen „Feldzug gegen die Lüge" einzuleiten und den „Feind" zu entlarven: „Das ist meine Aufgabe, ich werde mich gleich daran machen. Das ist ein Spaß. Eine Broschüre wird geschrieben, daß den Juden Hören und Sehen vergeht."[136] Offensichtlich bestand im Zusammenhang mit Antisemitismus weiterhin eine intrinsische Motivation.[137]

Eine der größten Belastungsproben für den Zusammenhalt der NSDAP nach 1926 ist sicherlich in der unmittelbaren Folgezeit des 13. August 1932 zu sehen. Reichspräsident von Hindenburg hatte es an diesem Tag nach längeren Verhandlungen (vorerst) endgültig abgelehnt, Hitler zum Reichskanzler zu berufen.[138] Dessen innerhalb der Partei nicht unumstrittene Strategie der kompromißlosen Maximalforderung war damit zunächst gescheitert, die interne Opposition um Gregor Straßer schien Recht zu behalten. Innerhalb der

---

[134] Im April 1931 erreichte die Auseinandersetzung einen gewissen Höhepunkt: „Man bekämpft mich am hinterlistigsten in der Partei selbst. Ich halte mich solange es geht. Und dann Götz von Berlichingen." GOEBBELS, Tagebücher, Band I/II, 25.4.1931, S. 55. Schon am 5. Juli 1927, im Zusammenhang mit den ständigen Verzögerungen um die Gründung von „Der Angriff", hatte Goebbels in einem Brief an Hitler die persönlichen Diffamierungen seitens bestimmter Parteigenossen bitter beklagt und seinen Rücktritt angeboten (Textauszüge sind ediert bei: REIMANN, S. 104 f.). Fortgesetzte Angriffe erfolgten insbesondere weiterhin durch Gregor und Otto Straßer, vgl. exemplarisch: „Berliner Arbeiterzeitung. Der Nationale Sozialist" vom 27. Mai 1928 und „Nationalsozialistische Briefe" vom 15. Juni 1928, jeweils zitiert nach: REUTH, Tagebücher, Band 1, S. 290/Anm. 8 und S. 292/Anm. 13. Zu Goebbels' Ansehen bei Hitler und Partei vor dem Hintergrund interner Konkurrenz vgl.: REIMANN, S. 103-107; SCHULZ, Aufstieg, S. 414-420.

[135] Goebbels wurde ferner zu Besprechungen der Judenfrage mit Vertretern des italienischen Faschismus eingeladen, wobei er allerdings die Auffassung vertrat, daß diese hierbei eine einfachere Stellung hätten, weil es in Italien kaum Juden gebe, vgl.: GOEBBELS, Kaiserhof, 21.2.1932, S. 49; GOEBBELS, Tagebücher, Band I/I, 6.4.1930, S. 525; SCHAUMBURG-LIPPE, S. 60.

[136] GOEBBELS, Tagebücher, Band I/II, 6.3.1931, S. 30. Zur Umsetzung vgl. auch: ebenda, 11.3.1931, S. 31.

[137] Vgl. hierzu: „Sie lügen, sie lügen!", 10. März 1931, in: GOEBBELS, Wetterleuchten, S. 96-98; „Eingekesselt", 11. März 1931, in: ebenda, S. 98-100.

[138] Vgl.: GOEBBELS, Kaiserhof, 12.8.1932, S. 143. „Im hinteren Zimmer versammeln sich die SA.-Führer. Sie werden vom Führer orientiert. Für sie ist es am schwersten. Wer weiß, ob ihre Formationen gehalten werden können. Nichts ist schwieriger, als einer siegesgewissen Truppe zu sagen, daß der Sieg aus ihren Händen geronnen ist." Ebenda, 13.8.1932, S. 145; hierzu: REUTH, Goebbels, S. 232-234.

NSDAP verbreitete sich eine ausgesprochen resignative Stimmung, immerhin war man aus den Reichstagswahlen vom 31. Juli 1932 mit 37,4% der Stimmen als stärkste Fraktion herausgegangen.[139] Die Partei befand sich in einer ernsten Führungskrise, am Abgrund der Zerspaltung.[140]

Hitler setzte in dieser prekären Situation wohl darauf, daß er die NSDAP enger zusammenbinden könne, wenn sie sich der gemeinsamen Gegner wieder stärker bewußt würde. Bei allen gegensätzlichen Interpretationen des Parteiprogramms gab es doch eine unbestrittene Gemeinsamkeit beider Flügel: Antisemitismus.[141]

Der Parteiführer nutzte eine juristisch wohl einwandfreie Mordanklage gegen zwei Parteimitglieder zu binnenintegrierender Agitation gegen das amtierende Kabinett.[142] Goebbels war schnell bereit, flankierende publizistische Maßnahmen einzuleiten, und zwar mit scharf antisemitischem Tenor. Seine oben skizzierten Relativierungen der eigentlichen Schuldfragen weitestmöglich mißachtend, appellierte er unter dem Titel „Die Juden sind schuld!" ausdrücklich an SA-Kameraden, Parteigenossen und NSDAP-Wähler, die Kommentierung der Urteile durch das „Berliner Tageblatt" als Beispiel für die Freiräume zu betrachten, welche die Reichsregierung, zum Schutze der deutschen Bürger unfähig und daher letztlich verantwortlich für Maßnahmen des „Selbstschutzes", jüdischen Agitatoren belasse, und beschwor dementsprechend die gemeinsame nationalsozialistische Mission zur Rettung des Vaterlandes.[143] Außerdem gab Goebbels der Restitutionspropaganda eine scharf klassenkämpferische Note, indem er sie ausdrücklich auch gegen höhere Gesellschaftsschichten ausrichtete.[144] Selbst in der veröffentlichten Kaiserhofausgabe seiner Tagebücher erklärte der Reichspropagandaleiter unverhohlen die konzeptionelle Grundlage dieser Vorgehensweise: „Wollen wir die Partei intakt halten, dann müssen wir jetzt wieder an die primitiven Masseninstinkte appellieren."[145]

---

[139] Vgl.: ERDMANN, Band 4/II, S. 832 f.

[140] Vgl.: GOEBBELS, Kaiserhof, 2.9.1932, S. 156; KERSHAW, Hitler, Band I, S. 468 f. Noch 1943 schätzten Hitler und Goebbels diese Phase als schwerste Krise der Partei ein, vgl.: GOEBBELS, Tagebücher, Band II/7, 23.1.1943, S. 177/Z. 675-681.

[141] Vgl.: WINKLER, S. 358 f.

[142] Vgl.: GOEBBELS, Kaiserhof, 23.8.1932, S. 148; Telegramm Hitlers vom 23. August 1932, in: HITLER, Reden, Band I, S. 130; Aufruf Hitlers vom 23. August 1932, in: ebenda, S. 130 f.

[143] Vgl.: „Die Juden sind schuld!", 24. August 1932, in: GOEBBELS, Wetterleuchten, S. 323-325; auch: „Im ganzen Lande Proteststurm gegen die Beuthener Todesurteile. Der Führer sendet an die Verurteilten ein Grußtelegramm und erläßt für die ganze Partei einen scharfen Aufruf gegen die Regierung und die von ihr gegen uns angewandten Methoden. Nun ist die Stimmung wieder auf dem Höhepunkt. Ich schreibe einen schneidenden Aufsatz unter dem Stichwort: ‚Die Juden sind schuld!' Er wird von der jüdischen Presse mit einem Schrei der Wut beantwortet." GOEBBELS, Kaiserhof, 23.8.1932, S. 148; vgl. entsprechend: ebenda, 27.8.1932, S. 151; hierzu: REUTH, Goebbels, S. 234 f.

[144] Vgl.: „Die feinen Leute", in: „Der Angriff" 6. September 1932, zitiert nach: REUTH, Tagebücher, Band 2, S. 696/Anm. 75.

[145] GOEBBELS, Kaiserhof, 4.9.1932, S. 157. Zu fortgesetzten Vorbehalten gegen höhere Gesellschaftskreise vgl.: SCHAUMBURG-LIPPE, S. 51 und S. 149 f. 1939 plante Goebbels ein dementsprechendes Buch unter dem Titel: „Die bessere Gesellschaft", vgl.: GOEBBELS, Tagebücher, Band I/I, 8.2.1939, S. 571. Zur Krisenpolitik in der NSDAP vgl. auch: GOEBBELS, Wesen, S. 15 f.

War die Augustkrise zunächst abgewendet, führten innere Entwicklungen die Partei im Herbst 1932 wieder in eine ähnliche Situation. Die Reichstagswahlen vom 6. November hatten der NSDAP Verluste gebracht.[146] Im Vorfeld der Wahlen hatte sich Goebbels durch die erwähnte Unterstützung der Streikmaßnahmen bei den „Berliner Verkehrsbetrieben" methodisch recht stark an die politische Linke angenähert und damit einen sehr umstrittenen Kurs gesteuert.[147] Obgleich die NSDAP stärkste Fraktion geblieben war, lehnte Hindenburg Hitlers Forderungen nach dem Amt des Reichskanzlers am 24. November 1932 erneut ab.[148] Anfang Dezember 1932 verzeichnete die NSDAP recht hohe Stimmenverluste in Thüringen, man bot Gregor Straßer inoffiziell die Vizekanzlerschaft an, im Rahmen der sogenannten „Straßer-Krise" drohte schon wieder die Spaltung der Partei.[149] Die innere Lage der NSDAP im Vorfeld der *Machtergreifung* erscheint also recht labil. Der Reichspropagandaleiter arbeitete weiterhin mit scharf antisemitischen Attacken an einer generellen wie wohl auch persönlichen Stabilisierung: „Lustgarten. 100000 aufmarschiert. [...] Scharfe Anklage gegen die Juden. Die Massen rasen. [...] Fanatismus."[150]

Dem sich aus den referierten Beispielen abzeichnenden Prinzip einer nach innen gerichteten Funktionalisierung antisemitischer wie auch radikal-sozialistischer Agitation folgte Goebbels auch hinsichtlich der Propagandapolitik nach dem Wendepunkt des Weltkriegs.

---

[146] Vgl.: WAHLEN UND ABSTIMMUNGEN IN DER WEIMARER REPUBLIK, S. 44.

[147] Vgl.: „Die anfänglich starke Stimmung in der Partei ist jetzt einer flauen Depression gewichen. Überall tauchen nun Ärger, Streit und Mißhelligkeiten auf. Wie das immer so ist: nach der Niederlage kommt der ganze Unrat hoch, und damit muß man sich dann wochenlang abrackern." GOEBBELS, Kaiserhof, 10.11.1932, S. 200.

[148] Vgl.: „Antwort des Staatssekretärs Dr. Meißner vom 24. November 1932", in: URSACHEN UND FOLGEN, Band VIII, S. 694.

[149] Vgl.: GOEBBELS, Tagebücher, Band I/II, 4.12.1932, S. 292 und 10.12.1932, S. 298; „Vertagte Krise", 15.12.1932, in: GOEBBELS, Wetterleuchten, S. 350-352; KERSHAW, Hitler, Band I, S. 492-501; SCHULZ, Aufstieg, S. 413. Auch in den Folgejahren zeigte sich Goebbels immer wieder besorgt um den Zusammenhalt der Partei, vgl.: GOEBBELS, Tagebücher, Band I/II, 2.9.1935, S. 509, 11.11.1935, S. 538, 11.1.1936, S. 563 und 13.1.1936, S. 563.

[150] Ebenda, 8.1.1933, S. 326. Ein Vergleich mit der Parallelstelle in der Kaiserhofausgabe zeigt die Gleichsetzung von „Juden" und „System", vgl.: GOEBBELS, Kaiserhof, 7.1.1933, S. 237. Zum Wahlergebnis in dem politisch eher unbedeutenden Lippe vgl.: WAHLEN UND ABSTIMMUNGEN IN DER WEIMARER REPUBLIK, S. 96.

4. VERWIRKLICHUNG VON VOLKSGEMEINSCHAFT: AKZEPTANZ UND BEGÜNSTIGUNG PHYSISCHER GEWALT 1933-1939

ERLANGUNG UND ERSTER EINSATZ VON STAATSMACHT

Die Berufung Hitlers zum Reichskanzler am 30. Januar 1933 spielte den Nationalsozialisten recht weitreichende Möglichkeiten in die Hände, ihr politisches Programm zu verwirklichen. Im Zuge eines breit angelegten Vorgehens gegen unliebsame Einrichtungen und Menschen konkretisierten sich auch speziell wider Juden gerichtete Drohungen. Antisemitische Elemente wurden mit Aspekten der Machtsicherung kombiniert.

Die Vorgehensweise war hierbei zunächst bestimmt von der grundsätzlichen Bestrebung, Juden aus sämtlichen politisch, kulturell sowie gesellschaftlich relevanten Stellungen herauszudrängen und durch *deutsche Volksgenossen* zu ersetzen. Gleichzeitig sollte ein genereller Auswanderungsdruck erzeugt werden, um die jüdischen Bevölkerungsanteile in Deutschland zu senken.[1] Die entsprechenden juristischen und faktischen Maßnahmen mußten der deutschen wie auch der internationalen Öffentlichkeit erklärt werden, um skeptische Haltungen gegenüber dem neuen Deutschland möglichst abzubauen und um Isolation oder gar Intervention zu begrenzen beziehungsweise zu vermeiden. Antisemitische Agitation und Aktion wurden offensiv-instrumental (auch als Druckmittel) und scheinbar paradoxerweise gleichzeitig rechtfertigend eingesetzt. Goebbels erfüllte hierbei zentrale Aufgaben.

Der Reichspropagandaleiter war zunächst bei der Kabinettsbildung nicht berücksichtigt worden – eine schwerwiegende persönliche Enttäuschung.[2] Erst am 14. März 1933 erfolgte seine Bestellung zum Reichsminister für Volksaufklärung und Propaganda[3], nachdem Ressort und Struktur des Ministeriums am 6. März zwischen von Hindenburg und Hitler besprochen worden waren und das Kabinett am 11. März der entsprechenden Einrichtung zugestimmt hatte.[4]

---

[1] Vgl.: VÖLKER, S. 89; „Denkschrift zum gegenwärtigen Stand der Judenfrage", in: PÄTZOLD, Verfolgung, S. 64-66. Zur weltweiten jüdischen Auswanderung vgl. grundlegend: STRAUSS, Essays, S. 186-244.

[2] Vgl.: GOEBBELS, Tagebücher, Band I/II, 30.1.1933, S. 355, 2.2.1933, S. 363, 3.2.1933, S. 364, 6.2.1933, S. 368 und 10.2.1933, S. 369, in der Kaiserhof-Ausgabe systematisch emendiert; auch: EBERMAYER/ROOS, S. 158 f.

[3] Vgl.: REUTH, Goebbels, S. 269-271. Zu Hindenburgs Zögern („höchstens Ministerialrat") vgl.: OVEN, Finale, 16.3.1944, S. 254; PAPEN, S. 325 f.

[4] Vgl.: „Ministerbesprechung vom 11. März 1933", in: DIE REGIERUNG HITLER, Akten der Reichskanzlei, Band I/1, S. 193-195; RGBL., 1933, Teil I, Nr. 21, S. 104 und Nr. 75, S. 449; auch: WULF, Presse, S. 300 f.

Die ersten Schritte zur Verfestigung der nationalsozialistischen Machtposition bestanden darin, Einflußmöglichkeiten der politischen Gegner auf die öffentliche Meinung einzuschränken, die Massenmedien gleichzuschalten und sie dabei nationalsozialistisch auszurichten.[5] Gleich am 1. Februar 1933 wurde der Reichstag aufgelöst, Neuwahlen wurden für den 5. März bestimmt.

Mit Wilhelm Frick saß ein Nationalsozialist im bedeutsamen Chefsessel des Reichsinnenministeriums, Hermann Göring, der Reichsminister ohne Geschäftsbereich, brachte in seiner Stellung als kommissarischer preußischer Innenminister (ab 11. April 1933 Ministerpräsident Preußens) die Leitung der Landespolizei in seine Hand. Bereits die ersten Februarwochen sahen sehr weitgehende Unterdrückungsmaßnahmen gegen Kommunisten und Sozialdemokraten.[6] Goebbels verbuchte dies als erste Erfolge gegen das Judentum.[7]

Unter Berufung auf eine Aufforderung der Deutschen Kommunistischen Partei vom 31. Januar 1933 zum Generalstreik wurde am 4. Februar 1933 die „Verordnung zum Schutze des deutschen Volkes" erlassen. Damit hatten sich die Nationalsozialisten eine juristische Grundlage geschaffen, um gegnerische Zeitungen und Versammlungen zu kontrollieren und im bevorstehenden Wahlkampf effektiv zu behindern.[8] Goebbels äußerte sich enthusiastisch, nun habe man auch eine neue Handhabe gegen die Presse. Alle jene jüdischen Organe, die so viel Ärger und Kummer bereitet hätten, verschwänden mit einem Schlage aus dem Berliner Straßenbild: „Das beruhigt und wirkt wie eine Wohltat für die Seele."[9]

In seiner Funktion als Reichspropagandaleiter übernahm er zunächst Organisation und operative Unterstützung des Wahlkampfes für die Märzwahlen. In diesem Zusammenhang bemühte sich Goebbels um eine gezielte Ausrichtung von *Volkswillen* und *Volkswut* gegen politische Gegner und Juden[10], wobei er weiterhin antisemitische und antibolschewistische Agitationselemente bevorzugte. Die Grundlinie der Wahlkampfpropaganda bewegte sich auf der Behauptung, allein Hitler könne die Nation vor dem jüdisch-marxistischen Weltfeind retten.[11] Die in der unmittelbaren Folge des Reichstags-

---

5   Vgl. im Überblick: „Parolen im neuen Staat. Rede vor der Presse in Berlin am 16. März 1933", in: GOEBBELS, Goebbels spricht, S. 49-64, besonders deutlich S. 58.

6   Vgl.: KERSHAW, Hitler, Band I, S. 597 f.; hierzu exemplarisch: „Die nationalsozialistische Polizei. Rede von den Offizieren und Wachtmeistern der preußischen Schutzpolizei in Berlin am 7. Februar 1933", in: GÖRING, S. 17 f.; hierzu auch: ARENDT, S. 732.

7   Vgl.: „Die Juden sind kusch. Terrorwelle rast weiter." GOEBBELS, Tagebücher, Band I/II, 10.2.1933, S. 369; parallel: GOEBBELS, Kaiserhof, 9.2.1933, S. 259; ferner: GOEBBELS, Tagebücher, Band I/II, 31.1.1933, S. 359.

8   Vgl.: ERDMANN, Band 4/II, S. 372; RGBL., 1933, Teil I, Nr. 8, S. 35-41.

9   GOEBBELS, Kaiserhof, 15.2.1933, S. 263.

10 Vgl.: ebenda, 7.9.1932, S. 158, 28.2.1933, S. 271 und 4.3.1933, S. 274.

11 Vgl. exemplarisch: „Das große Wunder", in: GOEBBELS, Wetterleuchten, S. 365-367; „Wir antworten", in: ebenda, S. 368-370; „Der Tag der erwachenden Nation", in: ebenda, S. 370-372; „Hitler über Deutschland", in: GOEBBELS, Signale, S. 109-117, Zitatstelle S. 112-115; REUTH, Goebbels, S. 258 f. Zu Goebbels' Bewußtsein um Manipulierbarkeit und planmäßige Inszenierung von Volkswillen vgl.: „Den 1. Mai werden wir zu einer grandiosen Demonstration deutschen Volkswillens gestalten." GOEBBELS, Kaiserhof, 17.4.1933, S. 299. Vgl. auch: „Erkenntnis und Propaganda", Rede vom 9. Januar 1928, in: GOEBBELS, Signale, S. 28-52, Zitatstellen S. 28 f.

brands vom 27. Februar 1933 auf Grund der „Reichstagsbrandverordnung"[12] eingeleiteten systematischen Repressalien gegen oppositionelle Parteien[13] und ihre Presseorgane schilderte Goebbels in seinen Tagebuchaufzeichnungen mit großer Begeisterung und drastischer Wortwahl. Wenngleich hierbei der Eindruck erweckt werden könnte, daß er an Konzeption und Umsetzung dieser Maßnahmen maßgeblich beteiligt war[14], so ist doch festzustellen, daß ihm in diesem Zeitraum staatspolitische Kompetenzen gänzlich fehlten. Angesichts der offensichtlichen Durchführbarkeit der radikalen Maßnahmen gegen Oppositionelle verschiedenster Richtung geriet der Propagandaleiter in einen gewissen Begeisterungstaumel, er sprach sich nachdrücklich dafür aus, die Möglichkeiten des Moments auszuschöpfen.[15] Mit der regelrechten politischen Verpflichtung, die Gunst der jeweiligen Stunde zu nutzen, argumentierte er auch im Zusammenhang mit späteren richtungsweisenden Entscheidungen.

Immer wieder, möglicherweise auch gewissermaßen rechtfertigend, hob Goebbels den revolutionären Charakter des ablaufenden Umbruchs hervor. Dabei verhehlte er nicht bestimmte, gegen Juden ausgerichtete revanchistische Momente der Maßnahmen.[16] Die demonstrative Radikalität und Rücksichtslosigkeit entsprach dem Kurs der nationalsozialistischen Reichsleitung. Gö-

---

und S. 41-43; dazu: „Die Presse über Sportpalast sehr gut. Die Juden ganz klein." GOEBBELS, Tagebücher, Band I/II, 12.2.1933, S. 372; „Zwischen den Zeilen ist zu lesen, daß die marxistisch-demokratischen Juden innerlich ganz klein geworden sind. Es wird ihnen nicht wohl zumute sein." GOEBBELS, Kaiserhof, 11.2.1933, S. 261 mit Bezug auf: „Rundfunk-Hörbericht von einer Regierungskundgebung, 10. Februar 1933", in: GOEBBELS, Reden, Band I, S. 67-70. Vgl. ferner: HADAMOWSKY, S. 42-49.

12 „Verordnung des Reichspräsidenten zum Schutz von Volk und Staat", 28. Februar 1933, in: RGBL., 1933, Teil I, Nr. 17, S. 83; gleichzeitig: „Verordnung gegen Verrat am Deutschen Volke und hochverräterische Umtriebe", in: RGBL., 1933, Teil I, Nr. 18, S. 85-87.

13 Zu KPD-Verbot und zur KPD 1933-1938 vgl.: BANKIER, Communist Party, S. 325-340; SPD-Verbot am 22. Juni 1933; bis 5. Juli: Selbstauflösung der übrigen bürgerlichen Parteien.

14 Vgl.: GOEBBELS, Kaiserhof, 27.2.1933, S. 269-271 und 28.2.1933, S. 271.

15 Vgl.: „Jetzt, wo die Feinde zerschmettert am Boden liegen, müssen wir durchgreifen und die Situation ausnutzen. [...] Wir dürfen dabei nicht über Zwirnsfäden stolpern. Eine Revolution ist eben eine Revolution. Auch wenn sie legal an die Macht kommt, hat sie trotzdem die Aufgabe, einen neuen Rechtszustand zu formen. Und vor allem ist es notwendig, daß wir den günstigen Augenblick abfassen. Was heute noch leicht erscheint, morgen wird es vielleicht schon unmöglich geworden sein. Also zupacken und nicht zaudern." Ebenda, 7.3.1933, S. 276 f. Zur „Legalität" der Revolution vgl. auch: GOEBBELS, Wesen, S. 8.

16 Vgl.: GOEBBELS, Kaiserhof, 7.3.1933, S. 277, 13.3.1933, S. 281 f., 15.3.1933, S. 282 und 18.4.1933, S. 300; „Es scheint sich im übrigen in Deutschland noch nicht herumgesprochen zu haben, daß eine Revolution im Gange ist. Man hat unsere anfängliche Duldsamkeit als Schwäche ausgelegt und glaubt, uns auf der Nase herumtanzen zu können. Man wird sich auf das grausamste getäuscht sehen. Eines Tages wird das Schwert unseres Zornes auf die Übeltäter herniedersausen und sie in ihrem frechen Hochmut zu Boden schlagen." Ebenda, 15.2.1933, S. 263; dementsprechend: ebenda, 23.2.1933, S. 268 und 27.2.1933, S. 269-271; „Die deutsche Revolution geht unentwegt weiter und macht nirgendwo Halt. [...] In der Durchführung der Revolution dürfen wir jetzt keine Rücksicht mehr kennen; denn wir haben ja die Macht, um sie zu gebrauchen." Ebenda, 8.3.1933, S. 275 f. Man dürfe dabei auch vor der Todesstrafe nicht zurückschrecken, da ansonsten die Gefahr bestehe, daß die Revolution, die unentwegt weitergehen müsse, den Händen des Führers entrissen werde, vgl.: ebenda, 20.3.1933, S. 284. Zu Ausschreitungen gegen Juden vgl.: BARKAI, Etappen, S. 194 f.

ring war hier bereits entsprechend vorgeprescht, als er erklärt hatte, seine Maßnahmen würden nicht angekränkelt sein durch irgendwelche juristischen Bedenken oder durch irgendeine Bürokratie: „Hier habe ich keine Gerechtigkeit zu üben, hier habe ich nur zu vernichten und auszurotten, weiter nichts."[17]

Reichlich ein Jahr später schnitt Goebbels in einem Vortrag für die Deutsche Hochschule für Politik die antisemitischen Maßnahmen von 1933 sehr knapp und eher indirekt an. Er bezeichnete es als einen wesentlichen Zug des Nationalsozialismus, niemals eine Kluft innerhalb des deutschen Volkes entstehen zu lassen. Im Zusammenhang mit der Judenfrage komme es daher nicht auf das einzelne Opfer an, sondern einzig und allein auf das Wohl der Nation.[18]

Die anberaumten Reichstagswahlen bescherten der „Regierungskoalition der nationalen Konzentration" nur eine recht knappe einfache Mehrheit von 51,9%. Trotzdem gelang es Hitler, am 23. März 1933 die notwendige Zweidrittelmehrheit der Abgeordneten für das verfassungsaushebelnde „Gesetz zur Behebung der Not von Volk und Reich (Ermächtigungsgesetz)" zu gewinnen. In Verbindung mit der „Reichstagsbrandverordnung" leitete es Deutschland unmittelbar in die Diktatur.[19]

Das Ausland betrachtete die innenpolitischen Entwicklungen in Deutschland mit großer Sorge, denn vielerorts hatte sich antijüdischer Aktionismus neben den zentral gesteuerten Repressalien verselbständigt.[20] Jüdische Finanziers und Intellektuelle bemühten sich insbesondere in den Vereinigten Staaten und in Großbritannien um eine Mobilisierung der Weltöffentlichkeit.[21] Der „American Jewish Congress" rief am 27. März 1933 zu einem internationalen Boykott deutscher Waren auf, den allerdings die Regierungen der USA[22] wie auch Frankreichs nicht unterstützten und dem die Präsidenten der wichtigsten jüdischen Verbände in Deutschland (Kurt Blumenfeld, Präsident der „Zionistischen Vereinigung für Deutschland", und Julius Brodnitz, Präsident des „Centralvereins deutscher Staatsbürger jüdischen Glaubens", ab 21. Oktober 1936 „Jüdischer Centralverein")[23] wie auch der Vorstand der Jüdischen Gemeinde Berlin entgegenzuwirken suchten, was Goebbels auf der angegebenen Ministerbesprechung als Beweis für die Wirksamkeit des eigenen Boy-

---

[17] „Wir tragen die Verantwortung", Rede vom 3. März 1933, in: GÖRING, S. 19-30, Zitatstelle S. 27.

[18] Vgl.: GOEBBELS, Wesen, S. 21.

[19] Vgl.: RGBL., 1933, Teil I, Nr. 25, S. 141; ERDMANN, Band 4/II, S. 372-377; BENZ, Geschichte, S. 25 f.

[20] Zu den antijüdischen Ausschreitungen im März 1933 vgl.: LONGERICH, Politik, S. 26-30; Hintergründe zur SA bei: LONGERICH, Bataillone, S. 165-188.

[21] Vgl. exemplarisch: „Juda erklärt Deutschland den Krieg", „Daily Express" vom 24. März 1933, zitiert nach: OVEN, Goebbels, S. 116.

[22] Vgl. exemplarisch: „Staatssekretär Hull an Rabbi Wise, den Führer der jüdischen Protestbewegung", in: ADG, 27.3.1933, Nr. 762/A; auch: ebenda, 1.4.1933, Nr. 770/A; YAHIL, S. 147-150; DAWIDOWICZ, S. 53.

[23] Vgl.: Bericht Görings, „Ministerbesprechung vom 29. März 1933", in: DIE REGIERUNG HITLER, Akten der Reichskanzlei, Band I/1, S. 270-174, Zitatstelle S. 271 f.; BALL-KADURI, S. 82 f.

kottaufrufs bezeichnete.[24] Auch die Leitung der jüdischen Gemeinschaft in Palästina schickte eine entsprechende telegraphische Stellungnahme an die Reichskanzlei.[25]

Der Reichsminister für Volksaufklärung und Propaganda sorgte sich in dieser Phase besonders stark um das Auslandsimage Deutschlands, er wußte um die verheerenden Schäden, die bereits entstanden waren. Ursache und Verantwortung suchte er allerdings nicht in den eigenen politischen Programmen und Maßnahmen, vielmehr beschuldigte er die emigrierten Juden: Sie verhetzten mit ihrer „Greuelpropaganda" das ganze Ausland, man sei den Attacken der Gegner „wehrlos preisgegeben".[26]

Der generelle Judenboykott vom 1. April 1933 sollte in dieser Lage Abhilfe schaffen, dies war jedenfalls die offizielle Begründung, an der Goebbels auch in seinen Darstellungen der Kaiserhofausgabe festhielt. Sie deuten darauf hin, daß Hitler persönlich als Urheber der Aktion gelten muß: Der Kurs sei jetzt klar, der Führer stehe wie immer wie ein Stern vor der Bewegung. Er habe sich in der Einsamkeit der Berge die Situation reiflich überlegt und sei zum Entschluß gekommen, daß man gegen die Auslandshetze nur ankommen könne, wenn man ihre Urheber oder doch wenigstens ihre Nutznießer, die in Deutschland lebenden Juden nämlich, zu packen bekomme. Vielleicht würden sich die ausländischen Juden eines Besseren besinnen, wenn es ihren Rassegenossen in Deutschland an den Kragen gehe.[27]

Bei den Boykottmaßnahmen vom 1. April 1933 handelt es sich um eine der ersten offiziellen und flächendeckend angelegten Repressalien des nationalsozialistischen Staates gegen jüdische Kaufleute, Rechtsanwälte und Ärzte. Abgesehen von den dargestellten möglichen außenpolitischen Aspekten, steht der Boykott offensichtlich in grundlegendem Zusammenhang mit einer schrittweisen Erhöhung des Auswanderungsdrucks auf die in Deutschland lebenden Juden[28] sowie mit der beginnenden Überführung von Verwaltung, Justiz,

---

[24] Vgl.: „Ministerbesprechung vom 29. März 1933", in: DIE REGIERUNG HITLER, Akten der Reichskanzlei, Band I/1, S. 270-274, Zitatstelle S. 272.

[25] Vgl.: FRIEDLÄNDER, Reich, S. 33; PLUM, S. 272-277; BENZ, Prolog, S. 25-28; KERSHAW, Hitler, Band I, S. 598 f.; LONGERICH, Politik, S. 35 f.; JACOBSEN, Außenpolitik, S. 392 f. Zum „Centralverein" als jüdische Abwehrorganisation vgl.: PAUCKER, Abwehrkampf, S. 26-61, mit umfangreicher Dokumentation S. 150-241. Zu möglichen Verständigungsversuchen in der Judenfrage vgl. exemplarisch: BARKAI, Warburg, S. 390-405. Zum Boykott vgl.: LONGERICH, Politik, S. 30-41; FRIEDLÄNDER, Reich, S. 31-37; FEST, Hitler, S. 576 f.; PLUM, S. 272-313; BARKAI, Boykott, S. 23-64; LUDWIG; GENSCHEL, S. 43-59; HÖHNE, Illusionen, S. 87.

[26] Beide Zitate vgl.: GOEBBELS, Kaiserhof, 24.3.1933, S. 288. Vgl. hierzu auch exemplarisch die Erklärung des Vizekanzlers Franz von Papen: „Telegramm des Vizekanzlers an die Deutsch-Amerikanische Handelskammer New York", 25. März 1933, in: DIE REGIERUNG HITLER, Akten der Reichskanzlei, Band I/1, S. 260 f.

[27] Vgl.: GOEBBELS, Kaiserhof, 26.3.1933, S. 288 f. Von großem Interesse wird hier ein Vergleich mit den Originalaufzeichnungen sein, sobald die Edition vorliegt. Zum Aspekt des Gebrauchs von Juden als Geiseln (Hitler-Zitat) vgl.: HANFSTAENGL, S. 304 f.; „Anordnung der Parteileitung der NSDAP vom 28. März 1933", in: HOFER, Nationalsozialismus, S. 282-284.

[28] Vgl.: BURRIN, S. 40 f. Zu Organisation und Durchführung der jüdischen Auswanderung vgl.: BARKAI, Selbsthilfe, S. 301-318.

Gesundheitswesen, Kultur und Wirtschaft in „deutsche" Hände (*Arisierung*).[29] Möglicherweise sah die Regierung auch eine günstige Gelegenheit, die Akzeptanz der deutschen Bevölkerung für konzertierte antisemitische Maßnahmen zu erproben. Mit hoher Wahrscheinlichkeit sollten auch radikale Kräfte innerhalb der nationalsozialistischen Bewegung in gewisser Weise kanalisiert werden, um unkontrollierte judenfeindliche Aktionen einzudämmen – bei den Boykottmaßnahmen war physische Gewalt ausdrücklich verboten.[30] Insofern könnten innen-, außen- und parteipolitische Aspekte in Verbindung gebracht werden. Jedenfalls erscheint die Aktion als Folge und organisierte Fortsetzung des Terrors der beiden Vormonate, sicherlich hierbei mit präzisierter Stoßrichtung. Konzeptionell könnten Zusammenhänge bestehen zur dargestellten *Warenhauspropaganda* der Jahre 1927/28 in Berlin.[31]

Julius Streicher, Vorsitzender des „Zentralkomitees zur Abwehr der jüdischen Greuel- und Boykotthetze", sollte die operative Durchführung verantworten[32], was vielleicht auch ein Licht auf die Absichten Hitlers in bezug auf den erwarteten Schärfegrad wirft. Goebbels war mit der propagandistischen Vorbereitung der Maßnahmen nach innen wie außen beauftragt. Er formulierte unter anderem auch interne Richtlinienpapiere, wie beispielsweise den offiziellen Boykottaufruf der Parteileitung, in welchem er die Maßnahme in rein defensiver Hinsicht interpretierte.[33]

Für die Öffentlichkeit schrieb Goebbels mehrere flankierende Aufsätze in seinem Organ „Der Angriff"[34], zudem hielt er mehrere einschlägig akzentu-

---

[29] Zum Ausdruck vgl.: BAJOHR, Arisierung, S. 9/Anm. 1. Dieser Prozeß war in Berlin bereits Mitte März 1933 in Gang gebracht worden, hinzu kamen Einschränkungen im Bereich der Wohlfahrt wie der Schulen, vgl.: GRUNER, Reichshauptstadt, S. 230 f. Zum eingeleiteten Verdrängungsprozeß von Juden aus vielen Bereichen des Erwerbslebens vgl.: PLUM, S. 280-292. Zu Enteignungen jüdischer Handelsunternehmen im Kielwasser des Boykotts vgl. exemplarisch: LUDWIG, S. 104-127.

[30] Vgl.: PLUM, S. 274-277. Graml bezeichnet diese Absicht als „Disziplinierung des antisemitischen Vorgehens", GRAML, Reichskristallnacht, S. 119. Mommsen geht davon aus, daß etwa 5% der NSDAP-Mitglieder als fanatische Antisemiten betrachtet werden können. Er bringt in seiner Darstellung weitere mögliche Aspekte zu Hintergrund und Dynamik der Radikalkräfte (politische Einflußlosigkeit nach 1933, Gruppenzwang durch Männlichkeitsrituale), vgl.: MOMMSEN, Funktion, S. 183-189. Zum Boykott vgl.: „Anordnung der Parteileitung der NSDAP vom 28. März 1933", Punkt 11, in: HOFER, Nationalsozialismus, S. 282-284, Zitatstelle S. 284. Der offizielle Boykottaufruf ist ediert bei: PLUM, S. 277 f.

[31] Zu Folgewirkungen (Verdrängung, Verhalten der Bevölkerung) vgl.: ebenda, S. 280-313.

[32] Vgl.: IMG, Band III, S. 586 f. und Dokument Nr. 2156-PS (Bekanntmachung des sogenannten „Zentralkomitees zur Abwehr der jüdischen Greuel- und Boykotthetze" vom 29. März 1933); Namensliste der Mitglieder in: IMG, Band XXIX, S. 268 f.; auch: REUTH, Goebbels, S. 280 f.; PLUM, S. 275 f.

[33] Vgl.: „Aufruf an alle Parteiorganisationen der NSDAP. Zum Boykott gegen die Juden", in: HITLER, Reden, Band I, S. 248-251.

[34] Vgl.: „Ich diktiere einen scharfen Aufsatz gegen die Greuelhetze der Juden. Schon seine Ankündigung läßt die ganze Mischpoke zusammenknicken. Man muß solche Methoden anwenden. Großmut imponiert den Juden nicht. Man muß ihnen zeigen, daß man zu allem entschlossen ist." GOEBBELS, Kaiserhof, 27.3.1933, S. 289. Vgl. hierzu exemplarisch: „Schluß mit der Greuelhetze", in: „Der Angriff" 25. März 1933; „Der Kampf gegen die Greuelpropaganda", in: ebenda, 27. März 1933; „Angriff gegen die Lügenjuden", in: ebenda, 28. März 1933, jeweils

ierte Reden, die ins gesamte Reichsgebiet übertragen wurden. Der Minister für Volksaufklärung und Propaganda drohte dabei, der Boykott werde nach einer Bedenkfrist für die Juden derart wieder aufgenommen, daß das deutsche Judentum vernichtet werde, falls die *Greuelhetze* im Ausland nicht verstumme[35]; diese Drohung wurde allerdings nicht präzisiert.

In den Darstellungen des Kaiserhof-Tagebuchs wird generell der Eindruck starker und begeisterter persönlicher Beteiligung des Reichspropagandaministers erweckt. Obgleich offiziell Streicher mit den Leitungsaufgaben betraut worden war, erscheint Goebbels als organisatorische Triebfeder der Aktion. Zudem streute er mehrere Hinweise und Bemerkungen ein, die wohl seine Zugehörigkeit zu den innersten Machtzirkeln andeuten sollten.[36]

Im unmittelbaren Nachfeld der Aktionen betonte Goebbels in seinen Aufzeichnungen mehrfach, daß der Boykott, nachdem er die gewünschten Wirkungen vollends entfaltet habe, gezielt von der Führung abgebrochen worden sei, um dem Ausland Gelegenheit zu Mäßigung zu geben. Im Rahmen einer Chefbesprechung am 4. April sagte er, eine Fortsetzung erscheine nicht erforderlich.[37]

Tatsächlich war die ganze Angelegenheit aber ein innen- wie außenpolitischer Fehlschlag, der Boykott wurde in der deutschen Bevölkerung überwiegend nicht akzeptiert.[38] Mit hoher Wahrscheinlichkeit war seine Dauer im voraus auf einen Tag bestimmt. Sowohl die britische wie die amerikanische Regierung waren am Abend des 31. März 1933 auf die Forderung Hitlers (gleichen Datums) eingegangen, antideutscher Agitation innenpolitisch entgegenzutreten. Der Reichskanzler hatte eine derartige Erklärung zur Voraussetzung einer möglichen Verschiebung der Aktion gemacht, hierbei aber wohl mit einem Einlenken nicht gerechnet, denn Reichsaußenminister Konstantin Freiherr von Neurath gab letztlich bekannt, der Kurs könne nicht mehr geändert

---

zitiert nach: REUTH, Tagebücher, Band 2, S. 787 f./Anm. 47; auch: „Die jüdische Presse wimmert vor Entsetzen und Angst. Sämtliche Judenverbände in Deutschland erklären ihre Loyalität der Regierung gegenüber. Wir arbeiten mit Interviews so viel wir können, aber nur eine ganz große Aktion kann uns jetzt noch aus der Kalamität heraushelfen. Ein herrlicher Frühling liegt über Deutschland." GOEBBELS, Kaiserhof, 27.3.1933, S. 289.

[35] Vgl.: ebenda, 31.3.1933, S. 290 und 1.4.1933, S. 291 (Lustgarten), Druck: „Wider die Greuelhetze des Weltjudentums", Rede in Berlin am 1. April 1933, in: GOEBBELS, Revolution, S. 155-161. Vgl. auch, mit Bezug auf eine Auslandspressekonferenz: „Es ist ein großer Fehler der Gegenseite, daß sie die Welt so schamlos belügt. [...] Sie täten heute gut daran, Deutschland endgültig aufzugeben und von ihren Sorgen kein Aufhebens zu machen. Denn je mehr sie davon reden, desto akuter wird die Judenfrage, und wenn die Welt einmal anfängt, sich damit zu beschäftigen, dann wird sie immer zu der Juden Ungunsten gelöst werden." GOEBBELS, Kaiserhof, 3.4.1933, S. 292. Goebbels setzte offenbar ein weltweites Vorhandensein latenter antisemitischer Haltungen voraus.

[36] Vgl.: „Ich versammle meine Referenten um mich und entwickle ihnen die Organisation des Boykotts. Sie muß bis zum Abend fertig sein. Wir wollen sie aus dem Boden stampfen." Ebenda, 29.3.1933, S. 290.

[37] Vgl.: ebenda, 31.3.1933, S. 290 und 1.4.1933, S. 291; „Chefbesprechung vom 4. April 1933", in: DIE REGIERUNG HITLER, Akten der Reichskanzlei, Band I/1, S. 286-289, Zitatstelle S. 286.

[38] Vgl. exemplarisch: BENZ, Judenverfolgung, S. 54 f.; PLUM, S. 279 f.; BÜTTNER, S. 73 f.; FRÖHLICH, Goebbels, S. 63.

werden, der Boykott werde am Folgetag durchgeführt, gefolgt von einer War-tephase.[39]

In den Tagebucheintragungen (Kaiserhofausgabe) konnte sich Goebbels *ex post* gleichermaßen überzeugt wie entschlossen zeigen.[40] Auch die energischen Formulierungen der redigierten Ausgabe deuten aber darauf hin, daß der Reichspropagandaleiter die Brisanz der Situation erfaßt hatte.[41] Der Boykott war als unumgängliches Verteidigungsmittel beschworen worden und hatte so die radikalen Kräfte in ihrem Kurs bestätigt, was eigentlich gerade vermieden werden sollte. Vielerorts flammten wilde Aktionen gegen jüdische Geschäfte auf, sie konnten zunächst nicht unter Kontrolle gebracht werden und fanden neue Höhepunkte im Vorweihnachtsgeschäft 1933 wie dann auch 1934.[42] Die außenpolitischen Folgewirkungen der unkontrollierten Ausuferungen bedürfen wohl keiner weiteren Erläuterung. Die nachdrücklichen Ermahnungen zu Gewaltfreiheit konnten materielle wie immaterielle Schäden kaum begrenzen.

Der Boykott erscheint also als Gratwanderung zwischen martialischem Anspruch und komplizierter politischer Wirklichkeit.[43] Inwieweit Goebbels tatsächlich dachte, mit Hilfe des Boykotts dem Ansehen des Reichs zu dienen, ist ohne Einsicht in die Originalaufzeichnungen der Tagebücher schwierig zu beurteilen, er hatte ja schon mehrfach den Gebrauch von aktivem Druck befürwortet und auch verwirklicht. Gegen eine innere Unterstützung des Boykotts spricht der hohe Stellenwert, den der Reichsminister den Aspekten des deutschen Ansehens einräumte. Hierbei war er sich nachweislich der kritischen beziehungsweise aus seiner Sicht feindseligen Haltung des Auslands und der daraus folgenden relativen außenpolitischen Isolation Deutschlands im klaren.[44] Wahrscheinlich aber blieb ihm wenig übrig, als auch im Zusammenhang mit dem Boykott in erster Linie dem Stern Hitlers zu vertrauen.

---

[39] Vgl.: FRIEDLÄNDER, Reich, S. 32 f.; KERSHAW, Hitler, Band I, S. 599; KLEMPERER, Tagebuch 31.3.1933, S. 15 und 3. April 1933, S. 15 f.

[40] Vgl.: „Viele lassen die Köpfe hängen und sehen Gespenster. Sie meinen, der Boykott würde zum Krieg führen. [...] Er wird einen Tag durchgeführt und dann von einer Pause bis Mittwoch abgelöst. Geht die Hetze im Ausland zu Ende, dann wird er abgestoppt, im anderen Fall beginnt der Kampf bis aufs Messer." GOEBBELS, Kaiserhof, 31.3.1933, S. 290.

[41] Zu einer gewissen Erleichterung im Nachfeld vgl.: ebenda, 1.4.1933, S. 291.

[42] Vgl.: PLUM, S. 277 f.; LONGERICH, Politik, S. 39-56; LONGERICH, Bataillone, S. 224-230; PÄTZOLD, Faschismus, S. 194 f. Zum Boykott aus jüdischer Perspektive vgl. exemplarisch: BALL-KADURI, S. 83-92.

[43] Vgl.: LONGERICH, Politik, S. 31.

[44] Vgl.: GOEBBELS, Tagebücher, Band I/II, 4.6.1933, S. 425 f.; [Goebbels in Warschau] „Auf die Judenfrage übergehend bemerkte der Minister, daß alle Maßnahmen der Regierung eine berechtigte Gegenwehr dagegen seien, daß von den Juden, die nur 0,9% der Bevölkerung darstellen, das gesamte geistige Leben Deutschlands, insbesondere auf dem Gebiet der Presse, der Literatur, der Bühne und des Films beherrscht worden sei. Auch andere geistige Berufe, wie Ärzte und Juristen seien übermäßig von Juden ausgeübt worden. In Berlin zu 75%. Es sei nur zu wünschen, daß dieser ehrliche Kampf nicht durch Greuelmärchen vergiftet werde." „Die Wahrheit über Deutschland", in: ADG, 14.6.1934, Nr. 1476/H.

Möglicherweise ist in der verheerenden Außenwirkung der frühen antisemitischen Maßnahmen eine Ursache für Goebbels' eher zurückhaltende Einstellung zur Bücherverbrennung vom 10. Mai 1933 auf dem Opernplatz in Berlin zu finden. Er hatte wohl nur nach mehrmaliger Aufforderung seine
Teilnahme zugesagt, in seiner knappen Rede habe er, so die Erinnerung von
Golo Mann, eher versucht zu bremsen als aufzuwiegeln.[45] Seinem Adjutanten, Friedrich Christian Prinz von Schaumburg-Lippe, gegenüber äußerte er
sich (in Übereinstimmung mit früheren Stellungnahmen) wohl entsprechend
zu „überzogenem" Antisemitismus: „Viele unserer Leute gehen ja heute in der
Judenfrage viel zu weit – daran sind diese Streicher und Konsorten schuld und
auch Hitler selbst bis zu einem gewissen Grade, weil er diesen grauenhaften
Kerl [Streicher] nicht kaltstellt, wie ich es schon oft verlangt habe."[46]
Dementsprechend bestand für Goebbels in dieser Phase eine seiner wichtigsten und wahrscheinlich selbstgestellten politischen Aufgaben in der Suche
nach einem Ausgleich von Antisemitismus im Reich und dessen Rechtfertigung, um Deutschland aus seiner außenpolitisch schwierigen Lage zu leiten.
Dies versuchte er einerseits durch persönliche Aufklärungsarbeit, andererseits
durch den Aufbau einer effektiven Auslandspropagandaorganisation zu begünstigen.[47]
Goebbels sprach dementsprechend mit ausländischen Politikern, beispielsweise will er André François-Poncet, dem französischen Botschafter in Berlin,
den Standpunkt der Regierung in der Judenfrage verdeutlicht haben. Vertretern
neutraler Staaten, etwa der Schweiz, stellte er sich für Interviews zur Verfügung.[48] In diesem Zusammenhang ist insbesondere auf seine Pressekonferenz
zur Völkerbundversammlung in Genf Ende September 1933 hinzuweisen. Der
Reichsminister verstand es dort offensichtlich, im Ausland eine gewisse Zuversicht in bezug auf die nationalsozialistische Politik zu erzeugen. In seiner Rede
sprach er auch recht offen die Vorgehensweise des Reichs in der Judenfrage an,
wobei er deutlich die entsprechenden Reaktionen des Auslands beklagte und

---

[45] Vgl.: Interview mit Golo Mann, in: DAS WAR EIN VORSPIEL NUR, S. 230; REUTH, Goebbels, S.
     287; „Das Zeitalter eines überspitzten jüdischen Intellektualismus ist nun zu Ende, und der
     Durchbruch der deutschen Revolution hat auch dem deutschen Weg wieder die Gasse freige-
     macht." „Wider den undeutschen Geist", 10. Mai 1933, in: GOEBBELS, Reden, Band I, S. 108-
     112, Zitatstelle S. 108. Vgl. auch: DER GELBE STERN, 2:38-3:50 (Tonfilmdokument); PLUM, S. 280;
     LOCHNER, S. 28; SCHAUMBURG-LIPPE, S. 212; SAUDER, Germanist, S. 65-74; PRÜMM, S. 81-87.
     Zum breiteren Hintergrund der studentischen Aktionen vgl.: SAUDER, Bücherverbrennung, S.
     69-239; STRÄTZ, S. 347-372. Zur anti-intellektuellen Einstellung von Goebbels vgl.: KROLL, S.
     267 f.
[46] Goebbels, zitiert nach: SCHAUMBURG-LIPPE, S. 60 f.; OVEN, Goebbels, S. 122.
[47] Vgl.: GOEBBELS, Tagebücher, Band I/II, 24.6.1933, S. 438; „Chefbesprechung vom 24. Mai
     1933", in: DIE REGIERUNG HITLER, Akten der Reichskanzlei, Band I/1, S. 477-479, Zitatstelle
     S. 477 f. Zum gezielten Aufbau einer Auslandspropagandaorganisation vgl.: RIESS, S. 164-169;
     SCHAUMBURG-LIPPE, S. 118-120. Vgl. auch: „Machen Sie keinen Unterschied zwischen jüdischen
     und nichtjüdischen Ausländern. Ob ein jüdischer Amerikaner zu Ihnen spricht oder ein nicht-
     jüdischer ist für Sie egal. Für Sie ist er ein Amerikaner." Goebbels, zitiert nach: ebenda, S. 119.
[48] Vgl.: GOEBBELS, Tagebücher, Band I/II, 11.6.1933, S. 432. Zu einer Besprechung mit Schweizer
     Journalisten vgl.: ebenda, 8.7.1933, S. 443.

damit einerseits gewissermaßen für Verständnis warb, andererseits aber andeutete, daß Deutschland mit seinen Juden auch anders verfahren könne.[49]
In der öffentlichen Auseinandersetzung mit antisemitischen Fragestellungen regulierte Goebbels den jeweiligen Schärfegrad auch unmittelbar nach Hitlers Anweisungen, was beispielsweise die Vorbereitung seines Beitrages zum „Reichsparteitag des Sieges" 1933 zeigt. Sein Referat „Rassenfrage und Weltpropaganda", Ende August 1933 übernommen, erfuhr mehrmalige Abmilderung aus außenpolitischen Gründen, offenbar war es nun der Reichskanzler, der sich um die Außenwirkungen sorgte.[50] Die Ausführungen wurden teilweise derart geschliffen, daß Goebbels einzelne, die Behandlung der Judenfrage in Deutschland betreffende Passagen fast wörtlich für seine Pressekonferenz zur erwähnten Völkerbundsitzung in Genf verwenden konnte.[51]
In seinem Parteitagsreferat erläuterte der Reichsminister für Volksaufklärung und Propaganda jedenfalls ausführlich Zustandekommen und Notwendigkeit der Vorgehensweise des nationalsozialistischen Deutschland in der Judenfrage mit konkreten Bezügen auf den Boykott sowie auf die antisemitischen Folgegesetze. Gleichzeitig deutete er in gewisser Weise mit warnendem Unterton weitere Möglichkeiten und Absichten an. Recht freizügig sprach er von den außenpolitischen Schäden, die Deutschland infolge der antisemitischen Politik erwachsen waren. Wenngleich die Schuldfrage unzweifelhaft dargestellt wurde, vermittelte Goebbels doch die Tatsache als solche

---

[49]   Zur Pressekonferenz im Hotel Carlton vgl.: „Das nationalsozialistische Deutschland und seine Aufgabe für den Frieden", 28. September 1933, in: GOEBBELS, Signale, S. 233-249, Zitatstelle S. 242 f.; ADG, 29.9.1933, Nr. 1059/E. Vgl. auch: GOEBBELS, Tagebücher, Band I/II, 25.9.1933, S. 465 und 29.9.1933, S. 464; Rundruf vom 19. September 1933, in: PRESSEANWEISUNGEN, Band 1, S. 141; SCHMIDT, Statist, S. 278-280 und S. 284 f.; SCHAUMBURG-LIPPE, S. 51-58; RIESS, S. 162 f.; REUTH, S. 296-299; BRAMSTED, S. 215-217. Zum politischen Kalkül der Friedenspropaganda vgl.: WETTE, Mobilmachung, S. 211 f. Zu einer Kurzcharakterisierung von Goebbels durch François-Poncet vgl.: FRANÇOIS-PONCET, S. 118 f. Aus nationalsozialistischer Perspektive (Genf) vgl. exemplarisch: SCHMIDT-PAULI, S. 194.

[50]   Vgl.: GOEBBELS, Tagebücher, Band I/II, 25.8.1933, S. 461, 1.9.1933, S. 463 und 2.9.1933, S. 463; auch: ADG, 1.9.1933, Nr. 1009/C; „Redeprotokoll zur Reichsstatthalterkonferenz vom 28. September 1933", zitiert nach: LONGERICH, Politik, S. 49. Zu einer gezielten Dosierung von Propaganda vgl.: „Wesen, Methoden und Ziele der Propaganda", 16. September 1935, in: GOEBBELS, Reden, Band I, S. 230-264, insbesondere S. 238. Zur grundsätzlichen Berechnung von Zeitpunkt, Umfang und möglichen Auswirkungen heikler Maßnahmen vgl.: „Pfr. Niemöller spricht Berlin. Sprengen oder verbieten? Keins von beiden. Bis Saar-Abstimmung Nerven behalten. Aber dann." GOEBBELS, Tagebücher, Band I/II, 10.11.1934, S. 477 f. Vgl. auch die Proklamation Hitlers auf dem Reichsparteitag 1933: „Es werde eine der wichtigsten Aufgaben der Bewegung sein, den Zerstörern der Widerstandskraft des deutschen Volkes einen unerbittlichen Kampf anzusagen und durchzuführen bis zu ihrer vollständigen Vernichtung und Unterwerfung. Angesichts der internationalen Verbreitung der Fermente dieser Dekomposition werde man um so mehr dafür sorgen müssen, aus dem Inneren des Volkes den Geist des Zweifels genau so wie den der Zaghaftigkeit oder des Sichgehenlassens restlos auszutreiben." ADG, 1.9.1933, Nr. 1009/C. Zum möglichen Ursprung des Aspekts jüdischer Zersetzungswirkungen vgl.: „Auch in der alten Welt war das Judentum ein wirksames Ferment des Kosmopolitismus und der nationalen Decomposition." MOMMSEN, Geschichte, S. 551; FRITSCH, S. 132.

[51]   Vgl.: „Das nationalsozialistische Deutschland und seine Aufgabe für den Frieden", 28. September 1933, in: GOEBBELS, Signale, S. 233-249, Zitatstelle S. 242 f.

ohne Beschönigung. Abmildern konnte allenfalls eine gewisse Relativierung durch den Hinweis, daß sich das Judentum selbst nachhaltige Schäden zufüge, indem seine Sache zunehmend diskutiert werde.[52] Das Rasseproblem bilde die Grundlage dieser bewegenden Vorgänge, es werde nicht mehr zur Ruhe kommen, bis es von den Völkern Europas gelöst sei.[53] Man nahm also eine gewisse Übertragbarkeit von Antisemitismus an – ein Gesichtspunkt, der später zum Drehpunkt der Kriegspropaganda entwickelt wurde.

Außerdem referierte Goebbels die kanonischen Annahmen zu den vom Bolschewismus ausgehenden Gefahren sowie dessen Verbindungen zum Judentum.[54] Die Stoßrichtung der folgenden Parteitage war damit vorgezeichnet. Auch im Wahlkampf vom März 1933 hatte der Reichspropagandaleiter antibolschewistische Elemente gebraucht und mit Bezug auf den Reichstagsbrand auf die bekannten Zusammenhänge von „bolschewistischer Gefahr" und „verbrecherischem Untermenschentum" hingewiesen.[55]

Noch einmal bekräftigte der Reichsminister in seinem Referat die offizielle Version, wonach Ausgangspunkt der antisemitischen Maßnahmen in Deutschland die internationale Agitation des Judentums gewesen sei, das, politisch mit der Beseitigung der Parteiendemokratie im Reich entmachtet, nun mit allen Winkelzügen versuche, dem jungen Deutschland außenpolitische Schäden zuzufügen. Das nationalsozialistische Deutschland habe in einem Akt der Notwehr entsprechend reagiert. Überdies sei die eingeleitete juristische Regelung der Judenfrage die „loyalste Art der Lösung dieses Problems".[56]

Sämtliche Propagandamaßnahmen im Spektrum zwischen Beschwichtigung und Drohung verfehlten aber ein wesentliches Ziel: Die Auslandspresse blieb auch im weiteren Verlauf schlecht.[57] Heikel wurde die Lage insbesondere nach

---

[52] Vgl.: „Zwar gelang es ihm, durch seine Weltboykotthetze eine augenblickliche Krise über Deutschland heraufzubeschwören; die Schäden, die es dabei selbst erlitt, waren ungleich viel größere, als sie es uns damit zufügen konnte." GOEBBELS, Rassenfrage, S. 12 f.; dementsprechend: ADG, 2.9.1933, Nr. 1012/D.

[53] Vgl.: GOEBBELS, Rassenfrage, S. 13 f.

[54] Vgl.: ebenda, S. 14 f.

[55] Vgl.: „Reportage von einer Kundgebung zur Reichstagswahl", 3. März 1933, in: GOEBBELS, Reden, Band I, S. 71-81, insbesondere S. 73; auch: „Deutschlands Kampf um Friede und Gleichberechtigung", Sportpalastrede vom 20. Oktober 1933, in: GOEBBELS, Signale, S. 250-277, Zitatstelle S. 252 f.; „Deutschland und die Welt", Sportpalastrede 7. November 1933, in: ebenda, S. 278-316, Zitatstelle S. 300 f.

[56] Vgl.: GOEBBELS, Rassenfrage, S. 7-12, Zitatstelle S. 8; auch: „Im Kabinett wird die neue Judengesetzgebung angenommen. Ein entscheidender Schritt nach vorwärts." GOEBBELS, Kaiserhof, 25.4.1933, S. 304; hierzu: HITLER, Kampf, S. 644. Zum „Gesetz zur Wiederherstellung des Berufsbeamtentums" vgl.: RGBL., 1933, Teil I, Nr. 34, S. 175-177; ERDMANN, Band 4/II, S. 379; BLAU, S. 13 f.; MOHR, S. 147. Zu weiteren juristischen Ausgrenzungsmaßnahmen vgl.: HOFER, Diktatur, S. 90-92. Zu opportunistischen Aspekten der öffentlichen Meinung vgl.: BANKIER, Öffentliche Meinung, S. 93-105. Bis Kriegsbeginn wurden etwa 250 Gesetze, Verordnungen, Verfügungen, Erlasse und Anordnungen mit antisemitischer Stoßrichtung herausgebracht, vgl.: HOFER, Diktatur, S. 92; Zeittafel zur Judenpolitik 1933-1945 in: BENZ, Juden, S. 739-754; KERSHAW, Hitler, Band I, S. 600 f.

[57] Vgl.: GOEBBELS, Tagebücher, Band I/II, 29.6.1934, S. 472 f.; „Die Auslandspresse lügt und hetzt wie toll. Wir geben ein scharfes Dementi heraus. Aber das nützt ja kaum etwas." Ebenda, 31.12.1934, S. 480.

gewagten vertragsbrechenden Maßnahmen, beispielsweise im Zusammenhang mit der Wiedereinführung der allgemeinen Wehrpflicht.[58] Im Vorfeld entsprechender Situationen ließ sich Goebbels in persönlichen Besprechungen mit Hitler von dessen Charisma regelmäßig in euphorische Stimmungen versetzen, was seinem eher abwägenden und vorsichtigen Wesen im Grunde widersprach. Räumliche und zeitliche Distanz begünstigten zumeist dann aber eine kritische Reflexion. Der Propagandaminister schätzte die Einstellung der relevanten Staaten zum Reich weiterhin recht vorsichtig ein, zusätzliche Belastungen des deutschen Ansehens schienen ihm verheerend. Sein Krisenbewußtsein[59] steigerte sich bereits Mitte der dreißiger Jahre zu wirklicher Kriegsangst.[60] In recht klarem Bewußtsein um ihre Unaufhaltbarkeit aber, stellte Goebbels Entscheidungen des Reichskanzlers grundsätzlich nicht in Frage, auch wenn sie unumkehrbare, sich in gewisser Eigendynamik entwickelnde und daher kaum kontrollierbare Abläufe in Gang bringen konnten. Dieses Verhalten läßt sich, mit bestimmten Einschränkungen, in unterschiedlichen Zusammenhängen bis 1945 beobachten.[61]

Inwieweit kritische oder drohende Stimmen im Ausland tatsächlich von Juden oder auf deren Betreiben erhoben wurden, inwieweit also Juden eine wirkliche Gegenpolitik betrieben, kann hier nicht weiter verfolgt werden. Für die vorliegende Arbeit erscheint Goebbels' *Annahme* eines jüdischen Einflusses auf die politischen Haltungen anderer Staaten zum Reich relevant.[62] Diese Einschätzung entsprach schließlich nicht zuletzt der Meinung Hitlers.

Das Ansehen der nationalsozialistischen Regierung blieb auch nach innen nicht gänzlich unanfechtbar, denn die deutsche Presse befand sich trotz aller Einschränkungen noch nicht unter völliger Kontrolle.[63] Als äußerstes Druck-

---

[58] Vgl.: ERDMANN, Band 4/II, S. 458 f.

[59] Vgl.: „Diesen Sommer laß uns o Herr noch überdauern." GOEBBELS, Tagebücher, Band I/II, 17.4.1935, S. 486; „In Genf einstimmiger Beschluß gegen Deutschland. [...] Die Welt ist gegen uns." Ebenda, 19.4.1935, S. 486. Hinsichtlich des „aide-mémoire" Memorandums des französischen Botschafters François-Poncet, das Goebbels als „liebenswürdig in der Form", aber „in der Sache ziemlich unnachgiebig" bezeichnete, notierte er: „jetzt Nerven behalten. Und drauf ankommen lassen." Ebenda, 2.1.1934, S. 469; dementsprechend: ebenda, 4.1.1934, S. 470, 22.3.1935, S. 484, 15.4.1935, S. 486, 16.11.1936, S. 727 f. und 17.11.1936, S. 729; auch: „Von allen Seiten kommen nun die Angstmeier im Gewand des Warners. Ich mag sie garnicht mehr anhören. Das hat keinen Zweck! Gehandelt wird ja doch!" Ebenda, 6.3.1936, S. 580; „Die 2-jährige Dienstzeit ist gegen Abend fällig. Begründung Sowjetrußland. Ich hoffe, es geht reibungslos durch. Der Führer hat wieder in seiner Einsamkeit einen großen Entschluß gefaßt." Ebenda, 25.8.1936, S. 666; dementsprechend: GOEBBELS, Tagebücher, Band I/3,II, 8.8.1936, S. 152/Z. 11-13; KRÜGER, S. 331-346.

[60] Vgl.: GOEBBELS, Tagebücher, Band I/II, 19.8.1935, S. 504 und 19.10.1935, S. 529; GOEBBELS, Tagebücher, Band I/3,II, 19.3.1936, S. 44 f./Z. 7-33, 21.3.1936, S. 46/Z. 7 f., 28.3.1936, S. 50/Z. 12-16, 13.4.1936, S. 60/Z. 5 f., 19.4.1936, S. 64/Z. 12-15, 29.11.1936, S. 269/Z. 22-25 und 29.12.1936, S. 307/Z. 6-10.

[61] Vgl.: „Sind die Gewerkschaften in unserer Hand, dann werden sich auch die Parteien und Organisationen nicht mehr lange halten können. Jedenfalls ist der Entschluß gestern auf dem Obersalzberg gefaßt worden. Ein Zurück gibt es nicht mehr. Man muß den Dingen nur ihren Lauf lassen." GOEBBELS, Kaiserhof, 17.4.1933, S. 299.

[62] Vgl. exemplarisch: GOEBBELS, Tagebücher, Band I/II, 31.12.1934, S. 480 und 2.1.1935, S. 481.

[63] Vgl.: GOEBBELS, Tagebücher, Band I/3,II, 15.3.1936, S. 41/Z. 27 f., 26.8.1936, S. 167/Z. 3 f. und 29.8.1936, S. 169/Z. 5 f. Zu Goebbels' Sorgen um das Ansehen des Reichs vgl. auch: SCHAUMBURG-LIPPE, S. 118 f.

mittel gegen unliebsame Berichterstattungen konnte Goebbels Zeitschriften verbieten, hierbei waren aber unter Umständen parteiinterne Interessenkonflikte zu beachten.[64] Jedenfalls lassen die Formulierungen der Tagebuchaufzeichnungen eine gewisse revanchistische Genugtuung durchschimmern, wenn nicht-linientreue Organe beseitigt werden konnten.[65] Bei aller Entschlossenheit behielt der Propagandaminister auch hierbei ein gewisses Gespür für Diplomatie und Machbarkeit, insbesondere in bezug auf die politisch jederzeit ungeschickte Vorgehensweise Streichers.[66]

Goebbels fühlte sich in den ersten Jahren nach 1933 offenbar in besonderer Weise in die Reichsleitung einbezogen. Mehrfach verwies er in seinen Aufzeichnungen darauf, daß Hitler seiner Arbeit vollste Bewunderung ausgesprochen habe und ihm gegenüber all seinen Sorgen und Freuden offen Ausdruck gebe.[67] Der Reichsminister will diesen auch immer wieder auf problematische Themengebiete aufmerksam gemacht haben, insbesondere in der Judenfrage zog man ja weiterhin an gleichen Strängen.[68] Goebbels notierte, es bestehe absolute Einigkeit, jegliche Widerstände gegen die Judenpolitik im Reich zu brechen.[69]

Neuorganisation der Kulturbereiche

Neben Staatsdienst, Handel und Finanzwelt gehört der vielfältige kulturelle Bereich zu den wesentlichen Sektoren, aus welchen im nationalsozialistischen Deutschland Juden herausgedrängt werden sollten. Man propagierte eine *Arisierung* der Kunst und ermöglichte sich damit gleichzeitig einen Ausschluß jüdisch-intellektueller Opposition aus Organen und Funktionen der öffent-

---

64 Vgl.: GOEBBELS, Tagebücher, Band I/3,II, 17.10.1936, S. 215 f./Z. 5-9 und Z. 26-28.

65 Vgl.: „Zwei Zeitschriften ‚Inneres Reich‘ und ‚Querschnitt‘ wegen dreister Unverschämtheiten verboten. Das hat wohlgetan. Die waren wieder frech wie Dreck.“ Ebenda, 12.10.1936, S. 211/Z. 2-4; „Frankfurter Zeitung‘ muß weg. Dieses Dreckblatt nützt doch nichts mehr.“ Ebenda, 22.10.1936, S. 221/Z. 24 f.

66 Vgl. exemplarisch: „Streicher muß zur Ordnung gerufen werden, weil er in unqualifizierbarer Weise die Presse angegriffen hat. Er ist ein ewiger Rabautz.“ Ebenda, 5.11.1936, S. 238/Z. 8-10. „Was die Judenfrage anlange, so könnten wir auf diesem Gebiet nicht zurückweichen. Ihm, dem Reichskanzler, wäre es lieber gewesen, wenn man schrittweise zu einer Verschärfung in der Behandlung der Juden in Deutschland hätte kommen können, indem man zunächst ein Staatsbürgerrecht geschaffen und dann hiervon ausgehend die Juden allmählich schärfer angefaßt hätte. Der von den Juden angezettelte Boykott habe jedoch zu sofortigen, schärfsten Gegenmaßnahmen gezwungen. [...] Da die Juden im Ausland teilweise großen Einfluß ausübten, sei es jedoch geboten, ihnen keinerlei Propagandamaterial gegen Deutschland zu liefern.“ „Reichsstatthalterkonferenz vom 28. September 1933“, in: DIE REGIERUNG HITLER, Akten der Reichskanzlei, Band I/2, S. 864-871, Zitatstelle S. 865 f.

67 Vgl.: GOEBBELS, Tagebücher, Band I/II, 25.8.1933, S. 461.

68 Vgl.: „Fall Kirchen, Fall Judenüberheblichkeit, Außenpolitik. Er ist sehr zugänglich. In vielem wird es nun bald Änderung geben.“ Ebenda, 29.4.1935, S. 488.

69 Vgl.: „Parlaver [sic] mit dem Führer. Er ist stark mit außenpolitischen Problemen befaßt. Aber auch die Innenpolitik hat ihn wieder fest. Wut auf Frick und seine Bürokraten.“ Ebenda, 15.7.1935, S. 493.

lichen Meinungsbildung. Ab 1935 richteten sich entsprechende Maßnahmen auch gegen Juden in freien Berufen.

Auf Grundlage des „Schriftleitergesetzes" vom 4. Oktober 1933[70] konnten alle Zeitungsredaktionen durchforstet werden, neben einer Vielzahl anderer Bestimmungen waren deutsche Staatsangehörigkeit und *arische Abstammung* der Redakteure wie ihrer Ehepartner Grundvoraussetzungen zur Berufsausübung geworden (§5).[71] Durch Zerschlagung oder Gleichschaltung von Verlagen konnten unbequeme Presseerzeugnisse unmittelbar vom Markt genommen werden.[72]

Bereits kurze Zeit nach Einrichtung seines Ministeriums[73] beschäftigte sich Goebbels mit grundlegenden Möglichkeiten einer Umgestaltung der Kulturgebiete. Er ging dabei davon aus, daß die Kulturbereiche den Aufbau des nationalsozialistischen Staates unterstützen und sich hierbei selbstverständlich auf ihre deutschen Wurzeln zurückbesinnen müßten. Der Propagandaminister sprach in diesem Zusammenhang von der Notwendigkeit einer Gesundung.[74] Hitler hatte, basierend auf entsprechenden Darlegungen in „Mein Kampf", am 23. März 1933 in seiner Regierungserklärung zum „Ermächtigungsgesetz" eine „moralische Sanierung" des öffentlichen Lebens einschließlich des Bildungs-, Theater- und Filmwesens versprochen.[75] Seine Einschätzung bestimmte, was als Kunst zu fördern beziehungsweise als *Kunstbolschewismus* zu verachten und zu beseitigen sei, Goebbels definierte die Klassifizierungen auf diesen Grundlagen[76].

---

[70] Vgl.: „Kabinettssitzung vom 4. Oktober 1933", in: DIE REGIERUNG HITLER, Akten der Reichskanzlei, Band I/2, S. 878-884, Zitatstelle S. 881 f.; RGBL., 1933, Teil I, Nr. 111, S. 713-717; auch: ADG, 5.10.1933, Nr. 1067/A; GOEBBELS, Richtlinien; DIEHL, S. 87-100.

[71] Zur Durchführung vgl. exemplarisch: WULF, Presse, S. 228.

[72] Vgl.: ebenda, S. 27-51.

[73] Zu Aufbau und Organisation des Ministeriums vgl.: FAUSTMANN, S. 50-76. Zum Überblick über die Struktur der Einzelkammern vgl.: ebenda, S. 278-287; MÜLLER, Reichsministerium, S. 11-31; BRAMSTED, S. 113-123; BENZ, Geschichte, S. 59 f.

[74] Vgl. exemplarisch: „Ich rede abends vor den Filmschaffenden und entwickle mit großem Erfolg ein neues Programm für die Filmkunst. Der Film kann nur gesund werden, wenn er sich wieder auf sein Deutschtum besinnt und im deutschen Wesen die Wurzeln seiner Kraft sucht." GOEBBELS, Kaiserhof, 28.3.1933, S. 289. Edition der Rede vom 28. März 1933 in: BELLING, S. 27-31; vgl. hierzu: TERVEEN, S. 30 f.; Goebbels-Rede vom 19. Mai 1933, in: BELLING, S. 31-37. Zum Bereich Musik vgl. exemplarisch: „Eröffnung der 2. Reichs-Theaterfestwoche", 17. Juni 1935, in: GOEBBELS, Reden, Band I, S. 219-228, insbesondere S. 219 f. Hinsichtlich der neuen Interpretation von Wesen und Aufgaben der Kunstbereiche vgl.: „Erobert die Seele der Nation. Rede über ‚Die Aufgaben des deutschen Theaters' im Hotel Kaiserhof zu Berlin am 8. Mai 1933", in: GOEBBELS, Goebbels spricht, S. 65-89.

[75] Vgl.: Regierungserklärung, 23. März 1933, in: HITLER, Reden, Band I, S. 229-237, Zitatstelle S. 232; HITLER, Kampf, S. 279; DÜHRING, Judenfrage, S. 85-89.

[76] Zu Goebbels' Definition von Kunst und Kulturbolschewismus vgl.: „Der Kunstbolschewismus ist kein Schlagwort, sondern er hat seine Wertigkeit im Verhältnis zu dem, was wir in den vergangenen Jahren in Deutschland feststellen mußten: eine Kulturpflege, die gar nichts mehr mit dem Volke zu tuen hatte und mit der das Volk deshalb auch nichts mehr zu tuen haben wollte, eine vollkommene Entwurzelung aller kulturellen Kräfte, eine Internationalisierung der künstlerischen Potenzen eines Landes, die am Ende dann überhaupt mit dem Volke kein inneres Verhältnis mehr gewinnen konnte und die in den luftverdünnten Räumen eines bloßen Ästhetizismus

Ein genereller Ausschluß von Juden aus den Kulturberufen konnte auf direktem juristischem Wege nicht erfolgen, nur für die Kündigung von Redakteuren konnte das „Schriftleitergesetz" angewendet werden. Zunächst setzte Goebbels daher auf die Wirkung eindringlicher Appelle beziehungsweise Anweisungen. In seiner Ansprache an die Intendanten und Direktoren der Rundfunkgesellschaften am 25. März 1933 erklärte er beispielsweise, es gebe keine Kunst ohne Tendenz, und es sei kindisch zu glauben, man könne einer Zeit revolutionärer Umwälzungen neutral gegenüberstehen. Die angesprochenen hätten doch nun die Aufgabe, nach diesen Prinzipien ihre Funkhäuser zu säubern, aufzuräumen, alles, was nicht da hineinpasse, allmählich auszuscheiden, dafür zu sorgen, daß hundertprozentig die ganzen Funkhäuser nun der nationalen Regierung dienten und sich dem Volke verpflichtet fühlten.[77]
Derartige Appelle waren indes nur Vorboten einer allumfassenden Zentralisation. Nach langwierigen Auseinandersetzungen zwischen Goebbels und Robert Ley[78], dem Leiter der „Deutschen Arbeitsfront" und der „NS-Gemeinschaft Kraft durch Freude", um Konzept und Organisation der Kulturbereiche wurde am 22. September 1933 die sieben Einzelkammern (Presse, Schrifttum, Theater, Musik, Film, Bildende Künste und Rundfunk) überdachende, sogenannte „Reichskulturkammer" gegründet.[79] Am 15. November 1933 erfolgte ihre feierliche Eröffnung in der Berliner Philharmonie.[80] Die

---

dann allmählich ihr leeres und freudloses Dasein fristen mußten. Auch der Kulturbolschewist kennt geistig kein Vaterland mehr, das Deutschland heißt. Der Künstler im wahrsten Sinne des Wortes dagegen ist der gehorsamste Diener seines Volkes und seines nationalen Lebens." „Eröffnung der 2. Reichs-Theaterfestwoche", 17. Juni 1935, in: GOEBBELS, Reden, Band I, S. 221 f. Zum Gesamthintergrund Kunst im III. Reich und Reichskulturkammer vgl.: DUSSEL; knapp bei: HOFER, Stufen, S. 177.

[77] Vgl.: „Haus des Rundfunks", 25. März 1933, in: GOEBBELS, Reden, Band I, S. 82-107, Zitatstellen S. 88 und S. 105; auch: GOEBBELS, Rundfunk, S. 5, S. 13 und S. 23; GOEBBELS, Faschismus, S. 23. Zur Rundfunkpolitik bis 1941 vgl.: KLINGLER, S. 20-61.

[78] Vgl.: SMELSER, S. 173-185; exemplarisch auch: „Vermerk des Ministerialrats Willuhn über eine Ressortbesprechung am 31. August 1933 im Reichspropagandaministerium", in: DIE REGIERUNG HITLER, Akten der Reichskanzlei, Band I/1, S. 722 f., Zitatstelle S. 723.

[79] Vgl.: „Kabinettssitzung vom 22. September 1933", in: DIE REGIERUNG HITLER, Akten der Reichskanzlei, Band I/2, S. 822-827, Zitatstelle S. 822 f. Die juristischen Grundlagen sind zusammengefaßt greifbar in: DAS RECHT DER REICHSKULTURKAMMER.

[80] Vgl.: REICHSKULTURKAMMERGESETZ, Blatt 3. In den Konzeptpapieren zur Einrichtung der Reichskulturkammer finden sich interessanterweise keine antisemitischen Aspekte, vgl.: GRUNDGEDANKEN ZUR ERRICHTUNG EINER REICHSKULTURKAMMER, Blätter 4-7; auch: „Die deutsche Kultur vor neuen Aufgaben", in: GOEBBELS, Signale, S. 323-336; „Die Grenzen des individuellen Freiheitsbegriffes liegen deshalb an den Grenzen des völkischen Freiheitsbegriffes. [...] Das gilt auch für den schaffenden Künstler. [...] Eine Kunst, die sich vom Volke trennt, hat kein Recht, sich darüber zu beklagen, daß das Volk sich von ihr trennt. [...] Uns schwebt als Ideal vor eine tiefe Vermählung des Geistes der heroischen Lebensauffassung mit den ewigen Gesetzen der Kunst. [...] Sie [die Reichskulturkammer] stellt den Zusammenschluß aller Schaffenden in einer geistigen Kultureinheit dar. Wir wollen einen deutschen Künstlertyp züchten, der bewußt und offen, mit Stolz und Eigenart den Aufgaben dient, die die Zeit uns gegeben hat." „Die deutsche Kultur vor neuen Aufgaben", Eröffnung der Reichskulturkammer am 15. November 1933, in: GOEBBELS, Reden, Band I, S. 131-141, Zitatstellen S. 134-140. Vgl. hierzu: DAHM, Anfänge, S. 56-84; PIPER; BRADY; RGBL., 1933, Teil I, Nr. 123, S. 797-800.

Aufnahme in die jeweilige Kammer sollte bindende Voraussetzung für die Erlaubnis sein, in einem der entsprechenden Gebiete zu arbeiten.[81]

Das Konzept ließ sich aber nicht so leicht verwirklichen, ihm fehlte eine durchsetzbare Rechtsgrundlage. Während nach etwa einem Jahr nationalsozialistischer Regierung bestimmte judenfeindliche Ziele im Bereich der freien Berufe erreicht worden waren, wiesen die Kultursektoren die gewünschten personellen Zusammensetzungen keineswegs auf. Tatsächlich waren zunächst auch Juden in die Kammern aufgenommen worden[82], dabei hatte es offensichtlich sogar einige Zugänge gegeben. Im Februar 1934 erläuterte Goebbels auf einer Tagung der „Reichskulturkammer" die faktische wie juristische Lage und seine entsprechende Hilfskonstruktion: Er habe mit Befremden festgestellt, daß die aus anderen Berufen nach und nach hinausgedrängten Juden mangels eines Arierparagraphen im Kulturleben eine neue Betätigungsmöglichkeit suchten. Es dürfe aber nun nicht geschehen, daß am Ende alle Juden, die aus den Beamten-, Rechtsanwalts-, Ärzte- oder Schriftleiterberufen ausgeschieden seien, allmählich in den Kulturberufen auftauchten. Dies zu verhindern, gebe das Gesetz die Möglichkeit: Wenn jemand aus bestimmten Gründen als unzuverlässig oder ungeeignet angesehen werden müsse, könne man ihm die Mitgliedschaft in den Verbänden verweigern, und nach seiner Ansicht und Erfahrung sei ein jüdischer Zeitgenosse im allgemeinen ungeeignet, Deutschlands Kulturgut zu verwalten.[83]

Um es aber vorwegzunehmen: Der Ausschluß von Juden aus den verschiedenen kulturellen Bereichen gelangte für Goebbels nie zu einem befriedigenden Ergebnis, und zwar vorwiegend auf Grund einer Vielzahl von Ausnahmen, die aus unumgänglichen pragmatischen Gesichtspunkten (internationales Ansehen der Künstler, fehlender *arischer* Ersatz) oder auch wegen persönlicher Protektion, teilweise selbst auf Hitler zurückgehend, gestattet wurden.[84] Auch Goebbels setzte sich für betroffene Schauspielerinnen und Schauspieler ein, insgesamt soll er 320 Sondergenehmigungen für jüdische oder mit Juden verwandte Künstler gegeben haben.[85]

---

[81] Vgl.: BRAMSTED, S. 128-138. Jüdische Künstler fanden teilweise Aufnahme in dem eigens gegründeten „Kulturbund deutscher Juden", der geschlossene Veranstaltungen für Juden organisierte, vgl. hierzu: FREEDEN, S. 259 f.; MENDES-FLOHR, S. 273-281; SCHMIDT/RUPPEL, S. 33-54.

[82] Vgl.: DAHM, Volksgemeinschaft, S. 108-110.

[83] Vgl.: GOEBBELS, Tagung, Zitatstelle Blatt 19.

[84] Vgl.: GOEBBELS, Tagebücher, Band I/II, 4.9.1935, S. 509. Ausnahmen im Bereich Musik waren teilweise von Hitler angeordnet, vgl.: HEIBER, Goebbels, S. 185; REIMANN, S. 190-195; WULF, Musik, S. 80-84.

[85] Vgl.: HEIBER, Goebbels, S. 260; exemplarisch zum Fall Eugenie Nikolaieva, Tochter einer halbjüdischen Mutter: GOEBBELS, Tagebücher, Band I/II, 21.9.1935, S. 517, 1.10.1935, S. 521; außerdem: GOEBBELS, Tagebücher, Band I/3,II, 6.11.1936, S. 239/Z. 11 f.; GOEBBELS, Tagebücher, Band I/5, 9.12.1937, S. 43/Z. 40 f.; GOEBBELS, Tagebücher, Band I/6, 9.8.1938, S. 38/Z. 19-21. Eine Liste von Schauspielern, die mit Sondergenehmigungen arbeiteten, findet sich bei: ALBRECHT, S. 208 f. Zu Ausnahmegenehmigungen vgl. exemplarisch den Fall Günther Treptow in: AKTEN DER PARTEI-KANZLEI, Teil I/2, Microfiche-Blatt 241, Microfiche-Nrn. 132 00587-132 00593, 29. Mai – 3. Juni 1935. Zur Verdrängung von Juden aus der Reichskulturkammer 1938 vgl.: GOEBBELS, Tagebücher, Band I/6, 5.10.1938, S. 130/Z. 14, 2.12.1938, S. 207/Z. 14 und 8.12.1938,

Anfang Oktober 1935 erhöhte Goebbels, wohl im Zusammenhang mit den „Nürnberger Gesetzen", den Druck auf eine schnelle Klärung der Judenfrage in den Kammern.[86] Am 6. März 1936 legte der Propagandaminister in einer Konferenz mit den Judenreferenten der Kammern neue verbindliche „Säuberungsrichtlinien" fest. Ausschlußkriterien waren nunmehr 25% jüdisches Blut oder der Ehestand mit *Voll-* oder *Dreivierteljuden.* Schon im April 1936 erweiterte er unter strenger Geheimhaltung die Gültigkeit der Bestimmungen auf sämtliche mit *Halb-* und *Vierteljuden* Verheirateten, die sogenannten *jüdisch Versippten.*[87] Damit verschärfte Goebbels für seinen Verantwortungsbereich die Richtlinien der Rassengesetze.[88]

Bereits in seiner Rede zur zweiten Jahrestagung der „Reichskulturkammer" am 15. November 1935 meldete der Propagandaminister in Anwesenheit der Parteiführung die Kammer *judenrein,* im Kulturleben des deutschen Volkes sei kein Jude mehr tätig.[89] Tatsächlich erwies sich eine konsequente Durchsetzung seiner Vorgaben als unmöglich. Angesichts der schwer überwindbaren Barrieren erwirkte Goebbels schließlich mit einem bürokratischen Kunstgriff die gewünschte Bereinigung auf formalem Wege. Mit Wirkung vom 15. Mai 1936 durften jüdische Kammermitglieder grundsätzlich nicht mehr in den Kammerlisten geführt werden.[90]

S. 215/Z. 22 f.; „Die Entjudung der R.K.K. wird fortgesetzt. Aber nun tauchen erhebliche wirtschaftliche Schwierigkeiten auf. Aber auch deren werden wir Herr." Ebenda, 26.1.1939, S. 239/Z. 3 f.; „Die Entjudung der R.K.K. geht planmäßig weiter. Es gibt soviele [sic] Grenzfälle, die schwer zu entscheiden sind." Ebenda, 26.4.1939, S. 328/Z. 11 f.; vgl. gleichermaßen: ebenda, 23.6.1939, S. 389/Z. 6. Goebbels bemühte sich auch persönlich um Publikationsverbote, vgl. exemplarisch: Brief von Goebbels an den Präsidenten der Reichsschrifttumskammer vom 17. März 1939, in: WULF, Literatur, S. 507. Zur antijüdischen Schrifttumspolitik nach der Bücherverbrennung vgl.: DAHM, Schrifttumspolitik, S. 36-83; DAHM, Buch, S. 59-159; WULF, Literatur, S. 454-520; GRAF, S. 111-116. Der Ausschluß jüdischer Künstler aus der Reichskulturkammer war offensichtlich bis Ende 1936 nicht abgeschlossen, vgl.: GOEBBELS, Tagebücher, Band I/3,II, 11.12.1936, S. 286/Z. 4 f. Hinzu kam eine fortschreitende Erweiterung der relevanten Gruppe. Noch im Herbst 1939 war Goebbels mit entsprechenden Fragen beschäftigt, vgl.: GOEBBELS, Tagebücher, Band I/7, 27.10.1939, S. 169/Z. 6-9.

[86] Vgl.: GOEBBELS, Tagebücher, Band I/II, 5.10.1935, S. 523; „Geschäftsführer R.K.K. Aktuelle Fragen. Entjudung." Ebenda, 19.10.1935, S. 529. Zum Gebrauch des Ausdrucks „Entjudung", vgl.: DÜHRING, Judenfrage, S. 88.

[87] Zu Formen und Zulassungsvoraussetzungen von Kammermitgliedschaften vgl.: FAUSTMANN, S. 77-111; REUTH, Goebbels, S. 336 f.

[88] Vgl. auch: GOEBBELS, Tagebücher, Band I/3,II, 30.4.1936, S. 71/Z. 5-8; „Die Entjudungsaktion in der R.K.Kammer nach neuen Grundsätzen durchgeführt. Jetzt bekommen wir alles klar." Ebenda, 2.7.1936, S. 122/Z. 28 f.; Rundanweisung Hinkels an die Präsidenten der Einzelkammern vom 29. April 1936, zitiert nach REUTH, Goebbels, S. 342.

[89] Vgl.: GOEBBELS, Jahrestagung, S. 977; dementsprechend im weiteren Verlauf: GOEBBELS, Rede 1937, S. 417 f.; „Rede zur ersten Arbeitstagung des Kulturkreises der SA", in: ADG, 23.2.1937, Nr. 2945/C; „Gemeinsamer Festakt der Reichskulturkammer und Kraft durch Freude", in: ebenda, 26.11.1937, Nr. 3310/D; auch: „Wie steht es auf dem Gebiete des Kulturlebens? [...] Wir Nationalsozialisten haben mit diesem Vorurteil aufgeräumt. Wir haben die Juden entfernt, das deutsche Kulturleben von ihnen gereinigt. Damit ist nicht ein Niederbruch des kulturellen Lebens, sondern selbstverständlich eine Blüte der deutschen Kultur verbunden gewesen." GOEBBELS, Rede 1938, S. 24 (mit Bezug auf den gerade vollzogenen Anschluß Österreichs am 22. März 1938).

[90] Vgl.: REUTH, Goebbels, S. 343.

Im kulturellen Bereich überschnitten sich Hitlers Interessensphären. *Entjudung* und *Arisierung* dieser Sektoren dürfen gewissermaßen auch als persönliche Anliegen des Reichskanzlers gelten, zumal dieser wohl auch zusätzliche Impulse aus dem Umfeld der Parteileitung erhielt, die den entsprechenden Druck auf Goebbels erhöhten.[91] Als Scharfmacher Hitlers in bezug auf die generelle Verdrängung von Juden aus den Kulturbereichen ist wohl allen voran Alfred Rosenberg zu nennen.[92] Der „Beauftragte des Führers für die Überwachung der gesamten geistigen und weltanschaulichen Schulung und Erziehung der NSDAP" verstand sich als Hüter der nationalsozialistischen Werte.[93] Beispielsweise verlautete aus seinem Amt Anfang 1934 die Beschwerde, daß von fünfzehn Berliner Theatern nur drei *judenrein* seien.[94]

Die Frage der Juden in der deutschen Kulturlandschaft erscheint insofern auch als internes Politikum. Mit kritischen Bemerkungen oder kaum erfüllbaren Forderungen konnte Goebbels verhältnismäßig leicht bloßgestellt oder in Zugzwang gebracht werden. Tatsächlich übte Hitler entsprechenden Druck aus[95], der Reichspropagandaminister mußte ihm Reden und Aufsätze vorab vorlegen.[96]

Sicherlich aber handelte Goebbels bei Zusammenstellung und Organisation der Kulturkammern insgesamt im Einklang mit seinen angesprochenen persönlichen Überzeugungen der späten zwanziger Jahre, hierfür spricht auch, daß er die Richtlinien zur Kammermitgliedschaft im geheimen verschärfte. Mit großer Tatkraft befaßte er sich schon längere Zeit vor dem Zusammenschluß

---

91 Vgl.: OVEN, Goebbels, S. 286-273. Zum Aspekt einer gewissen Meinungsdivergenz in der Partei vgl.: SCHAUMBURG-LIPPE, S. 137.

92 Zu dessen scharfer Kritik an der Führung der Kulturpolitik durch Goebbels vgl.: ROSENBERG, Tagebuch, 5.6.1934, S. 26; BRENNER, Kunst, S. 17-42; BRENNER, Kunstpolitik, S. 63-65.

93 Vgl.: BOLLMUS, Rosenberg, S. 223; POLIAKOV/WULF, Juden, S. 41 f.; ferner exemplarisch: Brief Rosenbergs an Goebbels vom 30. August 1934, in: ebenda, S. 318-320; [Rosenberg] „An den Präsidenten der Reichskulturkammer Herrn Reichsminister Dr. Goebbels, 30. August 1934", in: POLIAKOV/WULF, Denker, S. 31-35; „Rosenberg an den Stellvertreter des Führers Pg. Rudolf Hess, 11. Mai 1934", in: AKTEN DER PARTEI-KANZLEI, Teil I/2, Microfiche-Blatt 220, Microfiche-Nrn. 117 06194-117 06197.

94 Vgl.: BOLLMUS, Amt, S. 61. Zum Hintergrund der Auseinandersetzungen zwischen Goebbels und Rosenberg in kulturellen Bereichen, vgl. ausführlich: ebenda, S. 61-103; WULF, Musik, S. 180-187. In der Forschung wird die Meinung vertreten, daß seine antisemitischen Aufsätze von 1919 Hitler sogar einschlägig inspiriert haben könnten, vgl.: BOLLMUS, Rosenberg, S. 224 f.

95 Vgl.: „Der Führer ist anscheinend mit unserer Kunstpolitik nicht ganz zufrieden. Ich muß da auch einige personelle Umstellungen vornehmen. Ich kann mir nicht durch ein paar Nichtskönner das Vertrauen des Führers zu meiner Arbeit verderben lassen." GOEBBELS, Tagebücher, Band I/II, 21.1.1936, S. 566; „Führer nicht zufrieden mit unserer Kulturpolitik. Das ist Funks Nachgiebigkeit. Ich werde nun handeln." Ebenda, 19.1.1936, S. 566. Zu Walther Funk, 1933-1937 Pressechef der Reichsregierung, im Reichsministerium für Volksaufklärung und Propaganda (im folgenden RMVP) als Staatssekretär [Leiter Verwaltung, Abteilung I] zuständig für Organisation und Finanzen, vgl.: HERBST, S. 91-101; OVEN, Finale, 20.6.1944, S. 362 f.

96 Vgl. exemplarisch, mit Bezug auf die Rede zum Jahrestag der Reichskulturkammer 1936: GOEBBELS, Tagebücher, Band I/3,II, 22.11.1936, S. 261/Z. 11 f.; „Reichsminister Dr. Goebbels über die kulturellen Probleme der Zeit", in: VÖLKISCHER BEOBACHTER, 49 (1936), 335. Ausgabe, 30. November, S. 6.

Deutschlands mit Österreich persönlich mit entsprechenden Gesichtspunkten der dortigen Kulturpolitik.[97]

Gleichwohl gibt es andererseits auch verschiedene Indizien und Stellungnahmen, die darauf hindeuten, daß er bestimmte Fragen nach eigenem Ermessen wahrscheinlich etwas großzügiger gehandhabt hätte, beispielsweise spricht die statistische Manipulation dafür, daß der Reichsminister kurzfristig Ergebnisse zeigen wollte, wenn sie schon nicht verwirklicht werden konnten. Tatsächlich erscheint Goebbels stellenweise recht pragmatisch, insbesondere im Hinblick auf die schwierige Frage des hohen Ersatzbedarfs an Nachwuchskünstlern.[98] In sachlicher Hinsicht betrachten ihn insbesondere die älteren Biographen als tendenziell freizügig, die Behauptung, er habe sich im Zusammenhang mit dem Ausschluß von Juden aus den Kulturbereichen allein den rigiden Vorgaben Hitlers beugen müssen, erscheint allerdings überzogen.[99] Die recht großzügige Erteilung von Sondergenehmigungen deutet auf eine gewisse Nachgiebigkeit in Einzelfällen, ganz im Gegensatz zur rigiden Härte im generellen, anonymen. Dies erscheint als wesentlicher Grundzug seiner Judenpolitik, auch außerhalb der kulturellen Bereiche, bis in die Wendephase der Kriegsjahre.

Am Beispiel der Kunstkritik kann nachvollzogen werden, wie stark Goebbels bemüht war, den Wünschen Hitlers auch in diesen Bereichen Rechnung zu tragen. Dieser ärgerte sich offenbar maßlos über die Pressekommentare teils jüdischer Kunstkritiker und forderte im Oktober 1936 die grundsätzliche Abschaffung einer unabhängigen Kunstkritik.[100]

Der Propagandaminister schrieb das Thema sofort auf seine Fahnen. Schon nach wenigen Tagen hatte er entsprechende Gremien einberufen, in seinen Aufzeichnungen erscheint er als maßgeblicher Initiator und Akteur.[101] Am 24.

---

[97] Vgl.: „Der österreich. Gesandte Tauschitz. Er bittet um gut Wetter. Ich halte ihm die österreichische Filmpolitik vor. Die wollen uns die herausgeschmissenen Juden wieder einführen." GOEBBELS, Tagebücher, Band I/3,II, 27.10.1936, S. 228/Z. 13-16; „Das Sascha-Atelier in Wien gehört jetzt auch uns. Ich setze gleich die Juden heraus." Ebenda, 22.11.1936, S. 260/Z. 3 f. Zum „Anschluß" Österreichs vgl.: ERDMANN, Band 4/II, S. 468-474.

[98] Vgl.: „Im Hotel mit Sauckel lange Aussprache: was soll man in der Kunst machen? Die was können, sind meistens noch im alten Fahrwasser. Und unsere Jugend ist noch zu unausgereift. Man kann keine Künstler fabrizieren. Aber dieses ewige Warten in der Dürre ist auch furchtbar. Aber ich werde nun wieder darangehen, das Schlechte auszujäten." GOEBBELS, Tagebücher, Band I/3,II, 16.6.1936, S. 108/Z. 15 f.

[99] Vgl.: REIMANN, S. 185-189; OVEN, Goebbels, S. 265-267.

[100] Vgl.: „Noch Problem Kritik. Sie muß auf die Dauer ganz abgeschafft werden. Es darf da nur Berichterstattung geben. Genau wie in der Politik. Die Dummen dürfen nicht die Klugen kritisieren. Wenn einer etwas kann, soll er seine Fähigkeiten nicht in der Kritik, sondern in der Leistung abreagieren." GOEBBELS, Tagebücher, Band I/3,II, 22.10.1936, S. 222/Z. 43-47. Vgl. hierzu die bereits im November 1934 vertretene Position: „1. Reichspressetag des Reichsverbandes der Deutschen Presse", 18. November 1934, in: GOEBBELS, Reden, Band I, S. 174-205, insbesondere S. 185 und 190 f.; „Kritik", 20. Mai 1929, in: GOEBBELS, Angriff, S. 301-303 und ferner, zur politischen Kritik: GOEBBELS, Wesen, S. 13. Zur kulturpolitischen Presselenkung vgl.: FRÖHLICH, Pressekonferenz, S. 353-367.

[101] Vgl.: „Beratungen über die Kunstkritik mit den hiesigen Stellen. Ich werde sie ganz abschaffen." GOEBBELS, Tagebücher, Band I/3,II, 26.10.1936, S. 226/Z. 14-16; dementsprechend: ebenda, 29.10.1936, S. 230/Z. 18-20. Zu früheren Vorstößen Goebbels' im Zusammenhang mit der Umstellung des kulturellen Besprechungswesens vgl.: STROTHMANN, S. 140-146.

November 1936 hatte er den Erlaß zum vollkommenen Verbot der Zeitungs-
kritik ausgearbeitet, um ihn Hitler zur freigebenden Genehmigung vorzule-
gen. Das Verbot erging mit Wirkung vom 26. November 1936.[102] In seinen
Aufzeichnungen notierte Goebbels, mit der Kunstkritik verschwinde ein
Krebsschaden des öffentlichen Lebens[103], dabei aber äußerte er eine gewisse
Unsicherheit hinsichtlich möglicher Resonanzen in der Bevölkerung.[104]

In der öffentlichen Darstellung präzisierte der Propagandaminister nun
noch einmal die antisemitische Stoßrichtung des Verbots: Die Kritik trage typisch jüdische Charakterzüge, das Judentum habe sie völlig verwildert, und
so sei es in der Nachkriegszeit zu regelrechten Orgien kritischer Exzesse in
der jüdischen Asphaltpresse gekommen. Die überheblichen Besserwisser, die
durch ewiges Querulantentum den Aufbau des nationalsozialistischen Kul-
tur- und Kunstlebens mit ihrem mißtönenden Begleitgesang verfolgt hätten,
seien die Nachfahren dieser jüdischen Kritikerautokratie.[105]

Der stellvertretende Pressechef der Reichsregierung, Ministerialrat Alfred-
Ingemar Berndt, präsentierte das Kunstkritikverbot auf der dritten Tagung des
„Reichskultursenats" als Wohltat für deutsche Kunst und deutsche Künstler,
denn der jüdische Kritiker sei praktisch der preisbildende Mittler des Ge-
schäftsmannes gewesen, so daß bis 1933 die tollsten Bilder jüdischer Maler zu
wahnsinnigen Preisen an die Museen des Reiches verkauft worden seien, während der gute deutsche Künstler verhungert sei.[106] Gleichermaßen bezog sich
Goebbels auch auf einer Sondersitzung der „Reichskammer der bildenden
Künste" vom 17. Juli 1937 noch einmal rechtfertigend auf die ehemals wahrgenommene „jüdische Tyrannei" innerhalb der Kunstkritik.[107]

---

[102] Vgl.: GOEBBELS, Erlaß; GOEBBELS, Tagebücher, Band I/3,II, 24.11.1936, S. 263/Z. 19-23. Vgl.
hierzu den Augenzeugenbericht Louis P. Lochners über die offizielle Verkündung durch Goebbels am 29. November 1936 im Rahmen einer Veranstaltung der Reichskulturkammer, in:
LOCHNER, S. 33 f. Zu Kunstkritikverbot und Vorgeschichte vgl.: ROH, S. 59 f.; PRESSEANWEI-
SUNGEN, Band 4/I, S. 27*-29*; Presseanweisungen Nr. 421 und Nr. 428 vom 12. bzw. 13. Mai
1936, in: ebenda, S. 492-497.

[103] Vgl.: „Gestern: der Erlaß zum vollkommenen Verbot der sogen. Zeitungskritik liegt vor. Er
wird noch etwas umgearbeitet und dann Ende des Monats herausgegeben. Damit verschwin-
det ein Krebsschaden des öffentlichen Lebens." GOEBBELS, Tagebücher, Band I/3,II, 18.11.1936,
S. 255/Z. 2-4.

[104] Vgl.: „Mal sehen, wie das Kritik-Verbot sich auswirkt. Muß sich einspielen. In einem Jahr denkt
niemand mehr an die alte Kritik. Ganz wie heute bei der politischen Kritik. Es war nötig, und
darum ist es gemacht worden." Ebenda, 28.11.1936, S. 268/Z. 34-38; „Presse bringt Verbotser-
laß Kritik groß aber mit sauersüßer Miene heraus. Sonst wirkt er in der Öffentlichkeit sehr gut.
Nur aufpassen, daß er nicht den Dilettantismus protegiert." Ebenda, 29.11.1936, S. 268/Z. 2-4.
Zum Aspekt Kunstkritik vgl. auch: „Rede bei der ersten Jahrestagung der Reichsfilmkammer
am 5. März 1937 in der Krolloper", in: ALBRECHT, S. 447-465, Zitatstelle zur Kunstkritik S. 458
f.; GOEBBELS, Tagebücher, Band I/4, 6.3.1937, S. 38/Z. 45-51; STEPHAN, S. 171-174.

[105] Vgl.: GOEBBELS, Rede 1936, S. 322. Zum Bereich Kunstkritik vgl.: STROTHMANN, S. 146-152;
WULF, Künste, S. 126-137; REUTH, Goebbels, S. 357.

[106] Vgl.: „Münchner Neueste Nachrichten" vom 30. November 1936, zitiert nach: PIPER, S. 140;
auch exemplarisch: Presseanweisung vom 28. November 1936, in: PRESSEANWEISUNGEN, Band
4/III, S. 1449-1451; Presseanweisung vom 15. Dezember 1936, in: ebenda, S. 1563 f.

[107] Vgl.: „Dr. Goebbels: ‚Nie war die Stunde für die deutsche Kunst so gesegnet wie heute'", in: VÖL-
KISCHER BEOBACHTER, 50 (1937), 199. Ausgabe, 18. Juli, S. 1 f., Zitatstelle S. 2 (Die Rede stand im

EINGRIFFE IN PRIVATLEBEN UND STAATSBÜRGERRECHT

Die Problematik um die Verdrängung von Juden aus den Kulturbereichen war im Herbst 1935 indes nur eine Facette der antisemitischen Reichspolitik. Diskussionen um entsprechende Verfahrensmöglichkeiten erscheinen in den Tagebuchaufzeichnungen ab September 1935 als ein Zentralthema der nationalsozialistischen Führungskreise mit Hitler als treibender und richtungsweisender Kraft.[108] Eine generelle Vertreibung der Juden aus Deutschland wurde in dieser Phase wohl aber noch ausgeschlossen, Goebbels kommentierte, man besitze schließlich keine Insel, auf die man sie verbringen könne.[109]

Mit Bezug auf die radikale Proklamation Hitlers zur Eröffnung des „Reichsparteitags der Freiheit" (1935) definierte der Propagandaminister, offenbar tief bewegt und daher sicherlich etwas überzogen, in der Sache aber mit hoher Wahrscheinlichkeit authentisch, seine Lebensaufgabe: „Feierliche Eröffnung des Kongreß. [...] Proklamation des Führers: [...] Unerbittlicher Kampf ohne Kompromisse. Antibolschewistisch und antijüdisch. Mein Leben tausendfach gerechtfertigt."[110] Tatsächlich erscheint Goebbels sehr bemüht, sich auch in der Judenfrage weiterhin als enger Berater Hitlers zu präsentieren und eine aktive Beteiligung an der politischen Willensbildung besonders hervorzuheben, dies gilt insbesondere im Zusammenhang mit der Veröffentlichung der „Nürnberger Gesetze" am 15. September 1935.[111]

Zusammenhang mit den „Tagen der Deutschen Kunst" in München, in deren Rahmen die „Große Deutsche Kunstausstellung" wie auch die Ausstellung „Entartete Kunst" eröffnet wurden).

108 Vgl.: GOEBBELS, Tagebücher, Band I/II, 4.9.1935, S. 509. Ian Kershaw schränkt dies etwas ein, er nimmt eine eher sporadische Einflußnahme Hitlers an, vgl.: KERSHAW, Hitler, Band I, S. 702 f.

109 Vgl.: „Wesen, Methoden und Ziele der Propaganda", 16. September 1935, in: GOEBBELS, Reden, Band I, S. 230-264, Zitatstelle S. 246. Ein entsprechendes Konzept sollte dann aber 1940 vorliegen.

110 GOEBBELS, Tagebücher, Band I/II, 13.9.1935, S. 513.

111 Vgl.: VERHANDLUNGEN DES REICHSTAGS, Band 458, 7. Sitzung, 15. September 1935, S. 59-62; hierzu: „Neue Gesetze durchberaten. Neues Staatsbürgergesetz [...] Judengesetz, Verbot jüdischer Ehen mit Deutschen, dazu Reihe von anderen Verbotsfragen. Wir feilen noch daran herum. [...] Wird die Reinigung enthalten." GOEBBELS, Tagebücher, Band I/II, 15.9.1935, S. 515. Das „Reichsbürgergesetz" und das „Gesetz zum Schutze des deutschen Blutes und der deutschen Ehre" (verkürzt auch „Blutschutzgesetz"), beide: RGBL., 1935, Teil I, Nr. 100, S. 1145-1147, markieren einen Höhepunkt in der antisemitischen Politik der nationalsozialistischen Diktatur. Bis 1943 durch 13 Durchführungsverordnungen ergänzt, bildeten sie die wesentliche juristische Grundlage für die systematische Entrechtung und Ausgrenzung der Juden aus der „deutschen" Gesellschaft. Bis 1940 wurden 2090 Menschen wegen Verstoßes gegen das „Blutschutzgesetz" verurteilt. Ab 1941 wurde in Einzelfällen sogar die Todesstrafe verhängt, vgl.: NOAM/KROPAT, S. 118 und S. 168. Vgl. auch den juristischen Kommentar: STUCKART/GLOBKE, S. 19. Zur ideologischen Rechtfertigung vgl. im Überblick: ebenda, S. 1-19; GÜTT, S. 25. Zum ideologischen Hintergrund der Rassenaspekte vgl.: LEERS. Sämtliche Durchführungsverordnungen zu den „Nürnberger Gesetzen" bei: STUCKART/GLOBKE, S. 148-163; vgl. auch: GRUCHMANN, Blutschutzgesetz, S. 418-442; KULKA, Rassengesetze, S. 601-624. Zur ideologischen Begründung der „Nürnberger Gesetze" vgl. die Darstellung Chamberlains zu Prinzipien und Gefahren der Rassenmischung: CHAMBERLAIN, Band I, S. 310-378 und S. 383 f.; HOFER, Diktatur, S. 91. Zu Vorgeschichte und Hintergrund der „Nürnberger Gesetze" vgl.: LONGERICH, Politik, S. 94-105; GRAML, Reichskristallnacht, S. 136-157; KERSHAW, Hitler, Band I, S. 702-721; ECKE, S. 586-594; auf neuestem Forschungsstand: ESSNER.

Ihre Formulierung und Verabschiedung erfolgte recht kurzentschlossen[112] vor dem Hintergrund einer das Reich seit Mai 1935 wieder überflutenden antisemitischen Terrorwelle, die hauptsächlich von radikalen Kreisen der Parteibasis aufgebaut worden war und die auch durch eindringliche Anweisungen Hitlers vom 8. August 1935 offensichtlich zunächst nicht nachhaltig gebrochen werden konnte.[113] Vereinzelt hatten sich auch prominente Parteiführer mit scharfen Einzelvorstößen an juristischen Ausgrenzungsmaßnahmen beteiligt. Streicher hatte beispielsweise bereits im Mai 1935 ein generelles Verbot deutsch-jüdischer Ehen angekündigt, derartige Planungen bestanden wohl ursprünglich seit April 1933.[114] Auch Goebbels hatte sich in einer Rede am 2. August 1935 auf dem „Gauparteitag Essen" in entsprechender Weise geäußert, gleichzeitig allerdings vor wilden Einzelaktionen gewarnt.[115]

Die Situation erscheint kompliziert: Einerseits erheischte der interne Druck weiterführende Maßnahmen durch die Partei- beziehungsweise Reichsleitung.

---

[112] Vgl.: DOKUMENT, Rassereferent, S. 272-277. Entsprechende Konzepte lassen sich allerdings bis 1930 zurückverfolgen. Sie wurden wohl erstmals am 13. März 1930 von Frick im Namen der NSDAP-Fraktion im Reichstag eingebracht, vgl.: GRAML, Reichskristallnacht, S. 136; KERSHAW, Hitler, Band I, S. 709; HÖHNE, Illusionen, S. 260-262. Programmatisch entstammt die Idee von Verbot und Bestrafung körperlicher Beziehungen zwischen „Ariern" und Juden ursprünglich wohl Rosenbergs „Der Mythus des 20. Jahrhunderts", vgl.: ROSENBERG, Mythus, S. 576-580; GRAML, Reichskristallnacht, S. 136.

[113] In der zweiten Jahreshälfte 1933 war es zu einer relativen Beruhigung gekommen, die Hitler im Juli 1933 angeordnet hatte. Zu entsprechenden Krawallen im Reichsgebiet vgl. exemplarisch: „Stimmungs- und Lagebericht des Gauleiters Köln-Aachen, Grohe, vom 11. Juni 1935", in: AKTEN DER PARTEI-KANZLEI, Teil I/2, Microfiche-Blatt 214, Microfiche-Nrn. 117 02650-117 02661, insbesondere Nr. 117 02660 vom 8. Juni 1935; „Reichsstatthalterkonferenz vom 6. Juli 1933", in: DIE REGIERUNG HITLER, Akten der Reichskanzlei, Band I/1, S. 629-636, Zitatstelle S. 631 (Hitler: „Die Judenfrage wieder aufzurollen, heißt die ganze Welt wieder in Aufruhr bringen"). Zum Aspekt einer „Schonzeit" vgl.: BARKAI, Boykott, S. 65; BARKAI, Existenzkampf, S. 154 f.; BARKAI, Etappen, S. 200-205; LONGERICH, Politik, S. 52-56. Zu wahrscheinlichen Eindämmungsversuchen vgl.: MOMMSEN/OBST, S. 386; KERSHAW, Hitler, Band I, S. 707 f. und S. 711; WILDT, Judenpolitik, S. 21 f.; LONGERICH, Politik, S. 87-101; PÄTZOLD, Faschismus, S. 205-211; „Aufzeichnung über die Chefbesprechung im Reichswirtschaftsministerium am 20. August 1935 betreffend die Rückwirkungen der deutschen Judenpolitik auf die Wirtschaftslage", in: ADAP C, Band IV,1, S. 559-561. (Der Gauleiter von München-Oberbayern und bayerische Innenminister Adolf Wagner erklärte in dieser Sitzung in Vertretung des Stellvertreters des Führers, die Partei mißbillige Einzelaktionen, müsse aber der antisemitischen Stimmung der Bevölkerung Rechnung tragen und eine schrittweise Ausschaltung der Juden aus der deutschen Wirtschaft auf gesetzlichem Weg einleiten. Zu dieser Sitzung vgl.: GENSCHEL, S. 112 f.).

[114] Vgl.: GRUNER, Reichshauptstadt, S. 231.

[115] Vgl.: ADG, 4.8.1935, Nr. 2166/E; „Das Ziel der Bewegung ist unerschütterlich. Auf dem Gautag in Essen. Eine Abrechnung Dr. Goebbels'", in: VÖLKISCHER BEOBACHTER, 48 (1935), 217. Ausgabe, 5. August, S. 1 und S. 3; KERSHAW, Hitler, Band I, S. 709; ADAM, Judenpolitik, S. 120; MOMMSEN, Realisierung, S. 387 f. Zu Einschätzungen und Eindämmungsversuchen von Seiten Staat/Partei vgl. exemplarisch: „Einladung von Wirtschaftsminister Hjalmar Schacht an den Reichsminister der Finanzen zu einer Chefbesprechung über die wirtschaftlichen Auswirkungen der ‚neuerdings wieder verstärkten Bekämpfung des Judentums' vom 17. August 1935", in: AKTEN DER PARTEI-KANZLEI, Teil I/2, Microfiche-Blatt 145, Microfiche-Nrn. 103 01542 f.; „Aufzeichnung über die Chefbesprechung im Reichswirtschaftsministerium am 20. August 1935 betreffend die Rückwirkungen der deutschen Judenpolitik auf die Wirtschaftslage, 21. August 1935", in: ebenda, Microfiche-Blatt 251, Microfiche-Nrn. 204 00561-204 00565.

Andererseits waren die willkürlichen Ausschreitungen wohl nicht allein in weiten Teilen der deutschen Bevölkerung, sondern auch innerhalb führender Wirtschaftskreise auf Ablehnung gestoßen und gefährdeten Ansehen der Regierung wie Stabilität des Systems, nicht zuletzt vor dem Hintergrund einer sich abzeichnenden Verknappung von Fleisch- und Fettvorräten. Peter Longerich weist auf generelle Stimmungsverschlechterungen in der deutschen Bevölkerung und auf eine weitgehende Interesselosigkeit am nationalsozialistischen Staat ab der zweiten Jahreshälfte 1934 hin, insofern könnte ein gewisser Bedarf für ablenkende Maßnahmen bestanden haben.[116]

Die Behandlung der Judenfrage in den ersten Jahren der nationalsozialistischen Herrschaft erscheint vor diesem Hintergrund als eine eigentümliche Kombination aus radauantisemitischen Straßenaktionen und legislativen Anschlußmaßnahmen. Da judenfeindliche Gewalttaten auf Grund des Rückhalts bei höchsten Stellen grundsätzlich ungesühnt blieben, entwickelte sich ein Prozeß der „kumulativen Radikalisierung".[117] Wie noch zu zeigen sein wird, ging dieses Verfahren wenig später in die antijüdischen Konzepte des „Sicherheitsdienstes der SS" (im folgenden auch SD) ein.

Auch in Berlin hatten radikale Parteikräfte seit Ende Juni 1935 starke Spannungen aufgebaut, welche die Polizei nicht unter Kontrolle brachte und die sich im Zusammenhang mit Demonstrationen gegen einen antisemitischen Film („Petterson und Bendel") am 15. Juli 1935 in pogromartigen Ausschreitungen gegen Juden und jüdische Geschäfte auf dem Kurfürstendamm entluden.[118]

Die Aktionen waren ursprünglich von Einheiten der Hitlerjugend ausgegangen und wurden dann weitläufiger auch von Erwachsenen unterstützt. Goebbels hatte am 30. Juni 1935 auf dem Gauparteitag seine Billigung signalisiert[119], „Der Angriff" vom 15. Juli forderte offen zu antisemitischer Gewalt auf. Ein ursächliches Einwirken des Berliner Gauleiters auf die Ereignisse erscheint also möglich[120], ist aber auf heutiger Quellengrundlage nicht nachweis-

---

[116] Vgl.: KERSHAW, Hitler, Band I, S. 725-731. Zu möglichen Aspekten der Remilitarisierung des Rheinlands 1936 als Ablenkungsmanöver Hitlers vgl.: ebenda, S. 725-743; LONGERICH, Politik, S. 70-74.

[117] MOMMSEN, Funktion, S. 185, MOMMSEN, Barbarei, S. 275; vgl. auch: HERBERT, Reichskristallnacht, S. 58 f. Peter Longerich hat die verschiedenen Aspekte der im Jahre 1935 radikalisierten Judenpolitik systematisiert. Neben den programmatisch-antisemitischen Gesichtspunkten sind für das Regime günstige Auswirkungen auf eine generelle legislative Erweiterung ihrer Machtbasis (Eingriffe in Privatsphäre und Wirtschaftsleben) und auf eine weitere Normierung der öffentlichen Meinung zu beachten. Durch paralleles Vorgehen gegen Kirche und Reaktion wurden gleichzeitig wichtige Schritte zur Festigung der innenpolitischen Stabilität der Regierung eingeleitet, vgl.: LONGERICH, Politik, S. 74-78.

[118] Vgl.: WILDT, Judenpolitik, S. 22; LONGERICH, Politik, S. 85 f.; GRUNER, Reichshauptstadt, S. 233. Zu einem Anschwellen der antisemitischen Terrorwelle im Reichsgebiet seit Anfang 1935 vgl.: LONGERICH, Politik, S. 78-85; GOEBBELS, Tagebücher, Band I/II, 29.4.1935, S. 488. Zu pogromartigen Ausschreitungen in München im Sommer 1935 vgl.: PÄTZOLD, Faschismus, S. 216-221. Zu einem generellen Ausufern „wilder Aktionen" im Hochsommer 1935 vgl.: ebenda, S. 226-233.

[119] Vgl.: „Der Angriff", 1. Juli 1935, zitiert nach: LONGERICH, Politik, S. 86.

[120] Barkai nimmt ein solches Einwirken an, vgl.: BARKAI, Boykott, S. 68.

bar. In seinen Aufzeichnungen erscheinen die Krawalle allerdings recht unspektakulär. Goebbels nutzte die Situation nebenbei insofern, als er bei Hitler die Absetzung des Berliner Polizeipräsidenten Magnus von Levetzow zu Gunsten seines alten Mitstreiters Graf Helldorf erwirken konnte.[121]

Mit Bedacht auf die Außenwirkungen war der Reichskanzler in dieser Phase jedenfalls bestrebt, willkürlichen Aktionismus einzudämmen. Er wiederholte daher vor führenden Persönlichkeiten der Partei am 15. September 1935 den Befehl, Einzelaktionen zu unterlassen[122] und gleichzeitig die Judenfrage formal auf einer legalen Grundlage insgesamt voranzubringen. Führende Mitglieder der Parteileitung hatten entsprechende Vorschläge an seine Adresse gerichtet. Der Chef des Sicherheitsdienstes, Reinhard Heydrich, beispielsweise hatte in einem Schreiben an die Reichskanzlei vom 16. Juli 1935 mit Bezug auf die Ausschreitungen abermalige Verschärfungen in der Judenpolitik befürwortet und sich dabei auf Forderungen der Bevölkerung berufen.[123] Mitte August 1935 präzisierte der Lagebericht des SD die hohe Bedeutung eindeutiger Gesetze für eine „Inangriffnahme des Judenproblems".[124]

Heydrich muß wohl als eine der wesentlichen Triebkräfte der staatlich organisierten Judenpolitik gelten, wahrscheinlich folgte er hierbei aber eher einem ehrgeizig-technokratischen Streben nach Effizienz als einer fanatischen Überzeugung. Ausarbeitungen des Judenreferates des SD zur Verstärkung der jüdischen Auswanderung bildeten seit Mai 1934 die Richtschnur seines Handelns.[125] Er unterbreitete in einer Chefbesprechung im Reichswirtschaftsministerium am 9. September 1935, an der auch Goebbels teilnahm, konkrete „Vorschläge zur Lösung des Judenproblems", in welcher die Grundzüge der „Nürnberger Gesetze" vorgezeichnet waren.[126]

Tatsächlich kamen die Gewaltmaßnahmen nach Verkündung von „Blutschutzgesetz" und „Reichsbürgergesetz" zunächst wieder zu relativer Ruhe.[127]

---

[121] Vgl.: KERSHAW, Hitler, Band I, S. 707; ADAM, Judenpolitik, S. 120; GOEBBELS, Tagebücher, Band I/II, 15.7.1935, S. 493 und 19.7.1935, S. 494; KERSHAW, Hitler, Band I, S. 707. Ivone Kirkpatrick spricht von einer Intrige gegen Levetzow, vgl.: KIRKPATRICK, S. 40 f.; hierzu auch: Anweisung vom 19. Juli 1935, in: PRESSEANWEISUNGEN, Band 3/I, S. 438 f. Zu weiteren judenfeindlichen Ausschreitungen im Juli und August 1935 in Berlin vgl.: GRUNER, Judenverfolgung Berlin, S. 35 f.

[122] Vgl.: „Rede vor führenden Persönlichkeiten der Partei, 15. September 1935", in: HITLER, Reden, Band I, S. 538 f. Wie Kershaw nachweist, war Hitler innerlich allerdings bei seiner radikalen Einstellung geblieben, vgl.: KERSHAW, Hitler, Band I, S. 717.

[123] Vgl.: WILDT, Judenpolitik, S. 22; JOCHMANN, Bevölkerung, S. 245 f. Zu Heydrich vgl.: DESCHNER, Heydrich, S. 98-112; DESCHNER, Statthalter.

[124] Vgl.: „Lagebericht des SD-Hauptamtes J I/6 (Juden) vom 17. August 1935", in: WILDT, Judenpolitik, S. 69 f.

[125] Vgl.: WILDT, Endlösung, S. 415-419; WILDT, Judenpolitik, S. 15 und „Memorandum des SD-Amtes IV/2 an Heydrich vom 24. Mai 1934", in: ebenda, S. 66-69. Zum Aufbau der „Judenreferate" in Heydrichs Organisation vgl.: DROBISCH, S. 232-247.

[126] Vgl.: „Heydrich an die Teilnehmer der Chefbesprechung im Reichswirtschaftsministerium, 9. September 1935", in: WILDT, Judenpolitik, S. 70-73; auch: ebenda, S. 23-25.

[127] Die Forschung geht teilweise von einer relativen Zustimmung in der deutschen Bevölkerung aus, vgl.: LONGERICH, Politik, S. 106-111; etwas kritischer urteilen David Bankier und Marlies Steinert, vgl.: BANKIER, Öffentliche Meinung, S. 57 f.; STEINERT, S. 105-111.

Mit unverkennbarer Genugtuung kommentierte Goebbels ihre Verabschiedung: „Dieser Tag war von besonderer Bedeutung. Das Judentum ist schwer geschlagen. Wir haben seit vielen hundert Jahren als Erste wieder den Mut gehabt, es auf die Hörner zu nehmen."[128]

Insgesamt war man sich der Brisanz der nunmehr juristisch abgesicherten Maßnahmen vollauf bewußt. Vor dem Hintergrund der erwähnten Anweisung Hitlers, Einzelaktionen zu unterlassen und mit entsprechendem Bedacht auf das Ausland, wies Goebbels wiederholt auf die Notwendigkeit einer möglichst unauffälligen Vorgehensweise hin, hierbei wandte er sich gegen vermeidbare Provokationen, insbesondere von Streichers Seite.[129] Den Gau- und Kreispropagandaleitern empfahl er in pragmatischer Beschränkung, keine Radikalisierung der antisemitischen Propaganda über die realisierbaren Möglichkeiten hinaus anzustreben, diese aber auszuschöpfen. Die Aufgabe bestehe nun darin, der deutschen Bevölkerung die neuen Judengesetze verständlich zu machen.[130] Gleichzeitig gab der Reichspropagandaleiter seinen Mitarbeitern zu verstehen, daß die „Nürnberger Gesetze" nur einen Anfang darstellten. Als beispielhaft beschrieb er die verschleiernde und hinhaltende Darstellung der neuen Gesetze durch Hitler. Im Tondokument wird deutlich, daß Goebbels in dieser Rede ohne pathetische Akzentuierungen auskommt, sein Tonfall ist vielmehr von gelassener Ironie gekennzeichnet.[131]

---

128 GOEBBELS, Tagebücher, Band I/II, 17.9.1935, S. 515.
129 Vgl.: „‚Stürmer' macht mir Sorge. Keiner will da heran. [...] Führer muß mir Vollmachten geben." Ebenda, 5.11.1935, S. 536; „Führer spricht [...] Verbot aller Ausschreitungen, vor allem in Judenfragen und Filmsachen. Ob es etwas nützt? Ich glaube es kaum. Die meisten Männer der n.s. Hago sind unbelehrbar. Es ist zum Weinen." Ebenda, 19.9.1935, S. 516; auch: ebenda, 21.9.1935, S. 517; „Und dann der Führer. In einer einzigartigen Rede. So hörte ich ihn noch nie. Fast prophetisch. [...] Klarheit in der Judenfrage. Keine ... [sic] der „Nichtarier". [...] Seine Rede eine einzige Absage an Rosenberg und Streicher." Ebenda, 25.9.1935, S. 518; Anweisung vom 26. November 1935, in: PRESSEANWEISUNGEN, Band 3/II, S. 794 f.
130 Vgl.: „Darum hat die Propaganda nicht nur aggressiv, sondern sie hat auch revolutionär zu sein. Sie muß sich der Mittel bedienen, die durchschlagend wirken. Und durchschlagend wirkt beim Volk immer das Extrem." „Wesen, Methoden und Ziele der Propaganda", 16. September 1935, in: GOEBBELS, Reden, Band I, S. 230-264, Zitatstelle S. 234.
131 Vgl.: „Wenn ich in der Propaganda zum Ausdruck bringe, die Juden haben überhaupt nichts mehr zu verlieren – ja, dann dürfen Sie sich nicht wundern, wenn sie kämpfen. Und würde ich sagen, die Kleriker haben gar nichts mehr zu verlieren, es gibt keinen Pardon: dann haben Sie die Kirchen eben grundsätzlich gegen sich, zu jeder Stunde, wenn Sie ihnen keine Chance mehr bieten. Man muß das immer eine lassen, wie zum Beispiel gestern in meisterhafter Weise der Führer das in seiner Rede getan hat: ‚Wir hoffen, daß mit diesen Judengesetzen nun die Möglichkeit besteht, ein erträgliches Verhältnis zwischen dem deutschen und dem jüdischen Volk herbeizuführen'. Das nenne ich geschickt, das ist gekonnt. Wenn man aber gleich dahinter gesagt hätte: So, das sind die heutigen Judengesetze, ihr sollt nun nicht glauben, daß das alles ist! Im nächsten Monat kommen die nächsten, und zwar so, bis ihr bettelarm wieder im Ghetto sitzt! Ja, dann dürfen Sie sich nicht wundern, wenn die Juden die ganze Welt gegen uns mobil machen. Wenn Sie ihnen aber eine Chance geben, eine geringe Lebensmöglichkeit, dann sagen sich die Juden: ‚Ha, wenn sie jetzt im Ausland wieder anfangen zu hetzen, dann wird es noch schlimmer, also Kinder, seid doch mal still, vielleicht geht's doch!' [Beifall, Gelächter] Und vor allem: die Juden laufen uns ja nicht weg. Ihr Vermögen ist auch da. Es ist ganz gut, wenn sie da sind. Es könnte einmal möglich sein, daß – in einer kommenden schwierigen Auseinandersetzung – sie uns als sehr gutes Faustpfand dienen können." JUDENVERFOLGUNG, Spur A, Stück

Eher verharmlosend äußerte sich der Reichsminister wohl auch seinem Adjutanten Friedrich Christian Prinz zu Schaumburg-Lippe gegenüber. Die „Nürnberger Gesetze" bezweckten nichts anderes, als eine weitere biologische Ausweitung des Judentums auf Kosten des deutschen Volkes zu verhindern. Im übrigen seien die Juden für die Nationalsozialisten Menschen wie alle anderen auch. Was man im Kampf um die Macht habe verlangen müssen, um gegen den Willen und die Methoden der Juden zur Regierung zu kommen, das müsse man jetzt, wo die Juden politisch doch fast ausgeschaltet seien, vorsichtig abbauen, denn in dieser Beziehung habe man das Ziel der Revolution erreicht. Alles Mehr wäre nur ein Weniger. Auch laufe man Gefahr, die Juden zu Märtyrern zu machen, und das wäre das Allerdümmste.[132]

Offensichtlich beschäftigte man sich innerhalb der Reichsleitung in der unmittelbaren Folgezeit des Parteitags bis Mitte November 1935 recht intensiv mit der praktischen Umsetzung der neuen Gesetze.[133] Goebbels ging davon aus, daß hierbei „eine absolut befriedigende Lösung unmöglich" sei und daher Kompromisse gemacht werden müßten.[134] Er will dabei für eine möglichst enge Auslegung der Bestimmungen eingetreten sein, seine Aufzeichnungen zeigen aber auch hier Hitler als treibende und bestimmende Kraft.[135]

Im Kielwasser der „Nürnberger Gesetze" erhielt auch die *Arisierung* der kulturellen Bereiche neue Impulse. Mit Wirkung vom 1. Oktober 1935 durften hauptsächlich für Juden bestimmte Zeitschriften nicht mehr öffentlich angeboten und verkauft werden.[136] Jüdische Kunst- und Antiquitätenhändler,

---

Nr. 5 (= Auszug aus: „Wesen, Methoden und Ziele der Propaganda", 16. September 1935, in: GOEBBELS, Reden, Band I, S. 230-264, Zitatstelle S. 249). Vgl. auch die fast wörtlichen Bezüge in einem Redeabschnitt vom Juni 1944 zur Vorgehensweise in der Judenfrage: „Großkundgebung anläßlich des Kreistages des Kreises Nürnberg-Stadt der NSDAP", 4. Juni 1944, in: GOEBBELS, Reden, Band II, S. 323-341, Zitatstelle S. 330.

[132] Vgl.: Goebbels, zitiert nach: OVEN, Goebbels, S. 123.
[133] Vgl.: LONGERICH, Politik, S. 112-115.
[134] Direktes und indirektes Zitat: GOEBBELS, Tagebücher, Band I/II, 7.11.1935, S. 537.
[135] Vgl. exemplarisch: „Judenfrage macht mir viel Sorge." Ebenda, 25.9.1935, S. 518; „Zum Führer Mittag. [...] Judenfrage noch immer nicht entschieden. Wir debattieren lange darüber, aber der Führer ist noch unentschlossen." Ebenda, 1.10.1935, S. 520; „Heß hat wieder Menge von Sorgen. Vor allem Judenfrage, an der wir alle noch herum... [sic]. Führer will jetzt Entscheidung. Kompromiß ist ohnehin nötig und absolut befriedigende Lösung unmöglich." Ebenda, 7.11.1935, S. 537; „Dr. Wagner und Dr. Groß: Ausführung Judengesetze. Ein Kompromiß, aber der bestmögliche. Vierteljuden zu uns herüber. Halbjuden nur in Ausnahme. In Gottes Namen, damit Ruhe kommt. Geschickt und unauffällig in die Presse lancieren. Nicht zuviel Geschrei darum machen. [...] Mittags Führer: Kulturfragen. Die Judengesetze. Nun ist die Entscheidung endgültig." Ebenda, 15.11.1935, S. 540. Zu Goebbels' Auseinandersetzung mit Walter Groß, Leiter des Aufklärungsamtes für Bevölkerungspolitik und Rassenpflege, vgl.: HÖVER, S. 164.
[136] Vgl.: [Max Amann] „Sauberkeit in allen Dingen", „Westfälische Landeszeitung" vom 11.9.1935, zitiert nach: WULF, Presse, S. 158-161. Der Staatsminister des Inneren, Wilhelm Frick, regte bei Goebbels eine generelle Erweiterung des Zeitschriftenverbotes auf das gesamte Schrifttum an, was dieser aber unter Hinweis auf unabdingbare wirtschaftliche Rücksichten abwies, vgl.: DIEHL, S. 79-86.

jüdische Besitzer von Lichtspieltheatern sowie jüdische Buchhändler wurden gezwungen, ihre Geschäfte bis zum 10. respektive 31. Dezember 1935 zu verkaufen. Dieser Prozeß aber wurde Ende 1935 etwas abgebremst, um die wirtschaftlichen Folgen und die Auswirkungen auf das internationale Ansehen des Reichs zu begrenzen. Reichswirtschaftsminister Hjalmar Schacht hatte sich bei Hitler wohl entsprechend beschwert, er hatte bereits im Zusammenhang mit der Terrorwelle wegen der unabsehbaren wirtschaftlichen Schäden protestiert.[137] Goebbels mußte am 22. Januar 1936 mit sofortiger Wirkung die Einstellung aller Maßnahmen zur Verdrängung von Juden aus kulturwirtschaftlichen Berufsständen anordnen. Trotzdem beschäftigte er sich weiterhin mit entsprechenden Maßnahmen, in gewisser Weise im verborgenen und aus eigenem Antrieb, wobei er den allmählichen Zerfall von Schachts Position ausnützte, den er selbst wohl nach Kräften förderte.[138]

Ab 1937 arbeitete Goebbels an einer systematischen *Arisierung* des Filmwesens[139], gewissermaßen rückwirkend sollten im Verleih befindliche Filme, in denen Juden zu sehen waren, verboten werden.[140] Insbesondere im Zusammenhang mit dem geplanten Ausschluß der Juden aus den Auslandsniederlassungen der Filmgesellschaften „Tobis" und „UFA" äußerte sich der Reichsminister skeptisch zu den erwarteten internationalen Auswirkungen. Dennoch entschloß er sich zur Durchführung. In seinen Aufzeichnungen vermeldete er immer wieder durchbrechende Erfolge in diesen Fragen, stets aber mußten Korrekturen nachgefügt werden.[141]

Die antijüdischen Maßnahmen in den Kultursektoren erreichten in den Monaten Oktober 1937 bis Februar 1938 einen Höhepunkt. In dieser Phase hatte sich innerhalb der Reichsleitung die Absicht konkretisiert, die Juden aus

---

137 Vgl.: KERSHAW, Hitler, Band I, S. 707; GENSCHEL, S. 105-113; BAJOHR, Arisierung, S. 13/Anm. 13. Schacht war von Goebbels in seinem „Buch Isidor" seinerzeit scharf angegangen worden, möglicherweise waren dementsprechend auch persönliche Aspekte gegeben, vgl.: GOEBBELS/ MJOELNIR, Isidor, S. 51. Zu Haltung und möglichen Verstrickungen Schachts in der Judenfrage vgl. ausführlich: FISCHER, Schacht, S. 104-222; JANSEN, S. 268-276; HOFER, Diktatur, S. 93.

138 Vgl.: REUTH, Goebbels, S. 333-336.

139 Vgl.: Rede „Deutscher Film aus deutschem Geist und deutscher Arbeit", 5. März 1937, in: ALBRECHT, S. 447-463; GOEBBELS, Tagebücher, Band I/4, 6.3.1937, S. 38/Z. 45-51, 7.3.1937, S. 38/Z. 2-4 und S. 39/Z. 23-25 und 8.3.1937, S. 40/Z. 8-18. Zu scharfer Kritik an Filmen jüdischer bzw. halbjüdischer Regisseure und entsprechenden Sabotagevorwürfen vgl.: ebenda, 28.4.1937, S. 114/Z. 50-52 und 29.4.1937, S. 114/Z. 1-6.

140 Vgl.: GOEBBELS, Tagebücher, Band I/4, 11.9.1937, S. 306/Z. 15 f. Zu Goebbels' weiterer Vorgehensweise im Bereich der Reichsmusikkammer vgl. exemplarisch: GOEBBELS, Tagebücher, Band I/5, 3.12.1937, S. 32/Z. 7 f., 13.1.1938, S. 95/Z. 9 f., 25.1.1938, S. 114/Z. 22-28, 26.1.1938, S. 115/Z. 16-21, 2.2.1938, S. 130/Z. 18 f., 9.2.1938, S. 144/Z. 39-41 und 18.5.1938, S. 306/ Z. 16 f.

141 Vgl.: GOEBBELS, Tagebücher, Band I/4, 9.5.1937, S. 130/Z. 6, 12.5.1937, S. 134/Z. 14-16 und 5.6.1937, S. 168/Z. 3-6. Mit generellem Bezug auf die Reichskulturkammer vgl.: ebenda, 30.6.1937, S. 202/Z. 3-5, 21.9.1937, S. 320/Z. 9 f. und 24.11.1937, S. 419/Z. 3; GOEBBELS, Tagebücher, Band I/5, 13.1.1938, S. 95/Z. 9 f. und 9.2.1938, S. 144/Z. 25-41. Mit Bezug auf den Filmexport vgl.: GOEBBELS, Tagebücher, Band I/4, 7.10.1937, S. 346/Z. 8 f.; GOEBBELS, Tagebücher, Band I/5, 9.2.1938, S. 144/Z. 33-38.

Deutschland und Europa herauszudrängen.[142] Goebbels konnte sich dabei engagierter Helfer gewiß sein. Exemplarisch für andere sei Hans Hinkel genannt[143], der maßgeblich dazu beitrug, die Pläne zur Verdrängung von Juden aus der „Reichskulturkammer" umzusetzen.[144]

Am Beispiel der Berliner „Scala" läßt sich die weitere parteipolitische Dynamik der Judenfrage in Kulturbreichen nachvollziehen: Die „Scala" gehörte neben „Wintergarten" und „Plaza" zu den erstklassigen Revuetheatern der Reichshauptstadt. Ursprünglich in jüdischem Besitz, war sie bereits 1933 verkauft worden. Dennoch hatte Julius Streicher Geschäftsführung, Programm- und Musikgestaltung von „jüdischem Geist durchzogen" gewähnt und auf diese Eindrücke in seinem Blatt aufmerksam gemacht.[145] Goebbels reagierte zunächst aufbrausend, notierte am 5. Juni 1937 aber plötzlich, die Vorwürfe seien zum großen Teil richtig, nun werde er gegen sie vorgehen.[146] Aus verständlichen Gründen mußte er zunächst bemüht sein, derartige Mißstände im Zentrum seines Gaugebiets zu verleugnen, eine Bereinigung durch Dritte aber war keinesfalls zu dulden. Offenbar hatte Antisemitismus hinsichtlich der latenten oder offenen internen Konkurrenzen und Konflikte weiterhin auch eine parteipolitische Dimension.

Im Tagebucheintrag vom 26. November 1937 taucht die Angelegenheit recht unvermittelt wieder auf: Die Arisierung der Scala sei eingeleitet, Hitler werde ihn dabei unterstützen. Tatsächlich fand noch am selben Tag eine entsprechende Unterredung statt: Die Scala sei bis 1. Januar mit allen Mitteln zu arisieren. Das werde auch geschehen. Weiterhin habe Goebbels den Auftrag erhalten, einen Gesetzentwurf vorzubereiten, der Juden den Zutritt zu Theater- und Kulturveranstaltungen verwehren solle. Das tue er gerne.[147] Dieser Entwurf war bald fertiggestellt[148], seine Verwirklichung erfolgte etwa ein Jahr später im Rahmen der scharfen Folgeverordnungen der „Reichskristallnacht". Für den Propagandaminister bedeutete eine ausdrücklich sanktionier-

---

[142] Am 30. November 1937 nahm Goebbels Bezug auf eine weitere Besprechung mit Hitler: Man habe lange über die Judenfrage diskutiert, das neue Gesetz sei bald fertig, dies aber sei nicht das eigentliche Ziel. „Die Juden müssen aus Deutschland, ja aus ganz Europa heraus. Das dauert noch eine Zeit, aber geschehen wird und muß das. Der Führer ist fest entschlossen dazu." GOEBBELS, Tagebücher, Band I/4, 30.11.1937, S. 429/Z. 23-26.

[143] Hans Hinkel, Geschäftsführer der Reichskulturkammer, seit Sommer 1935 innerhalb des RMVP Leiter des „Sonderreferates zur Überwachung der geistig und kulturell tätigen Juden", seit Frühjahr 1936 Leiter des „Generalreferates zur Überwachung der kulturellen Betätigung der Nichtarier im Reichsgebiet", vgl.: ADG, 28.7.1933, Nr. 954/K; WULF, Literatur, S. 454-483. Zu Hans Hinkel vgl.: DIEHL, S. 101-120.

[144] Vgl.: GOEBBELS, Tagebücher, Band I/5, 25.11.1937, S. 70/Z. 10-12. Zu organisatorischen Irrwegen und Pannen vgl. exemplarisch: „Hinkel zieht sich auf seine Judenarbeit zurück. Er ist ganz resigniert. Die Arisierung der Kulturunternehmen hat er zu groß aufgezogen. Mit 90000 Fragebogen. Ich stoppe das ab." Ebenda, 10.2.1938, S. 146/Z. 21-23.

[145] Vgl.: REUTH, Tagebücher, Band 3, S. 1078/Anm. 65.

[146] Vgl.: GOEBBELS, Tagebücher, Band I/4, 9.5.1937, S. 130/Z. 3-5, 12.5.1937, S. 134/Z. 13 f., 27.5.1937, S. 153/Z. 43-45, 2.6.1937, S. 163/Z. 20 f. und 5.6.1937, S. 169/Z. 12 f.

[147] Vgl.: ebenda, 26.11.1937, S. 422/Z. 17 und S. 423/Z. 32-34.

[148] Der Entwurf des Referenten Hilleke findet sich in: AKTEN DER PARTEI-KANZLEI, Teil I/2, Microfiche-Blatt 245, Microfiche-Nrn. 132 02418-132 02421.

te Vorgehensweise die Sicherung seiner Kontaktposition zu Hitler sowie eine gewisse Abschirmung gegen internen Konkurrenzdruck und Kritik.[149] Seine Maßnahmen zur Verdrängung der Juden aus den Kultursektoren waren durchaus nicht unumstritten, insbesondere Schacht kritisierte weiterhin, wenngleich mit schwindendem politischem Gewicht, die wirtschaftlichen Folgen.[150]

Am 2. Dezember 1937 meldete Goebbels lapidar: „Judengesetz fertig. Kurz und richtig. Muß Führer genehmigen."[151] Diese Genehmigung erteilte Hitler, wohl besorgt um mögliche negative Auswirkungen auf die in- und ausländische Öffentlichkeit, dann aber doch nicht; er bestimmte, die Juden etwas unspektakulärer durch Polizeiverordnungen aus den Kulturveranstaltungen auszuschließen, ferner sollten nun alle kulturellen Einrichtungen *arisiert* werden.[152] Damit war das *Arisierungsprogramm* nach der besprochenen Verzögerung 1935 wieder offiziell in Gang gebracht. Hierbei aber stieß man zunächst offenbar an erhebliche juristische Barrieren, die sich aber schließlich, unter Anwendung von Druck, als umgehbar erwiesen. Nach Sicherung des Rückhalts bei Hitler konnte Goebbels energisch vorgehen.[153] Am 4. Februar 1938 meldete er in seinen Aufzeichnungen entsprechend auch den Abschluß des Scala-Projekts.[154]

Parallel zur *Arisierung* des Kulturbereichs leitete der Propagandaminister im wesentlichen ab 1938 eine sogenannte *Germanisierung* von Bühne und Film ein, indem er ausländischen Darstellern entsprechende Zugänge weitgehend verbaute und schließlich darauf hinwirkte, sie zu Gunsten von deutschen Kollegen auch aus besetzten Rollen zu verdrängen.[155] Außerdem verfügte er, daß ausländische Kunstausstellungen im Reich seiner Erlaubnis bedürfen sollten, somit sicherte er eine Kontrolle des Kunst-Imports.[156]

Die juristische Behandlung der Judenfrage war bis 1937/38 in ein Stadium gebracht, in welchem immer weitere Teilbereiche jüdischen Lebens reglementiert wurden, mit dem Ziel, dieses in Deutschland zu erschweren. Eine weitreichende Steuerung der Berufsmöglichkeiten, zunächst ergänzt durch Einschränkungen auf den Gebieten der Kultur, fand nun Vervollständigung durch Vorschriften des Privatlebens.

---

[149] Hitler entschied auch in heiklen Details, beispielsweise in der Frage, was mit „Arierinnen" in der Reichskulturkammer zu geschehen habe, die „mit Juden ein rassenschänderisches Verhältnis haben. Führer entscheidet: nichts. Nur der Mann soll in jedem Falle, und zwar auf das Schwerste verantwortlich gemacht werden." GOEBBELS, Tagebücher, Band I/5, 27.7.1938, S. 396/Z. 17-19.

[150] Vgl. exemplarisch: „Mit dem Führer Mittag. Ich erzähle ihm von Schachts Forderung. Er ist wütend." GOEBBELS, Tagebücher, Band I/4, 10.9.1937, S. 304/Z. 18 f.

[151] GOEBBELS, Tagebücher, Band I/5, 2.12.1937, S. 30/Z. 6.

[152] Vgl.: ebenda, 3.12.1937, S. 33/Z. 19-22.

[153] Vgl.: ebenda, 9.12.1937, S. 42/Z. 4 f., 15.12.1937, S. 53/Z. 12-16, 16.12.1937, S. 55/Z. 6 f., 17.12.1937, S. 56/Z. 7-10, 18.12.1937, S. 58/Z. 11 f. und 7.1.1938, S. 86/Z. 21 f.

[154] Vgl.: ebenda, 4.2.1937, S. 134/Z. 7.

[155] Vgl.: ebenda, 8.1.1938, S. 87/Z. 11-13, 11.1.1938, S. 91/Z. 25-28 und 19.1.1938, S. 105/Z. 40 f.

[156] Vgl.: ebenda, 30.12.1937, S. 76/Z. 11 f.

ANTISEMITISCH-ANTIBOLSCHEWISTISCHE ASPEKTE NATIONALSOZIALISTISCHER AUSSENPOLITIK DER VORKRIEGSZEIT

Im außenpolitischen Bereich steuerte Hitler die Reichspolitik etwa seit Herbst 1935 allmählich auf einen offenen Konfrontationskurs mit der Sowjetunion, im Mittelpunkt der Darlegungen für seine Gefolgsleute standen hierbei oftmals die angenommen-immanenten antisemitischen Zusammenhänge.[157] Die innenpolitische Krise in Frankreich, dort hatte sich eine linke Volksfront-Regierung unter Leitung des jüdischen Ministerpräsidenten Léon Blum gebildet, und der Bürgerkrieg in Spanien lieferten hierzu ab 1936 offensichtlich entsprechend frische Impulse. Hitler sah Spanien in akuter Gefahr, dort half man ja auch in mancherlei Hinsicht, Frankreich schien bereits verloren und Deutschland damit von Umklammerung bedroht.[158] Vor diesem Hintergrund setzte man sich mit Wahrscheinlichkeit und Bedingungen einer militärischen Konfrontation zwischen Deutschland und der Sowjetunion auseinander, auf die der Reichskanzler wohl bereits zusteuerte.[159]

Für Goebbels ergaben sich entsprechende Aufgaben im Bereich der Auslands- wie auch der Inlandspropaganda, wobei antisemitische Gesichtspunkte, verschmolzen mit antibolschewistischen, in Konzept und Ausführung zum Tragen kamen. Eine dementsprechende Instrumentalisierung läßt sich im Zusammenhang mit der Unterstützung der Propagandafront in Spanien nachweisen, gewissermaßen vorausdeutend auf die Vorgehensweise im Zweiten Weltkrieg, und wurde auch auf die Agitation im Reich übertragen.[160]

---

[157] Vgl.: „[Hitler] spricht noch über Juden- und Bolschewistengefahr. Er wird sie in Deutschland niederhalten. Mag die Welt tuen was sie will." GOEBBELS, Tagebücher, Band I/3,II, 22.7.1936, S. 137/Z. 13-15.

[158] Vgl.: ebenda, 9.6.1936, S. 101/Z. 16-19, 18.8.1936, S. 162/Z. 5, 22.8.1936, S. 165/Z. 6-8, 6.11.1936, S. 240/Z. 26-31, 17.1.1937, S. 332/Z. 12-15, 19.1.1937, S. 334/Z. 13 und 20.2.1937, S. 383/Z. 54-56; GOEBBELS, Tagebücher, Band I/4, 4.3.1937, S. 34/Z. 15-18 und 11.3.1937, S. 46/Z. 48 f. Zur deutschen Beteiligung am Spanischen Bürgerkrieg vgl.: JACOBSEN, Außenpolitik, S. 421-424.

[159] Vgl.: „Zum Kampf gegen Bolschewismus. [...] Moskau hat er ganz scharf auf [sic] Korn genommen. Für Frankreich sieht er sehr schwarz. Wird wohl bolschewistisch werden. Das ist dann unsere große Stunde. Dann müssen wir fertig sein. Also aufrüsten." GOEBBELS, Tagebücher, Band I/3,II, 21.10.1936, S. 219/Z. 22-25; „Führer hält 3 stündigen Vortrag über die Lage. Gefahr des Bolschewismus aufgezeigt. Europa ist bereits in 2 Lager aufgeteilt. Wir können nicht mehr zurück [...] In Frankreich Gefahr im Verzuge. Deutschland kann nur wünschen, daß Krise vertagt wird, bis wir fertig sind. Wenn sie kommt, dann zugreifen [...] Aufrüsten, das Geld darf keine Rolle spielen. Denn in der Krise entscheiden die Waffen, nicht gedeckte oder ungedeckte Wechsel." Ebenda, 2.12.1936, S. 272 f./Z. 30-42; „Dieses Land [Frankreich] taumelt von Krise zu Krise in den Abgrund. Wir müssen aufpassen, daß diese Krankheit nicht zu uns herüberschlägt. Das ist die Gefahr!" Ebenda, 31.12.1936, S. 310/Z. 29-31.

[160] Vgl.: „Wir lassen deutsche antibolschewistische Spielfilme auf Spanisch synchronisieren. Ich werde auch noch Geld in die Propaganda dort stecken. Hauptprobleme, die dabei zu behandeln sind: Volks- nicht Militärstaat, Antisemitismus und Antibolschewismus. Darauf konsequent herumreiten." Ebenda, 7.11.1936, S. 242/Z. 28-34. Vgl. auch: BRAMSTED, S. 508 f.; MICHELS, S. 248-290; SYWOTTECK, S. 104-120. Zu Hauptlinien des Rußlandbildes in der NS-Propaganda 1933-1941 vgl.: WETTE, Rußlandbild, S. 62 f.; BRAMSTED, S. 499. Zum Aspekt eines gewissen Abbaus

Wie bereits im Vorjahr angesichts des VII. Weltkongresses der „Kommunistische Internationale" in Moskau[161] erhielt auch der nationalsozialistische Parteitag 1936 eine spezielle antibolschewistische Ausrichtung. Hitler plante nun nachweislich, die UdSSR durch gezielte Provokation zum Abbruch der diplomatischen Beziehungen zu bringen. Hierzu hatte er bei Goebbels schon im Juli 1936 eine scharfe Parteitagsrede bestellt.[162]

In sein entsprechendes Referat („Bolschewismus in Theorie und Praxis") mischte der Propagandaminister zugkräftige antisemitische Komponenten: Ausgehend von einer polemischen Darstellung der ursächlichen Verflechtung von Judentum und Bolschewismus[163] und den daraus zwangsläufig resultierenden innenpolitischen Folgen für die betroffenen Staaten, postulierte Goebbels unter anderem in drastischer Weise eine dramatische militärische Bedrohung Mitteleuropas durch die Aufrüstung der Roten Armee.[164] Er behauptete, das Deutsche Reich sei einer besonderen Gefahr ausgesetzt, da sich das bolschewistische Judentum im Versuch, die Welt hinsichtlich seiner zerstörerischen Absichten zu täuschen, von den Nationalsozialisten entlarvt wisse.[165] Veranschaulichend gab er die Minutenzeiten an, die sowjetische Bomber, von tschechischem Territorium startend, benötigen würden, um deutsche Großstädte zu erreichen. Goebbels schloß mit einem Aufruf an „Die Völker der Erde [...], sich gegen diese Gefahr zusammenzuschließen, wenn anders sie nicht in den Strudel eines furchtbaren und unabsehbaren Verhängnisses hineingezogen werden [wollten]".[166] Hitler war wohl mit dem gelieferten Produkt sehr zufrieden, immerhin hatte er die Rede auch vorab redigiert[167], sein Lob jedenfalls war Goebbels Elixier.[168]

---

sozialer Unzufriedenheit durch Aufzeigen bolschewistischer Verhältnisse als negatives Gegenbild zum nationalsozialistischen Deutschland vgl.: SYWOTTECK, S. 110-115.

[161] Vgl.: WETTE, Rußlandbild, S. 63; „Ich arbeite schon an meiner Parteitagrede. Aufdeckung des Weltbolschewismus und seiner Methoden." GOEBBELS, Tagebücher, Band I/II, 19.8.1935, S. 504. Die Rede steht in sehr scharf antibolschewistischem Tenor; zu antisemitischen Elementen in der Rede, die hauptsächlich noch einmal die Verbindungen zwischen Judentum und Bolschewismus hervorheben, vgl.: GOEBBELS, Kommunismus, S. 5, S. 24-28; BRAMSTED, S. 500 f.; REUTH, Goebbels, S. 331.

[162] Vgl.: „Der nächste Parteitag geht wieder gegen die Bolschewisten, ich werde diesmal eine besonders große Aufgabe bekommen." GOEBBELS, Tagebücher, Band I/3,II, 17.7.1936, S. 132 f./Z. 12-14; „Lange Unterredung mit dem Führer. Er will ganz scharf gegen den Bolschewismus losgehen. Wünscht, daß Moskau diplom. Beziehungen zu uns abbricht. Meine Rede findet Führer klassisch gut. Bin sehr glücklich darüber." Ebenda, 9.9.1936, S. 178/Z. 10-13. Vgl. auch: BRAMSTED, S. 237 f. Zu flankierenden Propagandaanweisungen wie –maßnahmen vgl.: JACOBSEN, Außenpolitik, S. 457-460.

[163] Vgl.: GOEBBELS, Bolschewismus, S. 3-8 und S. 11-13.

[164] Vgl.: ebenda, S. 15-30.

[165] Vgl.: ebenda, S. 9 f.

[166] Ebenda, S. 28.

[167] Vgl.: GOEBBELS, Tagebücher, Band I/3,II, 4.9.1936, S. 174/Z. 5-8; JACOBSEN, Außenpolitik, S. 460.

[168] Vgl.: „Führer ruft an. Vor Begeisterung über meine Nürnberger Rede. Er hält sie für die beste, die er seit seit [sic] zwei Jahren gelesen [sic]. Er ist ganz hingerissen. Und wie mich das freut." GOEBBELS, Tagebücher, Band I/3,II, 8.9.1936, S. 178/Z. 34-36. Zum Parteitag vgl. auch: ADG, 10.9.1936, Nr. 2719/B und Nr. 2719/F. Zur Wahrnehmung ausländischer Reaktionen

Der scharf antibolschewistische Propagandakurs wurde zunächst bis zum Frühjahr 1939 beibehalten. Auch die Parteitage der Jahre 1937 und 1938 waren dementsprechend akzentuiert[169]. Ende 1937 erging ein Erlaß hinsichtlich spezieller Richtlinien für die Gestaltung antibolschewistischer Propaganda[170], ab August 1938 erfolgten in der „antibolschewistischen Aufgabe" Abstimmungen zwischen Goebbels und Heydrich.[171]

In bezug auf die antibolschewistische Politik erscheinen tatsächliche und dargestellte Haltung des Propagandaministers eng verzahnt und kaum zu trennen, mit hoher Wahrscheinlichkeit bestanden weitreichende Überschneidungen. Die Tagebuchaufzeichnungen deuten darauf hin, daß sich Goebbels mit Hitlers entsprechendem Sendungsbewußtsein mittlerweile persönlich identifizierte.[172] Er verschaffte sich in dieser Angelegenheit weitere bestätigende und aufreizende Impulse, insbesondere die Rezeption entsprechender Literatur führte, wie schon in seinen Studienjahren, manchmal zu völligen Entgleisungen.[173]

Vor diesem Hintergrund erscheinen auch die antisemitischen Einstellungen von Goebbels weiterhin glaubhaft vorhanden. Sie blieben einerseits begrün-

---

auf das Parteitagsreferat vgl.: „Zeitungen gelesen. Ganz großes Echo meiner Rede [Parteitag]. Die französ. und russische Presse schäumt. Die englische ist sehr nachdenklich geworden. Das wollte ich. Die deutsche kommentiert glänzend." GOEBBELS, Tagebücher, Band I/3,II, 12.9.1936, S. 180/Z. 5-7; „Mittags beim Führer. Das laufende besprochen. Die nächsten Aktionen." Ebenda, 20.9.1936, S. 188/Z. 7.

[169] Zu antisemitischen Komponenten im Parteitagsreferat 1937 vgl. exemplarisch: GOEBBELS, Wahrheit, S. 4 f. und S. 10; GOEBBELS, Tagebücher, Band I/4, 24.8.1937, S. 278/Z. 22-24, 7.9.1937, S. 299/Z. 20-23, 8.9.1937, S. 300/Z. 17-20, 9.9.1937, S. 303/Z. 51-53 und 11.9.1937, S. 306/Z. 20-25.

[170] Vgl.: JACOBSEN, Außenpolitik, S. 457.

[171] Vgl.: „Mit Heyderich [sic] Zusammenarbeit in der antibolschewistischen Aufgabe festgelegt." GOEBBELS, Tagebücher, Band I/6, 5.8.1938, S. 34/Z. 20 f.; „Parteitag wird wieder unter die Parole Antibolschewismus gestellt." Ebenda, 9.8.1938, S. 38/Z. 8.

[172] Vgl.: „Das ist die Gefahr, die wir einmal niederschlagen müssen." GOEBBELS, Tagebücher, Band I/4, 10.7.1937, S. 214/Z. 34-37.

[173] Vgl. exemplarisch: „Ich lese mit Entsetzen Solonewitsch 2. Teil ‚die Verlorenen'. Das ist in Rußland die Hölle auf Erden. Ausradieren! Muß weg!" Ebenda, 14.10.1937, S. 358/Z. 2-4; „Die Verlorenen' weitergelesen. Es ist furchtbar, furchtbar, furchtbar! Wir wollen diese Pest von Europa abwehren." Ebenda, 22.10.1937, S. 371/Z. 55 f.; [Bezug auf „Fabrik des neuen Menschen"] „Bolschewismus muß an die Wand gequetscht werden. Wie eine Spinne. Es darf nichts davon übrig bleiben. Garnichts! Das ist unsere europäische Mission!" GOEBBELS, Tagebücher, Band I/3,II, 8.6.1936, S. 100/Z. 2-5. Vgl. dementsprechend: GOEBBELS, Tagebücher, Band I/II, 23.8.1935, S. 506; GOEBBELS, Tagebücher, Band I/3,II, 18.11.1936, S. 256/Z. 20-23 und 27.11.1936, S. 265/Z. 3-5; GOEBBELS, Tagebücher, Band I/4, 27.10.1937, S. 376/Z. 2-4; „General Schindler erzählt mir von Polen und einer Reise durch Rußland. Fürchterliche Zustände. [...] ‚Das Paradies'. Das haben wir in Deutschland verhindert." GOEBBELS, Tagebücher, Band I/II, 21.11.1935, S. 542. Vgl. dementsprechend: SCHAUMBURG-LIPPE, S. 178 f. Die fortschreitende Ausbreitung der bolschewistischen Ideologie nach China (vgl.: GOEBBELS, Tagebücher, Band I/4, 17.9.1937, S. 316/Z. 23-25) schien die schwebende Gefahr für Europa zu bestätigen. Mit schneidender Schärfe kommentierte Goebbels die innenpolitischen Vorgänge in der Sowjetunion, vgl.: ebenda, 10.7.1937, S. 214/Z. 34-37; GOEBBELS, Tagebücher, Band I/5, 1.1.1938, S. 79/Z. 22, 4.1.1938, S. 82/Z. 24, 5.1.1938, S. 83/Z. 22 f., 6.1.1938, S. 85/Z. 41 f. und 7.1.1938, S. 86/Z. 33 f.

det auf einer Einschätzung globaler Zersetzungstätigkeit[174] und insbesondere
international jüdischer Verschwörung gegen das nationalsozialistische
Deutschland, nunmehr unter besonderer Betrachtung der Verbindungen zu
Ideologie, Politik und Repräsentanten des Bolschewismus[175], andererseits bestanden auch weiterhin persönliche Idiosynkrasien.[176]

Im Herbst 1936 verleitete eine Publikation zur Ermordung von Wilhelm
Gustloff, dem NS-Landesgruppenleiter der Schweiz, Goebbels zu einer ausgesprochen scharfen Entgleisung, in der er eine physische Vernichtung der Juden
forderte und sich selbst wieder ausdrücklich als Antisemiten bezeichnete.[177] Der

---

174 Vgl. exemplarisch, mit Bezug auf eine Streikwelle in USA: „Dieses Land wird noch viele schwere Tage erleben. Die Juden sind auch sein Unglück." GOEBBELS, Tagebücher, Band I/4, 4.4.1937,
S. 79/Z. 25 f.; „Die Hetze der Juden in Amerika übersteigt augenblicklich alles Maß." Ebenda,
15.4.1937, S. 95/Z. 18-23; dementsprechend: ebenda, 3.5.1937, S. 121/Z. 9 f.

175 Zum Aspekt des Nationalsozialismus als Opfer konzertierter internationaler jüdischer Kampagnen vgl.: „Hier arbeiten sie Hand in Hand: Kirche, Freimaurerei, Marxismus, Demokratie
und Judentum. Gegen die verfluchten Nazis. Eine edle Kumpanei!" Ebenda, 31.3.1937, S. 73/Z.
4-6; „Ärger, Verdruß und Arbeit. Die Auslandspresse faselt von einem Flugblatt einer ominö-
sen ‚Freiheitspartei'. Das geschieht alles wie auf Kommando. Also eine richtige Judenmache."
Ebenda, 13.4.1937, S. 90/Z. 3 f. Zu Goebbels Einschätzung von Juden als Gegenspieler und
Unterminierer, beispielsweise im Zusammenhang mit der durch einen Juden vermittelten russischen Bestellung von Kriegsschiffen in USA vgl.: ebenda, 10.8.1937, S. 257/Z. 34 f.; mit Bezug auf die USA vgl.: ebenda, 11.4.1937, S. 88/Z. 18-20; „Der New Yorker Oberbürgermeister,
der Jude Luagardia [recte: Fiorello H. La Guardia] hat gemein gegen Deutschland und den Führer gesprochen. Und ich habe dagegen nun hart die deutsche Presse losgelassen." Ebenda,
6.3.1937, S. 37/Z. 11-14; auch: ebenda, 7.3.1937, S. 38/Z. 5 f. Zu späterer Polemik gegen La
Guardia vgl.: GOEBBELS, Tagebücher, Band II/8, 27.4.1943, S. 172/Z. 146-151; GOEBBELS, Tagebücher, Band II/14, 13.12.1944, S. 405/Z. 93-100; mit Bezug auf die österreichische Presse
(„Judenpresse" bzw. „Judenblätter") vgl.: GOEBBELS, Tagebücher, Band I/4, 19.3.1937, S. 59/Z.
41-43 und 21.3.1937, S. 62/Z. 12-14. Selbst im Sportsektor sah Goebbels eine systematisch ar-
beitende jüdische Opposition: „Juden suchen wieder Schmelings Kampf zu sabotieren." GOEB-
BELS, Tagebücher, Band I/5, 18.5.1938, S. 306/Z. 8-11; hierzu: BRAMSTED, S. 499.

176 Vgl.: „Spaziergang Kurfürstendamm. Freche Juden!" GOEBBELS, Tagebücher, Band I/II,
15.8.1935, S. 502; „Abends Filme: ein jüdischer über das Palästinawerk. Obwohl von Juden und
Zionisten gemacht, wirkt er sehr stark antisemitisch." GOEBBELS, Tagebücher, Band I/3,II,
16.9.1936, S. 184/Z. 18 f.; „Hier [Bezug auf Knut Hamsun] hat das Judentum seine Spuren ge-
zeichnet." Ebenda, 4.1.1937, S. 315/Z. 5-7; „Gautag. [...] Meine große Rede ist ganz auf Kampf
eingestellt. Gegen Kulturkampf, Judentum und Stänkerer." GOEBBELS, Tagebücher, Band I/II,
5.8.1935, S. 499; dementsprechend: GOEBBELS, Tagebücher, Band I/3,II, 23.1.1937, S. 340/Z.
18-26; „Moskau hat 10 Deutsche ohne Grund ausgewiesen. Ein freches Judenpack!" Ebenda,
27.2.1937, S. 396/Z. 52 f. Zur Unterscheidung von Idiosynkrasie und Paranoia vgl.: RENSMANN,
S. 10/Anm. 20.

177 Vgl.: „Emil Ludwig ‚Der Mord in Davos', ein gemeines, echt jüdisches Machwerk zur Verherr-
lichung des [...] Frankfurter, der Gustloff erschossen hat. Da kann man Antisemit werden, wenn
man es nicht schon wäre. Diese Judenpest muß ausradiert werden. Ganz und gar. Davon darf
nichts übrig bleiben." GOEBBELS, Tagebücher, Band I/3,II, 6.11.1936, S. 240 f./Z. 51-55. Hinsichtlich der von Goebbels eingeleiteten Kampagne zum Gustloff-Mord und der außenpolitischen Gesichtspunkte vgl.: MICHELS, S. 133-143. Von höchster Ebene erging eine streng vertrauliche Anordnung, derzufolge jegliche antisemitische Einzelaktionen infolge des Attentats
unterbleiben müßten, vgl.: „Anordnung Nr. 17/36 vom 5. Februar 1936, betr.: Verhütung von
Ausschreitungen aus Anlass der Ermordung des Landesgruppenleiters der Schweiz der
NSDAP, Pg. Gustloff, 5. Februar 1936", in: AKTEN DER PARTEI-KANZLEI, Teil I/2, Microfiche-
Blatt 304, Microfiche-Nrn. 80100495 f.

Propagandaminister betrachtete dieses Buch als ein typisches Beispiel für die Vorgehensweise jüdischer Intellektueller, die er bereits in den zwanziger Jahren erkannt zu haben glaubte, nämlich die Umdeutung und völlige Verkehrung von Fakten, um die Öffentlichkeit für die vermeintlich verfolgten destruktiven Ziele zu blenden.[178]

Die angenommenen vielfältigen Verflechtungen zwischen *internationalem Judentum* und Bolschewismus beziehungsweise den Westdemokratien schienen im Spanienkonflikt überdeutlich.[179] Dahingehend berichtete auch Joachim von Ribbentrop, inoffizieller Gesandter Hitlers in London, von einer jüdischen Einflußnahme auf die britische Politik.[180] Dementsprechend hatte Goebbels dann auch sein Parteitagsreferat 1937 („Die Wahrheit über Spanien") gestaltet: Adolf Hitler habe eine neue Weltmission übernommen, um den Weltfeind Nr. 1 einmal endgültig zu Boden zu werfen.[181]

Gewissermaßen unter außenpolitischer Interpretation seiner Aufgaben bemühte sich der Propagandaminister darum, Italien und einige osteuropäische Regierungen für Elemente der nationalsozialistischen Weltanschauung zu begeistern, wohl in der Absicht, ideologische Stützpunkte im Süden und Osten Europas als Gegengewichte gegen die Westmächte aufzubauen. Auch seine außenpolitische Arbeit kreiste hierbei stets elliptisch um die beiden Brennpunkte Antisemitismus und Antibolschewismus. Goebbels gab ausländischen Journalisten Interviews, verfaßte eigene Artikel und unterhielt sogar diplomatische Kontakte zu ausländischen Regierungsmitgliedern oder Oppositionellen.[182] In diesem Zusammenhang ließ sich der Propagandaminister von seinen Aus-

---

[178] Zum Gustloff-Prozeß vgl.: „„Gustloff-Prozeß angefangen. 18 Jahre Zuchthaus beantragt. Der Mörder ist frech und arrogant. Die Weltjudenheit sucht ihn – wie immer in solchen Fällen – zum Märtyrer zu machen. Aber wir sind auch nicht untätig." GOEBBELS, Tagebücher, Band I/3,II, 10.12.1936, S. 284/Z. 2-4; „Gustloff-Prozeß geht weiter. Der Jude Frankfurter wird auch noch frech. Den müßten wir haben." Ebenda, 11.12.1936, S. 286/Z. 10 f.; „Die Juden erleiden eine Schlappe." Ebenda, 12.12.1936, S. 287/Z. 9-11. Zur entsprechend antisemitischen Propaganda vgl. auch: DIEWERGE, Gustloff, S. 74-79 und S. 111-113; DIEWERGE, Jude, S. 83-102.

[179] Vgl.: „England schickt Schiffe nach Spanien. Krach um die Blockade. Die Engländer sind von allen guten Geistern verlassen. Sie segeln ganz im Fahrwasser der Juden." GOEBBELS, Tagebücher, Band I/3,II, 27.11.1936, S. 266/Z. 8-10; hierzu auch: „Der Insulaner und die Spanierfrage", 4. März 1939, in: GOEBBELS, Zeit ohne Beispiel, S. 48-55, Zitatstelle S. 49 („Moskau [...] schickt 3000 Agitatoren nach Spanien, die zum überwiegenden Teil Juden sind.").

[180] „Ribbentrop Kaiserhof: er erzählt von London. Viel Judenmache." GOEBBELS, Tagebücher, Band I/3,II, 25.11.1936, S. 264/Z. 32. Zur Einschätzung einer Steuerung der englischen Medien durch Juden vgl. auch: ebenda, 23.1.1937, S. 340/Z. 24.

[181] Vgl.: „Dr. Goebbels enthüllt die dunklen Pläne des Bolschewismus. Die Wahrheit über Spanien. Eine großangelegte Rede auf dem Parteikongreß", in: VÖLKISCHER BEOBACHTER, 50 (1937), 253. Ausgabe, 10. September, S. 6; JACOBSEN, Außenpolitik, S. 460.

[182] Vgl. exemplarisch zu Italien: GOEBBELS, Tagebücher, Band I/5, 16.7.1938, S. 382/Z. 5-9. Zu einem generellen Einschwenken Roms auf den rassenpolitischen Kurs der Nationalsozialisten vgl.: GOEBBELS, Tagebücher, Band I/6, 5.8.1938, S. 33/Z. 12-15, 7.8.1938, S. 37/Z. 11 f., 8.10.1938, S. 135/Z. 18-22 und 20.10.1938, S. 152/Z. 7-9. Dementsprechend zu Ungarn vgl.: GOEBBELS, Tagebücher, Band I/3,II, 11.12.1936, S. 286/Z. 12-15 und 27.2.1937, S. 395/Z. 24 f.; GOEBBELS, Tagebücher, Band I/5, 6.1.1938, S. 84/Z. 23-25; GOEBBELS, Tagebücher, Band I/6, 18.8.1938, S. 47/Z. 28-32 und 24.8.1938, S. 55 f./Z. 16-22. Zu Rumänien vgl.: GOEBBELS, Tagebücher, Band I/5, 2.2.1938, S. 131/Z. 55 f.

landsmitarbeitern regelmäßig über den Stand der antisemitischen Einstellung der Bevölkerungen berichten und unterstützte teilweise aktiv mit judenfeindlichem Propagandamaterial.[183] Wahrgenommene Anzeichen auf Divergenzen innerhalb der Westmächte bestärkten Goebbels in dieser Vorgehensweise, ein Verhaltensmuster, das insbesondere in den letzten Kriegsjahren Wiederaufnahme fand.[184] Antisemitische Einstellung und Politik waren dabei wesentliche Kriterien zur Beurteilung von Regierungen des Auslandes. Besonders positiv fielen die Bemerkungen in den Tagebüchern aus, wenn ein gewisser „Antisemitismus-Export" geglückt war.[185] Mit Schaudern kommentierte der Reichsminister die innenpolitischen Vorgänge in solchen Ländern, die er jüdisch dominiert wähnte.[186] In den entsprechenden Tagebuchaufzeichnungen betonte Goebbels Absicht und Verpflichtung, derartige Gefahren vom Reich abzuwenden.[187] Mit besonderem Interesse verfolgte er die Entwicklungen im Nahen Osten, wobei er seine (Vor-)Urteile insgesamt bestätigt fand. Palästina war außerdem im Hinblick auf mögliche Aufnahmekapazitäten für europäische Juden bedeutsam.[188]

Die Behandlung der Judenfrage in Deutschland blieb ein außerordentlich heikler Punkt in bezug auf ihre Interpretation und Beurteilung im Ausland. Unter genereller Ausklammerung entsprechend fragwürdiger eigener Beiträge zur Judenpolitik richtete Goebbels dahingehend kritische Bemerkungen in erster Linie weiterhin gegen Julius Streicher.[189] Wenngleich seine persönliche Einstellung zu dem fränkischen Gauleiter verschiedenen Schwankungen unterworfen war und er manchen judenfeindlichen Radikalforderungen durchaus zustimmte[190], verurteilte der Reichsminister doch letztlich dessen undosiert blindwüti-

---

[183] Vgl.: MICHELS, S. 143 f. und S. 291-296.

[184] Vgl.: „Kleine Entende-Konferenz in Belgrad. [...] Frankreich steht im Begriff, eine Partie zu verlieren. [...] Die Zeit arbeitet für uns und die Juden werden am Ende das Nachsehen haben." GOEBBELS, Tagebücher, Band I/4, 2.4.1937, S. 76/Z. 5-9.

[185] Vgl. exemplarisch, mit Bezug auf die Tschechei nach der „Sudetenkrise": „Im Übrigen [sic] wehrt Prag sich mächtig gegen Juden und Emigranten. Das kann uns nur recht sein. Die Juden werden so von Land zu Land getrieben und ernten damit die Früchte ihrer ewigen Intrigen, Hetzkampagnen und Gemeinheiten." GOEBBELS, Tagebücher, Band I/6, 13.10.1938, S. 143/Z. 9-12; dementsprechend: ebenda, 16.8.1938, S. 44 f./Z. 29-45, 15.10.1938, S. 147/Z. 17-19 und 25.10.1938, S. 160/Z. 16 f. Zur Propagandapolitik nach der „Sudetenkrise" vgl.: SCHWARZENBECK, S. 290-331.

[186] Vgl. exemplarisch zur Tschechei: „Unser Militärattaché schildert das Leben in Prag. Schauderhaft. Fast nur Juden. Ein ekelerregendes Gemisch." GOEBBELS, Tagebücher, Band I/5, 17.6.1938, S. 349/Z. 24 f.; gleichermaßen mit Bezug auf Polen vgl.: ebenda, 12.6.1938, S. 342/Z. 42 f.

[187] Vgl. exemplarisch: ebenda, 15.2.1938, S. 156/Z. 58-60 und 18.7.1938, S. 385/Z. 10-12; GOEBBELS, Tagebücher, Band I/6, 17.9.1938, S. 94 f./Z. 30-32; HITLER, Kampf, S. 751.

[188] Zu antisemitischer Polemik bezüglich Palästina vgl.: GOEBBELS, Tagebücher, Band I/4, 9.7.1937, S. 213/Z. 9-12; GOEBBELS, Tagebücher, Band I/6, 27.7.1938, S. 396/Z. 12-14; im weiteren Verlauf vgl.: GOEBBELS, Tagebücher, Band I/9, 27.4.1941, S. 274/Z. 24. Statistischer Überblick zur jüdischen Auswanderung nach Palästina zwischen 1933 und 1941 (insgesamt 230300 Menschen) bei: STRAUSS, Essays, S. 197.

[189] Vgl. exemplarisch: GOEBBELS, Tagebücher, Band I/I, 22.2.1930, S. 503, GOEBBELS, Tagebücher, Band I/II, 2.2.1933, S. 363 und 6.9.1935, S. 510. Zu „Der Stürmer" vgl.: FREI/SCHMITZ, S. 104-107.

[190] Vgl.: „Spät mit Streicher in der Bar. Judenfrage. Streicher ist doch knorke." GOEBBELS, Tagebücher, Band I/II, 10.11.1934, S. 477; „Streicher plädiert in einem Brief an mich für jüdische

ge Polemik.[191] Wie erwähnt hatte er bei Hitler diese Problematik schon 1935 zur Sprache gebracht[192], Streicher genoß allerdings als alter Kampfgefährte starken Rückhalt beim Reichskanzler. Dieser schätzte außerdem die Bedeutung aggressiv-vereinfachender antisemitischer Propaganda im Zusammenhang mit der Gewinnung der Arbeiterschaft wohl auch sehr hoch ein.[193] Erst infolge einer Attacke des „Stürmer" auf die Reichsdevisenstelle forderte offensichtlich selbst Hitler ein Verbot des Blattes, das dann allerdings doch nicht verhängt wurde.[194] 1940 kam Streicher schließlich zu Fall und wurde seiner Parteiämter enthoben, was Goebbels wie Hitler später wieder bereuten.[195]

Im Sommer 1936 war „Der Stürmer" für die Dauer der Olympischen Spiele jedenfalls aus dem Straßenverkauf genommen worden. Man hatte sich überhaupt für diese bedeutsame Phase besondere Zurückhaltung auferlegt, von Seiten des Olympischen Komitees war im Vorfeld die Möglichkeit einer Nichtteilnahme mancher Staaten wegen der deutschen Judenpolitik angedeutet worden.[196] An-

---

Operetten. Es geschehen noch Zeichen und Wunder." Ebenda, 13.11.1935, S. 552; „Streicher fordert Todesstrafe für Rassenschändung. Er bringt dafür grauenvolle Beispiele bei. Recht hat er." GOEBBELS, Tagebücher, Band I/5, 29.1.1938, S. 121/Z. 14 f.; „Streicher Sportpalast. Gut gemeint, aber primitiv. Teil seiner Rede geradezu zum Lachen. Was für die Berliner. Die haben sich amüsiert. Aber guter Kerl, der Streicher!" GOEBBELS, Tagebücher, Band I/II, 17.8.1935, S. 503.

[191] Vgl.: GOEBBELS, Tagebücher, Band I/3,II, 24.2.1937, S. 390/Z. 11 f. und 4.3.1936, S. 32/Z. 44-46; GOEBBELS, Tagebücher, Band I/5, 25.12.1937, S. 70/Z. 3-5; GOEBBELS, Tagebücher, Band I/II, 31.1.1936, S. 570.

[192] Vgl.: GOEBBELS, Tagebücher, Band I/II, 5.11.1935, S. 536.

[193] Vgl.: ebenda, 21.8.1935, S. 505 und 13.10.1935, S. 526. Zu Hitlers grundsätzlicher Wertschätzung Streichers vgl.: HITLER, Kampf, S. 575 f.; PICKER, 8. April 1942, S. 262.

[194] Vgl.: GOEBBELS, Tagebücher, Band I/5, 19.1.1938, S. 106/Z. 51 f., 20.1.1938, S. 107/Z. 50-52, 21.1.1938, S. 108/Z. 2 f. und S. 109/Z. 37-41, 22.1.1938, S. 110/Z. 3 und 23.1.1938, S. 112/Z. 19-21. Julius Streicher und seine Zeitschrift sollten noch mehrfach auffallen, vgl. exemplarisch: GOEBBELS, Tagebücher, Band I/8, 1.5.1940, S. 87/Z. 16, 13.9.1940, S. 323/Z. 43-45, 16.11.1940, S. 422/Z. 43-45 und 19.11.1940, S. 426/Z. 20-23; SCHAUMBURG-LIPPE, S. 180 f. und S. 191. Zu späteren Versuchen einer Übertragung der Papierkontingente von „Der Stürmer" auf Goebbels' Wochenschrift „Das Reich" vgl.: „Vorlage für Reichsleiter Bormann. Betrifft: Zeitschrift ‚Der Stürmer' (Ti.)", 13. Dezember 1941, in: AKTEN DER PARTEI-KANZLEI, Teil II/2, Microfiche-Blatt 162, Microfiche-Nr. 67989; MOLL, Microfiche, S. 493.

[195] Vgl.: BAIRD, Streicher, S. 239 f.; schließlich: GOEBBELS, Tagebücher, Band II/12, 18.4.1944, S. 133/Z. 385-391, 11.5.1944, S. 271/Z. 173-182 und 5.6.1944, S. 401 f./Z. 122-166 (Streicher sei sehr zu Unrecht wegen ein paar Bagatellen aus seinem Amt gejagt worden).

[196] Vgl.: „Regeln für Olympiade besprochen. Partei tritt nicht auffällig in Erscheinung." GOEBBELS, Tagebücher, Band I/3,II, 26.6.1936, S. 117/Z. 2-5. Zum Hintergrund vgl.: „Der Reichsminister des Innern an den Chef der Reichskanzlei, 22. Mai 1935, begleitend zum weitergeleiteten Schreiben des Präsidenten des Olympischen Komitees an den Reichminister des Innern vom 14. Mai 1935", in: AKTEN DER PARTEI-KANZLEI, Teil I/1, Microfiche-Blatt 040, Microfiche-Nrn. 101 13805-101 13807. Vgl. dazu das entsprechende Antwortschreiben des Chefs der Reichskanzlei vom 7. Juni 1935 sowie weitere Folgedokumente, in: ebenda, Microfiche-Blatt 040, Microfiche-Nrn. 101 13808-101 13809/4; „Telephonische Ansage des Reichsministers des Innern betr. Beteiligung von Juden an den Olympischen Spielen vom 3. September 1935", in: ebenda, Microfiche-Blatt 115, Microfiche-Nrn. 201 00523-201 00526. Die bedeutende Propagandawirkung der Olympische Spiele wurde bereits im Frühjahr 1933 besprochen, vgl.: „Der Vorsitzende des Deutschen Olympischen Ausschusses Lewald an Staatssekretär Lammers, 16. März 1933", in: DIE REGIERUNG HITLER, Akten der Reichskanzlei, Band I/1, S. 234-236; TEICHLER, S. 280-290 sowie Dokument I, S. 303 f.; RIESS, S. 187.

tisemitische Hinweisschilder wurden aus der Öffentlichkeit entfernt, die Presse erhielt von Goebbels Anweisung, Rassenaspekte bei der Berichterstattung von den Spielen unberücksichtigt zu lassen.[197] In seinen Aufzeichnungen befolgte er selbst diese Gebote allerdings nicht und äußerte sich wiederholt stark abfällig über Medaillenerfolge farbiger Sportler[198] beziehungsweise mit ausdruckstarker Freude über den Boxsieg Max Schmelings über Joe Louis: „Der Weiße über den Schwarzen."[199]

Der alltägliche Kleinkrieg gegen die Juden wurde indes unvermindert fortgeführt.[200] Goebbels plädierte weiterhin eher für eine möglichst unspektakuläre Vorgehensweise in der Judenfrage, jedenfalls sofern er nicht selbst Urheber der entsprechenden Maßnahmen war.[201] Gleiches gilt übrigens auch für Repressalien auf anderen Gebieten, die sorgfältig dosiert und zeitlich arrangiert wurden, zu nennen wäre insbesondere der Umgang mit der katholischen Kirche.[202] Eher verhalten kommentierte der Reichsminister wohl daher auch zunächst physische Ausschreitungen gegen Juden, die sich im Herbst 1937 in Danzig ereignet hatten, schließlich zeigte er allerdings gewisse Sympathien für die Aktion.[203]

POLITISCHE UND DIDAKTISCHE DIMENSIONEN VON BILDENDER KUNST

Adolf Hitler hatte es sich zu einem persönlichen Anliegen gemacht, der deutschen Öffentlichkeit im Rahmen einer breit angelegten Ausstellung die Grundlagen nationalsozialistischen Kunstgeschmacks nahezubringen. Die „Große Deutsche Kunstausstellung" sollte im Sommer 1937 unter seiner Schirmherrschaft den Grund legen „für eine neue und wahre deutsche

---

[197] Vgl.: BRAMSTED, S. 221-223; GRAML, Reichskristallnacht, S. 158-160. Otto Meissner spricht in seinen Erinnerungen von positiven Einflüssen auf das Ausland, vgl.: MEISSNER, Staatssekretär, S. 425 f. Zur Reglementierung jüdischer Sportvereine im Vorfeld der Olympischen Spiele vgl. exemplarisch: DOKUMENTATION, Polizeistaat, S. 85-87. Zu erwünschten Propagandaaspekten der Olympiaberichterstattung vgl. exemplarisch: Presseanweisung Nr. 577 vom 15. Juni 1936, in: PRESSEANWEISUNGEN, Band 4/II, S. 635.

[198] Vgl.: „Das ist eine Schande. Die weiße Menschheit müßte sich schämen." GOEBBELS, Tagebücher, Band I/3,II, 5.8.1936, S. 149/Z. 14-16.

[199] Ebenda, 20.6.1936, S. 112/Z. 34-39.

[200] Vgl.: LONGERICH, Politik, S. 116 f.

[201] Vgl.: „Schlechter Propagandafilm über Juden im Film. Gegen mein Verbot gemacht. Werde ihn nicht zulassen. Zu aufdringlich." GOEBBELS, Tagebücher, Band I/4, 5.11.1937, S. 393/Z. 43-45. Vgl. auch: GOEBBELS, Tagebücher, Band I/5, 3.2.1938, S. 132/Z. 15 f.

[202] Vgl. exemplarisch, mit Bezug auf den Niemöller-Prozeß: ebenda, 21.1.1938, S. 108/Z. 5-8; GOEBBELS, Tagebücher, Band I/6, 19.8.1938, S. 50/Z. 56-60.

[203] Vgl.: „In Danzig haben radalustige Elemente den Juden die Fensterscheiben eingeworfen. Nun großer Lärm in der Weltpresse. Ja, die lieben Juden." GOEBBELS, Tagebücher, Band I/4, 26.10.1937, S. 376/Z. 26 f.; „Die Jungens haben den Juden ordentlich die Scheiben eingeschlagen." Ebenda, 29.10.1937, S. 381/Z. 13-16. Zum Hintergrund der Danziger Ausschreitungen vgl.: LONGERICH, Politik, S. 155-159.

Kunst".[204] Der Propagandaminister schaltete sich in die Vorbereitungen ein und entschloß sich in diesem Zuge kurzfristig dazu, eine Kontrastausstellung unter dem Titel „Entartete Kunst" zu organisieren.[205]

Die Objektauswahl für die „Große Deutsche Kunstausstellung" hatte sich als problematisch erwiesen, verbindliche Kriterien waren nicht festgelegt. Tatsächlich mißglückten die Versuche, Hitlers Ansichten zu erahnen, die erste Sichtung der Objekte durch den Reichskanzler verlief offenbar katastrophal: „Man hat hier Stücke aufgehängt, die einem direkt das Grausen beibringen. [...] Der Führer tobt vor Wut."[206] Anders als von Goebbels erwartet, richtete sich Hitlers Unmut zunächst nicht gegen die beteiligten Beamten aus dem Reichsministerium für Wissenschaft, Erziehung und Volksbildung Bernhard Rusts[207], sondern überwiegend gegen Hans Herbert Schweitzer, den damaligen Präsidenten der „Reichskammer der bildenden Künste" und Reichsbeauftragten für künstlerische Formgebung. Goebbels blieb nichts übrig, als in die harsche Kritik gegen seinen Mitarbeiter und Propagandahelfer aus der Aufbauzeit der Partei (Schweitzer arbeitete damals unter dem Schutznamen „Mjoelnir") einzustimmen[208] und sich darum zu bemühen, die Scharte auszuwetzen.

---

[204] Hitler-Rede zur Eröffnung der „Großen Deutschen Kunstausstellung", zitiert nach: SCHUSTER, S. 242-252, Zitatstelle S. 242. Vgl. auch: ROH, S. 41-46; MOSSE, S. 213-239.

[205] Vgl.: GOEBBELS, Tagebücher, Band I/4, 5.6.1937, S. 160/Z. 14-18. Begriff und Ausdruck „Entartung" gehen wohl auf ein Buch Max Nordaus von 1893 zurück, vgl.: FLAKER, S. 115 f.; auch: CHAMBERLAIN, Band I, S. 20 und S. 384.

[206] GOEBBELS, Tagebücher, Band I/4, 6.6.1937, S. 170 f./Z. 25-36, Zitatstelle S. 170/Z. 26-30; vgl. auch: MEISSNER, Volk, S. 375. Frühe Biographen von Goebbels behaupten in diesem Zusammenhang, es habe dem Propagandaminister in bezug auf Kunst an einem eigenen Standpunkt gefehlt, daher habe er den gemeinsam mit Hitler durchgeführten Vorbesichtigungen stets mit Bangen entgegengesehen, vgl.: STEPHAN, S. 37 f. Heiber macht darauf aufmerksam, daß Goebbels die Werke von Nolde und Munch persönlich geschätzt und sie sogar in seiner Dienstwohnung aufgehängt habe, vgl.: HEIBER, Goebbels, S. 181 f.; FRIEDRICH, S. 32. Zu positiven Bemerkungen über van Gogh, Nolde, Barlach vgl.: GOEBBELS, Tagebücher, Band I/I, 29.8.1924, S. 78. Reuth vermutet Duldung und sogar Förderung moderner Kunst durch Goebbels als Gegengewicht gegen die rigide Kulturpolitik Rosenbergs, vgl.: REUTH, Goebbels, S. 291; TAYLOR, Post-Modernism, S. 131 f. Vgl. dementsprechend auch: „Es ist natürlich schwer, [...] in der Kunst die Grenze zwischen Gesundem und Ungesundem zu ziehen. Ich halte es für die Aufgabe einer verantwortungsbewußten kulturellen Führung, die Kunst weniger durch Verbote und Vorschriften zu hemmen, als sie durch großzügige Maßnahmen zu fördern und in gesunde Bahnen zu lenken. Die Kunst ist nun einmal eine zarte Pflanze, die keine rohen Eingriffe verträgt, sondern die zum Gedeihen pflegliche Behandlung vor allem die Luft der Freiheit braucht." Goebbels, zitiert nach: OVEN, Finale, 9.7.1944, S. 387 f. Andererseits hatte Goebbels bereits in „Michael Voormann" im Zusammenhang mit moderner Kunst geschrieben: „Der Nachklang aus der modernen Ausstellung ist erschütternd. Wie viel Wollen [in] [hs. Korrektur, Einfügung] einer Zeit. Wie wenig Kunst. Ich bin so gesättigt mit Extasen fremder Gluten, dass ich zur Wirklichkeit zurückverlange. Ist denn unsere Sehnsucht nach oben unvereinbar damit, dass wir mit festen, markigen Knochen auf der wohlgerundeten, dauernden Erde stehen? Schmeisst das landfremde Pack aus der deutschen Kunst heraus! Das Schicksal der deutschen Kunst ist uns[e]re [hs. Korrektur, Einfügung] gute, deutsche Sache. Noch liegen im deutschen Geiste Zukunftsmöglichkeiten." GOEBBELS, Michael Voormann, Blatt 148.

[207] Vgl.: GOEBBELS, Tagebücher, Band I/4, 5.6.1937, S. 169/Z. 15.

[208] Vgl.: „[Hitler] Hat sich bei Funk über Schweitzer beklagt. Mit Recht. Denn er ist ganz schwächlich und hat keinen sicheren Geschmack. Aber den Skandal mit der Münchner Bilderauswahl

Bei dem gewissermaßen aus der Not gefundenen Konzept, explizit Kunstwerke zu zeigen, die nationalsozialistischem Geschmack diametral entgegengesetzt waren, handelte es sich allerdings nicht um eine neue Idee des Reichsministers. Seit Frühjahr 1933 waren entsprechende Expositionen organisiert worden[209], sie galten längst als Werkzeug politischer, kultureller und wirtschaftlicher Propaganda.[210] Goebbels' Ausstellung kann daher auch im Zusammenhang mit anderen Propagandaschauen der Jahre 1936 und 1937 gesehen werden, zu nennen sind „Gebt mir vier Jahre Zeit", verschiedene antibolschewistische Expositionen („Der Bolschewismus", Berlin, Oktober 1936, „Der Bolschewismus – Große antibolschewistische Schau", München, November 1936), „Der ewige Jude" sowie „Entartete Musik".[211] Hinter der eher vordergründig angestrebten Volkserziehung in bezug auf eine Steuerung des Kunstgeschmacks beziehungsweise einer Verhöhnung der entsprechenden Künstler, standen dabei bedeutsame politisch-didaktische Grundüberlegungen und Zielsetzungen. Sie lassen sich zusammenfassen in den angesprochenen Aspekten der konkreten und seit 1935/36 zunehmend konzentrierten Ausrichtung der politischen Propaganda gegen Bolschewismus und Judentum, für die Nationalsozialisten bekanntlich kombiniert und in dieser Verbindung manifestiert im sowjetrussischen Staat.[212]

Goebbels hatte ursprünglich schon geplant, die Leistungen der nationalsozialistischen Regierung auf kulturellen Gebieten im Rahmen der erwähnten

---

haben ihm die Münchner Schlaumeier aufgehalst, weil er abwesend war. Alte Methode!" Ebenda, 18.6.1937, S. 185/Z. 26-30. Zum Hintergrund vgl.: MEISSNER, München, S. 44 f.; BACKES, S. 77-100.

[209] Exemplarisch seien genannt: „Kulturbolschewistische Bilder" (Mannheim 4. April-5. Juni 1933), „Mannheimer Schreckenskammer" (Erlangen 23. Juli-13. August 1933), „Regierungskunst 1918-1933" (Karlsruhe 8.-30. April 1933), „Kunst, die nicht aus unserer Seele kam" (Chemnitz 14. Mai-9. Juni 1933) sowie „Entartete Kunst" (Dresden 23. September-18. Oktober 1933, bis März 1937 als Wanderausstellung in ganz Deutschland), vgl.: ZUSCHLAG, S. 58-156; ROH, S. 53-56; MEISSNER, Volk, S. 369 f.

[210] Vgl.: Hugo Fischer, stellvertretender Reichspropagandaleiter der NSDAP, in: „Illustrierte Wirtschaft. Einziger offizieller Bilderdienst und Nachrichtenblatt des Instituts für Deutsche Wirtschaftspropaganda für die Braunen Messen – Deutsche Wochen" 4 (1936), Nr. 10, zitiert nach: ZUSCHLAG, S. 223.

[211] Vgl.: KIVELITZ, S. 92-95 bzw. S. 216-222; BLASIUS, S. 391-406.

[212] Einhergehend mit einer breit angelegten Propagandaoffensive im Zusammenhang mit den entsprechenden thematischen Schwerpunkten der Parteitage 1936 und 1937 standen die am 8. September 1936 (Parteitag Nürnberg) eröffnete Wanderschau „Weltfeind Nr. 1 – Der Bolschewismus" und die Ausstellung „Bolschewismus ohne Maske", Berlin 1937. Zu entsprechenden militärischen und volkswirtschaftlichen Vorbereitungen (zum Beispiel Denkschrift zum Vierjahresplan, August/September 1936, Hoßbach-Protokoll) vgl.: DOKUMENTATION, Denkschrift, S. 204-210 bzw. HOSSBACH, Beilage II, S. 181-189, Zitatstelle 185 f. Zu den Propagandaschauen, auch hinsichtlich antisemitischer Elemente und Wirkungsabsichten vgl.: KIVELITZ, S. 92-114 und S. 199-234 sowie Dokumentteil S. 539-559. Vgl. auch: „Dimitroff wendet sich öffentlich an die 2. Internationale, zum Zusammengehen mit Moskau. Wir werden ihm auf dem Nürnberger Parteitag unsere Antwort geben, der wieder ganz gegen den Bolschewismus gerichtet sein wird." GOEBBELS, Tagebücher, Band I/4, 6.6.1937, S. 170/Z. 8-11. (Bezug: Parteitag 1937) „Und dann hält der Führer seine Schlußrede. Eine lapidare Abrechnung mit dem Bolschewismus. [...] Mit [...] schneidender Absage an Moskau, Judentum und Internationale." Ebenda, 14.9.1937, S. 311/Z. 21-25.

Ausstellung „Gebt mir vier Jahre Zeit" (30. April-20. Juni 1937 in Berlin)[213] unter anderem auch durch Exposition abschreckender, damals nunmehr aber überwunden geglaubter Erscheinungen von *Verfallskunst* im Kontrast zu veranschaulichen. Hierbei war ausdrücklich beabsichtigt, die Kunstobjekte nicht allein in ihrer „Abartigkeit" zu zeigen, sondern vielmehr auf ein ihnen allen zugrundeliegendes Prinzip hinzuweisen: „jüdisch-bolschewistischer Bestrebungen zur Zersetzung von Staat und Gesellschaft".[214]

Dieses Konzept war bereits bei den oben erwähnten antibolschewistischen Schauen vom Herbst 1936 im Ansatz realisiert worden. Im Zusammenhang mit der Vierjahresausstellung gab der Propagandaminister nachweislich den Auftrag, „einen ganz klaren Gegensatz (schwarz-weiß) zwischen der Kunst von damals und der Kunst unserer Tage" zu schaffen.[215] In diesem Sinne war schließlich auch der Kommentar des Ausstellungsführers zu den entsprechenden Exponaten formuliert: „Einst jüdische Überschwemmung und Verschüttung aller nationalen Kulturwerte, heute auf allen kulturellen Gebieten höchstes Verantwortungsgefühl und freier Weg für das Schöpfertum deutscher Kunst."[216]

Das didaktische Konzept entsprach wohl größtenteils Goebbels' persönlicher Auffassung, bereits 1924 hatte er eine völkische Rückbesinnung auf eine national-deutsche Kunst gefordert und dementsprechend antisemitische Akzente gesetzt.[217] Mittlerweile war seine Meinung auch in diesem Zusammenhang durch einschlägige Lektüre gestärkt und zu kommissiven Schlüssen geleitet worden: „Willrich ,Säuberung des Kunsttempels'. Die ist auch nötig und ich werde sie vornehmen."[218] Textausschnitte aus Wolfgang Willrichs Publikation fanden teilweise wörtliche Übernahme in den Ausstellungskatalog „Entartete Kunst".[219]

Die Organisation einer separaten *Verfallskunstausstellung* mochte Goebbels also in mancherlei Hinsicht vorteilhaft erscheinen. Zentrale Bedeutung dürf-

---

[213] Vgl.: RUNDGANG UND CHRONIK. GEBT MIR VIER JAHRE ZEIT; „Goebbels zur Eröffnung Gebt mir vier Jahre Zeit", in: VÖLKISCHER BEOBACHTER, 50 (1937), 121./122. Ausgabe, 1./2. Mai, S. 1 f.

[214] Vgl. hierzu: GOEBBELS, Tagebücher, Band I/3,II, 6.10.1936, S. 204/Z. 13-16, 18.11.1936, S. 255/Z. 5 f. und 12.1.1937, S. 325/Z. 21 f.; ZUSCHLAG, S. 171 f.; MEISSNER, Volk, S. 373. Vgl. hierzu exemplarisch den entsprechenden Kommentar François-Poncets: „Im Mai 1937 setzt es sich eine Ausstellung unter dem Motto ,Gebt mir vier Jahre Zeit!' zur Aufgabe, Sympathien für das begonnene Werk in der Öffentlichkeit zu werben; man sieht nur Militärflugzeuge, Unterseeboote und Kampffahrzeuge. Es sind dies nicht die einzigen Anzeichen der Gedanken und Pläne Hitlers. Der Ton seiner Reden wird immer schärfer, besonders wenn er von Sowjetrußland spricht." FRANÇOIS-PONCET, S. 285.

[215] Vgl.: Bericht von Wolf Willrich vom 30. April 1937, in: WULF, Künste, S. 351-354, Zitatstelle S. 351.

[216] Zitiert nach: ZUSCHLAG, S. 176.

[217] Vgl.: „Völkische Kulturfragen", in: VÖLKISCHE FREIHEIT, 18.10.1924, Nr. 32, S. 3.

[218] GOEBBELS, Tagebücher, Band I/4, 11.6.1937, S. 177/Z. 17 f.

[219] Vgl.: ZUSCHLAG, S. 233; WILLRICH, S. 15, S. 36 und S. 48 f. Zu Person und Funktion Willrichs sowie zu Aufbau und Inhalt seiner angesprochenen Schrift vgl.: ZUSCHLAG, S. 172 f.; LÜTTICHAU, S. 101; ROH, S. 77-79. Faksimile-Druck des Ausstellungsführers in: SCHUSTER, S. 183-216 sowie in ROH, S. 291-324.

te sicherlich einmal mehr eine Akzentuierung der Kongruenz seiner Wertmaß-
stäbe mit jenen Hitlers eingenommen haben. Auch in diesem Bereich befand
er sich weiterhin in scharfer Konkurrenz zu Parteigenossen, in diesem Fall zu
Bernhard Rust, dem Universitäten, Akademien und Museen unterstellt waren. Insbesondere hinsichtlich der beiden letztgenannten Ressorts dürfte der
Propagandaminister bestrebt gewesen sein, Überlegenheit zu demonstrieren,
sie waren ihm bei der Einrichtung seines Ministeriums, entgegen früherer Ver-
einbarung, nicht zugeschlagen worden.[220] Außerdem bestanden seit längerer
Zeit Meinungsverschiedenheiten in bezug auf die Etablierung von Kunstaka-
demien zur Förderung konformen Nachwuchses. Ferner rechnete der Gauleiter damit, ein prestigeträchtiges Gegengewicht zu München aufzurichten,
falls er die Ausstellung nach Berlin holen könnte.[221]

Tatsächlich entwickelte sich die Diskussion um *Verfallskunst* schnell zu einem parteiinternen Politikum. Offenbar aber hatte Goebbels bei Hitler Interesse wecken und Unterstützung erlangen können.[222] Schließlich hatte sich der
Reichskanzler den „unerbittlichen Säuberungskrieg [...] gegen die letzten Elemente unserer Kulturzersetzung"[223] auf die Fahnen geschrieben und schon
1935 auf dem „Reichsparteitag der Freiheit" gefordert, den Kulturzerfall auf-
zuhalten und die Vertreter der Moderne keinesfalls an der „kulturellen Neu-
geburt" Deutschlands teilhaben zu lassen. Letztlich war die *Bolschewisierung
der Kunst* ein Aspekt von Hitlers „Mein Kampf", und den Erinnerungen Otto
Wageners zufolge, der bis 1932 als Leiter der wirtschaftspolitischen Abteilung
der NSDAP ein recht enger Vertrauter Hitlers war, soll dieser mit Goebbels
bereits vor 1933 über zukünftige Aufgaben einer nationalsozialistischen
Kunstpolitik mit besonderem Bezug auf die Moderne gesprochen haben.[224]

Bereits am Folgetag der Zustimmung Hitlers kurbelte der Reichspropagandaleiter, in Zusammenarbeit mit dem Münchner Akademieprofessor Adolf
Ziegler, die entsprechenden Maßnahmen zur Beschlagnahme entsprechender
Objekte an. Die Zeit drängte, die Ausstellung war in mancher Hinsicht nun
zu einer Angelegenheit persönlichen Ansehens geworden.[225] Goebbels glaubte, einen Ansatzpunkt gefunden zu haben, um Rust aushebeln zu können, was

---

220 Vgl. hierzu auch: „Niederschrift über die Chefbesprechung am Dienstag, den 12. Juni 1934
über die Regelung der Zuständigkeiten im Bereiche der Kunstverwaltung des Reichs und des
Landes Preußen", in: AKTEN DER PARTEI-KANZLEI, Teil I/1, Microfiche-Blatt 002, Microfiche-
Nrn. 101 00601-101 00603.

221 Vgl.: GOEBBELS, Tagebücher, Band I/4, 18. Juni 1937, S. 185/Z. 28-30.

222 Vgl.: „Führer spricht mit mir ausführlich über Kunst. [...] Hat starkes Vertrauen zu mir. Ich
werde ihn nicht enttäuschen." Ebenda, 30.6.1937, S. 203/Z. 61-63.

223 „Rede zur Eröffnung des Hauses der deutschen Kunst", ediert bei: SCHUSTER, S. 242. Zur Er-
öffnungsrede vgl. auch: GOEBBELS, Tagebücher, Band I/4, 19.7.1937, S. 224/Z. 3-6.

224 Vgl.: Ausstellungsführer „Entartete Kunst", S. 28, Faksimile-Druck in: ZUSCHLAG Tafel 58;
„Die deutsche Kunst als stolzeste Verteidigung des deutschen Volkes", Rede vom 1. Septem-
ber 1933 auf der Kulturtagung des Parteitages, in: HITLER, Reden des Führers, S. 108-120; HIT-
LER, Kampf, S. 282 f.; TURNER, S. 461 f.

225 Vgl.: GOEBBELS, Tagebücher, Band I/4, 30.6.1937, S. 203/Z. 50-52 und 1.7.1937, S. 205/Z. 26-
28; PIPER, S. 187. Zu Hintergründen und Organisation der Ausstellung vgl.: ZUSCHLAG, S. 222-
299. Zum Überblick über Beschlagnahmen in deutschen Museen vgl.: ROH, S. 123-248.

ihm letztlich in mancher Hinsicht auch gelang, wenngleich sich die Auseinandersetzungen bis in die Kriegsjahre fortsetzten.[226]

Tatsächlich konnte „Entartete Kunst" am 19. Juli 1937, ein Tag nach Eröffnung der „Großen deutschen Kunstausstellung", der Öffentlichkeit zugänglich gemacht werden.[227] Es war dem Propagandaminister allerdings nicht gelungen, die Ausstellung exklusiv für Berlin zu reservieren, sie wurde zunächst in München eingerichtet. Die hohe Besucherfrequenz führte dann zur Entscheidung, die Exponate auch in anderen Städten zu zeigen. Goebbels übertrug die Organisation der Tournee schließlich dem „Institut für Deutsche Kultur- und Wirtschaftspropaganda" mit dem ausdrücklichen Auftrag, „das deutsche Volk über die Fragen des Judentums, seine Zersetzungs- und Vernichtungsarbeit auf allen Gebieten menschlicher Tätigkeit in nachhaltiger Weise aufzuklären" und dementsprechend „den Kampf gegen die Weltpest, den Bolschewismus, aufzunehmen".[228]

Der Reichspropagandaleiter nahm aber weiterhin auch persönlich Einfluß auf Zusammenstellung und Anordnung der Exponate, insbesondere bei der Vorbereitung der ersten Station der Wanderausstellung: Berlin (Haus der Kunst, 26. Februar-8. Mai 1938). Goebbels notierte, die Ausstellung sei für Berlin von allem Ballast gereinigt und das Feindbild im Sinne einer „politischen Lehrschau" schärfer konturiert worden, um noch eindringlicher und sinnfälliger ihre Absicht und ihren Zweck zum Ausdruck zu bringen, hier nicht irgendwelche artistischen Ausdrucksformen anzuprangern, sondern eine dahinterstehende politische Ideologie zu demaskieren, die sich den Untergang des Abendlandes zum Ziel gesetzt habe.[229] Die Kommentare zu den Exponaten in Ausstellung wie Katalog wurden dahingehend präzisiert.[230]

In seiner Rede zur Jahrestagung der „Reichskulturkammer" am 27. November 1937 erläuterte der Propagandaminister die Erfolge seiner Organisation unter anderem auch am Beispiel der *Verfallskunstausstellung*. Die Juden seien nunmehr restlos aus dem deutschen Kulturleben entfernt, man habe damit erreicht, was zuvor als unmöglich gegolten habe. In diesem Zusammenhang

---

[226] Vgl.: GOEBBELS, Tagebücher, Band I/4, 18.7.1937, S. 223/Z. 14-18 und 27.7.1937, S. 235/Z. 17-20; GOEBBELS, Tagebücher, Band I/5, 22.12.1937, S. 66/Z. 98-101; GOEBBELS, Tagebücher, Band II/5, 20.8.1942, S. 365/Z. 828-842; hierzu auch: OVEN, Goebbels, S. 95 f. Offiziell erhielt Rust von Göring am 4. August 1937 den Auftrag zur Durchforstung der Museen, vgl.: MEISSNER, Volk, S. 374.

[227] Vgl.: DNB-Rundruf vom 17. Juli 1937, in: PRESSEANWEISUNGEN, Band 5/II, S. 587; ADG, 19.7.1937, Nr. 3142/A; „Adolf Hitler weiht den Tempel für wahre und ewige deutsche Kunst", in: VÖLKISCHER BEOBACHTER, 50 (1937), 200. Ausgabe, 19. Juli, S. 1-4; „Entartete Kunst am Pranger", in: ebenda, 202. Ausgabe, 21. Juli, S. 1 f.

[228] Zitiert nach: ZUSCHLAG, S. 228. Vgl. auch: ebenda, S. 241 und S. 247.

[229] Zitiert nach: ebenda, S. 242 bzw. S. 247. Vgl. hierzu: GOEBBELS, Tagebücher, Band I/5, 28.2.1938, S. 180/Z. 7 f.; „Die Ausstellung ‚Entartete Kunst' jetzt in Berlin", in: VÖLKISCHER BEOBACHTER, 51 (1938), 57. Ausgabe, 26. Februar, S. 3.

[230] Vgl. exemplarisch: ZUSCHLAG, S. 242 f. Vgl. auch: DEUTSCHE KUNST UND ENTARTETE „KUNST", S. 3-16 und Bilddokumentation S. 33-79. Zu Resonanzen in Presse und öffentlicher Diskussion vgl. exemplarisch verschiedene faksimilierte Zeitungsartikel, in: ZUSCHLAG, Tafeln 91-117. Zum Gesamtthema vgl. exemplarische Dokumente in: WULF, Künste, S. 337-386.

nahm Goebbels auch noch einmal rechtfertigend Bezug auf die Abschaffung der Kunstkritik vor Jahresfrist. Die Entartungserscheinungen in der Kunst seien zum großen Teil auf die damalige Kunstkritik zurückzuführen, wildgewordene jüdische Literaten seien verantwortlich gewesen für die tollsten Verirrungen und Entartungen des künstlerischen Empfindens.[231] Auch in späteren Referaten wurden grundsätzliche Fragen der Kunstgestaltung zumeist mit antisemitischen Elementen verbunden.[232]

Goebbels' Verhältnis zu Hitler scheint in dieser Zeitspanne eine gewisse Intensivierung gefunden zu haben, nachdem der Kontakt seit Sommer 1936 offenbar etwas unpersönlicher geworden war, möglicherweise auf Grund der räumlichen Distanz (Hitler blieb überwiegend am Obersalzberg).[233] Den Tagebuchaufzeichnungen zufolge zeigte sich Hitler bei vielen Besprechungen von Konzept und Resultat der Ausstellung begeistert, offenbar stellte er dem Propagandaminister eine Übertragung der oben genannten Akademien in seinen Verantwortungsbereich in Aussicht. Dieser sah sich bestätigt und sein Ansehen gestiegen[234]: „Mit Speer, Arent und Ziegler die beschlagnahmten Machwerke der entarteten Kunst besichtigt. Nur ganz wenige Grenzfälle. Das andere ist ein derartiger Dreck, das [sic] einem bei einer dreistündigen Besichtigung direkt übel wird. Davon habe ich nun die Museen gesäubert. Ich glaube mir ein Verdienst damit erworben zu haben."[235]

Einzelfragen im Zusammenhang mit *entarteter Kunst* wurden auch in den Folgejahren besprochen, man befaßte sich insbesondere mit der juristischen Legitimation von Enteignung und Zerstörung beziehungsweise Verkauf ent-

---

[231] GOEBBELS, Rede 1937, S. 417-423.

[232] Vgl. exemplarisch: „Nationalsozialistische Kunstpolitik", Rede zur Jahrestagung der Reichskammer der Bildenden Künste, 15. Juli 1939, in: GOEBBELS, Zeit ohne Beispiel, S. 205-212, Zitatstellen S. 206-209; „Kunst und Krieg", Ansprache zur Eröffnung der „Großen Deutschen Kunstausstellung 1940", 27. Juli 1940, in: ebenda, S. 310-313, Zitatstelle S. 312; (Bezug: Kunstausstellung 1941) GOEBBELS, Tagebücher, Band I/9, 5.7.1941, S. 426/Z. 58-60; „Eröffnung der Großen Deutschen Kunstausstellung 1941", 26. Juli 1941, in: GOEBBELS, Reden, Band II, S. 59-65; „Bilde, Künstler, rede nicht", Rede zur Eröffnung der Großen Deutschen Kunstausstellung, 4. Juli 1942, in: GOEBBELS, Das eherne Herz, S. 374-382; „Unsterbliche deutsche Kultur", Rede zur Eröffnung der 7. Großen Deutschen Kunstausstellung, 26. Juni 1943, in: GOEBBELS, Aufstieg, S. 339-346.

[233] Vgl.: „Zum Sonderzug des Führers. Freue mich, ihn wiederzusehen. Auch er ist ganz froh. [...] Er ist unser aller Abgott." GOEBBELS, Tagebücher, Band I/3,II, 5.10.1936, S. 203/Z. 3-7. Vgl. auch: ebenda, 7.8.1936, S. 151/Z. 20 f., 30.10.1936, S. 231 f./Z. 15-22 und 31.10.1936, S. 233/Z. 26-29.

[234] Vgl.: „Führer sehr nett. Wir kommen gleich in eine große Debatte. Die Ausstellung ,Entartete Kunst' ist ein Riesenerfolg und ein schwerer Schlag. Der Führer steht mir fest zur Seite gegen alle Anfeindungen." GOEBBELS, Tagebücher, Band I/4, 24.7.1937, S. 231/Z. 28-32; „Lange Aussprache mit dem Führer. [...] Die Säuberung der Museen geht jetzt unter seiner Vollmacht vor sich. Dann soll ich ihm Generalbericht vorlegen. Dann übergibt er mir sämtliche Akademien." Ebenda, 27.7.1937, S. 235/Z. 17-20; „Der Erfolg der ,Entarteten Kunst' freut ihn [Hitler] sehr. Wir wollen nun noch mehr die Werbetrommel rühren und einen Katalog über die Ausstellung herausbringen. Wird gemacht!" Ebenda, 1.8.1937, S. 244/Z. 48-50.

[235] Ebenda, 5.11.1937, S. 392/Z. 7-11. Vgl. auch: „Der Reichsminister für Volksaufklärung und Propaganda an den Chef der Reichskanzlei vom 17. März 1938 betr.: Verabschiedung des Gesetzes über Einziehung von Erzeugnissen entarteter Kunst", in: AKTEN DER PARTEI-KANZLEI, Teil I/1, Microfiche-Blatt 060, Microfiche-Nrn. 101 21052-101 21054.

sprechender Stücke ins Ausland[236], stets pflegte Goebbels hierbei enge Kontakte zu Hitler, das Themengebiet hatte sich zu einer tragfähigen Gemeinsamkeit entwickelt.[237] Kunst blieb auch bis in die frühen Kriegsjahre hinein ein verbindendes Element, der Propagandaminister wurde dementsprechend mit verschiedenen Aufgaben betraut.[238]

Ab 1941 wurde „Entartete Kunst" von der Reichspropagandaleitung ausdrücklich als „Politische Wanderausstellung [zur] Unterstützung der Propagandaarbeit"[239] erneut in Umlauf gebracht. Ihre angestrebte politische Dimension war damit offengelegt. Auch die „Große Deutsche Kunstausstellung" diente in den Kriegsjahren dahingehenden propagandistischen Zwecken, die Presse erhielt Anweisungen, den Gegensatz zur *plutokratisch-bolschewistisch-jüdischen Unkultur* der Feindmächte besonders hervorzuheben.[240]

Im November 1937 wurde in München die radikal antisemitische Ausstellung „Der ewige Jude" eröffnet. Sie steht propagandistisch in engem Zusammenhang mit den antibolschewistischen Propagandaschauen wie auch mit den *Verfallskunstausstellungen*.[241]

---

[236] Vgl.: GOEBBELS, Tagebücher, Band I/5, 18.5.1938, S. 307/Z. 26 f.; „Ich ordne das Problem der entarteten Kunst neu. Die verkaufbaren Bilder werden ans Ausland verkauft, die anderen in Schreckensausstellungen zusammengefaßt oder vernichtet." GOEBBELS, Tagebücher, Band I/6, 13.12.1938, S. 219/Z. 8-10. Zur weiteren Beschäftigung mit „entarteter Kunst" vgl.: ebenda, 25.1.1939, S. 239/Z. 22 f. Zur Vernichtung von Kunstwerken vgl. exemplarisch: „Schreiben des Abteilungsleiters IX an Joseph Goebbels", 22. Februar 1939, in: PIPER, S. 225 f.

[237] Vgl.: GOEBBELS, Tagebücher, Band I/5, 13.1.1938, S. 35 f./Z. 31-33, 14.1.1938, S. 97/Z. 14-18 und 18.1.1938, S. 103/Z. 4 f. Vgl. auch: „Gesetz über entartete Kunst nun im Gesetzblatt veröffentlicht. Jetzt geht's an die Arbeit. Diese Frage muß möglichst schnell gelöst und erledigt werden." Ebenda, 5.6.1938, S. 334/Z. 22 f.; hierzu: „Gesetz über Einziehung von Erzeugnissen entarteter Kunst" vom 31. Mai 1938, in: WULF, Künste, S. 377. Vgl. dementsprechend: „Ich [...] trage auch dem Führer noch ein paar Dinge vor. Vor allem Judenfrage im Kunstleben. Er entscheidet da nun endgültig." GOEBBELS, Tagebücher, Band I/6, 19.2.1939, S. 262/Z. 4 f.

[238] Im Zusammenhang mit Operetten vgl.: GOEBBELS, Tagebücher, Band I/8, 6.4.1940, S. 37/Z. 27-30, 19.4.1940, S. 62/Z. 23 und 3.11.1940, S. 405/Z. 28; GOEBBELS, Tagebücher, Band I/9, 10.1.1941, S. 88/Z. 20 f. Zur Kunstausstellung 1940 vgl.: GOEBBELS, Tagebücher, Band I/8, 23.5.1940, S. 130 f./Z. 24 f. und Z. 48, 27.7.1940, S. 240/Z. 33 und 28.7.1940, S. 241/Z. 1-5. Zur Rückführung deutscher Kunstschätze von besiegten Kriegsgegnern vgl.: ebenda, 5.8.1940, S. 253/Z. 21-23 und 20.9.1940, S. 336/Z. 22-25; GOEBBELS, Tagebücher, Band II/1, 7.8.1941, S. 188/Z. 226-238; GOEBBELS, Tagebücher, Band I/9, 18.3.1941, S. 192/Z. 38 f. Zum Aspekt der Kunst als gemeinsames Thema zwischen Goebbels und Hitler vgl. exemplarisch: GOEBBELS, Tagebücher, Band II/4, 23.6.1942, S. 587/Z. 510-519; GOEBBELS, Tagebücher, Band II/8, 10.5.1943, S. 257/Z. 186-196 und S. 259/Z. 242-270; GOEBBELS, Tagebücher, Band II/9, 23.9.1943, S. 583 f./Z. 1039-1098; GOEBBELS, Tagebücher, Band II/13, 24.8.1944, S. 308/Z. 368-370. Speziell zu „entarteter Kunst" vgl.: GOEBBELS, Tagebücher, Band II/14, 4.12.1944, S. 349 f./Z. 158-161. Zu Vereinbarungen mit Göring zur „Arisierung" der Kunst vgl.: GOEBBELS, Tagebücher, Band I/6, 18.2.1939, S. 261/Z. 15 f. Zu Gesichtspunkten von Kunstraub aus besetzten Gebieten vgl. exemplarisch zu Frankreich: JÄCKEL, Frankreich, S. 308 f.

[239] „Die kommenden Ausstellungen der RPL", in: „Unser Wille und Weg" 11 (1941) Heft 2, Faksimile-Druck in: ZUSCHLAG, S. 291.

[240] Vgl.: TP. 25.6.1943, zitiert nach: SÜNDERMANN, S. 255.

[241] Vgl.: KIVELITZ, S. 222-227 sowie S. 558-560 (Dokumentarteil); HAMPICKE/LOEWY, S. 255-274. Exemplarische Pressestimmen zur Ausstellung in: WULF, Künste, S. 317-319; vgl. auch: RUHL,

Goebbels zeigte sich ihr gegenüber allerdings etwas reserviert, er war in Planung und Organisation offenbar nicht einbezogen worden, federführend war Julius Streicher gewesen.[242] Insbesondere im Vergleich mit eigenen Projekten erscheinen die knappen Tagebuchaufzeichnungen recht zurückhaltend: Goebbels habe mit Streicher die Ausstellung vor der Eröffnung besichtigt, sie sei in den Argumenten vorzüglich, allerdings auf Grund der Materialfülle zu akademisch: „Ich lasse kürzen und besser ordnen. Dann wird sie sehr gut."[243] Auch im weiteren Verlauf seiner Aufzeichnungen grenzte er sich noch einmal deutlich gegen Streicher ab.[244] Der Reichspropagandaleiter sah offenbar nur ungern andere auf Gebieten seines Ressorts arbeiten. Mit hoher Wahrscheinlichkeit spielte auch hierbei die besondere Affinität des Themas zu Hitlers Gedankenwelt eine zentrale Rolle. In Teilaspekten der Judenfrage bestand wohl weiterhin eine gewisse innerparteiliche Konkurrenzsituation.

Auf Grund des breiten Publikumsinteresses mehrfach verlängert, wurde die Ausstellung nach Abschluß der Laufzeit in München (31. Januar 1938) von der Reichspropagandaleitung übernommen. Wie auch im Zusammenhang mit „Entartete Kunst" wurde wieder das „Institut für Deutsche Kultur- und Wirtschaftspropaganda" beauftragt, eine Tournee durch das Reichsgebiet durchzuführen, nach dem *Anschluß* Österreichs gelangte die Exposition mit spezifischen Anpassungen auch nach Wien. 1941 ordnete die Reichspropagandaleitung an, sie noch einmal im Reichsgebiet zu zeigen, ab September 1941 erfolgte eine kongruente Ausstellung in Paris unter dem Titel „Le Juif et la France".[245]

Die Propagandaausstellungen und wohl auch die angesprochenen Ereignisse in Danzig vom Oktober 1937 stehen mit hoher Wahrscheinlichkeit bereits in Zusammenhang mit einem weiteren Vorstoß der nationalsozialistischen Regierung zur Vorbereitung der Öffentlichkeit auf eine umfassende wirtschaftliche Ausgrenzung der Juden, welche der Auswanderung neue Impulse versetzen sollte. Nachweislich hatte Hitler diesen Kurs mit Goebbels Ende November 1937 besprochen.[246] Begleitet von entsprechender Propaganda, er-

---

S. 119 f.; MEISSNER, München, S. 50-52. Zum Ahasver-Motiv vgl.: FRENZEL, S. 15-19; KÖRTE/ STOCKHAMMER, S. 237-249. Auch Hitler gebrauchte den Ausdruck, vgl.: HITLER, Kampf, S. 475.

[242] Zur Ausstellung vgl.: ZUSCHLAG, S. 309-314.

[243] GOEBBELS, Tagebücher, Band I/4, 9.11.1937, S. 398/Z. 9-11.

[244] Vgl.: „Ausstellung ‚ewiger Jude' mit Streicher eröffnet. Streicher will nur 20 Minuten eine gemäßigte Rede verlesen, dann aber kommt er unter dem Beifall ins Polemisieren, das dauert über eine Stunde und wird direkt peinlich. Ich sitze wie auf Kohlen. Ich rede nur ein paar Sätze. Aber die sitzen." Ebenda, 9.11.1937, S. 398/Z. 13-17; hierzu: [Goebbels] „was in der Ausstellung zu sehen ist, ist so grauenvoll, daß es mit Worten gar nicht zu umschreiben ist. Möge diese Schau ‚Der ewige Jude' dazu beitragen, die Kenntnis und die Erkenntnis des deutschen Volkes zu stärken über ein Problem, das im wahrsten Sinne des Wortes ein Weltproblem ist." „Eröffnung der Ausstellung ‚Der ewige Jude'. Gauleiter Julius Streicher über die jüdische Weltpest – Eröffnungsansprache Dr. Goebbels'", in: VÖLKISCHER BEOBACHTER, 50 (1937), 313. Ausgabe, 9. November, S. 2.

[245] Vgl.: ZUSCHLAG, S. 313 f.

[246] Vgl.: GOEBBELS, Tagebücher, Band I/4, 30.11.1937, S. 429/Z. 23-26. Zu einem statistischen Überblick über die Auswanderung im betrachteten Zeitraum vgl.: STRAUSS, Essays, S. 144.

folgte erneut ein gewissermaßen konzertierter Einsatz von physischen und juristischen Maßnahmen.[247]

Vorstösse zur gesellschaftlichen Separierung der Juden in Berlin

Ohne besondere Rücksichtnahme auf diplomatische Schäden bereitete Goebbels im Frühjahr 1938 für sein Gaugebiet erstmals undifferenzierte und flächendeckend gegen Juden ausgerichtete Maßnahmen mit dem expliziten Ziel der Vertreibung vor.[248] Sie könnten *ex post* in gewisser Weise als Testlauf für das gesamte Reich und damit als Vorbereitung der „Reichskristallnacht" erscheinen, eine derartige Absicht ist Goebbels auf heutigem Quellenstand allerdings nicht nachweisbar.

Seit April 1938 arbeitete der Gauleiter an konkreten Konzepten, die „Berlin den Charakter eines Judenparadieses" nehmen sollten. Er plante eine „Auskämmung von Judenlokalen", eine Kennzeichnung jüdischer Geschäfte[249] sowie die Zuweisung bestimmter Schwimmbäder, Kinos und Gasthäuser für Juden, um sie aus öffentlichem Leben, Kultur und Wirtschaft auszugrenzen. Die Vorschläge entsprachen den zitierten Forderungen Hitlers vom November 1937. Dieser war offenbar grundsätzlich einverstanden, Goebbels notierte, der Reichskanzler wolle die Juden allmählich abschieben und dazu mit Polen und Rumänien verhandeln, Madagaskar sei das Geeignete.[250]

Aus den Tagebucheinträgen geht nicht klar hervor, ob es darüber hinaus einen besonderen Anlaß für die speziellen Maßnahmen in Berlin gab, möglicherweise hatten Statistiken des Frühjahrs 1938 über den Zuzug von Juden in die Reichshauptstadt die entsprechenden Reaktionen ausgelöst oder dazu beigetragen. Sicherlich wirkten antijüdische Ausschreitungen im Reichsgebiet und im neuerdings *angeschlossenen* Österreich auf die radikale Parteibasis in Berlin ein.[251]

Helldorf, nunmehr Polizeipräsident der Reichshauptstadt, ließ ein spezielles „Antijudenprogramm" ausarbeiten[252], das eine vollständige Separierung der Juden in allen Bereichen wirtschaftlichen, sozialen und kulturellen Lebens vorsah.[253]

---

[247] Vgl.: LONGERICH, Politik, S. 155-159.

[248] Vgl.: „Ziel Heraustreibung der Juden aus Berlin. Und zwar ohne Sentimentalität. Sie sind auch mit uns nicht sentimental gewesen. Helldorff [sic] muß da nur tuen, was Isidor Weiß getan hat, nur mit umgekehrtem Vorzeichen. Er ist dazu entschlossen. Na, warten wir's ab." GOEBBELS, Tagebücher, Band I/5, 5.6.1938, S. 333/Z. 29-34.

[249] Vgl. hierzu: „Die jüdischen Geschäfte sollen auch sichtbar als solche gekennzeichnet werden. Die Abzeichen sind noch nicht gut." GOEBBELS, Tagebücher, Band I/5, 29.1.1938, S. 121/Z. 13 f.

[250] Vgl.: ebenda, 23.4.1938, S. 269 f./Z. 26-33.

[251] Vgl.: „Denkschrift über die Behandlung der Juden in der Reichshauptstadt auf allen Gebieten des öffentlichen Lebens", in: GRUNER, Denkschrift, S. 320-340, Zitatstelle S. 322 f.; GRUNER, Reichshauptstadt, S. 236 f.; LONGERICH, Politik, S. 172; STEINERT, S. 77.

[252] Vgl.: JANSEN, S. 232; REUTH, Goebbels, S. 330.

[253] Vgl.: „Denkschrift über die Behandlung der Juden in der Reichshauptstadt auf allen Gebieten des öffentlichen Lebens", in: GRUNER, Denkschrift, S. 320-340. Zu Vorgeschichte und Aufbau der Denkschrift vgl.: ebenda, S. 305-314; LONGERICH, Politik, S. 172 f.

Die entsprechende „Denkschrift über die Behandlung der Juden in der Reichshauptstadt auf allen Gebieten des öffentlichen Lebens" ist kurz vor Abgabetermin (17. Mai) beim Sicherheitsdienst bekannt geworden und wurde von diesem sofort eingefordert. Innerhalb des Judenreferats des SD befürwortete man einen Alleingang Berlins nicht, das Papier wurde schließlich in das eigene Vorschlagswesen integriert. Damit war der Maßnahmenkatalog auf Reichsebene projiziert und Goebbels unmittelbar entzogen, er bekam das Memorandum mit den entsprechenden Erweiterungen („Gesamtüberblick über die Judenfrage im Reichsmaßstab") Anfang Juni 1938 wieder vorgelegt.[254]

Währenddessen waren mehrere kleinere, wohl selbstgezündete Aktionen verschiedener Ortsgruppen des Gaugebiets in Gang. Helldorf leitete zudem eine Polizeiaktion in einem Berliner Café am Kurfürstendamm, in deren Verlauf das gesamte Publikum, darunter viele ausländische Gäste, festgenommen wurde, was Goebbels mißbilligte.[255]

Der Berliner Gauleiter schritt daraufhin ein, um die Angelegenheit straffer zu koordinieren. Hierzu benutzte er die seit längerer Zeit von der Kriminalpolizei zum 13. Juni geplante „Asozialen-Aktion". Im Rahmen dieser reichsweiten Razzia sollten etwa 10000 männliche Arbeitskräfte aus entsprechenden Randgruppen zwangsrekrutiert werden, unabhängig davon hatte Hitler befohlen, vorbestrafte Juden für Erdarbeiten festzunehmen. Goebbels präzisierte und verstärkte für sein Gaugebiet die antisemitische Stoßrichtung der „Asozialen-Aktion" und verwirklichte damit in Berlin, entgegen den Richtlinien des SD, doch eine avantgardistische Judenpolitik.[256] Persönlich wies er die Berliner Polizeioffiziere an, juristische Grenzen bei der Durchführung zu überschreiten.[257]

Die „Asozialen-Aktion" wurde dementsprechend in antijüdische Gewaltmaßnahmen der Exekutivkräfte eingebunden, nicht allein in der Reichshauptstadt allerdings. In Berlin wurden hierbei nahezu alle jüdischen Geschäfte in verschiedener Form gekennzeichnet, geschlossen oder beschädigt und geplündert, Namensschilder jüdischer Anwälte und Ärzte beschmiert, drei Synagogen und zwei Bethäuser demoliert und 824 Juden verhaftet (KZ Sachsenhausen), im Reichsgebiet wurden insgesamt 2500 Juden festgenommen. Die Presse erhielt Aufforderungen zu einer zurückhaltenden Berichterstattung.[258] Der Gauleiter äußerte sich zum Verlauf der Maßnahmen zunächst zufrieden, man werde Berlin nun *judenrein* machen.[259]

---

[254] Vgl.: GRUNER, Denkschrift, S. 310 f.; LONGERICH, Politik, S. 173 f.

[255] Vgl.: „Mit Helldorff in der Judenaktion verhandelt. Er sucht seine Beamten reinzuwaschen, aber das ändert nichts daran, daß die ganze Aktion vollkommen versiebt ist." GOEBBELS, Tagebücher, Band I/5, 3.6.1938, S. 331/Z. 11-13; hierzu: LONGERICH, Politik, S. 174 f.

[256] Vgl.: GRUNER, Judenverfolgung Berlin, S. 51; LONGERICH, Politik, S. 175-177.

[257] Vgl.: „Vor 300 Polizeioffizieren in Berlin über Judenfrage gesprochen. Ich putsche richtig auf. Gegen jede Sentimentalität. Nicht Gesetz ist die Parole, sondern Schikane. Die Juden müssen aus Berlin heraus. Die Polizei wird mir dabei helfen." GOEBBELS, Tagebücher, Band I/5, 11.6.1938, S. 340/Z. 24-27.

[258] Vgl.: LONGERICH, Politik, S. 177 f.; GRUNER, Judenverfolgung Berlin, S. 51 f.; DNB-Rundruf (14.20 Uhr) vom 18. Juni 1938, in: PRESSEANWEISUNGEN, Band 6/II, S. 574.

[259] Vgl.: „Helldorff geht jetzt radikal in der Judenfrage vor. Die Partei hilft ihm dabei. Viele Verhaftungen. Die Auslandspresse tobt. Ich gebe eine beruhigende Erklärung heraus. Im Übrigen

Wie bereits angedeutet, beurteilte Goebbels Agitation und Aktion anderer im Hinblick auf mögliche diplomatische Schäden wesentlich kritischer als die eigenen Maßnahmen. Auch im Zusammenhang mit der dargestellten „Berlin-Aktion" war er sich ausländischer Kritik durchaus bewußt, er argumentierte in seinen Aufzeichnungen allerdings mit der ohnehin immanent vorhandenen jüdischen Opposition und mit der Notwendigkeit des Zwecks. Bemerkenswert und auch in den Folgejahren im Zusammenhang mit antisemitischen Maßnahmen immer wieder auffällig erscheint, daß Goebbels auch in seinen privaten Aufzeichnungen die moralische Fragwürdigkeit seines Handelns weitgehend ignorierte und kritische Stellungnahmen als „Verleumdungen" verzerrte; möglicherweise zeigen sich hier autosuggestive Momente.[260]

Unterdessen hatten sich die Ausschreitungen in Berlin derart ausgeweitet, daß die Aktion aus dem Ruder lief und innerhalb der Parteileitung Unmut hervorbrachte. Walther Funk, inzwischen Reichswirtschaftsminister und Generalbevollmächtigter für die Kriegswirtschaft, forderte wohl nachdrücklich, sich auf legalem Terrain zu bewegen, was Goebbels' Vorstellungen von Radikalität und Effizienz der Maßnahmen aber keineswegs entsprach.[261]

Mit hoher Wahrscheinlichkeit wurde die Aktion in Berlin schließlich am 22. Juni auf Befehl Hitlers abgebrochen, die Partei war wohl zu deutlich in Erscheinung getreten. Die Auswirkungen auf das Ansehen des Reichs im Ausland waren kaum absehbar, dessen war sich der Propagandaminister bewußt. Beschlagnahme von Photomaterial und Bedrohung von Auslandskorrespondenten erschwerten deren Berichterstattung, konnten sie aber kaum abmildern.[262] Auch

---

bleibt es beim Kurs. Die Polizei hat meine Anweisungen verstanden. Wir werden Berlin judenrein machen. Ich lasse nun nicht mehr locker. Unser Weg ist der richtige." GOEBBELS, Tagebücher, Band I/5, 19.6.1938, S. 351/Z. 3-7.

[260] Vgl.: „Die antijüdische Aktion in Berlin regt das Ausland sehr auf. Unsere Pgn. gehen auch etwas scharf heran. Ich bremse da ein wenig. Im Übrigen lasse ich den Leuten ihren Lauf. Die Juden in der Welt schimpfen sowieso. Und heraus müssen sie doch aus Berlin. Den verleumderischen Auslandsjournalisten lasse ich mit Ausweisung drohen." Ebenda, 21.6.1938, S. 354/Z. 18-22.

[261] Goebbels beschuldigte einen Polizeimajor und einen NS-Kreisleiter, für die Eskalation verantwortlich zu sein, er habe aber „scharfe Maßnahmen gegen Wiederholungen" getroffen, vgl.: ebenda, 24.6.1938, S. 358/Z. 11-13 und 26.6.1938, S. 360/Z. 3 f.; „Die Judenfrage in Berlin hat sich nun sehr kompliziert. Die Partei hat – wahrscheinlich auf Anregung von Helldorff – die Judengeschäfte beschmiert. Darob hat sich Funk eingeschaltet. Er will alles legal machen. Aber es dauert so lange. Unterdeß sind Plünderungen vorgekommen. Zigeuner und andere lichtscheue Elemente haben sich daran beteiligt. Ich lasse diese alle in Konzentrationslager abführen. Helldorff hat meine Befehle direkt ins Gegenteil verkehrt: ich hatte gesagt, Polizei handelt mit legalem Gesicht, Partei macht Zuschauer. Das Umgekehrte ist nun der Fall. Ich bestelle nun alle Polizeiinstanzen und gebe neue Befehle heraus. Alle illegalen Handlungen haben zu unterbleiben. Die Juden sollen ihre Geschäfte wieder selbst säubern. Funk muß sich etwas sputen mit seinen Maßnahmen." Ebenda, 22.6.1938, S. 355/Z. 16-26.

[262] Vgl.: ebenda, 24.6.1938, S. 358/Z. 13, 21.6.1938, S. 354/Z. 21 f. und 23.6.1938, S. 356/Z. 10 f.; Anweisung vom 20. Juni 1938, in: PRESSEANWEISUNGEN, Band 6/II, S. 579; Anweisung vom 22. Juni 1938, in: ebenda, S. 585 f. Der amerikanische Gesandte schrieb am 22. Juni 1938 an seinen Außenminister, die Kampagne gegen die Juden überrage an Gründlichkeit alles, was seinesgleichen seit 1933 geschehen sei. Es werde erwartet, daß auch legislative Maßnahme folgen würden. Zitiert nach: BARKAI, Boykott, S. 138; vgl. auch: LONGERICH, Politik, S. 179 f.; THE HOLOCAUST, Band 1, S. 138-145.

Joachim von Ribbentrop, nunmehr Chef des Auswärtigen Amtes, brachte in persönlichem Gespräch mit Goebbels „Angst um die Judenfrage" zum Ausdruck. Der Berliner Gauleiter versprach wohl, sanfter vorzugehen, allein, das Prinzip bleibe bestehen, Berlin müsse gesäubert werden. Im übrigen wolle man bald in der Welt eine große Propagandaaktion über die Judenfrage starten.[263]

Die „Berlin-Aktion" erscheint als Initiativprojekt von Joseph Goebbels. Die Ausweitung der „Asozialen-Aktion" war mit hoher Wahrscheinlichkeit nicht im Vorfeld mit Hitler abgestimmt oder von ihm angeordnet. Auf einen Alleingang des Berliner Gauleiters deutet, bei aller Vorsicht im Zusammenhang mit Schlußfolgerungen *ex silentio*, auch ein Fehlen jeglicher Hinweise auf die Maßnahmen in seinem Tagebucheintrag vom 15. Juni 1938, in welchem er sich mit der üblichen Ausführlichkeit auf eine Besprechung mit Hitler bezieht. Es finden sich wiederholt Bemerkungen über dessen Zufriedenheit mit Goebbels' Arbeit, insbesondere sprach der Reichskanzler dem Propagandaminister offenbar seine Anerkennung für die „Reformarbeit" am deutschen Theater aus, die entsprechenden Maßnahmen erscheinen also politisch voll abgedeckt.[264]

Die Rückendeckung für seine Berlin-Aktion erhielt Goebbels offenbar nachträglich. Mit Bezug auf eine Besprechung mit dem Reichskanzler notierte er Ende Juli 1938, was die Auslandspresse schreibe, sei unerheblich, Hauptsache sei, daß die Juden herausgedrückt würden. In zehn Jahren müßten sie aus Deutschland entfernt sein, vorläufig aber wolle man sie noch als Faustpfand behalten.[265]

Hitler maß dem Nutzen dieser judenfeindlichen Maßnahmen offensichtlich also einen höheren Wert bei als den diplomatischen Schäden. Es ist auch zu erwägen, inwieweit ihm antisemitische Aktionen als außenpolitisches Druckmittel sogar willkommen waren. Schon der Boykott vom Frühjahr 1933 hatte gezeigt, daß er die Judenfrage auch in einer außenpolitischen Dimension sah. Goebbels' oben zitierte Rede vom September 1935 vor einem geschlossenen Kreis von Parteipropagandisten auf dem „Reichsparteitag der Freiheit" würde eine derartige Auslegung stützen.[266] Die „Berlin-Aktion" demonstrierte in dieser Angelegenheit jedenfalls Entschlossenheit, und Goebbels zog eine positive Schlußbilanz, in welcher er, gewissermaßen der eigenen Propaganda erlegen, den Urheber der Gewaltmaßnahmen verwechselte und von *Volksjustiz* sprach: Diese habe doch auch wieder ihr Gutes gehabt, die Juden seien aufgeschreckt worden und würden sich nun wohl hüten, Berlin für ihr Dorado anzusehen.[267]

Entsprechend gestaltete er den Tenor seiner Rede anläßlich der Sonnwendfeier am 22. Juni 1938 im Berliner Olympiastadion. Es sei dem Nationalsozialismus in langjährigem Kampfe gelungen, aus Berlin eine echt deutsche Stadt

---

[263] Vgl.: Goebbels, Tagebücher, Band I/5, 6.7.1938, S. 379/Z. 21-24.
[264] Vgl.: ebenda, 15.6.1938, S. 345/Z. 21 f.
[265] Vgl.: ebenda, 25.7.1938, S. 393/Z. 22-25.
[266] Vgl.: Tondokument Judenverfolgung, Spur A, Stück Nr. 5.
[267] Vgl.: Goebbels, Tagebücher, Band I/5, 22.6.1938, S. 355/Z. 27-29.

zu machen, die Ergebnisse dürften nicht wieder verlorengehen. Man habe nicht sieben Jahre gegen das Judentum gekämpft, damit es sich in Berlin breiter mache als zuvor. Es sei geradezu empörend, daß in den letzten Monaten nicht weniger als dreitausend Juden nach Berlin eingewandert seien. Die weitere Auseinandersetzung mit dem Judentum werde allerdings streng auf gesetzlichem Wege und nicht auf der Straße vollzogen, in absehbarer Zeit werde der jüdische Einfluß auch in der Wirtschaft gebrochen.[268]

Tatsächlich war das Vorgehen gegen Berliner Juden mit dem Abbruch der Aktion keineswegs abgeschlossen, Helldorf schlug sogar vor, in Berlin ein mit jüdischen Mitteln zu finanzierendes Judenghetto einzurichten[269], was Hitler aber ablehnte. Daraufhin bereitete der Polizeipräsident nunmehr also „legale" Anschlußmaßnahmen vor, welche die volle Zustimmung von Goebbels fanden.[270] Es handelt sich hierbei um eine Dienstanweisung vom 20. Juli 1938 („Richtlinien für die Behandlung von Juden und Judenangelegenheiten"), in welcher Helldorf formaljuristisch zulässige Verwaltungsschikanen in 76 Punkten zusammengestellt hatte. In seinem Begleitschreiben brachte er die Hoffnung zum Ausdruck, daß jeder Beamte unter Einsatz seiner ganzen Kraft das Seine dazu beitragen möge, daß der erstrebte Erfolg, Berlin von den Juden zu befreien, auch erreicht werde.[271] Im August und im Oktober 1938 konnte Helldorf melden, daß viele dem Abwanderungsdruck nachgegeben hätten, eine beigefügte Vermögensaufstellung der Berliner Juden zerstreute etwaige Bedenken.[272]

---

[268] Vgl.: ADG, 22.6.1938, Nr. 3610/F; „Ist es nicht geradezu empörend und treibt es einem nicht die Zornesröte ins Gesicht, wenn man bedenkt, daß in den letzten Monaten nicht weniger als 3000 Juden nach Berlin eingewandert sind? Was wollen die hier? Sie sollen dahin gehen, woher sie gekommen sind, und sie sollen uns nicht noch weiter lästig fallen. [...] Wir haben nicht sieben Jahre in Berlin gegen das internationale Judentum gekämpft, damit es sich heute im nationalsozialistischen Berlin beinahe breiter macht als je zuvor. Gegen diese provokative Haltung des internationalen Judentums in Berlin müssen wir schärfstens protestieren." „Goebbels über die Auseinandersetzung mit den Juden. Eine Rede bei der Berliner Sonnwendfeier", in: „Deutsche Allgemeine Zeitung" vom 23.6.1938, zitiert nach: REUTH, Goebbels, S. 384. Zur Rede vgl. auch: GOEBBELS, Tagebücher, Band I/5, 22.6.1938, S. 356/Z. 35-40. Die Zahlenangaben waren unrichtig, wurden aber mit hoher Wahrscheinlichkeit von Hitler genehmigt, vgl.: LONGERICH, Politik, S. 637/Anm. 114. Vgl. auch: „Abends noch große Sonnwendfeier im Olympiastadion. [...] Ich halte eine sehr scharfe Rede. Rücksichtslose Auseinandersetzung mit dem Judentum. Die Massen toben. [...] Zu Hause noch Rede korrigiert. Mit Göring Passus über Juden festgelegt. Er gibt sich Mühe, die Ausschreitungen abzudämmen. Im Übrigen geht der Kampf gegen das Judentum legal weiter bis zur letzten Galgensprosse. Heraus muß es." GOEBBELS, Tagebücher, Band I/5, 22.6.1938, S. 356/Z. 43-47. Zu einer gewissen Distanzierung von der Aktion und einer entsprechenden Schuldzuweisung an Dritte wegen der Eskalation, analog zur „Kurfürstendammaktion" vom Sommer 1935, vgl.: ebenda, 24.6.1938, S. 358/Z. 11 f.

[269] Vgl.: ebenda, 2.7.1938, S. 366/Z. 25 f.

[270] Vgl.: „Helldorff überreicht mir eine Aufstellung der in Berlin gegen die Juden getroffenen Maßnahmen. Die sind nun wirklich rigoros und umfassend. Auf diese Weise treiben wir die Juden in absehbarer Zeit aus Berlin heraus." Ebenda, 27.7.1938, S. 398/Z. 20-22.

[271] Zitiert nach: LONGERICH, Politik, S. 182; vgl. auch: GRUNER, Judenverfolgung Berlin, S. 53.

[272] Vgl.: „Helldorff gibt Bericht über seine weiteren Judenaktionen. Die gehen planmäßig vor sich. Viele Juden sind bereits aus Berlin ausgewandert. Aufstellung des Vermögen der Berliner Juden: es gibt noch so viele reiche Leute und mehrfache Millionäre darunter, daß Mitleid hier ganz fehl am Orte wäre. Wir werden also die Aktion fortsetzen." GOEBBELS, Tagebücher, Band I/6, 31.8.1938, S. 65/Z. 15-19; dementsprechend: ebenda, 12.10.1938, S. 142/Z. 9-12.

Die „Berlin-Aktion" ist für die gegebene Fragestellung sehr bedeutsam. Abermals hatte Goebbels wohl aus eigener Initiative eine gewisse Grenze überschritten und eine bislang theoretische Forderung verwirklicht. Die aktive Vertreibung erscheint von nun an als praktikabler und nicht mehr diskutierter Bestandteil aller folgenden judenfeindlichen Konzepte. Der Berliner Gauleiter unterstützte in dieser Phase nachweislich die Anwendung psychischen wie auch physischen Drucks, um Abwanderungen zu begünstigen.[273] Damit entsprach er, möglicherweise unbewußt, den Darlegungen und Empfehlungen, welche man im Judenreferat des Sicherheitsdienstes bereits im Januar 1937 in einer Denkschrift festgehalten hatte. Unter beispielhafter Erwähnung der besprochenen „Kurfürstendamm-Krawalle" vom 12. September 1931 oder vom 15. Juli 1935, der Bezug ist nicht eindeutig, waren Pogrome (*Volkszorn*) als wirksamste Mittel zur Verstärkung politischen Drucks im Hinblick auf die Auswanderung von Juden eingestuft und somit Manifestationen von Radauantisemitismus in die politischen Konzepte integriert worden.[274] Eine unmittelbare Kenntnis dieser Empfehlungen ist Goebbels auf heutigem Forschungsstand nicht nachweisbar, es könnte eine entsprechende Einwirkung durch Hitler erfolgt sein.

Im übrigen Deutschland hatte man sich an den Berliner Aktionen ein Beispiel genommen, in Stuttgart wurden offenbar ähnliche Maßnahmen geplant, Goebbels wollte dort allerdings dafür sorgen, daß alles in geordnetem Rahmen ablaufe.[275] Vermutlich hegte er hier doch wieder gewisse Bedenken in bezug auf die Außenwirkung derartiger Ereignisse. Jedenfalls, so seine Absicht, sollten die Maßnahmen nicht auf Berlin beschränkt bleiben, sondern breit angelegt werden, als Gegenkraft zu *Weltjudentum* und dessen wahrgenommener Agitation. In dieser Phase noch bezeichnete Goebbels die Lösung der Judenfrage als „rein innerdeutsches Problem", er lehnte jegliche Verhandlung mit dem Ausland ab. England hatte offenbar eine entsprechende Forderung gestellt, die von Ribbentrop glatt abwies.[276]

Auf Reichsebene fielen im August 1938 wichtige Entscheidungen in der Judenpolitik zur Durchführung der generellen Separierung auf Grundlage der Vorschläge Heydrichs vom September 1935.[277] Juden mußten fortan einen spe-

---

[273] Goebbels wandte sich allerdings gegen die Mißhandlung von Juden in Konzentrationslagern, sie war unter gewissermaßen pragmatischem Gesichtspunkt sinnlos, vgl.: „Die Juden in Sachsenhausen werden zu schlecht behandelt. Ich lasse das abstellen." GOEBBELS, Tagebücher, Band I/5, 5.7.1938, S. 369/Z. 9 f.; „Helldorff beauftragt, das Schicksal der Juden im K.Z. einmal zu überprüfen. Da sollen Schweinereien vorgekommen sein. Ich will das nicht." Ebenda, 8.7.1938, S. 372/Z. 5-7.

[274] Vgl.: „Denkschrift ‚Zum Judenproblem' des für Judenfragen zuständigen Referats des Sicherheitsdienstes (SD) vom Januar 1937", in: WILDT, Judenpolitik, S. 95-105, Zitatstelle S. 99. Zur Judenpolitik von Gestapo und SD vgl.: LONGERICH, Politik, S. 67-69 und S. 135-152; WILDT, Judenpolitik, S. 22 f.

[275] Vgl.: GOEBBELS, Tagebücher, Band I/5, 9.7.1938, S. 374/Z. 4 f.; LONGERICH, Politik, S. 183 f.

[276] Vgl.: GOEBBELS, Tagebücher, Band I/5, 16.7.1938, S. 382/Z. 13-16.

[277] Vgl.: „Heydrich an die Teilnehmer der Chefbesprechung im Reichswirtschaftsministerium, 9. September 1935", in: WILDT, Judenpolitik, S. 70-73; ebenda, S. 23-25.

ziellen Inlandsausweis mit sich führen, mit Wirkung vom 1. Januar 1939 erhielten sie einen zusätzlichen Vornamen (Sarah, Israel), die neben weiteren Zusätzen im Paß eingetragen wurden und auch auf Namensschildern auszuweisen waren.[278]

REICHSKRISTALLNACHT[279] UND FOLGEMASSNAHMEN

Offenbar bestanden im Herbst 1938 innerhalb der Reichsleitung gewisse Unklarheiten in bezug auf eine einheitliche Verfahrensweise in der Judenpolitik nach der „Berlin-Aktion". Es erfolgten verschiedene, von Göring geleitete Besprechungen, jedoch wohl ohne diesbezügliche Entscheidung Hitlers.[280] Nach Abschluß des „Münchner Abkommens" flammten in vielen Gebieten des Reiches wieder schwere antijüdische Aktionen auf. In fanatischer Stimmung wurden vielerorts Synagogen verwüstet und Juden vertrieben.[281]

Am 7. November 1938 verübte Herzel Grynszpan, ein junger polnischer Jude, dessen Eltern im Herbst 1938 aus Deutschland ausgewiesen, von Polen aber nicht aufgenommen worden waren, in Paris den fatalen Anschlag auf den deutschen Legationssekretär Ernst vom Rath.[282] Unmittelbar nach Bekanntwerden des Attentats setzte eine scharf antisemitische Presseberichterstattung ein[283], die, vom Reichspropagandaministerium zentral gesteuert, wahrscheinlich auf persönliche Einwirkung von Goebbels zurückzuführen ist.[284] Im offiziellen Rundruf des „Deutschen Nachrichtenbüros", der zentralen staatli-

---

[278] Vgl.: „Zweite Verordnung zur Durchführung des Gesetzes über die Änderung von Familiennamen und Vornamen" vom 17. August 1938, RGBL., 1938, Teil I, Nr. 130, S. 1044 mit Wirkung vom 1.1.1939; „Der Reichs- und Preußische Minister des Innern an den Stellvertreter des Führers und den Reichsminister der Justiz", 14. August 1935, in: DIE REGIERUNG HITLER, Akten der Reichskanzlei, Band II/2, S. 736-738; „Verordnung über Reisepässe von Juden" vom 5. Oktober 1938, RGBL., 1938, Teil I, Nr. 159, S. 1342.

[279] Zu Entstehung, Interpretation und Gebrauch des Ausdrucks vgl.: REPGEN, Judenpogrom, S. 112; LAUBER, S. 41-46. In der Forschung wird auch von „Pogromnacht" oder „Novemberpogrom" gesprochen. Der Argumentation Konrad Repgens ist uneingeschränkt zuzustimmen; wenn im folgenden dennoch zur Bezugnahme auf die antisemitischen Ausschreitungen vom 9./10. November 1938 der Ausdruck „Reichskristallnacht" gebraucht wird, so erfolgt dies in keiner Weise einschränkend, wie es etwa Burleigh generell unterstellt, vgl.: BURLEIGH, S. 379. Zu Propagandaaspekten der „Reichskristallnacht" vgl.: BRAMSTED, S. 504-507; LOEWENBERG, S. 311-314.

[280] Vgl.: GOEBBELS, Tagebücher, Band I/6, 3.11.1938, S. 170/Z. 6 f.

[281] Vgl.: LONGERICH, Politik, S. 190-195. Zum „Münchner Abkommen" vgl.: ERDMANN, Band 4/II, S. 479 f.

[282] Zum Hintergrund des Anschlags vgl.: FRIEDLÄNDER, Reich, S. 290-301; GRAML, Reichskristallnacht, S. 9-12. Zur Ausweisung der polnischen Juden vgl.: LONGERICH, Politik, S. 195-197; BENZ, Novemberpogrom, S. 499-505; KROPAT, Reichskristallnacht, S. 47-49; MAURER, Abschiebung, S. 56-71; HEIBER, Grünspan, S. 134-148.

[283] Vgl. exemplarisch: „Die Verbrecher", in: VÖLKISCHER BEOBACHTER, 51 (1938), 312. Ausgabe, 8. November, S. 1 f.; „Ein neuer Fall Gustloff. Der jüdische Mordanschlag in Paris", in: ebenda, 313. Ausgabe, 9. November, S. 2 f.

[284] Vgl.: GRAML, Reichskristallnacht, S. 12 f.

chen Nachrichtenagentur (im folgenden DNB)[285], vom 7. November 1938 heißt es unter anderem, alle deutschen Zeitungen müßten in großer Aufmachung über den Anschlag berichten, in eigenen Kommentaren sei darauf hinzuweisen, daß das Attentat die schwersten Folgen für die Juden in Deutschland haben müsse. Es wurden Verbindungen zum erwähnten Anschlag auf Wilhelm Gustloff konstruiert und hierbei jüdische Emigranten der geistigen Urheberschaft bezichtigt.[286] Vor dem Hintergrund der seit Oktober wieder in Gang gesetzten Ausschreitungen fürchteten sich die Juden in Deutschland vor den Folgen, welche der Tod Ernst vom Raths haben würde, auch die ausländische Presse ahnte Unheil.[287]

Goebbels nahm in seinen Tagebuchaufzeichnungen mit Begeisterung Bezug auf gewaltsame antijüdische Demonstrationen in Kassel und Dessau. Die entsprechenden Einträge setzen unvermittelt neben den üblichen politischen und privaten Notizen ein, sie geben keinen Hinweis auf diesbezügliche aktive Vorbereitungen seitens des Propagandaministers.[288]

Am späten Nachmittag des 9. November 1938, vom Rath war inzwischen verstorben, nahm Goebbels an der Gedenkfeier zum Marsch auf die Feldherrnhalle des Jahres 1923 (Hitlerputschversuch) im Alten Rathaus in München teil. Er will Hitler „die Angelegenheit vorgetragen" haben, dieser habe daraufhin entschieden, die Demonstrationen weiterlaufen zu lassen und die

---

285 Vgl.: BRAMSTED, S. 350.

286 Vgl.: DNB-Rundruf vom 7. November 1938, in: PRESSEANWEISUNGEN, Band 6/III, S. 1050; Presseanweisung vom 8. November 1938, in: ebenda, S. 1051 f. Zu nennen wäre beispielsweise der von Goebbels persönlich verachtete Schriftsteller Emil Ludwig, vgl.: BENZ, Novemberpogrom, S. 506 f. Zu Emil Ludwig vgl.: GOEBBELS, Tagebücher, Band I/I, 17.7.1929 398 f.; GOEBBELS, Tagebücher, Band I/3,II, 6.11.1936, S. 240 f./Z. 51-55; GOEBBELS, Tagebücher, Band II/5, 7.7.1942, S. 72/Z. 183-187; GOEBBELS, Tagebücher, Band II/6, 20.12.1942, S. 479/ Z. 158-165 und 25.12.1942, S. 503/ Z. 85-93. Vgl. ferner: „Das Befinden des von dem Juden angeschossenen Diplomaten Raths in Paris ist weiterhin sehr ernst. Die deutsche Presse geht mächtig ins Zeug." GOEBBELS, Tagebücher, Band I/6, 10.11.1938, S. 179/Z. 17 f.

287 Vgl. exemplarisch: DEUTSCHKRON, S. 36; BENZ, Novemberpogrom, S. 507 f. Zur Auslandspresse vgl. exemplarisch: „The Times" vom 9. November 1938, zitiert nach: GRAML, Reichskristallnacht, S. 12.

288 Vgl.: „In Paris hat ein polnischer Jude Grynspan auf den deutschen Diplomaten vom Rath in der Botschaft geschossen und ihn schwer verletzt. Aus Rache für die Juden. Nun aber schreit die deutsche Presse auf. Jetzt wollen wir Fraktur reden. In Hessen große antisemitische Kundgebungen. Die Synagogen werden niedergebrannt. Wenn man jetzt den Volkszorn einmal loslassen könnte!" GOEBBELS, Tagebücher, Band I/6, 9.11.1938, S. 178/Z. 14-18; auch: HOFER, Diktatur, S. 94. Zu den Ausschreitungen in den Gaugebieten Kurhessen bzw. Hessen-Nassau vgl.: BENZ, Novemberpogrom, S. 508 f.; KROPAT, Kristallnacht, S. 21-50, mit zahlreichenden Dokumenten; KROPAT, Reichskristallnacht, S. 56-78. Zu weiteren Gewaltmaßnahmen in unmittelbarem Vorfeld der „Reichskristallnacht" vgl.: ebenda, S. 79-81. Organisation und Urheberschaft dieser Ausschreitungen werden in der Forschung unterschiedlich beurteilt, möglicherweise bestehen unmittelbare Einwirkungen von Goebbels in den Raum Fulda, vgl.: ebenda, S. 77 f. und Dokument Nr. 9, S. 208-211. Hans Mommsen schließt eine Beteiligung von Goebbels an den Ausschreitungen im Vorfeld der „Reichskristallnacht" aus, vgl.: MOMMSEN, Funktion, S. 180. In der Forschung wird auch die Meinung vertreten, daß gerade die Radikalität der Ausschreitungen Goebbels zu einer Verschärfung seines Propagandakurses verleitet habe, vgl.: OBST, S. 71.

Polizei zurückzuziehen. Die Juden sollten, wie der Berliner Gauleiter ihn offenbar verstanden hatte, einmal den Volkszorn zu spüren bekommen. Der Reichskanzler sei stärkstens beeindruckt gewesen, habe es abgelehnt zu sprechen und sei kurz darauf in seine Wohnung gefahren.[289] Goebbels habe dann sofort entsprechende Anweisungen an Polizei und Partei gegeben und vor der versammelten Parteielite gesprochen: „Stürmischer Beifall. Alles saust gleich an die Telephone. Nun wird das Volk handeln."[290]

Vielerorts waren zu diesem Zeitpunkt bereits starke Ausschreitungen in Gang (gebracht).[291] Die Rede von Goebbels spielte insofern ein wichtige Rolle, als sie auf Reichsebene beschleunigend und ausweitend wirkte, es ist fraglich, inwieweit sie als ursächlich auslösend betrachtet werden soll.[292]

Die Ansprache ist in ihrem exakten Wortlaut nicht überliefert, die Erinnerungen der Teilnehmer sind teilweise widersprüchlich. Auch die Dokumente des NSDAP-Parteigerichts zu dem später eingeleiteten internen Untersuchungsverfahren sind in bezug auf die Rede recht vage formuliert[293], zudem ist zweifelhaft, inwieweit ihnen Glaube geschenkt werden kann. Eine sichere Rekonstruktion ist daher auf heutigem Quellenstand unmöglich.

Die Formulierungen, die Goebbels in seinen entsprechenden Tagebuchaufzeichnungen verwendet, deuten auf einen recht aggressiven Tenor seiner Aus-

---

[289] Vgl.: Aussage Freiherr von Ebersteins [SS-Obergruppenführer und Polizeipräsident von München], in: IMG, Band XX, S. 320.

[290] Indirektes und direktes Zitat vgl.: GOEBBELS, Tagebücher, Band I/6, 10.11.1938, S. 180/Z. 35-41.

[291] Vgl.: GRAML, Reichskristallnacht, S. 16.

[292] Vgl.: KROPAT, Reichskristallnacht, S. 79-81 mit einem Forschungsüberblick und Diskussion der Kontroversen. Kropat legt überzeugend die Unwahrscheinlichkeit dar, daß Hitler bis zum Abend des 9. November keine Kenntnis vom Tode des Diplomaten gehabt habe und schließt daher eine spontane Entscheidung aus, vgl.: ebenda, S. 82-85. Auch Hitlers Adjutant Nicolaus von Below bestätigt, daß der Reichskanzler die Nachricht bereits am Nachmittag erhalten habe, gleichwohl geht er davon aus, daß Hitler die Ausschreitungen nicht angeordnet oder gebilligt habe, vgl.: BELOW, S. 136. Für einen Zerstörungsbefehl vgl. exemplarisch: „Am 10. November 1938, 3 Uhr, erreichte mich folgender Befehl: ‚Auf Befehl des Gruppenführers sind sofort innerhalb der Brigade 50 sämtliche jüdischen Synagogen zu sprengen oder in Brand zu setzen. Nebenhäuser, die von arischer Bevölkerung bewohnt werden, dürfen nicht beschädigt werden. Die Aktion ist in Zivil auszuführen. Meutereien oder Plünderungen sind zu unterbinden. Vollzugsmeldung bis 8.30 Uhr an Brigadeführer oder Dienststelle.'" „SA der NSDAP Brigade 50 (Starkenburg) an SA-Gruppe Kurpfalz Mannheim", 11. November 1938, in: POLIAKOV/WULF, Juden, S. 349-351; vgl. auch: BERSCHEL, S. 320-333; KEHRL, S. 141 f.

[293] Vgl.: „Am Abend des 9. November 1938 teilte der Reichspropagandaleiter Pg. Dr. Goebbels den zu einem Kameradschaftsabend im Alten Rathaus zu München versammelten Parteiführern mit, dass es in den Gauen Kurhessen und Magdeburg-Anhalt zu judenfeindlichen Kundgebungen gekommen sei, dabei seien jüdische Geschäfte zertrümmert und Synagogen in Brand gesteckt worden. Der Führer habe auf seinen Vortrag entschieden, dass derartige Demonstrationen von der Partei weder vorzubereiten noch zu organisieren seien, soweit sie spontan entstünden, sei ihnen aber auch nicht entgegenzutreten." „Bericht über die Vorgänge und parteigerichtlichen Verfahren, die im Zusammenhang mit den antisemitischen Kundgebungen vom 9. November 1938 stehen", Dokument 3063-PS, in: IMG, Band XXXII, S. 21-29, Zitatstelle S. 21.

führungen. Dies bestätigen auch die Erinnerungen von Teilnehmern der Veranstaltung. Werner Kuhnt berichtet folgendermaßen: „Es war eine Rede voller Zorn und Empörung, was hier an Deutschen in der Welt geschieht. Wenn so etwas passiert, dann reagieren wir als Volk und dann lassen wir uns das nicht gefallen. Und es wurde das Weltjudentum als Verantwortung [sic] dafür genannt. Und das empörte uns."[294] Baldur von Schirach beschrieb die Rede 1946 vor dem Internationalen Militärgerichtshof als „ausgesprochen hetzerisch", es sei ihr zu entnehmen gewesen, daß Goebbels vorhatte, eine Aktion zu starten.[295]

Den Erinnerungen Rudolf Jordans, seinerzeit Gauleiter von Magdeburg-Anhalt, zufolge, sprach der Propagandaminister wohl zunächst von einer spontanen Empörung des deutschen Volkes, die sich sicherlich in den kommenden Stunden noch weiter entwickeln werde und der man sich nicht entgegenstellen dürfe, auch wenn formaljuristische Erwägungen solchen Aktionen entgegenstünden. Im Einverständnis mit dem Chef der Deutschen Polizei (Heinrich Himmler[296]) seien die entsprechenden Dienststellen instruiert, jüdische Interessen nicht gegen die eigenen Volksgenossen zu schützen. Daraufhin habe Heydrich das Wort ergriffen und bekräftigt, daß die Polizei Anweisung habe, sich reserviert zu verhalten.[297]

Das Urteil des NSDAP-Parteigerichts faßte zusammen, die mündlich gegebenen Anweisungen des Reichspropagandaleiters seien wohl von sämtlichen anwesenden Parteiführern so verstanden worden, daß die Partei nach außen nicht in Erscheinung treten, sie aber in Wirklichkeit organisieren und durchführen sollte.[298] Das interne Tribunal gelangte zu der Auffassung, daß Goebbels, im Vertrauen darauf, von den erfahrenen Parteigenossen schon richtig verstanden zu werden, bewußt vage formuliert habe. Hinzu seien wohl gewisse Mißverständnisse in der Befehlskette gekommen, die schließlich bei den Ausführenden den Eindruck erweckt hätten, daß für das Blut vom Raths nun auch Judenblut fließen müsse.[299]

Die auf den weiteren Verlauf der „Reichskristallnacht" bezugnehmenden Tagebucheintragungen des Propagandaministers zeugen durchaus von Begei-

---

[294] Aussage von Werner Kuhnt, zitiert nach: FEUERPROBE – POGROMNACHT 1938, 10:27-10:52.

[295] Vgl.: Aussage Baldur von Schirachs, in: IMG, Band XIV, S. 466; Heinz Höhne spricht von einer: „Meisterleistung nationalsozialistischer Demagogie", HÖHNE, Orden, S. 314; Günther Deschner schreibt, die Rede habe von Judenhaß getrieft, vgl.: DESCHNER, Statthalter, S. 169; OVEN, Goebbels, S. 125.

[296] Zu biographischen Aspekten vgl.: ACKERMANN, S. 115-132.

[297] Vgl.: JORDAN, S. 181 f. Die Erinnerungen Jordans sind erst relativ spät niedergeschrieben worden, hinsichtlich der Anwesenheit bzw. Einbindung von Himmler und Heydrich stehen die Aussagen der Quelle auf heutigem Forschungsstand allein.

[298] Vgl.: „Bericht über die Vorgänge und parteigerichtlichen Verfahren, die im Zusammenhang mit den antisemitischen Kundgebungen vom 9. November 1938 stehen", Dokument 3063-PS, in: IMG, Band XXXII, S. 21-29, Zitatstelle S. 21. Vgl. hierzu auch: Aussage von Hermann Göring, in: IMG, Band IX, S. 578 f.

[299] Vgl.: „Bericht über die Vorgänge und parteigerichtlichen Verfahren, die im Zusammenhang mit den antisemitischen Kundgebungen vom 9. November 1938 stehen", Dokument 3063-PS, in: IMG, Band XXXII, S. 21-29, Zitatstellen S. 26 bzw. S. 27.

sterung über Art und Umfang der Maßnahmen. Goebbels verwies auf die un-
aufhaltbare Dynamik der Ereignisse, welcher er sich nicht entgegenstellen
könne noch wolle, hierbei wird ein Befehl Hitlers zur Verhaftung von 25000-
30000 Juden erwähnt.[300] Tatsächlich sprach der Reichsminister in seinen Aufzeichnungen auch über seinerseits verfügte weitertreibende organisatorische
und exekutive Anordnungen für das Reichsgebiet wie für Berlin.[301] Dies
widerlegt die Einschätzung Schaumburg-Lippes, Goebbels habe eine Beschleunigung der Ereignisse in Berlin scharf verurteilt.[302]

Gegen 2.00 Uhr am Morgen des 10. November wurde der Propagandaminister mit hoher Wahrscheinlichkeit über das erste Todesopfer der Ausschreitungen informiert (Chaim Both, ein Jude polnischer Staatsangehörigkeit). Er
habe daraufhin gesagt, der Melder solle sich wegen eines toten Juden nicht aufregen, in den nächsten Tagen würden Tausende von Juden daran glauben müssen. Das Parteigericht vermutete, daß sich die meisten Todesfälle dieser Nacht
zu diesem Zeitpunkt noch hätten verhindern lassen[303], und gelangte daher zum
Ergebnis, daß der Tod von Juden gewollt, zumindest aber als möglich und er-

---

[300] Vgl.: „Ich will ins Hotel. Da sehe ich den Himmel blutrot. Die Synagoge brennt. Gleich zum
Gau. Dort weiß noch niemand etwas. Wir lassen nur soweit löschen, als das für die umliegen-
den Gebäude notwendig ist. Sonst abbrennen lassen. Der Stoßtrupp verrichtet fürchterliche Arbeit. Aus dem ganzen Reich laufen nun die Meldungen ein [...]. Der Führer hat angeordnet, daß
2[5]-30000 Juden sofort zu verhaften sind. Das wird ziehen. Sie sollen sehen, daß nun das Maß
unserer Geduld erschöpft ist." GOEBBELS, Tagebücher, Band I/6, 10.11.1938, S. 180 f./Z. 60-66;
Zum erwähnten Haftbefehl vgl.: GRAML, Reichskristallnacht, S. 22 und S. 33 f.

[301] Vgl.: „Mit Adolf Wagner [Adolf Wagner, Gauleiter von München-Oberbayern] zum Gau. Ich
gebe nun ein präzises Rundschreiben heraus, in dem dargelegt wird, was getan werden darf und
was nicht. Wagner bekommt kalte Füße und zittert für seine jüdischen Geschäfte. Aber ich lasse mich nicht beirren. Unterdes verrichtet der Stoßtrupp sein Werk. Und zwar macht er ganze
Arbeit. Ich weise Wächter [Werner Wächter, seit 1936 Leiter des Reichspropagandaamts Ber-
lin] in Berlin an, die Synagoge in der Fasanenstraße zerschlagen zu lassen. Er sagt nur dauernd
‚Ehrenvoller Auftrag'." GOEBBELS, Tagebücher, Band I/6, 10.11.1938, S. 180/Z. 52-57. „Wagner
ist noch immer etwas lau. Aber ich lasse nicht locker. Wächter meldet mir, Befehl ausgeführt. Wir
gehen mit Schaub in den Künstlerklub, um weitere Meldungen abzuwarten. In Berlin brennen
5, dann 15 Synagogen ab. Jetzt rast der Volkszorn. Man kann für die Nacht nichts mehr dagegen
machen. Und ich will auch nichts machen. Laß es laufen. [...] Als ich ins Hotel fahre, klirren die
Fensterscheiben. Bravo! Bravo! In allen großen Städten brennen die Synagogen. Deutsches Ei-
gentum ist nicht gefährdet. Im Augenblick ist nichts Besonderes mehr zu machen." Ebenda,
10.11.1938, S. 181/Z. 73-75.

[302] Vgl.: SCHAUMBURG-LIPPE, S. 182-185. Werner Naumann, Chef des Ministerialamts im RMVP,
erklärte später, Goebbels habe gewiß keine beruhigenden Worte gesprochen, das sei nicht seine Art gewesen, aber er habe ebenso gewiß keine Möglichkeit gehabt, den Brand der Synagogen und die Zerstörung der jüdischen Geschäfte im ganzen Reich anzuordnen, weil ihm dazu
die Hausmacht gefehlt habe, vgl.: OVEN, Goebbels, S. 125. Zu den Ausschreitungen in Berlin
vgl.: GRUNER, Reichshauptstadt, S. 238 f.

[303] Der Propagandaminister hatte aber noch in der Nacht um 1.40 Uhr ein Rundschreiben herausgegeben, um 2.56 Uhr folgte ein Rundschreiben des Stabes des Stellvertreters des Führers, das
Brandlegungen an jüdischen Geschäften verboten habe. Beide Dokumente sind im Protokoll
des internen Gerichtsverfahrens erwähnt, leider aber in der Sammlung des IMG nicht aufge-
funden worden, vgl.: „Bericht über die Vorgänge und parteigerichtlichen Verfahren, die im Zusammenhang mit den antisemitischen Kundgebungen vom 9. November 1938 stehen", Dokument 3063-PS, in: IMG, Band XXXII, S. 21-29, Zitatstelle S. 22.

wünscht in Rechnung gestellt worden sei, und die Täter dementsprechend grundsätzlich nicht zu bestrafen seien.[304]

Goebbels' Tagebucheinträge des Folgetages, wahrscheinlich am frühen Morgen nach Eingang erster Berichte entstanden, erscheinen in ihrem Tenor etwas nüchterner, wenngleich in der Sache konstant. Möglicherweise hatte das Ausmaß der Verwüstungen die Erwartungen der politischen Urheber überschritten.[305] Nach Angaben Görings vor dem Internationalen Militärgerichtshof habe sich Goebbels am Nachmittag des 10. November mit Hitler und ihm getroffen, um die weitere Vorgehensweise zu besprechen. Hierbei soll der Propagandaminister den Vorschlag eingebracht haben, den Juden eine Bußzahlung aufzuerlegen. Dieter Obst hat allerdings auf grundlegende Unstimmigkeiten dieser Darstellung hingewiesen, welche eine derartige Zusammenkunft vor dem 12. November in Frage stellen.[306]

Nach außen standen die Folgetage der „Reichskristallnacht" für Goebbels im Zeichen von Schadensbegrenzung. Die entsprechenden Tagebuchaufzeichnungen lassen Nervosität und Anspannung erahnen, einige Passagen können autosuggestiv erscheinen.[307] Der Propagandaminister versuchte, für die deutsche wie internationale Öffentlichkeit, die Ereignisse möglichst beruhigend darzustellen und gleichzeitig weitere Ausschreitungen zu verhindern. Am 10. November 1938 sprach er um 16.00 Uhr über den Deutschlandsender von einer berechtigten und verständlichen Empörung der Öffentlichkeit über die Ermordung vom Raths, wobei er allerdings weitere antijüdische Demonstrationen und Aktionen streng verbot. Die endgültige Antwort auf das Attentat werde dem Judentum auf dem Weg der Gesetzgebung beziehungsweise der Verordnung erteilt werden. Der Appell wurde etwa gleichzeitig über DNB verbreitet und im Rundfunk stündlich wiederholt.[308]

---

[304] Vgl.: ebenda, S. 29.

[305] Vgl.: [Ab hier Bezug auf den Morgen des 10. November, der Tagebucheintrag ist entweder konstruiert oder tatsächlich nicht aus einem Guß, zu Anfang des Eintrags war vom Rath noch gar nicht gestorben] „Morgens früh kommen die ersten Berichte. Es hat furchtbar getobt. So wie das zu erwarten war. Das ganze Volk ist in Aufruhr. Dieser Tote kommt dem Judentum teuer zu stehen. Die lieben Juden werden es sich in Zukunft überlegen, deutsche Diplomaten so einfach niederzuknallen. Und das war der Sinn der Übung." GOEBBELS, Tagebücher, Band I/6, 10.11.1938, S. 181/Z. 77-81; „Den ganzen Morgen regnet es neue Meldungen. Ich überlege mit dem Führer unsere nunmehrigen Maßnahmen. Weiterschlagen lassen oder abstoppen? Das ist nun die Frage." Ebenda, 10.11.1938, S. 181/Z. 99-102.

[306] Vgl.: Aussage von Hermann Göring, in: IMG, Band IX, S. 313; OBST, S. 89-93; ADAM, Pogrom, S. 92; REPGEN, Judenpogrom, S. 116.

[307] Vgl.: „Ich setze eine Verordnung auf Abschluß der Aktionen auf. Es ist nun gerade genug. Lassen wir das weitergehen, dann besteht die Gefahr, daß der Mob in die Erscheinung tritt." GOEBBELS, Tagebücher, Band I/6, 11.11.1938, S. 182/Z. 4-6; „Bis zum Abend noch weitergearbeitet. Es kommen Meldungen aus Berlin über ganz schwere antisemitische Ausschreitungen. Jetzt geht das Volk vor. Aber nun muß Schluß gemacht werden. Ich lasse an Polizei und Partei entsprechende Anweisungen ergehen. Dann wird auch alles ruhig." Ebenda, 11.11.1938, S. 183/Z. 33-36; dementsprechend: ebenda, 11.11.1938, S. 182/Z. 23-25 und Z. 28-31 sowie 12.11.1938, S. 183/Z. 7-9.

[308] Vgl.: DNB-Rundruf (10.00 Uhr), in: PRESSEANWEISUNGEN, Band 6/III, S. 1059; Anweisung vom 10. November 1938, in: ebenda, S. 1060 f.; DNB-Rundruf (16.20 Uhr), in: ebenda, S. 1061; ADG, 13.11.1938, Nr. 3806/A; BENZ, Novemberpogrom, S. 515; KROPAT, Reichskristallnacht, S. 117.

An Gauleitungen und Polizei erging ein streng vertraulicher Schnellbrief, der ebenfalls die sofortige Einstellung sämtlicher antijüdischer Aktionen befahl, diese hätten den gewünschten und erwarteten Zweck erfüllt. Außerdem wurde eine umgehende Reparatur der Schäden auf Kosten der jüdischen Besitzer angewiesen und nochmals eine Reihe von kurzfristig einzuleitenden Maßnahmen gegen die Juden auf dem Gesetzes- oder Verordnungswege angekündigt.[309]

Die Presse erhielt entsprechende, streng vertrauliche Anweisungen: Man solle melden, daß hier und da Fensterscheiben in Trümmer gegangen und auch Synagogen in Flammen aufgegangen seien. Die Berichte seien nicht groß aufzumachen, keinesfalls in Schlagzeilen, Bildberichterstattungen wurden verboten. Der „Völkische Beobachter" erwähnte dementsprechend die Ausschreitungen zunächst mit keinem Wort, sein Leitartikel vom 10. November bezog sich allein auf den Tod vom Raths. Am 11. November wurde Goebbels' Aufruf besprochen, und zwar mit recht offenen Drohungen gegen die Juden.[310]

Die Auswirkungen auf das Ausland waren zunächst nicht abzusehen. Goebbels erwartete sie mit kaum verborgener Nervosität.[311] Alle in Berlin akkreditierten ausländischen Journalisten wurden am späten Nachmittag des 11. November zu einer amtlichen Pressekonferenz eingeladen. Der Auftritt des Propagandaministers erfolgte wohl in auffällig hektischer Weise, er soll vor den Korrespondenten eine knappe Erklärung abgegeben haben, welche die offensichtlichen Tatsachen bestritt, Gelegenheit zu Gegenfragen wurde nicht eingeräumt. Die Pressevertreter waren praktisch gezwungen, die offizielle Erklärung unverändert weiterzuleiten, wollten sie nicht ihre Zulassung verlieren.[312]

---

[309] Vgl. Goebbels' Aufruf zur Einstellung jeglicher antijüdischer Aktionen vom 10. November 1938, Faksimile-Druck in: IRVING, Goebbels, S. 287.

[310] Vgl.: „Anweisung Nr. 563/38 vom 10.11.1938 und Nr. 566/38 vom 14.11.1938", in: WULF, Presse, S. 104; BENZ, Novemberpogrom, S. 516, mit Beispielen der Umsetzung in der Presse auf S. 516-519. Vgl. auch: „Gesandtschaftsrat vom Rath seinen Verletzungen erlegen. Das neueste Opfer jüdischer Mordhetze", in: VÖLKISCHER BEOBACHTER, 51 (1938), 314. Ausgabe, 10. November, S. 1; „Aufruf des Reichsministers Dr. Goebbels an die Bevölkerung. Neue gesetzliche Regelung der Judenfrage angekündigt", in: ebenda, 315. Ausgabe, 11. November, S. 1.

[311] Vgl.: „Wir warten nun die Auswirkungen im Ausland ab. Vorläufig schweigt man dort noch. Aber der Lärm wird ja kommen." GOEBBELS, Tagebücher, Band I/6, 11.11.1938, S. 182/Z. 18-20; ebenda, 11.11.1938, S. 183/Z. 47-49.

[312] Vgl.: Bericht von Louis P. Lochner, dem damaligen Leiter des Berliner Büros von Associated Press, in: LOCHNER, S. 26 f.; „Die Auslandspresse ist sehr schlecht. Vor allem die amerikanische. Ich empfange die Berliner Auslandsjournalisten und erkläre ihnen die ganze Frage. Das macht großen Eindruck." GOEBBELS, Tagebücher, Band I/6, 12.11.1938, S. 183 f./Z. 10-12; Anweisung vom 11. November 1938 zur Pressekonferenz, in: PRESSEANWEISUNGEN, Band 6/III, S. 1065. Vgl. auch Goebbels' entsprechenden Leitartikel im „Völkischen Beobachter": Die Reaktion des deutschen Volkes sei durch die ruchlose Gemeinheit des Mordes zu erklären, sie sei weder organisiert noch vorbereitet worden, sondern spontan ausgebrochen. Die Nation sei dabei einem gesunden Instinkt gefolgt. „Das aber soll die deutschfeindliche jüdische Auslandspresse wissen: durch Aufbauschung der Vorgänge, durch Verdrehung und Lügen nutzt sie weder sich selbst noch den in Deutschland lebenden Juden. Eher könnte das Gegenteil der Fall sein [...][weitere Drohungen im Verlauf]. Es bedarf keiner Betonung, daß die Reaktionen im Publikum nach der Erklärung vom vergangenen Donnerstag im ganzen Lande endgültig

Am 13. November behauptete Goebbels, im ganzen Lande sei nun Ruhe eingekehrt, seine Erklärungen würden weltweit groß herausgebracht, man befinde sich bereits wieder in der Offensive.[313] Diese Bemerkungen konnten allerdings die zusätzlichen schweren Schäden für das Ansehen des Reichs nicht reparieren. Sie mochten nach den dargestellten Erschütterungen zur eigenen Beruhigung beitragen, möglicherweise formulierte der Reichsminister auch bereits entsprechend für die Nachwelt.

Hans Heinrich Dieckhoff, der deutsche Botschafter in Washington, meldete am 14. November 1938, auch zuvor deutschfreundliche Kreise seien dort nunmehr umgeschwenkt, es herrsche eine orkanartige Stimmung, die ein normales Arbeiten unmöglich mache.[314] Am gleichen Tag zogen die USA ihren Gesandten, Hugh Wilson, aus Berlin zurück.[315]

Angesichts des insgesamt katastrophalen Echos in deutscher wie internationaler Öffentlichkeit[316] bemühten sich einige prominente Nationalsozialisten im nachhinein wohl darum, sich von den Ereignissen der „Reichskristallnacht" zu distanzieren beziehungsweise den Grad ihrer Beteiligung oder Verantwortung zu verschleiern. Teilweise wurden Signale der Mißbilligung lanciert, die auch von der Nachwelt übernommen worden sind.[317] Dies gilt insbesondere für Göring, den der Reichskanzler hinsichtlich der Judenfrage gegenüber In- wie Ausland generell nicht zu stark belasten erscheinen lassen wollte[318], Himmler[319] und Heydrich[320]; Hitler war ohnehin im Hintergrund verblieben.

---

beendigt sind. Keiner hat das Recht, weiterhin noch eigenmächtig zu handeln. Gesetz und Verordnungen, die diese Frage regeln, sind zu erwarten." „Der Fall Grünspan. Von Reichsminister Dr. Goebbels", in: VÖLKISCHER BEOBACHTER, 51 (1938), 316. Ausgabe, 12. November, S. 1 f.; entsprechend: ADG, 14.11.1938, Nr. 3807/B. Zu den Reaktionen des Auslands vgl. im Überblick: MICHELS, S. 348-366.

[313] Vgl.: GOEBBELS, Tagebücher, Band I/6, 13.11.1938, S. 185/Z. 7-9.

[314] Zitiert nach: GENSCHEL, S. 190. Zu ausländischen Interventionen infolge der „Reichskristallnacht" vgl.: ebenda, S. 189-191.

[315] Vgl.: FRIEDLÄNDER, Reich, S. 322; „Roosevelt hat seinen Botschafter von Berlin nach Washington zur Berichterstattung berufen. Der Führer tut dasselbe und beruft Dieckhoff zurück. Das soll diesem amerikanischen Pofel zeigen, daß wir uns nichts gefallen lassen." GOEBBELS, Tagebücher, Band I/6, 20.11.1938, S. 193/Z. 1-5. Der entsprechende Rückruf von Dieckhoff erfolgte am 22. November, vgl.: GENSCHEL, S. 190; hierzu vgl.: „Was will eigentlich Amerika?", in: GOEBBELS, Zeit ohne Beispiel, S. 24-30; STIRK, S. 69 f.; „Telegramm der amerikanischen Botschaft Berlin vom 13. November 1938", in: THE HOLOCAUST, Band 3, S. 174. Zur Reaktion der USA nach der „Reichskristallnacht" vgl.: SIROIS, S. 126-139.

[316] Vgl. exemplarisch: BENZ, Novemberpogrom, S. 541; GRAML, Reichskristallnacht, S. 177, nach: Documents on British Foreign Policy 1919-1937, Third Series, Vol. III., S. 277.

[317] Vgl.: KROPAT, Reichskristallnacht, S. 122-127.

[318] Vgl.: Aussage von Hermann Göring, in: IMG, Band IX, S. 312 f.; Aussage von Karl Bodenschatz [General der Luftwaffe], in: IMG, Band IX, S. 50; „Besprechung mit den Gauleitern, Oberpräsidenten und Reichsstatthaltern über die Judenfrage am 6. Dezember 1938", zitiert nach: HEIM/ALY, S. 383; KUBE, S. 151-201; MASER, S. 286 f.; GRAML, November, S. 55 f.; REITLINGER, S. 13; JOHNSON, S. 137.

[319] Vgl. exemplarisch: „Diktat Himmlers vom 10. November 1938 (Aktennotiz)", ediert in: IMG, Band XXI, S. 392.

[320] Reimann sieht in Heydrich den Organisator, der in der Nacht die entsprechenden Befehle an SS- und Parteiführer gegeben habe, vgl.: REIMANN, S. 261.

Wie dargestellt machte das interne Verfahren vom Februar 1939 Goebbels als Exponent der Aktion in breitem Umfang verantwortlich, ohne weitere Prüfung möglicher Einbindung anderer prominenter Parteileiter[321] und wahrscheinlich nicht ohne parteipolitischen Hintergrund.[322] Immerhin hatte man sich schon an Goebbels' Rückschlägen im Zusammenhang mit seiner Ehekrise hinlänglich geweidet, möglicherweise war sie überhaupt in intriganter Absicht hochgespielt worden, um den Propagandaminister im Zenit seines Ansehens bei Hitler zu fällen; einige Hinweise deuten hierbei auf Göring, Himmler und Rosenberg.[323] Insofern bestand bei dem Berliner Gauleiter vermutlich ein gewisses Bestreben, die Gunst Hitlers zurückzugewinnen.

Das Ergebnis des Parteigerichtsverfahrens entsprach wohl auch der Beurteilung der Schuldfrage in der deutschen Bevölkerung. Bemerkungen des Reichsministers aus dem Jahr 1943 deuten darauf hin, daß auch er selbst den aus der „Reichskristallnacht" resultierten Schaden für sein Ansehen in der Öffentlichkeit sehr hoch einschätzte.[324]

Goebbels' Anteile an der Urheberschaft werden in der Forschung unterschiedlich gewichtet, insgesamt aber nicht bezweifelt. Teilweise werden die Ereignisse auf einen Alleingang des Propagandaministers zurückgeführt[325], ver-

---

[321] Vgl.: BENZ, Novemberpogrom, S. 510; Aussage von Hermann Göring, in: IMG, Band IX, S. 312 f.; Aussage von Paul Körner [Staatssekretär im Preußischen Staatsministerium], in: IMG, Band IX, S. 189; Aussage von Julius Streicher, in: IMG, Band XII, S. 355 f.; Aussage von Friedrich Strobel [Rechtsanwalt], in: IMG, Band XII, S. 436; Aussage von Karl Kaufmann [Gauleiter von Hamburg], in: IMG, Band XX, S. 48-51; Aussage von Friedrich Karl Frh. von Eberstein [SS-Obergruppenführer und Polizeipräsident von München], in: IMG, Band XX, S. 320 f.; BENZ, Barbarei, S. 32 f.; BENZ, November, S. 25 f.; LONGERICH, Politik, S. 200 f.

[322] Vgl.: KROPAT, Reichskristallnacht, S. 124-126. Der Unmut der Parteiführung war tatsächlich auch in der inhaltlichen Unschärfe von Goebbels' Ansprache begründet, die zu große Interpretations- und damit Handlungsspielräume für unleugbar kriminelles Verhalten der Akteure eingeräumt habe und eine Vielzahl von Strafanträgen und Verfahren (Mord, Totschlag, Sachbeschädigung, Plünderung) gegen Parteimitglieder zur Folge hatte. Die Parteileitung mußte sich mit den problematischen Möglichkeiten einer unspektakulären und verträglichen Regulierung auseinandersetzen, vgl.: „Besprechung mit den Gauleitern, Oberpräsidenten und Reichsstatthaltern über die Judenfrage am 6. Dezember 1938", zitiert nach: HEIM/ALY, S. 393-400; KROPAT, Reichskristallnacht, S. 119-121, S. 126 f. und S. 148-153; BENZ, Novemberpogrom, S. 535 f.

[323] Vgl.: REIMANN, S. 258, STEPHAN, S. 115 f. und S. 123-126; dementsprechend: ROSENBERG, Tagebuch, 6.2.1939, S. 65, 24.9.1939, S. 78 und 19.1.1940, S. 96; REUTH, Goebbels, S. 402 f. Zur Ehekrise vgl. ausführlich: EBERMAYER/ROOS, S. 237-284; KLABUNDE, S. 239-261; OVEN, Goebbels, S. 127-131; FRAENKEL/MANVELL, S. 230-233, mit weiteren Informationen; RIESS, S. 205-222; exemplarisch hierzu: GOEBBELS, Tagebücher, Band I/6, 16.8.1938, S. 44 f./Z. 29-45 und 24.10.1938, S. 157 f./Z. 29-43.

[324] Im Jahr 1938 habe sein Ansehen empfindlichen Schaden genommen, erst nach vier Jahren harter Arbeit habe er einen Teil Respekt und Vertrauen zurückgewinnen können, welche er 1938 verspielt habe, Goebbels, zitiert nach: SEMMLER, 10.8.1943, S. 98; dementsprechend: OVEN, Finale, 16.3.1944, S. 253.

[325] So interpretiert beispielsweise Heiber die „Reichskristallnacht" als Initiativprojekt von Goebbels. In seiner Darstellung dominiert das Motiv der Rehabilitierung im Zusammenhang mit der durch die Ehekrise eingeleiteten Abkühlung der Kontakte zu Hitler, vgl.: HEIBER, Goebbels, S. 257; OBST, S. 80-82. Goebbels war sicherlich die Unzufriedenheit Hitlers mit der aus seiner

einzelt wahrscheinlich in der Absicht, Hitler entsprechend zu entlasten, was möglicherweise auf die Darstellung von David Irving zutrifft.[326] Die neuere Forschung geht, gestützt auf zuverlässige Quellen und Plausibilitätsprüfungen, grundsätzlich von einer ursächlichen Beteiligung Hitlers im Hintergrund aus.[327] Dementsprechend wird angenommen, daß die Ereignisse der „Reichskristallnacht" Bestandteil eines politischen Kalküls des Reichskanzlers waren, um das Ausland durch gezielte Provokation kommissiver Solidaritätserklärungen zu einer Aufnahme deutscher Juden zu zwingen.[328] Die Erinnerungen von Otto Dietrich, Reichspressechef der NSDAP, Präsident des Reichsverbandes der deutschen Presse und Vizepräsident der „Reichspressekammer"[329], würden derartige Schlußfolgerungen unterstützen[330], und selbst Goebbels' Erzri-

---

Sicht umständlichen Vorgehensweise der Ministerien zur Voranbringung der Gesamtfrage bekannt, dementsprechend könnte er mit Anerkennung für eine Beschleunigung dieser Verfahren gerechnet haben, vgl.: ADAM, Pogrom, S. 91. Dieser Aspekt ist sicherlich nicht glatt von der Hand zu weisen, allerdings erscheint damit der Anteil Hitlers an der Auslösung des Pogroms unzureichend berücksichtigt. Eine persönliche Bemerkung in Goebbels' Denkschrift an Hitler zur Totalisierung des Krieges vom 18. Juli 1944 würde dies unterstützen: „Ich habe Ihnen in den zwanzig Jahren, die ich mit Ihnen bin, besonders in den Jahren 1938 und 1939, manche privaten Sorgen bereitet. Sie sind mir dabei immer mit einer Großzügigkeit und Herzensgüte entgegengetreten, die mich heute noch im Gedenken daran mit einer tiefen Rührung erfüllen. Ich habe diese nur entgegennehmen können mit dem Vorsatz, sie mir irgendwann einmal wieder zu verdienen. Mein Bestreben war seither, Ihnen möglichst wenig sachliche Sorgen zu bereiten und Sie überhaupt und gänzlich mit meinen privaten zu verschonen. Ich glaube, Ihnen während des Krieges keine Schande gemacht zu haben. Wenn Krisen kamen, zog es mich zu ihnen hin, nicht nur um bei Ihnen Kraft zu empfangen, sondern Ihnen auch etwas Kraft zu geben." Denkschrift Goebbels' an Hitler vom 18. Juli 1944, zitiert nach: DOKUMENTATION, Goebbels, S. 312 f.

[326] Vgl.: IRVING, Goebbels, S. 285-289. Zum Aspekt genereller Entlastung Hitlers vgl. auch: FLEMING, S. 66 f.

[327] Vgl.: KROPAT, Reichskristallnacht, S. 85 f.; LONGERICH, Politik, S. 198 f.; REUTH, Goebbels, S. 395; HOFER, Diktatur, S. 95; FRIEDLÄNDER, Reich, S. 293; BENZ, Novemberpogrom, S. 510; GRAML, Reichskristallnacht, S. 18 und S. 176; REPGEN, Judenpogrom, S. 112; BARKAI, Boykott, S. 147; DÖSCHER, Reichskristallnacht, S. 78-80; JONCA, S. 50; DAWIDOWICZ, S. 100; THALMANN, S. 197; BURLEIGH, S. 376 f.; KERSHAW, Hitler, Band II, S. 210-213. Mit gewissen Einschränkungen vgl.: ADAM, Pogrom, S. 90-93. Adam geht von stärkeren Anteilen bei Goebbels aus. Vgl. auch: SPEER, Erinnerungen, S. 125 f. Der ehemalige DNB-Korrespondent Fritz Hesse behauptet, Goebbels habe mit seinen Maßnahmen den Beifall Hitlers gefunden, vgl.: OVEN, Goebbels, S. 115.

[328] Vgl.: KROPAT, Reichskristallnacht, S. 85 f. Zu den Einwanderungsquoten, mit besonderem Bezug auf die Konferenz von Evian im Juli 1938, vgl.: KERSHAW, Hitler, Band II, S. 204.

[329] Zu Amt und Befugnissen vgl.: WULF, Presse, S. 120 f. Zur wechselseitigen Gegnerschaft vgl.: FRAENKEL/MANVELL, S. 214, REUTH, Goebbels, S. 275; SCHAUMBURG-LIPPE, S. 193.

[330] Vgl. exemplarisch: „Man schrieb ihren (RK.Nacht) Ursprung Goebbels zu. In Wirklichkeit ging sie – als spontane Reaktion Hitlers auf die Ermordung vom Raths – von Hitler persönlich aus und wurde von ihm Goebbels zur Durchführung befohlen [...]. Der schmutzige Befehl, der auch in der Partei schwere Bedenken auslöste, wurde Goebbels am Abend des 9. November in Hitlers Privatwohnung erteilt, und wie ich aus einwandfreier Quelle erfuhr, war er von einem Wutausbruch Hitlers begleitet, als sich Hemmungen bei den mit der Durchführung betrauten Personen bemerkbar machten. Das Volk sah auch hier, wie in so vielen Fällen, in Hitler nicht den Schuldigen. In Wirklichkeit war er hinter den Kulissen der alleinige Veranlasser dieser Zerstörungsaktion und der wilde, gewalttätige Antreiber zu ihrer Durchführung." DIETRICH, S. 55 f.

vale Alfred Rosenberg äußerte sich wohl im Gespräch mit Himmler dahingehend.[331] Vielleicht nicht zuletzt wäre auch zu beachten, daß Hitler bereits 1936
in seiner „Denkschrift zum Vierjahresplan" ein Gesetz gefordert hatte, welches „das gesamte Judentum haftbar mache für alle Schäden, die durch einzelne Exemplare dieses Verbrechertums der deutschen Wirtschaft und damit dem
deutschen Volke zugefügt" würden.[332]

Der bereits angesprochene Bericht Jordans würde, entgegen herrschender
Meinung, darauf hindeuten, daß auch Himmler und Heydrich maßgeblich eingebunden waren[333]. Beide schalteten sich zumindest in die laufende Aktion
ein.[334] Himmler hatte bereits am 8. November in einer Besprechung mit den
Führungskräften der „Schutzstaffel" (im folgenden SS) die weitere Verfahrensweise in der Judenpolitik in einer Nebenbemerkung gewissermaßen visionär
skizziert und auf Grund unterstellter, gegen Deutschland gerichteter jüdischer
Zerstörungsinteressen einen baldigen pan-germanischen Vernichtungskampf
gegen das Judentum vorhergesagt.[335] Die SS war also, wenngleich Himmler
keinen direkten Bezug auf das Attentat genommen hatte, frisch eingeschärft.
Die SA hatte ohnehin seit langer Zeit auf eine legitimitätsstiftende Einsatz-
möglichkeit gewartet.[336] Übereifer oder niedere persönliche Beweggründe auf
verschiedenen Funktionsebenen und nicht zuletzt auch eine zurückweichen-
de Passivität der deutschen Bevölkerung trugen zur Eskalation bei.[337]

Möglicherweise interpretierte Goebbels die Ereignisse der „Reichskristallnacht" im nachhinein als parteipolitischen Schachzug, was einem recht weit-

---

[331] Vgl. Rosenberg im Gespräch mit Himmler am 6. Februar 1939: [Rosenberg:] „Die Sache mit
dem Judenpogrom war doch aber staatsschädigend. Dr. G[oebbels] hat nur auf Grund einer
allg[emeinen] Anordnung d[es] Führers gleichsam in seinem Namen die Aktion geboten.
[Himmler:] Ja, alles wird jetzt auf andere geschoben." ROSENBERG, Tagebuch, 6.2.1939, S. 65.

[332] Vgl.: DOKUMENTATION, Denkschrift, S. 210; Hitlers Geheimrede vor den Chefredakteuren der
Inlandspresse vom 10. November 1938, in: HITLER, Reden, Band I, S. 974-977, Zitatstelle S.
974 („Der Zwang war die Ursache, warum ich jahrelang nur vom Frieden redete. Es war nunmehr notwendig, das deutsche Volk psychologisch allmählich umzustellen und ihm langsam
klarzumachen, daß es Dinge gibt, die, wenn sie nicht mit friedlichen Mitteln durchgesetzt werden können, mit Mitteln der Gewalt durchgesetzt werden müssen.") Vgl. hierzu: FEST, Hitler,
S. 738 f. Auch wenn kein ausdrücklicher Bezug auf die Ereignisse der Nacht genommen wurde, sondern Hitler über Aspekte der Außenpolitik sprach, könnte eine entsprechende Lesart
vorhanden gewesen sein.

[333] Vgl.: KROPAT, Reichskristallnacht, S. 86-93; GRAML, Reichskristallnacht, S. 20-22. Einer akti-
ven Beteiligung Heydrichs widersprechen Hans-Jürgen Döscher, Günther Deschner und Heinz
Höhne, vgl.: DÖSCHER, Reichskristallnacht, S. 80; DESCHNER, Statthalter, S. 169-171 bzw. HÖH-
NE, Orden, S. 313-315. Richard Breitman widerspricht entsprechend für Himmler, vgl.: BREIT-
MAN, Himmler, S. 72-75; SCHELLENBERG, S. 59. Auch Dieter Obst geht nicht von einer ur-
sprünglichen Beteiligung Heydrichs und Himmlers aus, vgl.: OBST, S. 82-89.

[334] Vgl.: „Blitz-Fernschreiben vom 10. November 1938, 1 Uhr 20", Faksimile-Druck in: DÖSCHER,
Reichskristallnacht, S. 86-88; „Fernschreiben vom 9. November 1938 an alle territorialen Ge-
stapo-Stellen", in: PÄTZOLD, Verfolgung, S. 168 f.; URKUNDEN ZUR POLITIK DES DRITTEN REI-
CHES, S. 581; KROPAT, Reichskristallnacht, S. 85.

[335] Vgl.: HIMMLER, Geheimreden, S. 25-49, Zitatstelle S. 37; BREITMAN, Himmler, S. 69-71.

[336] Vgl.: LONGERICH, Bataillone, S. 230-237.

[337] Vgl.: KROPAT, Reichskristallnacht, S. 142-148.

gehenden Schuldbekenntnis gleichkäme. Hans Fritzsche, 1938 Leiter der Presseabteilung im Propagandaministerium, gab vor dem Internationalen Militärgerichtshof zu Protokoll, Goebbels habe mit Bezug auf die „Kristallnacht" gesagt, man müsse eben manchmal radikal sein, und Wirtschaftsminister Funk, der immer erklärt habe, man könne die Juden nicht aus der Wirtschaft eliminieren, habe er beweisen müssen, daß dies doch gehe, indem er die Krawalle des 8. November veranstaltet habe.[338]

Der Propagandaminister arbeitete seit längerer Zeit auf eine Vorantreibung der Judenpolitik im gesamten Reichsgebiet hin und hatte auch dabei wenig Rücksicht auf diplomatische Folgeschäden genommen. Antisemitismus erschiene insofern gezielt instrumentalisiert, um parteipolitische Widerstände zu brechen (auf Hitlers funktionale Motive wurde bereits hingewiesen). Tatsächlich wurde die entsprechende politische Entscheidungsfindung in unmittelbarer Folge der „Reichskristallnacht" erheblich vorangebracht, die erwähnte Empfehlung des Judenreferates des SD war schließlich umfassend erfüllt.[339] Dahingehend äußerte sich Goebbels auch zusammenfassend: „Die ganze Frage ist nun ein gutes Stück weitergeführt worden."[340]

Am 12. November 1938 fand die sogenannte „Vor-Wannseekonferenz" bei Hermann Göring im Reichsluftfahrtministerium statt, in deren Verlauf die entsprechende weitere Vorgehensweise besprochen und bestimmt wurde.[341]

---

[338] Vgl.: Aussage von Dr. Hans Fritzsche, in: IMG, Band XVII, S. 210; GRAML, November, S. 11; STEPHAN, S. 288; RIESS, S. 227; REUTH, Goebbels, S. 397. Dies kann durch die Aussage von Funk vor dem Internationalen Militärgerichtshof unterstützt werden: Funk habe Goebbels am Morgen des 10. November angerufen und erklärt, die Ausschreitungen seien ein Affront gegen ihn persönlich, da unersetzliche Wirtschaftgüter zerstört worden seien. Goebbels habe erklärt, er sei selbst daran schuld, daß es so weit gekommen sei. Er [Funk] hätte die Juden längst aus der Wirtschaft ausschalten müssen. Hitler werde nun Göring einen entsprechenden Befehl geben, vgl.: Aussage Walther Funks, in: IMG, Band XIII, S. 131.

[339] Vgl.: „Denkschrift ‚Zum Judenproblem' des für Judenfragen zuständigen Referats des Sicherheitsdienstes (SD) vom Januar 1937", in: WILDT, Judenpolitik, S. 95-105, Zitatstelle S. 99.

[340] GOEBBELS, Tagebücher, Band I/6, 12.11.1938, S. 184/Z. 19 f.; vgl. auch: „Die Juden haben sich bereiterklärt, für die Schäden der Tumulte aufzukommen. Das macht in Berlin allein 5 Millionen Mk. Das ist ein ganz guter Aderlaß." Ebenda, 12.11.1938, S. 183/Z. 4-6. „Heyderich gibt einen Bericht über die Aktionen. 190 Synagogen verbrannt und zerstört. Das hat gesessen." Ebenda, 13.11.1938, S. 185/Z. 14 f. Tatsächlich meldete Heydrich u.a. 1015 zerstörte Geschäfte, Waren- und Wohnhäuser, 191 in Brand gesteckte und weitere 76 völlig demolierte Synagogen, 20000 festgenommene Juden und jeweils 36 Tote und Schwerverletzte, vgl.: „Der Chef der Sicherheitspolizei. II B4-5716/38g, Schnellbrief an den Ministerpräsidenten Generalfeldmarschall Göring, 11. November 1938", in: URKUNDEN ZUR POLITIK DES DRITTEN REICHES, S. 582; HOFER, Diktatur, S. 96. Zu einer Bewertung der Schäden durch die Versicherungswirtschaft vgl.: LONGERICH, Politik, S. 203; IMG, Band XXVIII, S. 499-540, Zitatstelle S. 508.

[341] Vgl.: „Stenographische Niederschrift von einem Teil der Besprechung über die Judenfrage unter Vorsitz von Feldmarschall Göring im RLM am 12. November 1938, 11 Uhr", [im folgenden „Vor-Wannsee-Protokoll"], in: IMG, Band XXVIII, S. 499-540; hierzu: LUDWIG, S. 238-282; FRIEDLÄNDER, Reich, S. 302-311; BENZ, Novemberpogrom, S. 541-544; GENSCHEL, S. 180-186; insbesondere zu den wirtschaftlichen Folgen für die betroffenen vgl.: KWIET, Ausgrenzung, S. 547-574. Zu einem Überblick über Ablauf und Ergebnisse der Konferenz vgl.: LONGERICH, Politik, S. 208-219; KROPAT, Reichskristallnacht, S. 127-134; DÖSCHER, Reichskristallnacht, S. 109-121, mit Informationen zur Quellenlage; LOEWENBERG, S. 314-323.

Neben Göring, Goebbels und Heydrich waren der Reichswirtschaftsminister und Generalbevollmächtigte für die Kriegswirtschaft Walther Funk, Reichsfinanzminister Johann Ludwig Graf Schwerin von Krosigk, der österreichische Handelsminister Hans Fischböck, der Chef der Ordnungspolizei Kurt Daluege und einige Staatssekretäre zusammengekommen, um in ausdrücklichem Auftrage Hitlers die Judenfrage „so oder so zur Erledigung zu bringen".[342]

Im Vordergrund der Konferenz stand die Umsetzung der Beschlüsse zur *Arisierung* der deutschen Wirtschaft, die in ihren Konturen in den Besprechungen vom 29. April 1938 und vom 14. Oktober 1938 festgelegt worden waren[343] und die Goebbels bereits auf der Sonnwendfeier in Berlin am 22. Juni 1938 angekündigt hatte.[344]

Göring eröffnete die Besprechung mit der Bemerkung, Hitler habe ihn darauf hingewiesen, daß jetzt die in der Judenfrage notwendigen, entscheidenden Schritte zentral zusammenzufassen seien.[345] Man argumentierte mit dem angenommenen oder vorgeschobenen Druck der öffentlichen Meinung: Nach den Berliner Demonstrationen, so Göring, habe das deutsche Volk Konsequenzen erwartet, es seien aber keine konkreten Maßnahmen erfolgt, nach den jüngsten Ereignissen müsse nun etwas geschehen.[346]

Zunächst wurden praktische finanzielle Aspekte der „Reichskristallnacht" besprochen. Es galt, angesichts der Vernichtung nicht unbeträchtlicher Vermögenswerte, Schäden für die deutsche Volkswirtschaft zu begrenzen. Hierbei war die Frage der Reparaturen und Versicherungsleistungen zu klären, zeitweise wurde Eduard Hilgard, Stellvertretender Generaldirektor der

---

[342] „Vor-Wannsee-Protokoll", in: IMG, Band XXVIII, S. 499-540, Zitatstelle S. 499; vgl. auch: Aussage von Hermann Göring, in: IMG, Band IX, S. 314.

[343] Vgl.: „Besprechung bei Generalfeldmarschall Göring am 14.10.1938, 10.00 im Reichsluftfahrtministerium", in: IMG, Band XXVII, S. 160-164, Zitatstelle S. 163. Göring hatte auf einer Sitzung des Generalrats des Vierjahresplanes am 14. Oktober 1938, vor dem Hintergrund beabsichtigter dramatischer Steigerungen der Rüstungsproduktion, den schnellen Ausschluß der Juden aus der deutschen Wirtschaft angekündigt, vgl.: LONGERICH, Politik, S. 194 f.; KROPAT, Reichskristallnacht, S. 129; JONCA, S. 48 f.; auch: „Besprechung zwischen Reichsminister Frick und Reichsbankpräsident Schacht vom 23. September 1935", in: DIE REGIERUNG HITLER, Akten der Reichskanzlei, Band II/2, S. 800-802 (Möglichkeiten einer wirtschaftspolitisch orientierten Judengesetzgebung).

[344] Die erzwungene Überführung von wirtschaftlichen Einheiten war im Reichsgebiet bislang uneinheitlich erfolgt. Helmut Genschel geht davon aus, daß Ende 1937 etwa ein Viertel der jüdischen Betriebe übertragen war, Avraham Barkai weist in seiner Arbeit Zahlen zwischen sechzig und siebzig Prozent (Unterschiede in bezug auf Branchen und Regionen) aus, vgl.: GENSCHEL, S. 136; BARKAI, Boykott, S. 84-88; BARKAI, Schicksalsjahr, S. 45-68. Neue Spezialuntersuchungen zeigen diese Prozesse in kleineren Gebieten tendenziell weiter vorangetrieben als in Großstädten, vgl.: BAJOHR, Arisierung, S. 386 (Tabelle). Wolfgang Benz geht von einer durchschnittlichen (Branchen, Regionen) Übertragungsquote der jüdischen Betriebe von etwa 60% im Herbst 1938 aus, vgl.: BENZ, Geschichte, S. 148; MOHR, S. 155 (Tabelle). Diese Angabe wird in der nach Branchen und Regionen ausgerichteten Spezialliteratur insgesamt bestätigt.

[345] Vgl.: KROPAT, Reichskristallnacht, S. 127.

[346] Vgl.: POLIAKOV/WULF, Juden, S. 75.

Allianz und Chef des deutschen Versicherungswesens, zu den Beratungen gebeten.[347]

Der Schwerpunkt der Konferenz bildete die Diskussion einer endgültigen Ausgrenzung der Juden aus allen wirtschaftlichen Bereichen und, damit verbunden, eine Erhöhung des Auswanderungsdrucks. Reinhard Heydrich hatte seit längerer Zeit entsprechende Konzepte ausarbeiten lassen, deren Empfehlungen nunmehr auch Folge geleistet wurde. Hierbei ging man grundsätzlich noch davon aus, daß die Entfernung von Juden aus Deutschland nur auf dem Wege der Emigration erfolgen könne und betrachtete als Vorbedingungen: eine weitgehende Verdrängung der Juden aus der Wirtschaft, eine wesentliche Verstärkung politischen und gesetzlichen Drucks sowie eine Erweiterung der Auswanderungsmöglichkeiten.[348]

Sämtliche Aspekte der „Vor-Wannseekonferenz" lassen sich in diese Konzeption einordnen, außerdem erscheinen auch einige politische Absichtserklärungen und Ereignisse (zum Beispiel die „Berlin-Aktion" vom Sommer 1938) vor diesem Hintergrund in neuem Licht, allerdings ist, wie oben erwähnt, Goebbels die Kenntnis dieser Papiere auf heutigem Wissensstand nicht nachweisbar.

Heydrich schlug vor, eine Auswanderungszentrale für das Reichsgebiet zu gründen und eine dementsprechende Auswanderungsaktion im Zeitrahmen von acht bis zehn Jahren durchzuführen, hierbei ging er von einer jährlichen Quote von 8000–10000 Juden aus. Außerdem sei, auf Grund der durch den Ausschluß aus der Wirtschaft zu erwartenden „Verproletarisierung" der zurückbleibenden Juden, ihre gesellschaftliche Isolation anzustreben. In diesem Zusammenhang regte er auch eine Kennzeichnung der Juden an, die Hitler allerdings zunächst ablehnte.[349] Die pragmatische Zielsetzung dieses Konzepts erstreckte sich darauf, ausländische Juden bei zukünftigen Repressalien unterscheiden und schonen zu können, um möglichst keine Gegenmaßnahmen von Drittstaaten zu provozieren, und außerdem auf die Möglichkeit, nicht-jüdisch aussehende Juden als solche unmittelbar erkennen zu können.

Goebbels' Tagebuchnotizen zur „Vor-Wannseekonferenz" referieren „heiße Kämpfe" um die Lösung der Judenfrage. Er habe, im Gegensatz zu Funk („etwas weich und nachgiebig"), einen radikalen Standpunkt vertreten. Jetzt

---

[347] Vgl.: FELDMAN, Allianz, S. 250–284.

[348] Vgl.: „Denkschrift ‚Zum Judenproblem' des für Judenfragen zuständigen Referats des Sicherheitsdienstes (SD) vom Januar 1937", in: WILDT, Judenpolitik, S. 95–105, Zitatstelle S. 96. Es wird angenommen, daß Adolf Eichmann der Verfasser des Memorandums ist, vgl.: ebenda, S. 32 f.

[349] Vgl.: „Vor-Wannsee-Protokoll", in: IMG, Band XXVIII, S. 499–540, Zitatstelle S. 533 f.; „Besprechung mit den Gauleitern, Oberpräsidenten und Reichsstatthaltern über die Judenfrage", 6. Dezember 1938, zitiert nach: HEIM/ALY, S. 387; ADLER, Mensch, S. 47. Zum geschichtlichen Hintergrund der Judenkennzeichnung in Mittelalter (Laterankonzil 1215) und früher Neuzeit (Einführung des gelben Kreises 1551) vgl.: POLIAKOV, Geschichte, Band I, S. 56 f. Seit Sommer 1938 bestand für Juden bereits Kennkartenzwang, vgl.: Bekanntmachung vom 23. Juli 1938, in: PÄTZOLD, Verfolgung, S. 155 f.

werde tabula rasa gemacht, er arbeite großartig mit Göring zusammen, der ebenfalls scharf herangehe: „Die radikale Meinung hat gesiegt."[350] Goebbels versuchte offensichtlich *cum ira et studio*, der Konferenz einen weiteren Akzent hinsichtlich einer Ausgrenzung der Juden aus dem kulturellen und gesellschaftlichen Leben zu versetzen. Schon am Vortag hatte er eine Verordnung entworfen, um den Juden den Besuch von Theatern und Kinos zu verbieten.[351] Er forderte außerdem ihre Entfernung aus deutschen Bädern, Erholungs- und Vergnügungsstätten sowie aus deutschen Schulen[352]; eventuell könnten vergleichsweise unattraktive Einrichtungen ersatzweise zur Verfügung gestellt werden. Es sei auch deutschen Volksgenossen nicht zumutbar, Schlafwagenabteile mit Juden zu teilen; daher plädierte der Reichsminister, auch hier wohl mit inhaltlichem Bezug auf die Denkschrift vom Mai 1938, für die Einrichtung von Trennungsmöglichkeiten.[353] Juden solle schließlich auch der Zutritt zum deutschen Wald verschlossen werden, sie liefen im Berliner Grunewald „rudelweise" herum und provozierten Auseinandersetzungen. Eine in diesem Zusammenhang eingefügte joviale Bemerkung Görings führte zu einer Unterbrechung der Sitzung.[354]

Die Forderungen des Berliner Gauleiters sind teilweise als Erweiterungen bereits eingeführter juristischer Einschränkungen zu verstehen, Goebbels entsprach damit dem erwähnten Auftrag Hitlers vom November 1937.[355] Hinter diesen vordergründig rein schikanös erscheinenden Vorschlägen stand offensichtlich die Sorge um unkontrollierbare Beeinflussungen der öffentlichen Meinung, die, wie erwähnt, wohl auch Heydrich teilte. Goebbels erläuterte in diesem Zusammenhang, Jüdinnen, die nicht unmittelbar durch ihr Aussehen als solche erkennbar seien, setzten sich in Freizeitanlagen mit deutschen Frauen in Kontakt, um diese gegen die Regierungspolitik aufzubringen.[356]

Die Vorstöße zur gesellschaftlichen Separierung erscheinen also mehrschichtig motiviert, die Forderungen von Goebbels und Heydrich auf der „Vor-Wannseekonferenz" weisen auf entsprechend weitergehende Maßnahmen der späteren Judenpolitik, unmittelbare Zusammenhänge bestehen zur Einführung der Kennzeichnungspflicht 1941.

Im Hinblick auf die Frage, wie mit beschädigten oder zerstörten jüdischen Einrichtungen umzugehen sei, schlug der Berliner Gauleiter vor, diese auf Kosten der jeweiligen jüdischen Gemeinden niederlegen zu lassen, um die Grund-

---

[350] Vgl.: GOEBBELS, Tagebücher, Band I/6, 13.11.1938, S. 185/Z. 16-24. Die Protokollauszüge deuten tatsächlich auf eine breite Unterstützung Görings für die Anträge des Berliner Gauleiters, vgl.: „Vor-Wannsee-Protokoll", in: IMG, Band XXVIII, S. 499-540, Zitatstelle S. 508-511.

[351] Vgl.: GOEBBELS, Tagebücher, Band I/6, 12.11.1938, S. 184/Z. 16 f.

[352] Vgl. hierzu auch: GOEBBELS, Tagebücher, Band I/4, 19.3.1937, S. 58/Z. 20-23; DÜHRING, Judenfrage, S. 160-164 („Ausschliessung der Juden vom öffentlichen Unterricht").

[353] Vgl.: „Denkschrift über die Behandlung der Juden in der Reichshauptstadt auf allen Gebieten des öffentlichen Lebens", in: GRUNER, Denkschrift, S. 320-340, Zitatstelle S. 336.

[354] Vgl.: „Vor-Wannsee-Protokoll", in: IMG, Band XXVIII, S. 499-540, Zitatstelle S. 508-511; FRAENKEL/MANVELL, S. 218-220.

[355] Vgl.: GOEBBELS, Tagebücher, Band I/4, 26.11.1937, S. 423/Z. 33 f.

[356] Vgl.: „Vor-Wannsee-Protokoll", in: IMG, Band XXVIII, S. 499-540, Zitatstelle S. 510 f.

stücke einer anderweitigen städtebaulichen Verwendung zuzuführen, für sein Gaugebiet habe er bereits entsprechende Anweisungen gegeben.[357]

Die von Goebbels vorgebrachten Forderungen erscheinen weitreichend, die erhaltenen stenographischen Konferenzprotokolle vermitteln allerdings den Eindruck, daß Umfang und Gewicht seiner Anteile an der Besprechung nicht der Darstellung in den Tagebuchaufzeichnungen entsprochen haben. Im Gesamtzusammenhang der „Vor-Wannseekonferenz" war wohl Heydrich neben Göring das eigentlich treibende Moment, seine Vorschläge waren politisch in fataler Weise professionell auf eine systematische Isolation und Verdrängung der Juden ausgerichtet, Schwerin von Krosigk unterstützte diesen Kurs.[358]

Auf Grundlage weitentwickelter Konzepte der SD-Referate beziehungsweise in enger Abstimmung mit Hitler bestimmten die richtungsweisenden Kräfte der Konferenz eine neue strategische Leitlinie der Judenpolitik, welche die Struktur der weiteren Maßnahmen bis hin zur Deportation erahnen läßt[359]. Die Vorschläge des Propagandaministers fügten sich gewissermaßen in die kulturellen Segmente dieses Gerüstes ein und unterstützten eine gesellschaftliche Diskriminierung der Juden. Göring nahm am Abschluß der Konferenz die spätere Drohung Hitlers vorweg: Wenn das Deutsche Reich in irgendeiner absehbaren Zeit in außenpolitischen Konflikt komme, so sei es selbstverständlich, daß man auch in Deutschland in allererster Linie daran denken werde, eine große Abrechnung mit den Juden zu vollziehen.[360]

Tatsächlich wurden die am 12. November 1938 beschlossenen „Gesetze zum Schutze der deutschen Rasse" umgehend im Reichsgesetzblatt publiziert. Sie sahen die *Zwangsarisierung* jüdischer Unternehmen, Beteiligungen, Grundstücke und sonstiger Vermögensgegenstände aller Art vor, die entsprechenden Verkaufserlöse waren auf Sperrkonten einzuzahlen, wobei die Guthaben dann später eingezogen werden sollten. Darüber hinaus wurde den Juden eine „Sühneleistung" von einer Milliarde Reichsmark auferlegt. Jüdischen Kindern wurde der Besuch deutscher Schulen verboten, Juden durften bestimmte Sperrbezirke nicht mehr betreten, keine Kinos und Theater mehr besuchen, Bücher und Zeitungen sowie bestimmte Lebens- und Genußmittel nicht mehr kaufen, sie durften keine Motorräder und Kraftfahrzeuge mehr besitzen, keine

---

[357] Vgl.: ebenda, S. 499-540, Zitatstelle S. 508 f.

[358] Zu Vorschlägen und Einflußnahme Heydrichs vgl.: KROPAT, Reichskristallnacht, S. 130-134; HERBERT, Reichskristallnacht, S. 221. Heydrichs Karriere erhielt in diesem Zeitraum einen entsprechenden Schub, Göring beauftragte ihn mit Erlaß vom 24. Januar 1939, als Leiter der neu eingerichteten „Reichszentrale für jüdische Auswanderung" (vgl.: VÖLKER, S. 94-100) „die Judenfrage in Form der Auswanderung oder Evakuierung einer den Zeitverhältnissen entsprechend möglichst günstigen Lösung zuzuführen." „Auftrag Görings an Heydrich vom Juli 1941 zur Vorbereitung einer Gesamtlösung der Judenfrage im deutschen Einflußgebiet in Europa", in: IMG, Band XXVI, S. 266 f., Zitatstelle S. 267; vgl. hierzu: KUBE, S. 204 f.; BURRIN, S. 134; BENZ, Holocaust, S. 7-15.

[359] Vgl. auch: Besprechung mit den Gauleitern, Oberpräsidenten und Reichsstatthaltern über die Judenfrage am 6. Dezember 1938, zitiert nach: HEIM/ALY, S. 384 f. und S. 390; LONGERICH, Politik, S. 210 f.

[360] Vgl.: „Vor-Wannsee-Protokoll", in: IMG, Band XXVIII, S. 499-540, Zitatstelle S. 538 f.

Schlaf- und Speisewagen benutzen, der allgemeine Mieterschutz wurde eingeschränkt.[361]

Goebbels' Vorschläge waren damit zu großen Teilen angenommen worden, er faßte zusammen: „Die Juden [...] werden in nur sehr kurzer Frist gänzlich aus dem wirtschaftlichen Leben ausgeschieden. [...] Die radikale Meinung hat gesiegt. Ich setze für die Öffentlichkeit ein sehr scharfes Communiqué auf. Das wirkt wie eine Erlösung."[362]

Der Emissionsprozeß antisemitischer Verordnungen und Gesetze erfuhr durch die „Reichskristallnacht" eine starke Beschleunigung. Die Vorschläge für einige dieser Maßnahmen im Kulturbereich wurden teilweise von Goebbels persönlich eingebracht und vorangetrieben, seine entsprechenden Kommentare in den Tagebuchaufzeichnungen belegen nachdrückliche Befürwortung beziehungsweise beanspruchen teilweise geistige Urheberschaft.[363] Hinsichtlich Stoßrichtung wie -intensität bestand offenbar Einvernehmen mit Hitler wie auch mit Göring.[364]

---

[361] Vgl.: „Verordnung des Beauftragten für den Vierjahresplan, H. Göring, über eine Sühneleistung der Juden deutscher Staatsangehörigkeit", 12. November 1938, RGBL., 1938, Teil I, Nr. 189, S. 1579; „Verordnung zur Ausschaltung von Juden aus dem deutschen Wirtschaftsleben", 12. November 1938, ebenda, S. 1580; HOFER, Nationalsozialismus, S. 294 f.; „Verordnung zur Wiederherstellung des Straßenbildes bei jüdischen Gewerbebetrieben", 12. November 1938, RGBL., 1938, Teil I, Nr. 189, S. 1581; hierzu JONCA, S. 51; „Verordnung über den Einsatz des jüdischen Vermögens", 3. Dezember 1938, RGBL., 1938, Teil I, Nr. 189, S. 1709; „Anordnung des Präsidenten der Reichskulturkammer über die Teilnahme von Juden an Darbietungen der deutschen Kultur", 12. November 1938, in: POLIAKOV/WULF, Diener, S. 201. Zu einem generellen Zutrittsverbot für Juden zu kulturellen Veranstaltungen vgl. auch: „Der Leiter der Reichsstelle für Raumordnung, 13. Februar 1939, Abschrift zu: Ministerpräsident und Generalfeldmarschall Göring, 28. Dezember 1938, Schnellbrief, geheim", in: AKTEN DER PARTEI-KANZLEI, Teil I/1, Microfiche-Blatt 112, Microfiche-Nrn. 153 00001-153 00003 (Entscheidungen Hitlers in bezug auf Unterbringung von Juden und „Mischehen"; keine Aufhebung des Mieterschutzes, aber möglichste Zusammenlegung in bestimmten Häusern („Arisierung" des Hausbesitzes daher erst am Ende der Gesamtarisierung); Verbot der Schlaf- und Speisewagenbenutzung, nicht aber Einrichtung besonderer Judenabteile in den Verkehrsmitteln; Möglichkeit des „Judenbanns" für Hotels, Gaststätten, Badeanstalten, öffentliche Plätze, Kurorte usw.; keine Versagung, aber möglichste Kürzung von Beamtenpensionen). Vgl. dazu auch: „Schnellbrief des Reichsministers des Inneren", 12. Januar 1939, in: AKTEN DER PARTEI-KANZLEI, Teil I/2, Microfiche-Blatt 303, Microfiche-Nrn. 801 00002 f. Zum Überblick über die entsprechenden juristischen Maßnahmen vgl.: LONGERICH, Politik, S. 212-214. Zur Separierung im Wohlfahrtswesen vgl.: GRUNER, Arbeitseinsatz, S. 59. Zum Stellenwert von Zwangseinsatz in der neuen Konzeption vgl.: ebenda, S. 59-63; MAIER, S. 18-48. Zur bürokratischen Entrechtung der Juden vgl.: KWIET, Ausgrenzung, S. 596-609; MOSER, S. 121-131.

[362] GOEBBELS, Tagebücher, Band I/6, 13.11.1938, S. 185/Z. 18-26.

[363] Ebenda, 12.11.1938, S. 183 f./Z. 10-17 und 13.11.1938, S. 185/Z. 4-13.

[364] Vgl.: ebenda, 17.11.1938, S. 189/Z. 39-42; „Wir planen noch eine Reihe neuer Maßnahmen gegen die Juden. Ich telephoniere lange darüber mit Göring, der die ganze Aktion zentralisiert. Er geht scharf heran." Ebenda, 22.11.1938, S. 195/Z. 6-8. Zum Einvernehmen mit Göring in der Judenfrage vgl. auch: ebenda, 23.11.1938, S. 198/Z. 43 f. Zur Enteignung von Juden vgl.: GRUNER, Grundstücke, S. 128-135 und FELDMAN, Flüchtlinge, S. 52. Zum Ausschluß von Juden aus den Universitäten vgl.: GOEBBELS, Tagebücher, Band I/6, 15.11.1938, S. 188/Z. 37; „Denkschrift über die Behandlung der Juden in der Reichshauptstadt auf allen Gebieten des öffentlichen Lebens", in: GRUNER, Denkschrift, S. 320-340, Zitatstelle S. 323-325. Zu Eingriffen durch den Stab Heß vgl.: LONGERICH, Hitlers Stellvertreter, S. 216 f.

Entgegen anderslautender Behauptungen in seinen Aufzeichnungen[365] mußte der Propagandaminister teilweise auch öffentlich zugeben, daß die deutsche Bevölkerung den Ereignissen der „Reichskristallnacht" grundsätzlich nicht die gewünschte Unterstützung entgegengebracht hatte. Er führte die seiner Meinung nach lückenhafte antisemitische Einstellung der Deutschen auf eine dementsprechend distanzierte Haltung des Bürgertums zurück, das er diffamierend als „Schicht wehleidiger Spießer" bezeichnete, die immer von den armen Juden spreche und sich bei jeder Gelegenheit für sie einsetze. Wie angesprochen reichen die Wurzeln der gegen das Bürgertum gerichteten Haltung bis in die Zeit um 1924 zurück.[366]

Es gelang Goebbels zunächst auch nicht, die Auslandspresse in ihrer Berichterstattung zur deutschen Verfahrensweise in der Judenfrage zu dämpfen.[367] Schließlich mußte man sich wieder mit einer Beschlagnahme der britischen Presseorgane behelfen.[368] Die Schäden für das internationale Ansehen des Reichs waren dem Minister nachweislich vollauf bewußt, er betrachtete Presseberichte wie Protestnoten aus USA und England wie auch wirtschaftliche Boykotte aber in erster Linie als Ergebnisse konzertierter jüdischer Agitation.[369]

Mitte November 1938 setzte der Propagandaminister mit einer breit angelegten antisemitischen Kampagne umfangreiche meinungsbildende Maßnah-

---

[365] Vgl.: GOEBBELS, Tagebücher, Band I/6, 12.11.1938, S. 185/Z. 25 f.; „Die neuen Judengesetze beherrschen vollkommen Presse und öffentliche Meinung. Das deutsche Volk ist ganz damit einverstanden. Das Ausland registriert vorläufig nur. Die schäumenden Kommentare werden gewiß noch nachgeliefert." Ebenda, 14.11.1938, S. 186/Z. 4-7.

[366] Vgl.: Pressekonferenz am 24. November 1938, zitiert nach: REUTH, Goebbels, S. 400. Zu entsprechenden Berichten führender westlicher Diplomaten, die mit verschiedenen Akzenten in der Beschreibung von zumeist passiver Ablehnung der deutschen Bevölkerung übereinstimmen, vgl.: GILLESSEN, S. III. Zu einer kritischen Einschätzung der Haltung der Deutschen zur „Reichskristallnacht" vgl.: BANKIER, Öffentliche Meinung, S. 116-122; LONGERICH, Politik, S. 204-206.

[367] Die entsprechenden Tagebuchaufzeichnungen pendeln zwischen Realität und Wunschdenken, vgl. hierzu exemplarisch: „Mein Aufsatz wird von der ganzen deutschen Presse gebracht und wirkt sehr erleichternd. Im Lande herrscht nun absolute Ruhe. Ich gebe Verordnung heraus, daß Juden Besuch von Kinos und Theatern verboten ist. Das war notwendig und zweckmäßig. Meine Erklärungen vor der Auslandspresse werden in der ganzen Welt groß herausgebracht. Sie fassen alle unsere Argumente zusammen. Wir sind schon wieder in der Offensive." GOEBBELS, Tagebücher, Band I/6, 13.11.1938, S. 185/Z. 7-9. Vgl. auch: ebenda, 23.11.1938, S. 197/Z. 12-14 und „Die Auslandspresse tobt unentwegt weiter. Aber dagegen ist im Augenblick nichts zu machen." Ebenda, 15.11.1938, S. 187/Z. 5 f.

[368] „Ich lasse die ‚Times' beschlagnahmen. Sie hetzt wieder unverschämt. Alle englischen Zeitungen sind nun im Augenblick weg." Ebenda, 17.11.1938, S. 189/Z. 14 f. Zur Berichterstattung der „Times" vgl. exemplarisch: GRAML, Reichskristallnacht, S. 36. Zu fortgesetzter Kritik in der ausländischen Presse vgl.: GOEBBELS, Tagebücher, Band I/6, 20.1.1939, S. 232/Z. 3 f. und 21.1.1939, S. 234/Z. 9. Zur deutschen „Gegenpropaganda" mit den bekannten antisemitischen Elementen vgl. exemplarisch: „Was will eigentlich Amerika?", 21. Januar 1939, in: GOEBBELS, Zeit ohne Beispiel, S. 24-30, Zitatstelle S. 25 f.

[369] Vgl.: „Die Juden haben uns doch großen Schaden zugefügt. Vor allem in unseren Auslandsaufträgen. Funk klagt sehr darüber." GOEBBELS, Tagebücher, Band I/6, 26.11.1938, S. 202/Z. 7-9. Vgl. auch: ebenda, 7.12.1938, S. 213/Z. 17-19. Zur Haltung der westlichen Großmächte nach der „Reichskristallnacht" vgl.: THALMANN/FEINERMANN, S. 195-215.

men in Gang, die Vorbehalte gegen die Judenpolitik der Regierung abbauen sollten.[370] Sie waren auf internationaler Ebene insbesondere gegen England und die Vereinigten Staaten, die wesentlichen Ursprungsländer scharfer Kommentare, ausgerichtet und sollten diesen entgegenwirken.[371]

Argumentativer Ausgangspunkt war wieder die Grundannahme einer Bedrohung Deutschlands, die neuen Gesetze sollten einmal mehr als unverzichtbare Verteidigungsmaßnahmen erscheinen. Man suggerierte die allmähliche Konkretisierung einer europäischen Abwehrfront gegen das Judentum, vereinzelte Erklärungen in England, Belgien, Frankreich und der Slowakei dienten als Bausteine dieser Konstruktion.[372] Unter außenpolitischem Aspekt (und den erwähnten Ausführungen im „Völkischen Beobachter" vom 12. November entgegengesetzt) wurden die Ereignisse in Palästina behandelt, sie eigneten sich gleichermaßen zu antisemitischer Polemik wie auch dazu, von inländischen Vorgängen abzulenken.[373] Die Presse wurde außerdem angewiesen, von Juden begangene Delikte und Verbrechen in besonderer Weise hervorzuheben[374] – ein Verfahren, das schließlich auch in den kritischen Kriegsjahren angewandt wurde.

---

[370] Vgl.: „Die Deutsche Presse hat nun Anweisung, die Judenfrage sehr ausführlich zur Darstellung zu bringen. Sie tut das mit großem Eifer und Geschick." GOEBBELS, Tagebücher, Band I/6, 19.11.1938, S. 192/Z. 16 f.

[371] Vgl.: „Die Juden hetzen wei[t]er in aller Welt, besonders in Amerika. Roosevelt gibt eine freche und dummdreiste Erklärung in dieser Frage ab. Aber keiner will die Juden nehmen, nur in Schutz. Ich lasse nun für Presse, Rundfunk und Versammlung einen großen antisemitischen Feldzug vorbereiten. Wir werden uns schon zur Wehr setzen. In einer Woche soll er gestartet werden." Ebenda, 18.11.1938, S. 190/Z. 5-10. Vgl. dementsprechend: ebenda, 19.11.1938, S. 192/Z. 11-15; „Roosevelt [...] ist ja ganz in den Händen der Juden. Judenknecht, vielleicht selbst von jüdischer Abstammung." Ebenda, 27.11.1938, S. 203/Z. 11-13. Zur Begründung der neuen antisemitischen Kampagne vgl.: ebenda, 17.11.1938, S. 188/Z. 1-5, 19.11.1938, S. 192/Z. 11-15, 20.11.1938, S. 193/Z. 13-15 und 24.11.1938, S. 199/Z. 7 f. Zu Goebbels' Empörung über US-amerikanische Proteste vgl. exemplarisch: ebenda, 17.12.1938, S. 223/Z. 7 f.

[372] Vgl.: REUTH, Tagebücher, Band 3, S. 1287/Anm. 140; GOEBBELS, Tagebücher, Band I/6, 17.11.1938, S. 189/Z. 35 f. und 12.11.1938, S. 183 f./Z. 10-14.

[373] Vgl.: ebenda, 17.11.1938, S. 189/Z. 6-8; „Eröffnung des Wahlkampfes für die Ergänzungswahlen zum Großdeutschen Reichstag", 19. November 1938, in: GOEBBELS, Reden, Band I, S. 309-331, Zitatstelle S. 321 f.; „Im Ausland geht die Judenkampagne weiter. Nur London ist etwas ruhiger geworden. Da hat unsere Palästina-Attacke anscheinend gewirkt. Im Übrigen ist das Übrige alles nur ein Sturm im Wasserglas." GOEBBELS, Tagebücher, Band I/6, 20.11.1938, S. 193/Z. 13-15; „Berndt [Alfred Ingemar Berndt, 1933 Reichsbeauftragter für das Wolffsche Telegraphenbüro, dann Hauptschriftleiter beim DNB, April 1936 bis Dezember 1938 Leiter der Abteilung Inlandspresse im RMVP] Anweisungen für die Presse gegeben: Weiter auf die Engländer schlagen. Dann werden sie schon ruhig werden. Und Judenfrage ausführlich behandeln. Im Übrigen ist es darüber im Ausland etwas ruhiger geworden." Ebenda, 22.11.1938, S. 195/Z. 1-5.

[374] Vgl.: Anweisung vom 15. November 1938, in: PRESSEANWEISUNGEN, Band 6/III, S. 1076; „Streng vertrauliche Mitteilung an die Schriftleitungen vom 15. November 1938", in: ebenda, S. 1079-1081 (Berichterstattung über Weigerungen des Auslands, Juden aufzunehmen); Anweisung vom 17. November 1938, in: ebenda, S. 1084-1089; Anweisung vom 18. November 1938, in: ebenda, S. 1089 f.; Anweisung vom 19. November 1938, in: ebenda, S. 1095 f.; Anweisung vom 23. November 1938, in: ebenda, S. 1109.

Goebbels beteiligte sich auch persönlich an der Verwirklichung der Propagandakonzepte. In zahlreichen Veranstaltungen warb er für die Verschärfungen der Judenpolitik, wobei er aber vor weiteren Manifestationen von *Volkszorn* ausdrücklich warnte. Auch im anlaufenden Wahlkampf für die Ergänzungswahlen des Reichstags ging der Propagandaminister mit besonderer Betonung des rassischen Gesichtspunkts auf die Judengesetzgebung ein.[375] Das entsprechende Tonfilmdokument zeigt, daß er sein Referat teilweise mit ausgeprägt ironischer Leichtigkeit vortrug.[376]

Goebbels sprach mittlerweile auch öffentlich unverblümt von der Absicht der nationalsozialistischen Regierung, die Juden aus Deutschland herauszutreiben.[377] Die Zielsetzung war damit offiziell verkündet. Offensichtlich handelte er gleichzeitig auch in persönlicher Wut wegen diffamierender Flugblätter, deren Urheberschaft er jüdischen Verfassern zuschrieb.[378]

In einer Rede vor Parteipropagandisten erläuterte der Reichspropagandaleiter am 22. November 1938 in der Berliner Krolloper, dem provisorischen Versammlungsort des Reichstags, unter dem Leitthema „Keine Kompromisse in der Judenfrage" die konzeptionellen Rahmenbedingungen des „Abwehrkampf[s] gegen die internationale Judenhetze". Dabei stellte er unmittelbare Bezüge zwischen den Attentaten auf Gustloff und vom Rath her: Beide seien von langer Hand vorbereitet worden, um das deutsche Volk zu provozieren. Außerdem machte er statistische Angaben über die Vermögensanteile von Juden in Berlin wie im Reichsgebiet und ging abschließend auf die britische Unterhausdebatte zur Minderheitenfrage in Deutschland

---

[375] Vgl.: „Wir haben in Deutschland eine Reihe von Fragen gelöst, die wir für akut hielten. – Fragen, von denen wir glaubten, daß, wenn sie nicht gelöst würden, sie eine ständig schleichende Infektion unseres öffentlichen Lebens darstellen würden. Wie haben aus dem deutschen öffentlichen Leben die Juden, die Freimaurer, die Marxisten und politisierende Klerikale beseitigt. [...] Die Juden haben wir beseitigt, weil sie nicht zu unserer Rasse gehören." „Eröffnung des Wahlkampfes für die Ergänzungswahlen zum Großdeutschen Reichstag", 19. November 1938, in: GOEBBELS, Reden, Band I, S. 309-331, Zitatstelle S. 322. Vgl. hierzu: CHAMBERLAIN, Band I, S. 18, S. 304 und S. 388 f.

[376] Vgl.: [Goebbels in sehr ruhigem, leicht ironischem Ton] „Die Welt wird sich allmählich auch wieder über die Judenfrage beruhigen. Ich glaube, ich hoffe es. Ich hoffe es vor allem im Interesse der noch in Deutschland zurückgebliebenen Juden [Gelächter, Beifall]." „Eröffnung des Wahlkampfes für die Ergänzungswahlen zum Großdeutschen Reichstag", 19. November 1938, in: GOEBBELS, Reden, Band I, S. 309-331, Zitatstelle S. 328.

[377] Vgl.: „Sie [die übrige Welt] wirft uns vor, wir hätten die Absicht, den Nationalsozialismus nach England oder nach Frankreich zu exportieren. Da sei Gott davor. Wir denken nicht daran. Wie kämen wir dazu! Der Nationalsozialismus ist nicht nur keine Exportware, sondern er ist ein ganz geheimgehaltener deutscher Patentartikel! [...] Wir wollen auch nicht den Antisemitismus exportieren, – wieso? Im Gegenteil: Wir wollen die Semiten exportieren. Wäre beispielsweise die ganze Welt antisemitisch – wie sollten wir denn je unsere Juden loswerden? Im Gegenteil: Wir wünschen, daß die Welt so judenfreundlich wird, daß sie uns unsere deutschen Juden abnimmt." „Eröffnung des Wahlkampfes für die Ergänzungswahlen zum Großdeutschen Reichstag", 19. November 1938, in: ebenda, S. 309-331, Zitatstelle S. 318 f.

[378] Vgl.: „Einige gemeine Flugblätter gegen mich, deren jüdische Verfasserschaft unschwer zu erkennen ist, machen mir einige Sorgen. Aber das dient nur zur Verstärkung der Wut und des Zorns." GOEBBELS, Tagebücher, Band I/6, 23.11.1938, S. 198/Z. 50-52.

ein[379]: „Propagandakonferenz bzgl. der Judenfrage. Wir wollen nun eine lange und intensive Kampagne eröffnen. Vor allem das Bürgertum aufklären. Und zwar nicht mit sichtbarer Absicht, sondern durch ständige penetrante Bearbeitung. Das wirkt am besten. Und da wird dann alles eingesetzt."[380] Die Vorgehensweise zur Umsetzung der Propagandakonzepte läßt sich exemplarisch anhand selbsterklärender vertraulicher Anweisungen des Propagandaministeriums an die Parteiredner nachvollziehen.[381] Für die Wintersaison 1938/39 waren allein für Berlin 1500 einschlägige Veranstaltungen geplant.

Offenbar zeigte sich Hitler mit der neuen Judenkampagne in der Presse sehr zufrieden.[382] Goebbels zog schnell eine positive Bilanz seiner Arbeit, die internationale „Judenhetze" flaue ab, London sei bereits „in die Ecke geboxt".[383] Noch kurz zuvor hatte der Propagandaminister über den Dienstweg eine gewisse Unzufriedenheit mit der Umsetzung der Kampagne bekundet und größere Anstrengungen verlangt.[384]

In den Tagebuchaufzeichnungen bleibt ein Hintergrundaspekt der antisemitischen Kampagnen unerwähnt, gleichwohl dürfte er im Gesamtzusammenhang eine recht wichtige Rolle gespielt haben. In der bereits mehrfach erwähnten Denkschrift des Sicherheitsdienstes zur Judenfrage wurde dem gezielten Aufbau einer judenfeindlichen Stimmung in der deutschen Bevölkerung durch eine auf „Aufklärung und Sachlichkeit abgestellte Propaganda" ein sehr hoher Stellenwert beigemessen. Wenngleich die unmittelbare Kenntnis dieser

---

[379] Vgl.: „Keine Kompromisse in der Judenfrage! Reichsminister Dr. Goebbels über den Abwehrkampf gegen die internationale Judenhetze", in: VÖLKISCHER BEOBACHTER, 51 (1938), 328. Ausgabe, 24. November, S. 4; „Das letzte Kapitel. Zur Rede des Reichsministers Dr. Goebbels vor den Berliner Propagandisten", in: ebenda, S. 1 f.; ADG, 23.11.1938, Nr. 3819/A. Vgl. hierzu: GOEBBELS, Tagebücher, Band I/6, 23.11.1938, S. 198/Z. 55-60 und 24.11.1938, S. 199/Z. 7 f.

[380] Ebenda, 23.11.1938, S. 198/Z. 26-29. Vgl. auch: „Ich rede zu den Leitern der R.Pr.Ämter. Lege ausführlich die Judenfrage dar. Mit genauen Argumenten. Jetzt beginnt ein auf viele Monate berechneter antisemitischer Großkampf. Und den werden wir am Ende doch gewinnen." Ebenda, 25.11.1938, S. 201/Z. 22-24. Zur Rede vgl.: MICHELS, S. 359 f.

[381] Vgl.: JUDEN UND JUDENKNECHTE, S. 2 (= Anhang Stück 4). Vgl. entsprechend, in unmittelbarer inhaltlicher Übereinstimmung mit dem „Handbuch der Judenfrage" von Theodor Fritsch: DIE JÜDISCHE VERNICHTUNGSARBEIT IN DEUTSCHLAND, S. 6-15 („Die Juden in der Politik"), S. 16-21 („Die Juden in der Wirtschaft") und S. 22-41 („Die Juden in der Kultur") vs. FRITSCH, S. 323-396.

[382] Vgl.: GOEBBELS, Tagebücher, Band I/6, 24.11.1938, S. 199/Z. 27-35. Vgl. exemplarisch: „Jüdische Attentäter. Der Mord als politische Waffe Judas", in: VÖLKISCHER BEOBACHTER, 51 (1938), 333. Ausgabe, 29. November, S. 8.

[383] Vgl.: GOEBBELS, Tagebücher, Band I/6, 25.11.1938, S. 200/Z. 7-9, 27.11.1938, S. 203/Z. 4 f. und 30.11.1938, S. 206/Z. 38 f. Vgl. auch: „Die Polen werden nun auch in der Judenfrage mobil. Wir machen sie doch noch zu einem Weltproblem." Ebenda, 19.11.1938, S. 192/Z. 31 f.; „Im übrigen wird nun die Judenfrage in der ganzen Welt diskutiert. Wie ich vorausgesagt hatte. Die klugen Juden haben durch die Aufbauschung der Vorgänge in Deutschland ihren schwersten Fehler gemacht." Ebenda, 4.12.1938, S. 209/Z. 10-13.

[384] Vgl.: „Die Serien ueber die Judenfrage haetten, so sagte Herr Berndt, Minister Dr. Goebbels nicht befriedigt. In den meisten Zeitungen kaemen die Artikel gesondert und seien nicht als Serienbeitraege zu erkennen. Die Presse möge sich mehr anstrengen." Anweisung vom 22. November 1938, in: PRESSEANWEISUNGEN, Band 6/III, S. 1104.

Empfehlungen Goebbels auf heutigem Forschungsstand auch für den relevanten Zeitraum nicht zweifelsfrei nachgewiesen werden kann, wäre eine entsprechende mittelbare Einflußnahme durch Hitler denkbar. Insbesondere die im Anhang beigefügten vertraulichen Anweisungen an die Propagandaproduzenten weisen auffällige Überschneidungen mit den Forderungen der SD-Denkschrift hinsichtlich Inhalt und Gestaltung auf.[385] Insofern erschiene auch die dokumentierte Anerkennung des Reichskanzlers für die Propagandaprodukte des Reichsministers in einem Gesamtzusammenhang.

Gewissermaßen komplementär zu der antisemitischen Propagandawelle lancierte Goebbels im Februar des Folgejahres eine spezifische Kampagne gegen die tendenziell projüdische deutsche intellektuelle Szene, in der Absicht, ihr Ansehen in der breiten Bevölkerung herabzusetzen und entsprechende Einflüsse zu schwächen.[386]

In Berlin beschäftigte sich Goebbels mit der operativen Umsetzung der neuen politischen Richtlinien. Seinem Gaugebiet erwuchsen hierbei Vorteile, denn im Zusammenhang mit den Kontributionszahlungen erwirtschafte man Überschüsse[387], die zur Sanierung von Arbeiterwohngebieten eingebracht wurden.[388] Zwangsgeräumter (*entmieteter*) Wohnraum wurde deutschen Arbeitern zur Verfügung gestellt[389], gleichermaßen verfuhr man später nach Beginn der Ostdeportationen.[390] Goebbels faßte zusammen: „In Berlin tuen wir mehr

---

[385] Vgl.: „Denkschrift ‚Zum Judenproblem‘ des für Judenfragen zuständigen Referats des Sicherheitsdienstes (SD) vom Januar 1937", in: WILDT, Judenpolitik, S. 95-105, Zitatstelle S. 99.

[386] Vgl.: „Haben wir eigentlich noch Humor? Von Reichsminister Dr. Goebbels", in: VÖLKISCHER BEOBACHTER, 52 (1939), 35. Ausgabe, 4. Februar, S. 1 f.; „Der Intellektuelle. Von Reichsminister Dr. Goebbels", in: ebenda, 42. Ausgabe, 11. Februar, S. 1 f.; „Köpfe und Hohlköpfe. Von Reichsminister Dr. Goebbels", in: ebenda, 50. Ausgabe, 19. Februar, S. 1 f.

[387] Vgl.: „Mit Gritzbach Berliner Judenfrage besprochen. Die Juden müssen selbst die angerichteten Schäden ersetzen. Und zwar schnell. Ich habe dafür einen Treuhänder eingesetzt." GOEBBELS, Tagebücher, Band I/6, 22.11.1938, S. 196/Z. 35-37. Vgl. auch: „Wächter [Werner Wächter, Leiter der Reichspropagandaabteilung Berlin] hat die Berliner Juden sehr geschröpft. Mehr Geld hereingekommen als gebraucht wird. Der Rest geht in die Hände des Reiches." Ebenda, 23.11.1938, S. 197/Z. 15 f.

[388] Ein Problem, mit welchem er sich bereits seit längerer Zeit auseinandergesetzt hatte, vgl. exemplarisch: ebenda, 29.11.1938, S. 204 f./Z. 5-9, 4.12.1938, S. 210/Z. 41 f. und 14.12.1938, S. 221/Z. 30 f.

[389] Vgl.: „Die Juden drängen wir nun allmählich in den Wohnungen zusammen. Das gibt Platz für deutsche Arbeiter." Ebenda, 8.12.1938, S. 215/Z. 17 f. Zur Freimachung von Wohnraum in Berlin als praktisches Moment vgl.: FREDBORG, S. 54 f.; BRAMSTED, S. 514; GRUNER, Reichshauptstadt, S. 238; GEIST/KÜRVERS, S. 68-74.

[390] Vgl.: Konferenzprotokoll vom 2. August 1940, in: BOELCKE, Kriegspropaganda, S. 444; „Partei-Kanzlei, Vertrauliche Information vom 29.10.1941, Judenfragen (Freimachung von Judenwohnungen)", in: AKTEN DER PARTEI-KANZLEI, Teil II/2, Microfiche-Blatt 165, Microfiche-Nrn. 69433 f.; „Speer schreibt mir einen Brief, in dem er mir die Verwaltung der in Berlin anfallenden Judenwohnungen anvertraut." GOEBBELS, Tagebücher, Band II/5, 11.9.1942, S. 479/Z. 221. Speer handelte hierbei in Eigenschaft als Generalbauinspektor. Zum Hintergrund der Umverteilung von Wohnraum vgl.: KWIET, Ausgrenzung, S. 631-651; GEIST/KÜRVERS, S. 74-101, mit einer statistischen Übersicht der 1942 geräumten Judenwohnungen S. 89. Vgl. auch: „Sitzungsbericht vom 15. August 1941", in: DOKUMENT, Rassereferent, S. 303; FEST, Speer, S. 160-168; GRUNER, Judenverfolgung Berlin, S. 77; GRUNER, Reichshauptstadt, S. 245-249; WITTE, S. 43.

als im übrigen Reich. Das ist auch nötig, weil hier so viele Juden sitzen. Aber sonst ist auch viel bei den Aktionen zerstört worden. Gut, daß alles vorbei ist."[391]

Wohl in Fortführung der bereits im Sommer 1938 vorbereiteten Pläne und hierbei Goebbels' Forderungen der „Vor-Wannseekonferenz" umsetzend, ließ Helldorf nun einige zentrale Stadtgebiete Berlins für Juden sperren, zudem wurde ihnen jeglicher Zutritt zu Theatern, Kinos, Kabaretts, öffentlichen Konzert- und Vortragsräumen, Museen, Rummelplätzen, Messehallen, Schwimm- und Badeanstalten, Sportanlagen wie auch dem Sportpalast verboten.[392] Triumphierend notierte Goebbels, der *Judenbann* sei nun da. Himmler entziehe ihnen die Erlaubnis, Kraftfahrzeuge zu halten. So gehe eins nach dem andern: „Wir werden nicht locker lassen, bis wir sie heraushaben."[393] Im Zusammenhang mit dem *Judenbann* in Berlin wurde er allerdings von Hitler persönlich gestoppt, der Reichskanzler lehnte Sperrbezirke für Juden mit Bedacht auf die Außenwirkungen nun doch ab.[394] Die Vorgehensweise in Berlin erfolgte offensichtlich fortan in engerer Abstimmung mit Hitler, der die Lösung der Judenfrage auf die Tagesordnung gesetzt hatte.[395]

Die privaten Bekümmernisse um seine Ehekrise leiteten Goebbels Mitte Dezember in eine lethargische Phase, welche die formale Lösung des Konflikts überdauerte.[396] In den Tagebuchaufzeichnungen finden sich bis Ende März des Folgejahres nur wenige, vergleichbar zurückhaltende antisemitische Passagen.[397] Eine Erholungsreise Ende März 1939, die den Reichsminister nach Ungarn, Griechenland und Ägypten führte, leitete seiner antisemitischen Gesinnung frische Treibstoffe zu. Die halboffiziellen Kontakte zu verschiedenen Politikern nutzte der Propagandaminister zu einem gewissen Gesinnungsex-

---

[391] GOEBBELS, Tagebücher, Band I/6, 22.11.1938, S. 195/Z. 8-10.

[392] Vgl.: „Polizeiverordnung vom 28. November 1938 zum Judenbann", RGBL., 1938, Teil I, Nr. 189, S. 1676.

[393] Indirektes und direktes Zitat: GOEBBELS, Tagebücher, Band I/6, 4.12.1938, S. 209/Z. 14-17. Im entsprechenden Erlaß Himmlers wird ausdrücklich von „Judenbann" für bestimmte Einrichtungen und Gebiete in Berlin gesprochen, vgl.: „Erlaß des Reichsführers SS, 4. Dezember 1938", in: JACOBSEN, 1939-1945, S. 662.

[394] Vgl.: „Führer ist mit dem von Helldorff verkündeten Judenbann nicht einverstanden. Jedenfalls soll er nicht über Berlin hinaus ausgedehnt werden." GOEBBELS, Tagebücher, Band I/6, 6.12.1938, S. 212/Z. 2-4. Vgl. dazu: „Besprechung mit den Gauleitern, Oberpräsidenten und Reichsstatthaltern über die Judenfrage", 6. Dezember 1938, zitiert nach: HEIM/ALY, S. 384. Zur grundsätzlichen Bestrebung einer Vermeidung offensichtlicher Ghettobildung im Reichsgebiet vgl.: KWIET, Ausgrenzung, S. 632. Zur systematischen Übersicht über sämtliche juristischen Maßnahmen mit antijüdischen Zielen vgl.: THE HOLOCAUST, Band 1, S. 1-21.

[395] Vgl.: „Führer [...] Wir werden jetzt zuerst einmal die Judenfrage lösen." GOEBBELS, Tagebücher, Band I/6, 8.12.1938, S. 214 f./Z. 13-16. Zu Goebbels' Bewußtsein innenpolitischer Brisanz der antisemitischen Maßnahmen vgl.: „Kerrl will einen neuen Streit mit der Kirche anfangen. Den können wir aber jetzt nicht gebrauchen. Erst muß die Judenfrage durchgepaukt werden." Ebenda, 30.11.1938, S. 206/Z. 16-19.

[396] Vgl. exemplarisch: ebenda, 30.12.1938, S. 225/[o.Z.], 1.1.1939, S. 226/Z. 24, 15.1.1939, S. 230/Z. 12 f. und 17.1.1939, S. 231/Z. 9-11.

[397] Vgl.: „Brennendes Geheimnis', ein ganz alter ekelhafter Judenfilm. Wie weit wir uns doch davon entfernt haben." Ebenda, 6.2.1939, S. 250/Z. 7-9.

port. Die Gespräche verliefen wohl manchmal unbefriedigend[398], teilweise fand er aber auch fruchtbare und vorbestellte Böden vor, in welchen sein ideologisches Saatgut aufgehen und gedeihen konnte.

Eine Stadtrundfahrt auf Rhodos brachte Goebbels auch durch jüdische und türkische Viertel, „ärmlich und stinkend vor Unrat und Schmutz. Pfui Teufel!"[399] Ähnlich kommentierte er die Gegebenheiten in den Wohngebieten der Einheimischen Kairos[400], und auch dort blieben ihm unerfreuliche Begegnungen mit Juden nicht erspart.[401] Die Rassentheorien schienen bestätigt: Die Menschen, die derart lebten, müßten von Herrenvölkern benutzt werden. „Geschähe das nicht mehr, dann käme der ganze Unrat hoch."[402]

Die in der Forschung gelegentlich vertretene These, Goebbels habe Aspekten der Rassenfrage innerlich eher distanziert gegenübergestanden[403], bedarf für den Zeitraum ab 1933 einer gewissen Präzisierung. Nachweislich mißbilligte er die rigiden Festlegungen der Deutschen auf ein bestimmtes äußeres Ideal, von dem ja nicht allein er selbst in mancher Weise abwich.[404] Grundsätzlich anders verhielt es sich in bezug auf eine rassische Unterscheidung von *Ariern* und Juden, die Goebbels, wie jeweils skizziert, seit 1924[405] ohne nennenswerte Einschränkungen vornahm und auch in der öffentlichen Darstellung bis in die Krise des Weltkrieges immer wieder gebrauchte. Der Gesichtspunkt des *Rassenkampfes* zwischen *Ariern* und Juden erscheint weitgehend verinnerlicht, Goebbels argumentierte in der Folgezeit immer wieder dementsprechend, auch im Zusammenhang mit der *Endlösung*.[406]

---

398 Vgl. exemplarisch, mit Bezug auf Valentin Homann, den ungarischen Kultusminister: „Ein Kultur-Zsuspan. Ohne jedes Format. Er faselt etwas von der Judenfrage. Ohne jede Gradheit und Haltung. Nicht der Rede wert." Ebenda, 30.3.1939, S. 304/Z. 3-5.

399 Ebenda, 3.4.1939, S. 308/Z. 10-13; vgl. auch: ebenda, 5.4.1939, S. 309/Z. 4-6.

400 Vgl.: ebenda, 8.4.1939, S. 311/Z. 38-41.

401 Vgl.: „Bummel durch die Basare. Ein paar Juden wollen frech werden. Aber das wird im Keime erstickt." Ebenda, 8.4.1939, S. 311/Z. 40 f.

402 Direktes und indirektes Zitat: ebenda, 3.4.1939, S. 308/Z. 12 f.

403 Vgl.: HÖVER, S. 163-168; 466 f.; „Auf jeden Fall hatte Goebbels zunächst keine germanisch-rassischen Vorurteile. Die Überlegenheit einer durch Abstammung bestimmten germanisch-deutschen Überlegenheit kommt nirgends zum Ausdruck." BÄRSCH, Erlösung, S. 109.

404 Hinsichtlich recht kritischer Bemerkungen zur Rassengesetzgebung vgl.: GOEBBELS, Tagebücher, Band I/II, 26.10.1935, S. 532; „Der Unfug des Rasse-Materialismus, der nicht auf Haltung und Gesinnung, sondern auf Wasserstoff-Blond schaut." GOEBBELS, Tagebücher, Band I/3,II, 24.6.1936, S. 115/Z. 5-11; vgl. dementsprechend: GOEBBELS, Tagebücher, Band I/4, 7.9.1937, S. 299/Z. 49-51 und 28.10.1937, S. 379 f./Z. 33 f. Zu damit verbundenen Gesichtspunkten der Sterilisation vgl.: GOEBBELS, Tagebücher, Band I/3,II, 5.12.1936, S. 278/Z. 28-30. Möglicherweise betrachtete auch Hitler die entsprechenden Übertreibungen mit Skepsis, vgl.: „Führer mißbilligt sehr scharf Arbeit all der Rasse-Ausschüsse." Ebenda, 26.6.1936, S. 117/Z. 16. Hinsichtlich einer gewissen Distanz zu ideologischen Aspekten nationalsozialistischen Rassismus vgl.: „Was Herr Himmler aber mit Hilfe des Herrn Rosenberg da an Mythos, Rassenfragen und Herrentum fabriziert, ist ein heilloser und übrigens sehr gefährlicher Quatsch, zu dem uns vom Volk jede Legitimation fehlt. Es ist ein Verbrechen gegen unsere Revolution, unsere Bewegung in dieser Weise vor aller Welt festzulegen, wir dürfen uns das nicht gefallen lassen." Goebbels, zitiert nach: SCHAUMBURG-LIPPE, S. 97.

405 Vgl.: GOEBBELS, Tagebücher, Band I/I, 6.8.1924, S. 60. Zum Aspekt eines „Kampfes ums Dasein" vgl. auch: ebenda, 11.7.1924, S. 40.

406 Vgl.: GOEBBELS, Tagebücher, Band II/3, 27.3.1942, S. 561/Z. 174-200.

Gleiches gilt für eine generelle Abgrenzung zu *Untermenschen*. Hierzu rechnete Goebbels insbesondere Neger und Slawen, war dabei allerdings, wie oben sichtbar, auch für Erweiterungen offen[407], letztlich auch hinsichtlich einer harten Klassifizierung der Menschen in den Flüchtlingsströmen[408] aus den verlorenen Ostgebieten. Die Formulierungen deuten auf eine grundsätzliche rassistische Disposition. Im Einzelfall konnte diese aber ignoriert werden, beispielsweise im Zusammenhang mit der geliebten Tschechin Lida Baarova.

---

[407] Vgl.: GOEBBELS, Tagebücher, Band I/I, 19.1.1930, S. 486; Konferenzprotokolle vom 30. Mai 1940, 31. Mai 1940 und 10. Juni 1940, in: BOELCKE, Kriegspropaganda, S. 369, S. 371 bzw. S. 384; GOEBBELS, Tagebücher, Band I/7, 10.10.1939, S. 147/Z. 54-59 und 19.11.1939, S. 201/Z. 2-4. Wie erwähnt hatte er diese Kategorie teilweise selbst auf Teile der deutschen Bevölkerung bezogen, vgl.: „Untermenschentum. Was soll damit gemacht werden?" GOEBBELS, Tagebücher, Band I/1, 18.6.1929, S. 387. Die stark abwertende Prädikation „Negervolk" ist bereits 1926 dokumentiert, vgl.: GOEBBELS, Lenin, S. 10.

[408] Vgl.: „Was da unter der Marke deutsch in das Reich hineinströmt, ist nicht gerade erheiternd. Ich glaube, daß im Westen mehr Germanen mit Gewalt in das Reich eindringen, als im Osten friedlich in das Reich kommen." GOEBBELS, Tagebücher, Band II/15, 8.3.1945, S. 450/Z. 220-223.

5. UNHEIL UND UNTERGANG: AKZEPTANZ UND BEGÜNSTIGUNG PHYSISCHER VERNICHTUNG 1939-1945

VERNICHTUNGSDROHUNG UND VORSTUFEN DER VERWIRKLICHUNG

In seiner schicksalsträchtigen Rede zum sechsten Jahrestag der *Machtergreifung* projizierte Hitler am 30. Januar 1939 Konturen und Charakter des bevorstehenden Krieges in bezug auf die Judenfrage: „Ich will heute wieder ein Prophet sein: Wenn es dem internationalen Finanzjudentum inner- und außerhalb Europas gelingen sollte, die Völker noch einmal in einen Weltkrieg zu stürzen, dann wird das Ergebnis nicht die Bolschewisierung der Erde und damit der Sieg des Judentums sein, sondern die Vernichtung der jüdischen Rasse in Europa!"[1]

Wenngleich der weitere Verlauf dieser Redepassage darauf hindeutet, daß der Reichskanzler eine physische Vernichtung der Juden durch deutsche Hand damit nicht unmittelbar angekündigt hatte[2], gab der im Reichsgebiet eingeschlagene Kurs Hitlers Drohung auch auf internationaler Ebene ein furchtbares Gewicht. Die Handhabung der Krise um den deutschen Einmarsch in Prag vom März 1939 wie auch die vergeblichen Vermittlungsversuche vom August 1939 zeigen die besondere Bemühung der demokratischen Mächte, eine militärische Eskalation noch einmal zu verhindern.

---

[1] VERHANDLUNGEN DES REICHSTAGS, Band 460, 1. Sitzung, 30. Januar 1939, S. 1-21, Zitatstelle S. 16. Vgl. hierzu grundlegend: HITLER, Kampf, S. 702 f., angekündigt durch Göring auf der „Vor-Wannseekonferenz" und wahrscheinlich zwischen Hitler und Göring am 9. November 1938 besprochen. Zur Vernichtungsdrohung vgl.: SCHLEUNES, War, S. 25-34.

[2] Die folgenden Abschnitte deuten die Möglichkeiten der Achsenmächte an, durch internationale Propagandakampagnen die antisemitischen Instinkte anderer Nationen aufzurütteln und gegen die Juden auszurichten: „Denn die Zeit der propagandistischen Wehrlosigkeit der nichtjüdischen Völker ist zu Ende! Das nationalsozialistische Deutschland und das faschistische Italien besitzen jene Einrichtungen, die es gestatten, wenn notwendig, die Welt über das Wesen einer Frage aufzuklären, die vielen Völkern instinktiv bewußt und nur wissenschaftlich unklar ist. Augenblicklich mag das Judentum in gewissen Staaten seine Hetze betreiben unter dem Schutz einer dort in seinen Händen befindlichen Presse, des Films, der Rundfunkpropaganda, der Theater, der Literatur usw. Wenn es diesem Volke aber noch einmal gelingen sollte, die Millionenmassen der Völker in einen sinnlosen und nur den jüdischen Interessen dienenden Kampf zu hetzen, dann wird sich die Wirksamkeit einer Aufklärung äußern, der in Deutschland allein schon in wenigen Jahren das Judentum restlos erlegen ist. Die Völker wollen nicht mehr auf den Schlachtfeldern sterben, damit diese wurzellose internationale Rasse an den Geschäften des Krieges verdient und ihre alttestamentarische Rachsucht befriedigt. Über die jüdische Parole ‚Proletarier aller Länder, vereinigt euch!' wird eine höhere Erkenntnis siegen, nämlich: ‚Schaffende Angehörige aller Nationen, erkennt euren gemeinsamen Feind!'" VERHANDLUNGEN DES REICHSTAGS, Band 460, 1. Sitzung, 30. Januar 1939, S. 16.

Goebbels nahm in seinem entsprechenden Tagebucheintrag keinen unmittelbaren Bezug auf die judenfeindlichen Elemente der Kanzlerrede, seine Anmerkungen blieben eher im allgemeinen und bezogen sich stärker auf seine persönliche Situation und innere Verfassung.[3] Doch im weiteren Verlauf sollte Hitlers Ankündigung für den Propagandaminister wie auch für den Gauleiter Berlins handlungsleitend werden.

Konkreten Anweisungen des Reichskanzlers unmittelbar entsprechend[4], dessen Wünschen vorauseilend gehorsam oder auch eigenen Überlegungen folgend, gebrauchte Goebbels fortan antisemitische Elemente als Grundbestandteil eines Großteils der meinungsbildenden Maßnahmen für In- und Ausland. Im Vorfeld der Krise um die Tschechoslowakei noch recht vorsichtig dosiert, fanden judenfeindliche Gesichtspunkte im Verlauf des Weltkrieges immer großzügigere Verwendung, ab Juni 1941 auch wieder in Vermischung mit antibolschewistischen Aspekten.[5]

Zwischen August 1939 und Juni 1941 war der Reichsminister auf Grund des Hitler-Stalin-Pakts[6] gehalten, offen antibolschewistische Propaganda zu vermeiden, Beschränkungen galten dementsprechend auch hinsichtlich der stereotypen antisemitischen Verbindungen sowie in bezug auf einzelne sowjetische Juden.[7]

---

[3] Vgl.: GOEBBELS, Tagebücher, Band I/6, 31.1.1939, S. 244 f./Z. 15-17 und Z. 39-45 („Der Schluß der Rede ist ergreifend und erschütternd. Alle sind ganz hingerissen davon." Z. 44 f.).

[4] Dahingehend erfolgte wohl auch im persönlichen Umfeld die Darstellung seiner judenfeindlichen Propagandaarbeit, vgl. Magda Goebbels' Bemerkung zu ihrer ehemaligen Schwägerin Ello Quandt, auf die Frage, was sie dazu [wahrscheinlich der Film „Der ewige Jude" gemeint] denke: „Joseph erklärt das alles mit Gründen der Staatsraison. Das Dritte Reich ist nun einmal gegen die Juden, und als Propagandaminister fällt ihm die Aufgabe zu, in der Presse und im Funk gegen sie vorzugehen. Der Führer will es so, und Joseph muß gehorchen." Nach Notizen von Frau Ello Quandt zitiert nach: EBERMAYER/ROOS, S. 176.

[5] Vgl.: „Krieg in Sicht?", 25. Februar 1939, in: GOEBBELS, Zeit ohne Beispiel, S. 39-47; „Die Hintergründe der Kriegshetze. Dr. Goebbels entlarvt die Internationale der Reichsfeindschaft", in: VÖLKISCHER BEOBACHTER, 52 (1939), 56. Ausgabe, 25. Februar, S. 1 f.; „Die Insulaner und die Spanienfrage", 4. März 1939, in: GOEBBELS, Zeit ohne Beispiel, S. 48-45, antisemitische Elemente S. 49; „Aussprache unter vier Augen mit der Demokratie", 21. März 1939, in: ebenda, S. 77-83; „Die Moral der Reichen", 25. März 1939, in: ebenda, S. 84-89; „Wer will den Krieg?", 1. April 1939, in: ebenda, S. 90-96, antisemitische Elemente S. 94 f.; „Lord Halifax macht Witze", 22. April 1939, in: ebenda, S. 104-110; „Ein paar Worte über den politischen Takt", 27. April 1939, in: ebenda, S. 111-116; „Die Einkreiser", 20. Mai 1939, in: ebenda, S. 144-149, antisemitische Elemente S. 144; „Nochmals: Die Einkreiser", 27. Mai 1939, in: ebenda, S. 150-156; „Klassenkampf der Völker", 3. Juni 1939, in: ebenda, S. 157-163, antisemitische Elemente S. 159; „Erkläret mir, Graf Oerindur'", 17. Juni 1939, in: ebenda, S. 169-176, antisemitische Elemente S. 169 f.; „Danzig vor der Entscheidung", Rede vor der Danziger Bevölkerung am 17. Juni 1939, in: ebenda, S. 177-180; „Die abgehackten Kinderhände", 24. Juni 1939, in: ebenda, S. 181-187; „Das schreckliche Wort von der Einkreisung", 1. Juli 1939, in: ebenda, S. 188-192; „Antwort an England", 14. Juli 1939, in: ebenda, S. 193-204.

[6] Vgl.: UEBERSCHÄR, Entwicklung, S. 3-11; HOFER, Diktatur, S. 208-216; MICHAELIS, S. 147-167. Vor dem Hintergrund einer möglichen Verständigung zwischen England/Frankreich und der Sowjetunion im Frühjahr 1939 bahnte sich bereits seit dem 5. Mai 1939 eine dementsprechende Zurückhaltung an, vgl.: „Bereitstellung für die Redaktion", 5. Mai 1939, in: WULF, Presse, S. 106; REUTH, Goebbels, S. 419.

[7] Vgl.: Konferenzprotokoll vom 23. August 1940, in: BOELCKE, Kriegspropaganda, S. 475.

Einige Hinweise deuten auf Vereinbarungen zu einer wechselseitigen Unterstützung in der öffentlichen Meinungsbildung.[8]

Der Abschluß des Nichtangriffspakts mit Moskau hatte Goebbels angesichts großer persönlicher Beunruhigung um einen möglichen Kriegsausbruch kurzfristig etwas Zuversicht eingegeben[9], letztlich aber blieb er in der Beurteilung der vertraglichen Verbindung mit der Sowjetunion bis zu ihrer faktischen Auflösung im Juni 1941 distanziert. Der Reichsminister streute in seine Aufzeichnungen recht karge Bemerkungen zur Sowjetunion ein[10], zumeist nach Besprechungen mit Hitler. Sie deuten jedenfalls auf eine Konstanz der Anschauungen, insbesondere hinsichtlich der Verbindung von Bolschewismus und Judentum sowie, entgegen einiger vager Hoffnungen auf die Möglichkeit einer mittelfristigen (das heißt für die folgenden 30 Jahre währenden) Koexistenz, die Vorahnung der kommenden militärischen Auseinandersetzung.[11] Die Tagebuchaufzeichnungen zeigen eine insgesamt realistische Einschätzung dieser Verbindung und vorsichtige Kritik an Hitler.[12] In seinen Ministerkonferenzen warnte Goebbels vor Versuchen, innere Zusammenhänge zwischen Nationalsozialismus und Bolschewismus her- beziehungsweise darstellen zu wollen. Ministerialdirektor Leopold Gutterer, der Leiter des Bereichs Propa-

---

8 Vgl.: „In Moskau zieht die Presse nicht mehr so richtig mit uns. Wohl mehr aus innerpolitischen Gründen. Man will wohl den Nationalsozialismus nicht ganz so strahlend erscheinen lassen." GOEBBELS, Tagebücher, Band I/8, 20.5.1940, S. 125/Z. 36-38. Vgl. auch: ebenda, 1.6.1940, S. 148/Z. 32-36; UEBERSCHÄR, Pakt, S. 568-578. Zu einem Forschungsüberblick über den „Hitler-Stalin-Pakt" vgl.: AHMANN, S. 93-106.

9 Vgl.: GOEBBELS, Tagebücher, Band I/7, 17.8.1939, S. 68/Z. 17-23, 19.8.1939, S. 69/Z. 3-6, 22.8.1939, S. 71 f./Z. 11-16 bzw. S. 72/Z. 37-40 und 23.8.1939, S. 73/Z. 3-8; „Endlich nachts um 1h Durchgabe des Communiqués: vollkommener Akkord. Nichtangriffs- und Konsultationspakt auf 10 Jahre. Ein Vertrag auf sehr weite Sicht und sogleich in Kraft tretend. Ein weltgeschichtliches Ereignis von [unüberseh]baren Konsequenzen. Der Führer und wir alle sind sehr glücklich." Ebenda, 24.8.1939, S. 75/Z. 56-60. Vgl. auch: FEST, Hitler, S. 809 f.; MEISSNER, Staatssekretär, S. 509-514; MICHALKA, S. 278-294. Text des Abkommens sowie der Zusatzprotokolle in: WOLTON, S. 358-361. Zur Lage im Sommer 1939 vgl. auch: SPEER, Erinnerungen, S. 177. Zu Goebbels' großer Besorgnis in der „Sudetenkrise" vgl.: GOEBBELS, Tagebücher, Band I/6, 11.9.1938, S. 83/Z. 60 f., 2.10.1938, S. 124/Z. 7-10 und S. 125/Z. 46-48 sowie 3.10.1938, S. 127/Z. 30-34. Vgl. auch: WEIZSÄCKER-PAPIERE, S. 145. Entsprechend im Zusammenhang mit dem Einmarsch in die Tschechoslowakei vgl.: GOEBBELS, Tagebücher, Band I/6, 14.3.1939, S. 285/Z. 38-42 und 15.3.1939, S. 286/Z. 36-38.

10 Vgl.: GOEBBELS, Tagebücher, Band I/7, 1.10.1939, S. 132/Z. 38-42 und 29.10.1939, S. 172/Z. 4-6; „Stalin begeht seinen 60. Geburtstag. Der Führer beglückwünscht ihn in einem Telegramm. Kurze Artikel in der deutschen Presse. Eine Art von Eiertanz." Ebenda, 22.12.1939, S. 242/Z. 40 f.

11 Vgl.: SEMMLER, 1.4.1941, S. 26; REIMANN, S. 278; GOEBBELS, Tagebücher, Band I/8, 26.7.1940, S. 238/Z. 7 f., 3.8.1940, S. 251/Z. 35-38, 9.8.1940, S. 262/Z. 32-38 und 10.8.1940, S. 265/Z. 54-60. Vgl. auch: „Trotzki gestorben. Ein schuldbeladenes Judenschwein weniger." Ebenda, 23.8.1940, S. 286/Z. 21 f.

12 Vgl.: „Die Frage der Bolschewisierung ist im Augenblick von untergeordneter Bedeutung. Auch glaubt der Führer, daß er sich in der Mauserung befindet. Aber was heißt das alles. Wir sind in Not und fressen da wie der Teufel Fliegen. Unser Volk billigt diese Politik und macht sie begeistert mit." GOEBBELS, Tagebücher, Band I/7, 24.8.1939, S. 75/Z. 35-39. Hitler hatte ursprünglich jede Bündnismöglichkeit mit Sowjetrußland kategorisch ausgeschlossen, vgl.: HITLER, Kampf, S. 747-753.

ganda, erhielt die ausdrückliche Anweisung, nichts an bolschewistischer Tendenz und Gesinnung nach Deutschland hineinzulassen, das Verhältnis mit Rußland sei von rein machtpolitischen Zweckmäßigkeiten geleitet.[13] Der antisowjetische Apparat seines Ministeriums („Antikomintern") wurde dementsprechend nur organisatorisch ausgelagert. Er setzte seine Tätigkeit mit verkleinertem Stab gewissermaßen inoffiziell fort.[14]

Der schnelle Sieg über Polen eröffnete den Nationalsozialisten neue Perspektiven in der operativen Judenpolitik, insbesondere hinsichtlich einer systematischen Deportation und Ghettoisierung. Bereits Ende September 1939 besprach Hitler mit Goebbels sein Konzept zur Einteilung des polnischen Gebietes in drei Zonen und die Kriterien ihrer Besiedlung: In den Abschnitt östlich der Weichsel würden die „schlechten polnischen Elemente" und die Juden, auch aus dem Reichsgebiet, „hineingedrückt" werden.[15] Man rechnete also bereits zu diesem Zeitpunkt mit gewissen Möglichkeiten der Deportation, wenngleich sie vorerst noch im Theoretischen blieben. Dementsprechend ergaben sich Notwendigkeiten der psychologischen Wegbereitung in der Inlandspropaganda.[16]

Anfang Oktober 1939 besprach Goebbels mit Fritz Hippler, dem Leiter der Filmabteilung im Propagandaministerium, und Eberhard Taubert, dem Hauptleiter der Abteilung „Antisemitische Aktion", die Konzeption für einen dokumentarischen Ghettofilm, der die schneidendste antisemitische Propaganda werden müsse, die man sich vorstellen könne[17]. Der Film erhielt später den gleichen Titel, den bereits Streichers antisemitische Ausstellung von

---

[13] Vgl.: Konferenzprotokolle vom 12. August 1940 und vom 22. August 1940, in: BOELCKE, Krieg, S. 114 bzw. S. 120. Vgl. auch: Konferenzprotokolle vom 28. Dezember 1939, 9. Januar 1940, 16. Januar 1940, 1. Februar 1940 und 17. September 1940, in: BOELCKE, Kriegspropaganda, S. 252, S. 260, S. 268, S. 278 bzw. S. 510 f.; GOEBBELS, Tagebücher, Band I/8, 9.8.1940, S. 262/Z. 32-38.

[14] Vgl.: WETTE, Rassenfeind, S. 182/Anm. 33; REUTH, Goebbels, S. 421. Zum „antisowjetischen Apparat" vgl.: KRÄMER, S. 401-420; ZEMAN, S. 87-93. Zur Produktion der „Antikomintern" vgl. exemplarisch: KOMMOSS.

[15] Vgl.: GOEBBELS, Tagebücher, Band I/7, 30.9.1939, S. 130/Z. 57-72. Heinrich Himmler befahl dementsprechend am 9. Oktober 1939, Juden und nicht zur „Eindeutschung" geeignete Polen in das sogenannte „Generalgouvernement" zu verbringen, vgl.: REUTH, Goebbels, S. 435. Vgl. hierzu auch: „Anweisung Nr. 347", 15. Februar 1940, in: WULF, Presse, S. 107; „Alle möchten ihren Unrat ins Generalgouvernement abladen. Juden, Kranke, Faulenzer etc." GOEBBELS, Tagebücher, Band I/8, 5.11.1940, S. 406/Z. 52 f., dementsprechend: ebenda, 2.9.1940, S. 301/Z. 5-7 und 24.11.1940, S. 434/Z. 45 f. Aus amerikanischer Perspektive vgl.: „Telegramm der amerikanischen Botschaft Berlin", 12. Oktober 1939, in: THE HOLOCAUST, Band 2, S. 83.

[16] Zur gegen Polen gerichteten Propaganda vgl. exemplarisch die „Brombergkampagne", in: VÖLKISCHER BEOBACHTER, 52 (1939), 254. Ausgabe, 11. September, S. 5, 256. Ausgabe, 13. September, S. 3 f. und 260. Ausgabe, 17. September, S. 3 f. Zu entsprechenden Bestellungen Hitlers vgl.: GOEBBELS, Tagebücher, Band I/7, 12.8.1939, S. 64/Z. 20-23.

[17] Vgl.: ebenda, 5.10.1939, S. 138/Z. 37-39 und 6.10.1939, S. 140/Z. 40-42; FRÖHLICH, Tagebuch, S. 518 f. Zum Film als nationalsozialistisches Propagandainstrument vgl.: MANNES, S. 10-23. Zur Judenkampagne mit besonderem Bezug auf Polen vgl.: BAIRD, Propaganda, S. 54 f.; GOEBBELS, Filmkammer, S. 8 f.; HORNSHØJ-MØLLER/CULBERT, S. 41 f.

1937 getragen hatte: „Der ewige Jude".[18] Auch Hitler interessierte sich offenbar sehr für dieses neue Initiativprojekt des Propagandaministers. Goebbels erzählte ihm davon im Verlauf einer antisemitisch-stimmungsvollen Unterhaltung über dessen Wiener Zeit.[19]

Im Zusammenhang mit dieser Filmproduktion kam es bei Goebbels offenbar zu merkwürdigen Verflechtungen und Wechselwirkungen zwischen Aspekten der Propaganda und der persönlichen Überzeugung sowie daraus abgeleiteten Forderungen und Maßnahmen in der Judenpolitik. Die erste Sichtung des in Warschau gedrehten Rohmaterials erschien ihm sehr vielversprechend: Derartige Aufnahmen seien noch nicht dagewesen, das Blut gefriere einem bei diesen Bildern in den Adern. Wohl in gewisser Weise vom eigenen Produkt beeindruckt und ähnlichen Forderungen Hitlers bei einer eben besuchten Tischgesellschaft entsprechend, folgerte der Propagandaminister: „Dieses Judentum muß vernichtet werden."[20] Schon 1936 hatte er die zwei Jahre zuvor eingeleitete systematische Sterilisation Behinderter[21] propagandistisch begleitet und sich auch hierbei in ähnlicher Weise von eigenem Filmmaterial in der Sache bestärkt gezeigt: „Dann einen Film aus Irrenanstalten zur Begründung des Sterilisationsgesetzes. Grauenhaftes Material. Mit tollen Aufnahmen. Das Blut gefriert einem bloß beim Anschauen. Da ist die Unfruchtbarmachung ein Segen."[22]

Anfang November 1939 überzeugte sich Goebbels persönlich von der Authentizität der Aufnahmen und der Richtigkeit seiner Folgerungen. Gemeinsam mit Arthur Seyß-Inquart, dem stellvertretenden Generalgouverneur der polnischen Gebiete, besuchte er das Ghetto in Lodz: „Fahrt durch das Ghetto. Wir steigen aus und besichtigen alles eingehend. Das sind keine Menschen mehr, das sind Tiere. Das ist deshalb auch keine humanitäre, sondern eine chirurgische Aufgabe. Man muß hier Schnitte tuen, und zwar ganz radikale. Sonst geht Europa an der jüdischen Krankheit zugrunde."[23] Dementsprechend äu-

---

[18] Vgl.: HORNSHØJ-MØLLER, S. 40-188 (Einstellungsprotokoll und sequentielle Analyse); HORNSHØJ-MØLLER/CULBERT, S. 41-46; HOLLSTEIN, S. 108-117; PÜSCHEL, S. 186-191; MANNES, S. 51-83; MOELLER, Blitzkrieg, S. 137-142. Zu früheren Filmen mit antisemitischer Tendenz, bspw. „Leinen aus Irland", vgl.: GOEBBELS, Tagebücher, Band I/7, 16.9.1939, S. 108/Z. 3; HOLLSTEIN, S. 53-58.

[19] Vgl.: GOEBBELS, Tagebücher, Band I/7, 17.10.1939, S. 157/Z. 24-30. Zu den Zielsetzungen des Films vgl.: HORNSHØJ-MØLLER.

[20] Vgl.: GOEBBELS, Tagebücher, Band I/7, 17.10.1939, S. 157/Z. 47-53, Zitatstelle Z. 53. Vgl. auch: ebenda, 7.10.1939, S. 141/Z. 31-33; „Abendessen im kleinen Kreise [...] Der Führer ist reizend. Er legt die ganze Judenfrage dar. Daß das keine Angelegenheit des Mitleids, sondern der Zweckmäßigkeit sei." GOEBBELS, Tagebücher, Band I/6, 12.6.1939, S. 376/Z. 40-42. Vgl. dementsprechend: JOCHMANN, Monologe, 19.11.1941, S. 143. Zu Herkunft und Authentizität der Filmaufnahmen vgl.: HORNSHØJ-MØLLER, S. 24-30; „Vertrauliche Information Nr. 11/40", 13. Januar 1940, zitiert nach: ADAM, Judenpolitik, S. 261.

[21] Vgl.: „Gesetz zur Verhütung erbkranken Nachwuchses", RGBL., 1933, Teil I, Nr. 86., S. 529-531. Zu Entwicklung von Gesetz und Folgegesetzen vgl.: BOCK, S. 80-115; FRIEDLANDER, S. 62 und S. 66-83; SCHMUHL, S. 295-306; KAISER/NOWAK/SCHWARTZ, S. 126-199.

[22] GOEBBELS, Tagebücher, Band I/3,II, 4.12.1936, S. 277/Z. 56-59; vgl. hierzu: HITLER, Kampf, S. 279 und S. 447.

[23] GOEBBELS, Tagebücher, Band I/7, 2.11.1939, S. 177/Z. 11-15; vgl. auch: ebenda, 17.11.1939, S. 199/Z. 61-66. Zu Wortfeldern „Krankheit, Medizin, Hygiene" mit antisemitischer Referenz vgl.: BEISSWENGER, S. 31.

ßerte sich der Reichspropagandaleiter wohl auch am Folgetag Hitler gegenüber. Der Tagebucheintrag deutet auf einen ausgesprochen radikalen Meinungsaustausch. Goebbels schrieb, seine Darlegung des Judenproblems finde die volle Zustimmung Hitlers, das Judentum sei ein Abfallprodukt, mehr eine klinische als soziale Angelegenheit.[24]

Die Bemerkungen des Propagandaministers deuten auf die Wiederaufnahme einer Strategie, die er in polemischen Diskursen zur Judenfrage schon in den zwanziger Jahren verfolgt hatte und die offensichtlich darauf ausgerichtet war, Juden grundsätzlich nicht als Menschen zu betrachten. Waren sie bislang zumeist als lästige parasitäre Lebewesen dargestellt worden, so fanden fortan die von ihnen ausgehenden existentiellen Gefahrenmomente besondere Hervorhebung: Aus Schädlingen wurden Wucherzellen oder Raubtiere. Mit hoher Wahrscheinlichkeit hatten Äußerungen Hitlers diese Radikalisierungen begünstigt beziehungsweise gar in Gang gebracht.[25]

In der Frage der Verfahrensweise mit den Juden in den besetzten polnischen Gebieten muß Goebbels als Befürworter eines harten Kurses gelten, er bezeichnete polnische Juden als „Aufhetzer" gegen die Deutschen, nur brutale Gewalt könne hier Frieden schaffen.[26] In diesem Zusammenhang will er ausdrücklich gegen konziliantere Vorschläge Wilhelm Fricks protestiert haben.[27] Von Himmler im Frühjahr 1940 vorgelegte Berichte erhärteten die Meinung des Propagandaministers: Die Juden seien nur Ausschuß und unter eiserne Zucht zu nehmen. Dort, wo sie sich selbst verwalteten, übten sie gegen ihre eigene Rasse das grausamste Terrorregiment aus, aber so seien die Juden eben und so würden sie ewig bleiben.[28]

Ende 1939 lag noch kein strategisches Konzept zur generellen Verfahrensweise mit den deutschen und europäischen Juden vor. Bezugnehmend auf eine Besprechung mit Hitler, notierte Goebbels Anfang Dezember 1939, es bestehe Einigkeit, daß die Judengefahr gebannt werden müsse, sie werde allerdings in einigen Generationen wieder auftauchen, ein Allheilmittel gebe es nicht.[29] Die weiteren Tagebucheinträge schwanken bis Sommer 1940 in dieser Hin-

---

[24] Vgl.: GOEBBELS, Tagebücher, Band I/7, 3.11.1939, S. 179 f./Z. 23-28.

[25] Vgl.: „Mittags beim Führer [...] Das Judenproblem wird wohl am schwierigsten zu lösen sein. Diese Juden sind gar keine Menschen mehr. Mit einem kalten Intellekt ausgestattete Raubtiere, die man unschädlich machen muß." Ebenda, 7.10.1939, S. 141/Z. 20-33.

[26] Vgl.: ebenda, 24.9.1939, S. 120/Z. 30-34; „Ein neues Reichsgesetz verordnet schwere Strafen für Vergehen und Verbrechen von Polen und Juden in den besetzten Gebieten." GOEBBELS, Tagebücher, Band II/2, 21.11.1941, S. 328/Z. 200-202.

[27] Vgl.: „Frick berichtet von der Judenfrage in Polen. Er ist für etwas sanftere Methoden. Ich protestiere dagegen. Ley ebenfalls. Allerdings bin ich auch nicht sehr dafür zu haben, daß Lodz eine deutsche Stadt werden soll. Das ist ja nur ein Dreckhaufen, in dem fast ausschließlich Ausschuß aus Polen und Juden wohnt." GOEBBELS, Tagebücher, Band I/7, 8.11.1939, S. 186/Z. 38-42; „Ich prüfe eine Denkschrift über Polengreuel in Lodz. Das ist alles grauenhaft. Mit den Polen darf man überhaupt kein Mitleid haben. Dieses Volkspack muß unter die Knute gezwungen werden." GOEBBELS, Tagebücher, Band I/8, 16.5.1940, S. 117/Z. 37-39.

[28] Vgl.: ebenda, 9.5.1940, S. 102 f./Z. 56-60.

[29] Vgl.: GOEBBELS, Tagebücher, Band I/7, 5.12.1939, S. 220 f./Z. 19-23.

sicht zwischen gewisser Zuversicht (zumeist in unmittelbarer Folge persönlicher Gespräche mit Hitler) und Skepsis.[30]

Im Auswärtigen Amt wurde zu dieser Zeit die Ausarbeitung des „Madagaskarplans" vorangetrieben: Nach siegreichem Abschluß des Krieges würde man Madagaskar von Frankreich wegnehmen und sämtliche europäischen Juden in das ehemalige Kolonialgebiet verbringen. Eine hohe Ausfallquote beim Transport wäre billigend in Kauf genommen worden, eine systematische physische Vernichtung der Juden war allerdings nicht vorgesehen.[31] Das Konzept war in Zusammenarbeit mit dem Reichssicherheitshauptamt von Franz Rademacher, Judenreferent im Auswärtigen Amt, federführend ausgearbeitet worden; der Reichskanzler gab am 12. Juli 1940 seine Zustimmung zu einer detaillierten Planung.[32] Die Grundidee bestand allerdings schon längere Zeit und geht wohl auf Hitler persönlich zurück. Bereits im Verlauf der „Vor-Wannseekonferenz" war über eine Umsiedlung der Juden nach Madagaskar gesprochen worden[33], in Streichers „Der Stürmer" war 1934 Madagaskar als Ansiedlungsort für Juden diskutiert worden und schon in der „Völkischen Freiheit" war die Idee, alternativ zu Siedlungsplanungen für Neu-Guinea und Palästina, aufgetaucht.[34] Wie erwähnt hatten Goebbels und Hitler im April 1938 eine generelle Auswanderung der deutschen Juden nach Madagaskar erwogen[35], nun sprang der Reichsminister gewissermaßen auf einen fahrenden Zug. Wie auch bereits im Zusammenhang mit anderen Projekten Dritter, identifizierte er sich sehr schnell wieder mit der Idee: Schon Mitte August 1940 nahm er in der ersten Person Plural Bezug auf die Deportationspläne in den Indischen Ozean.[36]

---

[30] Vgl. exemplarisch: GOEBBELS, Tagebücher, Band I/8, 6.6.1940, S. 159/Z. 66 bzw. 5.7.1940, S. 206/Z. 23-26.

[31] Vgl.: ebenda, 26.7.1940, S. 238/Z. 16-19; Konferenzprotokoll vom 17. September 1940, in: BOELCKE, Kriegspropaganda, S. 510 f.; DÖSCHER, SS, S. 215-239, mit faksimilierten Dokumenten.

[32] Zur antisemitischen Arbeit der Abteilung III im Auswärtigen Amt vgl.: MCKALE, S. 297-307.

[33] Vgl.: „Stenographische Niederschrift", in: POLIAKOV/WULF, Juden, S. 79. Zu Phasen und Varianten der Madagaskarplanungen im Dritten Reich vgl. ausführlich: BRECHTKEN, S. 165-283; JANSEN, S. 175-384; LONGERICH, Politik, S. 273-278. Augenblicklich entsteht eine neue Untersuchung am Lehrstuhl Fuchs. Zur Vorgeschichte von Madagaskarkonzepten außerhalb Deutschlands im 19. und beginnenden 20. Jahrhundert vgl. ausführlich: BRECHTKEN, S. 31-164; JANSEN, S. 33-174. Bis zum ausdrücklichen Verbot durch Heydrich 1941 organisierte Adolf Eichmann (Reichszentrale für jüdische Auswanderung) die Auswanderung nach Palästina, vgl.: POLIAKOV/WULF, Juden, S. 89.

[34] Vgl.: „Der Stürmer" 1934, [ohne Datum], zitiert nach: PÄTZOLD, Verfolgung, S. 89; „Randbemerkungen", in: VÖLKISCHE FREIHEIT, 20.12.1924, Nr. 40/41, S. 2.

[35] Vgl.: „Lange beim Frühstück parlavert. Über Judenfrage. Der Führer will die Juden ganz aus Deutschland herausdrängen. Nach Madagaskar oder so. Richtig! Er ist der Überzeugung, daß sie aus einer früh[eren] Strafkolonie auch stammen. Schon möglich. Ein von Gott geschlagenes Volk." GOEBBELS, Tagebücher, Band I/5, 11.4.1938, S. 256/Z. 6-9; „Judenfrage besprochen. Wir tragen sie dem Führer vor. Er ist einverstanden [...]. Wir werden Berlin den Charakter eines Judenparadieses nehmen. [...] Jedenfalls gehen wir jetzt radikaler vor. Der Führer will sie allmählich alle abschieben. [...] Madagaskar wäre für sie das Geeignete." Ebenda, 23.4.1938, S. 269 f./Z. 26-33.

[36] Vgl.: „Die Juden wollen wir später einmal nach Madagaskar verfrachten. Dort können sie sich ihren eigenen Staat aufbauen." GOEBBELS, Tagebücher, Band I/8, 17.8.1940, S. 276/Z. 41 f.; Konferenzprotokoll vom 17. September 1940, in: BOELCKE, Krieg, S. 136 (Deportation als Nachkriegsprojekt, umfassend ca. 3,5 Mio. Juden).

Währenddessen war die Arbeit an dem angesprochenen Filmprojekt mit besonderem Interesse und persönlicher Beteiligung des Propagandaministers vorangebracht worden.[37] Ende Oktober 1939 hatte Goebbels dem Reichskanzler die Aufnahmen vorgeführt, alle Anwesenden seien aufs tiefste erschüttert gewesen.[38] Hitlers Unterstützung für weitere antisemitische Filme war damit gewonnen.[39] Der Propagandaminister hatte zu diesem Zeitpunkt mit „Jud Süß" bereits eine entsprechende neue Produktion vorbereitet, später sollte noch „Die Rothschilds" folgen.[40]

Offenbar war Hitler aber mit der Propagandawirkung der deutschen Filmproduktion im allgemeinen recht unzufrieden. Mitte Dezember 1939 kritisierte er in wütendem Ausbruch das gesamte Film- und Wochenschauwesen, es gebe nur allgemeinpatriotische, nicht aber nationalsozialistische Filme, vor allem aber habe man sich noch nicht an den jüdischen Bolschewiken herangetraut.[41] Offenbar hatte er in diesem Augenblick vergessen, daß dementsprechende Produktionen auf Grund der außenpolitischen Umstellung in die Archive gebracht worden waren.[42] Die Wochenschauen, so fuhr Hitler wohl fort, seien geistlos und ohne tieferes Interesse zusammengestellt.[43] Goebbels war damit vor allen Anwesenden, nicht zuletzt vor Rosenberg, gestaucht worden. Seine Tagebuchvermerke zeigen ihn, in bezug auf die Gunst Hitlers ein ewiger Sisyphos, geschlagen und demütig: „Der Führer übt scharfe Kritik am Film, vor allem an der Wochenschau. Ich halte das nicht für ganz berechtigt. Er tut das vor all den Offizieren und Adjutanten. Aber er hat das Recht dazu, er ist ein Genie."[44]

---

[37] Vgl.: GOEBBELS, Tagebücher, Band I/7, 24.10.1939, S. 166/Z. 57-61, 8.11.1939, S. 186/Z. 47, 11.11.1939, S. 191/Z. 46-48, 18.11.1939, S. 201/Z. 55 f., 24.11.1939, S. 208/Z. 8 und 25.11.1939, S. 211/Z. 56-59; „Abends Filmprüfung: Probeaufnahmen zu unserem Judenfilm. Erschütternd! Dieser Film wird unser großer Clou." Ebenda, 28.10.1939, S. 172/Z. 35 f.

[38] Vgl.: ebenda, 29.10.1939, S. 173/Z. 32 f. und 2.11.1939, S. 178 f./Z. 66 f.

[39] Vgl.: ebenda, 19.11.1939, S. 202/Z. 23-25.

[40] Vgl.: „Der erste wirklich antisemitische Film." Ebenda, 9.11.1939, S. 187/Z. 25 f. Einstellungsprotokollauszug zu „Jud Süß" bei: HOLLSTEIN, S. 270-314; weiterhin zu „Jud Süß" vgl.: GOEBBELS, Tagebücher, Band I/7, 23.11.1939, S. 208/Z. 54-56, 5.12.1939, S. 220/Z. 16-18, 15.12.1939, S. 232/Z. 27-30 und 5.1.1940, S. 258/Z. 16 f.; WULF, Theater, S. 397-410; HOLLSTEIN, S. 65-76; QUANZ, S. 108-117; GERBER, S. 286 f. mit einer ausführlichen biographischen Darstellung im ersten Hauptteil der Arbeit. Zu antisemitischen Propagandafilmen vgl. grundlegend: KOCH, Einstellung, S. 172-177; PÜSCHEL, S. 179-191; HOLLSTEIN, S. 26-182. Vgl. auch: MOELLER, Filmminister, S. 238-245; MANNES, S. 24-50; KNILLE/ZIELINSKI, S. 329-333; Konferenzprotokolle vom 22. Januar 1940, 26. April 1940, 23. Mai 1940, 8. Juli 1940 und 13. Februar 1942, in: BOELCKE, Kriegspropaganda, S. 271, S. 332, S. 362, S. 420 bzw. S. 618.

[41] Vgl.: GOEBBELS, Tagebücher, Band I/6, 17.12.1938, S. 223/Z. 12-15; ROSENBERG, Tagebuch, 11. Dezember 1939, S. 91.

[42] Vgl.: GOEBBELS, Tagebücher, Band I/7, 29.10.1939, S. 172/Z. 4-6.

[43] Vgl.: ROSENBERG, Tagebuch, 11.12.1939, S. 91.

[44] GOEBBELS, Tagebücher, Band I/7, 12.12.1939, S. 228/Z. 23-25. Zur Wochenschau vgl.: BUCHER, Goebbels, S. 53-63; MOELLER, Filmminister, S. 370-402; „Propagandaparole Nr. 14" [ohne Datum], in: AKTEN DER PARTEI-KANZLEI, Teil II/2, Microfiche-Blatt 140, Microfiche-Nrn. 58858-58860.

Schon Anfang 1939 hatten kritische Äußerungen Hitlers über die Wochenschauen Goebbels zu organisatorischen und personellen Umstrukturierungen
innerhalb des entsprechend verantwortlichen Ressorts veranlaßt.[45] Die harsche Kritik des Reichskanzlers zwang ihn nun wohl, ähnlich wie im Vorfeld
der Kunstausstellung 1937, sich noch stärker in die Detailarbeit zu „Der ewige Jude" einzuschalten.[46] Offensichtlich nahm Hitler persönlich noch mehrfach unmittelbaren Einfluß auf die Gestaltung des Films, nachdem der Propagandaminister ihn bereits für fertiggestellt erklärt hatte.[47]

Goebbels betrachtete sich seit Anfang 1940 wohl wieder etwas stärker in
den inneren Führungskreis integriert, wenngleich die Störung durch die harte Kritik Hitlers vom Dezember 1939 noch etwas nachklingen mochte und bis
dato noch keine überzeugenden Filmprojekte fertiggestellt waren; erst im
April und besonders im Mai 1940 finden sich in den Tagebuchaufzeichnungen Hinweise darauf, daß Hitler der Propagandakriegführung und insbesondere den Wochenschauen wieder Wohlwollen entgegenbrachte.[48] Im Sommer
und Herbst 1940 arbeitete der Propagandaminister in bezug auf antisemitische Filmprojekte plötzlich mit Rudolf Heß, dem „Stellvertreter des Führers",
zusammen. Er dürfte von Hitler zwischengeschaltet worden sein, die Tagebuchaufzeichnungen deuten darauf hin, daß sich Goebbels mit Heß abstimmen mußte, dieser also wahrscheinlich eine gewisse Kontrollfunktion ausüb-
te.[49]

„Der ewige Jude" wurde dem deutschen Publikum erstmals am 28. November 1940 in Berlin vorgeführt. Neben der normalen, für Frauen und Jugend-
liche auf Grund einiger Szenen (zum Beispiel Schächtung) verbotenen Fassung gab es eine gekürzte, die auch empfindsamen Männern anempfohlen
wurde.[50] In Besprechungen der Tagespresse war zu lesen, dieser Film solle die
Deutschen kühl und sachlich durch das unbestechliche Bild über das Weltjudentum aufklären, nämlich über die Darstellung des Urzustandes des Juden,
wie er sich in den Ghettos in Polen in Reinkultur erhalten habe.[51] Ian Ker-

[45] Vgl.: GOEBBELS, Tagebücher, Band I/6, 27.1.1939, S. 240/Z. 6 f.; „Die Neuorganisation der Wo-
      chenschau ist nun auch fertige Tatsache. Ich glaube, wir finden damit auch mehr den Beifall des
      Führers." Ebenda, 28.1.1939, S. 241/Z. 13 f.; „Nachher spazieren wir durch den Park und ich
      habe ausgiebig Gelegenheit, ihm [Hitler] eine Unmenge von Fragen, vor allem vom Film und
      vom Theater vorzutragen. Er ist jetzt mit unseren Leistungen auf diesem Gebiet sehr zufrie-
      den." Ebenda, 30.1.1939, S. 243/Z. 6-9.
[46] Vgl.: GOEBBELS, Tagebücher, Band I/7, 18.12.1939, S. 235/Z. 7 f. und 21.12.1939, S. 240/Z. 40 f.
[47] Vgl.: ebenda, 9.1.1940, S. 264/Z. 67 f. und 12.1.1940, S. 268/Z. 26; GOEBBELS, Tagebücher, Band
      I/8, 4.4.1940, S. 35/Z. 59 f. und 9.5.1940, S. 103/Z. 83.
[48] Vgl. exemplarisch: ebenda, 16.4.1940, S. 57/Z. 32 f., 19.4.1940, S. 62/Z. 25 f., 23.4.1940, S. 68/Z.
      30-33, 25.4.1940, S. 73/Z. 57 f., 28.4.1940, S. 81/Z. 67 f., 5.5.1940, S. 94/Z. 64 f., 12.5.1940, S.
      110/Z. 62-64 und 15.5.1940, S. 115/Z. 67-70.
[49] Vgl.: ebenda, 17.7.1940, S. 223/Z. 4 f., 1.9.1940, S. 300/Z. 25 f. und 3.9.1940, S. 304/Z. 60-63.
[50] Vgl.: Konferenzprotokolle vom 12. September 1940 und vom 20. September 1940, in: BOELCKE,
      Kriegspropaganda, S. 503 bzw. S. 518; WULF, Theater, S. 410; HORNSHØJ-MØLLER, S. 33-35 und
      S. 168-177; HORNSHØJ-MØLLER/CULBERT, S. 46-48.
[51] Vgl.: „Deutsche Allgemeine Zeitung", 29. November 1940, zitiert nach: REUTH, Tagebücher,
      Band 3, S. 1333/Anm. 60; VÖLKISCHER BEOBACHTER, 53 (1940), 333. Ausgabe, 28. November,

shaw geht allerdings davon aus, daß der Film nicht zu einer Steigerung der Judenfeindschaft in der Bevölkerung beigetragen hat, er stuft die Wirkung antisemitischer Propaganda generell zurück.[52]

Der Propagandafilm kam auch in besetzten Gebieten zur Unterstützung der Judenpolitik zum Einsatz, er mußte beispielsweise zwischen Ende August 1941 und Ende April 1942 in allen holländischen Kinos gezeigt werden; am 2. April 1942 wurde in den Niederlanden die Kennzeichnungspflicht für Juden eingeführt, die ersten Deportationen begannen etwa einen Monat später.[53]

„Jud Süß" war bereits am 5. September 1940 in Venedig uraufgeführt worden, Goebbels schrieb begeistert, der Film sei ein sensationeller Erfolg. Rudolf Heß sprach ihm seine Anerkennung aus, und auch Hitler äußerte sich wohl zufrieden.[54] Himmler befahl allen SS-Mannschaften wie auch der gesamten Polizei, im Laufe des Winters den Streifen anzusehen.[55] Auch die Rezeption im östlichen Ausland war aus Sicht der Produzenten gewissermaßen erfreulich: „Jud Süß" löste in Ungarn angeblich spontane antisemitische Straßendemonstrationen aus, für Goebbels „Beweis, daß auch Filme ganz nach unserer Anschauung wirken und zünden können".[56] Dahingehend mögliche Wirkungen wurden auf ausdrückliche Anweisung Goebbels' durch flankierende literarische Publikationen[57] und Leitartikel nach Kräften unterstützt.[58]

Der Propagandaminister zeigte sich auch persönlich begeistert[59], er betrachtete die Filme in mancher Hinsicht wohl tatsächlich als aufklärend: In der Person von Süß hätten die Juden bislang einen Heiligen aus einer Finanzhyäne gemacht, das könnten sie, nun aber lasse man sich nicht mehr beschwindeln.[60]

S. 3 und 334. Ausgabe, 28. November, S. 10. Zur Begleitpresse vgl.: Konferenzprotokoll vom 26. November 1940, in: BOELCKE, Kriegspropaganda, S. 526.

[52] Vgl.: KERSHAW, Opinion, S. 372; KERSHAW, Propaganda, S. 192.

[53] Vgl.: WULF, Theater, S. 413; PÜSCHEL, S. 180. Zur Deportation der niederländischen Juden vgl.: „Eichmann an Rademacher", 22. Juni 1942 [NG-183], zitiert nach: HILBERG, S. 406; ebenda, S. 397-413; DAWIDOWICZ, S. 366-368.

[54] Vgl.: GOEBBELS, Tagebücher, Band I/8, 7.9.1940, S. 312/Z. 63, 6.9.1940, S. 308/Z. 21 f., 10.9.1940, S. 317/Z. 19 f. und 26.9.1940, S. 346/Z. 25.

[55] Vgl.: „Runderlaß des Reichsführers SS", 15. November 1940, in: POLIAKOV/WULF, Diener, S. 228.

[56] GOEBBELS, Tagebücher, Band I/9, 8.3.1941, S. 176/Z. 31-34. Zu „Jud Süß" und „Die Rothschilds" vgl. auch: GOEBBELS, Tagebücher, Band I/8, 26.4.1940, S. 77/Z. 85-87, 27.6.1940, S. 195/Z. 31-34, 19.8.1940, S. 280/Z. 24-26, 6.9.1940, S. 308/Z. 21 f., 25.9.1940, S. 345/Z. 60-63 und 11.10.1940, S. 372/Z. 60 f.

[57] Vgl. beispielsweise: BREWITZ.

[58] Zur Begleitpropaganda vgl.: Konferenzprotokoll vom 25. September 1940, in: BOELCKE, Kriegspropaganda, S. 526; BRAMSTED, S. 507 f. Vgl. hierzu exemplarisch: „Die Rothschilds. Ein Film der neuen deutschen Produktion", in: DAS REICH, Nr. 9, Jahr 1940, 21. Juli, S. 18; „Die Rothschilds", in: VÖLKISCHER BEOBACHTER, 53 (1940), 24. Ausgabe, 24. Januar, S. 3; „Der Film als Erzieher", Rede zur Eröffnung der Filmarbeit der HJ am 12. Oktober 1941, in: GOEBBELS, Das eherne Herz, S. 37-46; „Rede anläßlich der Kriegstagung der Reichsfilmkammer", 15. Februar 1941, in: ALBRECHT, S. 465-479, insbesondere S. 466.

[59] Vgl.: „Jud Süß'. Ein ganz großer, genialer Wurf. Ein antisemitischer Film, wie wir ihn uns nur wünschen können. Ich freue mich darüber." GOEBBELS, Tagebücher, Band I/8, 18.8.1940, S. 279/Z. 47-50.

[60] Vgl.: ebenda, 27.6.1940, S. 195/Z. 31-34.

Mit Bedacht auf eine Intensivierung der politischen Meinungsbildung und mit besonderer Ausrichtung nach außen wurde in dieser Phase die politische Wochenschrift „Das Reich" gegründet.[61] Goebbels verpflichtete sich, jeweils den Leitartikel beizusteuern, eine Aufgabe, die ihm redaktionelles Arbeiten ermöglichte und außerdem ein ansehnliches Honorar einbrachte.[62] Er rechnete auf Grund der persönlich gestalteten Leitrubrik mit einer erhöhten Beachtung der Zeitschrift im Ausland und erhoffte sich somit insgesamt eine Verbesserung der entsprechenden Einflußmöglichkeiten.[63]

Die präzise, teils antisemitisch pointierten Artikel in „Das Reich" entfalteten ab Herbst 1941 auch in der übrigen deutschen Presse eine gewisse Streu- und Breitenwirkung, wenngleich nicht ganz von selbst, denn Goebbels gab entsprechende Anweisungen zu Umfang und Art der Übernahme im Nachdruck.[64] Ab 7. November 1941 wurden die Leitartikel freitags abends und sonntags vormittags im Reichsprogramm des „Großdeutschen Rundfunks" verlesen.[65] Auch Hitler fielen sie angenehm auf und brachten dem Propagandaminister einen gewissen Prestigeschub, dessenungeachtet behielt sich der Reichskanzler das Recht vor, die Artikel vorab zu redigieren.[66]

Der Aspekt der politischen Einwirkung von Juden auf die Westalliierten entsprach den langzeitig gepflegten Annahmen von Goebbels wie Hitler und bildete frühzeitig eine zentrale Komponente der deutschen Kriegspropaganda.[67]

---

[61] Vgl.: Konferenzprotokoll vom 21. Mai 1940, in: BOELCKE, Kriegspropaganda, S. 359. Zum Hintergrund vgl.: FREI/SCHMITZ, S. 108-120; WULF, Presse, S. 158-161; BRAMSTED, S. 329-332; RIESS, S. 273 f.; REIMANN, S. 332-336. Zu Struktur, Inhalt, Gestaltung, Zielen und Wirkungen der Leitartikel in „Das Reich" vgl. grundlegend: KESSEMEIER, S. 137-219. Speziell zur Auseinandersetzung mit den Juden in den Leitartikeln vgl.: ebenda, S. 167-169.

[62] In der Literatur schwanken die Angaben zwischen 2000 und 5000 RM pro Artikel, vgl.: REIMANN, S. 252; RIESS, S. 274; FRAENKEL/MANVELL, S. 223; OVEN, Finale, 12.7.1943, S. 68-70; BAJOHR, Parvenüs, S. 64 f.

[63] Vgl.: GOEBBELS, Tagebücher, Band I/8, 24.5.1940, S. 133/Z. 56-58 und 5.5.1940, S. 93/Z. 41-44; GOEBBELS, Tagebücher, Band II/7, 20.2.1943, S. 380 f./Z. 216-228.

[64] Vgl.: „Vorlage vom 21. Oktober 1941", in: AKTEN DER PARTEI-KANZLEI, Teil II/2, Microfiche-Blatt 163, Microfiche-Nr. 68334. Zur Wirkung in Deutschland, verbündeten und neutralen Staaten bzw. bei den Feindmächten vgl.: KESSEMEIER, S. 198-219 und S. 271 f.; GOEBBELS, Tagebücher, Band II/3, 23.3.1942, S. 529 f./Z. 114-121; GOEBBELS, Tagebücher, Band II/4, 6.4.1942, S. 55/Z. 67-71 und 21.6.1942, S. 567/Z. 169-171; GOEBBELS, Tagebücher, Band II/5, 15.12.1942, S. 450/Z. 156-160; GOEBBELS, Das eherne Herz, S. 14 [Vorwort von M.A. von Schirmeister].

[65] Vgl.: ebenda, S. 13 [Vorwort von M.A. von Schirmeister]; RIESS, S. 315.

[66] Vgl.: GOEBBELS, Tagebücher, Band II/2, 23.11.1941, S. 352/Z. 170-173 und 29.11.1941, S. 390/Z. 205-208; GOEBBELS, Tagebücher, Band II/3, 15.1.1942, S. 115/Z. 159-161; GOEBBELS, Tagebücher, Band II/4, 21.6.1942, S. 567/Z. 162-168; PICKER, 27.3.1942, S. 215.

[67] Vgl. exemplarisch: GOEBBELS, Tagebücher, Band I/7, 9.1.1940, S. 264/Z. 54-56; auch: „Beim Führer. Er ironisiert die Engländer. Sie wissen nicht mehr aus noch ein. Stecken in einer verzweifelten Situation. Auch die Franzosen. Haben keinen Plan und kein klares Ziel. Was sie eigentlich wollen, wissen sie selbst nicht. Wer Juden als Ratgeber und Einpeitscher hat, tippt immer daneben. Das wird für die Westdemokraten ein grausames Erwachen werden." Ebenda, 22.3.1940, S. 361/Z. 30-34. Vgl. auch: Konferenzprotokolle vom 26. Oktober 1939 und vom 8. November 1939, in: BOELCKE, Krieg, S. 27 bzw. S. 30 f. Vgl. dementsprechend schon 1939: GOEBBELS, Tagebücher, Band I/6, 16.5.1939, S. 348/Z. 3-7 bis zum April 1945: „Rundfunkansprache am

Im Rahmen der feindseligen Auseinandersetzung mit den Westmächten hatte Hitler schon Mitte September 1939 scharfe Propagandaangriffe auf England bestellt, insbesondere wollte er dessen angenommene protektive Verbindung mit dem Judentum stärker hervorgehoben wissen[68], während Frankreich eher geschont werden sollte.[69] Diese Generallinie änderte Goebbels im Vorfeld des Frankreichfeldzugs, und zwar mit ausdrücklicher Verordnung judenfeindlicher Aspekte. In seiner täglichen Ministerkonferenz sagte er, es müsse nun die wichtigste Aufgabe der nächsten Wochen sein, der Bevölkerung mit allen Mitteln die Notwendigkeit einer radikalen Auseinandersetzung mit Frankreich klarzumachen, in unermüdlicher Arbeit müsse erreicht werden, daß in spätestens 14 Tagen das ganze deutsche Volk gegen das korrupte, freimaurerisch verseuchte Frankreich mit Wut und Haß geladen sei. Es gebe kein ritterliches Frankreich mehr, sondern nur noch ein Frankreich der Dekadenz und des verniggerten Sadismus. Juden, Freimaurer und Emigranten seien zu geißeln.[70] Im Zusammenhang mit der Berufung eines Juden, Georges Man-

---

Vorabend von Hitlers 56. Geburtstag", 19. April 1945, in: GOEBBELS, Reden, Band II, S. 447-455, Zitatstelle S. 452. Zum Rücktritt des britischen Kriegsministers Leslie Hore-Belisha im Januar 1940 vgl.: „Das Judentum zieht seinen Exponenten aus der ersten Linie zurück, da ihm die Sache anfängt mulmig zu werden. Und London will keine so breite Angriffsfläche mehr bieten. Das sind die Hauptgesichtspunkte, nach denen sich [sic] die Polemik ausrichte." GOEBBELS, Tagebücher, Band I/7, 9.1.1940, S. 263/Z. 4-7; dementsprechend: ebenda, 18.1.1940, S. 276/Z. 3-6.

[68] Vgl.: GOEBBELS, Tagebücher, Band I/7, 3.11.1939, S. 179 f./Z. 23-28. Die Agitation gegen England wurde 1940 fortgesetzt, insbesondere nach dem Zusammenbruch Frankreichs, vgl.: RIESS, S. 265-268. Zu den Phasen von Hitlers England-Politik vgl.: HILLGRUBER, England, S. 65-84; HILDEBRAND, Das vergangene Reich, S. 805-813; HENKE, S. 584-603.

[69] Vgl.: GOEBBELS, Tagebücher, Band I/7, 15.9.1939, S. 106/Z. 10-12; HILLGRUBER, Hitlers Strategie, S. 660. Vgl. auch: GOEBBELS, Tagebücher, Band I/7, 7.11.1939, S. 184/Z. 25-36; Konferenzprotokolle vom 2. Februar 1940, 3. Februar 1940 und 18. März 1940, in: BOELCKE, Kriegspropaganda, S. 279, S. 280 bzw. S. 299; CHURCHILL, S. 238 f. Zur Ausgestaltung der Kampagne gegen England und USA in den Jahren 1939 und 1940 vgl. exemplarisch: „Jahreswechsel 1939/40. Silvesteransprache an das deutsche Volk", 31. Dezember 1939, in: GOEBBELS, Zeit ohne Beispiel, S. 229-239, Zitatstelle S. 237 f.; „Gelobt sei, was hart macht", Rede vom 28. Februar 1940, in: ebenda, S. 243-271, Zitatstelle S. 248-260, antisemitische Elemente S. 259 f., inhaltlich nach: NIETZSCHE, S. 404. Die Leitthemen und -artikel der Wochenschrift „Das Reich" erscheinen in annähernd allen Ausgaben des Jahres 1940 gegen England gerichtet, vgl. exemplarisch: „Von der Gottähnlichkeit der Engländer", in: DAS REICH, Jahr 1940, Nr.4, 16. Juni, S. 1 f.; „Wie wollen sie gewinnen?", in: ebenda, Nr.5, 23. Juni, S. 1 f.; „Brandstifter (England verliert die Nerven)", in: ebenda, Nr.7, 7. Juli, S. 1 f.; „Das bittere Ende (Die Stunde Europas)", in: ebenda, Nr. 8, 14. Juli, S. 1 f. usw. bis: „Neue Freiheit (Churchills Vierzehn Punkte)", in: ebenda, Nr. 32, 29. Dezember, S. 1 f. Zu einer positiven Einschätzung der Kampagne vgl.: Konferenzprotokolle vom 23. Dezember 1939 und vom 12. Januar 1942, in: BOELCKE, Krieg, S. 39 bzw. S. 269.

[70] Vgl.: Konferenzprotokoll vom 30. Mai 1940, in: BOELCKE, Kriegspropaganda, S. 369 f. Vgl. hierzu grundlegend: HITLER, Kampf, S. 704 und S. 730. Zu Konzept und Ausführung der Kriegspropaganda in Frankreich vgl.: UZULIS, Kriegführung, S. 139-152; UZULIS, Kriegspropaganda, S. 129-171. Zur Umsetzung vgl. exemplarisch: „Puzzle", in: KIRCHNER, S. 326. Zur Vorbereitung der antisemitischen Stoßrichtung in den gegen Frankreich gerichteten Kampagnen vgl.: Konferenzprotokoll vom 17. Mai 1940, in: BOELCKE, Krieg, S. 60 f. Nach Westen gerichtete Geheimsender sollten auf emigrierte Juden den Verdacht der Spionage für Deutschland lenken, „damit die auch etwas vom Kriege zu verspüren bekommen." GOEBBELS, Tagebücher, Band I/8, 18.5.1940, S. 121/Z. 16-19; vgl. hierzu: DRECHSLER, S. 1597-1607. Schon am 31. Mai 1940

dels, zum neuen französischen Innenminister, sprach Goebbels von einer gezielten Maßnahme, um jede Regung gesunden Menschenverstands rücksichtslos niederzuschlagen und so die *jüdische Plutokratie* zu retten.[71]

Ende Juni 1940, Frankreich hatte kapituliert[72], brachte Goebbels Großbritannien wieder in den Brennpunkt der Propagandamaßnahmen, „um den Eng-
land-Haß auf gleicher Höhe zu halten wie bisher, wobei aber der Gefahr aus-
gewichen werden muß, daß die Bevölkerung endlich Taten statt Anklagen und
Drohungen sehen will."[73] Die Agitation gegen Frankreich wurde weitgehend
eingestellt.[74]

In den USA glaubte man jüdische Einflußnahme besonders deutlich erkennen zu können: Juden zögen die Drähte gegen das Deutsche Reich, sie seien
verantwortlich für Diffamierungen Hitlers und arbeiteten auf den (gefürchteten) Kriegseintritt der Vereinigten Staaten hin.[75] Entsprechende Reiseberich-
te unterstützten die Meinungen.[76] US-Präsident Franklin Delano Roosevelt
schien Goebbels hierbei einer der prominentesten Erfüllungsgehilfen des
internationalen Judentums zu sein. Der Reichsminister nahm in seinen Aufzeichnungen auf ihn mit entsprechenden Ausdrücken (zum Beispiel „Judenknecht"[77]) Bezug, er beachtete aber nach außen die festgelegte Propagandalinie: Hitler wünschte, die Vereinigten Staaten längstmöglich aus dem Krieg
herauszuhalten und dementsprechend günstig gesinnten innenpolitischen
Kräften (USA) nicht entgegenzuwirken. Daher hatte er bei Kriegsbeginn äußerste Zurückhaltung in bezug auf Propagandaattacken gegen die USA im allgemeinen wie im besonderen angeordnet, was Reichspressechef Otto Dietrich

---

meldete Goebbels, man sei nun auch führend im Greuelfeldzug, er werde den Pariser und Londoner Juden schon das Lügen vertreiben, vgl.: GOEBBELS, Tagebücher, Band I/8, 31.5.1940, S.
145/Z. 18-20.

[71] Vgl.: Konferenzprotokoll vom 29. Mai 1940, in: BOELCKE, Krieg, S. 70. Dieser Aspekt fand auch
Verwendung bei der deutschen Flugblattpropaganda in Frankreich, vgl. exemplarisch: „Le Juif
Mandel c'est la guerre!", „Le Journal de Cambronne" No. 2, p.4, in: KIRCHNER, S. 80; „Le Jour-
nal de Cambronne" No. 1, p.2, in: ebenda, S. 69. Zu gewissen Wirkungen der Konzeption vgl.:
CHURCHILL, S. 226 f.

[72] Waffenstillstand am 22. Juni 1940, vgl.: HILDEBRAND, Das vergangene Reich, S. 721.

[73] Konferenzprotokoll vom 6. Juli 1940, in: BOELCKE, Krieg, S. 100.

[74] Vgl.: Konferenzprotokolle vom 23. Juni 1940 und vom 25. Juni 1940, in: BOELCKE, Kriegspropaganda, S. 401 bzw. S. 403; Konferenzprotokolle vom 28. Juni 1940, vom 24. Juli 1940 und vom
5. August 1940, in: BOELCKE, Krieg, S. 96, S. 108 f. bzw. S. 110.

[75] Vgl.: „Ein wildgewordener amerikanischer Jude setzt auf den Kopf des Führers öffentlich eine
Million aus. Echt jüdisch und auch ein Beweis dafür, wie schlecht es augenblicklich den Juden
geht." GOEBBELS, Tagebücher, Band I/8, 3.5.1940, S. 90/Z. 13-15; „,Life' setzt vor das Cudahy-
Führerinterview einen gemeinen Kommentar. Diese USA Juden wollen den Krieg. Sie werden
auch einmal daran ersticken." GOEBBELS, Tagebücher, Band I/9, 8.6.1941, S. 359/Z. 34 f. Vgl.
auch: GOEBBELS, Tagebücher, Band I/8, 22.6.1940, S. 185/Z. 34-37 und 8.10.1940, S. 366/Z. 36-
39; GOEBBELS, Tagebücher, Band I/9, 1.2.1941, S. 120/Z. 1 f.

[76] Vgl.: GOEBBELS, Tagebücher, Band I/6, 5.2.1939, S. 249/Z. 22-25; „Brief Wiegands aus Amerika: er schildert den dort herrschenden geistigen Terror, von Juden und Plutokraten ausgeübt,
ein von Korruption und feiger Lüge stinkendes Land, bewohnt von einem Rassengemisch, für
das das Wort Volk viel zu schade ist. Pfui Teufel!" GOEBBELS, Tagebücher, Band I/8, 8.10.1940,
S. 366/Z. 15-18.

[77] Vgl.: ebenda, 22.6.1940, S. 185/Z. 34-37 und 5.9.1940, S. 306/Z. 15.

in den sogenannten „Tagesparolen" (im folgenden TP.) und „Vertraulichen Informationen" (im folgenden V.I.) an die Presse weitergab.[78] Recht eindeutige politische Signale aus den USA hinsichtlich eines bevorstehenden Kriegseintritts wurden in der Öffentlichkeitsarbeit unterdrückt oder heruntergespielt.[79] Auch Hinweise auf jüdische Vorfahren des US-Präsidenten durften nicht verwendet werden.[80]

Diese Linie wurde mit Bekanntwerden des „Englandhilfsgesetzes" vom 17. März 1941 zunächst aufgegeben, nunmehr wurden die Nachrichten zur jüdischen Abstammung Roosevelts ausdrücklich zur Verarbeitung empfohlen, persönliche Polemik gegen den Präsidenten wurde zu einem Hauptbestandteil der gegen die USA gerichteten Propaganda entwickelt[81], und auch Hitler gebrauchte schließlich in seiner Reichstagsrede vom 11. Dezember 1941 antisemitische Elemente zur Bezugnahme auf Roosevelt.[82]

Im Vorfeld der oben genannten Besprechungen mit Hitler vom September und Oktober 1939 waren in den britischen Massenmedien einige persönliche Angriffe auf Goebbels erfolgt, die seine Integrität in Frage stellten oder ihn privat diffamierten, und hinter denen er, teilweise tatsächlich berechtigt, jüdische Urheber vermutete (zum Beispiel Hubert Renfro Knickerbocker).[83] Die entsprechenden Tagebucheinträge vermitteln den Eindruck, daß er diese Attacken als Herausforderung betrachtete und seine Haltung dementsprechend auch auf persönlicher Ebene abermals versteifte: „Der englische Rundfunk bringt eine hundsgemeine Sendung zu meinem Geburtstag. Das machen ausschließlich die aus Deutschland emigrierten Juden. Aber sie haben ja schon einmal diesen dummen Kampf gegen mich in Berlin verloren. Sie sollen's ruhig nochmal von London aus versuchen."[84]

---

[78] Vgl.: SÜNDERMANN, S. 186-205. Zur Lenkungsfunktion der Tagesparolen vgl.: BRAMSTED, S. 148-190; KOHLMANN-VIAND, S. 89-100. Zum politischen Verhältnis zwischen USA und Deutschland in der frühen Kriegsphase vgl.: SIROIS, S. 229-261.

[79] Vgl. exemplarisch: V.I. 22.9.1939, V.I. 28.10.1939, V.I. 5.11.1939, V.I. 1.4.1940, V.I. 8.6.1940, V.I. 16.6.1940, sämtlich zitiert nach: SÜNDERMANN, S. 189-192.

[80] Vgl.: V.I. 30.10.1939, zitiert nach: ebenda, S. 189; hierzu: WYKES, S. 136.

[81] Vgl. exemplarisch: TP. 17.3.1941, TP. 24.5.1941 und TP. 28.10.1941, zitiert nach: SÜNDERMANN, S. 195, S. 197 bzw. S. 202. Zur deutschen Propagandalinie nach Bekanntwerden des „Englandhilfsgesetzes" bis zum Dezember 1941 vgl.: SÜNDERMANN, S. 195-205. Vgl. hierzu exemplarisch: „Aus dem Lande der unbegrenzten Möglichkeiten", 25. Mai 1941, in: GOEBBELS, Zeit ohne Beispiel, S. 486-491; „Botschaft aus USA", 29. Mai 1941, in: ebenda, S. 492-496; „Marathonlauf hinter dem Kriege", 21. September 1941, in: ebenda, S. 579-583; GOEBBELS, Tagebücher, Band I/9, 17.3.1941, S. 190/Z. 2; auch: FREDBORG, S. 54.

[82] Vgl.: Reichstagsrede vom 11. Dezember 1941, in: HITLER, Reden, Band II, S. 1792-1811, Zitatstelle S. 1808; SÜNDERMANN, S. 204.

[83] Vgl. exemplarisch: GOEBBELS, Tagebücher, Band I/7, 24.9.1939, S. 120/Z. 20-23, 25.9.1939, S. 121/Z. 7-10 und 26.9.1939, S. 123/Z. 2-6.

[84] Ebenda, 31.10.1939, S. 175/Z. 7-10; vgl. auch: GOEBBELS, Tagebücher, Band I/8, 25.4.1940, S. 74/Z. 70-72, 16.5.1940, S. 117 f./Z. 52-54, 2.6.1940, S. 149/Z. 9-12, 11.6.1940, S. 167/Z. 29 f., 12.6.1940, S. 169/Z. 29 f. und 6.7.1940, S. 207/Z. 31-33; GOEBBELS, Tagebücher, Band I/9, 30.5.1941, S. 342/Z. 1-5. Vgl. auch: „Ich wundere mich mit dem Führer über die relativ gute Haltung der amerikanischen Judenpresse. Will die dem Publikumsgeschmack nachgeben oder

Anfang 1941 beschäftigte sich Goebbels mit Unruhen in den besetzten niederländischen Gebieten. Im wesentlichen machte er Juden für die Organisation von Streiks und Demonstrationen verantwortlich, sie versuchten seiner Meinung nach auf diese Weise ihre Deportation zu verhindern.[85] Der Reichsminister will in diesem Zusammenhang Maßnahmen vorgeschlagen haben, bei deren Durchführung 75 Menschen getötet wurden, man müsse, so sein Kommentar, dem Judenpack die Zähne zeigen.[86] Nach einigen Tagen waren die Widerstände drakonisch niedergeschlagen[87], offenbar plädierte Goebbels „für Strang bei Juden", das müßten die Burschen sehen und lernen.[88] Ähnliche Gefahren sah er in anderen Ländern von Juden ausgehen: In Italien gehörten sie, seiner Meinung nach, neben „Pfaffen" und Adel zu den härtesten Gegnern Mussolinis.[89] In Rumänien vermutete er sie als Urheber von „Blutrausch und Verderben".[90] Die Beispiele ließen sich fortsetzen.

Vor diesem Hintergrund arbeitete der Reichsminister weiterhin an einem gewissen Ideologie-Export, eine Tätigkeit, die sich eigentlich außerhalb seiner Ressortverantwortung befand, die Auslandspropaganda oblag seit September 1939 von Ribbentrop.[91] Mit Genugtuung registrierte er antisemitische Manifestationen im Ausland: „In der Sobranje wird ein Judengesetz angenommen. Nicht radikal, aber doch etwas. Unsere Ideen marschieren, auch ohne Kommando, durch ganz Europa."[92] Hierbei bahnte sich im weite-

---

nur objektiv tun. Jedenfalls muß man da sehr aufpassen, weil es sonst peinliche Rückschläge gibt." GOEBBELS, Tagebücher, Band I/8, 8.5.1940, S. 100/Z. 38-40. Zu gewissen Drohungen vgl. exemplarisch: ebenda, 12.4.1940, S. 50/Z. 64-66 und 13.4.1940, S. 51/Z. 20 f. Vgl. auch: „Die Schweizer Presse ist wieder mal oberfrech. Sie ist entweder gekauft oder jüdisch. Was soll man unter diesen Umständen dagegen machen?" Ebenda, 14.4.1940, S. 54/Z. 34 f.

85 Vgl.: GOEBBELS, Tagebücher, Band I/9, 27.2.1941, S. 162/Z. 56-63; Konferenzprotokoll vom 26. Februar 1941, in: BOELCKE, Kriegspropaganda, S. 625; MICHAELIS, S. 293. Vgl. auch: „Vorlage. Dr. Goebbels zu antijüdischen Strafmaßnahmen in Holland vom 4. März 1941", in: AKTEN DER PARTEI-KANZLEI, Teil II/2, Microfiche-Blatt 183, Microfiche-Nrn. 77251; hierzu auch: „In Antwerpen ist die Lage sehr unklar. Die Juden spielen deutschloyal, aber sie arbeiten insgeheim sehr gemein gegen uns." GOEBBELS, Tagebücher, Band I/8, 26.7.1940, S. 238/Z. 23 f.

86 Vgl.: GOEBBELS, Tagebücher, Band I/9, 1.3.1941, S. 165/Z. 18; Konferenzprotokoll vom 4. März 1941, in: BOELCKE, Kriegspropaganda, S. 631; Konferenzprotokoll vom 26. Februar 1941, in: BOELCKE, Krieg, S. 169; GOEBBELS, Tagebücher, Band I/9, 27.2.1941, S. 162/Z. 60.

87 Vgl.: MICHAELIS, S. 293.

88 Direktes und indirektes Zitat: GOEBBELS, Tagebücher, Band I/9, 8.3.1941, S. 176/Z. 6 f.

89 Vgl.: ebenda, 22.12.1940, S. 63/Z. 42 f.

90 Vgl.: ebenda, 31.1.1941, S. 119/Z. 62-66; GOEBBELS, Tagebücher, Band II/1, 14.8.1941, S. 231/Z. 97-102. Zur Judenpolitik in Rumänien vgl.: DAWIDOWICZ, S. 383-386; ANCEL, S. 463-479. Zu Situation und Deportation von Juden in Italien vgl.: DAWIDOWICZ, S. 368-371.

91 Vgl.: GOEBBELS, Tagebücher, Band I/7, 7.9.1939, S. 97/Z. 18-21 und 9.9.1939, S. 97/Z. 3-9 wie S. 98/Z. 20-39; STEPHAN, S. 209-211; FRAENKEL/MANVELL, S. 216 f.; HEIBER, Goebbels, S. 290 f. Zur Frage der Generalkompetenz in der Auslandspropaganda vgl.: LONGERICH, Propagandisten, S. 126-148. Diese organisatorische Unterordnung verursachte permanente Reibereien und verstärkte für Goebbels die Notwendigkeit, innerhalb der Partei nach Verbündeten zu suchen. Möglicherweise spielt auch in diesem Zusammenhang Antisemitismus eine Rolle als Bindemittel. Zu Einflüssen auf die Judenpolitik in den Satellitenstaaten (Kroatien, Slowakien, Bulgarien, Ungarn, Rumänien) vgl.: BRAHAM, Influence, S. 130-143; BRAHAM, Holocaust, S. 427-438; ANCEL, S. 463-479.

92 GOEBBELS, Tagebücher, Band I/9, 22.12.1940, S. 64/Z. 92 f.

ren Verlauf zunächst ein regelrechtes Konkurrenzdenken hinsichtlich antisemitischer Maßnahmen an. Unmittelbar nach dem Angriff auf die Sowjetunion schienen die Antisemitismus-Exportländer Slowakei und Rumänien das
Reich in ihrer Judenpolitik zu überflügeln.[93] Als sich allerdings die Niederlage im Weltkrieg abzeichnete, milderten die entsprechenden Regierungen ihre
scharfen Bestimmungen teilweise wieder ab. Goebbels äußerte sich zu entsprechenden Rückschritten oder Inkonsequenzen sehr kritisch, insbesondere bei
Bezug auf verbündete Staaten.[94]

Im Jahr 1941 erfolgte die unumkehrbare Weichenstellung der deutschen Politik in der Judenfrage. Die Generallinie wurde von Verdrängung auf Deportation und Vernichtung verschoben.[95]

Nachweislich hatte Goebbels Anfang 1941 Kenntnis von breiter angelegten
Exekutionen in den besetzten Ostgebieten.[96] Seine Aufzeichnungen deuten
darauf hin, daß er entsprechende Vorgehensweisen grundsätzlich billigte. Der
Propagandaminister äußerte sich in seinen Tagebüchern beispielsweise lobend
über Arthur Greiser, den Chef der Zivilverwaltung in der Provinz Posen und
Reichsstatthalter im Reichsgau Wartheland: Er habe seinen Gau gut in Schuß,
dort sei allerhand liquidiert worden, vor allem Judenunrat. Das müsse auch
sein.[97]

Im Zusammenhang mit physischen Vernichtungsmaßnahmen mußten vor
allem Gewissenskonflikte vermieden werden. Goebbels war sich darüber im
klaren, daß Kaltblütigkeit am grünen Tisch verhältnismäßig leicht bewahrt
werden kann, daher verbot er seinen Mitarbeitern, Exekutionen an Juden
beizuwohnen. Wer Gesetze erlasse und über ihre Durchführung wache, so
notierte er, solle nicht Zeuge ihrer Ausführung sein, das schwäche die seeli-

---

[93] Zur Slowakei vgl. exemplarisch: „In der Slowakei werden neue Judengesetze veröffentlicht. Sie
    gehen zum Teil weiter als die bei uns geltenden. Ich sehe mich nunmehr veranlaßt, auch unsere
    Polizeiverordnung, daß die Juden einen Judenstern tragen müssen, zu veröffentlichen." GOEB-
    BELS, Tagebücher, Band II/1, 12.9.1941, S. 404/Z. 132-134. Zu Rumänien vgl. exemplarisch: eben-
    da, 19.8.1941, S. 269/Z. 584-588; GOEBBELS, Tagebücher, Band II/4, 4.6.1942, S. 444/Z. 143-151;
    BURLEIGH, S. 704 f. und S. 717-725. Zu grundsätzlichen antisemitischen Tendenzen in Osteu-
    ropa vgl.: ZEMAN, S. 80-82.
[94] Zu Ungarn vgl. exemplarisch: GOEBBELS, Tagebücher, Band II/3, 3.3.1942, S. 405/Z. 156-173
    und 22.3.1942, S. 524/Z. 120-133; GOEBBELS, Tagebücher, Band II/4, 27.5.1942, S. 378 f./Z. 177-
    183 und 12.6.1942, S. 508/Z. 301-311; GOEBBELS, Tagebücher, Band II/6, 13.12.1942, S. 439/Z.
    148-157; GOEBBELS, Tagebücher, Band II/7, 21.3.1943, S. 599 f./Z. 88-103, S. 602/Z. 186-194 und
    S. 602 f./Z. 217-225; GOEBBELS, Tagebücher, Band II/8, 8.5.1943, S. 236/Z. 307-318 und
    11.6.1943, S. 457/Z. 71-76; GOEBBELS, Tagebücher, Band II/10, 17.12.1943, S. 487/Z. 139-145;
    GOEBBELS, Tagebücher, Band II/12, 11.5.1944, S. 270/Z. 142-148. Insbesondere übte Hitler Kri-
    tik an der „Judenfreundlichkeit" der ungarischen Regierung, vgl.: GOEBBELS, Tagebücher, Band
    I/7, 14.10.1939, S. 153/Z. 26-30. Zur Ungarnpolitik Deutschlands zwischen 1939 und 1941 vgl.
    ausführlich: NEBELIN.
[95] Vgl.: KAMPE, S. 832-841.
[96] Zum Gesamthintergrund vgl. ausführlich und auf neuestem Forschungsstand: GERLACH, Mor-
    de, S. 503-655; ferner: POHL, Judenverfolgung, S. 96-210; HILLGRUBER, Endlösung, S. 137-153.
[97] Vgl.: GOEBBELS, Tagebücher, Band I/9, 19.3.1941, S. 195/Z. 1-12. Zu Arthur Greiser vgl.: KER-
    SHAW, Greiser, S. 116-126; GOEBBELS, Tagebücher, Band I/9, 20.6.1941, S. 390/Z. 44 f.

sche Widerstandskraft.[98] So handhabte ja auch Hitler die ganze Angelegenheit.

Hin und wieder scheint der Propagandaminister im Zusammenhang mit der Kriegführung gegen die Zivilbevölkerung im Osten wohl gewisse moralische Bedenken gehegt zu haben, mit Bezug auf dramatische Engpässe in der Getreideversorgung sprach er von „Menschheitskatastrophen, die einem fast das Herz stillstehen" ließen. In solchen Phasen argumentierte er in seinen Aufzeichnungen überwiegend mit Phraseologismen aus Hitlers Gedankengut[99]: Man müsse in diesen Zeiten hart sein und dürfe sich nicht von sentimentalen Beweggründen leiten lassen. Mit normalen bürgerlichen Maßstäben komme man in diesen katastrophischen Problemen nicht weiter. Es sei deshalb gut, wenn man einen festen Standpunkt einnehme und sich in der Verfolgung des einmal eingeschlagenen Weges nicht beirren lasse.[100] Diese Maxime verfolgte Goebbels auch ab 1942 im Zusammenhang mit Konsequenzen der Judenpolitik. Auch ein Besuch in einem Kriegsgefangenenlager wirkte in gewisser Weise ernüchternd: Die Typen seien zum Teil nicht so schlecht, wie er es sich vorgestellt habe. Man finde unter den Bolschewisten eine ganze Reihe von frischen und gutmütigen Bauernburschen, sie seien nicht so stumpf und vertiert, wie man das aus den Aufnahmen der Wochenschau annehmen müsse. Man könne bei der Besichtigung eines solchen Gefangenenlagers schon sehr merkwürdige Ansichten über die Menschenwürde im Kriege bekommen.[101]

Demgegenüber akzeptierte der Reichsminister das massenhafte Sterben von Juden in besetzten Gebieten infolge menschenunwürdiger Lebensbedingungen ohne erkennbare Skrupel; in einigen Bemerkungen seiner Tagebuchaufzeichnungen spricht er im Zusammenhang mit einer Flecktyphusepidemie im Warschauer Ghetto sogar offen von Liquidation als Möglichkeit, gesunde Völker vor Infektion zu beschützen: „Die Juden sind ja immer Träger ansteckender Krankheiten gewesen. Man muß sie entweder in einem Ghetto zusammenpferchen und sich selbst überlassen oder liquidieren; sonst werden sie immer die gesunde Bevölkerung der Kulturstaaten anstecken."[102] Vielleicht in gewis-

---

[98] Vgl.: ebenda, 21.3.1941, S. 197/Z. 14-16; „Der Minister hält es für unpsychologisch, daß diejenigen Männer im Reich, zu deren Aufgabe ein oft hartes und brutales Durchgreifen gegen Staatsfeinde, Juden, Polen usw. gehöre, in Verbindung mit dem Vollzug der von ihnen verfügten Maßnahmen und Strafen gebracht werden. Die abschreckende Wirkung der Vollstreckung von Todesurteilen, denen sie beizuwohnen oft gezwungen seien, könne der weiteren konsequenten Durchführung ihres richterlichen und politischen Amtes nur abträglich sein." Konferenzprotokoll vom 20. März 1941, in: BOELCKE, Krieg, S. 173. Vgl. auch: Geheime Rede Himmlers vor SS-Gruppenführern am 4. Oktober 1943 in Posen, zitiert nach: POHL, Rassenpolitik, S. 254; Rede vor Generalen in Sonthofen am 5. Mai 1944, in: HIMMLER, Geheimreden, S. 202 f.

[99] Vgl.: GOEBBELS, Tagebücher, Band II/2, 5.12.1941, S. 435 f./Z. 217-224, Zitatstelle S. 435/Z. 219 f.

[100] Vgl.: ebenda, 23.10.1941, S. 161 f./Z. 168-175. Christian Gerlach hat auf Zusammenhänge zwischen den Vernichtungsmaßnahmen in den Ostgebieten und kritischen Aspekten der Ernährungslage aufmerksam gemacht, vgl.: GERLACH, Krieg, S. 10-84 sowie S. 167-257; GERLACH, Morde, S. 46-59 und S. 800 f.

[101] Vgl.: GOEBBELS, Tagebücher, Band II/1, 27.8.1941, S. 315/Z. 42-67.

[102] Ebenda, 7.8.1941, S. 189/Z. 251-256.

ser Hinsicht rechtfertigend und gestützt auf Hitlers Kriegsschuldkonstruktion aus der Rede zum 30. Januar 1939, schrieb er, die Verfahrensweise mit den Juden sei eine gerechte Strafe für die Verhetzung der Völker und die Anzettelung des Krieges, der Führer habe dies prophezeit.[103]

Die Aspekte „Selbstverschulden" und „Strafgerechtigkeit" tauchen fortan in den Tagebuchaufzeichnungen im Zusammenhang mit Diskriminierungsoder Vernichtungsmaßnahmen gegen Juden regelmäßig auf, möglicherweise bewegte sich Goebbels hierbei in einem Grenzgebiet zwischen Überzeugung und Suggestion.[104] Der Reichsminister übernahm diese Gesichtspunkte als grundlegende Ausgangsannahmen auch in die entsprechenden Propagandaprodukte, hier scheint also Kongruenz von öffentlicher und privater Argumentation zu bestehen. Dies gilt insbesondere für die unmittelbare Folgezeit nach Einleitung der generellen Judenvernichtungsmaßnahmen sowie im Rahmen der Totalisierung des Krieges[105], im Niedergang erfolgte wohl eine gewisse persönliche Verinnerlichung.

Besonders augenscheinlich trat Goebbels *das jüdische Wesen* weiterhin im Ghetto entgegen. In sein Tagebuch notierte er, man müsse eigentlich jeden gutgesinnten Ausländer in das Warschauer Ghetto hineinführen, das sei die praktischste Anleitung zu Antisemitismus.[106] Im Zusammenhang mit einem Besuch im Ghetto von Wilna ließ sich der Propagandaminister wieder zu verbalen Entgleisungen hinreißen, sie gipfelten in der Forderung, man müsse die Juden „irgendwie ausrotten", man könne nur mit ihnen fertig werden, wenn man mit der nötigen Brutalität gegen sie vorgehe, wo man sie schone, werde man später ihr Opfer sein.[107]

Ähnlich hatte sich Goebbels ja bereits im Herbst 1939 geäußert, nunmehr aber waren die geforderten Maßnahmen teilweise in Gang gebracht, die Aufzeichnungen könnten insofern eine gewisse rechtfertigende Lesart enthalten. Die Bemerkungen erscheinen auch insofern folgerichtig, als sich der Reichsminister längst der Unumkehrbarkeit des eingeschlagenen Weges bewußt war. Er vertrat die Meinung, daß der Grad der Radikalität im Fall einer Niederlage keine Rolle mehr spiele, die absolute Vernichtung Deutschlands sei dann

---

[103] Vgl.: GOEBBELS, Tagebücher, Band I/9, 20.6.1941, S. 390/Z. 45-47.

[104] Vgl. exemplarisch: „Die Juden erleiden in ihrem gegenwärtigen Schicksal kein Unrecht, sondern sie geben nur das zurück, was sie sich vorweggenommen haben." GOEBBELS, Tagebücher, Band II/2, 17.11.1941, S. 304/Z. 75-77; auch: GOEBBELS, Tagebücher, Band II/1, 19.8.1941, S. 269/Z. 570-573. Zur Annahme einer gezielten jüdischen Infektionsarbeit, vgl.: CHAMBERLAIN, Band I, S. 383 f.

[105] Vgl. exemplarisch: GOEBBELS, Tagebücher, Band II/7, 3.1.1943, S. 37/Z. 72-82; GOEBBELS, Tagebücher, Band II/4, 11.5.1942, S. 272/Z. 108-116; dementsprechend: „Beruhigend ist dabei nur die Tatsache, daß die Juden für ihr Verbrechen bezahlen müssen." GOEBBELS, Tagebücher, Band II/4, 22.5.1942, S. 334/Z. 169-175, 26.5.1942, S. 373/Z. 167-170; „Die Juden sind schuld!", in: DAS REICH, Nr. 46, Jahr 1941, 16. November, S. 1 f.; „Kundgebung der NSDAP anläßlich der Verleihung von Ritterkreuzen des Kriegsverdienstkreuzes", 5. Juni 1943, in: GOEBBELS, Reden, Band II, S. 218-239, Zitatstelle S. 223 f. Vgl. mit Einschränkungen auch: DOKUMENTATION, Offiziere, S. 109.

[106] Vgl.: GOEBBELS, Tagebücher, Band II/1, 17.8.1941, S. 249/Z. 124-126.

[107] Vgl.: GOEBBELS, Tagebücher, Band II/2, 2.11.1941, S. 222/Z. 136-148, Zitatstelle Z. 145.

unausweichlich.[108] Schon im Mai 1940 hatte er entsprechende Überlegungen in bezug auf den Krieg niedergeschrieben[109], im Dezember 1941 sprach er diesen Aspekt öffentlich an, wenngleich vor relativ kleinem Kreis: „Schon der Gefährlichkeit des Judentums wegen muß der Kampf dagegen bis zur letzten Konsequenz durchgefochten werden. Wir können in ihm nicht mehr zurück – ganz abgesehen davon, daß wir das auch gar nicht wollen. Die Juden müssen von der deutschen Volksgemeinschaft ausgesondert werden, denn sie gefährden unsere nationale Geschlossenheit."[110] Im November 1942 entwickelte er derartige Einschätzungen auch vor breiterem Publikum.[111]

Die Handhabung der Judenfrage (im Osten) befand sich im Sommer 1941 tatsächlich in einem unumkehrbaren Stadium. Auch Hitler hatte sich offensichtlich dahingehend geäußert: „Der Führer sagt: ob recht oder unrecht, wir müssen siegen. Das ist der einzige Weg. Und er ist recht, moralisch und notwendig. Und haben wir gesiegt, wer fragt uns nach der Methode. Wir haben sowieso soviel auf dem Kerbholz, daß wir siegen müssen, weil sonst unser ganzes Volk, wir an der Spitze mit allem, was uns lieb ist, ausradiert würde."[112] Göring beurteilte die Situation später in ähnlicher Weise, unter explizitem Bezug auf die *Endlösung* kommentierte Goebbels zustimmend, der Reichsmarschall sei sich vollkommen im klaren darüber, was ihnen allen drohen würde, wenn man in diesem Kriege schwach würde. Er mache sich darüber gar keine Illusionen: „Vor allem in der Judenfrage sind wir ja so festgelegt, daß es für uns gar kein Entrinnen mehr gibt. Und das ist auch gut so. Eine Bewegung und ein Volk, die die Brücken hinter sich abgebrochen haben, kämpfen erfahrungsgemäß viel vorbehaltloser als die, die noch eine Rückzugsmöglichkeit besitzen."[113]
Die Unumkehrbarkeit des Kurses wurde um so klarer, als die Alliierten schon frühzeitig entsprechende Szenarien für eine Verfahrensweise mit

---

[108] Vgl.: GOEBBELS, Tagebücher, Band II/7, 21.3.1943, S. 603/Z. 243-250; GOEBBELS, Tagebücher, Band I/9, 16.6.1941, S. 379/Z. 106-115.

[109] Vgl.: GOEBBELS, Tagebücher, Band I/8, 12.5.1940, S. 109/Z. 22-25.

[110] GOEBBELS, Herz, S. 36.

[111] Vgl.: „Wir wissen ganz genau, daß wir in diesem Kriege alles zu gewinnen und nichts zu verlieren haben. Und deshalb haben wir auch die Brücken hinter uns abgebrochen." „Kundgebung des Kreises Wuppertal der NSDAP", 17. November 1942, in: GOEBBELS, Reden, Band II, S. 125-157, Zitatstelle S. 130.

[112] GOEBBELS, Tagebücher, Band I/9, 16.6.1941, S. 379/Z. 106-115; vgl. dementsprechend: „Im übrigen muß festgestellt werden, daß wir mit der Diskutierung des religiösen Problems im deutschen Volke augenblicklich keine besonderen Lorbeeren ernten können. Wir haben selbst einiges auf dem Kerbholz und dürfen es uns deshalb nicht leisten, den Pharisäer zu spielen." GOEBBELS, Tagebücher, Band II/2, 4.10.1941, S. 46 f./Z. 74-78.

[113] GOEBBELS, Tagebücher, Band II/7, 2.3.1943, S. 454/Z. 372-378; vgl. auch: Neujahrsansprache von Goebbels am 31. Dezember 1942, in: ADG, 1.1.1943, Nr. 5777/B [= S. 5779], nach: NIETZSCHE, S. 404 („Du gehst Deinen Weg der Größe: das muß Dein bester Mut sein, daß es hinter Dir keinen Weg mehr gibt. Jetzt muß das mildeste an Dir noch zum härtesten werden. Wer sich schont, der kränkelt zuletzt an seiner Schonung. Gelobt sei, was hart macht."). Vgl. in diesem Zusammenhang auch die Rede Görings zum Erntedankfest vom 4. Oktober 1942, zitiert nach: BANKIER, Use, S. 51.

Deutschland nach seiner Niederwerfung absprachen und publizierten[114], für Goebbels Ausdruck typisch jüdischer Vergeltungssucht. Die Sorge vor einem bolschewistischen Einbruch in Europa erscheint dabei allerdings authentisch[115]; der Propagandaminister fürchtete ein *finis Germaniae*[116], zeigte sich gleichzeitig aber gewillt, die entsprechend lancierten Drohungen zu einer Steigerung der antisemitischen Stimmung in der Öffentlichkeit einzusetzen[117]; in ähnlicher Weise hatte er ja bereits 1931 die gegen ihn gerichtete persönliche Polemik Tucholskys in eigene Propagandaprodukte eingebaut.

Mit hoher Wahrscheinlichkeit haben die auf Deutschland bezogenen Vereinbarungen und Forderungen der Alliierten auf deutscher Seite zu einer gewissen Verfestigung von Fanatismus beigetragen. Teilweise waren die Vorschläge tatsächlich von Juden ausgearbeitet worden; in diesem Zusammenhang sei exemplarisch das ausgesprochen weitreichende Konzept Ilja Ehrenburgs erwähnt.[118] Besondere Empörung erregte auch das Buch des amerikanischen

---

[114] Vgl.: GOEBBELS, Tagebücher, Band II/8, 16.5.1943, S. 307 f./Z. 95-102. Relevant erscheinen: Treffen zwischen Churchill und Roosevelt auf der „Prince of Wales" mit 8-Punkte-Erklärung, 14. August 1941, Wortlaut in: HITLER, Reden, Band II, S. 1747 f./Anm. 370; Bündnisvertrag zwischen England und Sowjetunion mit Ausschluß von Separatfriedensverhandlungen, 26. Mai 1942; Konferenz von Casablanca, 14.-25. Januar 1943 (vgl. dazu: GOEBBELS, Tagebücher, Band II/8, 26.5.1943, S. 369 f./Z. 140-151 und 30.5.1943, S. 391/Z. 134-139; OVEN, Finale, 19.2.1944, S. 237; HILDEBRAND, Das vergangene Reich, S. 789); Konferenz von Moskau, 19.-23. Oktober 1943; Diskussion der an Deutschland zu richtenden Reparationsforderungen in der englischen Presse, November 1943 (vgl. dazu: GOEBBELS, Tagebücher, Band II/10, 13.11.1943, S. 282/Z. 86-92 und 14.11.1943, S. 288/Z. 46-67). Zu den Forderungen auf der Konferenz von Kairo vgl.: GOEBBELS, Tagebücher, Band II/10, 3.12.1943, S. 409 f./Z. 99-108. Der „Morgenthau-Plan" (vgl.: SCHIEDER, S. 273 f.) war allerdings insbesondere in den Vereinigten Staaten umstritten. Man befürchtete dort, mit Recht, wie Goebbels kommentierte, daß er den deutschen Widerstandsfanatismus bis zur Siedehitze angefacht habe, vgl.: GOEBBELS, Tagebücher, Band II/14, 6.11.1944, S. 162/Z. 87-92.

[115] Vgl. exemplarisch: GOEBBELS, Tagebücher, Band II/3, 27.1.1942, S. 198 f./Z. 246-257; GOEBBELS, Tagebücher, Band II/2, 13.11.1941, S. 282/Z. 224-234 und 10.10.1941, S. 88/Z. 165-171; GOEBBELS, Tagebücher, Band II/3, 6.1.1942, S. 62/Z. 263-270.

[116] Vgl.: MARR, Judenthum, S. 48.

[117] Vgl. in diesem Zusammenhang auch: „Der Jude Emil Ludwig Cohn meldet sich zu Wort. Er plädiert sozusagen für eine vollkommene Ausrottung des deutschen Volkes. Solche Stimmen können wir gut gebrauchen, sowohl in bezug auf die Fortsetzung des Krieges als auch in bezug auf die Verstärkung der antisemitischen Stimmung im Reichsgebiet selbst." GOEBBELS, Tagebücher, Band II/5, 7.7.1942, S. 72/Z. 183-187; „Unterdeß tagt in Moskau selbst ein Judenkongreß, in dem sich die Hebräer in alttestamentarischen Haßausbrüchen gegen das Reich und gegen das Naziregime wenden. Man bekommt hier eine Blütenlese aus der jüdischen Racheweisheit, und man kann sich daraus ungefähr eine Vorstellung machen, was uns blühen würde, wenn wir den Krieg verlören und die Juden über Deutschland herfallen könnten. Aber das kann nicht sein, das darf nicht sein und das wird auch nicht sein." GOEBBELS, Tagebücher, Band II/4, 27.5.1942, S. 376/Z. 81-87; vgl. dementsprechend: ebenda, 6.6.1942, S. 457/Z. 176-179.

[118] Zu Ehrenburgs Forderungen vgl.: MICHAELIS, S. 342; GOEBBELS, Tagebücher, Band II/11, 29.3.1944, S. 575/Z. 151-162; GOEBBELS, Tagebücher, Band II/12, 22.6.1944, S. 516/Z. 162-165; vgl. hierzu auch: TP. 12.4.1943, zitiert nach: SÜNDERMANN, S. 252. Zum angekündigten jüdischen Triumphzug in Berlin nach Niederwerfung Deutschlands vgl.: GOEBBELS, Tagebücher, Band II/12, 19.4.1944, S. 146/Z. 206-208. In England befürwortete Lord Vansittart die Verfolgung einer Vernichtungsstrategie gegen das deutsche Volk nach Kriegsende, vgl. dazu: GOEBBELS, Tagebücher, Band II/15, 27.1.1945, S. 239/Z. 171-174.

Juden Theodore N[ewman] Kaufman: „Germany must perish".[119] Gewissermaßen in einer ersten Schockreaktion sah Goebbels „klar prophezeit [...], was uns droht, wenn wir einmal die Haltung verlören und damit den Sieg preisgäben. Es wird dort im Ernst der Vorschlag gemacht, die ganze deutsche Bevölkerung auszurotten bzw. zu sterilisieren."[120]

Relativ schnell erkannte der Propagandaminister die Möglichkeiten, die ihm das Buch in die Hand gespielt hatte. Er kehrte es gegen seine Urheber, indem er Kaufmans Publikation als authentische Greuelquelle benutzte, um Front und Heimat enger an den Krieg zu binden.[121] Eine kommentierte deutsche Ausgabe sollte entsprechende Wirkungen entfalten: Es werde ja für jeden deutschen Mann und für jede deutsche Frau außerordentlich lehrreich sein, dort zu erfahren, was man mit dem deutschen Volke anfangen würde, wenn es noch einmal wie im November 1918 ein Schwächezeichen gäbe. Goebbels wolle nichts ungetan lassen, dem deutschen Volke klarzumachen, was ihm drohe, und wie es sich gegen diese Drohung wirksam zur Wehr setzen könne.[122] Er rechnete mit einer nachhaltigen Beeinflussung der Stimmung im Volk gegenüber den Juden, wenn die Sonderausgabe des angesprochenen Buches publiziert sei.[123]

Nachweislich strebte der Reichsminister mit der Veröffentlichung dieser Schrift auch eine Straffung der Haltung in führenden politischen Kreisen an, deren Gebaren seiner Meinung nach den Anforderungen des Krieges nicht ent-

---

[119] Vgl.: KAUFMAN.

[120] GOEBBELS, Tagebücher, Band II/1, 24.7.1941, S. 116 f./Z. 117-123. Kaufman vertrat die These, daß 80% der Deutschen eine generelle Disposition zu einer unfriedlichen Haltung ihren Nachbarnationen gegenüber aufwiesen, ihre Lebensberechtigung sei daher relativ niedrig, folglich müsse die Bevölkerung sterilisiert werden, vgl. mit besonderer Prägnanz: KAUFMAN, S. 1-7 und S. 97 f.; dazu: BENZ, Kaufman, S. 615-630; GOEBBELS, Tagebücher, Band II/1, 24.7.1941, S.116 f./Z. 120-123 und 3.8.1941, S. 169/Z. 107-111.

[121] Vgl. exemplarisch: „Ausgeburt des verbrecherischen jüdischen Sadismus. Roosevelt fordert Sterilisierung des deutschen Volkes. Binnen zwei Generationen muß das ganze deutsche Volk ausgerottet sein", in: VÖLKISCHER BEOBACHTER, 54 (1941), 205. Ausgabe, 24. Juli, S. 1. Schon seit Dezember 1939 hatte Goebbels Stellungnahmen sammeln lassen, welche den Willen der Gegenseite nachweisen sollten, Deutschland zu vernichten, vgl.: Konferenzprotokoll vom 12. Dezember 1939, in: BOELCKE, Krieg, S. 35 f. Vgl. auch: Konferenzprotokoll vom 11. September 1940, in: BOELCKE, Kriegspropaganda, S. 501.

[122] Vgl.: GOEBBELS, Tagebücher, Band II/1, 3.8.1941, S. 168 f./Z. 95-113, Zitatstelle S. 169/Z. 104-113, und 13.8.1941, S. 225/Z. 136-144; POLIAKOV/WULF, Juden, S. 434. Zu einer generellen Zulassung von Schriftgut alliierter Provenienz mit antienglischer oder –amerikanischer Tendenz vgl.: HEIBER, Goebbels, S. 195.

[123] Vgl.: GOEBBELS, Tagebücher, Band II/1, 22.8.1941, S. 311 f./Z. 88-99; „Ich halte es deshalb für meine erste Aufgabe, jetzt den Kampf gegen die Lethargie in den führenden Kreisen aufzunehmen. Werden sie wieder mehr Haltung und mehr Entschlossenheit zeigen, so wird das bald auch wieder im Volke der Fall sein. Aus diesem Grunde habe ich auch die Broschüre ‚Deutschland muß sterben' [...] umarbeiten und kommentieren lassen. [...] Ich verspreche mir davon sehr viel; vor allem wird diese Broschüre mit den letzten Rudimenten einer evt. vorhandenen Nachgiebigkeit aufräumen, denn dieser Broschüre kann auch der Dümmste entnehmen, was uns droht, wenn wir einmal schwach werden." Ebenda, 29.8.1941, S. 328/Z. 179-192. Zu einer gewissermaßen positiven Bilanz hinsichtlich einer Festigung des Widerstandswillens im Volk vgl.: OVEN, Finale, 25.10.1944, S. 504 und 3.12.1944, S. 518.

sprach und daher der Bevölkerung ein falsches Vorbild gab. Hitler war offenbar mit dieser Vorgehensweise einverstanden.[124]

Die Broschüre erschien, herausgegeben von Ministerialrat Wolfgang Diewerge, im September 1941 unter dem Titel „Das Kriegsziel der Weltplutokratie. Dokumentarische Veröffentlichung zu dem Buch des Präsidenten der amerikanischen Friedensgesellschaft Theodore Nathan Kaufman ‚Deutschland muß sterben' („Germany must perish")". Sie enthielt kommentierte Textpassagen aus Kaufmans Buch, unter Beifügung oder Manipulation einiger Daten wurde dessen beratende Verbindung zu Roosevelt suggeriert.[125]

Verdrängungspolitik in Berlin und Reich

Goebbels hatte die Verdrängung von Juden aus Berlin bereits im Sommer 1938 in eine konkrete Phase gebracht. In der Folgezeit der „Reichskristallnacht" war der Auswanderungsdruck stufenweise erhöht worden, bis im November 1939 auch Aspekte der Grundnahrungsmittelversorgung von Juden besprochen wurden. Der Reichsminister plädierte bei Hitler für dementsprechende Beschränkungen.[126] Beide teilten die Meinung, daß von Juden eine Beunruhigung der öffentlichen Stimmung ausgehe und sie daher eigentlich von der deutschen Bevölkerung völlig zu trennen seien, der Reichskanzler stimmte allerdings bis dato einer generellen Deportation nicht zu.[127]

Dennoch begann Goebbels Mitte 1940 damit, eine systematische Ausweisung der Berliner Juden vorzubereiten. Hans Hinkel erstellte in Zusammenarbeit mit der Polizei vorläufige Räumungspläne, welche Mitte Juli vorlagen.[128] Der Gauleiter bestimmte, sofort nach dem rasch erwarteten Kriegsende sämtliche Berliner Juden in zwei Phasen von je vier Wochen nach dem Osten zu verbringen. Die Räumung der Reichshauptstadt solle hierbei Vorrang vor anderen Großstädten mit hohen jüdischen Bevölkerungsanteilen (beispielsweise Breslau) haben.[129] Im September 1940 ließ sich Goebbels einen vergleichen-

---

[124] Vgl.: GOEBBELS, Tagebücher, Band II/1, 19.8.1941, S. 271/Z. 649-652; Konferenzprotokoll vom 22. Mai 1942 und Anmerkung, in: BOELCKE, Krieg, S. 315. Auch später griff Goebbels die Vernichtungspläne wieder auf, vgl. exemplarisch: „Der Krieg und die Juden", in: DAS REICH, Nr. 19, Jahr 1943, 9. Mai, S. 1 f.

[125] Vgl.: BENZ, Kaufman, S. 620-622; hierzu auch: „Vorlage für Reichsleiter Bormann. Betrifft: Buch des Juden Kaufman (Ti.)", 8. September 1941, in: AKTEN DER PARTEI-KANZLEI, Teil II/2, Microfiche-Blatt 162, Microfiche-Nr. 68302. Der Vorname „Nathan" ist eine nachträgliche Stigmatisierung.

[126] Vgl.: GOEBBELS, Tagebücher, Band I/7, 19.11.1939, S. 202/Z. 20-22.

[127] Zur Separierung von Juden und Deutschen vgl.: Konferenzprotokoll vom 26. Juni 1940, in: BOELCKE, Kriegspropaganda, S. 408.

[128] Vgl.: „Hinkel berichtet [...] über Judenfrage in Berlin, die mehr und mehr gelöst wird." GOEBBELS, Tagebücher, Band I/8, 18.5.1940, S. 121/Z. 37 f. Vgl. auch: ebenda, 25.7.1940, S. 236/Z. 38 und 26.7.1940, S. 238/Z. 16.

[129] Vgl.: „Herr Gutterer [Leopold Gutterer, Ministerialdirektor im RMVP 1938-1941, danach Staatssekretär] berichtet, daß auf dem Kurfürstendamm zur Zeit des Einzugs der Truppen das gleiche flanierende Pack zu beobachten war wie immer. Der Minister gibt in diesem Zusammen-

den Überblick vorlegen. Hierbei wurde deutlich, daß Baldur von Schirach, neuerdings Reichsstatthalter und Gauleiter in Wien, in seinem Verantwortungsgebiet bereits beträchtliche Fortschritte hinsichtlich der Ausweisung von Juden erzielt hatte. Auch in diesem Zusammenhang bestand möglicherweise eine gewisse Konkurrenzsituation.[130]

Anfang 1941 besprachen Hitler und Goebbels mit hoher Wahrscheinlichkeit konkrete Möglichkeiten einer Verdrängung der Juden aus Berlin. Der Gauleiter gewann den Eindruck, daß ein geeigneter „Evakuierungsvorschlag" die Zustimmung Hitlers finden würde, hatte dieser doch auch die Räumung Wiens angeordnet: „Wien wird nun bald ganz judenrein sein. Und jetzt soll Berlin an die Reihe kommen. Ich spreche das mit dem Führer und Franck [recte: Dr. Hans Frank, Generalgouverneur für die besetzten Gebiete in Polen] ab. Der stellt die Juden zur Arbeit an, und sie sind auch fügsam. Später müssen sie mal ganz aus Europa heraus."[131]

---

hang seinen Entschluß kund, sofort nach Kriegsende sämtliche 62000 in Berlin noch lebende Juden innerhalb eines Zeitraumes von höchstens acht Wochen nach Polen schaffen zu lassen; solange die Juden in Berlin lebten, würde die Stimmung im Westen der Stadt stets durch sie beeinflußt bleiben. Herr Hinkel berichtet über den mit der Polizei bereits ausgearbeiteten Räumungsplan, in den sich auf Wunsche des Ministers auch Herr Gutterer einschalten soll. Er soll vor allem dafür sorgen, daß Berlin an erster Stelle gesäubert wird, da der Kurfürstendamm unverändert ein jüdisches Gesicht behalten wird, auch wenn die Juden nicht nach aussen direkt in Erscheinung treten, bis Berlin wirklich judenfrei geworden ist. Erst nach Berlin sollen dann die anderen Judenstädte (Breslau usw.) an die Reihe kommen." Konferenzprotokoll vom 19. Juli 1940, in: BOELCKE, Krieg, S. 104-106, Zitatstelle S. 105 f. Der Anteil von Juden in Berlin im Vergleich zur Gesamtzahl im Altreich war mit etwa 42% tatsächlich relativ hoch, das Verhältnis veränderte sich bis März 1943 auf 58%. Goebbels ging von 62000 in Berlin lebenden Juden aus, tatsächlich lag die Anzahl wohl um knapp 10000 Menschen höher, vgl.: GRUNER, Arbeitseinsatz, S. 350 f.; Vergleichszahlen bei: GRUNER, Judenverfolgung Berlin, Tabelle 2, S. 94. Vgl. auch: Konferenzprotokoll vom 17. September 1940, in: BOELCKE, Kriegspropaganda, S. 510 f.

130 Vgl.: „Herr Hinkel berichtet über die Ausweisung der Juden aus Wien und Berlin: In Wien leben von 180000 jetzt noch 47000 Juden, davon 2/3 Frauen und nur ca. 300 Männer im Alter von 20 bis 35 Jahren. Es ist auch während des Krieges gelungen, insgesamt 17000 Juden über den Südosten abzuschieben. Berlin zählt noch 71800 Juden; in Zukunft sollen monatlich ca. 500 Juden nach dem Südosten verschickt werden. Im übrigen berichtet Herr Hinkel, daß alle Vorbereitungen getroffen sind, um – sobald nach Kriegsende Transportmittel frei sein werden – innerhalb von 4 Wochen 60000 Juden im wesentlichen nach dem Osten aus Berlin zu entfernen; die restlichen 12000 würden innerhalb weiterer vier Wochen ebenfalls verschwunden sein." Konferenzprotokoll vom 6. September 1940, in: ebenda, S. 492. Präzisierte statistische Angaben Hinkels für Berlin wie für das Altreich und die besetzten Gebiete in: Konferenzprotokoll vom 17. September 1940, in: ebenda, S. 510 f. Zur Deportation von Juden aus Wien vgl.: GRUNER, Arbeitseinsatz, S. 178. Zu einer möglichen Rivalität zwischen Goebbels und von Schirach vgl.: STEPHAN, S. 126 f.; HEIBER, Goebbels, S. 174 f.

131 GOEBBELS, Tagebücher, Band I/9, 18.3.1941, S. 193/Z. 67-70. In seiner Rede zum 30. Januar 1941 hatte Hitler davon gesprochen, daß die Rassenerkenntnis Volk um Volk ergreife und auch den augenblicklichen Kriegsgegnern allmählich sichtbar werde, wer ihr innerer Feind sei, vgl.: „Rede des Reichskanzlers im Berliner Sportpalast zum 8. Jahrestag der Machtergreifung am 30. Januar 1941", in: HITLER, Reden, Band II, S. 1657-1664, Zitatstelle S. 1663 f. Vgl. auch: GOEBBELS, Tagebücher, Band I/9, 31.1.1941, S. 119/Z. 48-55. Möglicherweise fiel eine interne Entscheidung zur generellen Deportation bereits Ende März 1941 in engstem Kreise, vgl.: FEST, Hitler, S. 930. Zu den Deportationen aus Wien vgl.: GRUNER, Zwangsarbeit, S. 215-226 und S. 235-241.

Die Ausarbeitung genauerer Planungen wurde an die zweite Leitungsebene von Propagandaministerium, Reichssicherheitshauptamt und Berliner Bauamt gegeben.[132] Adolf Eichmann, der Leiter des Referats für Judenangelegenheiten im RSHA[133] wurde beauftragt, Goebbels einen konkreten Räumungsplan für Berlin vorzulegen.[134] Aus einem Besprechungsprotokoll vom 21. März 1941[135] geht hervor, daß weiterhin schädliche Einwirkungen durch Juden auf die Stimmung der Berliner Bevölkerung und auf die Einstellung ausländischer Gäste befürchtet wurden. Goebbels erwog ein Verbot für Juden, ausländische Untermieter zu beherbergen, um zu vermeiden, daß Augenzeugen Informationen über die alltäglichen Repressalien ins Ausland trügen.[136] Unter gewissermaßen pragmatischem Aspekt wurden mögliche positive Auswirkungen auf das Wohnraumangebot Berlins besprochen.

Hitler unterstützte die Deportationsplanungen des Berliner Gauleiters nun aber vorerst offenbar nicht mehr. Goebbels mußte sich eingestehen, daß eine vollständige *Evakuierung* ohnehin unmöglich sei, weil etwa 30000 Juden in Rüstungsbetrieben arbeiteten. Daher verlangte er, nun in Berlin ein Abzeichen einzuführen, um sie unmittelbar kenntlich zu machen.[137] Dieser Forderung wurde allerdings zunächst ebenfalls nicht entsprochen.

Möglicherweise auch in gewissem Zusammenhang mit einer generellen Verstärkung antisemitischer Agitation im Nachfeld des Angriffes auf die Sowjetunion beschäftigte sich Goebbels im Sommer 1941 wieder verstärkt mit der Judenfrage in der Reichshauptstadt. Er war mittlerweile zur Überzeugung gelangt, daß der Anteil von kriegswirtschaftlich produktiven Juden in Berlin unerträglich klein sei. Dieses angenommene Mißverhältnis veranlaßte ihn zu starken polemischen Entgleisungen und bildete den Ausgangspunkt eines neuen politischen Vorstoßes zur Ausweisung beziehungsweise zur Kennzeichnung dieser Menschen.[138]

---

[132] Die Einzelheiten können an dieser Stelle nicht dargelegt werden, vgl. hierzu: ADLER, Mensch, S. 152-154.

[133] Vgl.: POLIAKOV/WULF, Juden, S. 87 f.; BRECHTKEN, S. 189-191.

[134] Vgl.: ADLER, Mensch, S. 152 f.; GRUNER, Reichshauptstadt, S. 246.

[135] Vgl.: IfZ Dokument MA-423, zitiert nach: ebenda, S. 152 f.

[136] Vgl.: GOEBBELS, Tagebücher, Band I/9, 10.6.1941, S. 362/Z. 40-42; Konferenzprotokoll vom 5. März 1941, in: BOELCKE, Kriegspropaganda, S. 633; „Vorlage. Dr. Goebbels vom 7. März 1941 zum Verbot der Untervermietung durch Juden", in: AKTEN DER PARTEI-KANZLEI, Teil II/2, Microfiche-Blatt 180, Microfiche-Nr. 76065 (Auftrag an Gutterer: Zusammenlegung von Juden, die Wohnraum untervermieten, zur Freistellung von Wohnungen und zur Vermeidung von Gegenpropaganda durch Juden an ihre Mieter). Schon im August 1940 waren den Juden die Telefone genommen worden, vgl.: Konferenzprotokoll vom 20. August 1940, in: BOELCKE, Kriegspropaganda, S. 469. Zu der von Goebbels angewiesenen Emendation aus den Berliner Telefonbüchern, vgl.: „Vorlage vom 28. März 1942. Nennung von Juden in Telefonbüchern", in: AKTEN DER PARTEI-KANZLEI, Teil II/2, Microfiche-Blatt 180, Microfiche-Nr. 76090.

[137] Vgl.: GOEBBELS, Tagebücher, Band I/9, 22.3.1941, S. 199/Z. 18-20 und 22.4.1941, S. 264/Z. 38 f. Zum Einsatz von Juden in der Berliner Rüstungsindustrie vgl.: KWIET, Ausgrenzung, S. 590-592; ADLER, Mensch, S. 223 f.

[138] Vgl.: GOEBBELS, Tagebücher, Band II/1, 12.8.1941, S. 218/Z. 143-147, 18.8.1941, S. 254/Z. 110, 19.8.1941, S. 265/Z. 436 und 20.8.1941, S. 278/Z. 219; „sie haben mit dem deutschen Volk nichts zu tun, sondern müssen aus dem deutschen Volk ausgeschieden werden." Ebenda, 12.8.1941, S. 218/Z. 160-162.

Die Eichmann in Auftrag gegebenen Deportationspläne für das Reichsgebiet waren zu diesem Zeitpunkt fertig, Hitler lehnte allerdings eine Freigabe weiterhin ab.[139]

Offensichtlich arbeiteten auch verschiedene Kräfte gegen eine derart radikale Vorgehensweise, spätere Bemerkungen von Goebbels deuten hierbei auf Göring und Funk, die wohl überwiegend aus wirtschaftspolitischen Gründen eine generelle Abschiebung der Juden nicht befürworteten.[140]

Der Berliner Gauleiter wollte aber in dieser Frage nicht zurückstecken und argumentierte in seinen Aufzeichnungen mit dem drohenden *Volkszorn*, der zweifelsfrei losbrechen werde, wenn die ersten Ostfrontsoldaten zurückkehrten, um in feuchten Kellerräumen zu leben, während Juden in geräumigen Mehrzimmerwohnungen mit *arischem* Dienstpersonal residierten. Man müsse also rechtzeitig die entsprechenden Maßnahmen treffen, um zu vermeiden, daß der Pöbel die Judenfrage wie schon 1938 zu lösen versuche.[141]

Es ist nicht eindeutig klar, ob Goebbels damit Bezug auf die antisemitischen Aktionen vom Sommer 1938 in Berlin oder auf die „Reichskristallnacht" nahm, jedenfalls hielt er damit auch etwa drei Jahre nach diesen Ereignissen an den damaligen Darstellungen fest. Der Propagandaminister bezog also Aspekte der Stimmungslage und der inneren Sicherheit in die parteiinterne Argumentation ein, um die angesprochenen Widerstände zu brechen. Dieser Hebel war durchaus nicht ohne Wirkungspotential, denn die öffentliche Meinung stand ja durchaus unter Einfluß seiner Behörde. Wie erwähnt waren wahrscheinlich auch die Maßnahmen um die Publikation von Kaufmans Schrift dahingehend ausgerichtet.

Aus den Tagebuchaufzeichnungen geht hervor, daß Goebbels die Auseinandersetzung mit der Judenfrage weiterhin als persönliche Mission betrachtete: Er habe den Kampf gegen das Judentum 1926 in der Reichshauptstadt aufgenommen und wolle nicht eher ruhen, bis auch der letzte Jude Berlin verlassen habe beziehungsweise bis dem Judentum gegenüber die letzten Konsequenzen gezogen seien.[142] Es gibt Hinweise darauf, daß sich der Gauleiter auch persönlich bedroht sah, nach einem Attentatsversuch verstärkte er seinen Personenschutz und benutzte gepanzerte Limousinen.[143]

Nachweislich bestehen Verbindungen zwischen den Verzögerungen der Deportationsentscheidung und der Einführung der Kennzeichnungspflicht

---

[139] Vgl.: GERLACH, Krieg, S. 112 f.

[140] Vgl.: GOEBBELS, Tagebücher, Band II/1, 12.8.1941, S. 218/Z. 145-150; GOEBBELS, Tagebücher, Band II/2, 18.11.1941, S. 308/Z. 119-134 und 18.12.1941, S. 533 f./Z. 313-337.

[141] Vgl.: GOEBBELS, Tagebücher, Band II/1, 12.8.1941, S. 218/Z. 145-155 und 18.8.1941, S. 254/Z. 107-117.

[142] Vgl.: ebenda, 20.8.1941, S. 278/Z. 240-242, 19.8.1941, S. 265/Z. 427 f. und S. 269/Z. 587 f. wie 26.8.1941, S. 311 f./Z. 88-99. In seinen entsprechenden Aufzeichnungen bediente sich Goebbels einer Anspielung auf den älteren Cato: „und im übrigen bin ich der Meinung, daß wir so schnell wie möglich die Juden aus Berlin evakuieren müssen." Ebenda, 24.9.1941, S. 480/Z. 168 f.

[143] Vgl.: STEPHAN, S. 250.

(Judenstern).[144] Goebbels argumentierte auch in dieser Frage mit den angenommenen psychologischen Zusammenhängen zwischen Front und Heimat wie mit der wohl wirklich gefürchteten Wandelbarkeit der öffentlichen Meinung, einem Aspekt, den er bereits im Zusammenhang mit der „Vor-Wannseekonferenz" für seine judenpolitischen Forderungen in die Waagschale geworfen hatte: Da Juden bei allen Gelegenheiten des Alltags unterminierende Stellungnahmen verstreuten, sollten sie, sobald sie in der Öffentlichkeit das Wort ergriffen, auch als solche erkennbar sein, man dürfe nicht zulassen, daß sie im Namen des deutschen Volkes sprächen.[145]

Ein Kennzeichnungssystem zur Unterscheidung verschiedener Häftlingsgruppen war in den Konzentrationslagern längst etabliert. Gewisse Vorstufen einer generellen Separierung von Juden waren Anfang 1940 in Berlin und Köln im Zusammenhang mit ihrem verstärkten Arbeitseinsatz in der Rüstungsproduktion erprobt worden[146], dies war Goebbels aber schon damals nicht weit genug gegangen, er hatte einen geschlossenen Einsatz der Juden in Fabriken verlangt.[147] Im „Generalgouvernement", jenem erwähnten dritten polnischen Gebiet, bestand bereits seit Ende Oktober 1939 Kennzeichnungspflicht.[148]

Auch Hitler betrachtete die Juden weiterhin als heikle innenpolitische Gefahrenquelle in bezug auf mögliche Beeinflussungen der öffentlichen Meinung, bislang aber hatte er einer generellen Kennzeichnung im Reichsgebiet nicht zugestimmt.[149] Verschiedene dementsprechende Vorbereitungen und Vorstöße des Reichspropagandaministeriums sind in der Zeit von Dezember 1939 bis Mai 1941 nachweisbar, wobei eine Zusammenarbeit mit Himmler erwogen worden und mit hoher Wahrscheinlichkeit auch zustandegekommen war. Gewissermaßen analog zu seiner Auseinandersetzung mit der Deportationsfrage hatte Goebbels zunächst eine auf sein Gaugebiet begrenzte Kennzeichnungspflicht

---

[144] Vgl.: „Da die Evakuierung der Juden aus Berlin leider zunächst nicht in dem gewünschten Masse vor sich gehen kann, hat Dr. Goebbels Anweisung gegeben, ihm ein Abzeichen für Juden vorzuschlagen. Dieses soll entweder am Rockaufschlag bzw. Mantel oder in Form eines Ärmelstreifens getragen werden. Bedenken, dass die ausländische Presse uns deswegen kritisieren könnte, wies er schon allein mit der Begründung zurück, dass die Polinnen in Berlin auch ein P und die jüdischen Strassenarbeiter gelbe Armbinden tragen. Im übrigen halte er die Massnahme deswegen für notwendig, weil die Juden mit der Zeit immer frecher geworden sind. Die Bannzone wird von ihnen in keiner Hinsicht eingehalten, z.T. haben sie sogar versucht, negative Stimmung zu erzeugen. Aus diesem Grunde müssten sie gekennzeichnet und, wenn sie die Abzeichen nicht tragen, ins Konzentrationslager gebracht werden." „Vorlage", 21. April 1941, in: AKTEN DER PARTEI-KANZLEI, Teil II/2, Microfiche-Blatt 180, Microfiche-Nr. 76074; dementsprechend: GOEBBELS, Tagebücher, Band II/1, 20.8.1941, S. 278/Z. 205-242 und 22.8.1941, S. 292/Z. 227-231.
[145] Vgl.: ebenda, 12.8.1941, S. 218/Z. 158 f.
[146] Vgl.: GRUNER, Arbeitseinsatz, S. 141 f.
[147] Vgl.: Konferenzprotokoll vom 26. Juni 1940, in: BOELCKE, Kriegspropaganda, S. 408. Bis Sommer 1941 hatten verschiedene Großunternehmen in Berlin, Dresden und Frankfurt am Main ein Kennzeichen für die bei ihnen beschäftigten jüdischen Zwangsarbeiter eingeführt, vgl.: GRUNER, Arbeitseinsatz, S. 189 f. und S. 142.
[148] Vgl.: Anordnung vom Leiter des Generalgouvernements Hans Frank vom 10. November 1939, in: POLIAKOV/WULF, Juden, S. 177; ADLER, Mensch, S. 47 f.
[149] Vgl.: HITLER, Kampf, S. 630; JOCHMANN, Monologe, 30.8.1942, S. 377; GOEBBELS, Tagebücher, Band I/8, 20.7.1940, S. 229/Z. 39-43.

vorgesehen[150], dann aber erfahren, daß sich Planungen für eine reichsweite Einführung in Vorbereitung befanden. Die entsprechenden Initiativen waren über den Sicherheitsdienst und Göring zu Hitler gekommen, der Reichskanzler beschäftigte sich wohl mittlerweile persönlich mit der Angelegenheit.[151]

Goebbels drängte auf eine zügige Entscheidungsfindung: Über Walter Tießler, den Verbindungsmann zu Bormann, ließ er Anfang Juli 1941 an dessen Adresse betonen, daß er die vom Reichssicherheitshauptamt vorgeschlagene Maßnahme für außerordentlich dringlich und notwendig halte. Die Kennzeichnung sei zur Behebung der zahllosen Schwierigkeiten, die sich aus dem Aufenthalt der Juden in Deutschland ergäben, das entscheidendste Mittel. In Anbetracht des seit 22. Juni 1941 eröffneten Ostkriegs verband der Propagandaminister diese Frage auch mit antibolschewistischen Gesichtspunkten: Da jetzt die Front gegen den Bolschewismus wieder offen hergestellt sei, dürften keinerlei Bedenken mehr bestehen, nunmehr einen deutlichen und klaren Trennungsstrich zwischen Deutschen und Juden auch in dieser Hinsicht zu ziehen.[152]

---

[150] Vgl.: „Der Minister erklärt dann, es werde ihm vorgeschlagen, daß für die Juden in Berlin – die wir augenblicklich nicht herausbringen könnten, weil sie als Arbeitskräfte unentbehrlich seien – ein Abzeichen geschaffen werde. Der Minister hält das ebenfalls für erwünscht und beauftragt Gutterer mit der Durchführung dieser Maßnahme." Konferenzprotokoll vom 21. April 1941, in: BOELCKE, Krieg, S. 201 f. Vgl. auch: Dokument Aktenbestand Reichsring vom 21. April 1941 [= IfZ Dokument MA-423], in: ADLER, Mensch, S. 48; dagegen: JORDAN, S. 233 f.

[151] Vgl.: „pg. reischauer an pg. tiessler, betrifft: juden-kennzeichnung", Fernschreiben vom 24. Mai 1941, in: AKTEN DER PARTEI-KANZLEI, Teil II/2, Microfiche-Blatt 180, Microfiche-Nr. 76069 (Goebbels habe für Berlin die Einführung eines Judenkennzeichens geplant, er habe dann von schwebenden Verhandlungen des SD gehört und Auftrag gegeben, sich entsprechend in Verbindung zu setzen. Der SD habe sich seit längerer Zeit an den Reichsmarschall gewandt, der nicht voll abgelehnt, sondern nur einige Rückfragen gehalten habe). Vgl. auch die entsprechenden Folgedokumente in: ebenda, Microfiche-Blatt 180, Microfiche-Nrn. 76070-76072; auch: „Das Propagandaministerium hat sich zur Durchführung der Aktion an die Geheime Staatspolizei gewandt. Es erhielt von dort den Bescheid, dass sich der Führer selbst mit dieser Angelegenheit befasse, und zwar mit dem Vorschlag, das Abzeichen im ganzen Reich einzuführen. Dieser Vorschlag sei durch einen Brief Himmlers oder Heydrichs an Reichsleiter Bormann geleitet worden, zum anderen durch einen Brief an den Reichsmarschall." „Vorlage. Betrifft: Judenabzeichen (Ti.)", 25. April 1941, in: ebenda, Microfiche-Blatt 180, Microfiche-Nr. 76073. Zu entsprechenden Aktivitäten Himmlers und Heydrichs vgl.: HEIM/ALY, S. 402/Anm. 6; ADLER, Mensch, S. 48 f. Zu Hintergrund und Einführung der Kennzeichnungspflicht vgl.: ebenda, S. 47-57.

[152] Vgl.: „Der Antrag des Reichsführers SS (Reichssicherheitshauptamt) ist mit eigenhändigem Vermerk des Reichsmarschalls zurückgegeben worden, daß die fragliche Angelegenheit dem Führer vorgetragen werden solle. [...] Dr. Goebbels hat mich gebeten, den Reichsleiter noch einmal besonders zu unterrichten, daß er die vom Reichssicherheitshauptamt vorgeschlagene Maßnahme für außerordentlich dringlich und notwendig hält. Die Kennzeichnung des Juden ist zur Behebung der zahllosen Schwierigkeiten, die sich aus dem Aufenthalt der Juden in Deutschland ergeben, das entscheidendste Mittel. Es ist unmöglich, die einzelnen Bannmaßnahmen zur Trennung von Deutschen und Juden durchzuführen, ohne daß dauernd Verwechslungen mit Ausländern vorkommen. [...] Da eine baldige Abwanderung der Juden nicht zu erwarten ist, ist es auch weiterhin notwendig, den Juden zu kennzeichnen, damit er nicht – wie dies bereits in einzelnen Fällen festgestellt worden ist – den Versuch unternehmen kann, Volksgenossen in ihrer Stimmung zu beeinflussen. Wenn er gekennzeichnet ist, wird jeder Volksgenosse von sich aus wissen, was er zu tun hat, wenn ein Jude frech wird. [...] Da jetzt auch die Front gegen den Bolschewismus wieder offen hergestellt ist, dürften keinerlei Bedenken mehr bestehen, nunmehr einen deutlichen und klaren Trennungsstrich zwischen Deutschen und Juden auch in dieser Hin-

Offensichtlich wurden im Verlauf des Frühsommers die treibenden Kräfte in dieser Frage zusammengeschlossen, es dürfte in diesem Zeitraum also an zentraler Stelle eine einschlägige Entscheidung gefallen sein.

Die entsprechenden Fachreferenten der einbezogenen Ministerien wie des Sicherheitsdienstes besprachen die weitere Vorgehensweise am 15. August 1941 im Propagandaministerium.[153] Ausgehend von der Annahme, die Juden Berlins bildeten eine „Hetzzentrale", seien aber bislang „überhaupt noch nicht recht empfindlich angepackt worden"[154], wurden, nunmehr offensichtlich mit Bezug auf das gesamte Reichsgebiet, Möglichkeiten einer strengen Lebensmittelrationierung und eines weitergehenden Arbeitseinsatzes der Juden sowie ihre generelle Kennzeichnung besprochen. Nicht arbeitsfähige Juden müsse man so schnell wie möglich „nach Rußland abkarren".[155] Diese Sofortmaßnahmen seien notwendig, um die Mißstimmung der Frontsoldaten zu beheben[156], dahingehend hatte ja auch Goebbels schon argumentiert. Eichmann nahm noch einmal Bezug auf seine Deportationsplanungen. Er erklärte, Hitler habe den Vorschlag Heydrichs, die Juden noch während des Krieges aus Deutschland zu bringen, abgelehnt. Daher arbeite seine Behörde nunmehr an Plänen zu Teilevakuierungen. Zum Abschluß der Sitzung wiesen die Vertreter Görings und des Reichsministeriums des Inneren offenbar nachdrücklich auf ihre federführenden Zuständigkeiten in der Behandlung der Judenfrage hin und schränkten eine Beteiligung von Goebbels' Ministerium auf die Propagandaaspekte ein. Leopold Gutterer, der Vorsitzende der Konferenz, erhob aber ausdrücklich Anspruch auf ein gewisses Initiativrecht seiner Behörde.[157]

Am 18. August 1941 traf Goebbels zu einer Besprechung mit Hitler zusammen, der Berliner Gauleiter will sich bei dieser Gelegenheit in der Judenfrage vollkommen durchgesetzt haben, er erscheint in seinen Aufzeichnungen als Initiativkraft. Der Reichskanzler war nun offenbar damit einverstanden, für die Juden ein Abzeichen einzuführen, ihre Lebensmittelrationen zu vermindern und schließlich auch, die Berliner Juden baldmöglich, und zwar unmittelbar nach Abschluß des Rußlandfeldzuges, in den Osten zu deportieren, wo sie „unter einem härteren Klima in die Mache genommen" werden wür-

---

sicht zu ziehen." „Vorlage. Betrifft: Kennzeichnung der Juden (Ti.)", 3. Juli 1941, in: AKTEN DER PARTEI-KANZLEI, Teil II/2, Microfiche-Blatt 177, Microfiche-Nrn. 74650 f.

[153] Vgl.: GRUNER, Arbeitseinsatz, S. 213 f. Zu Protokollauszügen vgl.: PÄTZOLD, Verfolgung, S. 304 und Sitzungsbericht vom 15. August 1941, in: DOKUMENT, Rassereferent, S. 302-303.

[154] Zitiert nach: ebenda, S. 302.

[155] Zitiert nach: ebenda, S. 302 f.

[156] Vgl. auch: „Sitzungsbericht vom 15. August 1941", in: ebenda, S. 303; ADLER, Mensch, S. 51 f.

[157] Vgl.: „Besprechungsmitschrift vom 15. August 1941", in: DOKUMENT, Rassereferent, S. 303. Zur Lebensmittelrationierung für Berliner Juden vgl.: „Ich beauftrage Gutterer, [...] der jüdischen Gemeinde [...] für die gesamten Berliner Juden strenge Vorschriften zu übermitteln. Vor allem müssen die Juden jetzt in Arbeit gebracht werden. Ich werde ihnen die ultimative Forderung stellen, entweder sich schleunigst in den Arbeitsprozeß einzugliedern oder in Kauf zu nehmen, daß für 76000 Juden nur für 23000 Juden Lebensmittelrationen zur Verfügung gestellt werden." GOEBBELS, Tagebücher, Band II/1, 20.8.1941, S. 278/Z. 216-222; hierzu: GRUNER, Judenverfolgung Berlin, S. 78. Bereits ein Jahr zuvor hatte Goebbels eine Beschränkung der täglichen Einkaufszeit für Juden auf eine Stunde durchgesetzt, vgl.: ebenda, S. 72 f.

den.[158] Goebbels dürfte in dieser Besprechung außerdem eine Vielzahl weiter-reichender Vorschläge zur Ausgrenzung der Juden unterbreitet haben. Eine Denkschrift, die mit hoher Wahrscheinlichkeit die Grundlage des Vortrags bei Hitler bildete, erläutert als notwendig erachtete Sofortmaßnahmen: Juden-bann, Warenbezug der Juden, Handwerk im Dienst der Juden, Benutzung der Verkehrsmittel, Abgabe von Gebrauchs- und Luxusgegenständen, Juden-dienstpflicht sowie Senkung der Judenbezüge.[159]

Mitte August hatte auch Heydrich einen Vorschlag zur Judenkennzeich-nung bei Göring vorgelegt, die jeweiligen Vorbereitungen liefen insofern of-fensichtlich parallel, möglicherweise handelte Goebbels bei seiner Bespre-chung mit Hitler am 18. August 1941 wieder unter einem gewissem Konkur-renzdruck.[160]

Die entsprechende Entscheidung des Reichskanzlers wurde über Schnell-brief vom 26. August 1941 bekanntgegeben, gleichzeitig wurde eine Sitzung im Reichsministerium des Innern zur Besprechung der Einzelheiten zum 29. August 1941 einberufen.[161] Im Rahmen dieser Konferenz wurde bestimmt, zur Einführung der Kennzeichnungspflicht kein Gesetz, sondern eine Polizeiver-ordnung zu erlassen. In der Besprechungsniederschrift dieser Sitzung wird ei-gens hervorgehoben, daß Hitler auf Vortrag von Goebbels die Einführung ent-schieden habe.[162]

Juristische Grundlage der Kennzeichnungspflicht bildete also allein das Einverständnis Hitlers.[163] Heydrich unterzeichnete die Polizeiverordnung am 1. September 1941.[164] Auf Betreiben von Goebbels und ebenfalls mit Unter-stützung Heydrichs wurde die Kennzeichnungspflicht auch auf die Wohnun-gen von Juden ausgedehnt.[165] Der Reichsminister folgte hierbei offenbar ei-ner seiner Maximen, wonach die Partei immer eine Bewegung bleiben müsse,

---

[158] Vgl.: GOEBBELS, Tagebücher, Band II/1, 19.8.1941, S. 269 f./Z 561-588, Zitatstelle S. 266/ Z. 440 f. und 20.8.1941, S. 278/Z. 205-242; „Ministervorlage vom 20. August 1941", in: DOKUMENT, Rassereferent, S. 305.

[159] Vgl.: IfZ Dokument MA-423, zitiert nach: ADLER, Mensch, S. 50 f.

[160] Vgl.: BURRIN, S. 140 f.

[161] Vgl.: „Der Reichsminister des Innern. Schnellbrief vom 26. August 1941", in: AKTEN DER PAR-TEI-KANZLEI, Teil I/2, Microfiche-Blatt 262, Microfiche-Nr. 207 00254.

[162] Vgl.: „Aufzeichnung zur Besprechung der Kennzeichnung der Juden im Reichsministerium des Innern unter Vorsitz von Staatssekretär Dr. Stuckart", 29. August 1941, in: ebenda, Micro-fiche-Blatt 262, Microfiche-Nrn. 207 00252 f.

[163] Hitler erhielt de jure erst am 26. April 1942 unbegrenzte Vollmachten als nicht an bestehende Rechtsvorschriften gebundener oberster Gerichtsherr, vgl.: VERHANDLUNGEN DES REICHSTAGS, Band 460, 8. Sitzung, 26. April 1942, S. 120; vgl.: Konferenzprotokoll vom 27. April 1942, in: BOELCKE, Krieg, S. 233 f.

[164] Vgl.: „Polizeiverordnung über die Kennzeichnung der Juden. Vom 1. September 1941" (mit Wirkung vom 19. September 1941), in: RGBL., 1941, Teil I, S. 547.

[165] Vgl.: „Partei-Kanzlei, Vertrauliche Information vom 29.10.1941, Judenfragen (Kennzeich-nung)", in: AKTEN DER PARTEI-KANZLEI, Teil II/2, Microfiche-Blatt 165, Microfiche-Nrn. 69433-69438; RGBL., 1941, Teil I, Nr. 100, S. 547; GOEBBELS, Tagebücher, Band II/1, 20.9.1941, S. 460/Z. 178-181; ADLER, Mensch, S. 54 f. Zu Hintergrund, administrativer Abwicklung und Reaktionen der Bevölkerung vgl.: KWIET, Ausgrenzung, S. 614-631.

die sich nicht auf Gesetze, sondern auf den unausgesprochenen Volkswillen zu berufen habe.[166]

In der Öffentlichkeit sollte argumentiert werden, daß angesichts der kriegstreibenden Manipulationen der Juden in aller Welt und ihrer furchtbaren Greueltaten in der Sowjetunion ein dringendes Bedürfnis bestehe, daß der deutsche Bürger einen Juden auch an einem äußeren Zeichen schon gleich erkennen könne[167]. Goebbels' Argumentation war damit Folge geleistet.

Bereits am 21. August 1941 war an die deutsche Presse die Anweisung ergangen, von jüdischer Seite gegen Deutschland gerichtete Maßnahmen aufmerksam zu verzeichnen, um eventuell zu erwartende innenpolitische Entscheidungen zu begründen.[168] Der Reichsminister verlangte in seiner Ministerkonferenz, die Judenpropaganda sei nunmehr „äußerst taktvoll und geschickt" zu betreiben, um die Akzeptanz in der Bevölkerung nicht zu gefährden. Er schlug daher vor, in Untergrund- und Straßenbahnen Plakate mit der Aufschrift „Die Juden sind unser Unglück, sie haben das und das verschuldet, denkt immer daran!" anzubringen.[169]

Der Sicherheitsdienst verzeichnete in seinen Stimmungsberichten eine grundsätzliche Akzeptanz der Judenkennzeichnung, sie sei vom überwiegenden Teil der Bevölkerung begrüßt und mit Genugtuung aufgenommen worden, man habe sie ohnehin seit längerer Zeit erwartet. Mit Erstaunen sei festgestellt worden, wie viele Juden es in Deutschland noch gebe[170]. Möglicherweise wurden sogar Forderungen nach Erweiterung der Bestimmungen auf *Mischlinge* gestellt, in der Forschung wird allerdings die Glaubhaftigkeit dahingehender Berichte bezweifelt.[171] Andererseits kam es wohl auch zu spontanen Solidaritätsbekundungen, beispielsweise wurde Juden in öffentlichen Verkehrsmitteln demonstrativ Platz angeboten; Goebbels habe sich über derartige Reaktionen wiederholt äußerst verbittert gezeigt.[172]

Eine zufriedenstellende Lösung der wahrgenommenen Probleme in Berlin schien dem Gauleiter mit der Kennzeichnungspflicht aber nicht erreicht, er sprach nun in seinen Aufzeichnungen offen davon, die Juden zu beseitigen, wobei unklar bleibt, ob er sich damit auf Deportation oder auf Vernichtung bezog. Jedenfalls forderte er, wie schon im Rahmen der „Berlin-Aktion" vom Sommer 1938, erneut eine „unsentimentale" Vorgehensweise, man müsse sich

---

[166] Vgl.: GOEBBELS, Tagebücher, Band II/2, 15.10.1941, S. 120/Z. 204-206.
[167] Vgl.: GOEBBELS, Tagebücher, Band II/1, 13.9.1941, S. 411/Z. 211-214; Anweisung Nr. 77 vom 7.9.1941 und Presse-Rundschreiben Nr. II/126/41 vom 18.11.1941, in: WULF, Presse, S. 109.
[168] Vgl.: TP. 21.8.1941 und TP. 26.9.1941, jeweils zitiert nach: SÜNDERMANN, S. 259.
[169] Vgl.: „Notiz für Pg. Tiessler. Betrifft: Judenpropaganda", 25. Oktober 1941, in: AKTEN DER PARTEI-KANZLEI, Teil II/2, Microfiche-Blatt 180, Microfiche-Nr. 76117.
[170] Vgl.: Meldungen aus dem Reich (Nr. 227) vom 9. Oktober 1941, in: BOBERACH, Meldungen, Band 8, S. 2847-2864, Zitatstelle S. 2849; STEINERT, S. 239 f.
[171] Vgl.: KERSHAW, Opinion, S. 373 f. Statistischer Überblick über die Verteilung von „Mischlingen" bei: STRAUSS, Essays, S. 145. Aus amerikanischer Perspektive vgl. das Telegramm der amerikanischen Botschaft Berlin, in: THE HOLOCAUST, Band 2, S. 277 f.
[172] Vgl.: Aussage von Dr. Hans Fritzsche, in: IMG, Band XVII, S. 200.

nur vorstellen, was die Juden im umgekehrten Fall wohl tun würden, um in dieser Frage zu wissen, was zu tun sei.[173]

Bis Mitte September 1941 hatte sich Hitler auch für eine generelle Judendeportation entschieden, seinem Wunsch entsprechend sollte das Reich vom Westen nach Osten systematisch „geleert" werden.[174] Auslösend wirkte vielleicht ein Vorschlag Rosenbergs, angesichts der von Stalin gerade eingeleiteten Verbringung von Wolgadeutschen nach Sibirien zur Vergeltung nun die Juden auszuweisen.[175] Das Schicksal der Volksdeutschen an der Wolga bestärkte auch Goebbels in seinem Kurs, „hart und unerbittlich zu bleiben [...] und das Wort ‚Nachgiebigkeit' aus unserem Sprachschatz endgültig zu streichen."[176]

Der Propagandaminister besprach mit Heydrich[177] am 23. September 1941 die genauere zeitliche Disposition, man ging davon aus, nach einer raschen Bereinigung der militärischen Fragen im Osten die von den Sowjets angelegten Sammellager nutzen zu können.[178] Im Zusammenhang mit der Deportation von Juden aus Frankreich bemerkte Goebbels, dies sei für viele gleichbedeutend mit der Todesstrafe. Es bestand also keine Unklarheit über den Härtegrad der dort zu erwartenden Behandlung.[179]

Schon am 14. Oktober 1941 wurden die ersten Berliner Juden nach Litzmannstadt (Lodz) verbracht.[180] Bis Januar 1942, als die Deportationen wegen Frachtraumknappheit vorläufig eingestellt wurden, folgten weitere acht Transporte mit insgesamt etwa 10000 Menschen. Bis März/April 1945 wurden etwa 35000 Berliner Juden in 63 Zügen in den Osten abgeschoben, hinzu kamen

---

[173] Vgl.: GOEBBELS, Tagebücher, Band II/1, 20.8.1941, S. 278/Z. 230-236. Vgl. auch die oben angegebene Argumentation von 1938: GOEBBELS, Tagebücher, Band I/4, 4.6.1938, S. 333/Z. 29-34.

[174] Peter Witte datiert den Deportationsbefehl auf den 17. September 1942, vgl.: WITTE, S. 40-53, Zitatstelle S. 52. Vgl. auch: „Schreiben Himmlers an den Gauleiter im Wartheland Greiser", 18. September 1941, in: LONGERICH, Ermordung, Dokument Nr. 54, S. 157.

[175] Vgl.: GOEBBELS, Tagebücher, Band II/1, 24.9.1941, S. 485/Z. 319-334; HILLGRUBER, Hitlers Strategie, S. 695; ADLER, Mensch, S. 176 f.; BURRIN, S. 142 f.; GERLACH, Krieg, S. 75-81. Zur Deportation Volksdeutscher in der UdSSR vgl.: PINKUS, S. 464-476; FLEISCHHAUER, Reich, S. 60-63; FLEISCHHAUER, Unternehmen, S. 299-321.

[176] GOEBBELS, Tagebücher, Band II/1, 9.9.1941, S. 385/Z. 130-138, Zitatstelle Z. 136-138; vgl. hierzu: NIETZSCHE, S. 404.

[177] Heydrich hatte sich bei Goebbels ein gewisses Ansehen erworben durch seine harte Vorgehensweise gegen Juden im „Reichsprotektorat" wie auch mit seiner konzeptionellen Arbeit zur Vorbereitung der Abschiebungen aus dem Reichsgebiet. Als Chef des Sicherheitsdienstes war er zudem für die organisatorische Seite der Verhaftungen und Deportationen verantwortlich; vgl. exemplarisch: GOEBBELS, Tagebücher, Band II/2, 1.10.1941, S. 32/Z. 113-124, 2.10.1941, S. 38/Z. 124-130, 3.10.1941, S. 42/Z. 105-112, 7.10.1941, S. 71/Z. 119-125, 16.10.1941, S. 125/Z. 141-151 und 18.11.1941, S. 309/Z. 119-134.

[178] Vgl.: ebenda, 24.9.1941, S. 480 f./Z. 166-174 und S. 485/Z. 329-334; GRUNER, Arbeitseinsatz, S. 273-276.

[179] Vgl.: GOEBBELS, Tagebücher, Band II/2, 14.12.1941, S. 503/Z. 106-116. Zur Deportation von Juden aus Frankreich vgl.: KLARSFELD, Vichy, S. 41-63; KLARSFELD, Influence, S. 271-281; DAWIDOWICZ, S. 359-363; HERBERT, Militärverwaltung, S. 185-193; MEYER, S. 34-53.

[180] Vgl.: LONGERICH, Ermordung, S. 154 f.; GRUNER, Judenverfolgung, S. 75 f.; HENSCHEL, S. 36-52; DIE GRUNEWALD-RAMPE, S. 28-40. Zum weiteren Schicksal der Deportierten vgl.: GERLACH, Krieg, S. 96-100.

117 sogenannte „Alterstransporte" mit knapp 15000 Menschen nach Theresienstadt.[181] Das Reichsministerium für Finanzen arbeitete zeitgleich ausführliche Grundsätze zur Einziehung des Vermögens der Betroffenen aus.[182]

Goebbels beklagte die Schäden für das Ansehen des Reichs in der Weltöffentlichkeit durch entsprechende Korrespondentenberichte, sah sich aber gezwungen, dies von der pragmatischen Seite zu sehen und für den übergeordneten Zweck in Kauf zu nehmen.[183] Der Gauleiter plädierte daher noch energischer dafür, Berlin schnell und vollständig zu *evakuieren*, die Maßnahmen wirkten sich dort wegen der Diplomaten und ausländischen Pressevertreter propagandistisch am stärksten aus.[184] Zudem dürfe die Reichshauptstadt nicht hinter dem Lande hertrotten, sondern müsse in jeder Beziehung mannhaft voranschreiten.[185]

Die Lösung dieser Problematik blieb für Goebbels, vielleicht nicht zuletzt hinsichtlich seines 15. Gauleiterjubiläums, weiterhin auch eine Frage des Ansehens.[186] So griffen wohl *sachliche* Argumente und persönliche Ambitionen einmal mehr ineinander. Mit Schärfe verurteilte er wiederholt Reichsbehörden und gesellschaftliche Kreise, die fortgesetzt Widerstand gegen Verschärfungen der Judenpolitik leisteten, als „bürgerliche Schlappmeier"[187], insbeson-

---

[181] Vgl.: ARNDT/BOBERACH, S. 44-47, mit weiterem umfangreichen Material; KEMPNER, Ermordung, S. 180-205; DIE GRUNEWALD-RAMPE, S. 78 f.; HILBERG, S. 324 f. Augenzeugenberichte über die ersten Evakuierungen bei: HENSCHEL, S. 33-52; ROSH, S. 17-26. Zu logistischen Aspekten vgl.: ADLER, Mensch, S. 438-465.

[182] Vgl.: „Schnellbrief zur Abschiebung von Juden vom 4. November 1941", in: POLIAKOV/WULF, Diener, S. 211-216.

[183] Vgl.: GOEBBELS, Tagebücher, Band II/2, 24.11.1941, S. 169/Z. 169-181. „Daß wir Judengegner waren, hatte sich auch schon bis 1933 allgemein herumgesprochen. Die Nachteile des Antisemitismus in der Weltpropaganda bekamen wir also sowieso zu spüren; da konnten wir uns also getrost auch die Vorteile sichern und die Juden heraussetzen. Wenn wir sowieso in der Welt als Judengegner bekämpft und verleumdet wurden – warum sollten wir da nur die Nachteile für uns in Kauf nehmen müssen, nicht aber zugleich auch die Vorteile, nämlich den Ausschluß der Juden aus dem Theater, dem Film, dem öffentlichen Leben und der Verwaltung. Wenn wir dann noch weiter als Judengegner angegriffen wurden, konnten wir wenigstens mit gutem Gewissen sagen: Es lohnt sich, wir haben ja etwas davon." Goebbels in einer Ministerkonferenz Anfang September 1940, zitiert nach: BOELCKE, Krieg, S. 128. Ein späterer Tagebucheintrag deutet darauf hin, daß Goebbels mit der Gegenüberstellung von Vor- und Nachteilen wahrscheinlich Hitlers Meinung referiert hatte, vgl.: GOEBBELS, Tagebücher, Band II/12, 27.4.1944, S. 199/Z. 307-311.

[184] Vgl.: GOEBBELS, Tagebücher, Band II/2, 28.10.1941, S. 195/Z. 135-140; „Vorlage. Betrifft: Evakuierung der Juden (Ti.)", 27. Oktober 1941, in: AKTEN DER PARTEI-KANZLEI, Teil II/2, Microfiche-Blatt 162, Microfiche-Nrn. 68315-68317 (Goebbels habe den Standpunkt vertreten, Berlin müsse bis zum 1. Januar 1942 judenfrei gemacht werden, einer bevorzugten Räumung ganzer Städte sei Vorrang zu geben, das Gesamtkontingent sei also nicht aufzuteilen, Hitler habe ihm die Räumung Berlins zugesagt).

[185] Vgl.: GOEBBELS, Tagebücher, Band II/2, 29.10.1941, S. 202/Z. 178-180. Hitler unterstützte wohl nun eine zügige Abwicklung, vgl.: JOCHMANN, Monologe, 25.1.1942, S. 228 f.

[186] Vgl.: „An die Berliner. Aufruf aus Anlaß des 15jährigen Jubiläums als Gauleiter der Reichshauptstadt", 28. Oktober 1941, in: GOEBBELS, Das eherne Herz, S. 72-77, antisemitische Elemente S. 73 f.

[187] GOEBBELS, Tagebücher, Band II/2, 18.12.1941, S. 533/Z. 324; vgl. auch: ebenda, 28.10.1941, S. 194 f./Z. 114-151.

dere vor dem Hintergrund neuer radikaler Forderungen der Auslandspresse, Deutschland nach dem Krieg einer Geburtenkontrolle zu unterwerfen, um die Bevölkerungszahl auf zehn Millionen Menschen zu begrenzen.[188] Richtungsweisende innenpolitische Signalwirkungen erhoffte sich der Propagandaminister von antisemitischen Akzenten in den recht selten gewordenen Reden des Reichskanzlers.[189] In diesem Zusammenhang sprach sich Goebbels weiterhin dafür aus, mit klarer und unerbittlicher Festigkeit vorzugehen.[190]

Offenbar war die Judenpolitik im betrachteten Zeitraum eines der zentralen Themen in Besprechungen mit Hitler, in dieser Frage bestand wohl weiterhin Meinungsgleichheit. Goebbels' Aufzeichnungen deuten eine dementsprechend besondere Aktivität seinerseits an.[191] Radikal antisemitische Publikationen des Propagandaministers brachten weiterhin zuverlässig Anerkennung durch den Parteiführer[192] und damit wieder Ansporn für Weitergehendes.

„ENDLÖSUNG" DER JUDENFRAGE

Die Judendeportation aus dem Reichsgebiet war im September 1941 beschlossen. Der Zeitpunkt der Entschlußbildung zur Vernichtung der europäischen Juden nach dem Konzept der *Endlösung* ist nur anhand von Indizien zu erschließen. Hierbei verdichten sich die Forschungsergebnisse auf Herbst 1941, teilweise wird auch früher datiert[193]; seit September 1941 wurden in Auschwitz Vernichtungsverfahren mit Zyklon-B-Gas erarbeitet.[194]

---

[188] Vgl.: ebenda, 27.10.1941, S. 187/Z. 43-48; GERLACH, Krieg, S. 159.

[189] Vgl.: GOEBBELS, Tagebücher, Band II/2, 9.11.1941, S. 259/Z. 153 f. und 17.11.1941, S. 305/Z. 114-125; „Rede zur Eröffnung des Kriegswinterhilfswerks am 3. Oktober 1941", in: HITLER, Reden, Band II, S. 1758-1767, Zitatstelle S. 1760; Hitlers Rede im Löwenbräukeller zum 8. November 1941, in: HITLER, Reden, Band II, S. 1771-1781, Zitatstelle S. 1777; dazu: GOEBBELS, Tagebücher, Band II/2, 9.11.1941, S. 258 f./Z. 119-157.

[190] Vgl.: ebenda, 6.11.1941, S. 241/Z. 157-172.

[191] Vgl.: GOEBBELS, Tagebücher, Band II/1, 19.8.1941, S. 269/Z. 561-588.

[192] Vgl. exemplarisch: ebenda, 19.8.1941, S. 270/Z. 605-615.

[193] Zum Gesamtthema vgl.: FRIEDLANDER, S. 449-476; MÜLLER/UEBERSCHÄR, S. 281-303 (Bibliographie). Im Zusammenhang mit dem „Madagaskarplan" erscheint im Sommer 1941 auch erstmals der Ausdruck „Endlösung", erst im weiteren Verlauf erfolgte die semantische Umdeutung zu physischer Vernichtung. Zum Ausdruck „Endlösung" vgl.: BENZ, Endlösung, S. 11-21.

[194] Vgl.: BENZ, Juden, S. 750; ENZYKLOPÄDIE DES HOLOCAUST, S. 116 f. Zum Aufbau des Vernichtungsapparates in technischer und organisatorischer Hinsicht vgl.: ALY, S. 358-362. Zur Einschätzung der gewissermaßen unsystematischen Vernichtungsmaßnahmen der „Einsatzkommandos" der SS vgl. exemplarisch: „Was die eigentliche Exekutive anbelangt, so sind von den Kommandos der Einsatzgruppe bisher etwa 80000 Personen liquidiert worden. [...] Wenn auch bis jetzt auf diese Weise etwa 75000 Juden liquidiert worden sind, so besteht doch schon heute Klarheit darüber, daß damit eine Lösung des Judenproblems nicht möglich sein wird." „Der Chef der Sicherheitspolizei und des SD, Ereignismeldung UdSSR Nr. 128 vom 3. November 1941", in: JACOBSEN, 1939-1945, S. 580. Zur Vernichtungsarbeit durch Polizeiabteilungen vgl. exemplarisch: KWIET, Auftakt, S. 191-208. Statistische Angaben zum Umfang der Erschießungen bei: LONGERICH, Massenmord, S. 251 f.; UEBERSCHÄR, Widerstand, S. 35-38. Zu Massenerschießungen von Juden in der Ukraine vgl. exemplarisch: GOEBBELS, Tagebücher, Band II/2, 19.10.1941, S. 142/Z. 110-115; Aussage des SS-Hauptsturmführers Dieter Wisliceny, 18. November 1946 in Bratislava (Preßburg), in: POLIAKOV/WULF, Juden, S. 93 f.

Weitgehende Einigkeit besteht in der Forschung hinsichtlich einer bestimmenden Funktion Hitlers, eine unmittelbare Beteiligung von Goebbels ist mit hoher Wahrscheinlichkeit auszuschließen. Der Propagandaminister gehörte den diesbezüglich strategisch entscheidenden Kreisen nicht an[195], seine Einflußnahme war wohl auf die persönlichen Besprechungen mit dem Reichskanzler beschränkt und damit allenfalls indirekter Natur.

Mit hoher Wahrscheinlichkeit erfolgte die Bekanntgabe der Entscheidung zur Vernichtung der europäischen Juden durch Hitler an die Parteiführung am 12. Dezember 1941, dem Folgetag der Kriegserklärung an die USA.[196]

Die Tagebuchaufzeichnungen von Goebbels stützen diese These. Am 13. Dezember 1941 diktierte er, mit Bezug auf den Vortag, der Führer sei entschlossen, in der Judenfrage reinen Tisch zu machen, er habe ihnen ihre Vernichtung prophezeit, falls sie noch einmal einen Weltkrieg herbeiführten. Das sei keine Phrase gewesen, der Weltkrieg sei nun da, die Vernichtung der Juden müsse also die notwendige Folge sein. Damit war die Drohung der zitierten Reichstagsrede weitestmöglich ausgelegt und ein unmittelbarer Bezug zu dem langzeitig gefürchteten Kriegseintritt der USA hergestellt. Insbesondere hob der Propagandaminister wieder den Aspekt der Vergeltung für die Blutopfer der Deutschen hervor, die Urheber dieses Konfliktes müßten dafür mit ihrem Leben bezahlen, jegliche Sentimentalität sei aus diesem Grund auszuschließen.[197] Für eine direkte Einflußnahme des Reichskanzlers auf Umsetzung und Gestaltung der *Endlösung* spricht auch ein späterer Eintrag von Goebbels, in welchem er sich befürwortend auf von Hitler eingeleitete organisatorische

---

[195] Zum Überblick über den Forschungsstand vgl.: BROWNING, Judenmord, S. 47-92; HILDEBRAND, Das Dritte Reich, S. 201-208; HERBERT, Vernichtungspolitik, S. 9-31. Zur Diskussion um den Zeitpunkt der Entscheidung vgl.: JÄCKEL, Entschlußbildung, S. 9-17; JÄCKEL, Herrschaft, S. 89-122; JÄCKEL, Weltanschauung, S. 55-78; LONGERICH, Befehl, S. 94-148; LONGERICH, Politik, S. 421-425; KERSHAW, Hitler, Band II, S. 647-655; FLEMING, S. 5-77; ZITELMANN, S. 498-502; BENZ, Holocaust, S. 50-59; BURRIN, S. 157-172; GRAML, Reichskristallnacht, S. 205-219; GRAML, Genesis, S. 167-175; GERLACH, Krieg, S. 85-136, insbesondere S. 117-136; PÄTZOLD, Wannsee-Konferenz, S. 257-259; ADLER, Mensch, S. 83-90; BROWNING, Weg, S. 67-104; BROWNING, Genesis, S. 97-107; BROSZAT, Hitler, S. 739-775; JOCHMANN, Monologe, S. 30; MADAJCZYK, Generalplan, S. 145-150. Vgl. auch: „damit die Judenfrage in ganz Europa grundsätzlich und einmalig gelöst wird und daß wir es wissen, wenn der Führer solch einen Satz spricht, dann heißt das Vernichtung des Judentums und das wollen wir und dazu bekennen wir uns." Joseph Grohé [Gauleiter Köln-Aachen] 28. September 1941, zitiert nach: HOLOKAUST, 23:12-23:21 (Tonfilmdokument). Adolf Eichmann gab 1960 zu Protokoll, Heydrich habe ihm zwei bis drei Monate nach Beginn des Krieges gegen die Sowjetunion mitgeteilt, daß Hitler die physische Vernichtung der Juden befohlen habe, vgl.: LANG, S. 69; auch: BURRIN, S. 146; FRIEDLANDER, S. 449-452; FRIEDLÄNDER, Genese, S. 169-180.

[196] Vgl.: GERLACH, Krieg, S. 117-121 und S. 133-135; HILLGRUBER, Hitlers Strategie, S. 698; HIMMLER, Dienstkalender 12. Dezember 1941, S. 288 f. bzw. 18. Dezember 1941, S. 294 (Besprechung Himmler-Hitler: „Judenfrage. als Partisanen auszurotten". In Hitlers Itinerar ist der 12. Dezember 1941 als Besprechungstermin mit Reichs- und Gauleitern bestätigt; 13. Dezember 1941 die Besprechung mit Goebbels).

[197] Vgl.: GOEBBELS, Tagebücher, Band II/2, 13.12.1941, S. 498 f./Z. 461-469. Zum Aspekt der Bestrafung vgl. auch: GOEBBELS, Tagebücher, Band II/3, 13.2.1942, S. 298/Z. 163-171; JOCHMANN, Monologe, 21.10.1941, S. 99 und 25.10.1941, S. 106; BURRIN, S. 169 f.; BRAMSTED, S. 424-442.

Maßnahmen für die Sicherstellung einer einheitlichen Vorgehensweise in der Judenpolitik bezog.[198] Die systematische Vernichtung war zu diesem Zeitpunkt bereits angelaufen.[199]

Ein wichtiger Gesichtspunkt der Planungen zur *Endlösung* sowie auch ihrer Rechtfertigung war wohl das Moment der Opportunität. In bezug auf eine Besprechung mit Hitler schrieb Goebbels Mitte Dezember 1941, es sei notwendig, das Judenproblem jetzt zu lösen, bleibe es ungelöst, würde es nach ihrem [Goebbels', Hitlers] Tode die verheerendsten Folgen nach sich ziehen. Hitler allein sei in der Lage, dies mit der gebotenen Härte durchzuführen.[200]

Der Aspekt der günstigen Gelegenheit war wohl bereits im Sommer 1941 im Zusammenhang mit den Vernichtungsplanungen eingebracht worden und geht möglicherweise auf den Reichskanzler selbst zurück.[201] Mit dem Gebot der Stunde und der besonderen Verantwortung seiner Generation hatte auch der Reichsminister schon in bezug auf den Ostfeldzug argumentiert.[202] Gleichermaßen hatte er sich Anfang 1941 im Zusammenhang mit dem „Euthanasieprogramm" die Notwendigkeit der Maßnahmen wie auch die Gunst der Umstände vergegenwärtigt. Die „stillschweigende Liquidierung von Geisteskranken" war zu diesem Zeitpunkt bereits etwa ein Jahr in Gang. Goebbels notierte, 40000 [Menschen] seien weg, 60000 müßten noch weg. Dies sei eine „harte, aber auch eine notwendige Arbeit. Und sie muß jetzt getan werden."[203] Auch hier unterstützte er mit einer entsprechenden Filmproduktion.[204]

---

[198] Vgl.: GOEBBELS, Tagebücher, Band II/4, 24.5.1942, S. 352/Z. 238-244.

[199] Beginn der Massentötungen im Vernichtungslager Belzec am 10. März 1942, systematische Vernichtung in Auschwitz-Birkenau ebenfalls ab März 1942, vgl.: ENZYKLOPÄDIE DES HOLOCAUST, S. 1693.

[200] Vgl.: GOEBBELS, Tagebücher, Band II/2, 18.12.1941, S. 533 f./Z. 313-337.

[201] Rudolf Höß, 1940-43 Lagerkommandant in Auschwitz, gab bei einem Verhör im Rahmen der „Nürnberger Prozesse" am 5. April 1946 zu Protokoll, Himmler habe ihn im Sommer 1941 zu persönlichem Befehlsempfang nach Berlin beordert. Dieser habe ihm mitgeteilt, daß Hitler die „Endlösung der Judenfrage" befohlen habe, und daß dieser Befehl von der SS auszuführen sei. Wenn dies nicht zu diesem Zeitpunkt durchgeführt werde, so werde das jüdische Volk später das deutsche vernichten, vgl.: HÖSS, S. 153.

[202] Vgl.: „Ich betone dem Führer gegenüber mit aller Eindringlichkeit, daß wir dem Schicksal nur dankbar sein können, daß es uns diese Aufgabe war, diese Frage zu lösen [Rußlandfeldzug], und wir sie deshalb nicht einer späteren Generation überlassen mußten." GOEBBELS, Tagebücher, Band II/1, 9.7.1941, S. 35/Z. 255-257. Zu diesem „Generationenaspekt" vgl. auch: „Vom Sinn des Krieges", 23. August 1942, in: GOEBBELS, Zeit ohne Beispiel, S. 436-442, Zitatstelle S. 436 f. Hitler hatte sich angesichts seiner Sorge um einen frühzeitigen Tod bereits seit 1928 unter Zeitdruck gefühlt, vgl.: FEST, Hitler, S. 736-738.

[203] Direkte und indirekte Zitate: GOEBBELS, Tagebücher, Band I/9, 31.1.1941, S. 119/Z. 40-42, vgl. ausführlich: FRIEDLANDER, S. 84-448; auch: FREI, S. 7-32; NOWAK, Widerstand, S. 241-251; HIELTER, S. 275; SCHLEUNES, Entschlußbildung, S. 70-83; PETER, S. 814-824; GRUCHMANN, Euthanasie, S. 235-279; KAISER/NOWAK/SCHWARTZ, S. 200-281; LONGERICH, Politik, S. 234-242; MICHAELIS, S. 288 f. Zur Haltung der Justiz vgl.: GRUCHMANN, Justiz, S. 497-534.

[204] Vgl.: GOEBBELS, Tagebücher, Band I/9, 14.2.1941, S. 142/Z. 23-25 und 21.6.1941, S. 393/Z. 75-78; Konferenzprotokoll vom 29. April 1941, in: BOELCKE, Krieg, S. 211; WULF, Theater, S. 353 f.; ROST, S. 46-55; MOELLER, Filmminister, S. 245-249; FRIEDLANDER, S. 279. Bezüglich Zuschauerreaktionen auf den Film vgl.: ALBRECHT.

Der Propagandaminister befand sich auch hinsichtlich der operativen Umsetzung der *Endlösung* nicht im inneren Entscheidungskreis, hier war Reinhard Heydrich federführend.[205] Goebbels war weder zu der Konferenz am Großen Wannsee am 20. Januar 1942[206] noch zu den Folgekonferenzen zur Regulierung der Verfahrensweise mit jüdischen *Mischlingen* („2. und 3. Konferenz über die Endlösung" am 6. März 1942 beziehungsweise am 27. Oktober 1942) eingeladen, obgleich er sich mit entsprechenden Fragestellungen bereits im Dezember 1939 auseinandergesetzt hatte.[207]

Am Tag der sogenannten „Wannseekonferenz" notierte Goebbels, unter Bezug auf eine Besprechung der Judenpolitik mit Hitler, dieser vertrete uneingeschränkt den alten harten und richtigen Standpunkt.[208] Im weiteren Verlauf der Aufzeichnungen findet sich eine Vielzahl von Einträgen, die in stereotyper Weise Notwendigkeit wie Berechtigung der Vorgehensweise darlegen und hierbei regelmäßig die Einnahme einer kaltblütigen Einstellung empfehlen. Mitte Februar 1942 schrieb der Propagandaminister dementsprechend, Hitler sei entschlossen, in Europa rücksichtslos mit den Juden aufzuräumen, man dürfe keine sentimentalen Anwandlungen haben, die Juden hätten die Katastrophe, die sie heute erlebten, vollauf verdient, mit der Vernichtung der Feinde würden auch die Juden ihre Vernichtung erleben. Dieser Prozeß müsse mit kalter Rücksichtslosigkeit beschleunigt werden, man erweise damit der seit

---

[205] Vgl.: BROWNING, Genesis, S. 99. Dennoch erscheint es nicht haltbar, wenn Browning Goebbels in weiter Entfernung von den Strömungen der Judenpolitik einordnet, die Tagebucheinträge vom Dezember deuten auf eine grundsätzliche Information durch Hitler.

[206] Die Bedeutung der „Wannseekonferenz" hinsichtlich der „Endlösung" ist in der neueren Forschung etwas herabgestuft worden. Die generelle Entscheidung war, wie erwähnt, wahrscheinlich bereits am 12. Dezember 1941 bekanntgegeben worden, nunmehr waren grundsätzliche organisatorische Gesichtspunkte zu besprechen, vgl. hierzu: BENZ, Geschichte, S. 219-221; KAISER, S. 25-33; BROWNING, Genesis, S. 108. Edition des Protokolls der „Wannsee-Konferenz" in: POLIAKOV/WULF, Juden, S. 119-126 [NG 2586]. Das Protokoll wurde möglicherweise in abgemilderter Formulierung niedergeschrieben, vgl.: LONGERICH, Politik, S. 468. Zur „Wannseekonferenz" speziell vgl.: PÄTZOLD/SCHWARZ, S. 33-57; PÄTZOLD, Wannsee-Konferenz, S. 268-290; LONGERICH, Politik, S. 466-472; PÄTZOLD, Teilnehmer, S. 1-7; JÄCKEL, Purpose, S. 39-45.

[207] Vgl.: Konferenzprotokoll vom 19. Dezember 1939, in: BOELCKE, Kriegspropaganda, S. 246. Zu den Ergänzungskonferenzen vgl.: „Abschnitt IV, Besprechungsprotokoll vom 20. Januar 1942", in: POLIAKOV/WULF, Juden, S. 119-126, Zitatstelle S. 124 f. [Dokument NG-2586]; „Besprechungsniederschrift vom 6.3.1942 im Reichssicherheitshauptamt (RSHA)", in: ebenda, S. 385-390; hierzu auch: BENZ, Holocaust, S. 13 f.; ADLER, Mensch, S. 287-291; NOAKES, S. 69-89; GRENVILLE, S. 102-121; GERLACH, Krieg, S. 148-151. Im Sommer 1942 schaltete sich Hitler auch in dieser Frage ein und forderte, die Partei solle in der Frage jüdischer „Mischlinge" strengere Grundsätze verfolgen. Ausnahmeregelungen sollten für diejenigen gelten, die sich vor der nationalsozialistischen Revolution ihrer „Mischlingseigenschaft" nicht bewußt gewesen seien und sich um die Bewegung Verdienste erworben hätten, vgl.: GOEBBELS, Tagebücher, Band II/5, 16.7.1942, S. 131/Z. 175-186; GOEBBELS, Tagebücher, Band II/4, 19.4.1942, S. 130/Z. 224-229. Eine Auseinandersetzung mit dieser Fragestellung im Reichsministerium des Innern läßt sich bereits im Oktober 1933 nachweisen, vgl. exemplarisch: „Vermerk, betreffend die Anwendung der Arierbestimmungen auf Abkömmlinge aus Mischehen", 30. Oktober 1933, in: DOKUMENT, Rassereferent, S. 268-270.

[208] Vgl.: GOEBBELS, Tagebücher, Band II/3, 20.1.1942, S. 155/Z. 635 f.

Jahrtausenden von den Juden gequälten Menschheit einen unschätzbaren Dienst. Die klare judenfeindliche Haltung müsse auch im deutschen Volke durchgesetzt werden.[209]

Damit waren die weiteren Propagandaziele definiert.[210] Kurz zuvor hatte Hitler entschieden, die Auflage von „Der Stürmer" nicht zu vermindern. Ungeachtet früherer Bedenken, begrüßte Goebbels dies mit der Begründung, man müsse in der Judenfrage unentwegt propagandistisch weiterarbeiten.[211] Allerdings ist in seinen Leitartikeln der unmittelbaren Folgezeit keine Verschärfung antisemitischer Polemik nachvollziehbar, die Kampagnen wurden nach innen zunächst wohl sogar eher abgeschwächt, der Propagandaminister notierte nun, der Sicherheitsdienst-Bericht vom Februar verzeichne kein Interesse der Öffentlichkeit für weltanschauliche Vorträge.[212]

---

[209] Vgl.: ebenda, 15.2.1942, S. 320 f./Z. 383-394.

[210] Hitler hob wohl die „straffe Haltung" des Propagandaministeriums gegen die „Schwäche" anderer Behörden hervor, vgl.: ebenda, 20.1.1942, S. 152 f./Z. 540-546. Goebbels erhielt wohl auch Anerkennung durch Göring, vgl.: ebenda, 25.3.1942, S. 549 f./Z. 408-422. Zu weiteren Hinweisen auf lobende Äußerungen Hitlers für Goebbels' Propagandaarbeit vgl. exemplarisch: GOEBBELS, Tagebücher, Band II/1, 9.7.1941, S. 31/Z. 86-91 und S. 34/Z. 198-200, 19.8.1941, S. 269/Z. 589-593 und 26.9.1941, S. 500/Z. 196-199; GOEBBELS, Tagebücher, Band II/2, 4.10.1941, S. 53/Z. 338-344 und S. 54/Z. 353-358, 7.10.1941, S. 73/Z. 207-209, 14.10.1941, S. 115/Z. 242 f., 4.11.1941, S. 230/Z. 119-121 und S. 231/Z. 166-168, 18.11.1941, S. 312/Z. 223-225 und 22.11.1941, S. 340/Z. 377-383; GOEBBELS, Tagebücher, Band II/5, 22.9.1942, S. 552/Z. 291.

[211] Vgl.: GOEBBELS, Tagebücher, Band II/3, 25.1.1942, S. 184/Z. 170-182. Vgl. hierzu den Auftrag Hitlers, den „Stürmer" keinesfalls einzustellen, vgl.: Tießler. Betrifft: Zeitschrift ‚Der Stürmer'", 26. Januar 1942, in: AKTEN DER PARTEI-KANZLEI, Teil II/2, Microfiche-Blatt 162, Microfiche-Nr. 67984. Im Dezember 1941 hatte Goebbels noch um eine Einstellung des „Stürmer" bei Bormann anfragen lassen, vgl.: „Vorlage für Reichsleiter Bormann. Betrifft: Einstellung der Zeitschrift ‚Der Stürmer' (Ti.)", 8. Dezember 1941, in: ebenda, Microfiche-Blatt 162, Microfiche-Nr. 67989; vgl. entsprechend die Folgedokumente Microfiche-Nrn. 67985-67995.

[212] Vgl.: GOEBBELS, Tagebücher, Band II/3, 26.2.1942, S. 376/Z. 184-187. Die Leitartikel in „Das Reich" enthielten in der ersten Hälfte des Jahres 1942 wenige nennenswerte antisemitische Komponenten, sie blieben zumeist gegen England gerichtet oder standen im Zeichen einer Stabilisierung der Heimatfront hinsichtlich der von Goebbels angestrebten Totalisierung. Zur Fortführung der Anti-England-Kampagne vgl.: „Wir bauen eine Brücke", 11. Januar 1942, in: GOEBBELS, Das eherne Herz, S. 169-175; „Qualm aus London", 18. Januar 1942, in: ebenda, S. 180-186; „Blick über die Weltlage", 15. Februar 1942, in: ebenda, S. 209-214; „Schatten über dem Empire", 22. Februar 1942, in: ebenda, S. 215-221; „Churchills Tricks", 1. März 1942, in: ebenda, S. 222-228; „Die schleichende Krise", 15. März 1942, in: ebenda, S. 243-249; „Unsere Art von Demokratie", 19. April 1942, in: ebenda, S. 279-285; „Schwarze Wolken über England", 26. April 1942, in: ebenda, S. 295-301; „So etwas wie eine zweite Front", 1. Mai 1942, in: ebenda, S. 302-308; „Die überlegene Führung", 3. Mai 1942, in: ebenda, S. 309-315; „Abbau der Illusionen", 25. Mai 1942, in: ebenda, S. 323-329, antisemitische Elemente S. 324; „Helden und Filmhelden", 7. Juni 1942, in: ebenda, S. 337-343, antisemitische Elemente S. 337 f.; „Der Luft und Nervenkrieg", 14. Juni 1942, in: ebenda, S. 344-350; „Der Tonnagekrieg", 21. Juni 1942, in: ebenda, S. 351-358; „Wer hat die Initiative?", 28. Juni 1942, in: ebenda, S. 367-373; „Eintritt nach Europa versperrt", 5. Juli 1942, in: ebenda, S. 383-389; „Das Gesetz der neuen Welt", 12. Juli 1942, in: ebenda, S. 390-397; „Auch der Versuch ist strafbar", 2. August 1942, in: ebenda, S. 414-420; „Aus Gottes eigenem Land", 9. August 1942, in: ebenda, S. 421-427, antisemitische Elemente S. 424; „Konzentration der Kräfte", 16. August 1942, in: ebenda, S. 428-435; „Der Gefangene des Kreml", 24. August 1942, in: ebenda, S. 443-450; „Seid nicht allzu

Hatte Goebbels, hinsichtlich der Vernichtungsvorbereitungen vielleicht noch im unklaren, Anfang Februar 1942 in seinen Aufzeichnungen vermerkt, das Judenproblem bereite Schwierigkeiten, weil zu wenig getan werde[213], so war er Anfang März 1942 nachweislich über Charakter und Umfang der *Endlösung* informiert.[214] In den relevanten Tagebuchaufzeichnungen nahm er Bezug auf eine entsprechende Denkschrift des Sicherheitsdienstes, möglicherweise handelte es sich dabei um das Protokoll der Wannseekonferenz.[215] Kühl und tendenziell eher verhalten schrieb er, es werde angesichts der über 11 Millionen Juden in Europa nebst nichtjüdischen Familienangehörigen eine Menge persönlicher Tragödien geben.[216] Dies sei aber notwendig, weil jetzt der geeignete Zeitpunkt für ein entsprechendes Handeln gegeben sei. Man müsse sich nun zugunsten späterer Generationen, die wohl nicht mehr Tatkraft und Wachheit des Instinkts besitzen würden, diese Last aufbürden und radikal und konsequent vorgehen. Die Juden sollten zunächst in den Osten verbracht werden, von wo aus sie nach dem Kriege eventuell nach Madagaskar geschickt werden könnten.[217]

Es ist nicht recht klar, warum er zu diesem Zeitpunkt noch auf den „Madagaskarplan" zurückkam; dieser war im Februar 1942 aufgegeben worden.[218] Goebbels erwähnte auch in seinen Ministerkonferenzen im ersten Jahr des

---

gerecht!", 6. September 1942, in: ebenda, S. 451-457; „Der steile Aufstieg", 20. September 1942, in: ebenda, S. 466-472. Hinzuweisen ist in diesem Zusammenhang auch auf anzügliche Witzzeichnungen in der Wochenschrift „Das Reich", in welchen ab 1943 englische Frauen regelmäßig in diffamierender Weise dargestellt wurden, vgl. exemplarisch: DAS REICH, Jahr 1943 Nrn. 15, 19, 23, 28, 32, 36, 40 und 41, jeweils auf S. 12. Vgl. dementsprechend exemplarisch auch aus dem Bereich der Flugblattpropaganda: „Où le Tommy est-il resté?", in: KIRCHNER, S. 147-152. Zur Anti-Englandpropaganda vgl. aus britischer Perspektive exemplarisch: SCHMIDT, Goebbels, S. 14 f. Zur Totalisierungspropaganda vgl. exemplarisch: „Ein Wort an alle", 8. März 1942, in: GOEBBELS, Das eherne Herz, S. 236-242; „Offene Aussprache", 24. März 1942, in: ebenda, S. 257-264; „Das große Herz unseres Volkes", 5. April 1942, in: ebenda, S. 265-271.

213 Vgl.: GOEBBELS, Tagebücher, Band II/3, 5.2.1942, S. 254 f./Z. 156-160.

214 Ab Mitte März 1942 zeigt sich der Eingang des Ausdrucks „Endlösung" in seinen Sprachgebrauch, vgl. exemplarisch: ebenda, 13.3.1942, S. 463/Z. 83; SCHAUMBURG-LIPPE, S. 221-223.

215 Vgl.: ROSEMAN, S. 147 f.

216 Vgl. hierzu auch: JOCHMANN, Monologe, 1./2.12.1941, S. 148 f.

217 Vgl.: „Ich lese eine ausführliche Denkschrift des SD und der Polizei über die Endlösung der Judenfrage. Daraus ergeben sich eine Unmenge von neuen Gesichtspunkten. Die Judenfrage muß jetzt im gesamteuropäischen Rahmen gelöst werden. Es gibt in Europa noch über 11 Millionen Juden. Sie müssen später einmal zuerst im Osten konzentriert werden; eventuell kann man ihnen nach dem Kriege eine Insel, etwa Madagaskar, zuweisen. Jedenfalls wird es keine Ruhe in Europa geben, wenn nicht die Juden restlos aus dem europäischen Gebiet ausgeschaltet werden. Das ergibt eine Unmenge von außerordentlich delikaten Fragen. Was geschieht mit den Halbjuden, was geschieht mit den jüdisch Versippten, Verschwägerten, Verheirateten? Wir werden also hier noch einiges zu tun bekommen, und im Rahmen der Lösung dieses Problems werden sich gewiß noch eine ganze Menge von persönlichen Tragödien abspielen. Aber das ist unvermeidlich. Jetzt ist die Situation reif, die Judenfrage einer endgültigen Lösung zuzuführen. Spätere Generationen werden nicht mehr die Tatkraft und auch nicht mehr die Wachheit des Instinkts besitzen. Darum tun wir gut daran, hier radikal und konsequent vorzugehen. Was wir uns heute als Last aufbürden, wird für unsere Nachkommen ein Vorteil und ein Glück sein." GOEBBELS, Tagebücher, Band II/3, 7.3.1942, S. 431 f./Z. 151-167.

218 Vgl.: BOELCKE, Krieg, S. 136; POLIAKOV/WULF, Juden, S. 94.

Rußlandfeldzugs noch das Auswanderungskonzept; später behauptete er wohl, daß im Osten ein neuer Staat gebildet werden würde, in den die Juden kommen sollten.[219] Dementsprechend sprach auch Hitler noch im Mai 1942 in einer seiner Tischrunden davon, Juden keinesfalls nach Sibirien zu bringen, wo sie unter den klimatischen Bedingungen durch natürliche Auslese allmählich zu lebenskräftig werden würden, sondern eher nach Zentralafrika.[220] Dagegen prognostizierte er auf einer Gauleitertagung im Februar 1944 unverblümt eine zukünftige Übertragung der Vernichtungsmaßnahmen auf England und USA.[221]

Am 20. März 1942 schrieb Goebbels, Hitler bleibe in der Judenfrage nach wie vor unerbittlich, die Juden müßten aus Europa heraus, wenn nötig, unter Anwendung der „brutalsten Mittel".[222] Wenig später nahm der Propagandaminister in seinen Aufzeichnungen erstmals Bezug auf die in Gang gesetzten Vernichtungsmaßnahmen.[223] Die Formulierungen deuten ebenfalls auf eine eher verhaltene Beurteilung. In dem entsprechenden Tagebucheintrag fehlen begeistert-zustimmende Emphasen, wie sie Goebbels zuvor regelmäßig eingeflochten hatte, als man sich noch stärker im Theoretischen bewegt hatte. Er wählte zur Prädikation nun recht ausdrucksstarke Adjektive („barbarisch"), teilweise im Superlativ („furchtbarst"), Abtönungspartikel („wohl", „ziemlich") und mehrfach das Modalverb „müssen", wahrscheinlich zur Hervorhebung der angenommenen Zwangslage. Zu berücksichtigen ist hierbei allerdings, daß der Reichsminister über ein Projekt höchster Geheimhaltungsstufe schrieb und vielleicht auch deshalb recht vage formuliert haben könnte.

Wie oftmals zuvor bei Bezugnahme auf kritische Phasen und Ereignisse oder auf Entscheidungen, die er selbst nicht beeinflussen konnte, versuchte Goebbels auch im betrachteten Tagebucheintrag in unmittelbarer Folge zu den besprochenen Bemerkungen, die *Endlösung* zu rechtfertigen. Er bediente sich dabei abermals der bereits dargelegten Argumentation hinsichtlich einer Berechtigung dieser Vorgehensweise angesichts jüdischer Kriegsschuld vor dem Hintergrund der Bedrohung Deutschlands im Rassenkampf zwischen *Ariern* und Juden. Besondere Akzentuierung erfuhr noch einmal der situative Zwang, die einmaligen Möglichkeiten des Krieges für eine „endgültige" Lösung der Judenfrage auszuschöpfen. Goebbels bezog den Aspekt der Opportunität auch nochmals auf die mögliche Schwäche späterer Generationen im Umgang mit der Judenfrage.[224] Äußerungen von Magda Goebbels ihrer Schwägerin

---

219 Vgl.: Aussage von Moritz von Schirmeister [Referent im Propagandaministerium], in: IMG, Band XVII, S. 275 f.
220 Vgl.: GOEBBELS, Tagebücher, Band II/4, 30.5.1942, S. 406/Z. 409-417; PICKER, 29.5.1942, S. 378.
221 Vgl.: GOEBBELS, Tagebücher, Band II/11, 25.2.1944, S. 348/Z. 279-283. Die Rede war geheim und in keiner Weise für die Öffentlichkeit bestimmt, vgl.: ebenda, 26.2.1944, S. 354/Z. 198-201 und 28.2.1944, S. 361/Z. 171-178.
222 Vgl.: GOEBBELS, Tagebücher, Band II/3, 20.3.1942, S. 513/Z. 606-608.
223 Zum Beginn der Vernichtungsaktionen im „Generalgouvernement" vgl.: SANDKÜHLER, S. 437-458.
224 Vgl.: „Aus dem Generalgouvernement werden jetzt, bei Lublin beginnend, die Juden nach dem Osten abgeschoben. Es wird hier ein ziemlich barbarisches und nicht näher zu beschreibendes

Ello Quandt gegenüber würden darauf hindeuten, daß die Vernichtungsmaßnahmen Goebbels persönlich stark belasteten.[225] Die entsprechend zitierten Tagebucheinträge des Propagandaministers würden unter dieser Annahme und vor dem Hintergrund der Unumstößlichkeit von Hitlers Meinung einen reflexiv-rechtfertigenden Charakter annehmen, was nicht untypisch für seine

---

Verfahren angewandt, und von den Juden bleibt nicht mehr viel übrig. Im großen kann man wohl feststellen, daß 60% davon liquidiert werden müssen, während nur noch 40% in die Arbeit eingesetzt werden können. Der ehemalige Gauleiter von Wien, der diese Aktion durchführt [Odilo Globocnik], tut dies mit ziemlicher Umsicht und auch mit einem Verfahren, daß nicht allzu auffällig wirkt. An den Juden wird eine Strafgericht vollzogen, das zwar barbarisch ist, das sie aber vollauf verdient haben. Die Prophezeiung, die der Führer ihnen für die Herbeiführung eines neuen Weltkrieges mit auf den Weg gegeben hat, beginnt sich in der furchtbarsten Weise zu verwirklichen. Man darf in diesen Dingen keine Sentimentalität obwalten lassen. Die Juden würden, wenn wir uns ihrer nicht erwehren würden, uns vernichten. Es ist ein Kampf auf Leben und Tod zwischen der arischen Rasse und dem jüdischen Bazillus. Keine andere Regierung und kein anderes Regime könnte die Kraft aufbringen, diese Frage generell zu lösen. Auch hier ist der Führer der unentwegte Vorkämpfer und Wortführer einer radikalen Lösung, die nach Lage der Dinge geboten ist und deshalb unausweichlich erscheint. Gott sei Dank haben wir jetzt während des Krieges eine ganze Reihe von Möglichkeiten, die uns im Frieden verwehrt wären. Die müssen wir ausnutzen. Die in den Städten des Generalgouvernements freiwerdenden Ghettos werden jetzt mit den aus dem Reich abgeschobenen Juden gefüllt, und hier soll sich dann nach einer gewissen Zeit der Prozeß erneuern. Das Judentum hat nichts zu lachen, und daß seine Vertreter heute in England und in Amerika den Krieg gegen Deutschland organisieren und propagieren, das müssen seine Vertreter in Europa sehr teuer bezahlen, was wohl auch als berechtigt angesehen werden muß." GOEBBELS, Tagebücher, Band II/3, 27.3.1942, S. 561/Z. 174-200; dementsprechend: GOEBBELS, Tagebücher, Band II/4, 29.4.1942, S. 201/Z. 180-183. Der Hinweis auf Hitlers Prophezeiung, nochmals bekräftigt in dessen Sportpalastrede zur Eröffnung des Kriegswinterhilfswerks am 30. September 1942 (vgl.: „Eröffnung des Kriegswinterhilfswerks am 30. September 1942", in: HITLER, Reden, Band II, S. 1913-1924, Zitatstelle S. 1920; GOEBBELS, Tagebücher, Band II/5, 1.10.1942, S. 37/Z. 322-324), wiederholt sich mehrfach in den Tagebuchaufzeichnungen, vgl. exemplarisch: ebenda, 14.12.1942, S. 445 f./Z. 150-160. Zu damit zusammenhängenden Aspekten der Ernährungspolitik vgl.: GERLACH, Krieg, S. 181-187. Vgl. dementsprechend, mit Bezug auf einen jüdischen Propagandafilm: „Beim Anschauen dieses Films wird einem wieder einmal klar, daß die jüdische Rasse die gefährlichste ist, die den Erball bevölkert, und daß man ihr gegenüber keine Gnade und auch keine Nachgiebigkeit kennen darf. Dies Gelichter muß mit Stumpf und Stiel ausgerottet werden; ohne das ist es nicht möglich, die Welt zu befrieden." GOEBBELS, Tagebücher, Band II/3, 18.2.1942, S. 335/Z. 197-201. Vgl. auch, mit Bezug auf einen Bericht über die wachsende Partisanengefahr in der Ukraine: „Die Juden betätigen sich überall als Hetzer und Aufputscher. Es ist deshalb erklärlich, daß sie in großem Umfang dafür mit dem Leben bezahlen müssen. Überhaupt vertrete ich die Meinung, daß, je mehr Juden während dieses Krieges liquidiert werden, desto konsolidierter die Lage in Europa nach dem Kriege sein wird. Man darf hier keine falsche Sentimentalität obwalten lassen. Die Juden sind das europäische Unglück; sie müssen auf irgendeine Weise beseitigt werden, da wir sonst Gefahr laufen, von ihnen beseitigt zu werden." Ebenda, 6.3.1942, S. 425 f./Z. 239-246; dementsprechend: ebenda, 6.3.1942, S. 423/Z. 143-145.

[225] Vgl. Magda Goebbels zu Ello Quandt im Zusammenhang mit der „Endlösung": „Es ist grauenhaft, was er mir jetzt alles sagt. Ich ertrag [sic] es einfach nicht mehr. [...] Du kannst Dir nicht vorstellen, mit welch schrecklichen Dingen er mich belastet, und niemandem kann ich mein Herz ausschütten. Ich darf zu niemandem darüber sprechen. Ich habe es ihm versprochen. Aber er klammert sich jetzt an mich. Er lädt alles auf mich ab, weil es ihm zu viel wird. Es ist nicht zu fassen und auszudenken." Nach Notizen von Frau Ello Quandt, zitiert nach: EBERMAYER/ROOS, S. 325 f.; dementsprechend: ebenda, S. 337 f.

Aufzeichnungen wäre, von Seiten der Geschichtswissenschaft aber auf Grundlage der bis dato zugänglichen Quellen nicht hinreichend gestützt werden kann.

Möglicherweise hat er einen Versuch unternommen, Hitler vor dem Hintergrund des Transportraummangels und der kritischen Lage an der Ostfront zu einem Aufschub der Vernichtungsmaßnahmen zu bewegen, zwei seiner Tagebucheinträge sind dahingehend ausgelegt worden.[226] Die tendenziell verhaltene Kommentierung der *Endlösung* könnte eine derartige Quelleninterpretation wohl in gewisser Weise einräumen, auch ist bekannt, daß der Reichsminister grundsätzlich bereit war, weltanschauliche oder programmatische Zielsetzungen, auch in bezug auf die Judenfrage, den Erfordernissen des Krieges unterzuordnen, beispielsweise kritisierte er angesichts der schwierigen Lage in den besetzten Ostgebieten und der Anforderungen zur Totalisierung des Krieges die rigide Fortführung der Umsiedlungsmaßnahmen[227], zu einer gefestigten Unterstützung der These Hochhuths aber fehlen eindeutige Beweise.[228]

Etwaige Einschränkungsversuche müßten jedenfalls wohl überwiegend auf politische oder logistische Gründe zurückgeführt werden, Hinweise auf mögliche persönliche Belastungen könnten auf augenblicklichem Quellenstand unmittelbar einzig auf die erwähnten Erinnerungen von Frau Quandt gestützt werden. Außerdem zeigt der weitere Verlauf der zweiten von Hochhuth zitierten Tagebuchstelle keinerlei Anzeichen von Mäßigung: „Die Juden haben unserem Erdteil so viel Leid zugefügt, daß die härteste Strafe, die man über sie verhängen kann, immer noch zu milde ist. Himmler betreibt augenblicklich die große Umsiedlung der Juden aus den deutschen Städten nach den östlichen Ghettos. Ich habe veranlaßt, daß hier in großem Umfang Filmaufnahmen gemacht werden. Das Material werden wir für die spätere Erziehung

---

[226] Vgl.: HOCHHUTH, Täter, S. 202-206; HOCHHUTH, Goebbels, S. 37-41 und S. 49. Hochhuth bezieht sich auf die Eintragungen vom 20. März 1942 und vom 27. April 1942: „Wir sprechen zum Schluß noch über die Judenfrage. Hier bleibt der Führer nach wie vor unerbittlich." GOEBBELS, Tagebücher, Band II/3, 20.3.1942, S. 513/Z. 606 f.; „Ich spreche mit dem Führer noch einmal ausführlich die Judenfrage durch. Sein Standpunkt diesem Problem gegenüber ist unerbittlich." GOEBBELS, Tagebücher, Band II/4, 27.4.1942, S. 184/Z. 209 f. Vgl. auch: HÖVER, S. 470 f. Hochhuths Interpretation widerspricht bereits Fest: „Zwar lassen sich einige Notizen aus den Jahren 1942 und 1943 dahin interpretieren, daß er mitunter Skrupel gegen die unverhohlene Brutalität der *Endlösung* empfunden haben mag oder doch die Unruhe, die mit den Abschiebungen verbunden war, als störend ansah. Aber die aus vagen Andeutungen hier und da abgeleitete Überlegung, er habe versucht, Hitler von dem einmal gefaßten Entschluß abzubringen, überschätzt doch seine Bereitschaft zum Widerspruch. Weit glaubwürdiger mutet an, er habe das Thema in seinen Unterredungen mit Hitler zur Sprache gebracht, um die eigenen Zweifel auszuräumen." FEST, Porträtskizze, S. 574.

[227] Vgl.: GOEBBELS, Tagebücher, Band II/8, 25.5.1943, S. 364/Z. 224-244.

[228] Beispielsweise sprach sich Goebbels im März 1943 angesichts der schweren Luftkriegsschäden für eine Aussetzung der Deportationen aus dem Berliner Gebiet aus (Hintergrund: Frauenproteste in der Rosenstraße nach der sogenannten „Fabrik-Aktion", s.u.), um die Ressourcen zunächst zur Instandsetzung einbringen zu können: „Wir wollen uns das lieber noch einige Wochen aufsparen; dann können wir es umso gründlicher durchführen." GOEBBELS, Tagebücher, Band II/7, 6.3.1943; HÖVER, S. 470 f.

unseres Volkes dringend brauchen."[229] Die Interpretation Hochhuts erscheint daher insgesamt zweifelhaft.

Die in Auftrag gegebenen Dokumentaraufnahmen waren im August 1942 fertiggestellt, Goebbels kommentierte die Rohfilme mit der bereits angesprochenen scharfen Einstellung zum jüdischen Ghetto. Ferner äußerte er sich noch einmal nachdrücklich zur generellen Gefährlichkeit der jüdischen Rasse und sah damit auch in diesem Zusammenhang die *Endlösung* gerechtfertigt.[230]

Im Tagebuchdiktat wie auch im politischen Kontakt blieb der Propagandaminister fortan wieder konstant auf Hitlers vorgegebener Linie. In einem Konferenzprotokoll einer Besprechung zwischen Justizminister Otto Thierack und Goebbels am 14. September 1942[231] wird dessen harter Kurs in der Judenpolitik bestätigt, er habe den Vorschlag gemacht, Juden als bedingungslos ausrottbar zu erklären.[232]

Auf Grund „einer gewissen Unruhe bis hin zu Verständnislosigkeit in der öffentlichen Meinung in bezug auf den Umgang mit Juden" wurde am 9. Oktober 1942 von der „Parteikanzlei des Führers" eine vertrauliche Informationsschrift herausgegeben, die Gau- und Kreisleiter über den damaligen Sach-

---

229 GOEBBELS, Tagebücher, Band II/4, 27.4.1942, S. 184/Z. 209-217.

230 Vgl.: „Einige grauenhafte Filmstreifen werden mir aus dem Ghetto in Warschau gezeigt. Dort herrschen Zustände, die überhaupt nicht beschrieben werden können. Das Judentum zeigt sich hier in aller Deutlichkeit als eine Pestbeule am Körper der Menschheit. Diese Pestbeule muß beseitigt werden, gleichgültig, mit welchen Mitteln, wenn die Menschheit daran nicht zugrunde gehen will." GOEBBELS, Tagebücher, Band II/5, 23.8.1942, S. 391/Z. 237-242; dementsprechend: WULF, Ghetto, S. 37 f. Zur Räumung des Warschauer Ghettos 1942 vgl.: GOEBBELS, Tagebücher, Band II/5, 21.8.1942, S. 378/Z. 191-195; GOEBBELS, Tagebücher, Band II/8, 25.4.1943, S. 163/Z. 74-81. Mit Bezug zum Aufstand im Warschauer Ghetto (19. April 1943-16. Mai 1943) vgl.: „Man sieht aber daran, wessen man sich seitens der Juden zu gewärtigen hat, wenn sie im Besitze von Waffen sind." Ebenda, 1.5.1943, S. 192/Z. 136 f.; auch: ebenda, 2.5.1943, S. 196/Z. 98-104, 4.5.1943, S. 206/Z. 115-119, 7.5.1943, S. 221/Z. 152-157 und 16.5.1943, S. 309/Z. 155-161. Zu Organisation und Durchführung der Räumung des Warschauer Ghettos vgl.: WULF, Vollstrecker, S. 65-219; WULF, Ghetto, S. 75-100.

231 Vgl.: GOEBBELS, Tagebücher, Band II/5, 15.9.1942, S. 504/Z. 246-266.

232 Vgl.: „Hinsichtlich der Vernichtung asozialen Lebens steht Dr. Goebbels auf dem Standpunkt, daß Juden und Zigeuner schlechthin, Polen, die etwa 3-4 Jahre Zuchthaus zu verbüßen hätten, Tschechen und Deutsche, die zum Tode, lebenslangem Zuchthaus oder Sicherheitsverwahrung verurteilt wären, vernichtet werden sollten. Der Gedanke der Vernichtung durch Arbeit sei der beste." DOKUMENT 682-PS, RF-11, in: IMG, Band V, S. 496 f. Vgl. auch: REITLINGER, S. 176. Die Verständigung mit Thierack erfolgte vor dem Hintergrund dessen frischer Berufung ins Ministeramt. Goebbels hatte seit längerer Zeit juristische Hürden bei der Behandlung der Judenfrage beklagt, schließlich wurde der wohl eher zurückhaltende Justizminister Franz Schlegelberger durch den damaligen Richter am Volksgerichtshof ersetzt. Thierack vereinbarte dann mit Himmler, die gesetzlichen Grundlagen einzurichten, um zur Einweisung in Konzentrationslager auf formale Anklageerhebung generell verzichten zu können, vgl.: ebenda, S. 176 f.; REUTH, Goebbels, S. 506. Zudem schaffte das Justizministerium unter neuer Leitung zügig die Rechtsgrundlagen, um Juden die bürgerlichen Rechtsmittel zu nehmen, vgl.: „Schnellbrief des Reichsministers der Justiz. Betrifft: Rechtsmittelbeschränkung in Strafsachen für Juden, 3. August 1942 (in Vertretung gez. Freisler)", in: AKTEN DER PARTEI-KANZLEI, Teil I/1, Microfiche-Blatt 075, Microfiche-Nr. 101 26959; vgl. auch die entsprechenden Folgedokumente Microfiche-Nrn. 101 26960-101 26962; dazu: GOEBBELS, Tagebücher, Band II/5, 18.10.1942, S. 145/Z. 146-148.

stand der „Vorbereitenden Maßnahmen zur Endlösung der europäischen Judenfrage" unterrichten sollte, um „jeder Gerüchtebildung" entgegenwirken zu können. Dieses Papier greift die bereits bekannten Aspekte „Bedrohung im Existenzkampf" und „Opportunität der Umstände" auf und fordert, mit Hinweis auf eine gewisse Eigendynamik des Prozesses, rücksichtslose Härte, verbleibt aber bei euphemistischen Formulierungen. Darstellung und Argumentation weisen wesentliche Übereinstimmungen zu den bereits besprochenen Aufzeichnungen von Goebbels auf. Die Schrift ist aber von Seiten der Parteikanzlei erstellt worden, unmittelbare Einflüsse durch die Reichspropagandaleitung erscheinen auf Grund der bekanntermaßen ressortegoistischen Arbeitsweise der Behörde Bormanns recht unwahrscheinlich. Die Argumentationsmuster scheinen sich also in den einschlägigen Kreisen etabliert zu haben, möglicherweise sind sie auf Hitler persönlich zurückzuführen.[233]

Anfang Oktober 1943 nahm Goebbels mit einer indirekten Wiedergabe von Teilen eines Himmler-Referats vor Reichs- und Gauleitern in Posen[234] noch einmal Bezug auf die *Endlösung*. Der Reichsleiter SS, seit 20. August 1943 auch verantwortlich für das Innenministerium, erscheint dabei als fanatisch-treibende Kraft. Er habe sich zuversichtlich gezeigt, die Judenfrage in Europa bis zum Jahresende 1943 lösen zu können und sei hierbei für die radikalste und härteste Lösung eingetreten, nämlich dafür, das Judentum mit Kind und Kegel auszurotten. Goebbels kommentierte wiederum unter der oben erläuterten Verwendung von Abtönungspartikeln und Modalverben, schließlich griff er nochmals die stereotype Darlegung der Verpflichtung auf, die Judenfrage späteren Generationen nicht halbgelöst zu übergeben, diese würden sich sicherlich nicht mehr mit vergleichbarem Mut und Besessenheit an dieses Problem heranwagen können. Die von Himmler umrissenen Vorschläge seien brutal, letztlich aber doch konsequent.[235] Die rechtfertigende Argumentation folgte also einem gewissermaßen gleichbleibenden Muster.

---

[233] Vgl.: „Da schon unsere nächste Generation diese Frage nicht mehr so lebensnah und auf Grund der ergangenen Erfahrungen nicht mehr klar genug sehen wird, und die nun einmal ins Rollen gekommene Angelegenheit nach Bereinigung drängt, muß das Gesamtproblem noch von der heutigen Generation gelöst werden. Es ist daher die völlige Verdrängung bzw. Ausscheidung der im europäischen Wirtschaftsraum ansässigen Millionen von Juden ein zwingendes Gebot im Kampf um die Existenzsicherung des deutschen Volkes. [...] Es liegt in der Natur der Sache, daß diese teilweise sehr schwierigen Probleme im Interesse der endgültigen Sicherung unseres Volkes nur mit rücksichtsloser Härte gelöst werden können." „Partei-Kanzlei, Vertrauliche Information", 9. Oktober 1942, in: JACOBSEN, 1939-1945, S. 584 f.

[234] Vgl.: HIMMLER, Geheimreden, S. 162-183 (Rede vom 6. Oktober 1943); REBENTISCH, S. 499-512.

[235] Vgl.: „Was die Judenfrage anlangt, so gibt er darüber ein ganz ungeschminktes und freimütiges Bild. Er ist der Überzeugung, daß wir die Judenfrage bis Ende dieses Jahres für ganz Europa lösen können. Er tritt für die radikalste und härteste Lösung ein, nämlich dafür, das Judentum mit Kind und Kegel auszurotten. Sicherlich ist das eine wenn auch brutale, so doch konsequente Lösung. Denn wir müssen schon die Verantwortung dafür übernehmen, daß diese Frage zu unserer Zeit ganz gelöst wird. Spätere Geschlechter werden sich sicherlich nicht mehr mit dem Mut und mit der Besessenheit an dies Problem heranwagen, wie wir das heute noch tun können. [...] Jedenfalls kann man mit den Ausführungen Himmlers durchaus einverstanden sein." GOEBBELS, Tagebücher, Band II/10, 7.10.1943, S. 72/Z. 313-330.

Auch rückblickend zogen Goebbels und Hitler ein positives Fazit der *Endlösung*: „Einzig in der Judenfrage haben wir [...] eine radikale Politik betrieben. Sie war richtig und heute sind wir ihre Nutznießer. Die Juden können uns keinen Schaden mehr stiften. Trotzdem aber hat man vor der Anpackung der Judenfrage immer und immer wieder betont, daß die Judenfrage nicht zu lösen sei. Man sieht, daß es möglich ist, wenn man nur will. Aber ein Spießer wird das natürlich nicht verstehen können."[236]

Im Zusammenhang mit der *Endlösung* sah Goebbels im Frühjahr 1942 Möglichkeiten, die systematischen Judendeportationen in Berlin wieder aufzunehmen.[237] Allerdings mußte er weiterhin Rücksicht auf die Tatsache nehmen, daß eine Vielzahl von Juden in der Rüstungsindustrie beschäftigt war und noch immer nicht durch Fremdarbeiter ersetzt werden konnte.[238] Mit Rücksicht auf die Belange der Kriegswirtschaft leistete offenbar insbesondere Albert Speer, der neue Reichsminister für Bewaffnung und Munition, Widerstand gegen eine generelle Abschiebung der Berliner Juden. Goebbels will hingegen einen eindeutigen Auftrag von Hitler erhalten haben, schnellstens für deren *Evakuierung* zu sorgen. Ferner habe ihm der Reichskanzler erlaubt, eine Geiselliste aufzustellen und auf Attentate rücksichtslos mit Erschießungen zu antworten.[239]

Hintergrund dieser Geiselliste, die Goebbels wohl persönlich zusammenstellte, war in erster Linie der Anschlag auf Reinhard Heydrich am 27. Mai 1942.[240] Etwa gleichzeitig war der Bombenanschlag auf die antibolschewisti-

---

[236] GOEBBELS, Tagebücher, Band II/11, 4.3.1944, S. 403/Z. 484-489.

[237] Vgl.: PICKER, 29.5.1942, S. 378.

[238] Vgl.: „nur bei den Juden nehmen die Selbstmorde rapide zu. Das ist ja nur zu begrüßen. In Berlin haben wir jetzt noch etwas über 40000 Juden zu verzeichnen. Das ist natürlich ein starker Rückgang gegenüber dem vornationalsozialistischen Zustand, aber doch sind es immer noch zu viele. Ich kann jetzt nur nicht mit rigorosen Evakuierungen einsetzen, weil die noch verbleibenden männlichen Juden für den Rüstungsprozeß gebraucht werden. Aber auch hier wird sich im Laufe der nächsten Wochen sicherlich ein Mittel finden lassen." GOEBBELS, Tagebücher, Band II/4, 10.4.1942, S. 76 f./Z. 139-146. Zur Selbstmordrate der Berliner Juden vgl.: SIMON, S. 260 f.; GOEBBELS, Tagebücher, Band II/3, 29.3.1942, S. 576/Z. 191-197; GOEBBELS, Tagebücher, Band II/5, 19.9.1942, S. 529/Z. 150 f. Vgl. auch: „Berliner Gaufragen. Wir haben hier vor allem das Judenproblem zu behandeln. Trotz der harten Schläge, die die Juden in Berlin erhalten, sind sie immer noch frech und aufsässig." GOEBBELS, Tagebücher, Band II/4, 11.5.1942, S. 273/Z. 149-156. Eine Verordnung schützte die entsprechenden Menschen und ihre Familienangehörigen vor Deportation. Goebbels strebte eine Aufhebung dieser Verordnung an, vgl.: ebenda, 17.5.1942, S. 305/Z. 162-171. Zur Verpflichtung von Juden für die Rüstungsindustrie vgl.: GRUNER, Judenverfolgung, S. 113 f.; GRUNER, Arbeitseinsatz, S. 116-151, S. 161-216 und S. 298-303; HERBERT, Fremdarbeiter, S. 237-285.

[239] Vgl.: GOEBBELS, Tagebücher, Band II/4, 24.5.1942, S. 351 f./Z. 223-237, Zitatstelle Z. 234 und 30.5.1942, S. 405/Z. 353-360; „Der Minister habe dem Führer den Vorschlag unterbreitet, die Juden aus Berlin zu entfernen. Dagegen haben sich wirtschaftliche Stellen gewandt mit der Begründung, daß die in der Rüstungsindustrie arbeitenden Juden sehr stark mit Präzisionsarbeit beschäftigt sind und nur schwer ersetzt werden können. Es ist nunmehr geplant, 500 führende Juden als Geiseln festzuhalten, die für ein anständiges Verhalten der Juden in Berlin geradestehen." Konferenzprotokoll vom 27. Mai 1942, in: BOELCKE, Krieg, S. 317.

[240] Die „New York Times" berichtete unter Berufung auf Stockholmer Quellen über die Erschießung von 258 Juden in Berlin am 28. Mai 1942 infolge des Anschlages; die Zahlenangaben werden in der Literatur bestätigt, vgl.: ebenda, S. 318; SCHEFFLER, S. 105-113.

sche Ausstellung „Das Sowjet-Paradies" im Berliner Lustgarten vom 18. Mai 1942 aufgeklärt worden[241], unter den Attentätern befanden sich wohl sieben Juden.[242] Goebbels fand in diesen Fakten einen weiteren Beweis für die Richtigkeit und Berechtigung, die Judenpolitik „auf das radikalste" fortzusetzen, die 40000 in Berlin lebenden Juden seien unbedingt zu deportieren, sie seien sich darüber im klaren, daß sie eines Tages abtransportiert würden und hierbei eventuell um die Ecke gingen und daß sie insofern nichts zu verlieren hätten.[243] Daher stellten sie in Wirklichkeit „freigelassene Schwerverbrecher" dar, die schnellstens konzentriert oder evakuiert werden müßten, am „besten wäre selbstverständlich die Liquidierung."[244]

Der Berliner Gauleiter ließ 500 Juden als Geiseln verhaften, im Konzentrationslager Sachsenhausen wurden offenbar in diesem Zusammenhang auch Erschießungen vorgenommen, ein Quellenstück weist eine Zahl von 154 Menschen aus.[245] Die am Anschlag Beteiligten wurden am 18. August 1942 hingerichtet, den Berliner Juden wurden weitere Versorgungsbeschränkungen auferlegt.[246]

Die Annahme vielfältiger, von Juden ausgehender Gefahren bestärkte Goebbels auch weiterhin in seiner persönlichen Haltung, er gebrauchte diesen Aspekt später auch als zugkräftiges Argument in der öffentlichen Agitation für eine entsprechend kaltblütige Vorgehensweise.[247]

Der Reichsminister vermutete, daß Juden, gewissermaßen komplementär zu ihrer prägenden Einflußnahme auf die amerikanische Außenpolitik[248], als Drahtzieher des Partisanen- und Attentatskampfes im Osten[249] wie auch der Widerstandsbewegung im Westen wirkten. Goebbels forderte in diesem Zusammenhang, sämtliche Ostjuden aus Paris abzuschieben oder zu liquidieren, da sie durch Rasse und Natur immer Gegner deutscher Offiziere seien.[250] Auch die innere Sicherheit im Reichsgebiet sah er weiterhin durch staatsfeindliche

[241] Vgl.: KIVELITZ, S. 228-233 sowie Dokumentarteil S. 563-568; Konferenzprotokoll vom 19. Mai 1942, in: BOELCKE, Krieg, S. 314. Zu Hintergründen und Folgen des Brandanschlags vgl.: SCHEFFLER, S. 91-105.

[242] Vgl.: ebenda, S. 93 f.; GRUNER, Judenverfolgung Berlin, S. 83 f.; Konferenzprotokoll vom 26. Mai 1942, in: BOELCKE, Krieg, S. 316.

[243] Vgl.: „Vorlage. Betrifft: Sabotageakt in der Ausstellung ‚Das Sowjet-Paradies' (Ti.)", 23. April 1942, in: AKTEN DER PARTEI-KANZLEI, Teil II/2, Microfiche-Blatt 145, Microfiche-Nr. 60897.

[244] Vgl.: GOEBBELS, Tagebücher, Band II/4, 24.5.1942, S. 350/Z. 186-197, direkte Zitate Z. 195-197; GOEBBELS, Tagebücher, Band II/6, 24.12.1942, S. 500 f./Z. 213-230.

[245] Vgl.: HILBERG, S. 314; ADLER, Mensch, S. 181 f.

[246] Vgl.: GRUNER, Judenverfolgung Berlin, S. 85; GRUNER, Reichshauptstadt, S. 249 f.

[247] Vgl. exemplarisch: „Verleihung von Ritterkreuzen des Kriegsverdienstkreuzes", 5. Juni 1943, in: GOEBBELS, Reden, Band II, S. 218-239, Zitatstellen S. 235 und S. 231 f.

[248] Vgl. exemplarisch: GOEBBELS, Tagebücher, Band II/4, 3.6.1942, S. 437/Z. 155-159, 10.6.1942, S. 491 f./Z. 563-579 und 17.6.1942, S. 544/Z. 206-209; GOEBBELS, Tagebücher, Band II/5, 26.7.1942, S. 189/Z. 133-136 und 10.9.1942, S. 470 f./Z. 159-165.

[249] Vgl.: GOEBBELS, Tagebücher, Band II/3, 16.3.1942, S. 478/Z. 64-76; GOEBBELS, Tagebücher, Band II/4, 27.5.1942, S. 376/Z. 92-96 und 28.5.1942, S. 381/Z. 68-73; GOEBBELS, Tagebücher, Band II/8, 14.5.1943, S. 296/Z. 178-180 und 30.5.1943, S. 392/Z. 152-154.

[250] Vgl.: GOEBBELS, Tagebücher, Band II/4, 15.5.1942, S. 293/Z. 136-144. Zu Attentaten und Judenpolitik in Frankreich vgl.: HERBERT, Best, S. 298-314; MEYER, S. 54-98.

Agitation im kleinen gefährdet: „Deshalb muß man die jüdische Gefahr liquidieren, koste es was es wolle."[251]

Das Attentat auf Reinhard Heydrich verdeutlichte die persönlichen Gefahren, denen man sich ausgesetzt sah und welchen durch rigoroses Vorgehen in der Judenfrage zu begegnen sei, auch Hitler vertrat offenbar die Meinung, daß die persönliche Gefahr bei sich verschärfender Kriegslage immer größer werde und die Judenpolitik daher radikaler durchzusetzen sei.[252] Allerdings gestand Goebbels ein, daß die Hintergründe des Anschlages auf Heydrich bislang unbekannt waren, jedenfalls halte man sich an den Juden schadlos.[253]

Ende Juli 1942 erhielt der Berliner Gauleiter wohl Zusagen bezüglich einer baldigen Wiederaufnahme der Deportationen aus der Reichshauptstadt, offenbar sollten nun genug Fremdarbeitskräfte als Ersatz für die arbeitstätigen Juden zugeteilt werden.[254] Im September 1942 waren die Abschiebungen aber noch immer nicht wieder in Gang gekommen, obwohl offenbar auch Hitler in Besprechungen mit Goebbels wiederholt die Räumung Berlins verlangt und ihn angeblich beauftragt hatte, sich gegen alle Widerstände von Innenministerium[255] wie Dienststellen der Rüstungsinspektion Berlin für die restlose Verbringung der Berliner Juden einzusetzen[256]; er solle sich dabei mit den Anforderungen Speers abstimmen, die Wahl der Mittel zur *Entjudung* bleibe ihm überlassen.[257]

Angesichts der Kriegslage bezeichnete Goebbels am 23. Januar 1943 die resolute Deportation sämtlicher Juden aus Berlin sogar als Vorbedingung einer Kriegswendung, seit einiger Zeit hatte er behauptet, die Juden bildeten eine wichtige Grundlage des britischen Nachrichtendienstes.[258] Hitler verlangte

---

[251] GOEBBELS, Tagebücher, Band II/4, 30.5.1942, S. 406/Z. 405; vgl. auch: ebenda, 29.5.1942, S. 393/Z. 217-225.

[252] Vgl.: ebenda, 28.5.1942, S. 386/Z. 246-272 bzw. 30.5.1942, S. 405/Z. 364-368.

[253] Vgl.: ebenda, 2.6.1942, S. 432/Z. 175-189.

[254] Vgl.: GOEBBELS, Tagebücher, Band II/5, 23.7.1942, S. 173/Z. 152-156. Zu statistischem Verhältnis und Zusammenhängen zwischen dem Einsatz von Fremdarbeitern und der Deportation von Juden vgl.: GRUNER, Arbeitseinsatz, S. 299-303; WAGENFÜHR, S. 45-48.

[255] Vgl.: „Wir sprechen noch einmal die Judenfrage durch. Hier vertritt der Führer denselben radikalen Standpunkt wie ich. Er ist auch der Meinung, daß wir die Juden restlos aus dem Reich, vor allem aber aus Berlin herausschaffen müssen. Meine Maßnahmen in dieser Beziehung finden seine absolute Billigung und er bestärkt mich in meinem Bestreben, mich gegen die Schwierigkeiten, die mir von anderen Ämtern, insbesondere vom Innenministerium, bereitet werden, durchzusetzen." GOEBBELS, Tagebücher, Band II/6, 1.10.1942, S. 37/Z. 333-339.

[256] Vgl.: GOEBBELS, Tagebücher, Band II/5, 9.9.1942, S. 463/Z. 74-80 und 30.9.1942, S. 606/Z. 275-292. Zum entsprechenden Befehl Hitlers vom 22. September 1942, sämtliche in Rüstungsbetrieben beschäftigte Juden zu deportieren, vgl. die Aussage Albert Speers, in: IMG, Band XVI, S. 568 f.; SPEER, Sklavenstaat, S. 346-349; ADLER, Mensch, S. 223 f.

[257] Vgl.: GOEBBELS, Tagebücher, Band II/5, 4.10.1942, S. 62/Z. 164-169 und S. 63/Z. 198-203 sowie 27.11.1942, S. 344/Z. 148-151.

[258] Vgl.: Konferenzprotokoll vom 3. November 1942, in: BOELCKE, Krieg, S. 390; GOEBBELS, Tagebücher, Band II/7, 23.1.1943, S. 177/Z. 682-688; „Ich hoffe und glaube, daß wir damit auch wieder eine große Erleichterung in der psychologischen Lage erreichen werden." Ebenda, 18.2.1943, S. 369/Z. 256-258; dementsprechend: GOEBBELS, Tagebücher, Band II/9, 18.7.1943, S. 122/Z. 157-165. Ähnlich argumentierte auch Himmler in seiner Geheimrede am 4. Oktober 1943 in Posen (SS-Gruppenführertagung): „Denn wir wissen, wie schwer wir uns täten, wenn

mittlerweile nachdrücklich die Räumung von Berlin und Wien.[259] Offenbar befürchtete der Reichskanzler sogar revolutionäre Umtriebe in der Reichshauptstadt, falls sich die *semitische Intelligenz* mit den ausländischen Fremdarbeitern verbinde. Daher müsse Goebbels so schnell wie möglich alle Juden aus Berlin herausschaffen, selbst wenn das einige psychologische Belastungen mit sich bringe.[260] Hitler erscheint also auch in diesem Zusammenhang bestimmend, während Goebbels offenbar weiterhin vorantreibender Berater und Ausführungsgehilfe blieb.[261]

Der dementsprechend erste Deportationszug aus Berlin traf schließlich im Januar 1943 in Auschwitz ein[262], ein Schwerpunkt der Verbringungen lag im ersten Quartal 1943. Von Januar bis März 1943 gingen insgesamt elf Transporte mit 13240 Menschen aus Berlin nach Auschwitz, von April bis Juni folgten drei Züge mit 1380 Menschen, von August 1943 bis Oktober 1944 weitere neunzehn mit 868 Berliner Juden.[263]

Angesichts der prestigeträchtigen Meldung Baldur von Schirachs vom Frühjahr 1943, Wien sei *judenrein*, bezeichnete es Goebbels ausdrücklich als Schande, daß die Reichshauptstadt diesen Status noch immer nicht erreicht hatte[264], dies blieb für den Berliner Gauleiter offensichtlich eine Frage des persönlichen Ansehens.[265]

Mitte Februar 1943 hatte er, den Konzepten von 1940/41 entsprechend, eine schlagartige Zusammenfassung aller Berliner Juden und ihre schubweise Verbringung in den Osten geplant und gehofft, damit bis Ende März 1943 die demographischen Zielsetzungen für die Reichshauptstadt zu erreichen.[266] Die sogenannte „Fabrik-Aktion" vom 27. Februar 1943 führte zur Verhaftung von 2914 Juden[267], war allerdings in mancher Hinsicht nicht wunschgemäß ver-

---

wir heute noch in jeder Stadt [...] Juden als geheime Saboteure, Agitatoren und Hetzer hätten." Geheime Rede Himmlers vor SS-Gruppenführern am 4. Oktober 1943 in Posen, zitiert nach: POHL, Rassenpolitik, S. 254.

[259] Vgl.: GOEBBELS, Tagebücher, Band II/7, 23.1.1943, S. 177/Z. 682-685; PICKER, 24.7.1942, S. 471.

[260] Vgl.: GOEBBELS, Tagebücher, Band II/7, 9.3.1943, S. 514/Z. 619-624 und S. 515/Z. 671-675.

[261] Vgl.: „Ich betone dem Führer gegenüber noch einmal, daß ich es für notwendig halte, die Juden so schnell wie möglich aus dem Reichsgebiet herauszubringen. Er billigt auch dies Vorgehen und gibt mir den Auftrag, nicht zu ruhen und nicht zu rasten, bis kein Jude sich mehr im deutschen Reichsgebiet befindet." Ebenda, 15.3.1943, S. 556/Z. 226-230; dementsprechend: ebenda, 8.2.1943, S. 295 f./Z. 582-589; BOELCKE, Krieg, S. 391.

[262] Vgl.: ENZYKLOPÄDIE DES HOLOCAUST, S. 117.

[263] Zu einem statistischen Überblick vgl.: KEMPNER, Ermordung, S. 186 f.; Vergleichszahlen bei: GRUNER, Judenverfolgung Berlin, Tabelle 5, S. 98 f. und Tabelle 6, S. 100 f. Vgl. auch: „Meldung von Eintreffen und Sonderbehandlung Berliner Juden am 5. und 7. März 1943", in: POLIAKOV/ WULF, Juden, S. 198.

[264] Zur Endphase der Deportationen aus Wien vgl.: GRUNER, Zwangsarbeit, S. 270-277. Am 31. März 1943 wurde die „Zentralstelle für Jüdische Auswanderung" geschlossen.

[265] Vgl.: „Solange noch Juden in Berlin sitzen, kann man nicht von einer nationalsozialistischen Hauptstadt des nationalsozialistischen Reiches sprechen." GOEBBELS, Tagebücher, Band II/5, 23.7.1942, S. 173/Z. 156-158.

[266] Vgl.: GOEBBELS, Tagebücher, Band II/7, 18.2.1943, S. 369/Z. 252-258 und 2.3.1943, S. 449/Z. 173-181.

[267] Vgl.: MAIER, S. 174-180; GRUNER, Arbeitseinsatz, S. 315; GRUNER, Reichshauptstadt, S. 252 f.

laufen – Goebbels unterstellte Verrat, insbesondere in intellektuellen Kreisen.[268]

Grundsätzlich weitgehend ausgenommen von antisemitischen Repressalien waren 1942 zunächst noch Juden, die mit einem *arischen* Partner verheiratet waren und deren Ehe nicht nach §1(1) des „Gesetzes zum Schutze des deutschen Blutes und der deutschen Ehre" von 1935 aufgelöst worden war. Martin Bormann machte im Herbst 1942 einen Vorstoß zur Aufhebung dieser Ausnahmen, was im Wannsee-Protokoll vorgesehen war.[269] Er nahm Kontakt mit dem Propagandaminister auf und schlug vor, auch Juden aus *privilegierten Ehen* mit dem Davidstern zu kennzeichnen, eigentlich wäre Himmler oder Frick in dieser Angelegenheit anzusprechen gewesen. Goebbels kommentierte in seinen Aufzeichnungen, daß er bereits seit längerer Zeit genau diese Forderung vergeblich vorgebracht habe. Eine Verwirklichung dieser Absichten werde wohl eine Reihe von Unzuträglichkeiten mit sich bringen, sei aber aus staatspolitischen Gründen notwendig. Die Begründung entsprach der damaligen Argumentation im Vorfeld der generellen Einführung des Judensterns im Herbst 1941.[270] Offenbar aber stoppte Hitler persönlich diese Pläne.[271] Entsprechend wies Goebbels im Dezember 1942 Vorschläge nicht näher bezeichneter Herkunft hinsichtlich einer grundsätzlichen Liquidierung von *Mischehen* mit Bezug auf die angespannte öffentliche Meinung zurück.[272]

---

[268] Vgl.: „Wir schaffen nun die Juden endgültig aus Berlin hinaus. Sie sind am vergangenen Samstag [27. Februar] schlagartig zusammengefaßt worden und werden nun in kürzester Frist nach dem Osten abgeschoben. Leider hat sich auch hier wieder herausgestellt, daß die besseren Kreise, insbesondere die Intellektuellen, unsere Judenpolitik nicht verstehen und sich zum Teil auf die Seite der Juden stellen. Infolgedessen ist unsere Aktion vorzeitig verraten worden, so daß uns eine ganze Menge von Juden durch die Hände gewischt sind. Aber wir werden ihrer noch habhaft werden." Goebbels, zitiert nach: BOELCKE, Krieg, S. 390; wesentlich höhere Zahlenangaben bei: GRUNER, Judenverfolgung Berlin, S. 88. Zur „Fabrik-Aktion" vgl. auch: DIE GRUNEWALD-RAMPE, S. 40 f. und S. 122-125 (Dokumente Nrn. 27-29). Zu weiteren Beschränkungen und Verboten für Juden in Berlin bzw. auch im Reichsgebiet vgl.: GRUNER, Judenverfolgung Berlin, S. 82-87; DIEHL, S. 84-86; Konferenzprotokolle vom 10. März 1942 und vom 8. Mai 1942, in: BOELCKE, Krieg, S. 290 f. bzw. S. 311; POLIAKOV/WULF, Diener, S. 217-222 und S. 242-249. Im Juli 1942 schlug Goebbels vor, die Lebensmittelzuteilung in Abhängigkeit vom Wohlbetragen der Juden zu bringen, GOEBBELS, Tagebücher, Band II/5, 12.7.1942, S. 106 f./Z. 219-229.

[269] Vgl.: „Besprechungsprotokoll vom 20. Januar 1942", in: POLIAKOV/WULF, Juden, S. 119-126, Zitatstelle S. 124 f. [NG 2586]; „Besprechungsniederschrift vom 6.3.1942 im RSHA", in: POLIAKOV/WULF, Juden, S. 383 f.; Heydrichs Tod unterbrach wahrscheinlich zunächst die Planungen zu Lösung dieser Frage, vgl.: GERLACH, Krieg, S. 142 f. Zur Rolle Bormanns in diesem Zusammenhang vgl.: LONGERICH, Hitlers Stellvertreter, S. 217 und S. 221 f. sowie auch S. 177-179.

[270] Vgl.: GOEBBELS, Tagebücher, Band II/5, 22.9.1942, S. 548 f./Z. 142-162. Zur Unterscheidung und Erklärung der Formen von „Privilegierung" vgl.: SIMON, S. 254 f.

[271] Schon 1935 hatte sich Goebbels grundsätzlich gegen Ausnahmen gewandt, vgl.: „Wesen, Methoden und Ziele der Propaganda", 16. September 1935, in: GOEBBELS, Reden, Band I, S. 230-264, Zitatstelle S. 254. Goebbels mußte sich in dieser Frage, wie schon 1938 in bezug auf die mit Juden zusammenlebenden Künstler, zunächst etwas widerwillig beugen, vgl.: GOEBBELS, Tagebücher, Band II/5, 20.10.1942, S. 155/Z. 137-145 und 4.10.1942, S. 64/Z. 215-220 bzw. GOEBBELS, Tagebücher, Band I/6, 30.11.1938, S. 205/Z. 9 f.

[272] Vgl.: GOEBBELS, Tagebücher, Band II/5, 6.12.1942, S. 401/Z. 194-202. Hintergrund: „3. Konferenz über die Endlösung" (27. Oktober 1942, Plan zur Zwangstrennung aller „Mischehen"

Dennoch wurden im Verlauf der angesprochenen „Fabrik-Aktion" vom 27. Februar 1943 in Berlin diese Privilegien zunächst nicht respektiert, was zu manchen Mißhelligkeiten führte, wie Goebbels sich ausdrückte. Der Berliner Gauleiter meinte hiermit wohl die aufsehenerregenden Frauendemonstrationen in der Rosenstraße gegen die Gefangennahme und Abschiebung ihrer Ehemänner. Die verantwortliche Führung fügte sich anscheinend den ungewöhnlichen Protesten, die Verhafteten wurden nicht deportiert beziehungsweise zurückgeholt, sie mußten allerdings bis Kriegsende Zwangsarbeit verrichten.[273] Aus Goebbels' entsprechendem Tagebucheintrag wird in diesem Zusammenhang vorsichtige Kritik an der rigiden operativen Umsetzung der Judenpolitik durch den Sicherheitsdienst deutlich, wobei er offenbar aber die Lokalität verwechselte.[274]

Zusammenfassend notierte er Mitte beziehungsweise Ende März 1943, das Reich und auch Berlin seien jetzt weitgehend *judenrein*. In der Hauptstadt lebten aber noch 17000 Juden aus *Mischehen*, ein Dorn in Goebbels' Auge: Man könne keine übermäßige Rücksicht mehr nehmen, wenn es ein deutscher Mann jetzt noch fertigbringe, mit einer jüdischen Frau in einer legalen Ehe zu leben, so spreche dies absolut gegen ihn, diese Frage könne nicht mehr allzu sentimental beurteilt werden.[275] Auch Hitler habe sich anläßlich dieser Zahl außerordentlich betroffen gezeigt.[276]

Wilhelm Frick wurde nun daher beauftragt, die Scheidung von *Mischehen* zu erleichtern, um kurzfristig weitere Deportationen vornehmen zu können. Eine zügige *Lösung* wurde in dieser Frage aber nicht erreicht, die Privilegie-

---

und Programm zur Sterilisation der „Mischlinge"), vgl.: ADLER, Mensch, S. 288-293; statistischer Überblick über Verteilung in „Mischehen" bei: STRAUSS, Essays, S. 144.

[273] Vgl.: STOLTZFUS, S. 209-257; KWIET, Ausgrenzung, S. 592-596; JOCHHEIM, S. 114-138; GRUNER, Arbeitseinsatz, S. 322 f.; GRUNER, Judenverfolgung Berlin, S. 88 f. Möglicherweise war eine Deportation im Vorfeld bereits nicht geplant, denn die Verhaftung erfolgte differenziert, vgl.: GRUNER, Reichshauptstadt, S. 253.

[274] Vgl.: „Gerade in diesem Augenblick [Bezug auf Luftkriegsschäden] hält es der SD für günstig, in der Judenevakuierung fortzufahren. Es haben sich da leider etwas unliebsame Szenen vor einem jüdischen Altersheim abgespielt, wo die Bevölkerung sich in größerer Menge ansammelte und zum Teil sogar für die Juden etwas Partei ergriff. Ich gebe dem SD Auftrag, die Judenevakuierung nicht ausgerechnet in einer so kritischen Zeit fortzusetzen. Wir wollen uns das lieber noch einige Wochen aufsparen, dann können wir es um so gründlicher durchführen. Man muß überall eingreifen, um Schäden zu verhüten. Gewisse Stellen sind in ihren Maßnahmen politisch so unklug, daß man sie nicht zehn Minuten allein laufen lassen kann. Das Grundübel unserer Führung und vor allem unserer Verwaltung besteht darin, daß alles nach Schema F gemacht wird." GOEBBELS, Tagebücher, Band II/7, 6.3.1943, S. 487/Z. 324.

[275] Vgl.: ebenda, 11.3.1943, S. 528/Z. 193-210; hierzu auch: RIESS, S. 363. 1942 hatte Goebbels in ähnlichen Fällen noch Ausnahmen gemacht, vgl.: GOEBBELS, Tagebücher, Band II/5, 11.9.1942, S. 481/Z. 296-306. Im Herbst 1941 hatte Goebbels persönlich auf Bitte Louis P. Lochners (s.o.) veranlaßt, daß eine Jüdin aus ihrem Deportationszug herausgeholt wurde und nach USA ausreisen durfte, vgl.: LOCHNER, S. 34 f., Semler datiert dieses Ereignis wohl irrtümlich auf April, vgl.: SEMMLER, 25.4.1941, S. 30.

[276] Vgl.: GOEBBELS, Tagebücher, Band II/7, 21.3.1943, S. 603/Z. 234-250. Die Zahlen bezogen sich tatsächlich wohl auf das gesamte Reichsgebiet, vgl.: Bericht des SS-Statistikers Korherr vom 19. April 1943, zitiert nach: HILBERG, S. 300. Zu „Mischlingen" und „Mischehen" vgl.: ebenda, S. 293-302; GRUNER, Arbeitseinsatz, S. 326-329.

rungen wurden grundsätzlich doch aufrechterhalten, Goebbels lehnte es allerdings ab, Kölner *Mischehen* nach Berlin umzusiedeln.[277] Noch Ende Januar 1944 billigte Hitler persönlich Ausnahmeregelungen für direkte Familienangehörige aus privilegierten Künstlerehen (zum Beispiel für jüdische Schwiegereltern).[278]

Im April 1943 zog der Berliner Gauleiter eine im Hinblick auf seine persönliche Einschätzung der antijüdischen Maßnahmen prägnante Bilanz: „Ich bin der Überzeugung, daß ich mit der Befreiung Berlins von den Juden eine meiner größten politischen Leistungen vollbracht habe. Wenn ich mir vorstelle, wie Berlin im Jahre 1926 aussah, als ich hierher kam, und wie es im Jahre 1943 aussieht, nachdem die Juden endgültig evakuiert werden, dann kann ich erst ermessen, was auf diesem Gebiet geleistet worden ist."[279]

Im Zusammenhang mit der Judenfrage beschäftigte sich Goebbels auch weiterhin im direkten Auftrag Hitlers mit gewissermaßen ressortfremden Aspekten, so beispielsweise mit der sogenannten *Wehrunwürdigkeit* von Juden, einer Problematik, die man seit Dezember 1939 immer wieder einmal besprach.[280] *Volljuden* waren auf Grund des „Wehrgesetzes" vom 21. Mai 1935 aus der Wehrmacht ausgeschlossen, im Juli 1937 erfolgte die Einführung einer Wehrsteuer, „für die, die nicht dienen. Vor allem für die Juden. Das ist zweckmäßig und heilsam."[281] Mit Wirkung vom 12. März 1939 wurden Juden auch aus der Ersatzreserve gestrichen.[282] Nach dem Ende der schnellen Siege vertrat der Reichsminister allerdings die Meinung, daß die Betroffenen ihren Ausschluß aus der Wehrmacht gar nicht als Ehrenstrafe betrachteten, sondern zur Grundlage einer bequemen Lebensführung machten. Angesichts des hohen Blutzolls, den die deutsche Jugend im Ostkrieg entrichten müsse, während die immanenten Gegner in relativer Sicherheit leben könnten, argumentierte er mit einem gewissen „Gerechtigkeitsaspekt" bei Oberkommando der

---

[277] Vgl.: GOEBBELS, Tagebücher, Band II/8, 18.4.1943, S. 125 f./Z. 232-241; GOEBBELS, Tagebücher, Band II/9, 17.7.1943, S. 116/Z. 201-208.

[278] Vgl.: GOEBBELS, Tagebücher, Band II/11, 25.1.1944, S. 169/Z. 711-715.

[279] GOEBBELS, Tagebücher, Band II/8, 18.4.1943, S. 126/Z. 241-245. Der weitere Eintrag relativiert dies in gewisser Weise, vgl.: „Die Judenfrage in Berlin ist noch immer nicht ganz gelöst. Es befindet sich noch eine ganze Reihe von sogenannten ‚Geltungsjuden', von Juden, die nicht privilegiert sind, in Berlin. Daraus entsteht eine Unmenge von außerordentlich schwerwiegenden Problemen. Jedenfalls veranlasse ich, daß alle Juden, die sich jetzt noch in Berlin befinden, einer erneuten Prüfung unterzogen werden. Ich möchte nicht, daß Juden noch mit dem Judenstern in der Reichshauptstadt herumlaufen. Entweder muß man ihnen den Judenstern nehmen und sie privilegieren, oder sie im anderen Falle endgültig aus dem Reichsgebiet evakuieren." Im März 1944 lebten noch etwa 6000 Juden in der Reichshauptstadt, zumeist privilegiert. Goebbels notierte, er werde sie im Auge behalten und doch noch versuchen, sie bei der erstbesten Gelegenheit abzuschieben, vgl.: GOEBBELS, Tagebücher, Band II/11, 16.3.1944, S. 490/Z. 205-207.

[280] Vgl.: GOEBBELS, Tagebücher, Band II/5, 4.10.1942, S. 63 f./Z. 204-214; GOEBBELS, Tagebücher, Band I/7, 19.12.1939, S. 237/Z. 52-54; auch: PICKER, 10.5.1942, S. 324.

[281] GOEBBELS, Tagebücher, Band I/4, 25.7.1937, S. 233/Z. 24 f.

[282] Vgl.: KWIET, Ausgrenzung, S. 597.

Wehrmacht und Parteikanzlei dafür, die *Wehrunwürdigen* in Arbeitsbataillonen der „Organisation Todt" zusammenzufassen und im Frontgebiet zum Einsatz zu bringen.[283]

FUNKTIONALISIERUNGEN DER JUDENFRAGE IN DER KRIEGSPROPAGANDA AB 1941

Hitler hatte mit seiner Rede zum 30. Januar 1939 die antisemitische Stoßrichtung des Krieges vorgezeichnet. Die systematische Verwirklichung der Drohungen begann mit dem Rußlandfeldzug, Vorstufen waren bereits in unmittelbarer Folge der Besetzung Polens eingeleitet worden. Auf Grund des propagierten Junktims von Bolschewismus und Judentum war für die Nationalsozialisten am 22. Juni 1941 auch der physische Kampf gegen das Judentum eröffnet.[284] Massive judenfeindliche Propaganda sollte dazu beitragen, das Terrain für Krieg, Deportation und Vernichtung zu bereiten. Joseph Goebbels konfigurierte diese Kampagnen. Eine ihrer zentralen Maximen bestand in der Hervorhebung des angenommenen Zusammenwirkens von Judentum, Bolschewismus und *englischer Plutokratie*[285], sie erscheinen hinsichtlich ihrer Bestimmung vielschichtig funktionalisiert.

Auf internationaler Ebene sollte judenfeindliche Propaganda dazu beitragen, die Allianz der Kriegsgegner zu spalten beziehungsweise neutrale Staaten wie besetzte Gebiete für die deutsche Seite zu überzeugen. Innerhalb Deutschlands mußten Ostzug und Judenpolitik im Reich wie in den besetzten Gebieten gerechtfertigt und die entsprechenden Darstellungen der Alliierten abgewehrt werden[286], gleichzeitig richtete der Reichsminister seine Kampagnen weiterhin gegen Widerstände innerhalb der Partei.

Auch persönliche Momente spielten wohl dabei eine Rolle: Goebbels war sich der ausgesprochen hohen Bedeutung von Propaganda im Kriege nach in-

---

[283] Vgl.: GOEBBELS, Tagebücher, Band II/5, 3.10.1942, S. 56 f./Z. 93-105. Im Frühsommer 1943 erscheint die Frage allerdings noch ungelöst, vgl.: GOEBBELS, Tagebücher, Band II/8, 4.6.1943, S. 418/Z. 126-134 und 12.6.1943, S. 465/Z. 201-207; GOEBBELS, Tagebücher, Band II/9, 20.8.1943, S. 318/Z. 116-121.

[284] Christian Streit sieht katalysatorische Zusammenhänge zwischen Antibolschewismus und der Judenvernichtung, vgl.: STREIT, S. 251-254; hierzu auch: WETTE, Rassenfeind, S. 182-190.

[285] Vgl.: „Auf die Juden als fremde Ausbeuter und Unterdrücker der Völker der Sowjetunion ist selbstverständlich stets besonders hinzuweisen. Es ist natürlich unzulässig, auf die bolschewistische Auffassung vom Juden als dem Angehörigen einer nationalen Minderheit in irgendeiner Form einzugehen. Besonders hinzuweisen wäre auf die Rolle des internationalen Judentums als Kriegstreiber, Kriegsgewinnler u.ä., die zu dem Kriege aus gewinn- und weltherrschaftssüchtigen Gründen gehetzt haben. Auf die Beziehungen bzw. Versippung von Juden mit führenden nichtjüdischen Bolschewisten soll tunlichst oft hingewiesen werden." Anweisung Laufende Nr. 183 [ohne Datum], zitiert nach: WULF, Presse, S. 269; hierzu auch: WETTE, Kriegspropaganda; WETTE, Rassenfeind. Zum Aspekt jüdischen Weltherrschaftsstrebens vgl.: CHAMBERLAIN, Band I, S. 386.

[286] Vgl.: MOMMSEN, Völkermord, S. 183-185.

nen wie auch nach außen vollauf bewußt[287], beklagte demgegenüber aber die im Vergleich zu den Militärs wahrgenommene relative Nachrangigkeit seiner Person und Funktion. Vor dem Hintergrund seiner Bemühungen um die Totalisierung des Krieges Anfang 1943 erhoffte er sich ausdrücklich auch eine stärkere persönliche Beachtung innerhalb der Parteileitung und damit eine Steigerung seines politischen Einflusses.[288]

Goebbels und Hitler erscheinen zu Beginn des Ostkrieges visionär überzeugt, daß sich die antisemitische Idee stetig ausbreite und sich eines Tages global entfalten werde, diese Annahme bildete den Ausgangspunkt eines Großteils der meinungsbildenden Maßnahmen bis zum Kriegsende.[289]

Der Propagandaminister hatte bereits seit längerer Zeit antisemitische Anklänge im Ausland aufmerksam verfolgt und teilweise, wie bereits dargestellt, zu fördern versucht. Er zeigte sich in der ersten Jahreshälfte 1941 zuversichtlich, die Weltöffentlichkeit für die eigene Seite gewinnen zu können, wenn er nur nachdrücklich den *jüdischen Charakter* der gegnerischen Allianz hervorhebe. Hitler hatte ihm im Sommer 1941 wohl dahingehend Mut eingepflanzt: Vor den Vereinigten Staaten habe man jetzt nicht mehr allzu viel Respekt, den Juden dort imponiere nur Machtentfaltung.[290] Insbesondere dachte Goebbels, latent antisemitische oppositionelle Kreise fördern und damit die Allianz innenpolitisch unterminieren zu können, indem er Juden als Hintermänner und Kriegstreiber in Regierungen wie Medien der Feindmächte zeigte, was mit hoher Wahrscheinlichkeit seiner persönlichen Überzeugung entsprach.[291] Nach dem Kriegseintritt der USA im Dezember 1941 bestellte Hitler dementsprechend gezielte Kampagnen[292], die Intensität dieser Bemühungen stieg im weiteren Verlauf.[293] In diesem Zusammenhang ließ Goebbels Ende

---

[287] Vgl.: GOEBBELS, Tagebücher, Band II/2, 3.12.1941, S. 422/Z. 169-171; BRAMSTED, S. 336-360.

[288] Vgl.: SEMMLER, 15.4.1941, S. 28 f. und 13.3.1943, S. 74 f.

[289] Vgl.: GOEBBELS, Tagebücher, Band II/1, 19.8.1941, S. 269/Z. 561-588.

[290] Vgl.: ebenda, 9.7.1941, S. 35/Z. 260-264; Zitatstelle Z. 260 bzw. GOEBBELS, Tagebücher, Band I/9, 10.4.1941, S. 239/Z. 54-61; hierzu: STIRK, S. 71 f.; SINGTON.

[291] Vgl.: GOEBBELS, Tagebücher, Band II/1, 9.8.1941, S. 201/Z. 160-164 und 12.8.1941, S. 217/Z. 122-133; GOEBBELS, Tagebücher, Band II/2, 13.12.1941, S. 491/Z. 160-164; GOEBBELS, Tagebücher, Band II/3, 8.1.1942, S. 69/Z. 46-57. Goebbels hatte Einblick in eine Statistik genommen, wonach der amerikanische Film zu 100%, Presse und Rundfunk zu 90% bzw. zu 95% in jüdischer Hand seien. Aus dieser Tatsache könne man sich auch die verwirrte geistige Kriegführung der Gegenseite erklären, vgl.: GOEBBELS, Tagebücher, Band II/4, 24.4.1942, S. 159 f./Z. 156-162. In diesem Zusammenhang hatte Goebbels kurz zuvor notiert, man erkenne in den USA die Juden als treibende Kraft hinter dem amerikanischen Kriegseintritt, vgl.: ebenda, 20.4.1942, S. 133/Z. 65-70.

[292] Vgl.: „Der Minister führt aus: Der Führer hat ausdrücklich befohlen, daß die Frage der Schuld am Ausbruch des Krieges mit den Vereinigten Staaten in der gesamten deutschen Propaganda mit aller Eindringlichkeit und ohne Unterbrechung unter dauernder Wiederholung der deutschen Thesen behandelt wird." Konferenzprotokoll vom 13.-15. Dezember 1941, in: BOELCKE, Krieg, S. 259. Zu grundlegend anti-amerikanischen Aspekten in der Kriegspropaganda vgl.: STIRK, S. 71-82.

[293] Zur Verwirklichung der Vorgaben vgl. exemplarisch: „Roosevelts Kaminrede. Ein typisches Produkt seiner jüdischen Einbläser", in: VÖLKISCHER BEOBACHTER, 54 (1941), 149. Ausgabe,

1941[294] einen Plan zur gezielten Einflußnahme auf die öffentliche Meinung in USA erarbeiten, in welchem er vor allem die Judenfrage ausdrücklich in den Vordergrund geschoben sehen wollte.[295]

Hinsichtlich der nach außen gerichteten Propaganda bestand allerdings ein heikler Konfliktpunkt in der Gefahr, daß mögliche Ansatzpunkte für politische Annäherungen an die Westmächte, die Goebbels persönlich frühzeitig suchte, völlig zerstört werden konnten, dies gilt wohl insbesondere für die angesprochenen starken persönlichen Diffamierungen führender englischer oder US-amerikanischer Politiker, allen voran Churchill, dem Goebbels die Hauptschuld am Kriegsausbruch gab[296], und Roosevelt. Phasenweise hegte der Reichsminister wohl auch persönliche Ressentiments, insbesondere gegen den britischen Premierminister, den er systematisch als *Judenknecht* bezeichnete.[297] Dies entsprach der Einschätzung Hitlers vom englischen Premier.[298]

---

29. Mai, S. 1; „Der Schleier fällt", 6. Juli 1941, in: GOEBBELS, Zeit ohne Beispiel, S. 520-535, antisemitische Elemente S. 521-523; „Die Deutschen vor die Front!", 27. Juli 1941, in: ebenda, S. 532-536, antisemitische Elemente S. 533-536; „Um die Entscheidung", 3. August 1941, in: ebenda, S. 537-542, antisemitische Elemente S. 538; „Ein Attentat auf den gesunden Menschenverstand", 17. August 1941, in: ebenda, S. 549-554, antisemitische Elemente S. 551; „Die Sache mit der Stalin-Linie", 17. August 1941, in: ebenda, S. 555-560; „Die Hand auf der Bibel", 22. August 1941, in: ebenda, S. 561-566, antisemitische Elemente S. 566; „Wann oder Wie!", 9. November 1941, in: GOEBBELS, Das eherne Herz, S. 78-84, antisemitische Elemente S. 81; „Eine notwendige Klarstellung", 7. Dezember 1941, in: ebenda, S. 111-116, antisemitische Elemente S. 116.

294 In der strittigen Frage der Auslandspropaganda war eine vorläufige Einigung mit von Ribbentrop erzielt worden, wobei die Weisungsbefugnis des Außenministers fiel, vgl.: „Arbeitsabkommen zwischen dem Auswärtigen Amt und dem Reichsministerium für Volksaufklärung und Propaganda", 22. Oktober 1941, zitiert nach: BOELCKE, Krieg, S. 10; hierzu: LONGERICH, Propagandisten, S. 141-143; REUTH, Goebbels, S. 485; GOEBBELS, Tagebücher, Band II/2, 25.10.1941, S. 176/Z. 150-153. Zur Fortsetzung der Auseinandersetzungen um die Auslandspropaganda vgl.: SEMMLER, 2.3.1943, S. 71, 2.6.1944, S. 124 f., 16.10.1944, S. 157 und 25.12.1944, S. 173; „Denkschrift Goebbels an Hitler vom 18. Juli 1944", in: DOKUMENTATION, Goebbels, S. 308 f.; MARTIN, Mann, S. 97.

295 Vgl.: GOEBBELS, Tagebücher, Band II/2, 23.12.1941, S. 564/Z. 127-130; Plakat „Das jüdische Komplott", in: „Parole der Woche, Parteiamtliche Wandzeitung der Reichspropagandaleitung der NSDAP", Folge 50 vom 10.12.1941, Druck in: BERNATZKY, S. 403/Abb. 15.

296 Vgl.: GOEBBELS, Tagebücher, Band II/6, 20.12.1942, S. 479/ Z. 158-165.

297 Vgl.: GOEBBELS, Tagebücher, Band II/2, 17.11.1941, S. 304/Z. 71 f.; GOEBBELS, Tagebücher, Band II/14, 18.11.1944, S. 111-119; RIESS, S. 271 f.; REIMANN, S. 273-276.

298 Vgl.: „[In] Churchill sieht der Führer den Hauptverbrecher dieses Krieges. Ihm ist es zu verdanken, daß er überhaupt angefangen hat und daß er mit einer derartigen Erbitterung durchgeführt werden muß." GOEBBELS, Tagebücher, Band II/3, 20.1.1942, S. 154/Z. 592-594. Semler hingegen berichtet, daß Goebbels bei Tischgesellschaften einer gewissen Bewunderung für Churchill Ausdruck verliehen habe, vgl.: SEMMLER, 16.1.1941, S. 18 und 25.12.1944, S. 172. Die Aussage Fritzsches stützt diesen Aspekt, vgl.: Aussage von Dr. Hans Fritzsche, in: IMG, Band XVII, S. 279; Konferenzprotokoll vom 24. Januar 1943, in: BOELCKE, Krieg, S. 425; OVEN, Finale, 10.8.1943, S. 109. Zu einer allgemeinen Anerkennung für die propagandapolitische Vorgehensweise Churchills vgl.: GOEBBELS, Tagebücher, Band II/1, 24.9.1941, S. 484/Z. 319-326; GOEBBELS, Tagebücher, Band II/2, 23.12.1941, S. 567/Z. 216-221 und 28.12.1941, S. 589 f./Z. 113-122; GOEBBELS, Tagebücher, Band II/5, 7.12.1942, S. 405/Z. 96-101. Im Rückblick vgl.: GOEBBELS, Tagebücher, Band II/15, 27.3.1945, S. 606/Z. 277-281. Kein Zweifel besteht hinsichtlich seiner Bewunderung für die Standhaftigkeit der englischen

Spätestens ab Mitte September 1941 aber glaubte Goebbels wohl zunächst nicht mehr an die Wahrscheinlichkeit einer Verständigung mit England.[299] Nach Anlaufen der *Endlösung* war die Frage eines Zusammengehens mit Großbritannien zunächst hinfällig.

Die Tatsache der Vernichtungsmaßnahmen war den Alliierten relativ frühzeitig bekannt.[300] Sie legten im Dezember 1942 scharfe Proteste gegen die, wie sie es für die Öffentlichkeit etwas verschleiernd formulierten, „Behandlung der Juden in Polen" ein und kündigten an, die Verantwortlichen nach dem Kriege einem Strafgericht zu unterziehen. In England erfolgte eine Unterhausdebatte, die Goebbels scharf antisemitisch kommentierte, einmal mehr schienen ihm die hinter den Alliierten agierenden jüdischen Triebkräfte erkennbar.[301] Der

---

Bevölkerung, vgl.: SEMMLER, 20.3.1941, S. 23. Zu Hinweisen bezüglich einer Einschätzung Goebbels' durch Churchill vgl. exemplarisch: CHURCHILL, S. 51 und S. 896. Zur Verwirklichung der gegen die Westalliierten gerichteten Kampagne im Jahr 1941 vgl. exemplarisch: „England und seine Plutokraten", in: DAS REICH, Nr. 1, Jahr 1941, 5. Januar, S. 1 f., antisemitische Elemente S. 1; „Aus Churchills Lügenfabrik", in: ebenda, Nr. 2, Jahr 1941, 12. Januar, S. 1 f.; „Auf den Pfaden des Nationalsozialismus", in: ebenda, Nr. 3, Jahr 1941, 19. Januar, S. 1 f.; „Pseudosozialisten", in: ebenda, Nr. 4, Jahr 1941, 26. Januar, S. 1 f.; „Winston Churchill", in: ebenda, Nr. 5, Jahr 1941, 2. Februar, S. 1 f.; „Besuch aus USA", in: ebenda, Nr. 6, Jahr 1941, 9. Februar, S. 1 f.; „Im Gelächter der Welt", in: ebenda, Nr. 7, Jahr 1941, 16. Februar, S. 1 f.; „Im richtigen Augenblick", 23. Februar 1941, in: GOEBBELS, Zeit ohne Beispiel, S. 396-400, antisemitische Elemente S. 399; „Über die geistige Kriegführung", 2. März 1941, in: ebenda, S. 401-405; „Wenn der Frühling über die Berge steigt", 9. März 1941, in: ebenda, S. 415-419; „Die alten Zyniker", 16. März 1941, in: ebenda, S. 420-425; „Der Frömmste unter uns allen", 23. März 1941, in: ebenda, S. 434-439; „Britannia rules the waves", 30. März 1941, in: ebenda, S. 440-445; „Lord Halifax als Bankettredner", 6. April 1941, in: ebenda, S. 446-451; „Das alte Lied", 8. April 1941, in: ebenda, S. 452-457; „Er ist es", 16. April 1941, in: ebenda, S. 458-463; „Wie man es nicht machen soll", 23. April 1941, in: ebenda, S. 471-475; „Fleißzensuren aus USA", 4. Mai 1941, in: ebenda, S. 476-480; „Aus dem Lande der unbegrenzten Möglichkeiten", 25. Mai 1941, in: ebenda, S. 486-491; „Botschaft aus USA", 29. Mai 1941, in: ebenda, S. 492-495, antisemitische Elemente S. 492; „Die Heroisierung der Rückzüge", 8. Juni 1941, in: ebenda, S. 497-502.

[299] Vgl.: GOEBBELS, Tagebücher, Band II/1, 12.9.1941, S. 404/Z. 132-138.

[300] Vgl.: BREITMAN, Secrets, S. 110-136. Zu Inhalt und Einschätzung des relevanten „Riegner-Telegramms" vom August 1942 vgl.: BROWNING, Weg, S. 149-159. Vereinzelt wurden entsprechende Informationen auch Vertretern neutraler Staaten zugespielt (August 1942), vgl. Aussage von Obersturmbannführer Kurt Gerstein, in: DOKUMENTATION, Gerstein, S. 185-196.

[301] Vgl.: „Eden hat im Unterhaus eine Rede über das Judenproblem gehalten und auf gestellte Fragen geantwortet. Der, wie die englische Presse schreibt, ‚greise Abgeordnete' Rothschild hat das Wort ergriffen und in tränseliger Weise das Schicksal der polnischen Juden beklagt. Das Unterhaus hat am Ende der Sitzung eine Schweigeminute eintreten lassen. Alle Unterhausabgeordneten erhoben sich von ihren Plätzen, um dem Judentum eine stille Ovation zu bringen. Das paßt auch durchaus zum englischen Unterhaus. Dieses Parlament ist in Wirklichkeit eine Art von Judenbörse. Die Engländer sind überhaupt die Juden unter den Ariern." GOEBBELS, Tagebücher, Band II/5, 13.12.1942, S. 438 f./Z. 114-126; „Der Feind ist in seiner Propaganda außerordentlich aggressiv. Auch die Juden ergreifen jetzt wieder das Wort. Emil Ludwig Cohn fordert in einem Interview in der amerikanischen Presse die völlige Zerstörung der deutschen Wirtschaft und des deutschen Kriegspotentials. Die Judenkampagne gegen uns geht mit verstärktem Ton weiter. Was die Juden nicht alles anstellen, um das Reich zu diskreditieren! Sie arbeiten großzügig und frech. Aber sie werden trotzdem nicht zum Ziel kommen, wie sie auch im Reich nicht zum Ziel gekommen sind." GOEBBELS, Tagebücher, Band II/6, 20.12.1942, S. 479/Z. 158-165; hierzu: FRAENKEL/MANVELL, S. 266.

Propagandaminister ging aber dabei mittlerweile davon aus, daß auch die Westalliierten insgeheim die Judenpolitik des Reiches billigten, von den Juden aber
unter Druck gehalten würden.[302]
Tatsächlich war die öffentliche Meinung in England uneinheitlich, die britische Regierung sorgte sich um ein Ansteigen antisemitischer Stimmung bei
verstärkter jüdischer Einwanderung; bereits in unmittelbarer Folge der
„Reichskristallnacht" war dieser Kurs eingeschlagen und auch von den englischen Medien unterstützt worden.[303] Entsprechende Warnungen waren Gegenstand von Schlagzeilen, die Goebbels bekannt gewesen sein und seine Meinung bestärkt haben dürften.
Mit hoher Wahrscheinlichkeit schätzte der Propagandaminister die psychologische Durchschlagskraft der alliierten Kampagnen gegen die deutsche Judenpolitik sehr hoch ein, zumal sie auch in neutralen Staaten aufgegriffen wurden: „Meine Herren, machen wir uns nichts vor, die gegnerische Propaganda
hat sich auf zwei Dinge konzentriert – mit diesen packt sie uns. Diese beiden
Dinge heißen ‚Kristallnacht' und ‚KZ'. Beide haben mit dem Judenproblem
zu tun und werden deshalb so stark akzentuiert. [...] Alles andere verblaßt daneben."[304] Vor dem Hintergrund dieser Bemerkung erscheinen auch die Bemühungen um eine außenpolitische Schadenbegrenzung nach der „Reichskristallnacht" klarer.
Im Bewußtsein der Unumkehrbarkeit der *Endlösung* versteifte Goebbels
seine Kommentare in den Tagebüchern auf die Berechtigung und Notwendigkeit, den eingeschlagenen Kurs fortzusetzen; die Drohungen, welche die Juden über London und Washington verbreiteten, hätten keinen Einfluß darauf,
daß man die Judenfrage weiterhin einer radikalen Lösung zuführen werde.[305]

---

302 Vgl.: „Im Grunde genommen sind, glaube ich, sowohl die Engländer wie die Amerikaner froh
darüber, daß wir mit dem Judengesindel aufräumen. Aber die Juden werden drängen und die
britisch-amerikanische Presse unter Druck setzen." GOEBBELS, Tagebücher, Band II/5,
13.12.1942, S. 438/Z. 117-119; dementsprechend: ebenda, 14.12.1942, S. 445 f./Z. 135-160 und
15.12.1942, S. 449/Z. 136-146; PICKER, 20.5.1942, S. 361 f.; DNB-Depesche zu wachsendem
Antisemitismus in England vom 25. Juli 1942, ediert in: ebenda, S. 475.
303 Vgl.: BREITMAN, Staatsgeheimnisse, S. 241; dazu exemplarisch: „The Observer", 31. Juli 1938,
zitiert nach: FOX, Attitudes, S. 481. Zu Haltungen Großbritanniens in der Einwanderungsfra-
ge 1933-1945 vgl. grundlegend: ebenda, S. 476-484; FOX, Rescue, S. 355-372; LONDON, S. 485-
517; PAUCKER, Haltung, S. 150-159; FRIEDLÄNDER, Reich, S. 322 f. Zur Haltung des Auslands
in der Frage der Auswanderung vgl.: WETZEL, S. 420-425; entsprechend für die Kriegszeit:
WEINBERG, S. 480-491.
304 Goebbels, zitiert nach: SCHAUMBURG-LIPPE, S. 180; vgl. auch: BALFOUR, S. 299-304.
305 Vgl.: GOEBBELS, Tagebücher, Band II/5, 9.12.1942, S. 415/Z. 119-126, 5.12.1942, S. 394/Z. 86-
94, 18.12.1942, S. 467/Z. 160-179 und 19.12.1942, S. 472/Z. 113-130; dazu exemplarisch die entsprechende öffentliche Darlegung in seiner Sportpalastrede vom 18. Februar 1943, in: GOEB-
BELS, Reden, Band II, S. 172-208, Zitatstelle S. 183. Vgl. auch: „Die Judenfrage spielt eine
außerordentliche Rolle, sowohl im feindlichen wie auch im neutralen Nachrichtendienst. Die
Schweden empören sich scheinheilig gegen unsere Behandlung der polnischen Juden, erklären
sich aber keinesfalls bereit, die Juden in ihr Land aufzunehmen. Die maßgebenden Stockholmer Zeitungen verwahren sich mit Emphase dagegen, daß ihnen nun die Ghettojuden aus Warschau aufgedrängt werden sollten. Es wäre vielleicht ganz gut, wenn die Schweden einige tausend solcher Juden in ihr Land hereinließen. Sie würden dann einmal einen praktischen An-
schauungsunterricht über die Judenfrage erhalten und wahrscheinlich unsere Maßnahmen

Er begegnete den Angriffen zunächst offensiv durch Gegenrechnen englischer Greuel in Indien oder im Nahen Osten, eine derartige Vorgehensweise hatte der Reichsminister bereits im Anschluß an die „Reichskristallnacht" angekündigt, um ausländischer Kritik zu begegnen.[306] In dieser Angelegenheit organisierte man authentische Stimmen, die von dritter Seite die Verbindungen zwischen Alliierten und Juden beleuchten sollten, beispielsweise sprach am 18. Dezember der Großmufti von Jerusalem in Berlin über die Rolle Englands und der USA bei der Zerschlagung aller arabischen Proteste mit Terror, Blut und Feuer.[307] Am 22. Dezember erfolgten entsprechende Anklagen des (mittels eines deutschen Unterseebootes eigens eingeführten) indischen Nationalistenführers Subhas Chandra Bose gegen die „barbarische Herrschaftspraxis" Englands in seiner Heimat; dies übrigens in sachlichem Gegensatz zu Goebbels' persönlicher Überzeugung.[308]

Die Offensivstrategie wurde allerdings zunächst wieder aufgegeben. Wie noch genauer zu zeigen ist, griff Goebbels das empfindliche Thema Anfang 1943 in eigenen Veranstaltungen und Pressekampagnen wieder auf, ohne die Auslandspresse allerdings in der Judenfrage zum Schweigen bringen zu können. Im weiteren Verlauf spielte er entsprechende Presseberichte wohl auch seinen engeren Mitarbeitern gegenüber grundsätzlich herunter.[309] Der

---

viel besser verstehen, als das heute anscheinend der Fall ist. Die Juden in Jerusalem veranstalten rauschende Protestkundgebungen gegen uns. Sie haben einen Fasttag abgehalten und an der Klagemauer den alttestamentarischen Judenfluch über den Führer, Göring, Himmler und mich ausgerufen. Vorläufig habe ich bei mir persönlich noch keine Folgen gemerkt. Im übrigen muß man diese Juden kennen, um sie richtig zu behandeln. Sie suchen jetzt die ganze Welt zu alarmieren, bloß um Propaganda gegen das nationalsozialistische Reich und seine antisemitische Überzeugung zu machen. Darauf gibt es nur eine Antwort, und die lautet: rigoros und ohne Einschränkung in der bisherigen Methode fortfahren. Würde man auch nur das leiseste Zeichen der Schwäche geben, so wäre man verloren." GOEBBELS, Tagebücher, Band II/6, 18.12.1942, S. 467/Z. 160-179.

306 Vgl.: ebenda, 12.12.1942, S. 434/Z. 182-189; „Die englische Propaganda bemächtigt sich der angeblichen Judengreuel im Osten derart stark, daß der Minister es nunmehr für an der Zeit erachtet, gegen diese Propagandakampagne etwas zu unternehmen. Dieses Thema sei zwar recht heikel, und wir sollten uns am besten auf die Polemik nicht einlassen, dafür aber die Greuel der Engländer in Indien, im Iran und in Ägypten besonders herausstellen." Konferenzprotokoll vom 12. Dezember 1942, in: BOELCKE, Krieg, S. 409. Vgl. auch: Konferenzprotokolle vom 14. Dezember 1942 und vom 16. Dezember 1942, in: ebenda, S. 410 bzw. S. 411; BANKIER, Use, S. 42. Zur Drohung von 1938 vgl.: „Keine Kompromisse in der Judenfrage! Reichsminister Dr. Goebbels über den Abwehrkampf gegen die internationale Judenhetze", in: VÖLKISCHER BEOBACHTER, 51 (1938), 328. Ausgabe, 24. November, S. 4.

307 Vgl.: BOELCKE, Krieg, S. 410; SEMMLER, 20.2.1943, S. 70. Weitere Besprechungen erfolgten im April 1944 im Rahmen allgemeiner Bestrebungen von Goebbels, Gegenkräfte gegen die Alliierten aufzurichten, vgl.: GOEBBELS, Tagebücher, Band II/12, 26.4.1944, S. 188 f./Z. 173-184.

308 Vgl.: BOELCKE, Krieg, S. 410; „Wir wollen uns doch klar sein, daß für die meisten der von England beherrschten Völker – im Gegensatz zu der von uns seit Kriegsbeginn betriebenen Propaganda – diese Herrschaft höchst segensreich ist. Das ganze Theater beispielsweise um die indische Freiheit und Unabhängigkeit ist doch der reine Humbug." Goebbels, zitiert nach: OVEN, Finale, 27.1.1944, S. 215. Zur Zusammenarbeit des deutschen Geheimdienstes mit Bose vgl.: SCHELLENBERG, S. 230.

309 Vgl.: SEMMLER, 10.1.1944, S. 117.

stellvertretende Reichspressechef Helmut Sündermann nahm im Sommer 1944 vor Auslandskorrespondenten Bezug auf die Berichte der alliierten Medien und bemühte sich um eine Verschleierung beziehungsweise Umkehrung der Tatsachen.[310]

In bezug auf antisemitische Kriegspropaganda befand sich Goebbels bewußt auf einer recht heiklen Gratwanderung. Die Maßnahmen sollten Heimat und Front stärken, dabei aber insbesondere bei den neutralen Staaten keine Verschiebungen ihrer Einstellung zum nationalsozialistischen Deutschland provozieren[311], ihr Abschwenken auf die Gegenseite war unbedingt zu vermeiden. Insbesondere sorgte sich der Propagandaminister um die Haltung Schwedens. Das skandinavische Land war ein bedeutsamer Lieferant kriegswichtiger Rohstoffe und Fertigprodukte (Eisenerz und Kugellager; ähnliches gilt beispielsweise für Portugal und die Türkei als Lieferanten von Wolfram beziehungsweise Chrom), und auch in strategischer Hinsicht hätte ein Kriegseintritt auf alliierter Seite unabsehbare Nachteile mit sich bringen können.[312] Nachweislich befürchtete der Reichsminister eine Einflußnahme durch in der schwedischen Presse aktive Juden auf die dortige öffentliche Meinung.[313] Die entsprechende Gegenpropaganda mußte also die aus seiner Sicht „wahren" Absichten der „international agierenden" Juden wie auch deren verdeckte Funktionen aufdecken, um den gefährdeten Nationen die Augen zu öffnen, insofern waren Aufgabenstellung und Lösungsversuche für Goebbels in gewisser Weise vergleichbar mit den Herausforderungen der *Kampfzeit*.[314]

In den besetzten Gebieten bestand eines der vorrangigen Propagandaziele darin, bei der einheimischen Bevölkerung eine gewisse Akzeptanz des Besatzungszustands herzustellen; insbesondere im Osten mußte die deutsche Wehrmacht als Befreier von jüdisch-bolschewistischer Vorherrschaft dargestellt werden. Goebbels richtete eigens hierzu im Juni 1941 innerhalb seines Ministeriums das „Generalreferat Ostraum" unter Eberhard Taubert ein.[315] Im wei-

---

[310] Vgl.: Bericht des DNB vom 19. Juli 1944, in: WULF, Presse, S. 128 f.

[311] Vgl.: GOEBBELS, Tagebücher, Band II/3, 9.1.1942, S. 81 f./Z. 224-238.

[312] Vgl.: GOEBBELS, Tagebücher, Band II/8, 6.4.1943, S. 60./Z. 103-107; GOEBBELS, Tagebücher, Band II/9, 5.8.1943, S. 221/Z. 103-106; OVEN, Finale, 8.5.1944, S. 300. Zur Haltung Schwedens vgl. im Überblick: GRUCHMANN, Schweden, S. 591-657. Zu Portugal und Türkei vgl.: OVEN, Finale, 8.5.1944, S. 300 und 30.7.1944, S. 445. Zu Goebbels' Einschätzung der Schweiz vgl.: ebenda, 30.9.1944, S. 486 f. Vgl. auch: „Deutsche Note an die schwedische Regierung", 9. April 1940, in: DEUTSCHE QUELLEN ZUR GESCHICHTE DES ZWEITEN WELTKRIEGES, S. 94.

[313] Zu Goebbels' Einschätzung von Schwedens unterstützender Rolle sowie zu angenommen jüdischen Versuchen, die schwedische Presse zu kontrollieren vgl.: GOEBBELS, Tagebücher, Band II/3, 28.1.1942, S. 205 f./Z. 200-224; GOEBBELS, Tagebücher, Band II/5, 28.7.1942, S. 199 f./Z. 205-214; GOEBBELS, Tagebücher, Band II/8, 18.4.1943, S. 124/Z. 160-167. Zur Notwendigkeit, das Wohlwollen Schwedens nicht zu verspielen vgl. auch: GOEBBELS, Tagebücher, Band II/4, 9.6.1942, S. 474 f./Z. 144-155.

[314] Zu Aspekten der Propaganda in südosteuropäischen Satellitenstaaten vgl.: WETTE, Kriegspropaganda, S. 313-324.

[315] Vgl.: REUTH, Goebbels, S. 485. Zu Einflußnahmen auf die kulturellen Bereiche in besetzten Gebieten im Sinne ihrer „Germanisierung" vgl.: FRÖHLICH, Anweisungen, S. 219-241.

teren Verlauf waren die anlaufenden Judenverfolgungen zu erklären, es galt
ferner, lokale Unterstützung bei der Partisanenbekämpfung zu gewinnen. Die
entsprechende Propaganda bewegte sich in einem recht breiten Spannungsfeld. Einerseits war es erforderlich, die öffentliche Ordnung aufrechtzuerhal-
ten, die Lebensmittelversorgung der Truppe zu gewährleisten und Nach-
schubwege mit möglichst geringer Bindung von Menschen und Material zu
sichern, andererseits sollten mehr oder weniger spontane Judenpogrome in
Osteuropa durchaus gefördert werden.[316] Insbesondere im Baltikum waren ja
hinter den Frontlinien sehr bald Judenverfolgungen in Gang gebracht worden[317], die Goebbels jeweils, wie erwähnt, unter Hinweis auf Hitlers Ankündigung vom 30. Januar 1939 billigend kommentiert hatte.[318]

Die angesprochenen Massenerschießungen von Juden in den eroberten Ostgebieten führten teilweise zu starken Belastungen im Verhältnis der einheimischen Bevölkerung zu den deutschen Truppen. Adolf Mauer, Führungsmit-
glied in der SA, bestellte daher bei dem Reichsminister „Aufklärungsmaterial"
für die ukrainische Bevölkerung, die das scharfe Vorgehen gegen die Juden
nicht verstehe.[319] In den besetzten Gebieten war Antisemitismus teilweise
wohl latent vorhanden, nicht aber systematisch entwickelt worden.[320] Ähnlich wie in den frühen Jahren des Parteiaufstiegs brachte Goebbels für die Propaganda der besetzten Gebiete antisemitisches Gedankengut in Verbindung
mit grundsätzlichen politischen Fragestellungen der Kriegsschuld, um den
Menschen die angenommene zersetzende Kraft des Judentums zu erklären und
damit latent-emotionalen Antisemitismus argumentativ zu begründen beziehungsweise zu unterstützen.[321]

---

[316] Zu den wirtschaftlichen Aspekten in Weißrußland vgl. ausführlich: GERLACH, Morde, S. 231-
501; auch: MADAJCZYK, Besatzungspolitik, S. 428-439. Zu Aspekten der Partisanenbekämpfung in Weißrußland vgl. ausführlich: GERLACH, Morde, S. 859-1055.

[317] Vgl.: Bericht des SS-Brigadeführers und Führers der Einsatzgruppe A, Stahlecker, in: POLIA-
KOV/WULF, Juden, S. 149; „Liquidationszahlen in den baltischen Ländern. Stand 25. Oktober
1941", in: ebenda, S. 155. Zu Aufbau und Aufträgen der Einsatzgruppen vgl.: KRAUSNICK, Einsatzgruppen, S. 151-218; KRAUSNICK, Hitler, S. 88-103; MICHAELIS, S. 290; BENZ/KWIET/MAT-
THÄUS, S. 71-115; STREIM, S. 107-118; DIECKMANN, S. 292-309; LONGERICH, Politik, S. 321-
410; STREIT, S. 248 f. Zur Forschungskontroverse der Richtungen Krausnick und Streim vgl.:
LONGERICH, Massenmord, S. 252-270.

[318] Vgl.: „In den großen Städten wird ein Strafgericht an den Juden vollzogen. Sie werden von den
Selbstschutzorganisationen der baltischen Völker massenweise auf den Straßen totgeschlagen.
Das, was der Führer prophezeite, tritt ein." GOEBBELS, Tagebücher, Band II/1, 11.8.1941, S.
213/Z. 179-184; auch: ebenda, 19.8.1941, S. 257/Z. 81-84. Mit Bezug auf tödliche Pogrome in
Wilna und dem entsprechenden Selbstverschulden der Juden vgl.: GOEBBELS, Tagebücher, Band
II/2, 2.11.1941, S. 221/Z. 103-115.

[319] Vgl.: ebenda, 19.10.1941, S. 142/Z. 110-115, Zitatstelle Z. 110-112. Wenn Goebbels in diesem
Zusammenhang „riesige Judenerschießungen in der Ukraine" ansprach, bezog er sich wohl auf
den Massenmord an 33771 Menschen in Kiew durch die Einsatzgruppe C am 29./30. September 1941. Zahlen nach: BENZ, Juden, S. 750.

[320] Vgl.: WEISS, Juden, S. 105-116. Zu geschichtlichen Aspekten von Antisemitismus in Osteuropa vgl.: GRAML, Reichskristallnacht, S. 42 f.

[321] Vgl.: „Die starke propagandistische Herausstellung unseres Kampfes gegen den Bolschewismus im Zusammenhang mit der Judenfrage hat in den ganzen besetzten Gebieten besonders
eindringlich gewirkt. Ich lege Wert darauf, daß die Behandlung der Judenfrage nicht losgetrennt

Der Propagandaminister ging hierbei davon aus, daß der Bolschewismus in den Völkern der Sowjetunion das Gefühl für die Gefährlichkeit der jüdischen Rasse vollkommen abgestumpft habe; zunächst seien also dementsprechende Grundlagen zu schaffen, weil ansonsten seine antisemitische Propaganda vollkommen ins Leere gehe.[322] Im weiteren Verlauf des Krieges forderte er, auch die Ostvölker im Kampf gegen den *jüdischen Bolschewismus* einzusetzen.[323] Insbesondere angesichts erheblicher Führungsfehler der Exekutivleitungen wie auch einiger Wehrmachtsteile in den besetzten Gebieten, die Goebbels recht frühzeitig bei hohen Offizieren beklagte[324], mußten Stimmungseinbrüche bei den einheimischen Bevölkerungen fortlaufend ausgeglichen werden.[325] Obgleich der Reichsminister wußte, daß derartige Mißstände im Grunde hausgemacht waren[326], konstruierte er auch dahingehend ein jüdisches Verschulden, beispielsweise notierte er Ende Dezember 1941, die Bevölkerung in der Ukraine sei den deutschen Truppen gegenüber eigentlich besten Willens, die oppositionellen und jüdischen Kreise müßten aber beseitigt werden, um zu einer gewissen Beruhigung der Lage zu gelangen.[327]

Die übergeordnete Zielsetzung der Inlandspropaganda für Deutschland umfaßte die Aufrechterhaltung der Kriegsmoral an Feld- wie Heimatfronten. Goebbels schätzte insbesondere die von alliierter Kriegspropaganda ausgehenden Gefahren für die Stimmung im Reich wie auch in der Weltöffentlichkeit frühzeitig sehr hoch ein.[328] Er forderte daher sogar für Reichsminister, Reichs-

---

von der politischen Situation vor sich geht, sondern daß die Wirksamkeit des Judentums innerhalb der plutokratisch-bolschewistischen Front dargestellt wird." GOEBBELS, Tagebücher, Band II/1, 11.7.1941, S. 50/Z. 170-176.

[322] Vgl.: GOEBBELS, Tagebücher, Band II/2, 10.10.1941, S. 89/Z. 190-197.

[323] Vgl.: Konferenzprotokoll vom 15. Februar 1943, in: BOELCKE, Krieg, S. 442.

[324] Vgl.: RIESS, S. 278 f.; SCHAUMBURG-LIPPE, S. 218 und S. 239.

[325] Vgl.: GOEBBELS, Tagebücher, Band II/2, 29.11.1941, S. 388/Z. 124-134. Zur fortgesetzt angespannten Stimmungslage Anfang 1942 vgl. exemplarisch: GOEBBELS, Tagebücher, Band II/3, 11.1.1942, S. 92 f./Z. 182-226.

[326] Vgl. ebenda, 13.2.1942, S. 296/Z. 82-89; GOEBBELS, Tagebücher, Band II/4, 25.4.1942, S. 168/Z. 190-207. Zu Goebbels' Kritik an einer fehlenden politischen Perspektive für die Ostvölker vgl.: SEMMLER, 24.9.1941, S. 51 f., 29.9.1941, S. 52 f. und 4.10.1941, S. 53. Zu dementsprechenden Seitenhieben auf das Ostministerium Rosenbergs vgl.: GOEBBELS, Tagebücher, Band II/7, 14.2.1943, S. 339/Z. 86-106; GOEBBELS, Tagebücher, Band II/8, 29.4.1943, S. 180 f./Z. 104-109; Konferenzprotokoll vom 6. Juli 1942, in: BOELCKE, Krieg, S. 334, Konferenzprotokoll vom 15. Februar 1943, in: ebenda, S. 441-443 sowie Konferenzprotokoll vom 5. März 1943, in: ebenda, S. 450 f.; HÖVER, S. 456-461. Auch 1943 setzte Goebbels seine kritischen Bemerkungen zur Behandlung der Zivilbevölkerung in den besetzten Ostgebieten fort, er widersprach den Darstellungen rassischer Minderwertigkeit und unterschied sich in diesem Punkt eklatant von der Haltung Hitlers, vgl.: GOEBBELS, Tagebücher, Band II/7, 10.1.1943, S. 84-86/Z. 153-216; Konferenzprotokoll vom 15. Februar 1943, in: BOELCKE, Krieg, S. 441-443. Zu Aufbau und Funktion der Besatzungsverwaltung in Weißrußland vgl. ausführlich: GERLACH, Morde, S. 128-229.

[327] Vgl.: GOEBBELS, Tagebücher, Band II/2, 24.12.1941, S. 571/Z. 172-174.

[328] Vgl.: „Wir sind also auf diesem Gebiet einerseits dauernd mit der Abwehr feindlicher Zersetzungspropaganda und andererseits aber auch dauernd im Angriff gegen die englische psychologische Position." GOEBBELS, Tagebücher, Band II/3, 13.1.1942, S. 101/Z. 95-97; hierzu: BRAMSTED, S. 392-417. Zum Abwehraspekt vgl. exemplarisch: Konferenzprotokolle vom 13.

leiter und Gauleiter ein Verbot, Auslandssender abzuhören und erhielt hierbei Unterstützung von Hitler.[329] Wie angesprochen wurde der Abwehraspekt im Zusammenhang mit der *Endlösung* noch bedeutsamer.

Die eigenen Propagandakampagnen mußten zunächst in ihrer Wirkung die Behauptungen der Gegenseite ausgleichen. Dies konnte entweder durch Gegendarstellungen erfolgen, zumeist aber wählte Goebbels den Weg besonders scharfer eigener Angriffe, welche die Propaganda der Kriegsgegner in den Schatten stellen sollten. Der Reichsminister ging hierbei von einer besonderen Notwendigkeit und Wirksamkeit stark kontrastierter Darstellung aus: Die deutsche Bevölkerung war seiner Ansicht nach politisch zu wenig geübt, als daß sie auf Zwischentöne eingehen könne. Sie sehe nur schwarz oder weiß, gut oder böse, tapfer oder feige, klug oder dumm; daher tue man aber gut daran, sich in der Ausrichtung des Volkes einer resoluten Holzschnittmanier zu bedienen.[330]

Hinsichtlich des Rußlandfeldzugs galt es, den Vernichtungskrieg als notwendige Abwehrmaßnahme im Überlebenskampf Europas gegen Judentum und Bolschewismus darzustellen.[331] Goebbels erahnte recht frühzeitig die militärische Unerfüllbarkeit vorschnell abgegebener Erfolgsprognosen wie auch die sich daraus ergebenden Auswirkungen auf die öffentliche Stimmungslage im Reich[332] und leitete aus den entsprechenden Sicherheitsdienstberichten die Notwendigkeit einer härteren, realistischeren und in bezug auf die Kriegsgegner abermals aggressiveren Propaganda ab.[333] Das implizierte auch eine Verschärfung der antisemitischen Agitation.

Ende August 1941 diktierte der Propagandaminister in sein Tagebuch, die Front sei vollkommen intakt, die Heimat dagegen verliere etwas die straffe Hal-

---

November 1939, 21. November 1939, 11. Dezember 1939 und 29. Januar 1940, in: BOELCKE, Kriegspropaganda, S. 225, S. 229, S. 239 bzw. S. 276; GOEBBELS, Tagebücher, Band II/1, 25.7.1941, S. 121/Z. 51-65 und 24.8.1941, S. 302/Z. 106-108. Zu Organisation und Umsetzung britischer Kriegspropaganda vgl.: BALFOUR, S. 53-102. Zu Konzept und Wirkungen britischer Flugblattpropaganda vgl. exemplarisch: ISENBART, S. 211-246.

[329] Zum entsprechenden Verbot für „Parteidienststellen und Parteigenossen" von 1939 vgl.: „Der Reichsminister für Volksaufklärung und Propaganda an Lammers", 24. Oktober 1941, in: DOKUMENTATION, Rundfunkmaßnahmen, S. 425 f.; GOEBBELS, Tagebücher, Band II/2, 1.10.1941, S. 32/Z. 137-151 und 21.10.1941, S. 150 f./Z. 136-150; GOEBBELS, Tagebücher, Band II/3, 21.2.1942, S. 346/Z. 215-225; DOKUMENTATION, Rundfunkmaßnahmen, S. 418-425.

[330] Vgl.: GOEBBELS, Tagebücher, Band II/5, 8.7.1942, S. 81/Z. 258-266.

[331] Vgl. exemplarisch: GOEBBELS, Tagebücher, Band II/1, 24.7.1941, S. 120/Z. 240-252 und 26.7.1941, S. 127 f./Z. 100-111, „Finis Germaniae" S. 128/Z. 110 f.; GOEBBELS, Tagebücher, Band II/2, 7.12.1941, S. 443 f./Z. 92-98; BRAMSTED, S. 512-523. „Weckung von Haßgefühlen", Zeitschriften-Dienst 204/73, Ausgabe 2. April 1943, Nr. 8613-8647, zitiert nach: ebenda, S. 521. Zur Rückführung von Haßpropaganda auf Anweisungen Hitlers vgl.: Aussage von Dr. Hans Fritzsche, in: IMG, Band XVII, S. 165.

[332] Vgl.: „Was die psychologische Lage anlangt, so muß man wohl im Augenblick von einer Krise sprechen." GOEBBELS, Tagebücher, Band II/1, 29.7.1941, S. 139/Z. 69 f.; dementsprechend: ebenda, 24.7.1941, S. 115 f./Z. 55-89 und S. 118/Z. 169-189, 27.7.1941, S. 130/Z. 33 und 28.7.1941, S. 135/Z. 72-74.

[333] Vgl. exemplarisch: ebenda, 28.7.1941, S. 135 f./Z. 72-80 und 29.7.1941, S. 140/Z. 84 f. und S. 141/Z. 137 f.

tung. Das dürfe aber nicht sein, die Heimat dürfe sich nicht von der Front beschämen lassen.[334] Eine grundsätzliche Umgestaltung der Propaganda sei notwendig[335], um ein Bewußtsein der Zusammengehörigkeit in der deutschen Bevölkerung wieder aufzufrischen (*Volksgemeinschaft*). Goebbels plädierte nun dafür, dem Volk die weltanschaulichen Grundlagen des Krieges stärker vor Augen zu führen. Das sei die beste Garantie dafür, daß die Haltung niemals brüchig werde, denn je tiefer der einzelne in den Krieg, seine Ursachen und Ziele hineinschaue, desto eher werde er bereit sein, sich mit seiner ganzen Person dafür einzusetzen.[336] Damit hatte der Reichsminister eine seiner Grundprinzipien zur Totalisierung des Krieges formuliert. Die offiziellen Ursachen und auch die Ziele des Krieges waren, Hitlers Darstellungen entsprechend, unmittelbar mit der Judenfrage verbunden. Judenfeindliche Propaganda erfüllte dahingehend also eine kriegswichtige Funktion, insofern erscheint Antisemitismus auch als Komponente des Konzepts zum totalen Krieg.

Auch die deutschen Soldaten, aus Goebbels' Sicht nur unzureichend ideologisch geschult, sollten aus seinen Darlegungen, die zum Teil in Sonderdrucken (sogenannten „Tornisterschriften"[337]) ausgestreut wurden, Motivation und Energie für die besonderen Härten des Vernichtungskrieges schöpfen. Der Propagandaminister sprach in diesem Zusammenhang etwas verschleiernd von psychologischen Problemen, die im Ostfeldzug angerührt würden.[338] Befehlshaber der Ostfront lobten seine Leitartikel, jedenfalls ihm gegenüber, sie würden sehr stark beachtet und bildeten die Richtschnur für die politische Beurteilung der Lage.[339]

---

[334] Vgl. exemplarisch: ebenda, 28.8.1941, S. 320/Z. 152-154, 5.9.1941, S. 362/Z. 215-226 und 18.9.1941, S. 446/Z. 199-219.

[335] Vgl.: ebenda, 29.8.1941, S. 327-329/Z. 140-215.

[336] Vgl.: GOEBBELS, Tagebücher, Band II/2, 3.12.1941, S. 421/Z. 144-154; dementsprechend aus den Jahren 1943/1944: GOEBBELS, Kriegsartikel, Artikel 3, S. 4 f. und Artikel 6, S. 5 f.; hierzu: GOEBBELS, Tagebücher, Band II/9, 28.9.1943, S. 618/Z. 203-206.

[337] Vgl. exemplarisch: GOEBBELS, Blick nach vorne.

[338] Vgl.: GOEBBELS, Tagebücher, Band II/1, 24.7.1941, S. 116/Z. 99.

[339] Vgl.: GOEBBELS, Tagebücher, Band II/2, 5.12.1941, S. 436/Z. 232 f.; GOEBBELS, Tagebücher, Band II/3, 16.3.1942, S. 479/Z. 113-122; GOEBBELS, Tagebücher, Band II/5, 13.9.1942, S. 491 f./Z. 159-171; GOEBBELS, Tagebücher, Band II/7, 15.1.1943, S. 121/Z. 175-179; GOEBBELS, Tagebücher, Band II/10, 27.11.1943, S. 370/Z. 175-178; GOEBBELS, Das eherne Herz, S. 13 f. [Vorwort von M.A. von Schirmeister]. Zu sich steigernden kritischen Bemerkungen hinsichtlich der politischen Haltung in der Wehrmacht vgl. exemplarisch: GOEBBELS, Tagebücher, Band II/3, 9.1.1942, S. 80/Z. 179-191, 10.1.1942, S. 84/Z. 91-98 und 20.1.1942, S. 144/Z. 207-212; GOEBBELS, Tagebücher, Band II/8, 20.4.1943, S. 140/Z. 274-285 und 15.5.1943, S. 303/Z. 142-152; GOEBBELS, Tagebücher, Band II/9, 16.8.1943, S. 298/Z. 157-163; GOEBBELS, Tagebücher, Band II/10, 12.10.1943, S. 94/Z. 157-166 und 20.11.1943, S. 323/Z. 125-128; GOEBBELS, Tagebücher, Band II/11, 8.1.1944, S. 66/Z. 130-133. Vgl. auch Goebbels' Artikel „Ein Wort zur Etappe" in der Frontzeitung „Front und Heimat", vgl.: GOEBBELS, Tagebücher, Band II/12, 5.5.1944, S. 238/Z. 134-140. Zusammenfassend würdigte Goebbels seine Leitartikel als geeignet, Mitstreiter auf allen Ebenen mit Argumenten auszurüsten zu können, vgl.: „Mein Juden-Artikel hat vor allem in den Kreisen der Parteigenossen großen Beifall gefunden. Er stellt die Lage, so wird berichtet, dar, wie sie ist, und gibt dem kleinen Parteigenossen in seinem Tageskampf die zwingenden Argumente an die Hand, um sich in der Judenfrage zu behaupten." GOEBBELS, Tagebücher, Band II/2, 23.11.1941, S. 352/Z. 170-173. Zur weiteren positiven Einstufung der Pro-

Gleichzeitig mit den anlaufenden Deportationen aus Berlin ordnete Goebbels im Oktober 1941 eine abermalige Verschärfung der antisemitischen Propaganda an, um eventuell aufkeimendem Mitleid mit den Juden in der deutschen Bevölkerung entgegenzuwirken.[340] Wie bereits oben erwähnt erklärte er in offensichtlicher Sorge um die Akzeptanz der Judenpolitik auf einer Ministerkonferenz, die Judenpropaganda müsse fortan äußerst taktvoll und geschickt betrieben werden. Er habe beispielsweise Angst, daß in öffentlichen Verkehrsmitteln eine 70-jährige Jüdin von einem 16-jährigen BDM-Mädchen hochgejagt würde, dagegen könne das Publikum revoltieren. Für Dezember 1941 plante der Reichspropagandaleiter eine breit angelegte Schaufensteraktion mit antisemitischen Exponaten für alle 307 Ortsgruppen seines Gaugebietes, mußte das Vorhaben allerdings aus Kostengründen wieder aufgeben.[341]

Anfang November 1941 entstand einer der schärfsten antisemitischen Leitartikel für „Das Reich", an welchem die wichtigsten Propagandaaspekte exemplarisch dargestellt werden können[342]: „Die Juden sind schuld!" Vor dem bereits skizzierten Hintergrund der Einführung der Kennzeichnungspflicht, der angelaufenen Deportation von Juden aus Berlin, der Massenerschießungen in Ostgebieten und dem Stocken des Rußlandfeldzuges stützte Goebbels seine Argumentation auf die Kriegsschuld der Juden und die entsprechende Prophezeiung Hitlers vom 30. Januar 1939, wie er es wenig später auch in seinen Aufzeichnungen im Zusammenhang mit der *Endlösung* praktizierte, hier bestehen also Kongruenzen: Das Schicksal der Juden sei hart, aber mehr als verdient, so daß Mitleid oder gar Bedauern gänzlich unangebracht seien. Das Weltjudentum habe in der Anzettelung dieses Krieges die ihm zur Verfügung stehenden Kräfte vollkommen falsch eingeschätzt, und es erleide nun einen allmählichen Vernichtungsprozeß.[343] Wie oben angesprochen hatte Goebbels bereits in der Augustkrise 1932 einem Artikel die gleichlautende Überschrift gegeben[344]; außerdem hatte er am 1. April 1939 einen Leitartikel für „Das Reich" verfaßt, in welchem er, wohl ebenfalls mit Bezug auf die bekannte Rede Hitlers zum 30. Januar 1939, die Schuld an einem möglichen neuen Krieg allein den Juden zuschrieb.[345]

---

pagandawirkung seiner Leitartikel vgl.: GOEBBELS, Tagebücher, Band II/10, 19.12.1943, S. 504/Z. 275-282; GOEBBELS, Tagebücher, Band II/11, 7.10.1944, S. 53/Z. 200-203 und GOEBBELS, Tagebücher, Band II/12, 8.6.1944, S. 426/Z. 158 f.

[340] Vgl.: GOEBBELS, Tagebücher, Band II/2, 27.10.1941, S. 188/Z. 49-59 und 28.10.1941, S. 194/Z. 116-126; Presseanweisung zur schärferen Behandlung der Judenfrage vom 27. Oktober 1941, zitiert nach: BANKIER, Use, S. 46; PICKER, 15.5.1942, S. 348.

[341] Vgl.: REIMANN, S. 263.

[342] Der gesamte Artikel kann in diesem Rahmen nicht eingehend besprochen werden, aufgrund seines fanatisch hoch angereicherten Inhalts bietet sich eine Vielzahl von Untersuchungsmöglichkeiten. Mit den folgenden Schlaglichtern soll ein grober Überblick verschafft werden.

[343] Vgl.: „Die Juden sind schuld!", 16. November 1941, in: GOEBBELS, Das eherne Herz, S. 85-91 Zitatstelle S. 88 f. Vgl. hierzu: GOEBBELS, Tagebücher, Band II/2, 4.11.1941, S. 231/Z. 159-164; GOEBBELS, Herz, S. 34-37.

[344] Vgl.: GOEBBELS, Kaiserhof, 23.8.1932, S. 148 (s.o.).

[345] Vgl.: „Die Juden sind schuld! Wenn einmal in Europa in einer schwarzen Stunde ein neuer Krieg ausbrechen sollte, so müßte dieser Ruf über unseren ganzen Erdteil erschallen. Die Juden sind schuld! Sie wollen den Krieg, und sie tun alles, was in ihren Kräften steht, um die Völker zum

Mit direktem Bezug auf Kaufmans Publikation[346] erläuterte der Reichsminister im weiteren Verlauf des Leitartikels die auf internationaler Verschwörung begründete immanente Todfeindschaft aller Juden gegenüber Deutschland[347] und bezeichnete auf dieser Grundlage die Einführung des Judensterns als „eine außerordentlich humane Vorschrift, sozusagen eine hygienische Prophylaxe, die verhindern soll, daß der Jude sich unerkannt in unsere Reihen einschleichen kann, um Zwietracht zu säen."[348] Abschließend wurden in zehn zusammenfassenden Artikeln die wichtigsten Aspekte noch einmal wiederholt. Hinsichtlich der angesprochenen Schuldkonstruktion erscheint der zehnte Punkt besonders relevant, in welchem der Reichsminister die Pflicht der Bürger hervorhob, die Judenpolitik des Reiches im Interesse der Staatssicherheit zu würdigen und nach außen zu vertreten.[349]

Goebbels erscheint tatsächlich durchdrungen von einer energischen Verteidigungsabsicht, in gewisser Konsequenz sorgte er für die Stimmigkeit der Abwehrhaltung an militärischen und propagandistischen Fronten, diese Einstellung ist vergleichbar mit der Zeit des Aufbaus der NSDAP. Der Reichsminister selbst zog entsprechende Parallelen.[350]

Zusätzlich zur Ausbeutung der politischen Tagesereignisse wirkte Goebbels auch darauf hin, spezielle Anlässe für antisemitische Propaganda zu schaffen. Im Prozeß gegen Herschel Grynszpan, den Attentäter vom November 1938, wollte er die verhängnisvolle Rolle, welche die Juden beim Ausbruch des Krieges gespielt hätten, noch einmal besonders herausgestellt se-

---

Krieg zu treiben. Sie selbst glauben, nicht Opfer, sondern Nutznießer eines solchen Krieges zu sein. Darum entfalten sie eine infernalische Hetze gegen Deutschland und Italien." „Wer will den Krieg?", 1. April 1939, in: GOEBBELS, Zeit ohne Beispiel, S. 90-96, Zitatstelle S. 94; vgl. auch S. 92.

[346] Vgl.: „Die Juden sind schuld!", 16. November 1941, in: GOEBBELS, Das eherne Herz, S. 85-91, Zitatstelle S. 88 f.

[347] Vgl.: „In dieser geschichtlichen Auseinandersetzung ist jeder Jude unser Feind, gleichgültig, ob er in einem polnischen Ghetto vegetiert oder in Berlin oder in Hamburg sein parasitäres Dasein fristet oder in Washington oder in New York in die Kriegstrompete bläst. Alle Juden gehören aufgrund ihrer Geburt und Rasse einer internationalen Verschwörung gegen das nationalsozialistische Deutschland an. Sie wünschen seine Niederlage und Vernichtung." „Die Juden sind schuld!", 16. November 1941, in: ebenda, S. 85-91, Zitatstelle S. 85 f.

[348] Zur Verwendung von „human" vgl.: BEISSWENGER, S. 25-27.

[349] Vgl.: „10. Die Juden sind schuld am Kriege. Sie erleiden durch die Behandlung, die wir ihnen angedeihen lassen, kein Unrecht. Sie haben sie mehr als verdient. Mit ihnen endgültig fertig zu werden, ist Sache der Regierung. Keiner hat das Recht, auf eigene Faust zu handeln, aber jeder die Pflicht, die Maßnahmen des Staates gegen die Juden zu würdigen, sie jedermann gegenüber zu vertreten und sich durch keine Tricks und Winkelzüge der Juden in seiner klaren Erkenntnis über ihre Gefährlichkeit irremachen zu lassen. Das verlangt die Sicherheit des Staates von uns." „Die Juden sind schuld!", 16. November 1941, in: GOEBBELS, Das eherne Herz, S. 85-91, Zitatstelle S. 91 f. Vgl. auch: „Vorlage (Ti.)", 27. Oktober 1941, in: AKTEN DER PARTEI-KANZLEI, Teil II/2, Microfiche-Blatt 163, Microfiche-Nr. 68321 („Dr. Goebbels gab Anweisung, im Zusammenhang mit der Stellungnahme Antonescu's [sic] zur Judenfrage noch einmal in ganz großer Form in der Presse die Propaganda gegen das Judentum im Zusammenhang mit dem Judenabzeichen zu verstärken. In diesem Zusammenhang wurde darauf aufmerksam gemacht, daß in den nächsten Tagen der Grünspan-Prozeß auf Anordnung des Führers durchgeführt würde.").

[350] Vgl.: GOEBBELS, Tagebücher, Band II/3, 23.1.1942, S. 173/Z. 200-211 und 31.1.1942, S. 227/Z. 147-152.

hen[351], um Hitlers Argumentation und Prophezeiung zu unterstützen. Schon im Herbst 1939 hatte der Propagandaminister versucht, die Verantwortung der Juden für den Ausbruch des Krieges faktisch nachzuweisen. In der Broschüre „Anschlag gegen den Frieden. Ein Gelbbuch über Grynszpan und seine Helfershelfer", hatte er noch einmal den prinzipiellen Gegensatz von Nationalsozialismus und *Weltjudentum* darstellen lassen, vermischt mit biographischen Gesichtspunkten bezüglich vom Rath wie auch Grynszpan. Dabei wurden exemplarisch noch einmal Parallelen zum Anschlag auf Wilhelm Gustloff aufbereitet.[352]

Der Grynszpan-Prozeß sollte zu einer Generalanklage gegen das Judentum ausgeweitet werden. Entsprechende Vorbereitungen hatte Goebbels schon einmal im November 1938 in unmittelbarer Folge des Attentats und der „Reichskristallnacht" angeordnet.[353] Der ehemalige französische Außenminister Georges Bonnet, 1941 Mitglied im Conseil National, erklärte sich nun offenbar dazu bereit, vor Gericht zu bezeugen, daß das Judentum von der französischen Regierung seinerzeit die Kriegserklärung verlangt habe.[354] Goebbels erhoffte sich daraus große politische Erfolge.[355] Er warnte die deutsche Presse in diesem Zusammenhang ausdrücklich davor, die Judenevakuierungen anzusprechen, um den Propagandisten der Kriegsgegner keine Angriffsflächen zu bieten, den Prozeß ins Gegenteil zu verkehren.[356]

Tatsächlich aber wurde eine Anklage unter anderem aus diplomatischen Gründen (Rücksicht auf die französische Regierung) sowie wegen Sorgen um eine Diskussion bestimmter heikler Aspekte (Gerüchte um mögliche Kontakte zwischen Täter und Opfer nach §175 Reichsstrafgesetzbuch) zunächst verschoben, was Goebbels nach Prüfung der Sachlage befürwortet hatte.[357] Im Oktober 1942 wurden die Vorbereitungen auf Befehl Hitlers stillschweigend eingestellt.[358]

Offensichtlich überzeugte sich Goebbels im Zusammenhang mit den Prozeßvorbereitungen einmal mehr von der Selbstschuld der Juden. In den ent-

---

[351] Vgl.: GOEBBELS, Tagebücher, Band II/2, 17.11.1941, S. 304/Z. 72-75; GOEBBELS, Tagebücher, Band II/3, 13.2.1942, S. 298/Z. 163-171. Zu den Prozeßvorbereitungen vgl.: ebenda, 24.1.1942, S. 177 f./Z. 164-171 und 24.3.1942, S. 535/Z. 124-141.

[352] Vgl.: DIEWERGE, Anschlag, S. 9, S. 33-63 und S. 153-174.

[353] Vgl.: GOEBBELS, Tagebücher, Band I/6, 23.11.1938, S. 198/Z. 30-34 und 25.1.1939, S. 238/Z. 11-13; Anweisung vom 7. Februar 1939, in: PRESSEANWEISUNGEN, Band 7/I, S. 125 f.; dementsprechend: DIEWERGE, Anschlag.

[354] Vgl.: GOEBBELS, Tagebücher, Band II/2, 15.11.1941, S. 291/Z. 155-164.

[355] Vgl.: GOEBBELS, Tagebücher, Band II/4, 2.4.1942, S. 40 f./Z. 184-206.

[356] Vgl.: ebenda, 14.4.1942, S. 95 f./Z. 73-84; „Vermerk. Betrifft: Mordprozeß Grünspan – Vollmacht für Dr. Thierack", 4. April 1942, in: AKTEN DER PARTEI-KANZLEI, Teil I/2, Microfiche-Blatt 243, Microfiche-Nr. 132 01537.

[357] Vgl.: GOEBBELS, Tagebücher, Band II/4, 14.5.1942, S. 288/Z. 101-107; „Aufzeichnung", 16. April 1942 und „Aufzeichnung", 17. April 1942, in: AKTEN DER PARTEI-KANZLEI, Teil I/2, Microfiche-Blatt 280, Microfiche-Nrn. 223 00019 f.

[358] Vgl. ausführlich: HEIBER, Grünspan, S. 148-172; JONCA, S. 53; REUTH, Goebbels, S. 501 f. Auch in diesem Zusammenhang war es zu Auseinandersetzungen zwischen Goebbels und von Ribbentrop gekommen. Zum Hintergrund von Prozeßvorbereitung und -abbruch vgl.: DÖSCHER, Reichskristallnacht, S. 147-161; MAIRGÜNTHER, S. 174-179.

sprechenden Aufzeichnungen findet sich eine relative Vielzahl stereotyper Rechtfertigungsversuche wie auch radikalpolemischer Entgleisungen.[359] Auch in bezug auf konkrete Einzelschicksale, die der Reichsminister bislang tendenziell eher konziliant kommentiert oder auch geregelt hatte, zeigte er sich nun generell hart antisemitisch.[360]

Goebbels dementierte energisch einen amerikanischen Geheimbericht, der im Hintergrund der Judenkampagne von Sommer und Herbst 1941 den Versuch sah, verschiedene innenpolitische Mißstände zu verschleiern.[361] Dieser Aspekt ist aber wohl nicht völlig von der Hand zu weisen, zu Beginn des dritten Kriegswinters verdüsterte sich die allgemeine Stimmung, auch Hitler war dementsprechend beunruhigt.[362]

Tatsächlich lassen sich Überlegungen zu einer gewissen innenpolitischen Ablenkungsfunktion der entsprechenden Kampagnen anhand späterer Tagebuchaufzeichnungen von 1943 erkennen: „Ich könnte mich geradezu beglückwünschen zu dem Entschluß, die antibolschewistische Propaganda, auch wenn sie hier und da im eigenen Volke als langweilig empfunden wird, neu aufzuzäumen. Ihr gegenüber verblassen alle anderen Probleme."[363]

Infolge des Hitler-Stalin-Pakts vom 23./24. August 1939 war die sichtbare Haltung des Reichs zur Sowjetunion stark korrigiert worden. Mit Eröffnung des operativen Krieges[364] endete selbstverständlich auch die Phase der Propagandaruhe, die zweite politische Kehrtwende mußte allerdings erläutert werden.[365] Unter organisatorischer Einbindung ehemaliger Kommunisten als Propagandaberater[366] wurden im wesentlichen die bekannten antibolschewistischen Aspekte aufgefrischt, unter besonderer Betonung der Verbindung von jüdischer Rasse und bolschewistischer Ideologie sowie der Bedeutung des Ostkriegs als Abwehrschlacht zur Rettung Europas. Goebbels verdichtete dies auf

---

[359] Vgl. exemplarisch: GOEBBELS, Tagebücher, Band II/4, 17.4.1942, S. 117 f./Z. 200-213.

[360] Vgl.: GOEBBELS, Tagebücher, Band II/2, 7.11.1941, S. 247/Z. 196-205 und 8.11.1941, S. 253/Z. 231-243.

[361] Vgl.: ebenda, 21.11.1941, S. 327/Z. 155-160.

[362] Vgl.: „Ich spreche mit dem Führer noch ausführlich die innere Lage durch. Er schätzt das Ergebnis der Wollsammlung noch höher ein als ich persönlich. Er sieht darin überhaupt einen Wendepunkt der deutschen Innenpolitik und meint, daß wir damit gewissermaßen einen Blankoscheck für unsere Kriegführung von der deutschen Heimat bekommen haben." GOEBBELS, Tagebücher, Band II/3, 20.1.1942, S. 151/Z. 490-494. Goebbels beurteilte die Stimmung in der Bevölkerung etwas verhaltener, vgl. exemplarisch: ebenda, 24.1.1942, S. 178 f./Z. 203-210 und 25.1.1942, S. 184 f./Z. 187-229; GOEBBELS, Tagebücher, Band II/4, 13.6.1942, S. 515-517/Z. 213-287.

[363] GOEBBELS, Tagebücher, Band II/7, 11.3.1943, S. 526/Z. 129-132.

[364] Der Eröffnung der zweiten Front hatte Goebbels mit großem Unbehagen entgegengesehen, vgl.: GOEBBELS, Tagebücher, Band I/9, 22.6.1941, S. 395/Z. 81 f. Sofern er Bezug auf den Ostfeldzug nahm, benutzte er zumeist recht stereotype Formulierungen, die wohl Gedankengut Hitlers widerspiegeln, vgl. exemplarisch: ebenda, 12.6.1941, S. 366/Z. 17-20 und 6.7.1941, S. 428/Z. 21-27. Diese Einträge erfolgten auch zumeist im Anschluß an Besprechungen mit dem Reichskanzler. Nach außen verbarg Goebbels Anzeichen von Zweifel.

[365] Vgl.: Konferenzprotokoll vom 22. Juni 1941, in: BOELCKE, Krieg, S. 236; WETTE, Rußlandbild, S. 64-72.

[366] Beispielsweise Ernst Torgler, vgl.: STEPHAN, S. 227.

die Formel: „Bedrohung Europas durch den Juden und sein teuflisches System des Bolschewismus".[367] Die entsprechende Propagandapolitik wurde auf judenfeindliche Gesichtspunkte ausgerichtet, der Reichsminister sprach ausdrücklich von einer speziellen antisemitischen Kampagne[368]; Hitler hatte die Anweisung gegeben, „den antibolschewistischen Kampf mit vermehrter Wucht fortzusetzen".[369] Dieser Tenor war zudem bereits in der Führerproklamation zum Angriff auf die Sowjetunion, die Goebbels am 22. Juni 1941 um 5.30 Uhr im Rundfunk verlas, vorgegeben: Unter Wiederaufnahme der international jüdischen Verschwörungstheorie und mit unübersehbarem Bezug auf die Grundannahme der Drohung vom 30. Januar 1939 wurde die durch das Judentum im verborgenen gewähnte Verbindung zwischen Westalliierten und Bolschewisten besonders hervorgehoben und damit ein den Zweifrontenkrieg übergreifendes Feindbild geformt, in welchem Deutschland erneut eingekeilt erscheinen sollte: Es werde wegen ständiger Grenzverletzungen durch die sowjetische Armee „notwendig [...], diesem Komplott der jüdisch-angelsächsischen Kriegsanstifter und der ebenso jüdischen Machthaber der bolschewistischen Moskauer Zentrale entgegenzutreten."[370] Die in langer Tradition gepflegte politische Grundannahme der Nationalsozialisten wurde insofern auf die militärische Ebene übertragen.

---

[367] Vgl.: Konferenzprotokoll vom 5. Juli 1941, in: BOELCKE, Krieg, S. 283; „Durch die deutsche Abrechnung mit Moskau wird jetzt der größte Judenschwindel aller Zeiten aufgedeckt und entlarvt. Das ‚Arbeiterparadies' entpuppt sich vor aller Welt als ein gigantisches Betrüger- und Ausbeutersystem, in dem die Schaffenden durch blutigsten Terror in menschenunwürdigen Zuständen ein unbeschreiblich erbärmliches Dasein fristen müssen. In diesem System, in dem Juden, Kapitalisten und Bolschewisten Hand in Hand arbeiten, herrscht ein geradezu unvorstellbarer Grad menschlicher Verkommenheit. [...] In diesen unsagbaren Zustand tiefsten menschlichen Elends hat der Jude durch sein teuflisches System des Bolschewismus die Völker der Sowjetunion gestoßen. Diesem größten Völkerbetrug aller Zeiten ist nun die Maske vom Gesicht gerissen. Der Kampf im Osten bedeutet die Befreiung der Menschheit von diesem Verbrechen. Die Aufgabe der deutschen Presse wird es nunmehr sein, in einem durchschlagenden Aufklärungsfeldzug die vorstehend umrissenen Gesichtspunkte in grundlegenden eigenen Ausführungen, in der Heranschaffung von Beweismaterial in Wort und Bild und in plastischer Aufmachung herauszuarbeiten." Konferenzprotokoll vom 5. Juli 1941, in: ebenda, S. 238; dazu: „Der Schleier fällt", 6. Juli 1941, in: GOEBBELS, Zeit ohne Beispiel, S. 520-535. Zu einer unauffälligen Publikation von Feldpostbriefen mit eindeutiger Tendenz vgl.: „Fernschreiben. Tiessler an Friedrichs. Betrifft: Veröffentlichung von Frontbriefen", 30. Juli 1941, in: AKTEN DER PARTEI-KANZLEI, Teil II/2, Microfiche-Blatt 161, Microfiche-Nr. 67474.

[368] Vgl.: „Unsere Propagandalinie ist deshalb klar: Wir müssen weiterhin das Zusammenwirken zwischen Bolschewismus und Plutokratie entlarven und mehr und mehr jetzt auch den jüdischen Charakter dieser Front herausstellen. In einigen Tagen wird, langsam beginnend, nun die antisemitische Kampagne anlaufen, und ich bin davon überzeugt, daß wir in dieser Richtung mehr und mehr die Weltöffentlichkeit auf unsere Seite bringen können." GOEBBELS, Tagebücher, Band II/1, 9.7.1941, S. 35/Z. 258-264. Zur Verwirklichung vgl. exemplarisch: „Mimikry", 20. Juli 1941, in: GOEBBELS, Zeit ohne Beispiel, S. 526-531; „Marathonlauf hinter dem Kriege", 21. September 1941, in: ebenda, S. 579-583; „Das Tor zum neuen Jahrhundert", 28. September 1941, in: ebenda, S. 584-589.

[369] GOEBBELS, Tagebücher, Band II/1, 9.7.1941, S. 32/Z. 130-132.

[370] „Proklamation zum 22. Juni 1941", in: HITLER, Reden, Band II, S. 1726-1732, Zitatstelle S. 1731. Zum Angriff auf die UdSSR vgl. grundlegend: HILLGRUBER, Hitlers Strategie, S. 352-377 und S. 516-535.

Nachweislich sollte antibolschewistische Agitation auch dazu beitragen, psychologische Barrieren hinsichtlich möglicher Parallelen zu Napoleons Scheitern in Rußland zu überwinden, wohl nicht zuletzt bei Goebbels persönlich.[371]

Die entsprechenden Tagbucheintragungen weisen darauf hin, daß er von der grundsätzlichen Richtigkeit der dargebrachten Argumente wohl weiterhin überzeugt war. Inspiriert von Greuelmaterial und mit innerer Konstanz zu früheren Bekundungen, notierte Goebbels, der Bolschewismus sei eine Menschheitsgeißel, eine schlimme Erkrankung der Seele, die ausgebrannt werden müsse. Alle müßten dem Führer danken, daß er diese Gefahr angefaßt habe und beseitige[372]: „Das Zusammengehen mit Rußland war eigentlich ein Flecken auf unserem Ehrenschild. Der wird nun abgewaschen. Wogegen wir unser ganzes Leben gekämpft haben, das vernichten wir nun auch."[373]

Während sich Goebbels immer wieder die angenommene biologische Minderwertigkeit (*Untermenschentum*) des sowjetischen Kriegsgegners vor Augen führte[374] und in Stalin einen Vordermann der Juden sah, der das Reich vernichten solle, zollte er ihm doch bis in die Endphase des Krieges hinein immer wieder Anerkennung.[375] Offenbar hegte auch Hitler einen gewissen sachlichen Respekt für sein sowjetisches Gegenstück.[376] Einzelne Aspekte betrachteten

---

[371] Vgl.: „Psychologisch bietet die ganze Sache einige Schwierigkeiten. Parallele Napoleon etc. Aber das überwinden wir leicht durch Antibolschewismus." GOEBBELS, Tagebücher, Band I/9, 29.3.1941, S. 211/Z. 89 f. Zur politischen und militärischen Funktion des nationalsozialistischen Rußlandbildes vgl.: WETTE, Propagandathese, S. 40-46; WETTE, Rußlandbild, S. 73.

[372] Vgl.: GOEBBELS, Tagebücher, Band I/9, 6.7.1941, S. 428/Z. 21-27.

[373] Ebenda, 16.6.1941, S. 379/Z. 106-108; vgl. auch: „Bolschewismus [...] Dieser jüdische Terrorismus muß aus ganz Europa mit Stumpf und Stiel ausgerottet werden." GOEBBELS, Tagebücher, Band II/3, 15.2.1942, S. 210/Z. 369-371; „Im übrigen ist Moskau eifrig bemüht, sich salonfähig zu machen. [...] Die bolschewistischen Juden treiben, wie sie das immer in solchen Situationen getan haben, Mimikry. Sie suchen sich der europäischen Umgebung anzugleichen." GOEBBELS, Tagebücher, Band II/1, 10.7.1941, S. 42/Z. 86-93; dementsprechend: ebenda, 11.7.1941, S. 48/Z. 92-95 und Z. 117-123; vgl. dazu den Leitartikel „Mimikry", 20. Juli 1941, in: GOEBBELS, Zeit ohne Beispiel, S. 526-531. Zur Einschätzung von Lüge und Verdrehung als typisch jüdische Methoden vgl.: GOEBBELS, Tagebücher, Band II/1, 30.8.1941, S. 332 f./Z. 90-95; GOEBBELS, Tagebücher, Band II/2, 7.10.1941, S. 70/Z. 86-95, 13.10.1941, S. 105/Z. 50-57, 14.10.1941, S. 110/Z. 76-81, 16.10.1941, S. 124/Z. 99-102 und 20.11.1941, S. 318/Z. 56-59; GOEBBELS, Tagebücher, Band II/3, 8.1.1942, S. 70/Z. 89-96 und 22.2.1942, S. 357 f./Z. 191-198; GOEBBELS, Tagebücher, Band II/4, 12.4.1942, S. 87/Z. 122-126. In derartigen Passagen benutzte Goebbels mit Bezug auf den Bolschewismus regelmäßig Metaphern aus dem medizinischen Lexikon, ein Stilmittel, das er auch schon im Zusammenhang mit antisemitischen Bemerkungen gebraucht hatte, vgl. exemplarisch: „Es bleibt uns nichts anderes übrig als anzugreifen. Dieses Krebsgeschwür muß ausgebrannt werden. Stalin wird fallen." GOEBBELS, Tagebücher, Band I/9, 22.6.1941, S. 395/Z. 81 f.; dementsprechend: GOEBBELS, Tagebücher, Band I/8, 21.7.1940, S. 231/Z. 34.

[374] Vgl. exemplarisch: GOEBBELS, Tagebücher, Band II/2, 23.12.1941, S. 564/Z. 92-99.

[375] Vgl.: GOEBBELS, Tagebücher, Band II/4, 24.5.1942, S. 354 f./Z. 347-370; MARTIN, Mann, S. 121 und S. 131; SCHAUMBURG-LIPPE, S. 121; FETSCHER, Stalin, S. 934-937.

[376] Vgl.: GOEBBELS, Tagebücher, Band I/7, 10.10.1939, S. 146 f./Z. 44-47; GOEBBELS, Tagebücher, Band II/4, 24.5.1942, S. 354 f./Z. 347-370; GOEBBELS, Tagebücher, Band II/9, 10.8.1943, S. 261/Z. 587-594; GOEBBELS, Tagebücher, Band II/15, 6.2.1945, S. 321 f./Z. 329-333; PICKER, 22.7.1942, S. 468. Daraufhin sah auch Goebbels in Stalin einen Mann von Format, vgl.: GOEBBELS, Tagebücher, Band II/2, 4.12.1941, S. 425 f./Z. 115-119; GOEBBELS, Tagebücher, Band II/4, 5.6.1942, S. 452/Z. 222-232; SCHAUMBURG-LIPPE, S. 121.

beide als vorbildlich, insbesondere in solchen Bereichen, in denen man auf deutscher Seite Defizite und Versäumnisse fand. Dies gilt insbesondere für die rücksichtslose Brutalität, die im Dienste höherer Ziele auch gegen das eigene Volk gerichtet wurde und die Goebbels als Ideal totaler Kriegführung erschien[377], sowie auch für die geschlossene ideologische Ausrichtung von Volk und Armee.[378]

Wenngleich er sie auch gelegentlich als „typisch jüdisch" diffamierte, würdigte Goebbels bis zuletzt auch die sowjetische Propaganda auf Grund ihres professionellen psychologischen Aufbaus, ihrer Flexibilität und ihrer Reaktionsschnelligkeit[379], selbst hinsichtlich der Einflußnahme auf deutsche Kriegsgefangene durch Politkommissare der Roten Armee.[380]

Anfang 1943 bescheinigte der Propagandaminister Stalin eine gewisse Überlegenheit in der psychologischen Kriegführung, und auch im Rückblick mußte er seine Einschätzung bestätigen.[381] Er will damit kurz vor dem Untergang sogar bei Hitler argumentiert haben, um den Reichskanzler zu einem für die Kriegsmoral der deutschen Bevölkerung wichtig erachteten öffentlichen Auftritt zu bewegen.[382] Offiziell aber führte er die große Widerstandskraft der Bol-

---

[377] Vgl.: GOEBBELS, Tagebücher, Band II/2, 7.12.1941, S. 443 f./Z 92-98 und 10.12.1941, S. 467/Z. 317-339; GOEBBELS, Tagebücher, Band II/3, 14.1.1942, S. 109/Z. 169-179 und 20.3.1942, S. 511/Z. 540-544; GOEBBELS, Tagebücher, Band II/7, 10.2.1943, S. 311/Z. 113-124; GOEBBELS, Tagebücher, Band II/9, 31.8.1943, S. 393/Z. 78-83; GOEBBELS, Tagebücher, Band II/12, 26.6.1944, S. 553 f./Z. 199-209; „Der Minister kommt auf den Eindruck zu sprechen, den ein aus dem Ausland besorgter Film über die Verteidigung von Leningrad im vorigen Winter vermittelt. Er ordnet an, daß die verantwortlichen Leiter der deutschen Propaganda diesen Film ansehen, weil er zeigt, welch ungeheurer Unterschied zwischen der deutschen und der russischen Kraftanstrengung besteht und wie gering die Mitwirkung der deutschen Zivilbevölkerung im Verhältnis zur russischen ist. [...] das Geheimnis des russischen Erfolges sei u.a. der Einsatz der rücksichtslosesten und härtesten Typen in den führenden Positionen." Konferenzprotokoll vom 16. Januar 1943, in: BOELCKE, Krieg, S. 420.

[378] Vgl.: Konferenzprotokoll vom 21. Januar 1943, in: ebenda, S. 424.

[379] Vgl.: GOEBBELS, Tagebücher, Band II/7, 6.1.1943, S. 58/Z. 140-150, 14.1.1943, S. 110/Z. 134-142 und 21.1.1943, S. 149/Z. 79-84; GOEBBELS, Tagebücher, Band II/8, 8.5.1943, S. 233 f./Z. 194-249 und 2.6.1943, S. 405/Z. 99 f.; GOEBBELS, Tagebücher, Band II/10, 27.10.1943, S. 178 f./Z. 268-272; GOEBBELS, Tagebücher, Band II/11, 10.2.1944, S. 173/Z. 203-205; GOEBBELS, Tagebücher, Band II/13, 31.8.1944, S. 366/Z. 111-119; GOEBBELS, Tagebücher, Band II/15, 1.3.1945, S. 391 f./Z. 195-208 und 16.3.1945, S. 518/Z. 139-149. Zur entsprechenden Einschätzung durch Hitler vgl.: GOEBBELS, Tagebücher, Band II/11, 4.3.1944, S. 403/Z. 478-483.

[380] Vgl.: ebenda, 11.3.1944, S. 454/Z. 126-134.

[381] Vgl.: GOEBBELS, Tagebücher, Band II/7, 14.1.1943, S. 110/Z. 134-142; GOEBBELS, Tagebücher, Band II/15, 27.3.1945, S. 606/Z. 277-281.

[382] Zur Proklamation des „Großen Vaterländischen Krieges" durch Stalin am 3. Juli 1941, vgl.: GOEBBELS, Tagebücher, Band II/15, 28.3.1945, S. 615/Z. 328-330 und S. 622/Z. 614-622. Schon seit Sommer 1943 finden sich in den Aufzeichnungen recht kritische Äußerungen zur relativen Passivität Hitlers in bezug auf die innere Führung, vgl. exemplarisch: GOEBBELS, Tagebücher, Band II/9, 23.7.1943, S. 148/Z. 102-120. Schließlich orientierte sich Goebbels im Februar 1945 bei der Befestigung Berlins an der vorbildlichen Verteidigung Leningrads und Moskaus, die ihn in ihrer rücksichtslosen Härte weiterhin stark beeindruckten, vgl.: GOEBBELS, Tagebücher, Band II/15, 11.2.1945, S. 357/Z. 146-158 und 5.3.1945, S. 421/Z. 203-216. Die verantwortlichen Mitarbeiter bekamen den erwähnten sowjetischen Propagandafilm („Kämpfendes Leningrad") vorgeführt, vgl.: OVEN, Finale, 1.2.1945, S. 566.

schewisten überwiegend zurück auf die Verbindung der slawischen Mentalität „mit einer infernalischen jüdischen Erziehung. [...] Das Ergebnis dieser die primitive, animalische Veranlagung raffiniert ausnützenden jüdischen ‚Erziehung' ist der Bolschewismus."[383]

Judenfeindschaft in totalem Krieg und Niederlage

Goebbels hatte bereits auf dem Höhepunkt der deutschen Siege mancherlei Bedenken in bezug auf die militärischen Kräfteverhältnisse der Kriegsparteien gehegt. Nach 1941 erschien ihm die Niederwerfung des Systemgegners im Osten als *conditio sine qua non* für den Fortbestand von Reich wie Regime.[384] Seine Einschätzung der deutschen Möglichkeiten verdüsterte sich im Angesicht der Ereignisse von Stalingrad dramatisch.[385]

Auch die Stimmungslage in der deutschen Bevölkerung beurteilte Goebbels in dieser Phase sehr kritisch.[386] Seit Ende 1942 war der Respekt für die militärische Leistungsfähigkeit der Roten Armee gestiegen, die in persönlichen Kontakten mit sowjetischen Arbeitern und Gefangenen entstandenen Eindrücke stimmten mit den vermittelten Klischees nicht immer überein, das hatte ja der Reichsminister selbst zugegeben, die stereotype antibolschewistische Propaganda drohte, ins Leere zu laufen.[387] Die Auswirkungen einer möglichen Niederlage der 6. Armee (Stalingrad) auf die neutralen Staaten wie auch auf die Bundesgenossen des Reichs waren kaum absehbar, Hinweise auf gewisse Wankelmütigkeiten deuteten insbesondere auf eine mögliche Loslösung Finnlands.[388]

Goebbels befürchtete, daß die kumulierte Kraft der Kriegsgegner auf militärischem Wege nicht zu brechen sei, um so dringlicher erschien es daher, die Allianz mit gezielter Propaganda zu schwächen, um sie damit schließlich politisch zu zerschlagen; in bezug auf die Neutralen galt es, zumindest den *status quo* zu halten. Nachweislich hielt der Propagandaminister weiterhin Antibolschewismus und Antisemitismus für die entsprechenden Ansatzpunkte

---

383 Konferenzprotokoll vom 7./9. Juli 1942, in: BOELCKE, Krieg, S. 336.

384 Zur Betonung der Bedeutung des Ostkriegs für den Fortbestand des Reiches vgl.: GOEBBELS, Tagebücher, Band II/7, 23.1.1943, S. 177 f./Z. 686-706 und 4.3.1943, S. 472/Z. 252-257.

385 Vgl.: ebenda, 4.1.1943, S. 45/Z.132-147, 14.1.1943, S. 109/Z. 92-100, 21.1.1943, S. 148 f./Z. 49-65, 22.1.1943, S. 155 f./Z. 46-79 und 23.1.1943, S. 162 f./Z. 89-151. Zu Goebbels' Erschütterung nach der Kapitulation des Oberbefehlshabers der 6. Armee in Stalingrad, Generalfeldmarschall von Paulus, vgl.: ebenda, 2.2.1943, S. 239 f./Z. 46-88 und 15.2.1943, S. 347/Z. 61-83.

386 Vgl.: BOBERACH, Stimmungsumschwung, S. 61-66; GOEBBELS, Tagebücher, Band II/7, 1.1.1943, S. 225/Z. 188-190 und 5.2.1943, S. 266/Z. 256-281.

387 Vgl. hierzu: KERSHAW, Propaganda, S. 193; „Meldung vom 26. Juli 1943, Einstellung der Bevölkerung zur Propaganda über den Bolschewismus", in: BOBERACH, Meldungen Auswahl, S. 421-423.

388 Vgl. exemplarisch: GOEBBELS, Tagebücher, Band II/7, 9.1.1943, S. 76/Z. 173-181, 7.2.1943, S. 275/Z. 69-74, 12.2.1943, S. 324/Z. 99-112 und 15.2.1943, S. 348/Z. 89-100.

und Hebelwerkzeuge[389], wobei er Antisemitismus *expressis verbis* als ein außerordentlich wirksames Propagandamittel bezeichnete, es entspreche den politischen Zweckmäßig- und Notwendigkeiten der allgemeinen Lage.[390] Später
rückte Goebbels die Judenfrage überhaupt ins Zentrum der politischen Gesichtspunkte des Krieges, in seinen Aufzeichnungen notierte er, eine Politik
auf weite Sicht sei in diesem Kriege überhaupt nur möglich, wenn man von
der Judenfrage ausgehe.[391]

Seit Februar 1943 glaubte er, bei den neutralen Staaten Hinweise für ein Um-
schwenken ihrer Meinung hin zu starken Bedenken gegenüber dem Bolschewismus beziehungsweise offener Furcht vor ihm zu erkennen.[392]

Mit seiner Kundgebung zum totalen Krieg im Berliner Sportpalast vom 18.
Februar 1943[393] wollte der Propagandaminister unter außenpolitischem Aspekt eben diese Tendenzen fördern[394], was er allerdings in der Rede ausdrücklich bestritt.[395] Das zentrale innenpolitische Ziel der Sportpalastkundgebung
bestand darin, die Totalisierung des Krieges voranzutreiben und auf verschiedenen Ebenen wahrgenommene politische Widerstände zu brechen.[396]

---

[389] Vgl.: „Wir können propagandistisch in der gegenwärtigen Lage nichts anderes machen, als unseren antibolschewistischen Feldzug weiter zu intensivieren und zu verstärken." Ebenda,
15.2.1943, S. 348/Z. 101-103.

[390] Vgl.: ebenda, 31.3.1943, S. 676/Z. 206-212; „Propaganda-Parole Nr. 49", 17. Februar 1943, in:
AKTEN DER PARTEI-KANZLEI, Teil II/2, Microfiche-Blatt 140, Microfiche-Nrn. 58950-58952
(Herausstellung der „jüdisch-bolschewistischen Gefahr").

[391] Vgl.: GOEBBELS, Tagebücher, Band II/12, 27.4.1944, S. 202/Z. 435-442.

[392] Vgl.: GOEBBELS, Tagebücher, Band II/7, 10.2.1943, S. 312/Z. 163-167, 11.2.1943, S. 317/Z. 48-
52, 12.2.1943, S. 324/Z. 88-90, 17.2.1943, S. 359 f./Z. 72-125 und S. 362/Z. 190-199 sowie
18.2.1943, S. 365/Z. 112-120.

[393] Vgl.: BRAMSTED, S. 356-360; WETTE, Massensterben, S. 57 f.; BOELCKE, Kundgebung, S. 234-
255; MOLTMANN, S. 13-43; FETSCHER, Goebbels, S. 104-118; BOHSE, S. 97-132; BALFOUR, S.
322 f. Zur internationalen Resonanz auf die Kundgebung vgl. ausführlich: FETSCHER, Goebbels, S. 125-245.

[394] Vgl.: „Ich aktiviere im Innern und nach außen hin unseren propagandistischen Kampf gegen
den Bolschewismus. Ich mache daraus eine propagandistische Großaktion erster Klasse, und
zwar soll sie sich auf mehrere Wochen erstrecken. Jeder Artikel, jede Auslassung, jede Nachricht soll mit dem „ceterum censeo" des alten Catilina enden. Wir können mit dieser Parole
unter Umständen die ganze internationale Öffentlichkeit gegen die Sowjetunion alarmieren und
sogar in die feindliche öffentliche Meinung eine Bresche schlagen." GOEBBELS, Tagebücher,
Band II/7, 13.2.1943, S. 332/Z. 88-95; dementsprechend: Konferenzprotokoll vom 12. Februar 1943, in: BOELCKE, Krieg, S. 439-441; „Vorlage für Reichsleiter Bormann. Betrifft: Ausführungen von Dr. Goebbels in der Mittagskonferenz am 8. Februar 1943 (Ti.)", 9. Februar 1943,
in: AKTEN DER PARTEI-KANZLEI, Teil II/2, Microfiche-Blatt 154, Microfiche-Nrn. 64877-64880.
Vgl. auch die entsprechend zuversichtlichen Bemerkungen im Anschluß der Veranstaltung:
GOEBBELS, Tagebücher, Band II/7, 19.2.1943, S. 373/Z. 139-141; Konferenzprotokoll vom 16.
Februar 1943, in: BOELCKE, Krieg, S. 444 und Konferenzprotokoll vom 20. Februar 1943, in:
ebenda, S. 446 f.; „Vorlage für Reichsleiter Bormann (Ti.)." 16. Februar 1943, in: AKTEN DER
PARTEI-KANZLEI, Teil II/2, Microfiche-Blatt 174, Microfiche-Nr. 73331.

[395] Vgl.: „Kundgebung des Gaues Berlin der NSDAP", 18. Februar 1943, in: GOEBBELS, Reden,
Band II, S. 172-208, Zitatstelle S. 181.

[396] Vgl.: „Ausschlaggebend ist der Verlauf der nächsten Massenversammlung im Sportpalast. [...]
Wir müssen jetzt wieder die bewährten Kampfmittel aus der Zeit vor 1933 zur Anwendung
bringen. Auch da sind wir manchmal etwas demagogisch verfahren; aber es hat doch fast

Die Stimmung der deutschen Bevölkerung in bezug auf generelle Totalisierungsmaßnahmen hatte Goebbels bereits in der Sportpalastkundgebung zum
10. Jahrestag der *Machtergreifung* am 30. Januar 1943 prüfen können. Hierbei hatte er scharfe Angriffe gegen *internationale Plutokratie* und *jüdischen
Bolschewismus* mit den bereits bekannten antisemitischen Komponenten (Bedrohung der deutschen Nation beziehungsweise des zivilisierten Abendlandes durch international alliiertes Judentum) gerichtet.[397] Auch der Neujahrsaufruf Hitlers hatte wieder einen stark antisemitischen Tenor getragen, was
der Reichsminister in seinen Aufzeichnungen lobend hervorhob.[398] Am Vorabend der Kundgebung zeigte sich Goebbels überzeugt, mit der neuen Kampagne greifbare psychologische Erfolge erzielt zu haben. Man habe nun das
Feuer unter dem Kessel angesteckt, und er beginne zu kochen, nun müsse man
so lange heizen, bis er anfange überzulaufen: „Dann wird die Stunde unserer
großen propagandistischen Bewährung kommen. Ich verspreche mir davon
außerordentlich viel. Vielleicht haben wir hier in der ganzen Kriegspropaganda unser Meisterstück zu liefern."[399]
    Der Aufbau der Rede vom 18. Februar 1943 zeigt eine sorgfältig arrangier-
te rhetorische Organisation. Die Argumentationskette zur Aufnahme von Totalisierungsmaßnahmen stützt sich auf drei Thesen, welche die maßgebenden
antisemitischen Elemente enthalten und den Ernst der Situation betonen sollten: Auf Grundlage einer abermaligen Darlegung der vom Bolschewismus ausgehenden Bedrohungspotentiale für das zivilisierte Abendland skizzierte
Goebbels nachdrücklich noch einmal die entsprechenden antisemitischen As-

---

immer zum Ziel geführt. Eine gute Demagogie ist durchaus keine verächtliche Sache; wenn
man sie für ein großes Ziel einsetzt, dann hat sie schon ihre moralische Begründung. Ich bin
dazu jetzt mit aller Rücksichtslosigkeit entschlossen. Jedes Mittel ist mir recht, um das Ziel einer Totalisierung des Krieges in größtmöglichem Umfang zu erreichen. Denn hier liegt der einzige Weg zum Siege." GOEBBELS, Tagebücher, Band II/7, 13.2.1943, S. 336 f./Z. 264-278; „In
ihr [Kundgebung] will ich in der Hauptsache den totalen Krieg von der Volksseite aus weiter-
treiben. Jetzt gerät er in die Gefahr, verbürokratisiert zu werden. Das wäre das Schlimmste, was
uns passieren könnte." Ebenda, 14.2.1943, S. 345/Z. 337-340. Zu Goebbels' Beurteilung von
Demagogie vgl. auch: „Erkenntnis und Propaganda", Rede vom 9. Januar 1928, in: GOEBBELS,
Signale, S. 28-52, Zitatstellen S. 49 f. Hintergründe und Entwicklung der Bemühungen von Joseph Goebbels um eine Totalisierung des Kriegs können an dieser Stelle nicht nachgezeichnet
werden. Sie wurden im Rahmen einer Staatsexamensarbeit bereits dargelegt und werden möglicherweise nach Erscheinen der vorliegenden Arbeit publiziert.
397 Vgl.: „Die Proklamation zum 30. Januar soll das Härteste vom Harten darstellen. Es wird in
ihr keine Rücksicht auf Sentimentalitäten genommen, sondern es werden in ihr die Forderungen aufgestellt, die die Lage gebietet." GOEBBELS, Tagebücher, Band II/7, 23.1.1943, S. 173/Z.
532-534; „Kundgebung zum 10. Jahrestag der Machtübernahme", 30. Januar 1943, in: GOEB-
BELS, Reden, Band II, S. 158-171, insbesondere S. 162 f., S. 166 und S. 169.
398 Vgl.: GOEBBELS, Tagebücher, Band II/7, 1.1.1943, S. 30 f./Z. 228-249; „Neujahrsaufruf 1943",
in: HITLER, Reden, Band II, S. 1967 f., Zitatstelle S. 1967.
399 GOEBBELS, Tagebücher, Band II/7, 17.2.1943, S. 362/Z. 192-199. Zur Sportpalastkundgebung
vgl. auch: „Massenkundgebung im Berliner Sportpalast: Volksentscheid für den totalen Krieg",
in: VÖLKISCHER BEOBACHTER, 56 (1943), 50. Ausgabe, 19. Februar, S. 1; „Reichsminister Dr.
Goebbels' [sic] an die deutsche Nation. Nun Volk steh' auf und Sturm brich los!", in: ebenda,
S. 3-6.

pekte[400], indem er, mit Rückgriff auf Gedankengut und Erklärungskonstruktionen aus der Frühphase seiner politischen Beschäftigung, in dramatischer Weise die angenommenen Verflechtungen der Bolschewisten wie auch der Westdemokratien mit dem *internationalen Judentum* hervorhob.[401]

In gewisser Weise rechtfertigend und von seinem Publikum willfährig, wenn auch nicht gänzlich eigenmotiviert bestärkt, sprach Goebbels auch die Verfahrensweise des nationalsozialistischen Deutschland mit den Juden in Berlin (die Deportationen waren gerade wieder aufgenommen worden) und im Reichsgebiet an. Hierbei erfolgte der vielgedeutete und möglicherweise vieldeutige Versprecher, die Verwechslung im Anlaut der Mittelsilben von „Ausrottung" und „Ausschaltung".[402]

Aus einer Notiz von Anfang März 1943 geht hervor, daß sich Goebbels und Göring von kombiniert antisemitisch-antibolschewistischer Propaganda weiterhin große Wirkungen versprachen. Wohl gewissermaßen noch beflügelt von der Sportpalastkundgebung zum totalen Krieg, eine Beeinflussung der öffentlichen Meinung war entsprechend der Berichte der Reichspropagandaämter wohl tatsächlich gelungen[403], sprach sich der Reichsminister für eine aberma-

---

[400] Vgl.: „Kundgebung des Gaues Berlin der NSDAP", 18. Februar 1943, in: GOEBBELS, Reden, Band II, S. 172-208; Zitatstelle S. 175.

[401] Vgl.: „Das Ziel des Bolschewismus ist die Weltrevolution der Juden! Sie wollen das Chaos über das Reich und über Europa hereinführen, um in der daraus entstehenden Hoffnungslosigkeit und Verzweiflung der Völker ihre internationale, bolschewistisch verschleierte kapitalistische Tyrannei aufzurichten! [...] Hinter den vorstürmenden Sowjetdivisionen sehen wir schon die jüdischen Liquidationskommandos, hinter diesen aber erhebt sich der Terror, das Gespenst des Millionenhungers und einer vollkommenen europäischen Anarchie. Hier erweist sich wiederum das internationale Judentum als das teuflische Ferment der Dekomposition, das eine geradezu zynische Genugtuung dabei empfindet, die Welt in ihre tiefste Unordnung zu stürzen und damit den Untergang jahrtausendealter Kulturen, an denen es niemals einen inneren Anteil hatte, herbeizuführen. [...] Unsere Einsicht in diese Problematik hat uns schon früh die Erkenntnis vermittelt, daß das Zusammengehen zwischen internationaler Plutokratie und internationalem Bolschewismus durchaus keinen Widersinn, sondern einen tiefen und ursächlichen Sinn darstellt. Über unser Land hinweg reicht sich bereits das westeuropäische scheinzivilisierte Judentum und das Judentum des östlichen Ghettos die Hände. Damit ist Europa in Todesgefahr." „Kundgebung des Gaues Berlin der NSDAP", 18. Februar 1943, in: GOEBBELS, Reden, Band II, S. 172-208; Zitatstellen S. 177, S. 178 f. bzw. S. 181.

[402] Vgl.: „Wenn das feindliche Ausland gegen unsere antijüdische Politik scheinheilig Protest erhebt und über unsere Maßnahmen gegen das Judentum heuchlerische Krokodilstränen vergießt, so kann uns das nicht daran hindern, das Notwendigste zu tun. Deutschland jedenfalls hat nicht die Absicht, sich dieser jüdischen Bedrohung zu beugen, sondern vielmehr die, ihr rechtzeitig, wenn nötig unter vollkommener und radikalster Ausrott-, -schaltung des Judentums entgegenzutreten! [Starker Beifall, wilde Rufe, Gelächter]." „Kundgebung des Gaues Berlin der NSDAP", 18. Februar 1943, in: GOEBBELS, Reden, Band II, S. 172-208; Zitatstelle S. 182 f. Im offiziellen Druck der Rede wurde diese Passage wiefolgt verändert: „sondern vielmehr die, ihr rechtzeitig und wenn nötig mit den radikalsten Gegenmaßnahmen entgegenzutreten. (Minutenlang ist der Minister durch laute Sprechchöre am Weiterreden gehindert)." GOEBBELS, Sportpalast, S. 13.

[403] Vgl.: Meldung Nr. 361 vom 22. Februar 1943, in: BOBERACH, Meldungen Auswahl, S. 359-361. Zur Diskussion der Nachwirkungen der Sportpalastkundgebung, in welcher u.a. die Einseitigkeit antibolschewistischer Propaganda kritisiert wurde, vgl. exemplarisch: „Stichwort-Protokoll über die Amtsleiterbesprechung mit dem Reichsleiter am 4. März 1943", in: AKTEN DER PARTEI-KANZLEI, Teil I/2, Microfiche-Blatt 227, Microfiche-Nrn. 126 00138-126 00138/1.

lige Intensivierung der Propagandamaßnahmen aus.[404] Die antisemitische Stoßlinie bezog sich dabei weiterhin auf eine Aufdeckung *international-jüdischer* Strategien.[405]

Goebbels reduzierte dabei aber allmählich das Feindbild eines erdumspannenden *Weltjudentums* auf das entsprechende Propagandakonstrukt. Mit hoher Wahrscheinlichkeit glaubte er persönlich nicht mehr uneingeschränkt an die immer wieder hervorgehobene *international-jüdische Verschwörung*, entsprechend einschränkende Überlegungen hatte er ja bereits 1925 geäußert.[406] Der Reichsminister rückte wohl sogar vorsichtig von der Annahme einer jüdischen Steuerung der Sowjetunion ab, Ende Januar 1943 sprach er davon, daß sich dort ein russischer Nationalismus bahngebrochen habe – eine Wunschvorstellung aus dem Sommer 1924.[407] Seinen engsten Mitarbeitern gegenüber verhehlte er diese Einschätzung nicht[408], die Propagandalinie blieb hiervon allerdings ausdrücklich unberührt.[409] Auch in den Tagebuchaufzeichnungen finden diese Relativierungen zunächst keinen Niederschlag, Goebbels bezeichnete die Sowjetunion weiterhin als *proletarisch-jüdischen Staat*[410], ebenso blieben die täglichen Diktate bei der Darstellung einer maßgebenden Einflußnahme von jüdischer Seite auf Stalin wie auch auf die Westalliierten.[411]

---

[404] Vgl.: GOEBBELS, Tagebücher, Band II/7, 2.3.1943, S. 451 f./Z. 265-267 und 24.2.1943, S. 408/Z. 201-206. Vgl. hierzu die entsprechenden Leitartikel von Goebbels: „Die Krise Europas", in: DAS REICH, Nr. 9, Jahr 1943, 28. Februar, S. 1 f.; „Damals und heute", in: ebenda, Nr. 10, Jahr 1943, 7. März, S. 1 f.; „Ceterum censeo", in: ebenda, Nr. 12, Jahr 1943, 21. März, S. 1 f. Vgl. auch: „Vorlage. Betr.: Antibolschewistischer Propagandaplan (Ti.)", 19. Februar 1943, in: AKTEN DER PARTEI-KANZLEI, Teil II/2, Microfiche-Blatt 144, Microfiche-Nrn. 60593-60595; „Propaganda-Parole Nr. 50", 23. Februar 1943, in: ebenda, Microfiche-Blatt 140, Microfiche-Nrn. 58953 f.

[405] Vgl. exemplarisch: GOEBBELS, Tagebücher, Band II/7, 9.2.1943, S. 304/Z. 135-149, 10.2.1943, S. 312/Z. 155-162 und 19.3.1943, S. 583/Z. 110-115.

[406] Vgl.: BORRESHOLM, S. 179 f.; „National und international?", in: GOEBBELS, Die Zweite Revolution, S. 40-43, Zitatstelle S. 42.

[407] Vgl.: GOEBBELS, Tagebücher, Band I/I, 30.7.1924, S. 54 (s.o.).

[408] Vgl.: „Meine Herren, seien wir uns doch einmal darüber klar, daß es ein sogenanntes auf Tod und Leben miteinander verschworenes Weltjudentum in der Form, wie wir es darzustellen pflegen, gar nicht gibt. Niemand wird im Ernst glauben, daß die Juden der Londoner City oder die Bankjuden von Wall-Street die gleichen Interessen haben könnten, wie die Moskauer Kremljuden des Herrn Stalin." Goebbels, Ministerkonferenz [ohne Datum], zitiert nach: RIESS, S. 304.

[409] Vgl.: BORRESHOLM, S. 179 f.

[410] Vgl.: GOEBBELS, Tagebücher, Band II/7, 4.3.1943, S. 472/Z. 254 f.

[411] Vgl.: „Ich bin der Überzeugung, daß hinter Stalin mehr Juden als Einbläser stehen, als wir heute auch nur zu ahnen vermögen." GOEBBELS, Tagebücher, Band II/8, 5.5.1943, S. 209/Z. 58-60; dementsprechend: GOEBBELS, Tagebücher, Band II/7, 16.3.1943, S. 560/Z. 115-123 und 18.3.1943, S. 575/Z. 93-99; GOEBBELS, Tagebücher, Band II/8, 29.4.1943, S. 179/Z. 42-48; GOEBBELS, Tagebücher, Band II/9, 4.7.1943, S. 42/Z. 127-131 und 6.9.1943, S. 436/Z. 217-220; GOEBBELS, Tagebücher, Band II/10, 26.10.1943, S. 166/Z. 29-32 und 21.12.1943, S. 521/Z. 98-100; „Rundfunkansprache zum 30. Januar 1944", in: HITLER, Reden, Band II, S. 2082-2086, Zitatstelle S. 2083 f.; GOEBBELS, Tagebücher, Band II/11, 31.1.1944, S. 205 f./Z. 71-87, 7.2.1944, S. 252 f./Z. 92-99 und 11.2.1944, S. 277/Z. 105 f.; GOEBBELS, Tagebücher, Band II/12, 22.6.1944, S. 515/Z. 131-135; GOEBBELS, Tagebücher, Band II/13, 13.7.1944, S. 104/Z. 167-169; GOEBBELS, Tagebücher, Band II/14, 10.11.1944, S. 188/Z. 56-65, 11.11.1944, S. 196/Z. 69-75 und 18.11.1944, S. 229/Z. 96 f.; GOEBBELS, Tagebücher, Band II/15, 2.1.1945, S. 35 f./Z. 42-7 [sic], 3.1.1945, S. 40/Z. 78-80 und 27.3.1945, S. 604/Z. 195-201; wahrscheinlich grundlegend: HITLER, Kampf, S. 721.

Offenbar schrieb Goebbels dem Judentum mittlerweile eine eher untergründig verbindende Kraft zu.[412] Auch der Reichskanzler ging wahrscheinlich von einem instinktiven, das heißt von einem teilweise unbewußten und im Wesen verwurzelten Weltherrschaftsstreben der *jüdischen Rasse* aus, dies sei weniger eine Angelegenheit der intellektuellen Absichten, daher könne man auch nicht von einer Verschwörung im platten Sinne sprechen.[413] Auch im weiteren Verlauf schätzte Hitler das ständig propagierte Junktim zwischen Bolschewismus und Judentum tatsächlich wohl relativ verhalten ein: Stalin erfreue sich durchaus nicht so der Sympathie des internationalen Judentums, wie das allgemein angenommen werde. Er gehe ja auch in mancher Beziehung ziemlich rigoros gegen die Juden vor.[414]

Die Judenfrage erscheint in den Tagebüchern vom Frühjahr 1943 weiterhin als eines der zentralen Themengebiete der Besprechungen zwischen Goebbels und Hitler. Offensichtlich legte letzterer sein antisemitisches Gedankengut wiederholt in ausführlicher Weise dar.[415] Er erscheint fortgesetzt als treibende Kraft und nahm in diesem Zusammenhang nachweislich Einfluß auf Inhalt und Gestaltung der antisemitischen Propaganda. Vor dem skizzierten Hintergrund der alliierten Proteste gegen die Behandlung der Juden[416] wies er Goebbels im April 1943 an, die Entdeckung von Massengräbern in Katyn bei Smolensk, wo die Sowjets etwa 4150 polnische Gefangene getötet hatten[417], in der Propaganda auch antisemitisch zu nutzen und dabei die Judenfrage „in größtem Stil erneut" aufzuwerfen.[418] Der Auftrag Hitlers schlug sich in Goebbels' Tagebuchaufzeichnungen sofort unter Verwendung der bereits bekannten Argumente und Vorhersagen nieder.[419]

Tatsächlich erhielt die judenfeindliche Polemik durch die Ausschlachtung der Katyn-Funde wieder frische Impulse.[420] Der Reichsminister notierte, er werde „die antisemitische Propaganda so hochkitzeln, daß, wie in der Kampfzeit, das Wort ‚Jude' wieder mit dem verheerenden Ton ausgesprochen wird,

---

[412] Vgl.: „Das plutokratische und das bolschewistische Lager sind durchaus nicht so einig, wie wir das manchmal in unserer Propaganda darstellen. Das einigende Element wird nur von den Juden repräsentiert." GOEBBELS, Tagebücher, Band II/8, 30.5.1943, S. 390 f./Z. 109-114.

[413] Vgl.: ebenda, 13.5.1943, S. 287/Z. 134-149; HITLER, Kampf, S. 329-331.

[414] Vgl.: GOEBBELS, Tagebücher, Band II/12, 27.4.1944, S. 197/Z. 248-251. Zur Frage der Haltung Stalins in der Judenfrage vgl.: SILBERNER, Kommunisten, S. 126-135. Im Niedergang aber revidierte Goebbels derartige Relativierungen, vgl.: GOEBBELS, Tagebücher, Band II/15, 6.2.1945, S. 316/Z. 119-124.

[415] Vgl. exemplarisch: GOEBBELS, Tagebücher, Band II/8, 13.5.1943, S. 287-290/Z. 142-263.

[416] Vgl.: REUTH, Goebbels, S. 525 f., nach RMVP Erkundungsdienst am 22.12.1942.

[417] Die statistischen Angaben sind unterschiedlich und basieren teilweise auf geschätzten Angaben, vgl.: BERGH, S. 339 f. Zum Hintergrund vgl. ausführlich: BERGH.

[418] Vgl.: GOEBBELS, Tagebücher, Band II/8, 15.4.1943, S. 109/Z. 113-117, Zitatstelle Z. 115, und 9.4.1943, S. 77/Z. 98-110; RIESS, S. 366-369.

[419] Vgl. exemplarisch: GOEBBELS, Tagebücher, Band II/8, 16.4.1943, S. 110/Z. 49-65 und S. 113/Z. 151-156; SEMMLER, 12.4.1943, S. 82 f.; FRÖHLICH, Katyn, S. 234 f.; FOX, Katyn, S. 462-499; BALFOUR, S. 332-334.

[420] Vgl.: KESSEMEIER, S. 146 f.; GOEBBELS, Tagebücher, Band II/8, 17.4.1943, S. 114-116/Z. 61-122 und S. 119/Z. 227-243.

wie es ihm gebührt." Es müsse so weit kommen, daß sich selbst ein Staats-
mann der Kriegsgegner nicht mehr an der Seite eines Juden zeigen könne, ohne
sofort auch bei seinem eigenen Volk in den Geruch zu kommen, ein Juden-
diener zu sein.[421]
Die dementsprechende Katyn-Kampagne wurde im Ausland recht aufmerksam beachtet, möglicherweise belastete sie tatsächlich das Verhältnis zwischen der polnischen Exilregierung in Großbritannien und der Sowjetunion.[422]
Auch Churchill schätzte ihre Propagandakraft sehr hoch ein.[423] Goebbels ver-
weist in seinen Aufzeichnungen auf eine intensive Besprechung des Falles in
der Weltpresse und besonders in den neutralen Staaten, wobei dort die Skepsis in bezug auf die deutsche Darstellung allerdings wohl recht groß blieb.[424]
Außerdem betrachtete der Propagandaminister die Beeinflussung der Bevölkerung in den besetzten Gebieten als gelungen; hierbei klammerte er allerdings
das *Generalgouvernement* aus, die Kampagne habe dort keine Wirkung entfaltet, da die polnische Widerstandsbewegung es geschafft habe, den Fall gegen das Reich zu wenden.[425]
In Deutschland flaute die Berichterstattung recht schnell wieder ab, wo-
raufhin der Propagandaminister die Presse eigens anwies, das Thema zwei- bis
dreimal pro Woche in Leitartikeln, Nachrichten, Reportagen und Bildern auf-
zugreifen. Reichspressechef Dietrich unterstützte diesen Kurs[426], er war also
von Hitler gebilligt. Ende April 1943 erfolgte eine abermalige, nunmehr un-
mißverständlich strenge persönliche Aufforderung an die deutschen Schriftleiter, die „jüdische Verantwortung" für die Toten von Katyn entsprechend
zur Darstellung zu bringen und die Judenfrage fortlaufend und pausenlos zu
behandeln.[427]
Der Fall Katyn war auch nützlich für die bereits besprochene antibolschewistische Kampagne, sie erhielt damit nach innen und außen wieder neue the-

---

[421] Vgl.: ebenda, 17.4.1943, S. 115/Z. 69-74, direkte Zitatstelle Z. 69-72; „Ich glaube, daß ich am
Falle Katyn die internationale Diskussion in einem Umfang in Gang setzen kann, wie man sich
das im Augenblick noch nicht vorzustellen vermag." Ebenda, 17.4.1943, S. 119/Z. 241-243. Vgl.
auch die entsprechenden Tagesparolen und Vertraulichen Informationen bei: SÜNDERMANN, S.
245-260; in diesem Zusammenhang ist insbesondere auf die von Goebbels erteilte Sprachrege-
lung vom 14. April 1943 hinzuweisen, welche erstmals eine generell gegen Deutschland gerichtete jüdische Vernichtungsabsicht unterstellte und diesen Aspekt damit in die Presse brachte,
vgl.: TP. 14.4.1943, zitiert nach: ebenda, S. 253.

[422] Stalin ließ am 26. April 1943 die diplomatischen Beziehung zur polnischen Exilregierung ab-
brechen, vgl. hierzu: GOEBBELS, Tagebücher, Band II/8, 25.4.1943, S. 163/Z. 69-73 und
28.4.1943, S. 174-176/Z. 55-106; REUTH, Goebbels, S. 526 f.; STEPHAN, S. 283; aus alliierter Perspektive vgl. exemplarisch: KITCHEN, S. 153-158 und S. 183 f.

[423] Vgl.: ebenda, S. 154.

[424] Vgl.: GOEBBELS, Tagebücher, Band II/8, 24.4.1943, S. 159/Z. 137-144, 20.4.1943, S. 135/Z. 102-
108, 26.4.1943, S. 167/Z. 66-68, 5.5.1943, S. 209/Z. 61-77 und 7.5.1943, S. 219/Z. 88 f.; RIESS, S.
369.

[425] Vgl.: GOEBBELS, Tagebücher, Band II/8, 25.4.1943, S. 163/Z. 89-95 und S. 164/Z.102-110.

[426] Vgl.: TP. 16.4.1943, zitiert nach: SÜNDERMANN, S. 254; SEMMLER, 16.4.1943, S. 83 f.; GOEBBELS,
Tagebücher, Band II/8, 18.4.1943, S. 122-124/Z. 116-186; Meldung Nr. 377 vom 19. April 1943,
in: BOBERACH, Meldungen Auswahl, S. 382-385.

[427] Vgl.: TP. 28.4.1943, zitiert nach: SÜNDERMANN, S. 254.

matische Impulse. Goebbels sah insbesondere in intellektuellen Schichten die vom Bolschewismus ausgehenden Gefahren weiterhin fehlverstanden oder verharmlost; die Entdeckungen von Katyn boten nun Möglichkeiten, Greuelszenarien für den Fall einer Niederlage plastisch zu projizieren.[428] Innenpolitisch erhoffte sich Goebbels eine Straffung der Heimatfront, er sprach ausdrücklich davon, daß man sowohl dem eigenen Volk wie auch dem verbündeten, feindlichen und neutralen Ausland durch die Propagandaoffensive das Kraftbewußtsein des Reichs demonstrieren könne; allerdings hegte er hierbei gewisse Bedenken in bezug auf die Wirkungen auf Familienangehörige von im Ostkrieg vermißten Soldaten.[429] Tatsächlich meldete der Sicherheitsdienstbericht Ende April Verbesserungen in der Stimmungslage der deutschen Bevölkerung, unter anderem auch infolge der Katyn-Kampagne, welche die Bedeutung des Ostkrieges wieder stärker ins Bewußtsein der Menschen gerückt habe.[430] Offenbar zeigte sich Hitler mit der Ausschlachtung der Katyn-Funde außerordentlich zufrieden, er forderte aber in diesem Zusammenhang wiederholt noch härtere Angriffe gegen das *internationale Judentum*.[431]

Den Weisungen des Reichskanzlers folgend und möglicherweise von der eigenen Kampagne beflügelt, unternahm Goebbels Ende April 1943, die Bemühungen um die Totalisierung des Krieges waren zunächst größtenteils versandet, einen vertiefenden publizistischen Vorstoß in der Judenfrage: In seinem neuen Leitartikel „Der Krieg und die Juden" bemühte er sich um eine abermalige Darstellung und Erläuterung der aus seiner Sicht unheilvollen Rolle der Juden beim Ausbruch und im weiteren Verlauf des Krieges.[432]

Der Reichsminister erwartete, daß dieser Artikel innenpolitisch einiges Aufsehen erregen würde. Es sei seiner Ansicht nach nötig, über die Judenfrage wieder ein maßgebliches Wort zu sprechen. Sie stehe wieder im Brennpunkt des öffentlichen Interesses und werde vielfach auch in führenden Parteikreisen von einer ganz falschen Seite angefaßt. Um so notwendiger sei es, sie wie-

---

[428] Vgl.: GOEBBELS, Tagebücher, Band II/8, 18.4.1943, S. 127/Z. 277-287. Zu Goebbels' Rede vor Heidelberger Studenten vgl.: GOEBBELS, Tagebücher, Band II/9, 11.7.1943, S. 81/Z. 176-181 und 17.7.1943, S. 116/Z. 218-221; GOEBBELS, Arbeiter, S. 19; dementsprechend: „Von der Arbeit des Geistes", in: DAS REICH, Nr. 24, Jahr 1943, 13. Juni, S. 1 f. Zu Goebbels' Plänen, einen speziellen „Informationsdienst für Intelligenzkreise" einzurichten, um sie „in die propagandistische Betreuung einzubeziehen" vgl.: „Informationsdienst für Intelligenzkreise", 13.–19. August 1943, in: AKTEN DER PARTEI-KANZLEI, Teil I/2, Microfiche-Blatt 243, Microfiche-Nrn. 132 01429-132 01431. Zur angenommenen jüdischen Infiltration intellektueller Kreise vgl. grundlegend: HITLER, Kampf, S. 351.

[429] Vgl.: GOEBBELS, Tagebücher, Band II/8, 19.4.1943, S. 129/Z. 63-66.

[430] Vgl.: ebenda, 23.4.1943, S. 154/Z. 166-180.

[431] Vgl.: ebenda, 29.4.1943, S. 181/Z. 110-113 und 30.4.1943, S. 187/Z. 162-164; „Denkschrift über die Behandlung der Judenfrage in der deutschen Presse" von Wolf Meyer-Christian mit Vorschlägen zu einer Intensivierung antisemitischer Propaganda im Sinne einer politischen Schulung der Bevölkerung im Reich, in den besetzten Gebieten, in neutralen Ländern wie auch in Feindländern (März 1943) (im Juni 1944 Sündermann zugeleitet), in: POLIAKOV/WULF, Denker, S. 462-468.

[432] Vgl.: „Der Krieg und die Juden", in: DAS REICH, Nr. 19, Jahr 1943, 9. Mai, S. 1 f.; GOEBBELS, Tagebücher, Band II/8, 27.4.1943, S. 173/Z. 167-170.

der grundsätzlich zur Diskussion zu stellen.[433] Abermals also leitete Goebbels über eine antisemitische Kampagne Druck auf parteiinterne Widerstände.

Tatsächlich fanden die Leitartikel des Propagandaministers weiterhin recht große Beachtung, sie wurden im Ausland auch von renommierten Presseorganen besprochen[434]. Goebbels hatte wohl damit gerechnet, daß seine Beiträge ignoriert würden; die internationalen Resonanzen führte er schließlich darauf zurück, daß in den entsprechenden Redaktionen verdeckte Judengegner steckten, die auf diese indirekte Weise antisemitische Argumente lancieren könnten.[435]

Der infolge des neuen Leitartikels eingehenden Briefpost entnahm der Reichsminister eine „tiefe Verwurzelung" von Antisemitismus in der deutschen Bevölkerung.[436] Allerdings beklagte er, daß die Judenkampagne im Inland bislang noch nicht wieder die gewünschte Intensität erreicht habe. Reichspressechef Dietrich widersetzte sich wohl einer Rückbesinnung auf die scharfe Polemik der *Kampfzeit*, er strebte eine seriösere Gestaltung der Presse an. Goebbels sah darin ein mangelhaftes Verständnis von Propaganda, Klappern gehöre zum Handwerk, die Judenfrage sei neben der Frage des Antibolschewismus das Europa bewegende Problem. Man müsse stur und eigensinnig beim einmal eingeschlagenen Kurs bleiben, dann werde sich der Erfolg einstellen.[437] Hierbei könne, angesichts der existentiellen Bedeutung der Kriegshandlungen, die Frage von Recht oder Unrecht nicht zur Diskussion zugelassen werden, der Sieger allein werde schließlich die Möglichkeit besitzen, die moralische Berechtigung seines Kampfes vor der Weltöffentlichkeit nachzuweisen.[438] Tatsächlich blieben Versteifung und Ausdauer die wesentlichen Maximen seiner Politik und Grundelemente der eigentlich wider besseres Wissen propagierten Durchhalteprogramme.[439]

Anfang Mai 1943 (mit hoher Wahrscheinlichkeit am 7. Mai) verlangte nun auch Hitler in einer Rede vor Reichs- und Gauleitern, daß der Antisemitismus in der Form, wie man ihn früher in der Partei gepflegt und propagiert habe, wieder das Kernstück der geistigen Auseinandersetzung mit den Kriegs-

---

[433] Vgl.: ebenda, 28.4.1943, S. 177/Z. 169-174; TP. 11.5.1943, zitiert nach: SÜNDERMANN, S. 254.

[434] Vgl.: KESSEMEIER, S. 213-219; BRAMSTED, S. 509-511.

[435] Vgl.: GOEBBELS, Tagebücher, Band II/8, 8.5.1943, S. 230/Z. 80-89.

[436] Vgl.: ebenda, 8.5.1943, S. 231/Z. 147-149.

[437] Vgl.: ebenda, 29.4.1943, S. 181/Z. 113-121. Zur grundsätzlichen Verschiedenheit von Goebbels und Dietrich vgl.: STEPHAN, S. 165 f.; HEIBER, Goebbels, S. 141 und S. 157 f.; REUTH, Goebbels, S. 466. Zu Goebbels' negativer Einschätzung Dietrichs vgl.: OVEN, Goebbels, S. 103; OVEN, Finale, 16.6.1944, S. 357 f.; SEMMLER, 28.11.1943, S. 111 f. und 30.11.1943, S. 113 f. Die Stimmungslage in der deutschen Bevölkerung wie auch in den besetzten Gebieten hatte sich tatsächlich infolge der militärischen Entwicklungen im Ostkrieg wie in Nordafrika und durch den Bombenkrieg erheblich verschlechtert, in der Judenfrage aber erschien Goebbels die Haltung konstant, die Resonanzen auf seinen letzten antisemitischen Leitartikel seien ausschließlich positiv, damit blieb das Thema propagandistisch weiterhin interessant, vgl.: GOEBBELS, Tagebücher, Band II/8, 15.5.1943, S. 303/Z. 146 f. und 16.5.1943, S. 309/Z. 142-161.

[438] Vgl.: ebenda, 8.5.1943, S. 236 f./Z. 333-346 und S. 237 f./Z. 369-421.

[439] Vgl. dahingehend bereits: GOEBBELS, Kaiserhof, 16.9.1932, S. 166.

gegnern sein müsse. Damit war die Parallele zu Situation und Verfahren der *Kampfzeit* gezogen und auch Dietrich der Weg gewiesen. Möglicherweise erstrebte der Reichskanzler nebenbei eine engere Zusammenbindung der Parteiführer, wie dies in den Krisen 1931 und 1932 auch mit Hilfe von Antisemitismus gelungen war. Goebbels erhielt den Auftrag, seine Agitation dahingehend zu intensivieren.[440]

Prompt erhielten die nächstfolgenden Leitartikel für „Das Reich" judenfeindliche Schwerpunkte.[441] Einschlägige akademische Abteilungen, zum Beispiel das „Institut zur Erforschung der Judenfrage" in Frankfurt, und prominente Parteiführer brachten sich entsprechend ein.[442] Goebbels schürte antisemitische Stimmungen wohl auch im kleinen, Jay W. Baird berichtet von einer judenfeindlichen Anekdote, die der Reichsminister im Rahmen einer Geburtstagsfeier für Eberhard Taubert, den Kommunismus-Experten des Propagandaministeriums, erzählt habe.[443]

Mit Blick auf die inhaltlichen Gestaltungsmöglichkeiten der geplanten Kampagne erwog der Reichsminister, ein bewußtes Weltherrschaftsstreben der Juden anhand der sogenannten „Protokolle der Weisen von Zion" öffentlichkeitswirksam nachzuweisen, obgleich er persönlich die Authentizität dieser Schriften, offenbar im Gegensatz zu Hitler, bezweifelte.[444] Schon im November 1939 wollte dieser die Protokolle ausschlachten, der Minister hatte dementsprechende Vorbereitungen für ihre Verwendung im Propagandakrieg ge-

---

[440] Vgl.: GOEBBELS, Tagebücher, Band II/8, 8.5.1943, S. 237/Z. 369-380. Goebbels machte Hitler wohl auf entsprechende Parallelen aufmerksam: „Ich zeige dem Führer eine alte Denkschrift aus dem Jahre 1932, in der er sich in der schwersten Krise der Partei über die Neuorganisation der Partei äußerte. Diese Denkschrift enthält so klassische Argumente und so klassische Thesen, daß sie für heute ohne jede Änderung zu gebrauchen ist. Der Führer freut sich sehr über die dort niedergelegten Erkenntnisse. Er hatte die Denkschrift ganz aus dem Gedächtnis verloren und will sie jetzt der führenden Generalität der Wehrmacht noch einmal als Exempel zuführen." GOEBBELS, Tagebücher, Band II/7, 23.1.1943, S. 177/Z. 675-681. Vgl. dementsprechend: Hitler in einer Rede vor Reichs- und Gauleitern am 7. Mai 1943, in: HITLER, Reden, Band II, S. 2012.

[441] Vgl.: „Der Krieg und die Juden", in: DAS REICH, Nr. 19, Jahr 1943, 9. Mai, S. 1 f.; „Das große Wagnis", in: ebenda, Nr. 20, Jahr 1943, 16. Mai, S. 1 f.

[442] Vgl. exemplarisch: Robert Ley: „Die Macht der Idee", in: „Der Angriff" vom 24. Mai 1942; „Terror, Mord und Hunger", in: „Der Angriff" vom 14. Juni 1942, jeweils zitiert nach: BANKIER, Use, S. 45 f.

[443] Vgl.: BAIRD, Propaganda, S. 14 f.

[444] Vgl.: GOEBBELS, Tagebücher, Band II/8, 13.5.1943, S. 287/Z. 134-149; „Protokoll über den Besuch beim Führer", 12. Mai 1943 [Dr. Conti], in: AKTEN DER PARTEI-KANZLEI, Teil II/1, Microfiche-Blatt 032, Microfiche-Nrn. 13385-13392, Zitatstelle Nr. 13386 (In diesem Dokument finden sich weitere Ausführungen Hitlers zur Judenfrage, insbesondere zum Sinn des Judentums: Aufrechterhaltung des Kampfes gegen das böse Prinzip an sich). Hitler hatte seine Argumentation bereits in „Mein Kampf" auf die „Protokolle der Weisen von Zion" gestützt, sie waren gewissermaßen ein traditioneller Gegenstand antisemitischer Agitation, vgl.: HITLER, Kampf, S. 337; auch: BAUR, S. 180-190; BENZ, Diffamierung, S. 206-216; ARENDT, S. 570-575. Zum Hintergrund von Entstehung und propagandistischer Verwertung der „Protokolle der Weisen von Zion" vgl.: BRONNER, S. 72-187; COHN, S. 23-220, mit umfangreichen, kommentierten Literaturangaben S. 257-289. Der vermeintliche Quellentext ist ediert bei: SAMMONS, S. 27-113.

gen London und Paris treffen lassen[445], offensichtlich waren dann aber die Planungen zunächst wieder eingestellt worden.

Im Sommer 1943 bezweifelte Goebbels nachweislich die Möglichkeit, die Sowjetunion mit militärischen Mitteln schlagen zu können. Allmählich verdichteten sich seine Hoffnungen auf eine politische Lösung.[446] Er erwog die Aussichten von Separatfriedensverhandlungen nach beiden Richtungen, was allerdings bezüglich der Westalliierten in gewisser Weise widersprüchlich zu der eingestandenen Unumkehrbarkeit der Situation erscheint. In den geprüften Quellen bleibt offen, wie der Propagandaminister eine Verständigung nach Westen mit der Judenvernichtung in Einklang hätte bringen wollen.[447] In den Tagebuchaufzeichnungen finden sich Anhaltspunkte dafür, daß er bei Hitler im Herbst 1943 für entsprechende Sondierungen eingetreten ist.[448]

Persönlich befürwortete der Reichsminister seit Ende April 1943 entsprechende diplomatische Fühlungnahmen.[449] Er ging davon aus, daß in beiden Blöcken der Allianz eine latente Bereitschaft bestand, sich jeweils gemeinsam mit Deutschland gegen den ideologisch entgegengesetzten Verbündeten zu wenden, sofern nur zuvor der generelle Bruch herbeigeführt werden könne. In der sich daraus ergebenden Situation würde das Reich „Zünglein an der Waage" werden.[450] In bezug auf die Westalliierten erschien eine Abwendung von der Sowjetunion nur denkbar, falls die Regierungen die Unterstützung ihrer Völker für die Kriegführung verlören; nach Osten schätzte Goebbels die Möglichkeiten aufgrund der dortigen Regierungsform günstiger ein, Geheimberichte zur Außenministerkonferenz in Moskau deuteten auf entsprechende

---

445　Vgl.: GOEBBELS, Tagebücher, Band I/7, 3.11.1939, S. 179 f./Z. 23-28 und 4.11.1939, S. 181/Z. 12; Konferenzprotokolle vom 3. November 1939, 16. November 1939 und 17. November 1939, in: BOELCKE, Kriegspropaganda, S. 217, S. 225 bzw. S. 227. Bereits 1923 waren die „Protokolle der Weisen von Zion" Gegenstand eines Leitartikels im „Völkischen Beobachter", vgl.: „Die Protokolle der Weisen von Zion und die jüdische Weltpolitik", in: VÖLKISCHER BEOBACHTER, 37 (1923), 137. Ausgabe, 10. Juli, S. 1. Von seiten des Propagandaministeriums wurden sie schon im Herbst 1934 recht skeptisch eingeschätzt, vgl.: Anweisung vom 31. Oktober 1934, in: PRESSEANWEISUNGEN, Band 2, S. 459.

446　Vgl. exemplarisch: GOEBBELS, Tagebücher, Band II/9, 19.7.1943, S. 125 f./Z. 105-131; „Es taucht jetzt in den maßgebenden Kreisen bei uns, vor allem in den militärischen, die Frage auf, ob die Sowjetunion überhaupt noch militärisch zu schlagen sei. Im Augenblick scheint es nicht der Fall zu sein. Jedenfalls tun wir gut daran, uns nach politischen Hilfsmitteln dieses Kampfes umzuschauen." Ebenda, 22.7.1943, S. 142/Z. 155-165. Allerdings plädierte Goebbels in dieser Hinsicht dafür, anstelle einer neuen großen Kampagne eher subtil hinter den Kulissen zu arbeiten, vgl.: ebenda, 9.8.1943, S. 145/Z. 183-192 und 1.9.1943, S. 400/Z. 134-148; GOEBBELS, Tagebücher, Band II/10, 20.10.1943, S. 138/Z. 217-229 und 21.10.1943, S. 141/Z. 113-120.

447　Vgl. hierzu: MARTIN, Mann, S. 134. Zu den Möglichkeiten von Friedensverhandlungen vgl.: MARTIN, Friedensfrage, S. 539-549; HILDEBRAND, Das vergangene Reich, S. 787-805.

448　Vgl.: „Wesentlich ist, daß der Führer mich für einen seriösen Ratgeber hält. Es gibt überhaupt nur wenige Menschen, die über diese Fragen [wahrscheinlich: Separatfrieden] überhaupt mit ihm sprechen können. Anderen gegenüber ist er vielfach argwöhnisch, und er vermutet in einem Ratschlag der Klugheit sehr leicht einen Ratschlag der Feigheit. Das kommt bei mir natürlich nicht in Frage." GOEBBELS, Tagebücher, Band II/10, 27.10.1943, S. 188/Z. 637-641.

449　Vgl.: GOEBBELS, Tagebücher, Band II/8, 30.4.1943, S. 184/Z. 59-63.

450　Vgl.: Goebbels, zitiert nach: OVEN, Finale, 25.11.1943, S. 186 und S. 190 f.

Signale Stalins.[451] Einstweilen blieb nach innen die Aufrechterhaltung der deutschen Kriegsmoral an Front und Heimat bedeutsam.[452]

Wenngleich es der Reichsminister in der öffentlichen Darstellung ausdrücklich bestritt, bildeten diese Überlegungen seit der Wendephase des Krieges (1943), weitgehend verbunden und gestaltet mit gewichtigen antisemitischen Elementen, das Pivot der deutschen Propaganda. In den Auslandskampagnen wurde die Judenfrage zum dominierenden Thema, bis Mitte 1943 erreichte sie einen Anteil von etwa 80%.[453]

Hitler glaubte, daß die Briten von allen *arischen Völkern* am weitesten jüdische Wesenszüge angenommen hätten, je schneller sie erwachten, desto besser sei es für die Rettung der abendländischen Kultur und Gesellschaft. Die Propaganda müsse diese Prozesse, vorsichtig dosiert, fördern, um Verstimmungen zu vermeiden, da die englische Bevölkerung in der Judenfrage nicht die Grundhaltung der Deutschen habe.[454] Der Reichskanzler verglich die Situation mit der Aufbauzeit seiner Partei, der Nationalsozialismus erst habe auch damals verstreut vorhandene oder latente Kräfte gebündelt und ausgerichtet. Immer wieder meinten Goebbels wie Hitler, Anzeichen für eine unmittelbar bevorstehende Aufspaltung der Allianz erkennen zu können, die der Reichsminister dann regelmäßig seiner Arbeit zuschrieb.[455]

Im März 1943 hatte Hitler Goebbels offenbar damit beauftragt, die laufende antisemitische Kampagne auch wieder besonders nach England hin auszu-

---

[451] Vgl.: ERDMANN, Band 4/II, S. 595-597; OVEN, Finale, 25.11.1943, S. 186-189.

[452] Vgl. exemplarisch: DOKUMENTATION, Offiziere, S. 101-112.

[453] Vgl.: BANKIER, Use, S. 43. Zur Förderung von Antisemitismus im Ausland vgl. auch: BRAMSTED, S. 510-512. Hierzu: „Es ist nicht wahr, wenn unsere Feinde behaupten, wir setzten unsere Hoffnung auf ihre innere Uneinigkeit. Wir verfolgen die diesbezügliche Entwicklung im gegnerischen Lager zwar mit Aufmerksamkeit, sind uns aber klar darüber, daß der Krieg in der Hauptsache militärisch und nicht politisch entschieden werden wird." „Die schwerste Prüfung (Der letzte Gang entscheidet)", in: DAS REICH, Nr. 22, Jahr 1944, 28. Mai, S. 2.

[454] Vgl.: GOEBBELS, Tagebücher, Band II/8, 13.5.1943, S. 287/Z. 154-156.

[455] Vgl. exemplarisch: GOEBBELS, Tagebücher, Band II/7, 8.3.1943, S. 495 f./Z. 62-77 und 9.3.1943, S. 508/Z. 409-414; SEMMLER, 14.3.1943, S. 76 f. Dies gilt insbesondere für die Katyn-Kampagne: Goebbels zog eine positive Bilanz hinsichtlich einer Wiederbelebung antisemitischer Tendenzen auch im feindlichen Ausland, vgl.: GOEBBELS, Tagebücher, Band II/8, 18.4.1943, S. 123 f./Z. 152-159. Besonders in England glaubte er wieder sehr bald, Anzeichen von aufkeimendem Antisemitismus erkennen zu können, vgl.: ebenda, 19.4.1943, S. 128 f./Z. 47-62, 22.4.1943, S. 147/Z. 72-84, 8.5.1943, S. 229/Z. 63-71, 11.5.1943, S. 269 f./Z. 57-64, 12.5.1943, S. 278 f./Z. 134-140, 20.5.1943, S. 331/Z. 105-111, 23.5.1943, S. 350/Z. 38-53 und 10.6.1943, S. 451/Z. 81-84. Allerdings gestand Goebbels ein, daß bei einer Vernehmung englischer Kriegsgefangener keinerlei Anzeichen für Judenhaß oder Angst vor dem Bolschewismus ausgemacht werden konnten. Die Engländer seien doch insgesamt politisch intakt, vgl.: GOEBBELS, Tagebücher, Band II/9, 16.7.1943, S. 107/Z. 95-101. Vgl. hierzu exemplarisch: „Die motorischen Kräfte", in: DAS REICH, Nr. 23, Jahr 1943, 6. Juni, S. 1 f. Vgl. exemplarisch auch eine entsprechende Witzkarikatur in: ebenda, Nr. 22, Jahr 1943, 30. Mai, S. 12 („Aber das ist doch unglaublich, Antisemitismus in England – gibt es vielleicht gar Nazis bei uns?' ‚No, Mylady – aber Juden...'"); eine deutlich anti-englisch ausgerichtete Gestaltung der Witzseite war bereits im ersten Jahrgang 1940 von „Das Reich" angelegt worden, vgl. ebenda, Jahr 1940, jeweils, S. 31. Zu einer Wiederaufnahme der Referenz auf Katyn im Januar 1944, vgl.: „Die Stunde der höchsten Bewährung (Europäische Lektionen)", in: ebenda, Nr. 5, Jahr 1944, 30. Januar, S. 1 f.

richten. Einschlägige Kreise sollten innenpolitisch unterstützt und als zer-
streuende Gegenkräfte wider Churchill aufgerichtet werden, um damit die
wahr- beziehungsweise angenommene Kluft zwischen Regierung und britischer Bevölkerung zu vertiefen.[456]
Der Propagandaminister bemühte sich um eine rasche Verwirklichung dieser Wünsche. Wie schon oftmals zuvor machte er sich dabei die Argumentation des Reichskanzlers in wesentlichen Punkten zu eigen.[457] Am 9. Mai 1943
bekräftigte dieser offenbar noch einmal die Forderungen, die er, wie oben besprochen, wahrscheinlich zwei Tage zuvor bei den Reichs- und Gauleitern gestellt hatte. Goebbels erhielt die Erlaubnis, aus den Propagandakompanien
junge Journalisten abzuziehen und auf die Redaktionen im Reichsgebiet zu
verteilen, in der Absicht, die Presseorgane stärker und einheitlicher antisemitisch zu prägen.[458] Er fand damit die Stoßrichtung seiner Propagandaarbeit
weiterhin grundsätzlich bestätigt und zog zwei verbindliche Folgerungen aus
der Besprechung, nämlich, die englischen Kriegsgefangenen gezielter antisemitisch zu beeinflussen und *jüdische Verbrechen* noch rücksichtsloser anzuprangern, um dem Volk Standpunkt und Maßnahmen der Reichsleitung verständlich zu machen.[459]
Im Verlauf seiner nächsten Sportpalastkundgebung am 5. Juni 1943 erfolgte eine dementsprechende Intensivierung der antisemitischen Agitation mit inhaltlichen Verknüpfungen zum beginnenden Bombenkrieg über Deutschland;
übrigens argumentierte Goebbels hierbei auch mit den „Protokollen der Weisen von Zion".[460] Die Rede weist einige inhaltliche Übereinstimmungen mit
einem Tagebucheintrag von Mitte Mai bezüglich einer abermaligen Besprechung der Judenfrage mit Hitler auf, dies gilt insbesondere für die Annahme
eines *jüdischen Parasitismus* und der sich daraus ergebenden Gefahren, erläutert am Beispiel des Kartoffelkäfers.[461] Wenngleich in gewisser Weise etwas
vage, doch nicht unverständlich, sprach Goebbels hierbei auch über die Verfahrensweise des nationalsozialistischen Deutschland in der Judenfrage.[462]

---

[456] Vgl.: GOEBBELS, Tagebücher, Band II/7, 31.3.1943, S. 676/Z. 206-212; GOEBBELS, Tagebücher,
Band II/8, 25.4.1943, S. 165/Z. 149-151, 8.5.1943, S. 235 f./Z. 289-306 und 10.5.1943, S. 261/Z.
318-332; TP. 9.2.1944 und TP. 2.3.1944, zitiert nach: SÜNDERMANN, S. 257 f. Vgl. grundlegend:
HITLER, Kampf, S. 724 f.

[457] Vgl.: GOEBBELS, Tagebücher, Band II/8, 10.5.1943, S. 255/Z. 96-108.

[458] Vgl.: ebenda, 10.5.1943, S. 261/Z. 318-336 und 13.5.1943, S. 285 f./Z. 86-93.

[459] Vgl.: ebenda, 13.5.1943, S. 289 f./Z. 242-253 und 25.5.1943, S. 364/Z. 245.

[460] Vgl.: „Kundgebung der NSDAP anläßlich der Verleihung von Ritterkreuzen des Kriegsverdienstkreuzes", 5. Juni 1943, in: GOEBBELS, Reden, Band II, S. 218-239, Zitatstellen S. 223 bzw.
S. 234 f.

[461] Vgl.: ebenda, S. 223 bzw. S. 235; GOEBBELS, Tagebücher, Band II/8, 13.5.1943, S. 288-290/Z.
185-194 und Z. 258-263.

[462] Vgl.: „Die gänzliche Ausschaltung des Judentums aus Europa ist keine Frage der Moral, sondern eine Frage der Sicherheit der Staaten! [...] Kartoffelkäfer [...] Dagegen gibt es nur ein Mittel, nämlich: radikale Beseitigung der Gefahr." „Kundgebung der NSDAP anläßlich der Verleihung von Ritterkreuzen des Kriegsverdienstkreuzes", 5. Juni 1943, in: GOEBBELS, Reden,
Band II, S. 218-239, Zitatstelle S. 235. Zur Sportpalastkundgebung vom 5. Juni 1943 vgl. auch:
GOEBBELS, Tagebücher, Band II/8, 6.6.1943, S. 430 f./Z. 192-208.

Die öffentliche Auseinandersetzung mit Aspekten der Judenvernichtung, die auch in der Sportpalastkundgebung zum totalen Krieg erfolgt und bereits in Goebbels' Leitartikel „Die Juden sind schuld!" vom November 1941 vorgezeichnet war, erscheint der strengen Geheimhaltung der *Endlösung* entgegengesetzt. Der Presse jedenfalls war jegliche Bezugnahme auf die Handhabung der Judenfrage grundsätzlich verboten.[463] David Bankier vertritt in diesem Zusammenhang die These einer von Hitler möglicherweise beabsichtigten stärkeren Zusammenbindung der deutschen Bevölkerung durch Aufbau eines gewissen Bewußtseins gemeinsamer Verantwortung für die Judenvernichtung.[464] Diese Überlegung erscheint möglich und steht in gewisser Logik zu den dargestellten Auffassungen hinsichtlich der Unumkehrbarkeit des Weges sowie der daraus folgenden Möglichkeiten und Notwendigkeiten, der heutige Quellenstand bietet allerdings in dieser Hinsicht keine sichere Unterstützung.

Infolge der Sportpalastkundgebung vom Juni 1943 sah der Propagandaminister erneut positive Reaktionen in Inland, verbündetem und neutralem Ausland.[465] Die alliierte Presse verschwieg in ihrer Berichterstattung die stark antisemitischen Passagen, daher ordnete Goebbels, wie mit Hitler vereinbart, massive Wiederholungen dieser Abschnitte in den Kanälen der Auslandspropaganda an.[466]

Der nächste Propagandaschub nach Großbritannien erfolgte im Oktober 1943, Berichte des Sicherheitsdienstes hatten zuvor eine gewisse Wirksamkeit der gegen England gerichteten Agitation bestätigt und eine generelle Verstärkung empfohlen.[467] Goebbels sah wieder günstige Anzeichen dafür, daß sich die britische Öffentlichkeit beeinflussen lassen werde, die entsprechenden Anstrengungen sollten daher abermals verstärkt werden, und zwar auch im weiteren Verlauf: „Ich werde jetzt unentwegt in dieselbe Kerbe schlagen; ich nehme an, daß meine Artikel über die innere Krise unter den Westmächten vor allem in der englischen Führungsschicht sehr ausgiebig gelesen und diskutiert werden. Ich verspreche mir einiges von der Wirkung, wenn diese öffentlich auch nicht in Erscheinung tritt."[468]

---

[463] Willi Boelcke schreibt, die Judenfrage sei für die Presse tabu gewesen, da Goebbels die deutsche Bevölkerung nicht geschlossen hinter den Lösungsmaßnahmen stehend gewähnt habe, vgl.: BOELCKE, Krieg, S. 15 f.; auch: STEPHAN, S. 104; RIESS, S. 285.

[464] Vgl. die entsprechende Einschätzung eines schwedischen Korrespondenten: „Goebbels has allowed so much information on German crimes to filter through, that everyone is conscious of shared responsibility and guilt, and afraid of personal retaliation." „Central European Observer", 20. August 1943, zitiert nach: BANKIER, Use, S. 51 f.; auch: ebenda, S. 48 f.

[465] Vgl.: GOEBBELS, Tagebücher, Band II/8, 7.6.1943, S. 426 f./Z. 133-158 und 11.6.1943, S. 458 f./Z. 134-147; „Chef des Propagandastabes an Goebbels am 19.2.1943", zitiert nach: REUTH, Goebbels, S. 520.

[466] Vgl.: GOEBBELS, Tagebücher, Band II/8, 7.6.1943, S. 437/Z. 161-171.

[467] Vgl.: STEINERT, S. 372; auch: „Das große Drama", in: DAS REICH, Nr. 36, Jahr 1943, 5. September, S. 1 f.

[468] GOEBBELS, Tagebücher, Band II/11, 21.3.1944, S. 520/Z. 197-206 Z. 200-204. Hitler hatte wohl wieder einen entsprechenden Auftrag erteilt, vgl.: OVEN, Finale, 16.3.1944, S. 258 f. Für das Jahr 1944 vgl. exemplarisch: „Das letzte Hindernis", in: DAS REICH, Nr. 13, Jahr 1944,

Auch für das Reichsgebiet zog der Propagandaminister eine positive Bilanz.[469] Hitler lobte dessen Engagement als eine politische Arbeit, welche für die weitere Entwicklung unter Umständen von ausschlaggebender Bedeutung sei.[470] Sein Interesse, Antisemitismus als politische Waffe gegen England zu richten, blieb offensichtlich ungebrochen.[471]

Im Herbst 1943 befahl Hitler die Durchführung antisemitischer Maßnahmen in Dänemark. Auf Grund entschlossenen Handelns der dänischen Regierung konnte, mit Unterstützung Schwedens, eine Deportation dänischer Juden aber weitgehend verhindert werden.[472] Goebbels erklärte diesbezüglich in seinen Aufzeichnungen, die Judenfrage werde in Dänemark in Angriff genommen, weil die Juden durch Hetzerei die unangenehmen Vorfälle der jüngsten Zeit verursacht hätten.[473] Er spielte dabei auf Sabotageakte und möglicherweise auch auf Ausschreitungen gegen deutsche Soldaten und Zivilisten in Kopenhagen von Anfang September an; in seinem Tagebuchvermerk war damals allerdings von Juden keine Rede, vielmehr hatte er die Schuld für die Ereignisse der mangelhaften Führungskraft des verantwortlichen Reichsbevollmächtigten, Karl Rudolf Werner Best, zugewiesen.[474]

26. März, S. 1 f.; „Die europäische Narkose", in: ebenda, Nr. 14, Jahr 1944, 2. April, S. 1 f.; „Die Nemesis der Geschichte (Gericht über England)", in: ebenda, Nr. 21, Jahr 1944, 21. Mai, S. 1 f. Zur Einschätzung der Wirkung auf die anderen Kriegsgegner bzw. auf das neutrale Ausland vgl.: GOEBBELS, Tagebücher, Band II/8, 4.6.1943, S. 416/Z. 76-85; GOEBBELS, Tagebücher, Band II/11, 1.1.1944, S. 31/Z. 110-113, 2.3.1944, S. 379/Z. 90-98 und 3.3.1944, S. 389/Z. 110-120; GOEBBELS, Tagebücher, Band II/12, 3.5.1944, S. 222/Z. 95-97; GOEBBELS, Tagebücher, Band II/13, 25.9.1944, S. 559/Z. 94-98; GOEBBELS, Tagebücher, Band II/14, 8.11.1944, S. 178/Z. 220-224. Zu Kanada vgl.: GOEBBELS, Tagebücher, Band II/9, 28.8.1943, S. 375/Z. 47-52. Zur Sowjetunion vgl.: GOEBBELS, Tagebücher, Band II/7, 16.3.1943, S. 559/Z. 72-78; GOEBBELS, Tagebücher, Band II/9, 4.8.1943, S. 217/Z. 123-125; GOEBBELS, Tagebücher, Band II/11, 10.2.1944, S. 273/Z. 205-208. Zur Schweiz vgl.: GOEBBELS, Tagebücher, Band II/8, 28.5.1943, S. 378/Z. 102-105.

[469] Vgl.: „Die von mir angelassene Propaganda- und Versammlungswelle wirkt sich ausgezeichnet aus. [...] Man sieht also hier, daß noch sehr viel an moralischen Reserven im deutschen Volke vorhanden ist; man muß sie nur auszuschöpfen verstehen." GOEBBELS, Tagebücher, Band II/10, 30.10.1943, S. 206/Z. 193-197. Auch Hitler sprach später vor Gauleitern von einer allmählichen Durchsetzung der antibolschewistischen und antisemitischen Propaganda im feindlichen Ausland, vgl.: GOEBBELS, Tagebücher, Band II/12, 18.4.1944, S. 139/Z. 634-636. Parallel organisierte Goebbels in Berlin radikale Maßnahmen gegen jegliche Form von Regierungskritik im Alltag, die sogenannte „Organisation B" (= Brachialgewalt), vgl.: GOEBBELS, Tagebücher, Band II/9, 12.9.1943, S. 490/Z. 98-102 und Z. 123-125; OVEN, Finale, 27.8.1943, S. 116 f.

[470] Vgl.: GOEBBELS, Tagebücher, Band II/10, 27.10.1943, S. 187/Z. 595-598.

[471] Vgl.: GOEBBELS, Tagebücher, Band II/9, 10.9.1943, S. 467/Z. 525-530. Zu „Das neue Stadium des Krieges" (in: DAS REICH, Nr. 42, Jahr 1943, 17. Oktober, S. 1 f.), worin sich Goebbels mit den Aussichten Englands beschäftigte, vgl.: GOEBBELS, Tagebücher, Band II/10, 4.10.1943, S. 51/Z. 148-160 und 6.10.1943, S. 63/Z. 190-194. Zu internationalen Reaktion auf die „Das Reich"-Leitartikel vgl.: ebenda, 14.11.1943, S. 288/Z. 59-67; OVEN, Finale, 2.4.1944, S. 269 f.

[472] Zur sogenannten „Hilfsaktion Klein-Dünkirchen" vgl.: MICHAELIS, S. 293; BREITMAN, Staatsgeheimnisse, S. 270 f.; WEISS, Dänemark, S. 168-179.

[473] Vgl.: GOEBBELS, Tagebücher, Band II/10, 3.10.1943, S. 46/Z. 168-173.

[474] Vgl.: GOEBBELS, Tagebücher, Band II/9, 8.9.1943, S. 446/Z. 193-228; auch: Aussage des SS-Hauptsturmführers Dieter Wisliceny, 18. November 1946 in Bratislawa (Preßburg), in: POLIAKOV/WULF, Juden, S. 96 f. Zu Best vgl.: HERBERT, Best, S. 225-249. Zu den Ereignissen in Dänemark vgl.: ebenda, S. 342-373; ERDMANN, Band 4/II, S. 448 f.; DAWIDOWICZ, S. 372-374.

Hatte Goebbels anfangs noch davon gesprochen, daß Widerstände der skandinavischen Länder gegen antisemitische Maßnahmen eben in Kauf genommen werden müßten[475], so äußerte er sehr bald starke Bedenken hinsichtlich einer Versteifung der Beziehungen zu Schweden. Er bemerkte, daß die Rohstofflieferungen bereits eklatant zurückgegangen seien, seine Bemühungen um eine wohlwollende Neutralität des nordischen Landes schienen untergepflügt. Die Schuld daran suchte er allerdings wiederum nicht in eigenen Sphären, er fand sie vielmehr erneut bei den Juden, die es geschafft hätten, die gesamte schwedische und finnische Presse aufzuwiegeln.[476]

Mitte Oktober 1943 zog der Propagandaminister eine insgesamt negative Schlußbilanz der Aktionen in Dänemark, sie hätten ihre Ziele kaum erreicht, dafür seien Sympathien in ganz Skandinavien verscherzt worden und infolgedessen drastische Einbußen bei den genannten Importen hinzunehmen.[477] Mit Bedacht auf die verbliebenen Erz- und Kugellagerlieferungen verordnete er der deutschen Presse fürderhin starke Zurückhaltung in der Behandlung Schwedens.[478] Dennoch ergaben sich 1944/45 weitere Verschlechterungen in den bilateralen Beziehungen, die Goebbels abermals auf Tatsachenverdrehungen durch die seiner Meinung nach jüdisch gelenkte skandinavische Presse zurückführte.[479]

Komplementär zur Anti-England-Propaganda kurbelte der Reichsminister im Herbst 1943 eine neue antibolschewistische Kampagne an. Die Rahmenbedingungen hatten sich inzwischen abermals verändert, die Rote Armee war nur noch etwa 100 km von der ehemals polnischen Grenze entfernt. Die Propagandaziele wurden nun darauf ausgerichtet, die Feindbilder noch stärker hervorzuheben, um den Widerstandswillen in der deutschen Bevölkerung zu erhöhen und kommende Entbehrungen im Rahmen der noch immer ohne wirklichen Rückhalt der Reichsleitung empfohlenen Totalisierungsmaßnahmen zu rechtfertigen.

---

[475] Vgl.: GOEBBELS, Tagebücher, Band II/10, 3.10.1943, S. 46/Z. 168-173, 4.10.1943, S. 51/Z. 148-160 und 5.10.1943, S. 56/Z. 121-125.

[476] Vgl.: ebenda, 6.10.1943, S. 61 f./Z. 107-133; GOEBBELS, Tagebücher, Band II/9, 12.9.1943, S. 490/Z. 98-103; GOEBBELS, Tagebücher, Band II/10, 9.10.1943, S. 77 f./Z. 177-190. Zu Goebbels' Einschätzung der Abhängigkeit von schwedischen Erzlieferungen vgl.: ebenda, 10.10.1943, S. 83/Z. 120-129; Konferenzprotokoll vom 19. Januar 1943, in: BOELCKE, Krieg, S. 421. Vgl. dazu auch Goebbels' Kommentare zu den Reaktionen der schwedischen Presse auf die Absetzung und Befreiung Mussolinis: GOEBBELS, Tagebücher, Band II/9, 21.9.1943, S. 546/Z. 56-63.

[477] Vgl.: GOEBBELS, Tagebücher, Band II/10, 13.10.1943, S. 98 f./Z. 138-150, 17.10.1943, S. 120/Z. 131-134 und 21.12.1943, S. 521/Z. 98-100. Zu Beschränkungen in der deutschen Berichterstattung bezüglich der antisemitischen Maßnahmen in Dänemark wie auch der schwedischen Interventionen vgl.: TP. 2.10.1943 und TP. 5.10.1943, jeweils zitiert nach: SÜNDERMANN, S. 256.

[478] Vgl.: GOEBBELS, Tagebücher, Band II/12, 3.5.1944, S. 226/Z. 235-240; GOEBBELS, Tagebücher, Band II/10, 24.12.1943, S. 541/Z. 167-172 und 31.12.1943, S. 575/Z. 150-155.

[479] Vgl.: GOEBBELS, Tagebücher, Band II/11, 22.3.1944, S. 523/Z. 72-77; GOEBBELS, Tagebücher, Band II/12, 30.6.1944, S. 580/Z. 145-149; GOEBBELS, Tagebücher, Band II/13, 10.8.1944, S. 236/Z. 135-142 und 20.8.1944, S. 271/Z. 130-133; GOEBBELS, Tagebücher, Band II/14, 5.12.1944, S. 355/Z. 128-134; GOEBBELS, Tagebücher, Band II/15, 11.2.1945, S. 358/Z. 172-182.

Die Sorge des Propagandaministers um die Kriegslage wurde immer größer[480], auch Hitler hatte im August 1943 offenbar die operativen Kriegsziele
maßgeblich relativiert[481] und Goebbels die Verantwortung für die Ostpropa-
ganda übertragen; sie hatte sich zuvor bei Rosenberg befunden, dessen Ressort war aber nunmehr gegenstandslos geworden.[482] Goebbels plante vor diesem Hintergrund, den neutralen und feindlichen Staaten „wieder einmal
richtig das Gruseln beizubringen". Sie sollten aus der Angst vor dem Bolschewismus in keiner Weise entlassen werden, er hoffe, mit dieser Kampagne vor
allem die anglo-amerikanische öffentliche Meinung gegen die eigene Kriegführung in großem Umfange aufhetzen zu können.[483] Hierbei entsprach er
Hinweisen Rosenbergs, Bolschewismus nicht mit Slawentum gleichzusetzen,
da die Haltung der europäischen Slawen zum Reich dadurch weiteren Schaden nehmen könne.[484] Die Propagandakonzeption erfolgte in diesem Punkt
also relativ rational, wohingegen Goebbels im Zusammenhang mit der Judenfrage wahrscheinlich grundsätzlich stärker zu Emotionalität tendierte. Sein
Pressereferent Rudolf Semler beschreibt dessen Judenhaß in dieser Phase als
fanatisch, alles Jüdische sei ihm gewesen wie ein rotes Tuch dem Stier.[485]
Für die deutsche Bevölkerung und die Verbündeten traf Goebbels Anfang
Dezember 1943 Vorbereitungen zur propagandistischen Abwehr erwarteter
Proklamationen der „Teheraner Konferenz".[486] Hierbei arbeitete er, offiziellen Presseanweisungen folgend, wiederum mit scharf antisemitischen Elemen-
ten.[487] Die Wahrnehmung bestimmter gewünschter Wirkungen der antisemi-

---

[480] Vgl. exemplarisch: GOEBBELS, Tagebücher, Band II/10, 8.11.1943, S. 255 f./Z. 216-223; GOEB-
BELS, Tagebücher, Band II/9, 21.7.1943, S. 137/Z. 187-195. Zu starken Stimmungseinbrüchen
in den besetzten Gebieten wie auch in neutralen Staaten vgl. exemplarisch: GOEBBELS, Tagebücher, Band II/9, 5.8.1943, S. 222/Z. 110-119; GOEBBELS, Tagebücher, Band II/10, 17.11.1943, S.
305 f./Z. 121-150 und 19.11.1943, S. 317/Z. 125-131; GOEBBELS, Tagebücher, Band II/11,
1.1.1944, S. 33/Z. 173-185.

[481] Mit Bezug auf eine Besprechung mit Hitler vgl.: „Grundprinzip unserer Kriegführung ist, den
Krieg so weit wie möglich von den Heimatgrenzen entfernt zu halten. [...] Wenn es uns dazu
noch gelingt, des Luftkriegs Herr zu werden, so kann das deutsche Volk eigentlich auf eine be-
liebig lange Zeit den Krieg durchhalten." GOEBBELS, Tagebücher, Band II/9, 10.8.1943, S.
254/Z. 331-335.

[482] Vgl.: ebenda, 26.8.1943, S. 366/Z. 162-186. Zum Verlauf der entsprechenden Umstrukturierungen vgl.: GOEBBELS, Tagebücher, Band II/10, 11.11.1943, S. 273/Z. 103-106 und 9.12.1943, S.
446/Z. 139-146; GOEBBELS, Tagebücher, Band II/11, 25.1.1944, S. 154/Z. 98-102.

[483] Vgl.: GOEBBELS, Tagebücher, Band II/10, 16.11.1943, S. 198/Z. 89-96, Zitatstelle Z. 92 f. und
17.11.1943, S. 307/Z. 179-184; „Die bange Frage", in: DAS REICH, Nr. 48, Jahr 1943, 28. November, S. 1 f.

[484] Vgl.: GOEBBELS, Tagebücher, Band II/14, 4.11.1944, S. 151/Z. 119-124.

[485] Vgl.: SEMMLER, 16.8.1943, S. 98 (Das Zitat steht im Zusammenhang mit einer persönlichen Angelegenheit Semlers).

[486] Vgl.: GOEBBELS, Tagebücher, Band II/10, 2.12.1943, S. 403/Z. 73-79. Zu Inhalten und Entscheidungen der Konferenz vgl.: ERDMANN, Band 4/II, S. 596-599.

[487] Vgl.: SÜNDERMANN, S. 263 f.; zur Umsetzung der Vorgaben vgl. exemplarisch: „Morgenthau
gründet Judenbank zur Ausplünderung der Welt. Alle Völker der Erde sollen in Goldfesseln
geschlagen werden", in: VÖLKISCHER BEOBACHTER, 56 (1943), 331. Ausgabe, 27. November,
S. 1; „Moskaus Plan: Sklavenarbeit des deutschen Volkes", in: ebenda, 332. Ausgabe, 28. November, S. 2.

tischen und antibolschewistischen Kampagnen bildete gleichzeitig auch den Ansatzpunkt weiterführender Agitation. Ein dementsprechendes Kreisschema blieb bis Kriegsende Grundlage der Propagandakonzepte.[488]

Im Zusammenhang mit den nach außen gerichteten judenfeindlichen Kampagnen ereigneten sich nach wie vor Zusammenstöße mit von Ribbentrop, die Frage der Kompetenzabgrenzung blieb unzureichend geklärt, man arbeitete weiterhin in mancher Hinsicht konkurrierend.[489] Der Leiter des Auswärtigen Amtes hatte wohl eigene Pläne zur Förderung von Antisemitismus in den Vereinigten Staaten durch Geheimsender entwickelt, die Goebbels allerdings bei Hitler gezielt verunglimpfte.[490] Später versuchte er, den Reichsaußenminister zu diskreditieren, indem er dem Kanzler ein ihm zugeleitetes Memorandum über die „rassische Zusammensetzung" von dessen Behörde übergab, gleichzeitig wollte er damit die Fakten seiner eigenen Denkschrift vom 21. September 1944, in welcher er unter anderem auch schon die Versäumnisse von Ribbentrops dargelegt und ein eigenes außenpolitisches Konzept entwickelt hatte[491], unterfüttern. Mit Bezug auf das oben genannte Papier kommentierte Goebbels, es spotte jeder Beschreibung, wie viele Juden und jüdisch Versippte im Auswärtigen Amt noch herumliefen, Ribbentrop sei es nicht gelungen, einen verläßlichen Personalstamm aufzubauen; solange die deutsche Außenpolitik von derartigen Kreaturen gemacht werde, sei es nicht verwunderlich, warum sie völlig erfolglos bleibe.[492] Antisemitismus behielt also noch im Niedergang parteipolitische Funktion.

Auch Hitler nutzte Judenfeindschaft weiterhin als Universalargument. Im Zusammenhang mit einer der zahlreichen Besprechungen über Versagen und Versäumnisse der Luftwaffe führte der Reichskanzler die Fehler von Luftwaf-

---

[488] Vgl.: GOEBBELS, Tagebücher, Band II/10, 5.12.1943, S. 421/Z. 80-109 und 21.11.1943, S. 329/Z. 132-142; GOEBBELS, Tagebücher, Band II/11, 5.2.1944, S. 239/Z. 118-121; GOEBBELS, Tagebücher, Band II/12, 7.5.1944, S. 247 f./Z. 179-183; GOEBBELS, Tagebücher, Band II/13, 19.9.1944, S. 515 f./Z. 118-134; OVEN, Finale, 8.9.1944, S. 472 f., 13.9.1944, S. 474 f., 1.11.1944, S. 508 und 26.12.1944, S. 530. Vgl. exemplarisch: „Die Entscheidung über Leben und Tod", in: DAS REICH, Nr. 8, Jahr 1944 20. Februar, S. 1 f.; dazu: „Dieser Leitartikel soll ein Fanfarenruf an die europäische Öffentlichkeit sein. Ich verspreche mir davon für die Entwicklung der Debatte über den Bolschewismus sehr viel." GOEBBELS, Tagebücher, Band II/11, 5.2.1944, S. 243/Z. 268-270.

[489] Vgl.: ebenda, 12.2.1944, S. 286/Z. 217-224.

[490] Vgl.: ebenda, 4.3.1944, S. 406/Z. 574-580. Möglicherweise entsprach der Außenminister mit dieser Initiative einem Impuls Himmlers, der sich offensichtlich intensiv mit der Frage einer internationalen Verstärkung von Antisemitismus beschäftigte, vgl.: „Der Reichsführer SS an den Chef der Sicherheitspolizei und des SD, SS-Gruppenführer Kaltenbrunner vom Mai 1943", in: POLIAKOV/WULF, Juden, S. 359 f. In seinen Erinnerungen behauptet von Ribbentrop, Hitler habe ihm gesagt, er (der Außenminister) verstehe von der Judenfrage nichts, Goebbels kenne diese am besten, vgl.: RIBBENTROP, S. 275.

[491] Zu Goebbels' Denkschrift an Hitler (BA Koblenz, N 1118/100) vgl.: GOEBBELS, Tagebücher, Band II/13, 21.9.1944, S. 536-542/Z. 264-516; OVEN, Finale, 20.9.1944, S. 479 und 22.9.1944, S. 479 f.

[492] Vgl.: GOEBBELS, Tagebücher, Band II/13, 27.9.1944, S. 574 f./Z. 226-240. Zu weiteren scharfen Angriffen auf von Ribbentrop in bezug auf dessen angenommenes Unvermögen zur politischen Kriegführung vgl. exemplarisch: GOEBBELS, Tagebücher, Band II/15, 28.1.1945, S. 251/Z. 312-321.

fen-Generalinspekteur Erhard Milch auf dessen jüdische Blutanteile zurück, die ihn zu einem gewissermaßen alttestamentarischen Haß gegen Willy Messerschmidt geleitet hätten, so daß einer der genialsten Flugkonstrukteure auf ein Abstellgleis geschoben worden sei.[493]

An der dargestellten generellen Kriegsschuldkonstruktion und der damit verbundenen Annahme einer Strafgerechtigkeit hielten Goebbels und Hitler weiterhin fest. Mit Bezug auf eine Besprechung mit dem Reichskanzler, dessen Judenhaß eher noch gestiegen sei, als daß er abgenommen hätte, notierte der Propagandaminister im April 1944, die Juden müßten für ihre Untaten an den europäischen Völkern und überhaupt an der ganzen Kulturwelt bestraft werden. Wo auch immer man sie zu fassen bekomme, da sollten sie der Vergeltung nicht entgehen.[494]

Dementsprechend zeigte Goebbels im Anschluß an den Einmarsch deutscher Truppen in Ungarn im März 1944[495] starkes Interesse an einer vollständigen Erfassung und Deportation der dort lebenden Juden, obgleich diese Angelegenheit seine Kompetenzbereiche eigentlich in keiner Weise berührte, mit hoher Wahrscheinlichkeit redete er abermals Hitler das Wort: Ungarn habe 700000 Juden, man werde dafür sorgen, daß sie nicht durch die Lappen gingen.[496] Die ungarischen Juden sollten in den verschiedenen Gebieten zunächst in Ghettos zusammengefaßt werden und in Budapest als menschliche Schutzschilde alliierte Luftangriffe vermeiden helfen.[497] Antisemitische Maßnahmen, wie beispielsweise die Kennzeichnung mit dem Judenstern, erfolgten in Ungarn ohne Ausnahmen (Privilegierungen).[498] Mit Bedacht auf die lokale öffentliche Meinung und bestrebt, frühere Fehler in Besatzungsgebieten zu vermeiden, plädierte Goebbels dafür, die Vorgehensweise auch sachlich zu begründen[499], entsprechend hatte er die militärische Aktion propagandistisch bereits vorbereitet: Man müsse gegen *Plutokratie*, soziale Reaktion und Judentum in Ungarn vorgehen, die Juden seien verantwortlich für Kriegsmü-

[493] Vgl.: GOEBBELS, Tagebücher, Band II/13, 24.8.1944, S. 313/Z. 536-542; GOEBBELS, Tagebücher, Band II/14, 11.10.1944, S. 78/Z. 216-240 und 8.12.1944, S. 376 f./Z. 144-161.
[494] Vgl.: GOEBBELS, Tagebücher, Band II/12, 27.4.1944, S. 202/Z. 435-442.
[495] Vgl.: OVEN, Finale, 2.3.1944, S. 260 f.
[496] Vgl.: GOEBBELS, Tagebücher, Band II/11, 13.3.1944, S. 462/Z. 203-222; hierzu: FRÖHLICH, Krisenjahr, S. 210-212. Hitler sprach vor Gauleitern davon, die 700000 ungarischen Juden einer für die Kriegszwecke nutzbringenden Tätigkeit zuzuführen, vgl.: GOEBBELS, Tagebücher, Band II/12, 18.4.1944, S. 137/Z. 550-553; vgl. auch: GOEBBELS, Tagebücher, Band II/8, 8.5.1943, S. 236/Z. 307-332; dazu: GERLACH/ALY, S. 87f. Dementsprechende Dokumente zur Vorbereitung und Durchführung der Deportationen in Ungarn sind ediert in: THE HOLOCAUST, Band 8, S. 191-228. Auf neuestem Stand vgl.: GERLACH/ALY, S. 239-374.
[497] Vgl.: GOEBBELS, Tagebücher, Band II/11, 23.3.1944, S. 530 f./Z. 99-104; Goebbels stellte allerdings die Wirksamkeit dieser Maßnahme in Frage, vgl.: GOEBBELS, Tagebücher, Band II/12, 4.5.1944, S. 232/Z. 138-143.
[498] Vgl.: ebenda, 1.4.1944, S. 34/Z. 228-232.
[499] Vgl.: ebenda, 4.5.1944, S. 232/Z. 134-137. Zur Judenfrage in Ungarn vgl. weiterhin: ebenda, 21.4.1944, S. 159/Z. 90-93, 26.4.1944, S. 188/Z. 160-165, 2.5.1944, S. 219/Z. 77-83 und 20.5.1944, S. 324/Z. 140-144; GOEBBELS, Tagebücher, Band II/13, 12.7.1944, S. 97/Z. 332-338; GOEBBELS, Tagebücher, Band II/13, 2.8.1944, S. 196/Z. 199-202 und 3.9.1944, S. 393 f./Z. 109-119.

digkeit beziehungsweise Versagen der ungarischen Truppenteile an der Seite der Wehrmacht.[500]

Offenbar ging man auch davon aus, daß antisemitische Prozesse mit einer gewissen Eigendynamik verliefen, ein Phänomen, das Hans Mommsen, wie erwähnt, als „kumulative Radikalisierung" bezeichnet hat: Goebbels notierte, unter Bezugnahme auf eine Besprechung mit dem Reichskanzler, die Ungarn würden aus dem Rhythmus der Judenfrage nicht mehr herauskommen. Wer A sage, müsse B sagen. Die Ungarn hätten nun einmal angefangen mit der Judenpolitik und könnten sie deshalb nicht mehr abbremsen, sie treibe sich von einem gewissen Zeitpunkt ab selbst. Im übrigen sei der Führer mit Recht der Meinung: Wenn man schon die Nachteile des Antisemitismus in Kauf nehmen müsse, wegen Worten oder Handlungen gegen die Juden, dann solle man auch die Vorteile für sich beanspruchen, und die seien doch von nicht zu unterschätzender Bedeutung.[501]

Tatsächlich wurden zwischen 15. Mai und 9. Juli 1944 insgesamt 434351 Juden aus 55 ungarischen Ghettos nach Auschwitz-Birkenau zur Vernichtung verbracht.[502] Am 7. Juli 1944 stoppte Miklós Horthy von Nagybánya, der Reichsverweser Ungarns, die Deportationen, im Versuch, den Kurs doch noch einmal zu ändern. Goebbels nahm dies zum Anlaß scharfer Kritik und als Anzeichen für eine sich abzeichnende Wankelmütigkeit des Bündnispartners.[503] Seine Haltung zur Judenfrage erscheint weiter konstant.

Im Frühsommer 1944 verdichteten sich die skeptischen und teilweise sogar resignativen Züge in den Tagebuchaufzeichnungen[504], insbesondere nach Beginn der Invasion in der Normandie am 6. Juni 1944. Goebbels teilte nicht Hitlers Zuversicht, die alliierten Truppen schnell zurückschlagen zu können.[505]

Die Invasion bestätigte wohl abermals die persönliche Überzeugung des Reichsministers von der Richtigkeit seiner antisemitischen Grundannahmen. In unmittelbarer Folge der Landung waren die Börsenumsätze in

---

[500] Vgl. auch: YAHIL, S. 678-704; HANSEN, S. 127-132; DAWIDOWICZ, S. 379-383.

[501] Vgl.: GOEBBELS, Tagebücher, Band II/12, 27.4.1944, S. 199/Z. 307-311. Auf einer Ministerkonferenz im September 1940 hatte Goebbels im gleichen Wortlaut argumentiert, vgl. nochmals entsprechend: GOEBBELS, Tagebücher, Band I/6, 18.8.1938, S. 47/Z. 28-32.

[502] Vgl.: Aussage des SS-Hauptsturmführers Dieter Wisliceny, 18. November 1946 in Bratislawa (Preßburg), in: POLIAKOV/WULF, Juden, S. 94; Aussage von Franz Ferdinand Höss vom 5. April 1946 vor dem IMG, in: POLIAKOV/WULF, Juden, S. 127-130 [PS-3868].

[503] Vgl.: GOEBBELS, Tagebücher, Band II/14, 1.10.1944, S. 31/Z. 92-106. Tatsächlich versuchte Horthy, Ungarn aus dem Krieg herauszuziehen. Seine Politik scheiterte. Nach dem Regierungswechsel am 15. Oktober 1944 gelangte die nationalsozialistische Pfeilkreuzler-Partei mit deutscher Hilfe an die Macht, die Judenverfolgungen wurden wieder in vollem Umfang aufgenommen, vgl. exemplarisch: SILAGI, S. 896-903; CONWAY, S. 179-212; ENZYKLOPÄDIE DES HOLOCAUST, S. 1464-1468. Zu Horthy vgl.: ebenda, S. 623-625.

[504] Vgl. exemplarisch: GOEBBELS, Tagebücher, Band II/12, 9.5.1944, S. 257/Z. 86-90.

[505] Vgl.: ebenda, 7.6.1944, S. 419/Z. 146-149; GOEBBELS, Tagebücher, Band II/13, 2.9.1944, S. 384-386/Z. 63-120. Zur Frage einer bevorstehenden Invasion vgl.: GOEBBELS, Tagebücher, Band II/12, 5.6.1944, S. 400/Z. 98-110.

London stark angestiegen. Für Goebbels war also klar, daß, wie schon 1923, erneut Juden als Träger des *internationalen Börsenkapitalismus* die Nutznießer von Krieg und Krisen seien: Während die Truppen auf beiden Seiten hohe Verluste verzeichneten, spielten sich an der Londoner Börse Szenen ab, die geradezu widerlich seien. Er könne nicht verstehen, daß das englische Volk daraus keine bestimmten Konsequenzen ziehe oder doch Lehren schöpfe, denn daß die Juden ausgerechnet die härteste Zeit dieses Krieges dazu benutzten, ungeheure Gewinne einzustreichen, sei doch so skandalös, daß es eigentlich nicht übersehen werden könne. Es wirke geradezu aufreizend, daß die Londoner Zeitungen mit viel Behagen berichteten, die Invasion sei ein prima Börsengeschäft. Die französischen und belgischen Papiere seien so gestiegen, daß die Börsenbesucher sich geradezu überschrien und nachher in wilden Knäueln übereinander gelegen hätten. An der Atlantikküste lägen dagegen nicht die Börsenschieber, sondern die Soldaten übereinander, und zwar in keiner Weise als Verdienende, sondern als Leichen dieses Krieges.[506]

Besonders kritisch beurteilte der Propagandaminister die Lage im Ostkrieg, die Sommeroffensive der Sowjets riß tiefe Einbrüche in die Heeresgruppe Mitte und führte schließlich zu ihrer Vernichtung.[507] Auch die Stimmung in der deutschen Bevölkerung schätzte Goebbels sehr skeptisch ein, man neige immer mehr zu der Meinung, daß der Krieg nicht mehr zu gewinnen sei, und wolle Frieden um jeden Preis, hierbei gebe es auch Ansätze zu ausgesprochener Feindseligkeit gegen die NSDAP.[508]

Spätestens im Herbst 1944 war Goebbels, inzwischen auch „Reichsbevollmächtigter für den totalen Kriegseinsatz"[509], zweifelsfrei persönlich überzeugt, daß der Krieg mit militärischen Mitteln nicht mehr zu gewinnen war. Seine Totalisierungsmaßnahmen wie auch die Propagandakampagnen richteten sich im wesentlichen dahin, die Kriegshandlungen aufrecht zu erhalten, um als ernstzunehmende Partei nach politischen Lösungen suchen zu können. Wenngleich insgesamt nur begrenzte Spielräume für Verhandlungen gegeben

---

[506] Vgl.: GOEBBELS, Tagebücher, Band II/12, 12.6.1944, S. 450/Z. 104-110 bzw. 10.6.1944, S. 437 f./Z. 77-83. Weitere Bestätigungen seiner Überlegungen zu den Motiven und Wirkungen des internationalen Börsenkapitalismus fand Goebbels etwa neun Monate später, als die New Yorker Wall Street Kurseinbrüche verzeichnete, nachdem alliierte Truppen im März 1945 bei Remagen den Rhein überquert hatten. Dies beweise, daß die dahinter stehenden Juden nur ein Interesse daran hätten, den Krieg möglichst lange hinzuziehen, vgl.: GOEBBELS, Tagebücher, Band II/15, 13.3.1945, S. 491/Z. 123-125. Bereits in der Flugblattpropaganda von 1940 waren Veränderungen der Börsenumsätze bei Kriegsausbruch entsprechend kommentiert worden, vgl.: „Je Journal de Cambronne" No.1, p. 2, in: KIRCHNER, S. 69.

[507] Vgl. exemplarisch: GOEBBELS, Tagebücher, Band II/12, 29.6.1944, S. 571/Z. 298 f.; GOEBBELS, Tagebücher, Band II/13, 9.7.1944, S. 72/Z. 141-156 und 3.8.1944, S. 208 f./Z. 306-334; GOEBBELS, Tagebücher, Band II/14, 22.12.1944, S. 461/Z. 102-107.

[508] Vgl.: GOEBBELS, Tagebücher, Band II/13, 29.8.1944, S. 356/Z. 340 f. und 8.9.1944, S. 438 f./Z. 258-282; GOEBBELS, Tagebücher, Band II/14, 10.11.1944, S. 192 f./Z. 221-245 und 1.12.1944, S. 309 f./Z. 267-289.

[509] Vgl.: REBENTISCH, S. 512-523.

schienen, schätzte er die entsprechenden Möglichkeiten nach Osten hin weiterhin am günstigsten ein.[510]

Tatsächlich setzte auch Hitler große Hoffnungen darauf, daß die gegnerische Allianz unmittelbar vor ihrem Auseinanderbrechen stehe.[511] Einer der Ausgangspunkte hierzu war wohl die Wahrnehmung einer intensiven Diskussion der *bolschewistischen Gefahr* in politischen Kreisen wie Presseorganen der Westmächte.[512] Vertraulichen Berichten des amerikanischen Außenministeriums entnahm Goebbels eine zunehmende Feindschaft gegen die Sowjetunion, die Diplomaten seien über die politische und militärische Entwicklung schockiert, sähen aber wohl keine Alternative.[513] Sorgfältig registrierte der Reichsminister auch negative Stimmen aus dem Umfeld britischer Militärkritiker wie Militärtheoretiker, ergänzend sah er Anzeichen defaitistischer Stimmung unter den angloamerikanischen Soldaten an der Westfront.[514] Vor diesem Hintergrund und in Anbetracht der von Hitler angenommenen starken Kriegsmüdigkeit in der englischen Bevölkerung, vermutete Goebbels Möglichkeiten für ein Sonderarrangement mit England und den Vereinigten Staaten, falls es gelänge, den Westalliierten erhebliche Verluste bei einer Gegenoffensive zuzufügen beziehungsweise sogar wieder zum Ärmelkanal vorzudringen. Diese Überlegung bildete wohl den strategischen Ausgangspunkt der Ardennenoffensive.[515]

---

[510] Zur erwähnten Denkschrift an Hitler vgl.: GOEBBELS, Tagebücher, Band II/13, 21.9.1944, S. 536-542/Z. 264-516; OVEN, Finale, 20.9.1944, S. 479 und 22.9.1944, S. 479 f. Möglicherweise hatte Goebbels sich in dieser Phase bereits mit der totalen Niederlage abgefunden: „Ich habe vor mir ein reines Gewissen [...] Ich bin einen geraden Weg aufrecht gegangen, so, wie mein Gewissen es mir vorgeschrieben hat. [...] Qualvoll wurde mein Weg erst für mich, als ich mich vor die Frage gestellt sah, zwischen dem Führer und Deutschland zu wählen. Da trat der Versucher an mich heran mit tausend verlockenden Argumenten. Ich will ehrlich sein, ich habe nach dem 20. Juli, als eine Rettung Deutschlands noch möglich war, eine Rettung wohlgemerkt, die die Aufopferung des Führers bedingt hätte, oft geschwankt. Vor allem, als ich in einem so makellosen und charakterlich vorbildlichen Mann wie dem Reichsführer einen Gleichgesinnten entdeckt hatte. Himmler und ich wären wohl in der Lage gewesen, ein Deutschland ohne Hitler in eine gesicherte, wenn auch nicht in die von ihm erträumte Zukunft zu führen. Ich habe all diesen Versuchungen widerstanden. Meine Wahl zwischen Deutschland und dem Führer konnte nicht anders ausfallen, als sie ausgefallen ist, obwohl ich mir klar darüber bin, daß dabei beide zugrunde gehen." Goebbels, zitiert nach: OVEN, Finale, 16.4.1945, S. 642 f.

[511] Vgl.: GOEBBELS, Tagebücher, Band II/14, 10.10.1944, S. 68 f./Z. 95-131 und 18.12.1944, S. 436/Z. 121-127.

[512] Vgl. exemplarisch: ebenda, 6.12.1944, S. 361/Z. 113-121 und 16.12.1944, S. 423 f./Z. 62-86.

[513] Vgl.: ebenda, 10.10.1944, S. 70/Z. 162-166 und 3.12.1944, S. 341 f./Z. 300-307.

[514] Vgl.: ebenda, 4.12.1944, S. 347 f./Z. 71-90 und 16.12.1944, S. 423 f./Z. 73-86. Diesbezüglich erscheinen ranghohe amerikanische Militärs tatsächlich belastet, exemplarisch sei General George S. Patton Jr. genannt, vgl.: BENDERSKY, S. 317 f. und S. 352 f. Zu antisemitischen Tendenzen innerhalb der amerikanischen Streitkräfte vgl. ausführlich: BENDERSKY.

[515] Vgl.: GOEBBELS, Tagebücher, Band II/14, 1.12.1944, S. 306 f./Z. 136-168 sowie 2.12.1944, S. 318 f./Z. 285-316 und S. 323 f./Z. 447-502; ERDMANN, Band 4/II, S. 584. Goebbels gewann in den ersten, für die Wehrmacht erfolgreichen Phasen der Operation kurzfristig etwas Zuversicht, er blieb allerdings in bezug auf die Möglichkeiten der Attacke wie auch auf die Gesamtlage realistisch, vgl.: GOEBBELS, Tagebücher, Band II/14, 23.12.1944, S. 468/Z. 176-190 und 29.12.1944, S. 486 f./Z. 190-201.

Im Herbst 1944 legte der Propagandaminister die Rahmenrichtlinien für eine Greuelkampagne gegen die amerikanischen Invasionstruppen fest. Sie sollte dazu beitragen, die Kampfbereitschaft in der Bevölkerung Westdeutschlands zu erhalten; mögliche Hoffnungen auf eine erträgliche Behandlung durch die Amerikaner sollten zerschlagen werden, indem ihr Haß gegenüber Nationalsozialisten besonders hervorzuheben sei. Bereits im Sommer 1944 hatte Goebbels einen seiner Leitartikel entsprechend akzentuiert.[516] Auch in diese Kampagne wurden antisemitische Elemente gemischt; es sollte behauptet werden, daß Juden den Truppen diesen Haß auf die Deutschen eingegeben hätten. Goebbels will daraufhin bestätigende Hinweise für eine haarsträubende Behandlung von deutschen Kriegsgefangenen durch „Neger und Juden" zugespielt bekommen haben.[517]

Auch im psychologischen Kampf gegen den Bolschewismus rückte der Reichsminister Ende November 1944 Greuelaspekte in den Mittelpunkt der Propaganda. Zunächst ordnete er an, entsprechende Berichte über die Verbrechen an Deutschen in den geräumten Ost-Gebieten zu publizieren, um die Widerstandskraft der Bevölkerung zu verstärken. Man dürfe mit diesen Furchtbarkeiten nicht hinter dem Berge halten, je mehr das deutsche Volk wisse, was ihm drohe, wenn es in diesem Kriege versage, um so eher werde es entschlossen sein, all seine Kraft einzusetzen, um auch den größten Schwierigkeiten der Kriegsentwicklung zu begegnen.[518]

Anfang Januar 1945 aber stoppte er die Greuelpropaganda im Reichsgebiet vorübergehend, um Panikbewegungen bei den Flüchtenden keinen weiteren Vorschub zu leisten.[519] In dieser Phase schienen ihm antisemitische Tendenzen in USA und England nochmals deutlicher hervorzutreten, er schrieb diese Prozesse der speziell ausgerichteten nationalsozialistischen Aufklärungsarbeit zu[520], allerdings, so gestand er ein, habe der anwachsende Antisemitismus in der englischen Öffentlichkeit offenbar keinen Einfluß auf die dortige Regierungspolitik.[521] Realismus zeigte der Reichsminister auch bei der Einschätzung der offiziellen Position der Vereinigten Staaten, eine gewisse antibolschewistische Note in der Haltung der USA dürfe man nicht allzu ernst nehmen, denn deren Kriegspolitik richte sich in mancher Hinsicht ebenso scharf gegen

---

[516] Vgl.: „Bolschewismus und Plutokratie überbieten sich gegenseitig in Haß- und Vernichtungsprogrammen gegen uns, deren Verwirklichung für das deutsche Volk schlimmer wäre als die Hölle." „War dieser Krieg zu vermeiden? (Die tieferen Ursachen)", in: DAS REICH, Nr. 23, Jahr 1944, 4. Juni, S. 1 f., Zitatstelle S. 2.

[517] Vgl.: GOEBBELS, Tagebücher, Band II/14, 8.11.1944, S. 176 f./Z. 145-160 und 3.12.1944, S. 341/Z. 289-299.

[518] Vgl.: ebenda, 24.11.1944, S. 268/Z. 158-163; „Das trojanische Pferd (Lautlose Methode des Kreml)", in: DAS REICH, Nr. 47, Jahr 1944, 19. November, S. 1 f.; „Die Zeichen der Zeit (Mit gesammelten Kräften)", in: ebenda, Nr. 52, Jahr 1944, 24. Dezember, S. 1 f.

[519] Vgl.: GOEBBELS, Tagebücher, Band II/15, 25.1.1945, S. 216/Z. 233-237 und 26.1.1945, S. 229/Z. 208-219.

[520] Vgl.: ebenda, 13.1.1945, S. 114/Z. 77-81, 14.1.1945, S. 121/Z. 136-138 und 23.3.1945, S. 578/Z. 166-171.

[521] Vgl.: ebenda, 20.1.1945, S. 163/Z. 228-235.

England wie gegen die Sowjetunion, ohne daß der deutschen Seite daraus vorläufig ein Vorteil erwachse.[522] Außerdem sah Goebbels auch entgegengesetzte pro-sowjetische Tendenzen in jüdischen Kreisen der Alliierten.[523]

Vor diesem Hintergrund beschäftigte sich der Propagandaminister noch einmal mit grundsätzlichen Aspekten der Judenfrage. Es erweise sich wieder einmal als nötig, sie in aller Breite zu behandeln, dieses Thema dürfe nicht einschlafen.[524] Er bildete hierbei erneut Analogien zum Jahr 1932. Die Situation war insofern vergleichbar, als man sich wieder von Juden als einer im verborgenen mit allen Mitteln agierenden Macht dramatisch bedroht sah und den entsprechend gesteuerten Kräften diese Einsichten händeringend zu vermitteln suchte.[525] Außerdem mußte in dieser Phase die wieder angelaufene Propaganda der Alliierten zur Judenvernichtung abgeschlagen werden.[526]

Im Februar 1945 bestellte Hitler einen neuen Schub Greuelpropaganda. Er befürchtete offenbar angesichts des drohenden Verlustes von Königsberg, daß Generalfeldmarschall Friedrich Paulus, der von den Sowjets in Stalingrad gefangen genommene Oberbefehlshaber der 6. Armee, in Ostpreußen eine Gegenregierung errichten würde, daher hielt er es für dringend notwendig, den Verteidigungskampf gegen die Bolschewisten psychologisch noch stärker zu unterstützen.[527] Auch Goebbels versprach sich nachweislich von einer fortgesetzten Veröffentlichung der sowjetischen Greuel nun wieder eine Stärkung der Widerstandskräfte in der Heimat wie an den Fronten.[528]

---

[522] Vgl.: GOEBBELS, Tagebücher, Band II/14, 23.12.1944, S. 467/Z. 135-139.

[523] Vgl.: „Die Sowjets erklären [...], daß sie die Absicht haben, das in der Sowjetunion geltende Gesetz, nach dem der Antisemitismus mit Todesstrafe bedroht wird, in der ganzen Welt durchzuzwingen. Die Juden fühlen sich in Moskau heute auf der Höhe der Situation. Es kann angenommen werden, daß die amerikanischen und englischen Juden sich mehr und mehr nach der Seite Stalins hin orientieren werden." GOEBBELS, Tagebücher, Band II/15, 6.1.1945, S. 75 f./Z. 133-138.

[524] Vgl.: ebenda, 7.1.1945, S. 82/Z. 163-166; „Man könnte diesen Krieg überhaupt nicht begreifen, wenn man sich nicht immer wieder vor Augen hielte, daß hinter all dem widernatürlichen Treiben, mit dem unsere vereinten Feinde die Welt zu betrügen und die Menschheit hinters Licht zu führen versuchen, das internationale Judentum als Motor steht. Es bildet sozusagen den Kitt, der die gegnerische Koalition trotz ihrer klaffenden ideologischen und interessenmäßigen Gegensätze fest zusammenhält. Der Kapitalismus sowohl wie der Bolschewismus entspringen der selben jüdischen Wurzel, sind verschiedene Zweige am gleichen Baum und tragen am Ende auch die gleichen Früchte." „Die Urheber des Unglücks der Welt (Der Kitt der Feindkoalition)", in: DAS REICH, Nr. 3, Jahr 1945, 21. Januar, S. 1. Ein Großteil der Beiträge in dieser Ausgabe erscheint stark antisemitisch geprägt.

[525] Vgl.: GOEBBELS, Tagebücher, Band II/15, 4.1.1945, S. 62 f./Z. 641-651.

[526] Vgl.: „Die Greuelhetze ist auf beiden Seiten wieder in Schwung gekommen. Die Engländer und Amerikaner werfen uns die furchtbarsten Dinge vor." Ebenda, 19.1.1945, S. 153/Z. 111 f.

[527] Vgl.: ebenda, 8.2.1945, S. 337 f./Z. 287-292.

[528] Vgl.: ebenda, 10.2.1945, S. 350/Z. 160-162. Zur Durchführung der Kampagne vgl.: ebenda, 1.3.1945, S. 390 f./Z. 160-169 und 5.3.1945, S. 424 f./Z. 336-347; exemplarisch: „Das Jahr 2000 (Angelsächsische Unterwerfung)", in: DAS REICH, Nr. 8, Jahr 1945, 25. Februar, S. 1 f. (Ausrottungsprogramm der Alliierten für Deutschland bis zum Jahr 2000). Ende März äußerte sich Goebbels noch einmal recht zufrieden mit den Wirkungen der Greuelpropaganda auf den Widerstandswillen der deutschen Bevölkerung und Truppen, vgl.: GOEBBELS, Tagebücher, Band II/15, 24.3.1945, S. 586 f./Z. 259-264 und 28.3.1945, S. 609/Z. 111-114; SEMMLER, 2.11.1944, S. 164.

Mitte März 1945 vertraten beide die Meinung, daß nun eine Propaganda der Rache gegen die Sowjets zu entfalten sei. Die Offensivkräfte seien nach dem Osten zu wenden, dort falle die Entscheidung. Die Sowjets müßten „Blut über Blut lassen", dann sei eventuell die Möglichkeit gegeben, den Kreml zur Besinnung zu bringen.[529] Ein Anhalten der Rückzugsbewegungen hielt der Reichsminister für eine unverzichtbare Bedingung im Hinblick auf vage Möglichkeiten zu Separatfriedensverhandlungen mit Moskau. Himmler bestärkte ihn in seiner Auffassung, die ganze Kraft des Reiches müsse nun darauf konzentriert werden.[530] In diesem Zusammenhang plante Goebbels noch einmal eine weitere Radikalisierung der gesamten Propaganda- und Nachrichtenpolitik.[531]

Im Hintergrund sämtlicher kriegsverlängernder Maßnahmen stand weiterhin und bis zuletzt die Überzeugung von der Zwangsläufigkeit des Bruchs der Allianz, der dann neue Perspektiven eröffnen würde. Noch Ende März 1945 schrieb Goebbels, es handele sich nur darum, ob sie zerbreche, bevor oder nachdem man an der Erde liege: „Wir müssen also unter allen Umständen dafür sorgen, daß ein militärisches Desaster bis zu diesem Zeitpunkt vermieden wird."[532] Hierbei verglich er die Gesamtlage abermals mit der kritischen Situation der NSDAP im Herbst 1932, die bei aller Schwierigkeit doch alle Chancen für einen Sieg der Nationalsozialisten in sich geborgen habe.[533]

Neue Spaltungswirkungen erhoffte man sich von der geplanten „Jalta-Konferenz".[534] In „Unausgesprochene Perspektiven", seinem neuen Leitartikel,

---

[529] Vgl.: GOEBBELS, Tagebücher, Band II/15, 12.3.1945, S. 481/Z. 228-232 und 25.3.1945, S. 592/Z. 189 f.

[530] Vgl.: ebenda, 8.3.1945, S. 450 f./Z. 245-270 und 29.3.1945, S. 629/Z. 201-210. Zu Aspekten einer persönlichen Abneigung Goebbels' gegen Himmler vgl.: SEMMLER, 14.2.1945, S. 178; MARTIN, Mann, S. 133-135.

[531] Vgl.: GOEBBELS, Tagebücher, Band II/15, 13.2.1945, S. 380/Z. 348 f.; „Im gegenwärtigen Stadium des Krieges ist die härteste Sprache auch die beste Sprache." Ebenda, 1.4.1945, S. 661/Z. 349-352; auch: ebenda, 2.2.1945, S. 304/Z. 190-198, 28.3.1945, S. 609 f./Z. 106-122 und 4.4.1945, S. 675-677/Z. 203-269; STEPHAN, S. 264 f.; „Das politische Bürgertum vor der Entscheidung (Um ganz Europas Schicksal)", in: DAS REICH, Nr. 5, Jahr 1945, 4. Februar, S. 1 f.; „Ein Volk in Verteidigungsstellung (In der härtesten Probe)", in: ebenda, Nr. 6, Jahr 1945, 11. Februar, S. 1 f.; „Unsere Chance (Die Waffen werden entscheiden)", in: ebenda, Nr. 7, Jahr 1945, 18. Februar, S. 1 f.; „Unentwegt auf den Steuermann schauen! (Grund zum Selbstvertrauen)", in: ebenda, Nr. 9, Jahr 1945, 4. März, S. 1 f.; „Der Zeitpunkt, der die Wende bringt (Die große Stunde kommt)", in: ebenda, Nr. 10, Jahr 1945, 11. März, S. 1 f.; „Epochen, die über alles entscheiden (Die Lehre der Beharrlichkeit)", in: ebenda, Nr. 11, Jahr 1945, 18. März, S. 1 f.; „An die Arbeit und zu den Waffen! (Die Zeit des Handelns)", in: ebenda, Nr. 12, Jahr 1945, 25. März, S. 1 f.; „Die Geschichte als Lehrmeisterin (Die Beweiskraft des Vorbilds)", in: ebenda, Nr. 13, Jahr 1945, 1. April, S. 1 f.; „Kämpfer für das ewige Reich (Trotz allem standhaft)", in: ebenda, Nr. 14, Jahr 1945, 8. April, S. 1 f.; „Der Einsatz des eigenen Lebens (Kein Opfer ist zuviel)", in: ebenda, Nr. 15, Jahr 1945, 15. April, S. 1 f.; „Widerstand um jeden Preis (In nationaler Notwehr)", in: ebenda, Nr. 16, Jahr 1945, 22. April, S. 1 f.

[532] GOEBBELS, Tagebücher, Band II/15, 22.3.1945, S. 572/Z. 529-535.

[533] Vgl.: ebenda, 4.1.1945, S. 61 f./Z. 603-612 und 14.1.1945, S. 232 f./Z. 346-361.

[534] Vgl.: ERDMANN, Band 4/II, S. 597-602; GOEBBELS, Tagebücher, Band II/15, 16.1.1945, S. 133/Z. 153-164, 23.1.1945, S. 187/Z. 171-180 und S. 196/Z. 512-532 und 28.1.1945, S. 245-247/Z. 71-138.

bearbeitete Goebbels dementsprechend noch einmal das Problem des Bolschewismus in speziellem Hinblick auf England[535], um die Spannungen, die es im Vorfeld der Konferenz tatsächlich gegeben hatte[536], zu verstärken; er rechnete damit, daß sein Text insbesondere in den maßgeblichen Kreisen in Großbritannien diskutiert werden würde.[537]

Dem Propagandaminister lagen Anfang 1945 Analysen nicht näher bezeichneter Herkunft zur Europapolitik der USA vor, denenzufolge eines ihrer zentralen Interessen erreicht sei, nämlich, die Zerschlagung der industriellen Konkurrenz bei gleichzeitigem Erhalt der marktwirtschaftlichen Nachfragestrukturen; daher werde innerhalb der jüdischen Hochfinanz die Meinung vertreten, daß eine Fortführung des Krieges die Gefahr einer Bolschewisierung mit sich bringe und damit kontraproduktiv sei.[538] Aktuelle Meldungen über Ansehensverluste Churchills in der britischen Öffentlichkeit[539] und Forderungen in der englischen Presse nach einer raschen Beendigung des Krieges im Angesicht der akuten *Bolschewisierungsgefahr* bestärkten außerdem noch einmal den Durchhaltewillen des Reichsministers: „Wir müssen also alles Interesse daran haben, diesen Krieg hinauszuzögern, koste es, was es wolle, und wir sind auch auf dem besten Wege dahin."[540] Außerhalb seiner Ressortverantwortung versuchte er ab Ende März auch, sich in die Führung von Partisanengruppen einzumischen, die in feindlich besetzten Gebieten unter Leitung eines eigens beim Reichsführer SS gebildeten Stabes unter dem Decknamen „Organisation Werwolf" operierten sollten.[541]

Parallel dazu besprachen Goebbels und Göring eventuelle Möglichkeiten für Separatfriedensgespräche mit England, die Hitler allerdings zunächst noch kategorisch ablehnte. Speer plädierte angesichts der nicht mehr ausgleichbaren materiellen Überlegenheit der Gegenseite für politische Verhandlungen.[542] Der Propagandaminister betrachtete sich als geeignete Persönlichkeit, derartige Verhandlungen einzuleiten und zu führen[543], er wurde allerdings mit einer solchen Mission nicht betraut.

Erst Mitte Februar stimmte eine Reihe antibolschewistischer Artikel in der englischen Presse Hitler etwas zugänglicher für politische Dispositionen. Tatsächlich wurden Mitte März vorsichtige Friedenssignale über Stockholm nach dem Westen ausgesandt, die allerdings sofort zurückgewiesen wurden. Wei-

---

535 Vgl.: „Unausgesprochene Perspektiven (Der deutsche Weltkampf)", in: DAS REICH, Nr. 4, Jahr 1945, 28. Januar, S. 1 f.; GOEBBELS, Tagebücher, Band II/15, 22.1.1945, S. 180/Z. 162-166.

536 Der „Daily Herald" hatte wohl im Vorfeld der Konferenz vor einem möglichen Scheitern als politische Katastrophe gewarnt, vgl.: ebenda, 17.1.1945, S. 139 f./Z. 125-150; „The Times" lehnte den „Morgenthau-Plan" und eine Beseitigung Deutschlands aus dem Europäischen Konzert ab, vgl. hierzu: ebenda, 7.2.1945, S. 325 f./Z. 35-64 und 24.1.1945, S. 204/Z. 109-122.

537 Vgl.: ebenda, 23.1.1945, S. 201/Z. 707-718 und 10.3.1945, S. 465 f./Z. 150-155.

538 Vgl.: ebenda, 21.1.1945, S. 172 f./Z. 223-249.

539 Vgl.: ebenda, 15.3.1945, S. 508/Z. 93-106 und 20.3.1945, S. 545 f./Z. 122-141.

540 Ebenda, 16.3.1945, S. 517/Z. 112-115.

541 Vgl. exemplarisch: ebenda, 27.3.1945, S. 603 f./Z. 159-171; hierzu im Überblick: WEISS, Werwolf.

542 Vgl.: GOEBBELS, Tagebücher, Band II/15, 28.1.1945, S. 251 f./Z. 312-353 und 1.2.1945, S. 290/Z. 144-156.

543 Vgl.: ebenda, 28.1.1945, S. 256/Z. 495-500 und 1.2.1945, S. 294/Z. 294-301.

tere offizielle wie auch nicht-autorisierte Fühlungnahmen des Auswärtigen Amtes beziehungsweise Himmlers blieben ebenfalls insgesamt erfolglos.[544] Goebbels sah weiterhin in Stalin den aussichtsreichsten Partner für Separatgespräche, der Reichskanzler verbot aber dahingehende Sondierungen.[545]

Ab Mitte Januar schätzte Goebbels die Gesamtlage als ausgesprochen ernst ein, nicht allein für das nationalsozialistische Deutschland; offensichtlich wähnte er das ganze Abendland am Abgrund des Untergangs.[546] Die letzten Hoffnungsanker konnten den Kräften der Wirklichkeit nicht mehr standhalten. Bis Ende März 1945 geriet der Reichsminister in eine stark resignative Phase, sicherlich nicht zuletzt auch auf Grund der relativen Passivität Hitlers.[547] Von der ursächlichen Kriegsschuld der Juden aber blieb Goebbels auch im Niedergang offenbar unerschütterlich überzeugt.[548] Entgegen früheren Relativierungen erneuerte er auch seine Überzeugung von den konstitutiven Zusammenhängen zwischen Judentum und Bolschewismus.[549]

---

[544] Vgl.: ebenda, 13.2.1945, S. 377 f./Z. 259-289, 17.3.1945, S. 525/Z. 127-135 und S. 530/Z. 307-325, 18.3.1945, S. 532 f./Z. 66-96, 1.4.1945, S. 657/Z. 198-203 und 8.4.1945, S. 682/Z. 60-83.

[545] Vgl.: ebenda, 5.3.1945, S. 423 f./Z. 292-335, 12.3.1945, S. 485 f./Z. 383-398 und 22.3.1945, S. 565 f./Z. 262-303.

[546] Vgl.: [Besprechung mit verschiedenen Ministern und Gauleitern] „Jedermann ist sich klar darüber, daß wir jetzt unter Umständen vor der Entscheidung des Krieges stehen. [...] Aber man soll nicht unter der nervösen Belastung eines Abends die Frontlage endgültig beurteilen. Wir müssen die nächsten Tage abwarten, um uns klar darüber zu werden, ob die Gegenmaßnahmen des Führers zu einem durchschlagenden Erfolg führen. Es wäre das zu wünschen; denn wenn wir in dieser weltumspannenden Auseinandersetzung nicht bestünden, dann wäre damit die größte Krise des Abendlandes hereingebrochen." Ebenda, 18.1.1945, S. 150/Z. 300-310. Zu Hinweisen auf eine besonders starke persönliche Belastung vgl.: ebenda, 18.1.1945, S. 148/Z. 247-251.

[547] Vgl. exemplarisch: „Da der Führer sich konstant weigert, hier [Göring, Ribbentrop] Änderungen vorzunehmen, entwickelt sich daraus allmählich nicht nur eine Führungs-, sondern eine ausgesprochene Führer-Krise." Ebenda, 26.3.1945, S. 599/Z. 172-174; dementsprechend: ebenda, 28.3.1945, S. 616/Z. 381-385 und S. 621/Z. 551-574. „Man kann in solchen Stunden ganz deprimiert werden, vor allem, wenn ich mir immer wieder die Frage vorlege: Was soll ich tun, um das, was ich für richtig erkannt habe, nun tatsächlich auch durchzusetzen? Ich fühle in mir eine große moralische und nationale Verpflichtung auch dem deutschen Volke gegenüber, da ich einer der wenigen bin, die heute überhaupt noch das Ohr des Führers besitzen. Eine solche Möglichkeit muß nach allen Richtungen hin ausgenutzt werden. Aber mehr, als ich das tue, kann man es überhaupt nicht tun. Ich habe heute dem Führer gegenüber wieder ganz offene Worte gefunden, wie ich sie sonst selten in meinem Leben zu ihm gesprochen habe. Aber, wie gesagt, ein Erfolg ist im Augenblick noch nicht zu erkennen." Ebenda, 22.3.1945, S. 573 f./Z. 575-585.

[548] Vgl.: „Der Jude ist wirklich das Ferment der Dekomposition und der eigentliche Schuldige an diesem Krieg. Er wird deshalb wahrscheinlich auch mit seiner Rasse den höchsten Preis für diesen Krieg bezahlen müssen." GOEBBELS, Tagebücher, Band II/14, 13.12.1944, S. 406/Z. 130-132.

[549] Vgl.: „Daß der Bolschewismus noch in der Hauptsache von Juden inspiriert wird, kann man daraus ersehen, daß jetzt Meldungen aus Moskau vorliegen, daß Stalin erneut und zum dritten Male geheiratet hat, und zwar die Schwester des stellvertretenden Vorsitzenden des Rates der Volksbeauftragten, Kaganowitsch, eine ausgemachte Jüdin. Sie wird schon dafür sorgen, daß der Bolschewismus nicht in ein falsches Fahrwasser hineingerät." GOEBBELS, Tagebücher, Band II/15, 6.2.1945, S. 316/Z. 119-124.

Die politische Bedeutung der Art der Behandlung von Gegnern und Opfern durch den Nationalsozialismus für die Gesamtbeurteilung des Dritten Reichs war Goebbels klar. Mit besonderem Bezug auf die Konzentrationslager sagte er seinem Referenten Wilfred von Oven sinngemäß, der Krieg sei ein fürchterliches Inferno geworden, und die Konzentrationslager seien gewiß eines seiner unerfreulichsten Bilder. Sollte man diesen Krieg verlieren, dann würden sich die Konzentrationslager als Eiterbeule erweisen, deren giftiger Ausfluß das Leben in Deutschland noch lange verpesten werde. Auch im eigenen Volk werde niemand mehr von den Vorteilen sprechen, die die Gesamtheit der Deutschen dadurch gehabt habe, daß es seit 1933 und während des ganzen Krieges keine Unruhen, keine Streiks, keine Aufstände, keine Rowdies, keine Juden und keine Zigeuner mehr gegeben habe, daß der Spießer so friedlich und ruhig wie noch nie habe leben können. Dann würden sie alle auf die bestialischen Nazis zeigen und nicht daran denken, daß all diese Scheußlichkeiten eben kriegsbedingt und praktisch unabänderlich der Preis für ihre Ruhe gewesen seien. Der Feind aber werde dann ein Thema haben, mit dem er die Aufmerksamkeit der Welt und auch des deutschen Volkes von den Scheußlichkeiten und Verbrechen ablenken könne, die er selbst in so furchtbarem Ausmaß in Deutschland angerichtet habe.[550]

Hinsichtlich der immanenten jüdischen Feindschaft gegen Deutschland und der daraus folgenden moralischen Berechtigung der Vernichtungsmaßnahmen blieb seine Einstellung ohne Einschränkung konstant: „Die Juden melden sich wieder. Ihr Wortführer ist der bekannte und berüchtigte Leopold Schwarzschild, der jetzt in der amerikanischen Presse dafür plädiert, daß Deutschland unter keinen Umständen eine mildere Behandlung zuteil werden dürfte. Diese Juden muß man einmal, wenn man die Macht dazu besitzt, wie die Ratten totschlagen. In Deutschland haben wir das ja Gott sei Dank schon redlich besorgt. Ich hoffe, daß sich die Welt daran ein Beispiel nehmen wird."[551]

---

[550] Goebbels, zitiert nach: OVEN, Finale, 5.4.1945, S. 628; vgl. auch: OVEN, Goebbels, S. 309.

[551] GOEBBELS, Tagebücher, Band II/15, 14.3.1945, S. 498/Z. 94-99; vgl. auch: „Die Juden haben sich bereits für die Konferenz von San Francisco angemeldet. Charakteristisch ist, daß ihre Forderung vor allem dahin lautet, den Antisemitismus in der ganzen Welt zu verbieten. Das würde den Juden so in den Kram passen, daß, nachdem sie die schauderhaftesten Verbrechen gegen die Menschheit begangen haben, nun der Menschheit verboten werden sollte, darüber überhaupt nachzudenken." Ebenda, 4.4.1945, S. 674/Z. 175-180.

III. Zusammenfassung

In geschichtswissenschaftlicher Forschung, journalistischen Darstellungen und biographischen Erinnerungswerken sind die Fragen nach Ursprung, Ausprägung und Folgen der antisemitischen Einstellung von Joseph Goebbels unterschiedlich bearbeitet und beantwortet worden. Die jeweiligen Ergebnisse wurden zumeist in eine allgemeine Beurteilung seiner Person und seines Verantwortungsgrades für die nationalsozialistische Judenpolitik einbezogen. Hierbei sind partielle wie substanzielle Fehleinschätzungen erfolgt.

Die spezifische Auseinandersetzung mit autobiographischen Dokumenten und komplementären Quellenstücken verschiedener Provenienz sowie die Untersuchung der entsprechenden ereignisgeschichtlichen Zusammenhänge deutet darauf hin, daß die Grundlage der judenfeindlichen Haltung von Goebbels mit hoher Wahrscheinlichkeit aus nationalistisch-sozialistischen Überzeugungen gebildet und insofern politisch motiviert war. Rassistische Komponenten fügten sich ergänzend ein. Sie erscheinen insgesamt eher untergewichtet, können aber, entgegen bislang herrschender Meinung, nicht grundsätzlich ausgeschlossen werden: Im wesentlichen ausgehend von den einschlägigen Annahmen Houston Stewart Chamberlains, betrachtete Goebbels die Juden durchaus als eine dem abendländischen Menschen entgegengesetzte und bewußt oder instinktiv entgegenwirkende Rasse.

Tragende Säule seiner Weltanschauung blieb bis in die Anfangszeit des Krieges die gesellschaftliche Vision einer straff und verantwortlich geführten Volksgemeinschaft, in welcher Juden generell keinen Platz hatten. Sie hielt Goebbels unbeirrbar für Widersacher dieser Idealvorstellung, schienen ihm doch die entgegenstehenden, wichtigsten Prinzipien der Weimarer Republik gerade von Juden eingeführt und beherrscht: Parlamentarismus, Liberalismus, Kapitalismus und Pazifizmus. Außerdem wirkten sie, seiner Meinung nach, subversiv und von der überwiegenden Mehrzahl der Deutschen unerkannt, in den kulturellen Bereichen, am gefährlichsten in Sektoren der Meinungsbildung. Nicht zuletzt wähnte er jüdische Drahtzieher im Hintergrund der verschiedenen Konferenzen zur Regulierung der aus den Versailler Verträgen resultierenden deutschen Verpflichtungen.

Schon vor Beginn seiner Parteiaufbahn hatte Goebbels die Überzeugung entwickelt, daß Deutschland nach der Niederlage im Weltkrieg und der Novemberrevolution Beute kapitalistischer und damit immanent jüdischer Interessen geworden sei. In gewissermaßen komplementärem Zusammenhang sah er hierbei der bolschewistischen Ideologie eine Aufgabe gestellt: Sein Verdacht richtete sich dahin, beide an sich widersprüchlichen Prinzipien wirkten, von einem international organisierten Judentum gesteuert, konzertiert auf eine nachhaltige politische, wirtschaftliche und kulturelle Schwächung beziehungsweise Zerstörung der deutschen Nation, um deren Schröpfung ungehindert fortsetzen und letztlich auf Westeuropa ausweiten zu können.

Es entstand ein mehrschichtiges Feindbild mit durchweg antisemitischem Kolorit, das nach 1926 letztlich keine substantiellen Veränderungen mehr erfuhr. Die Annahme einer weltumspannend organisierten jüdischen Gegnerschaft zu einem starken, unabhängigen Deutschland bildete Ausgangs- und Endpunkt antisemitischer Überlegungen. Ein Brechen des dementsprechend wahrgenommenen politischen, wirtschaftlichen und kulturellen Einflusses von Juden in und auf Deutschland erscheint als authentisches Element von Goebbels' Weltbild und als Pivot politischer Arbeit wie Agitation bis in den Niedergang 1945. Dahingehend haben Ulrich Höver und Ralf-Georg Reuth, gestützt auf Einsichten der älteren Forschung, richtungsweisende Grundüberlegungen vorgelegt; Gesichtspunkte, die Claus-Ekkehard Bärsch in diesem Zusammenhang anreißt, verdienen Beachtung, wenngleich vielleicht eher aus psychologischer denn aus geschichtswissenschaftlicher Perspektive.

Die Entfaltung antisemitischer Einstellungen erfolgte zunächst überwiegend im Anonymen, sie waren ursprünglich gegen eine gewissermaßen unbekannte gesellschaftliche Größe und nicht gegen bestimmte Personen gerichtet. Bis 1941/42 hegte Goebbels in Einzelfällen bestimmte Bedenken und zeigte bei deren Regulierung manche Nachgiebigkeit. Seinen Mitarbeitern verbot er, der Ausführung harter judenpolitischer Entscheidungen beizuwohnen, um ihre Entschlossenheit nicht zu gefährden, und auch er selbst mied, wie Hitler, dementsprechende Belastungsproben.

Persönliche Momente lagerten sich allerdings frühzeitig verstärkend an, und zwar insbesondere im Rahmen von Auseinandersetzungen mit politischen Gegnern. Wechselseitig unsachliche Attacken trugen zu einer gewissen Verhärtung der Gangart bei. Bereits in den Tagebuchaufzeichnungen der zwanziger Jahre finden sich erschreckende Entgleisungen von Kommentaren und Drohungen, die auch in der Folgezeit wieder aufgenommen und dabei abermals verschärft wurden, beispielsweise im Zusammenhang mit dem Boykott vom April 1933, dem Mord an Wilhelm Gustloff und der Inspektion des Warschauer Ghettos.

Eine Einschätzung der Relevanz derartiger Radikalforderungen in bezug auf Entwicklung und Eskalation der nationalsozialistischen Judenpolitik ist abhängig von der Interpretation der jeweiligen Bemerkungen und einer Einstufung ihres rhetorischen beziehungsweise kommissiven (im Sinne politisch richtungsweisenden) Gewichts.

Aus geschichtswissenschaftlicher Sicht wirft dies Probleme auf, denn Goebbels' Einflußkraft auf die tatsächlichen Entscheidungsträger ist im einzelnen schwer zu beurteilen und nur im Fall der Kennzeichnungspflicht für Juden dokumentiert. Eine Vielzahl seiner Bemerkungen ist *ex post* auf die Judenvernichtung bezogen worden, und auch er selbst nahm im März 1942, nachdem ihm mit hoher Wahrscheinlichkeit Konzept und Verfahren der *Endlösung* zur Kenntnis gelangt waren, einige frühe Argumentationsmuster wieder, möglicherweise autosuggestiv, auf, allein: Mancherlei Einflußfaktoren erscheinen bei einer derartig linearen Ableitung übergangen, die Entschlußbildung zur Judenvernichtung ergab sich nicht unmittelbar aus seinen Kommentaren und Propagandaprodukten. Dementsprechend ist Goebbels auch eine authentische generelle Vernichtungsabsicht für die Zeit vor 1942 auf heutigem Quellenstand nicht zweifelsfrei nachweisbar. Seine eigentlichen persönlichen Ziele innerhalb der Judenpolitik mündeten mit hoher Wahrscheinlichkeit in der durchaus auch mit Gewalt voranzubringenden Verdrängung aus deutschen Interessengebieten, wobei er sich der Frage des weiteren Schicksals der betroffenen Menschen weitestmöglich verschloß.

Tatsächlich sind in den Tagebuchaufzeichnungen nicht allein Juden Opfer scharfer Angriffe, diese zielten gleichermaßen auf nicht-jüdische Intellektuelle wie auf Konkurrenten innerhalb der Partei, auf Mitglieder der Reichsregierung oder auf ausländische Politiker. Persönliche Diffamierung und Androhung drakonischer Strafen sind bis in die Endphase des Weltkrieges Stilmerkmale seiner Auseinandersetzung mit politischen oder persönlichen Gegnern. Die Formulierungen erscheinen dabei um so drastischer, je verschlossener direkte Zugänge und Zugriffsmöglichkeiten waren; das Tagebuch könnte dahingehend als emotionaler Blitzableiter gedient haben. Die ausgesprochen aggressiven Bemerkungen gestatten wohl gewisse Rückschlüsse auf bestimmte Charaktermerkmale ihres Autors, sie dürften insofern aber eher Forschungsgrundlage der Psychologie denn der Geschichtswissenschaft sein. Möglicherweise wäre in diesem Zusammenhang ein interdisziplinärer Ansatz anzustreben.

Der Kern antisemitischer Überzeugung erscheint in politischer wie persönlicher Hinsicht insgesamt authentisch und von tiefer Überzeugung getragen. Private und amtliche Quellen wie auch die entsprechenden Erinnerungen von Zeitzeugen bieten letztlich keine tragfähigen Ansatzpunkte dafür, Goebbels' Judenfeindschaft hauptsächlich als Gegenstand oder Ergebnis opportunistischer Erwägungen zu betrachten. Die Hypothesen der älteren Forschung müssen hier korrigiert werden.

Funktionalisierung und Darstellung des Antisemitismus in Politik und Propaganda konnten dagegen durchaus flexibel und verschiebbar sein. Die entsprechenden Spielräume waren bestimmt durch die eingeschätzten Erfordernisse der Situation wie durch die jeweiligen politischen Möglichkeiten, an deren Einrichtung und Erweiterung aber der junge Redakteur, der Gauleiter, der Reichspropagandaleiter und der Reichsminister für Volksaufklärung und Propaganda unaufhörlich arbeiteten. Die Radikalität antisemitischer Forderungen veränderte sich in diesen Bereichen fortschreitend hinsichtlich ihrer Bezugsgrößen, nicht in ihrem eigentlichen Wesen.

Die judenfeindliche Haltung von Joesph Goebbels stellt sich somit als Mischung ideologisch-fanatischer und realpolitisch-pragmatischer Elemente dar. Er unterstützte die antisemitische Linie der NSDAP seit Beginn seines politischen Engagements letztlich in allen Härtegraden, zu großen Teilen aus eigenem Antrieb, und zwar in vielfältigen Sektoren, auch außerhalb seiner Ressortverantwortung. Die bedeutsame Kongruenz seiner Ansichten in der Judenfrage zu Hitler wirkte sicherlich verstärkend.

Überhaupt erweist sich Goebbels' Einstellung zu Hitler als die eines Abhängigen. Bereits in frühen Phasen der politischen wie persönlichen Annäherung nahm Goebbels eine Haltung absoluter Unterordnung ein, Hitler erscheint in jeglicher Hinsicht als sein Leitstern und Idol. Dementsprechend konnten die weltanschaulichen und politischen Beeinflussungen erfolgen.

Die zunächst wohl ideologisch bedeutsamste Einwirkung bestand in einer sukzessiven Übernahme von Hitlers scharf antibolschewistischer Überzeugung. Goebbels, zunächst eigentlich erfüllt von einem romantisierenden Rußlandbild und eher radikalsozialistisch denn bürgerlich geprägt, hatte in frühen Phasen politischer Entwicklung gewisse gesellschaftliche Idealbilder in der

Sowjetunion verwirklicht gewähnt. Die Annahme einer jüdischen Steuerung des Bolschewismus, die bereits vor jedem persönlichen Kontakt mit Hitler bestand, führte ihn allerdings schon damals in einen gewissen Zwiespalt: Die idealisierten Gesichtspunkte waren mit seinen bereits angesprochenen antisemitischen Überzeugungen nicht stimmig zu vereinbaren. Für Hitler gab es hier kein Lavieren, und nachweislich zog er den jungen Agitator zwischen April und Juli 1926 auch in diesem Punkt endgültig auf seine Seite.

Die Betrachtung der Sowjetunion als systemimmanenten Todfeind eines nationalsozialistischen Deutschland entwickelte sich in dieser Zeitphase zu einem Kernelement von Goebbels' Weltbild. Sie bildete die Grundlage der Konfrontationspropaganda der zweiten Hälfte der dreißiger Jahre sowie selbstverständlich der Kriegspropaganda ab 1941. Besondere Relevanz für Goebbels erhielt Hitlers Überzeugung von der jüdischen Steuerung der internationalen Öffentlichkeit in ihrer Haltung zum Reich, vor allem in Vorfeld und Verlauf des Weltkrieges. In Richtung Osten wurde dieser Aspekt frühzeitig als Tatsache hingestellt und dann vorübergehend (1939-1941) revidiert, nach Westen verblieb man in einer gewissen Zurückhaltung, bis klar wurde, daß mit einem Einlenken Großbritanniens respektive der Vereinigten Staaten nicht zu rechnen war. Hier erhielt der Propagandaminister eindeutige Anweisungen für die Ausgestaltung seiner Arbeit, immer wieder deuten die Tagebuchaufzeichnungen darauf hin, daß Hitler zunehmend aggressiv-antisemitische Angriffe auf die jeweiligen Regierungsvertreter forderte. Goebbels, von der sachlichen Richtigkeit der Annahmen seit den frühen zwanziger Jahren überzeugt und damit hinsichtlich einer Berechtigung der Vorgehensweise ohne Zweifel, erwies sich als begeisterter Erfüllungsgehilfe.

Zahlreiche Beispiele für die Dominanz Hitlers in der Judenfrage, auch in den propagandapolitischen Bezügen, sind in der vorliegenden Arbeit dargestellt worden. Sie folgten stets gewissen Mustern: Ausgehend von einer scharfen Stellungnahme Hitlers oder einem direkten Auftrag, setzte Goebbels sofort die nötigen Kräfte in Gang, den Wünschen seines Führers Rechnung zu tragen und dabei möglichst andere Parteigrößen in Effektivität und Effizienz zu überflügeln – erinnert sei an die Einführung des Verbots der Kunstkritik, die spezifisch ausgerichteten Parteitagsreferate, die Vorbereitungen des Frankreichfeldzugs oder die Katyn-Kampagne. Auch harsche kritische Äußerungen Hitlers an Mitarbeitern oder Arbeitsergebnissen aus Goebbels' Verantwortungsbereichen konnten eine Flucht nach vorne im Zeichen von Judenfeindschaft empfehlen, zu denken ist an die Ausstellung „Entartete Kunst" und an die antisemitischen Filmprojekte. Nicht zu vergessen die vielen Maßnahmen und Kampagnen, die Goebbels in vorauseilendem Gehorsam oder der erwarteten Meriten wegen aus der Taufe hob; die dementsprechenden Beispiele beginnen in der „Kampfzeit" mit den spektakulären antisemitischen Aktionen, sie zeigen sich in den Bemühungen um einen generellen Ausschluß von Juden aus den Kulturbereichen und sie münden in den Maßnahmen zur Verdrängung und Ausweisung der Juden Berlins.

Außerhalb der Judenfrage übernahm Goebbels nicht alle Aspekte von Hitlers Weltanschauung und Folgeforderungen, insbesondere soweit sie Stabilität und Ansehen des nationalsozialistischen Deutschland gefährden konnten. Der Reichsminister blieb skeptisch hinsichtlich der Richtigkeit der hasardeurhaften Vorgehensweise bei den vielen Vertragsbrüchen (Rheinlandbesetzung, Wiedereinführung der Wehrpflicht, Sudetenkrise, Einmarsch in die Tschechoslowakei) wie bei der Einleitung des Weltkrieges überhaupt und wahrte vor allem Distanz zu den Erweiterungskonzepten des Lebensraums. Die relevanten Tagebuchaufzeichnungen zeigen, daß Goebbels dem Charisma Hitlers auch in derartigen Fragen in der persönlichen Begegnung zunächst regelmäßig unterlag[1], dann gewann zumeist eine gewisse politische Vorsicht Oberhand, die zur Einnahme einer persönlichen Distanz riet, dabei aber um die Unabänderlichkeit der Entschlüsse wußte. Eine Einflußnahme auf richtungsweisende Entscheidungen war verwehrt, es blieb zumeist keine Wahl, als dem „somnambulen Wirken" des Idols zu vertrauen und das jeweils Beste zu erhoffen. Innere Zweifel blieben jedenfalls generell ohne nennenswerte Folgen für die Wahrnehmung seiner Arbeitsaufgaben als Gauleiter, Reichspropagandaleiter oder Propagandaminister.

In Goebbels' Verhältnis zu Hitler zeigen sich dementsprechend manche opportunistische Gesichtspunkte. Ihnen zugrunde lag wohl ein unbedingter Wille, Hitler in seinem Werk jedwede Unterstützung zu leisten – um der Nähe zur persönlichen Leitfigur willen, aufgrund einer ideologischen Kongruenz und sicherlich auch zur Behauptung des Rangplatzes im ständigen Kampf um des „Führers" Gunst.

Hitler war hierbei vielfach anstoßgebend, Goebbels erscheint zumeist als aufnehmender beziehungsweise gehorsam ausführender Jünger mit hoher Bereitschaft zu Verinnerlichung und erweiternder Ausgestaltung der Aufgaben. In der Judenfrage zeigt sich ein Bemühen um gleichsam bedingungsloses Einschwenken auf den jeweils vorgegebenen Kurs, auch entgegen persönlicher Überzeugung, wie etwa im Fall der „Protokolle der Weisen von Zion". Vor dem Hintergrund des Bewußtseins der Unumkehrbarkeit trug Goebbels auch die Vernichtungs- und Untergangspolitik des Reichskanzlers, zeitweilig in Fanatismus verblendet, überwiegend aber wider bessere Einsicht und wider besseres Wissen um die Folgen im Fall der Niederlage.

Goebbels ist von anderen prominenten Nationalsozialisten als Einpeitscher Hitlers dargestellt worden, etwa von Alfred Speer oder Otto Wagener. Zweifellos fand der Parteiführer judenfeindliche Anschauungen durch seinen Propagandaleiter jederzeit bestätigt, möglicherweise kann in Einzelfällen auch eine gewisse Verstärkung erfolgt sein – mit hoher Wahrscheinlichkeit war dies bei der zeitlichen Abstimmung der Einführung der Kennzeichnungspflicht der Juden im Reichsgebiet der Fall –, doch letztlich dürfte Goebbels bei Hitler in der Judenfrage jederzeit in ein weit offenstehendes Tor gerannt sein. Dieser bedurfte dahingehend keiner Impulsgeber, die zitierten Tagebuchaufzeichnungen betonen wohl nicht umsonst immer wieder dessen entsprechende Vorreiterrolle.

---

[1] Anzeichen vorsichtiger aber unbeirrbarer Kritik zeigen sich im Zusammenhang mit der inneren Kriegführung und dem von Goebbels seit 1941 vertretenen Totalisierungskonzept.

Dessenungeachtet betrachtete Goebbels Einzelaspekte der Judenfrage im Grunde recht differenziert. Frühzeitig erfolgte eine innere Distanzierung von populistisch-vereinfachenden judenfeindlichen Ansätzen wie auch von Erscheinungsformen von Radauantisemitismus, die sich auch in der Beurteilung entsprechender Maßnahmen mancher seiner Parteigenossen niederschlug. In der eigenen politischen Praxis entwickelte sich aber schnell eine bedenkenlose Bereitschaft sowohl zur Verbreitung monokausaler Erklärungen der Judenfrage als auch zu einer Anwendung gezielter Gewaltmaßnahmen bei Umsetzung antijüdischer Konzepte innerhalb seines Gaugebiets und schließlich auch auf Reichsebene beziehungsweise in besetzten Gebieten.

Nachweisbar ist Goebbels' Verantwortung für die vielfältigen antijüdischen Schikanen und die bis zur Deportation reichenden Maßnahmen in Berlin. Einflüsse auf die Judenpolitik im Reich konnten sich hieraus ergeben, waren aber insgesamt wohl eher indirekter Natur. Initiativen mußten grundsätzlich über Hitler eingebracht werden. Heydrich und Himmler ließen sich dahingehend in mancher Hinsicht unterstützen, dies gilt sicherlich insbesondere für richtungsweisende Vorstöße in der Reichshauptstadt, wahrscheinlich im Rahmen der „Kristallnacht" und möglicherweise auch in der politischen Überzeugungsarbeit innerhalb der Partei. Sie überließen dem Gauleiter und Propagandaminister allerdings zu keinem Zeitpunkt wirkliche politische Möglichkeiten jenseits seiner Zuständigkeit. In der Reichspolitik erscheint Goebbels' Einfluß weitgehend beschränkt auf Inhalt und Ausrichtung der Propaganda, wobei er gewisse Initiativmöglichkeiten nutzte oder schuf und stets bemüht war, auch auf anderen Gebieten aktiv zu werden, was die entsprechend verantwortlichen Stellen in Zugzwang bringen konnte, beispielsweise im Zusammenhang mit der Einführung der Kennzeichnungspflicht. Letztlich aber waren ihm geäußerte oder angenommene Wünsche Hitlers jederzeit maßgebend.

Im Jahre 1949 erhob das Institut für Demoskopie Daten zur Einschätzung der Beeinflussung antijüdischer Einstellungen der Deutschen durch die Nationalsozialisten: 65% der Befragten glaubten, Antisemitismus sei verstärkt worden, 13% gaben an, es sei eher das Gegenteil bewirkt worden, die restlichen 22% äußerten sich unentschlossen.[2] Ian Kershaw stuft die entsprechenden Wirkungen wesentlich niedriger ein und geht davon aus, daß die antisemitische Propaganda in ihrer Monotonie insgesamt eher zu einem tragischen Desinteresse an der Judenfrage denn zu fanatischem Judenhaß geführt habe.[3] Demgegenüber ist wohl aber kaum zweifelhaft, daß die von Goebbels betriebene oder zu verantwortende judenfeindliche Agitation einschlägige Kreise in maßgebender Weise aufbringen konnte, und zwar mit fatalen Folgen, nicht al-

---

2   Vgl.: GINZEL, Antisemitismus, S. 449. Zu einer weiteren statistischen Aufgliederung vgl. S. 449-452 (Datenquelle: Institut für Demoskopie. Gesellschaft zum Studium der öffentlichen Meinung m.b.H. (IfD) Allensbach 1949. Ist Deutschland antisemitisch? Ein diagnostischer Beitrag zur Innenpolitik).

3   Vgl.: „The result was rather the creation of a fatal degree of indifference than of dynamic hatred towards the Jews. And despite an increasing rather than diminishing volume of anti-Jewish propaganda during the war, anti-Semitism was for most Germans now so abstract and so routine

lein im Zusammenhang mit der „Reichskristallnacht". Auch der Reichsminister selbst konnte offenbar durchaus von eigenen Propagandaprodukten vorangetrieben werden, besonders im Zusammenhang mit seinen antisemitischen Filmprojekten. Dabei aber blieb er bis zuletzt klarsichtig in bezug auf die Einschätzung der gegen die Juden gerichteten Verfahrensweise von außen und ihre entsprechende Relevanz im Falle der Niederlage. Fanatische Züge standen grundsätzlich einem gewissen Realitätssinn gegenüber, Goebbels plante und handelte keineswegs blindwütig, sondern letztlich zu annähernd jedem Zeitpunkt in vollem Bewußtsein um Dimensionen und mögliche Folgen der nationalsozialistischen Politik.

Wie in manch anderer Hinsicht nahm Goebbels auch in bezug auf die Judenfrage innerhalb der nationalsozialistischen Führungsriege eine gewisse Sonderstellung ein. Seine Haltung unterschied sich wesentlich von den entsprechenden Einstellungen eines Hermann Göring, Heinrich Himmler, Reinhard Heydrich, Julius Streicher, Robert Ley, Rudolf Heß, Joachim von Ribbentrop oder Alfred Rosenberg, und zwar dahingehend, daß sie sich auf einer wesentlich größeren Bandbreite bewegte.[4] Unter ideengeschichtlichem Aspekt ist hierbei festzustellen, daß Goebbels' Perspektiven der Judenfrage ideologisch weitgehend ohne Nachwirkung geblieben sind, dominierend und für Partei und Staat prägend blieb der vernichtungsorientierte Rassenantisemitismus Hitlers.

Die Judenfeindschaft der genannten Nationalsozialisten läßt sich innerhalb eines Spektrums zwischen Fanatismus und funktionalem Pragmatismus bestimmen. Goebbels bewegte sich sehr flexibel zwischen beiden Polen, die in verschiedenen Phasen durchaus auch Extreme seiner Haltung begrenzten. Dementsprechend finden sich zahlreiche Berührungspunkte mit den teilweise entgegengesetzten Einstellungen der erwähnten Führungsfiguren, und tatsächlich arbeitete er, bedacht auf die Nutzung von Synergien, in wechselnden Koalitionen mit dem pathologisch hassenden Streicher, mit dem fanatischen und blind Hitler folgenden Heß, mit dem rassengermanisch romantisierenden Himmler, mit dem mythologisierenden Rosenberg, mit dem ideologischen Fragen generell eher fernen Göring wie auch mit dem kalten Technokraten Heydrich samt seiner Unterorganisation (im wesentlichen mit Adolf Eichmann) in elastischer Weise zusammen. Parteipolitische Gegnerschaften traten in diesen Phasen angesichts der jeweiligen Sache (Boykott, Antibolschewismus, „Vor-Wannseekonferenz", Propagandafilmprojekte, Deportation, Kennzeichnung, Kriegspropaganda) in den Hintergrund, lebten aber anschließend zumeist unverändert wieder auf.

---

that there was apparently difficulty in keeping alive a real interest in the ‚Jewish Question'."
KERSHAW, Propaganda, S. 190-192.

[4] Ein Vergleich zu den antisemitischen Haltungen anderer Parteiführer ist insofern unsicher, als für diese entsprechende Spezialuntersuchungen bislang fehlen; die folgenden Überlegungen basieren auf dem heutigen Forschungsstand, könnten aber Gegenstand zukünftiger Präzisierung bzw. Revision sein.

Goebbels agierte mit intensiver Wahrnehmung der komplexen Zusammenhänge und Folgen der Judenpolitik in den innen-, außen- wie parteipolitischen
Bereichen und gleichzeitig mit einem durchaus feinsinnigen Gespür für propagandistische Gelegenheiten und Knalleffekte. Dabei suchte er sich die jeweils anzuwendenden Versatzstücke aus den unterschiedlichen Manifestati-
onsebenen von Antisemitismus situativ zusammen, so daß er gleichermaßen
Massenveranstaltungen fanatisieren wie in Einzelgesprächen sachlich und
nicht ohne gewisse Überzeugungskraft argumentieren konnte. Goebbels be-
herrschte hier als einziger die gesamte Klaviatur.

Vor diesem Hintergrund übte er oftmals harsche Kritik an antisemitischen
Manifestationen anderer Führungsfiguren, allen voran Streicher, dessen zugrundeliegendes Konzept einer völlig irrationalen Simplifizierung er ja bereits
1922 kritisiert hatte und das besonders in seiner praktischen Anwendung im
Stürmer dem Reich irreparable Ansehensschäden einbrachte. Doch auch vereinzelte Bemerkungen zu Rosenberg oder Himmler zeigen, wie wenig Goebbels mit deren letztlich eindimensionalen Sichtweisen der Judenfrage überein-
stimmte, auch Hitler stand ja deren ideologischen Verbrämungen sehr
skeptisch gegenüber. Während Rosenberg und Himmler ihre antisemitischen
Einsichten in mythologisierende und somit wirklichkeitsferne Konzepte leiteten, erkannte Goebbels frühzeitig Komplexität wie Agitationspotentiale der
Judenfrage und entsprach damit, wahrscheinlich zufällig, frühen Forderungen
Hitlers nach einer Ablösung gefühlter Judenfeindschaft durch einen „Antisemitismus der Vernunft"[5]. Rosenbergs Ausführungen wurden ja allgemeinhin
nicht recht ernst genommen[6], und auch das germanisch orientierte Rassenpfle-
geprogramm Himmlers blieb dem Propagandaminister fremd.[7] Gleichwohl
hegte Goebbels eine gewisse Achtung für die konzeptionelle wie praktische
Rücksichtslosigkeit des Reichsführers SS – erinnert sei beispielhaft an die Bemerkungen zu dessen Posener Rede vom Oktober 1943.

Die auf fatale Weise konstruktivste Zusammenarbeit ergab sich mit Göring
und Heydrich, wahrscheinlich infolge einer wesensgleichen Skrupellosigkeit
beziehungsweise rational begründeter Radikalität. Für Göring standen Aufbau und Anwendung totaler Staatsmacht wie die Errichtung eines zentraleu-
ropäischen Großwirtschaftsraums im Mittelpunkt seiner Politik, er verblieb
in gewisser Distanz zu manchen Aspekten der nationalsozialisitischen Weltanschauung, insbesondere in rassenbiologischer Hinsicht. Übereinstimmungen bestanden in bezug auf seine Einschätzung einer bestehenden bolschewistischen Gefahr und der daraus folgenden Überzeugung von der
Unvermeidlichkeit einer militärischen Konfrontation. Die Judenfrage nahm
in diesem politischen Gerüst eine überwiegend praktische Funktion ein, insbesondere im Hinblick auf die totale Kontrolle der Wirtschaft in den dreißiger Jahren respektive zur Sicherung der Kriegsproduktion ab 1941/42. Die mit
seinem seit 1938 bestehenden Auftrag zur Regelung der Judenfrage zusam-

---

[5] Hitler, Brief an Adolf Gemlich, 16. September 1919, zitiert nach: FEST, Hitler, S. 167.
[6] Vgl.: BOLLMUS, Rosenberg, S. 224-226.
[7] Vgl.: ACKERMANN, S. 121-124; BREITMAN, Himmler, S. 25-28 und S. 322-328.

menhängenden Aufgaben delegierte er weitestgehend an Heydrich.[8] Bei diesem stellt sich die Frage nach seinem persönlichen Überzeugungsgrad in bezug auf zentrale Fragen der NS-Ideologie; seine Biographen sehen ihn bislang als perfektionistischen Technokraten, der seine Aufgaben ohne innere Anteilnahme zur Ausführung brachte. So erscheint bei ihm auch die *Endlösung* als Mittel zum Zweck, nämlich der Demonstration von Effizienz wie der Selbstbestätigung.[9]

In seinen Aufzeichnungen hob Goebbels beider rücksichtslose Standpunkte und Vorgehensweise immer wieder lobend hervor. Im Zusammenhang mit der „Vor-Wannseekonferenz" und auch hinsichtlich einer Voranbringung der Judenpolitik in Berlin zog man bis 1942 an gleichen Strängen. Danach leistete Göring aus Erwägungen kriegswirtschaftlicher Notwendigkeiten und vielleicht auch mit Bedacht auf die Spätfolgen der Judenpolitik Widerstände gegen Goebbels' Deportationskonzepte, Heydrich gab es schon nicht mehr.

Neben Gesichtspunkten glaubhaft authentischer Ziele in der Judenpolitik, besonders innerhalb seines Gaugebietes, erscheint der Aspekt einer politischen Funktionalisierung von Antisemitismus auf verschiedenen Ebenen in besonderer Weise bedeutsam und in manchen Phasen tendenziell überwiegend. Goebbels erhoffte sich von einer Förderung judenfeindlicher Tendenzen bis in die Phase des totalen Krieges hinein innen- wie parteipolitisch, teils sogar militärisch integrierende Wirkungen; zudem sollte von verschiedenen Mißständen und außenpolitischen oder militärischen Krisen abgelenkt werden.

In der Aufbauphase der NSDAP im Ruhrgebiet, in Berlin und im Reich gebrauchte er judenfeindliche Elemente in aufsehenerregender, durchgehend polemischer und oftmals persönlicher Auseinandersetzung mit Vertretern von Staat, Presse oder anderen Parteien. Hierbei ging es besonders in der Reichshauptstadt um die Etablierung eines nationalen Alleinvertretungsanspruchs und damit auch um Abgrenzung zur Kommunistischen Partei. Im Rahmen öffentlich-diffamierender Agitation gegen Persönlichkeiten jüdischer Abstammung überschnitten sich politische und private Ziele – an die Vorgehensweise gegen Bernhard Weiß, Theodor Wolff oder Maximilian Harden sei hier exemplarisch erinnert. Spektakuläre judenfeindliche Aktionen in der Reichshauptstadt fanden Anklänge in der Bevölkerung, sie halfen nebenbei die schwierige Phase des Parteiverbots zu überbrücken und unterstützten gleichzeitig eine Wiedereingliederung unzufriedener SA-Verbände. Nachweislich erstrebte Goebbels nicht zuletzt auch eine Festigung seiner durchaus nicht jederzeit gesicherten Stellung wie auch eine Förderung seines persönlichen Ansehens bei Hitler.

Bei Etablierung der nationalsozialistischen Herrschaft dienten antisemitische Vorwände zur Beseitigung von Opposition in Exekutive, Legislative und Rechtsprechung; hierbei tat sich Goebbels vorwiegend in den Bereichen öf-

---

[8] Vgl.: KUBE, S. 338 f.; MARTENS, S. 219.
[9] Vgl.: DESCHNER, Heydrich, S 101-104; FEST, Gesicht, S. 139-155.

fentlicher Meinungsbildung und Kultur hervor. Er kehrte Tatsachen bedenkenlos um und präsentierte sie auch der internationalen Öffentlichkeit als unumgängliche und legitime staatliche Selbstverteidigungsmaßnahmen.

Die entsprechende ideologische Einflußnahme erfolgte teils unverblümt und offen, teils recht subtil; letzteres gilt insbesondere für die kulturellen Bereiche. Hierbei kamen Goebbels wohl auch Zufälle zu Hilfe, beispielsweise im Zusammenhang mit der Ausstellung „Entartete Kunst".

Zur Durchsetzung einer weitestgehenden staatlichen Kontrolle der Kulturbereiche arbeitete der Propagandaminister, auch unter eigenmächtiger Verschärfung der Vorgaben, zunächst mit Nachdruck auf den generellen Ausschluß jüdischer Künstler aus Produktion wie Kritik hin. Er folgte hierbei wohl größtenteils eigenen Überzeugungen, die bereits im Schriftgut der zwanziger Jahren dokumentiert sind; zudem aber stand der kulturelle Bereich im Mittelpunkt von Hitlers Interesse, was Goebbels, wie erwähnt, in mancher Hinsicht zusätzlich verpflichtete. Die Zielsetzungen wurden tatsächlich aber nicht erreicht, auch aufgrund der Vielzahl der von Goebbels selbst erteilten Sondergenehmigungen, daher mußten letztlich statistische Manipulationen die gewünschten Ergebnisse herbeiführen helfen.

Dem Reichsminister kann ferner ein gezielt kombinierter innen- und parteipolitischer Gebrauch von judenfeindlicher Agitation mit binnenintegrierender Wirkungsabsicht nachgewiesen werden. Goebbels sprach in diesem Zusammenhang ausdrücklich von dem Ziel, primitive Masseninstinkte anzusprechen. Daneben brachte er antisemitische Propaganda auch als Hebelwerkzeug gegen unterschiedlich motivierte Widerstände innerhalb der Partei- beziehungsweise Reichsleitung zum Einsatz. Dies gilt insbesondere für die Phasen der Weichenstellungen in der Judenpolitik und für die im Rahmen seines Konzepts zur Totalisierung des Krieges immer wieder angemahnten Umstellungen des Zivillebens. Die entsprechenden Propagandakampagnen erscheinen vielschichtig bestimmt: Nach außen dienten sie der Vorbereitung oder auch Rechtfertigung judenpolitischer oder kriegswirtschaftlich relevanter Maßnahmen, nach innen erschwerten sie eine Aufrechterhaltung etwaiger Vorbehalte, insbesondere, wenn Hitlers Aufmerksamkeit für Einzelaspekte der Judenfrage geweckt oder seine Überzeugung gar gewonnen war. Teilweise wirkten die Kampagnen wohl auch beschleunigend, exemplarisch sei im Zusammenhang mit den Deportationsplanungen für Berlin und der Einführung der Kennzeichnungspflicht an die Publikation der Schrift von Theodore N. Kaufman erinnert.

Goebbels muß dementsprechend als Antreiber einer unnachgiebigen Politik genereller Ausgrenzung der Juden aus allen Bereichen der deutschen Gesellschaft gelten. Möglicherweise hat sich hier auch eine gewisse eigendynamische Radikalisierung ergeben – ein Aspekt, auf den Elke Fröhlich, Joachim C. Fest und Hans Mommsen mit Recht aufmerksam gemacht haben.

Auch unter außenpolitischen Zielsetzungen funktionalisierte der Propagandaminister Judenfeindschaft in vielfältiger Hinsicht. Seine Kampagnen bewegten sich hierbei stets in einem Spannungsfeld zwischen Angriff und Rechtfertigung, welche eigentümlicherweise oftmals synchron erfolgten. Stand zunächst noch die Sorge um das Ansehen des nationalsozialistischen Deutschland im Mittelpunkt der Außenpropaganda, so zeichnete sich ab 1936 ein gezielter Einsatz judenfeindlicher Elemente zur Unterstützung des von Hitler angesteuerten Konfrontationskurses mit der Sowjetunion ab, und zwar nach innen wie außen. Antibolschewistische Agitationskomponenten wurden unter Rückgriff auf Annahmen der zwanziger Jahre untrennbar mit judenfeindlichen Gesichtspunkten verbunden, beide Bereiche verschmolzen zu einem schier unscheidbaren Propagandakomplex. Im Krieg erhoffte sich der Reichsminister von antisemitisch-antibolschewistischen Kampagnen zudem eine Aktivierung entsprechend angenommener latenter Potentiale im neutralen, besetzten und feindlichen Ausland, um Unterstützung für Deutschland zu erlangen und letztlich die Allianz der Gegner zu zersprengen.

Hinsichtlich der judenfeindlichen Haltung von Joseph Goebbels finden sich also gewisse Unterschiede zwischen Anspruch und Wirklichkeit, wie schon Helmut Heiber sie im allgemeinen annahm. Die Abweichungen bezogen sich allerdings überwiegend auf Aspekte der Propaganda und der bewußten Funktionalisierung der Judenfrage auf innen-, außen- und parteipolitischen Ebenen. Auf diesen Sektoren und in seinem Verhältnis zu Hitler bestanden gewisse opportunistische Momente. In der antisemitischen Sache selbst muß Goebbels, ungeachtet vorübergehend möglicherweise gehegter Bedenken in bezug auf die Judenvernichtung, insgesamt als uneingeschränkter Befürworter beziehungsweise in mancher Hinsicht auch als Bahnbrecher gelten, dem, im Glauben, Deutschland und Europa einen beispiellosen Dienst erwiesen zu haben, auch in der Rückschau 1945 der beschrittene Weg unzweifelhaft gerechtfertigt erschien.

ANHANG

STÜCK 1:

Brief Joseph Goebbels an Anka Stalherm, 14.IV.20.
BA KOBLENZ, N 1118/126, Blätter 114-122, Zitatstelle Blätter 119-122.

„In diesem Zusammenhang komme ich noch auf die andere Frage zu sprechen, die noch zwischen uns beiden im Unklaren ist: die Frage des Kommunismus. [...] Der Kapitalismus kennt keine Nationalität (siehe die entsetzlichen und geradezu himmelschreienden Verhältnisse innerhalb des deutschen Kapitalismus während des Krieges, dessen Internationalität einen Zustand schaffen konnte, da deutsche Kriegsgefangene (Beweis kann erbracht werden) während der Kämpfe, in [unleserlich] deutsche Geschütze mit Fabrikmarken deutscher Firmen ausluden, die dazu bestimmt waren, deutsches Leben zu vernichten. Dieser Kapitalismus hat nichts aus der neuen Zeit gelernt, und will nichts lernen, weil er seine eigenen Interessen vor die Interessen der anderen [unleserlich] setzt. Kann man es da den [unleserlich] verdenken, wenn sie für ihre Interessen, und auch *nur* für *ihre* Interessen eintreten? Kann man es ihnen verdenken, wenn [unleserlich] internationale Gemeinschaft [unleserlich], dessen Ziel der Kampf gegen den *korrupten* Kapitalismus ist? Kann man es verurteilen, wenn ein großer Teil der gebildeten [unleserlich][arbeiter-]jugend dagegen angeht, daß die Bildung käuflich ist und nicht dem zuteil wird, der die Befähigung dazu hat? Ist es nicht ein Unding, daß Leute mit den glänzendsten geistigen Gaben verelenden und verkommen, weil die anderen das Geld, das ihnen helfen könnte, verprassen, verjubeln und vertuen, ist es verwunderlich, wenn diese Leute diesem Zustande den Tod [unleserlich] [wünschen?]" [Es folgen weitere radikalsozialistische Darlegungen auf den Blättern 120-122, der Brief ist ein Abschiedsbrief, Goebbels schätzte also den Standesunterschied als sehr bedeutsames Hindernis für die Beziehung ein und beendete diese mit diesem Brief] „Siehst Du nicht ein, daß unsere Liebe ein Opfer dieser morschen Zustände geworden ist?"

STÜCK 2:

Brief Joseph Goebbels an Anka Stalherm, 17.II.19. BA KOBLENZ, N 1118/126, Blatt 107.

„Heinrich Heine kommt natürlich bei ihm nicht sehr glimpflich ab. Du weißt ja, daß ich diesen übertriebenen Antisemitismus nicht besonders leiden mag. [...] Ich kann ja auch nicht gerade sagen, daß die Juden meine besonderen Freunde wären, aber ich meine, durch Schimpfen und Polemisieren oder gar durch Pogrome schafft man sie nicht aus der Welt, und wenn man das auf diese Weise könnte, dann wäre das sehr unedel und menschenunwürdig."

STÜCK 3:

Vortragsmanuskript Joseph Goebbels: Ausschnitte aus der Literatur der Gegenwart. BA KOBLENZ, N 1118/133, Blätter 36-44, Zitatstelle Blätter 41-42.

„Von eminenter Bedeutung sind Spenglers Worte über das Judentum. Es scheint mir, daß hier die jüdische Frage an der Wurzel erfaßt ist. Man sollte annehmen, daß dieses

Kapitel eine geistige Klärung der Judenfrage herbeiführen müßte, da in ihm Elemente liegen, die über den Radauantisemitismus des heutigen Bildungsphilisters und die rührend-naiven Konstruktionen einer Dinter- und „Die Sünde wider das Blut-Jugend [ohne Anführungszeichen] hinaus die Judenfrage in die Tiefe und nicht in der ihm [unleserlich] schon längst langweilig gewordenen [unleserlich] fundiert."

STÜCK 4:

Juden und Judenknechte.
Nur für Redner. (Veröffentlichung, insbesondere in der Presse, verboten). München 1938. S. 2 (Sonderlieferung 3/1938 des Aufklärungs- und Redner-Informationsmaterials der Reichspropagandaleitung der NSDAP und des Reichspropagandaamtes der Deutschen Arbeitsfront).
Hessisches Hauptstaatsarchiv, Abt. 1129/Nr. 214.

„Der Reichspropagandaleiter gibt bekannt: Bei der Durchführung verschiedener einschneidender Maßnahmen in den vergangenen Tagen gegen das Judentum hat sich gezeigt, daß ein großer Teil des Bürgertums für die durchgeführten Maßnahmen geteiltes Verständnis aufbringt. Zum größten Teil laufen diese Spießer und Kritikaster herum und versuchen, Mitleid mit den „armen Juden" zu erwecken mit der Begründung, daß Juden auch Menschen seien. Bis zur Machtergreifung hat in bürgerlichen Zeitungen nie ein Wort über den Juden, auf keinen Fall aber ein abfälliges Wort gestanden. Die Masse der Bevölkerung, die nicht in der Kampfzeit und auch späterhin nationalsozialistische Zeitungen regelmäßig gelesen hat, hat damit nicht die Aufklärung erfahren, die für die Nationalsozialisten im Kampf ohne weiteres gegeben war. Dieses Versäumnis ist daher nachzuholen.

Die Versammlungswelle, die zur Zeit im ganzen Reiche läuft und den ganzen Winter bis Ende März [...] andauern wird, ist so anzusetzen, daß die oben erwähnte Aufklärung der gesamten Bevölkerung über das Wesen des Judentums erreicht wird. Das heißt nun nicht, daß die Themen dieser Versammlungen in ihrer Formulierung auf das jüdische Problem ausdrücklich Bezug nehmen müßten, sondern sie sollen nach wie vor unter den bisherigen politischen Parolen laufen. Bei der Behandlung der einzelnen politischen Probleme im Laufe einer Rede muß aber vom Redner wiederholt, da wo es begründet ist, auf die Rolle des Judentums hingewiesen werden. Die Redner müssen in geschickter Form auf dieses Thema kommen.

Bei der Behandlung der Judenfrage muß unter allen Umständen vermieden werden, daß der Redner eine rein wissenschaftliche Betrachtung des Judenproblems gibt. Je aktueller er über diese Probleme spricht, um so eindrucksvoller werden seine Ausführungen bei seinen Zuhörern sein. Darum muß der Redner vor allen Dingen von den letzten Tagesereignissen des In- und Auslandes, die in einem Zusammenhang mit dem Judenproblem stehen, ausgehen. Dadurch wird er jederzeit auch die Möglichkeit haben, entsprechende Parallelen zu jüdischen Machenschaften der hinter uns liegenden Zeit zu ziehen.

Heil Hitler
gez. Dr. Goebbels
Reichspropagandaleiter der NSDAP"

QUELLEN- UND LITERATURVERZEICHNIS

I. QUELLEN

1. Archivalien

GOEBBELS, JOSEPH [Abiturientenrede]: Abiturientenrede. BA KOBLENZ, N 1118/126, Blätter 2-7 [ohne Datum, möglicherweise 21. März 1917] [handschriftlich].

GOEBBELS, JOSEPH [Ausschnitte]: Ausschnitte aus der Literatur der Gegenwart. Vortagsmanuskript. BA KOBLENZ, N 1118/133, [ohne Paginierung] [Blätter 1-54] [handschriftlich].

[GOEBBELS, JOSEPH] [Brief Stalherm 17.2.1919]: Brief Joseph Goebbels an Anka Stalherm 17.II.19. BA KOBLENZ, N 1118/126, Blatt 107 [handschriftlich].

[GOEBBELS, JOSEPH] [Brief Stalherm 6.9.1919]: Brief Joseph Goebbels an Anka Stalherm 6.IX.19. BA KOBLENZ, N 1118/126, Blätter 111-112 [handschriftlich].

[GOEBBELS, JOSEPH] [Brief Stalherm 29.11.1919]: Brief Joseph Goebbels an Anka Stalherm 29.XI.19. BA KOBLENZ, N 1118/126, Blatt 113 [handschriftlich].

[GOEBBELS, JOSEPH] [Brief Stalherm 14.4.1920]: Brief Joseph Goebbels an Anka Stalherm 14.IV.20. BA KOBLENZ, N 1118/126, Blätter 114-122. [handschriftlich].

[GOEBBELS, JOSEPH] [Brief Zilles]: Brief Joseph Goebbels an Willy Zilles 26. Juli 1915. STADTARCHIV MÖNCHENGLADBACH, 15/44/41. [handschriftlich].

GOEBBELS, JOSEPH [Judas]: Judas Iscariot. Eine biblische Tragödie in fünf Akten. BA KOBLENZ, N 1118/127.

GOEBBELS, JOSEPH [Lied]: „Das Lied im Kriege" Klassenaufsatz 6.II.1915. BA KOBLENZ, N 1118/117, Blätter 1201-1206 [handschriftlich].

GOEBBELS, JOSEPH [Michael Voormann Jugendjahre]: Michael Voormann's Jugendjahre. BA KOBLENZ, N 1118/126, Blätter 148-201. [Urfassung, noch nicht in Tagebuchform] [handschriftlich].

GOEBBELS, JOSEPH [Michael Voormann]: Michael Voormann. Ein Menschenschicksal in Tagebuchblättern. BA KOBLENZ, N 1118/127, Blätter 108-185 [maschinenschriftlich, Durchschlag].

GOEBBELS, JOSEPH [Nichtkämpfer]: „Wie kann auch der Nichtkämpfer in diesen Tagen dem Vaterlande dienen?", Klassenaufsatz 27.XI.1914. BA KOBLENZ, N 1118/117, Blätter 1194 und 1198-1200 [handschriftlich].

GOEBBELS, JOSEPH [Saat]: Die Saat. Ein Geschehen in drei Akten. BA KOBLENZ, N 1118/117, Blätter 1333-1375 [handschriftlich].

GOEBBELS, JOSEPH [Aus meinem Tagebuch I]: Aus meinem Tagebuch. BA KOBLENZ, N 1118/126, Blätter 50-105 [handschriftlich].

GOEBBELS, JOSEPH [Aus meinem Tagebuch II]: Aus meinem Tagebuch. BA KOBLENZ, N 1118/126, Blätter 132-147 [handschriftlich].

[GOEBBELS, JOSEPH] [Tagebuch WS 1918/19]: W.S. 1918/19. Tagebuch. BA KOBLENZ, N 1118/117, Blätter 1436-1446 [handschriftlich].

[GOEBBELS, JOSEPH] [Tagung]: Tagung der Reichskulturkammer – Reichsminister Dr. Goebbels über den ständischen Aufbau der Kulturberufe. DNB 1. Jahrgang Nr. 238, 8. Februar 1934. BA KOBLENZ, R 43II/1241, Blätter 18-20 [Rollfilm].

GRUNDGEDANKEN ZUR ERRICHTUNG EINER REICHSKULTURKAMMER. [Juli 1933]. BA KOBLENZ, R 43II/1241, Blätter 4-7 [Rollfilm].
REICHSKULTURKAMMERGESETZ. BA KOBLENZ, R43II/1241, Blatt 3 [Rollfilm].

2. Veröffentlichte Quellen

AKTEN ZUR DEUTSCHEN AUSWÄRTIGEN POLITIK 1918-1945 [ADAP]. Serie C: 1933-1937. Das Dritte Reich: Die ersten Jahre. Band IV,1. 1. April bis 13. September 1935. Göttingen 1975.
AKTEN DER PARTEI-KANZLEI DER NSDAP [Teil I/1-Teil I/2]. Rekonstruktion eines verlorengegangenen Bestandes. Microfiches. 2 Bände. München [u.a.] 1983. (Akten der Partei-Kanzlei der NSDAP. Rekonstruktion eines verlorengegangenen Bestandes. Sammlung der in anderen Provenienzen überlieferten Korrespondenzen, Niederschriften von Besprechungen usw. mit dem Stellvertreter des Führers und seinem Stab bzw. der Partei-Kanzlei, ihren Ämtern, Referaten und Unterabteilungen sowie mit Heß und Bormann persönlich. Teil I).
AKTEN DER PARTEI-KANZLEI DER NSDAP [Teil II/1-Teil II/2]. Rekonstruktion eines verlorengegangenen Bestandes. Microfiches. 2 Bände. München [u.a.] 1985. (Akten der Partei-Kanzlei der NSDAP. Rekonstruktion eines verlorengegangenen Bestandes. Sammlung der in anderen Provenienzen überlieferten Korrespondenzen, Niederschriften von Besprechungen usw. mit dem Stellvertreter des Führers und seinem Stab bzw. der Partei-Kanzlei, ihren Ämtern, Referaten und Unterabteilungen sowie mit Heß und Bormann persönlich. Teil II).
ARCHIV DER GEGENWART 1933 [ADG]. Wien [o.J.].
ARCHIV DER GEGENWART 1943 [ADG]. Wien [o.J.].
BADE, WILFRID [Goebbels]: Joseph Goebbels. Lübeck 1933.
BADE, WILFRID [SA]: Die S.A. erobert Berlin. Ein Tatsachenbericht. 41.-50. Tausend. München 1934.
BARTELS, ADOLF: Die Deutsche Dichtung der Gegenwart. Die Alten und die Jungen. Achte verbesserte Auflage. Leipzig 1910.
BELLING, CURT: Der Film in Staat und Partei. [...] Berlin 1936.
BELOW, NICOLAUS VON: Als Hitlers Adjutant 1937-45. Mainz 1980.
VÖLKISCHER BEOBACHTER. Kampfblatt der national=sozialistischen Bewegung Großdeutschlands. 37 (1923).
VÖLKISCHER BEOBACHTER. Kampfblatt der national=sozialistischen Bewegung Großdeutschlands. Norddeutsche Ausgabe / Ausgabe A. 48 (1935)-58 (1945).
BOBERACH, HEINZ (Hrsg.) [Meldungen Auswahl]: Meldungen aus dem Reich. Auswahl aus den geheimen Lageberichten des Sicherheitsdienstes der SS 1939-1944. Neuwied, Berlin 1965.
BOBERACH, HEINZ (Hrsg.) [Meldungen Band 8]: Meldungen aus dem Reich 1938-1945. Die geheimen Lageberichte des Sicherheitsdienstes der SS. Band 8: Meldungen aus dem Reich Nr. 212 vom 18. August 1941 – Nr. 246 vom 15. Dezember 1941. Herrsching 1984.
BOELCKE, WILLI A.[n.e.] (Hrsg.) [Krieg]: Wollt Ihr den totalen Krieg? Die geheimen Goebbels-Konferenzen 1939-1943. München 1969. (DTV Dokumente).
BOELCKE, WILLI A.[n.e.] (Hrsg.) [Kriegspropaganda]: Kriegspropaganda 1939-1941. Geheime Ministerkonferenzen im Reichspropagandaministerium. Stuttgart 1966.
BREWITZ, WALTHER: Die Familie Rothschild. Stuttgart, Berlin 1939.
CHAMBERLAIN, HOUSTON STEWART [Band I]: Die Grundlagen des neunzehnten Jahrhunderts. 1. Hälfte. (X. Auflage) Volksausgabe. München 1912.

CHAMBERLAIN, HOUSTON STEWART [Band II]: Die Grundlagen des neunzehnten Jahrhunderts. 2. Hälfte. (X. Auflage) Volksausgabe. München 1912.

CHURCHILL, WINSTON S[PENCER]: Der Zweite Weltkrieg. Mit einem Epilog über die Nachkriegsjahre. Berlin [u.a.] 1954.

DEUTSCHE KUNST UND ENTARTETE „KUNST". Kunstwerk und Zerrbild als Spiegel der Weltanschauung. Herausgegeben von Adolf Dresler. München ⁵1938.

DEUTSCHE QUELLEN ZUR GESCHICHTE DES ZWEITEN WELTKRIEGES. Herausgegeben von Michael Salewski unter Mitwirkung von Stefan Lippert. Darmstadt 1998. (Ausgewählte Quellen zur Deutschen Geschichte der Neuzeit. Freiherr vom Stein-Gedächtnisausgabe. Band XXXIVa).

DIETRICH, OTTO: 12 Jahre mit Hitler. München 1955.

DIEWERGE, WOLFGANG [Anschlag]: Anschlag gegen den Frieden. Ein Gelbbuch über Grünspan und seine Helfershelfer. München 1939.

DIEWERGE, WOLFGANG [Gustloff]: Der Fall Gustloff. Vorgeschichte und Hintergründe der Bluttat von Davos. München 1936.

DIEWERGE, WOLFGANG [Jude]: Ein Jude hat geschossen... Augenzeugenbericht vom Mordprozeß David Frankfurter. München 1937.

DINTER, ARTUR: Die Sünde wider das Blut. Ein Zeitroman. Erste bis zehnte Auflage. 1.-50. Tausend. Leipzig und Hartenstein im Erzgebirge 1921.

DOKUMENT [Rassereferent]: Als Rassereferent im Reichsministerium des Innern. In: VfZG 9 (1961) S. 264-313.

DOKUMENTATION [Denkschrift]. Hitlers Denkschrift zum Vierjahresplan 1936. In: VfZG 3 (1955) S. 184-210.

DOKUMENTATION [Gerstein]. Augenzeugenbericht zu den Massenvergasungen. In: VfZG 1 (1953) S. 185-196.

DOKUMENTATION [Goebbels]: Joseph Goebbels und der Totale Krieg. Eine unbekannte Denkschrift des Propagandaministers vom 18. Juli 1944. In: VfZG 35 (1987) S. 289-314.

DOKUMENTATION [Offiziere]. Goebbels vor Offizieren im Juli 1943. In: VfZG 19 (1971) S. 83-112.

DOKUMENTATION [Polizeistaat]: Der nationalsozialistische Polizeistaat und die Judenverfolgung vor 1938. In: VfZG 10 (1962) S. 68-87.

DOKUMENTATION [Programmatik]: Zur Programmatik der nationalsozialistischen Linken: Das Strasser-Programm von 1925/26. In: VfZG 14 (1966) S. 317-333.

DOKUMENTATION [Rundfunkmaßnahmen]: Goebbels' „Außerordentliche Rundfunkmaßnahmen" 1939-1942. In: VfZG 11 (1963) S. 418-435.

DÜHRING, E[UGEN] [Judenfrage]: Die Judenfrage als Frage der Racenschädlichkeit für Existenz, Sitte und Cultur der Völker. Mit einer weltgeschichtlichen, religionsbezüglich, social und politisch freiheitlichen Antwort. Vierte, theilweise umgearbeitete und vermehrte Auflage. Berlin 1892. [1. Auflage 1880].

DÜHRING, E[UGEN] [Religion]: Der Ersatz der Religion durch Vollkommeneres und die Ausscheidung alles Judäerthums durch den modernen Völkergeist. Zweite neubearbeitete Auflage. Berlin 1897. [Erstauflage Karlsruhe und Leipzig 1883].

FEDER, GOTTFRIED: Der Deutsche Staat auf nationaler und sozialer Grundlage. Neue Wege in Staat, Finanz und Wirtschaft. [...] 3. Auflage (11.-15. Tausend). München 1924.

FEUERPROBE – POGROMNACHT 1938. ZDF-Dokumentation von Peter Hartl und Ursula Nellessen, 8.11.1998 [audiovisuelle Quelle].

FISCHER, EDMUND [Tendenzen]: Das sozialistische Werden. Die Tendenzen der wirtschaftlichen und sozialen Entwicklung. Leipzig 1918.

FRANÇOIS-PONCET, ANDRÉ: Souvenirs d'une ambassade à Berlin. Septembre 1931–Octobre 1938. Paris 1946.

VÖLKISCHE FREIHEIT. Rheinisch=westfälisches Kampfblatt für ein völkisch=soziales Großdeutschland. Organ der Nationalsozialistischen Freiheitsbewegung. Elberfeld. 1 (1924)-2 (1925).

FRITSCH, THEODOR (Hrsg.): Handbuch der Judenfrage. Eine Zusammenstellung des wichtigsten Materials zur Beurteilung des jüdischen Volkes. Hamburg [26]1907.

GOBINEAU, [JOSEPH ARTHUR COMPTE DE]: Versuch über die Ungleichheit der Menschenrassen. Deutsche Ausgabe von Ludwig Schemann. (4 Bände) Zweiter Band. Stuttgart 1899.

GOEBBELS, JOS[EPH] [abc]: Das kleine abc des Nationalsozialisten. Freiheit und Brot! Elberfeld [o.A.] [1927].

GOEBBELS, JOSEPH [Angriff]: Der Angriff. Aufsätze aus der Kampfzeit. München 1935.

GOEBBELS, JOSEPH [Arbeiter]: Der geistige Arbeiter im Schicksalskampf des Reiches. Rede vor der Heidelberger Universität am Freitag, dem 9. Juli 1943. München [1943].

GOEBBELS, JOSEPH [Aufstieg]: Der steile Aufstieg. Reden und Aufsätze aus den Jahren 1942/43. München [2]1944.

GOEBBELS, JOSEPH [Das erwachende Berlin]: Das erwachende Berlin. München 1934.

GOEBBELS, JOSEPH [Blick nach vorne]: Nur für den Gebrauch innerhalb der Wehrmacht. Der Blick nach vorne. Aufsätze aus den Jahren des Krieges. München, Berlin 1943. (Tornisterschrift des Oberkommandos der Wehrmacht. Allgemeines Wehrmachtamt. Abt. Inland. Heft 79).

[GOEBBELS, JOSEPH] [Bolschewismus]: Rede von Reichsleiter Reichsminister Dr. Joseph Goebbels auf dem Parteikongreß in Nürnberg 1936. Der Bolschewismus in Theorie und Praxis. München 1936.

[GOEBBELS, JOSEPH] [Erlaß]: Erlaß des Reichsministers Dr. Goebbels über die Neugestaltung der Kunstkritik vom 26. November 1936. In: Deutschlands Aufstieg zur Großmacht. Bearbeitet von Axel Friedrichs. Berlin 1937. S. 317-319. (Dokumente der Deutschen Politik. Band 4).

GOEBBELS, JOSEPH [Faschismus]: Der Faschismus und seine praktischen Ergebnisse. Berlin 1934. (Schriften der Deutschen Hochschule für Politik. Heft 1).

[GOEBBELS, JOSEPH] [Filmkammer]: Rede Reichsminister Dr. Goebbels vor der Internationalen Filmkammer im Thronsaal des Reichsministeriums für Volksaufklärung und Propaganda am 21. Juli 1941. In: Tagung der Internationalen Filmkammer. Berlin 16.-21. Juli 1941. Berlin [o.J.]. S. 7-12.

GOEBBELS, JOSEPH [Das eherne Herz]: Das eherne Herz. Reden und Aufsätze aus den Jahren 1941/42. München [2]1943.

GOEBBELS, JOSEPH [Herz]: Das eherne Herz. Rede vor der Deutschen Akademie. Gehalten am 1. Dezember 1941 in der Neuen Aula der Friedrich-Wilhelm-Universität zu Berlin. München [o.J.].

[GOEBBELS, JOSEPH] [Jahrestagung]: Jahrestagung der Reichskulturkammer. Berufung des Reichskultursenats. Dr. Goebbels über den geistigen und künstlerischen Umbruch im neuen Deutschland. In: Börsenblatt für den Deutschen Buchhandel 102 (1935) Nr. 268 vom 18. November 1935. S. 977-980.

GOEBBELS, JOSEPH [Kaiserhof]: Vom Kaiserhof zur Reichskanzlei. Eine historische Darstellung in Tagebuchblättern. (Vom 1. Januar 1932 bis zum 1. Mai 1933). 20. Auflage 341.-350. Tausend. München 1937.

GOEBBELS, JOSEPH [Kampf um Berlin]: Kampf um Berlin. I. Der Anfang (1926-1927). München 1932.

GOEBBELS, [JOSEPH] (Hrsg.) [Knorke]: Knorke. Ein neues Buch Isidor für Zeitgenossen. Herausgegeben [...] unter Mitarbeit von Mjölnir, Knipperdolling, Dax, Jaromir und Orje. München 1929.

GOEBBELS, JOSEPH [Kommunismus]: Kommunismus ohne Maske. München 1935.

GOEBBELS, [JOSEPH] [Kriegsartikel]: Dreißig Kriegsartikel für das deutsche Volk. München 1943. [= Broschurausgabe des Reich-Leitartikels vom 26.9.1943: „Kriegsartikel für das deutsche Volk"].

[GOEBBELS, JOSEPH] [Lenin]: Lenin oder Hitler? Eine Rede. Gehalten am 19. Februar 1926 im Opernhaus in Königsberg i.Pr. Zwickau i. Sa. [1926].

GOEBBELS, JOSEPH [Michael]: Michael. Ein deutsches Leben in Tagebuchblättern. München ⁶1935.

GOEBBELS, JOS[EPH] [Nazi-Sozi]: Der Nazi-Sozi. Fragen und Antworten für den Nationalsozialisten. Elberfeld [o.J.].

GOEBBELS, JOSEPH [Rassenfrage]: Rassenfrage und Weltpropaganda. Fr. Manns Pädag. Magazin. Heft 1390. Langensalza 1934. (Schriften zur politischen Bildung. XII. Reihe. Rasse. Heft 6).

[GOEBBELS, JOSEPH] [Reden Band I-Reden Band II]: Goebbels-Reden 1932-1945. Herausgegeben von Helmut Heiber. Band 1: 1932-1939. Band 2: 1939-1945. Bindlach 1991. [Fotomechanischer Nachdruck der Ausgabe Düsseldorf 1972].

[GOEBBELS, JOSEPH] [Rede 1936]: Rede des Reichsministers Dr. Goebbels bei der vierten Jahrestagung der Reichskulturkammer in Berlin über die Neugestaltung des deutschen Kulturlebens vom 27. November 1936. In: Deutschlands Aufstieg zur Großmacht. Bearbeitet von Axel Friedrichs. Berlin 1937. S. 319-328. (Dokumente der Deutschen Politik. Band 4).

[GOEBBELS, JOSEPH] [Rede 1937]: Rede des Reichsministers Dr. Goebbels auf der Jahrestagung der Reichskulturkammer und der NS-Gemeinschaft „Kraft durch Freude" im Deutschen Opernhaus zu Berlin vom 26. November 1937. In: Von der Großmacht zur Weltmacht 1937. Bearbeitet von Hans Volz. Berlin 1938. S. 416-426. (Dokumente der Deutschen Politik. Band 5).

[GOEBBELS, JOSEPH] [Rede 1938]: Rede des Reichsministers Pg. Dr. Goebbels am Dienstag, dem 22. März 1938 im Berliner Sportpalast. Nur zum Dienstgebrauch! (Nicht zur Veröffentlichung bestimmt!). München 1938. (Material für Redner und Presse).

GOEBBELS, JOSEPH [Revolution]: Revolution der Deutschen. 14 Jahre Nationalsozialismus. Goebbelsreden mit einleitenden Zeitbildern von Hein Schlecht. Oldenburg i.O. 1933.

GOEBBELS, JOSEF [Die zweite Revolution]: Die zweite Revolution. Briefe an Zeitgenossen. Zwickau [1926].

GOEBBELS, JOSEPH [Richtlinien]: An die deutschen Schriftleiter! Richtlinien für die Gesamthaltung der deutschen Presse. [Berlin 1934].

GOEBBELS, JOSEPH [Rundfunk]: National-Sozialistischer Rundfunk. München 1935.

GOEBBELS, JOSEPH [Signale]: Signale der neuen Zeit. 25 ausgewählte Reden. München 10. Auflage [o.J.] [erste Auflage 1934].

[GOEBBELS, JOSEPH] [Sportpalast]: Rede des Reichspropagandaleiters Reichsminister Dr. Goebbels im Berliner Sportpalast am 18. Februar 1943. Herausgegeben von der Reichspropagandaleitung der NSDAP Hauptamt Propaganda. [o.O.] [o.J.].

[GOEBBELS, JOSEPH] [Goebbels spricht]: Goebbels spricht. Reden aus Kampf und Sieg. Oldenburg i.O. 1933. (Schriften an die Nation. Band 45/46).

[GOEBBELS, JOSEPH] [Tagebuch]: Das Tagebuch von Joseph Goebbels 1925/26. Mit weiteren Dokumenten herausgegeben von Helmut Heiber. Stuttgart 1960. (Schriftenreihe der Vierteljahreshefte für Zeitgeschichte. Nummer 1).

[GOEBBELS, JOSEPH] [Tagebücher Band I/I-Tagebücher Band I/II]: Die Tagebücher von Joseph Goebbels. Sämtliche Fragmente. Herausgegeben von Elke Fröhlich im Auftrag des Instituts für Zeitgeschichte und in Verbindung mit dem Bundesarchiv. Teil I. Aufzeichnungen 1924-1941. Bände 1-2: 27.6.1924-31.12.1936. München [u.a.] 1987.

[GOEBBELS, JOSEPH] [Tagebücher Band I/3,II-Tagebücher Band I/9]: Die Tagebücher von Joseph Goebbels. Im Auftrag des Instituts für Zeitgeschichte und mit Unterstützung des Staatlichen Archivdienstes Rußlands. Herausgegeben von Elke Fröhlich. Teil I. Aufzeichnungen 1923-1941. Bände 3, II-9: März 1936-Juli 1941. Bearbeitet von Elke Fröhlich und Jana Richter. München 1998-2001.

[GOEBBELS, JOSEPH] [Tagebücher Band II/1-Tagebücher Band II/15]: Die Tagebücher von Joseph Goebbels. Im Auftrag des Instituts für Zeitgeschichte und mit Unterstützung des Staatlichen Archivdienstes Rußlands. Herausgegeben von Elke Fröhlich. Teil II. Diktate 1941-1945. Bände 1-15: Juli 1941-April 1945. Bearbeitet von Elke Fröhlich [u.a.]. München [u.a.] 1993-1996.

GOEBBELS, JOSEPH [Wahrheit]: Die Wahrheit über Spanien. Rede auf dem Reichsparteitag in Nürnberg 1937. München 1937.

GOEBBELS, JOSEPH [Wege]: Wege ins dritte Reich. Briefe und Aufsätze für Zeitgenossen. München 1927.

GOEBBELS, JOSEPH [Wesen]: Wesen und Gestalt des Nationalsozialismus. Berlin 1935. (Schriften der Deutschen Hochschule für Politik. Heft 8).

GOEBBELS, JOSEPH [Wetterleuchten]: Wetterleuchten. Aufsätze aus der Kampfzeit (2. Band „Der Angriff"). Herausgegeben von Georg-Wilhelm Müller. München ²1939.

GOEBBELS, JOSEPH [Zeit ohne Beispiel]: Die Zeit ohne Beispiel. Reden und Aufsätze aus den Jahren 1939/40/41. München 1941.

GOEBBELS, [JOSEPH] / MJOELNIR [= Hans Schweitzer] [Isidor]: Das Buch Isidor. Ein Zeitbild voll Lachen und Haß. München ⁵1931.

GOEBBELS, [JOSEPH] / MJOELNIR [= Hans Schweitzer] [Hakenkreuzler]: Die verfluchten Hakenkreuzler. Etwas zum Nachdenken. München 1931.

GÖRING, HERMANN: Reden und Aufsätze. Herausgegeben von Erich Gritzbach. München ²1938.

GRZESINSKI, ALBERT: La tragi-comédie de la République Allemande. [...] Traduit de L'Allemand par Armand Pierhal. Paris 1934.

GRUNER, WOLF [Denkschrift]: „Lesen brauchen sie nicht zu können ..." Die „Denkschrift über die Behandlung der Juden in der Reichshauptstadt auf allen Gebieten des öffentlichen Lebens" vom Mai 1938. In: Jahrbuch für Antisemitismusforschung 4 (1995) S. 305-341.

HADAMOVSKY, EUGEN: Propaganda und nationale Macht. Die Organisation der öffentlichen Meinung für die nationale Politik. Oldenburg i.O. 1933.

HANFSTAENGL, ERNST: Zwischen Weißem und Braunem Haus. Memoiren eines politischen Außenseiters. München 1970.

HARDEN, MAXIMILIAN: Prozesse. Köpfe III. Teil. Erstes bis dreizehntes Tausend. Berlin 1913. (Maximilian Harden. Köpfe. Dritter Teil).

HEIM, SUSANNE / ALY, GÖTZ [Hrsg.]: Staatliche Ordnung und „organische Lösung". Die Rede Hermann Görings „über die Judenfrage" vom 6. Dezember 1938. In: Jahrbuch für Antisemitismusforschung 2 (1993) S. 378-404.

[HIMMLER, HEINRICH] [Dienstkalender]: Der Dienstkalender Heinrich Himmlers 1941/42. Im Auftrag der Forschungsstelle für Zeitgeschichte in Hamburg bearbeitet, kommentiert und eingeleitet von Peter Witte [u.a.]. Mit einem Vorwort von Uwe Lohalm und Wolfgang Scheffler. Hamburg 1999. (Hamburger Beiträge zur Sozial- und Zeitgeschichte. Quellen, Band 3).

[HIMMLER, HEINRICH] [Geheimreden]: Heinrich Himmler. Geheimreden bis 1945 und andere Ansprachen. Herausgegeben von Bradley F. Smith und Agnes F. Peterson mit einer Einführung von Joachim C. Fest. Frankfurt am Main, Berlin 1974.

HINKEL, HANS: Einer unter Hunderttausend. München 1938.

[HITLER, ADOLF] [Aufzeichnungen]: Hitler. Sämtliche Aufzeichnungen 1905-1924. Herausgegeben von Eberhard Jäckel zusammen mit Axel Kuhn. Stuttgart 1980. (Quellen und Darstellungen zur Zeitgeschichte. Band 21).

[HITLER, ADOLF] [Buch]: Hitlers zweites Buch. Ein Dokument aus dem Jahr 1928. Eingeleitet und kommentiert von Gerhard L. Weinberg. Mit einem Geleitwort von Hans Rothfels. Stuttgart 1961. (Quellen und Darstellungen zur Zeitgeschichte. Band 7).

HITLER, ADOLF [Kampf]: Mein Kampf. Zwei Bände in einem Band. Erster Band: Eine Abrechnung. Zweiter Band: Die nationalsozialistische Bewegung. 444./448. Auflage München 1939.

[HITLER, ADOLF] [Prozeß]: Der Hitler-Prozeß 1924. Wortlaut der Hauptverhandlung vor dem Volksgericht München I. Teil 1-4: 1.-25. Verhandlungstag. Herausgegeben und kommentiert von Lothar Gruchmann und Reinhard Weber unter Mitarbeit von Otto Gritschneder. 4 Teilbände. München 1997-1999. (Hitler. Reden. Schriften. Anordnungen. Der Hitler-Prozeß 1924).

[HITLER, ADOLF] [Reden des Führers]: Reden des Führers. Politik und Propaganda Adolf Hitlers 1922-1945. Herausgegeben von Erhard Klöss. München 1967. (DTV Dokumente).

[HITLER, ADOLF] [Reden Band I]: Max Domarus. Hitler. Reden und Proklamationen. 1932-1945. Kommentiert von einem deutschen Zeitgenossen. I. Band. Triumph (1932-1938). Neustadt a.d. Aisch 1962.

[HITLER, ADOLF] [Reden Band II]: Max Domarus. Hitler. Reden und Proklamationen. 1932-1945. Kommentiert von einem deutschen Zeitgenossen. II. Band. Untergang (1939-1945). Neustadt a.d. Aisch 1963.

HÖSS, RUDOLF: Kommandant in Auschwitz. Autobiographische Aufzeichnungen. Eingeleitet und kommentiert von Martin Broszat. Stuttgart 1958. (Quellen und Darstellungen zur Zeitgeschichte. Band 5).

HOFER, WALTHER (Hrsg.) [Nationalsozialismus]: Der Nationalsozialismus. Dokumente 1933-1945. Frankfurt am Main 1957.

THE HOLOCAUST [Band 1]. 1. Legalizing the Holocaust. The Early Phase, 1933-1939. Introduction by John Mendelsohn. New York, London 1982. (The Holocaust. Selected Documents in Eighteen Volumes).

THE HOLOCAUST [Band 2]. 2. Legalizing the Holocaust. The Later Phase, 1939-1943. Introduction by John Mendelsohn. New York, London 1982. (The Holocaust. Selected Documents in Eighteen Volumes).

THE HOLOCAUST [Band 3]. 3. The Crystal Night Pogrom. Introduction by John Mendelsohn. New York, London 1982. (The Holocaust. Selected Documents in Eighteen Volumes).

THE HOLOCAUST [Band 4]. 4. Propaganda and Aryanization. 1938-1944. Introduction by John Mendelsohn. New York, London 1982. (The Holocaust. Selected Documents in Eighteen Volumes).

THE HOLOCAUST [Band 8]. 8. Deportation of the Jews to the East. Stettin, 1940, to Hungary, 1944. Introduction by John Mendelsohn. New York, London 1982. (The Holocaust. Selected Documents in Eighteen Volumes).

HOLOKAUST. Folge 2. Die Entscheidung. ZDF-Dokumentation vom 24. Oktober 2000 [audiovisuelle Quelle].

HOSSBACH, FRIEDRICH: Zwischen Wehrmacht und Hitler 1934-1938. 2., durchgesehene Auflage Göttingen 1965.

IRVING, DAVID (Hrsg.)[Tagebücher]: Der unbekannte Dr. Goebbels. Die geheimen Tagebücher des Jahres 1938. London 1995.

JOCHMANN, WERNER (Hrsg.) [Monologe]: Adolf Hitler. Monologe im Führerhauptquartier 1941-1944. Die Aufzeichnungen Heinrich Heims. Hamburg 1980.

JORDAN, RUDOLF: Erlebt und erlitten. Weg eines Gauleiters von München bis Moskau. Leoni am Starnberger See 1971.

JUDEN UND JUDENKNECHTE. *Nur für Redner.* (Veröffentlichung, insbesondere in der Presse, verboten!). München 1938. (Sonder-Lieferung 3/1938 des Aufklärungs- und Redner-Informationsdienstes der Reichspropagandaleitung der NSDAP. und des Reichspropagandaamtes der Deutschen Arbeitsfront).

JUDENVERFOLGUNG. Die ersten Maßnahmen - Die Endlösung. Institut für Film und Bild in Wissenschaft und Unterricht FWU, TB 2200141 [Tondokument].

JUNGNICKEL, MAX: Goebbels. Leipzig 1933. (Männer und Mächte).

KAUFMAN, THEODORE N[EWMAN]: Germany must perish. Newark, New Jersey 1941.

KEESINGS ARCHIV DER GEGENWART 1934-1938 [ADG]. [...] Wien [o.J.].

KEMPNER, ROBERT M[AX] W[ASSILII] (Hrsg.) [Nazi Stopp]: Der verpaßte Nazi-Stopp. Die NSDAP als staats- und republikfeindliche, hochverräterische Verbindung. Preußische Denkschrift von 1930. Frankfurt am Main [u.a.] 1983. (Ullstein-Buch; Nr. 34159).

KLEMPERER, VICTOR [Tagebuch]: Das Tagebuch 1933-1945. Eine Auswahl für junge Leser. Bearbeitet von Harald Roth. Berlin ⁴1998.

KIRCHNER, KLAUS [Hrsg.]: Flugblätter aus Deutschland 1939/1940. Bibliographie. Katalog. Erlangen 1982. (Flugblatt-Propaganda im 2. Weltkrieg. Europa. Band 2).

KIRKPATRICK, IVONE: Im inneren Kreis. Erinnerungen eines Diplomaten. Berlin 1964. [Erstausgabe u.d.T. The Inner Circle. London 1959].

KOMMOSS, RUDOLF: Juden hinter Stalin. Die jüdische Vormachtstellung in der Sowjetunion, auf Grund amtlicher Sowjetquellen dargestellt, Lage und Aussichten. Berlin, Leipzig 1938.

KRÄMER, WILLI: Vom Stab Heß zu Dr. Goebbels. Vlotho 1979.

KRAUSE, WILLI: Reichsminister Dr. Goebbels. Berlin-Schöneberg. 4. Auflage [o.J.].

LAGARDE, PAUL DE [Band I]: Deutsche Schriften. Göttingen 1878.

LAGARDE, PAUL DE [Band II]: Deutsche Schriften. Zweiter Band. Göttingen 1881.

LANG, JOCHEN VON [Hrsg.]: Das Eichmann-Protokoll. Tonbandaufzeichnungen der israelischen Verhöre. Nachwort Avner W. Less. Mitarbeit Claus Sibyll. Berlin 1982.

LOCHNER, LOUIS P[AUL] (Hrsg.): Goebbels Tagebücher. Aus den Jahren 1942-43. Mit anderen Dokumenten. Zürich 1948.

MANN, THOMAS [Ansprache]: Deutsche Ansprache. Ein Appell an die Vernunft. In: Thomas Mann: Von deutscher Republik. Politische Schriften und Reden in Deutschland. Nachwort von Hanno Helbling. Frankfurt am Main 1984. S. 294-314. (Thomas Mann. Gesammelte Werke in Einzelbänden. Frankfurter Ausgabe).

MARR, W[ILHELM] [Anarchie]: Anarchie oder Autorität? Hamburg 1852.

MARR, W[ILHELM] [Judenthum]: Der Sieg des Judenthums über das Germanenthum. Vom nicht confessionellen Standpunkt aus betrachtet. Achte Auflage. Bern 1879.

MARX, KARL: Zur Judenfrage von Karl Marx. Herausgegeben und eingeleitet von Stefan Großmann. Berlin 1919. (Umsturz und Aufbau. Vierte Flugschrift).

MOELLER VAN DEN BRUCK, ARTHUR: Das dritte Reich. Dritte Auflage, bearbeitet von Hans Schwarz. Hamburg 1931.

MÜLLER, GEORG WILHELM [Reichsministerium]: Das Reichsministerium für Volksaufklärung und Propaganda. Berlin 1940. (Schriften zum Staatsaufbau. Neue Folge der Schriften der Hochschule für Politik, Teil II. Heft 43).

NASCHIWIN, IW[AN]: Rasputin. Roman. Erster Band. Leipzig 1925. (Die Russische Revolution im Spiegel der Dichtung. Erstes Werk).

NIETZSCHE, FRIEDRICH: Werke in drei Bänden. Zweiter Band. Darmstadt 1997.

PAPEN, FRANZ VON: Der Wahrheit eine Gasse. München 1952.

PICKER, HENRY: Hitlers Tischgespräche im Führerhauptquartier 1941-1942. Im Auftrag des Verlags neu herausgegeben von Percy Ernst Schramm [...] in Zusammenarbeit mit Andreas Hillgruber [...] und Martin Vogt [...]. Stuttgart 1963.

POLIAKOV, LÉON / WULF, JOSEF [Denker]: Das Dritte Reich und seine Denker. Dokumente. Berlin 1959.

POLIAKOV, LÉON / WULF, JOSEPH [Diener]: Das Dritte Reich und seine Diener. Frankfurt am Main [u.a.] 1983. (Zeitgeschichte. Ullstein-Buch Nr. 33037). [Unveränderter Nachdruck der Originalausgabe Berlin 1956].

POLIAKOV, LÉON / WULF, JOSEPH [Juden]: Das Dritte Reich und die Juden. Frankfurt am Main [u.a.] 1983. (Zeitgeschichte. Ullstein-Buch Nr. 33036). [Unveränderter Nachdruck der 2., durchgesehenen Auflage Berlin 1955].

NS-PRESSEANWEISUNGEN DER VORKRIEGSZEIT [Presseanweisungen Band 1-Presseanweisungen Band 7/I]. Edition und Dokumentation. Bände 1-7/I: 1933-1939. Bearbeitet von Gabriele Toepser-Ziegert [u.a.]. München [u.a.] 1984-2001.

DAS PROGRAMM DER N.S.D.A.P. UND SEINE WELTANSCHAULICHEN GRUNDGEDANKEN. Von Gottfried Feder. 91.-95. Auflage. 451.-475. Tausend. München 1933.

DER PROZESS GEGEN DIE HAUPTKRIEGSVERBRECHER VOR DEM INTERNATIONALEN MILITÄRGERICHTSHOF [IMG Band III-IMG Band XXI]. Nürnberg 14. November 1945-1. Oktober 1946. Bände III-XXI. Amtlicher Text in deutscher Sprache. Verhandlungsniederschriften 1. Dezember 1945-26. August 1946. Nürnberg 1947-1948.

DER PROZESS GEGEN DIE HAUPTKRIEGSVERBRECHER VOR DEM INTERNATIONALEN MILITÄRGERICHTSHOF [IMG Band XXVI-IMG Band XXXII]. Nürnberg 14. November 1945-1. Oktober 1946. Bände XXVI-XXXII. Amtlicher Text in deutscher Sprache. Urkunden und anderes Beweismaterial. Nummer 405-PS bis Nummer 3728-PS. Nürnberg 1947-1948.

RAHM, HANS-GEORG: „Der Angriff" 1927-1930. Der nationalsozialistische Typ der Kampfzeitung. Berlin 1939.

DAS RECHT DER REICHSKULTURKAMMER. Sammlung der für den Kulturstand geltenden Gesetze und Verordnungen, der amtlichen Anordnungen und Bekanntmachungen der Reichskulturkammer und ihrer Einzelkammern. Abgeschlossen am 31. Dezember 1934. Unter Mitwirkung der Kammern herausgegeben von Karl-Friedrich Schrieber. Berlin 1935.

DIE REGIERUNG HITLER [Akten der Reichskanzlei Band I/1- Akten der Reichskanzlei Band I/2]. Teil I: 1933/34. Bände 1-2. 30. Januar 1933 bis 27. August 1934. Dokumente Nr. 1 bis 384. Bearbeitet von Karl-Heinz Minuth. Boppard am Rhein 1983. (Akten der Reichskanzlei. Regierung Hitler 1933-1938).

DIE REGIERUNG HITLER [Akten der Reichskanzlei Band II/2]. Teil II: 1934/35. Teilband 2: Juni–Dezember 1935. Dokumente Nr. 169-286. Bearbeitet von Friedrich Hartmannsgruber. München 1999. (Akten der Reichskanzlei. Regierung Hitler 1933-1945).

DAS REICH. DEUTSCHE WOCHENZEITUNG. Jahre 1940-1945. Berlin.

REICHSGESETZBLATT. Teil I. Jahrgänge 1933-1941. Herausgegeben vom Reichsministerium des Inneren. Berlin 1933-1941.

REUTH, RALF GEORG (Hrsg.) [Tagebücher]: Joseph Goebbels. Tagebücher 1924-1945. 5 Bände. München, Zürich ²1992. (Serie Piper 11411).

RIBBENTROP, JOACHIM VON: Zwischen London und Moskau. Erinnerungen und letzte Aufzeichnungen. Aus dem Nachlaß herausgegeben von Annelies von Ribbentrop. Leoni am Starnberger See 1961.

ROSENBERG, ALFRED [Kampf]: Kampf um die Macht. Aufsätze von 1921-1932. Herausgegeben von Thilo von Trotha. München 1937.

ROSENBERG, ALFRED [Mythus]: Der Mythus des 20. Jahrhunderts. Eine Wertung der seelisch-geistigen Gestaltenkämpfe unserer Zeit. München 44.-45. Auflage 1934.

ROSENBERG, ALFRED [Tagebuch]: Das politische Tagebuch Alfred Rosenbergs aus den Jahren 1934/35 und 1939/40. Nach der photographischen Wiedergabe der Handschrift aus den Nürnberger Akten herausgegeben und erläutert von Hans-Günther Seraphim. Göttingen [u.a.] 1956. (Quellensammlung zur Kulturgeschichte. Band 8).

RUNDGANG UND CHRONIK. GEBT MIR VIER JAHRE ZEIT. Reichsausstellung Berlin 1937, 30. April bis 20. Juni. [...] München [o.J.].

SCHELLENBERG, WALTER: Memoiren. Köln 1956.

SCHMIDT, HEINZ [Goebbels]: Goebbels and the 2nd Front. Preface by Gordon Schaffer. London 1942.

SCHMIDT, PAUL [Statist]: Statist auf diplomatischer Bühne 1923-45. Erlebnisse des Chefdolmetschers im Auswärtigen Amt mit den Staatsmännern Europas. Bonn 1949.

SCHMIDT-PAULI, EDGAR VON: Die Männer um Hitler. Berlin [ergänzte Auflage] 1933.

SÖSEMANN, BERND (Hrsg.) [Wolff]: Theodor Wolff. Der Journalist. Berichte und Leitartikel. Düsseldorf [u.a.] 1993.

SPENGLER, OSWALD [Neubau]: Neubau des Deutschen Reiches. München 1924.

SPENGLER, OSWALD [Preussentum]: Preussentum und Sozialismus. München 1920.

SPENGLER, OSWALD [Untergang Band I]: Der Untergang des Abendlandes. Umrisse einer Morphologie der Weltgeschichte. Erster Band. Gestalt und Wirklichkeit. 11.-14., unveränderte Auflage. 17.-22. Tausend. München 1920.

SPENGLER, OSWALD [Untergang Band II]: Der Untergang des Abendlandes. Umrisse einer Morphologie der Weltgeschichte. Zweiter Band. Welthistorische Perspektiven. Einunddreissigste bis zweiundvierzigste Auflage. Einundfünfzigstes bis siebzigstes Tausend. München 1922.

DER GELBE STERN. Ein Film von Dieter Hildebrandt. München [o.J.] [audiovisuelle Quelle].

STOECKER, ADOLF: Christlich-Sozial. Reden und Aufsätze. Bielefeld, Leipzig 1885.

TACITUS, P. CORNELIUS: Annalen. Lateinisch und Deutsch. Herausgegeben von Erich Heller. Mit einer Einführung von Manfred Fuhrmann. Darmstadt ²1992.

TREITSCHKE, HEINRICH VON: Unsere Aussichten. In: Preußische Jahrbücher. Vierundvierzigster Band. Berlin 1879.

TUCHOLSKY, KURT: Gesammelte Werke. Band III 1929-1932. Reinbek bei Hamburg 1961. (Kurt Tucholsky. Gesammelte Werke).

TURNER, H[ENRY] A[SHBY] JR. (Hrsg.): Hitler aus nächster Nähe. Aufzeichnungen eines Vertrauten 1929-1932. Frankfurt am Main [u.a.] 1978.

URKUNDEN ZUR POLITIK DES DRITTEN REICHES. Aus Politik und Zeitgeschichte. Beilage zur Wochenzeitung „Das Parlament". 10. November 1954. S. 581-596.

[URSACHEN UND FOLGEN Band VIII] Die Weimarer Republik. Das Ende des parlamentarischen Systems. Brüning – Papen – Schleicher 1930-1933. Sonderausgabe für die Staats- und Kommunalbehörden sowie für Schulen und Bibliotheken. Berlin [1963]. (Ursachen und Folgen. Vom deutschen Zusammenbruch 1918 und 1945 bis zur staatlichen Neuordnung Deutschlands in der Gegenwart. Eine Urkunden und Dokumentensammlung zur Zeitgeschichte. Achter Band).

VERHANDLUNGEN DES REICHSTAGS [Band 446]. V. Wahlperiode 1930. Band 446. Stenographische Berichte (von der 53. Sitzung am 13. Oktober 1931 bis zur 64. Sitzung am 12. Mai 1932) Berlin 1932.

VERHANDLUNGEN DES REICHSTAGS [Band 458]. IX. Wahlperiode 1933. Band 458. Stenographische Berichte. Anlagen zu den Stenographischen Berichten. Berlin 1936.

VERHANDLUNGEN DES REICHSTAGS [Band 460]. III. Wahlperiode 1936 [und IV. Wahlperiode 1938]. Band 459 [und Band 460]. Stenographische Berichte. Anlagen zu den Stenographischen Berichten. Berlin 1938 [und 1942].

DIE JÜDISCHE VERNICHTUNGSARBEIT IN DEUTSCHLAND. *Nur für Redner.* (Veröffentlichung, insbesondere in der Presse, verboten!). München 1938. (Sonder-Lieferung 4/1938 des Aufklärungs- und Redner-Informationsdienstes der Reichspropagandaleitung der NSDAP. und des Reichspropagandaamtes der Deutschen Arbeitsfront).

WAGNER, RICHARD: Ausführungen zu „Religion und Kunst." „Erkenne dich selbst." In: Bayreuther Blätter. Monatsschrift des Bayreuther Patronatvereins unter Mitwirkung Richard Wagner's redigirt von H. v. Wolzogen. Vierter Jahrgang 1881. Doppelstück Februar-März. S. 33-41.

DIE WEIZSÄCKER-PAPIERE 1933-1950. Herausgegeben von Leonidas E. Hill. Frankfurt am Main [u.a.] 1974.

WILDT, MICHAEL (Hrsg.)[Judenpolitik]: Die Judenpolitik des SD 1935 bis 1938. Eine Dokumentation. München 1995. (Schriftenreihe der Vierteljahreshefte für Zeitgeschichte. Band 71).

WILLRICH, WOLFGANG: Säuberung des Kunsttempels. Eine kunstpolitische Kampfschrift zur Gesundung deutscher Kunst im Geiste nordischer Art. München, Berlin 1937.

WULF, JOSEF [Ghetto]: Vom Leben, Kampf und Tod im Ghetto Warschau. Bonn 1958. (Schriftenreihe der Bundeszentrale für Heimatdienst. Heft 32).

WULF, JOSEPH [Künste]: Die bildenden Künste im Dritten Reich. Eine Dokumentation. Frankfurt am Main [u.a.] 1983. (Zeitgeschichte. Ullstein-Buch Nr. 33030).

WULF, JOSEPH [Literatur]: Literatur und Dichtung im Dritten Reich. Eine Dokumentation. Frankfurt am Main [u.a.] 1983. (Zeitgeschichte. Ullstein-Buch Nr. 33029).

WULF, JOSEPH [Musik]: Musik im Dritten Reich. Eine Dokumentation. Gütersloh 1963.

WULF, JOSEPH [Presse]: Presse und Funk im Dritten Reich. Eine Dokumentation. Frankfurt am Main [u.a.] 1983. (Zeitgeschichte. Ullstein-Buch Nr. 33028).

WULF, JOSEPH [Theater]: Theater und Film im Dritten Reich. Eine Dokumentation. Gütersloh 1964.

WULF, JOSEPH [Vollstrecker]: Das Dritte Reich und seine Vollstrecker. Wiesbaden 1989 [Erstausgabe Berlin 1961].

II. LITERATUR

ACKERMANN, JOSEF: Heinrich Himmler – „Reichsführer SS". In: Die braune Elite I. 22 biographische Skizzen. Herausgegeben von Ronald Smelser und Rainer Zitelmann. Darmstadt ³1994. S. 115-133.

ADAM, UWE DIETRICH [Judenpolitik]: Judenpolitik im Dritten Reich. Düsseldorf 1979. [Unveränderter Nachdruck der Ausgabe Königstein/Ts. 1972]. (Athenäum-Droste-Taschenbücher Geschichte; 7223).

ADAM, UWE DIETRICH [Pogrom]: Wie spontan war der Pogrom? In: Der Judenpogrom 1938. Von der „Reichskristallnacht" zum Völkermord. Mit Beiträgen von Uwe Dietrich Adam [u.a.]. Herausgegeben von Walter H. Pehle. Frankfurt am Main 1988. S. 74-93.

ADLER, H[ANS] G[ÜNTHER] [Juden]: Die Juden in Deutschland. Von der Aufklärung bis zum Nationalsozialismus. München 1960.

ADLER, H[ANS] G[ÜNTHER] [Mensch]: Der verwaltete Mensch. Studien zur Deportation der Juden aus Deutschland. Tübingen 1974.

AHMANN, ROLF: Der Hitler-Stalin-Pakt. Eine Bewertung der Interpretationen sowjetischer Außenpolitik mit neuen Fragen und neuen Forschungen. In: Der Zweite Weltkrieg. Analysen. Grundzüge. Forschungsbilanz. Im Auftrag des Militärgeschichtlichen Forschungsamtes herausgegeben von Wolfgang Michalka. München, Zürich 1989. S. 93-107. (Serie Piper. Band 811).

ALBRECHT, GERD: Nationalsozialistische Filmpolitik. Eine soziologische Untersuchung über die Spielfilme des Dritten Reichs. Stuttgart 1969.

ALEXANDER, EDGAR: Der Mythus Hitler. In: Ernst Nolte (Hrsg.). Theorien über den Faschismus. Königstein/Ts. [6]1984. S. 320-337. (Athenäum-Taschenbücher; 7248).

ALTSTEDT, THOMAS: Joseph Goebbels. Eine Biographie in Bildern. Berg 1999.

ALY, GÖTZ: „Endlösung". Völkerverschiebung und der Mord an den europäischen Juden. Frankfurt am Main 1995.

ANCEL, JEAN: Antonescu and the Jews. In: The Holocaust and History. The Known, the Unknown, the Disputed and the Reexamined. Edited by Michael Berenbaum and Abraham J. Peck. Published in association with the United States Holocaust Memorial Museum Washington D.C. Bloomington, Indianapolis 1998. S. 463-479.

ANGRESS, WERNER T.[n.e.] [Juden]: Juden im politischen Leben der Revolutionszeit. In: Deutsches Judentum in Krieg und Revolution 1916-1923. Ein Sammelband. Herausgegeben von Werner E. Mosse unter Mitwirkung von Arnold Paucker. Tübingen 1971. S. 137-315. (Schriftenreihe wissenschaftlicher Abhandlungen des Leo Baeck Instituts. 25).

ANGRESS, WERNER T.[n.e.] [Kampfzeit]: Die Kampfzeit der KPD 1921-1923. Düsseldorf 1973. (Geschichtliche Studien zu Politik und Gesellschaft. Band 2).

ANGRESS, WERNER T.[n.e.] [Weiß]: Bernhard Weiß – A Jewish Public Servant in the Last Years of the Weimar Republic. In: Jüdisches Leben in der Weimarer Republik. Jews in the Weimar Republic. Herausgegeben von Wolfgang Benz, Arnold Paucker und Peter Pulzer. Tübingen 1998. S. 49-63. (Schriftenreihe wissenschaftlicher Abhandlungen des Leo Baeck Instituts 57).

ARENDT, HANNAH: Elemente und Ursprünge totaler Herrschaft. Frankfurt am Main 1955. [Originalausgabe u.d.T.: The Origins of Totalitarism. New York 1951].

ARNDT, INO / BOBERACH, HEINZ: Deutsches Reich. In: Dimension des Völkermords. Die Zahl der jüdischen Opfer des Nationalsozialismus. Herausgegeben von Wolfgang Benz. München 1991. S. 23-65. (Quellen und Darstellungen zur Zeitgeschichte. Band 33).

BACKES, KLAUS: Hitler und die bildenden Künste. Kulturverständnis und Kunstpolitik im Dritten Reich. Köln 1988. (DuMont Dokumente).

BÄRSCH, CLAUS-EKKEHARD [Erlösung]: Erlösung und Vernichtung. Dr. phil. Joseph Goebbels. Zur Psyche und Ideologie eines jungen Nationalsozialisten 1923-1927. München 1987.

BÄRSCH, CLAUS-EKKEHARD [Katastrophenbewußtsein]: Das Katastrophenbewußtsein eines werdenden Nationalsozialisten. Der Antisemitismus im Tagebuch des Joseph Goebbels vor dem Eintritt in die NSDAP. In: MENORA 1 (1990). S. 125-151.

BÄRSCH, CLAUS-EKKEHARD [Religion]: Die politische Religion des Nationalsozialismus. Die religiöse Dimension der NS-Ideologie in den Schriften von Dietrich Eckart, Joseph Goebbels, Alfred Rosenberg und Adolf Hitler. München 1998.

BAIRD, JAY W.[n.e.] [Propaganda]: The Mythical World of Nazi War Propaganda, 1939-1945. Minneapolis 1974.

BAIRD, JAY W.[n.e.] [Streicher]: Julius Streicher – Der Berufsantisemit. In: Die braune Elite II. 21 weitere biographische Skizzen. Herausgegeben von Ronald Smelser, Enrico Syring und Rainer Zitelmann. Darmstadt 1993. S. 231-242.

BAJOHR, FRANK [Arisierung]: „Arisierung" in Hamburg. Die Verdrängung der jüdischen Unternehmer 1933-1945. Hamburg 1997. (Hamburger Beiträge zur Sozial- und Zeitgeschichte. Band 35).

BAJOHR, FRANK [Parvenüs]: Parvenüs und Profiteure. Korruption in der NS-Zeit. Frankfurt am Main 2001.

BALFOUR, MICHAEL: Propaganda in War 1939-1945. Organisations, Policies and Publics in Britain and Germany. London [u.a.] 1979.

BALL-KADURI, KURT JAKOB: Das Leben der Juden in Deutschland im Jahre 1933. Ein Zeitbericht. Frankfurt am Main 1963. (Zeugnisse unserer Zeit).

BANKIER, DAVID [Communist Party]: The German Communist Party and Nazi Antisemitism, 1933-1938. In: LBY 32 (1987) 325-340.

BANKIER, DAVID [Öffentliche Meinung]: Die öffentliche Meinung im Hitler-Staat. Die „Endlösung" und die Deutschen. Eine Berichtigung. Übersetzung: Jürgen Spiegel. Herausgeber: Arnold Harttung. Berlin 1995. [Originalausgabe u.d.T. The Germans and the Final Solution. Public Opinion under Nazism. Cambridge, Mass. und Oxford 1992].

BANKIER, DAVID [Use]: The Use of Antisemitism in Nazi Wartime Propaganda. In: The Holocaust and History. The Known, the Unknown, the Disputed and the Reexamined. Edited by Michael Berenbaum and Abraham J. Peck. Published in association with the United States Holocaust Memorial Museum Washington D.C. Bloomington, Indianapolis 1998. S. 41-55.

BARKAI, AVRAHAM [Boykott]: Vom Boykott zur „Entjudung". Der wirtschaftliche Existenzkampf der Juden im Dritten Reich 1933-1943. Frankfurt am Main 1988.

BARKAI, AVRAHAM [Etappen]: Etappen der Ausgrenzung und Verfolgung bis 1939. In: Deutsch-Jüdische Geschichte in der Neuzeit. Band IV. Aufbruch und Zerstörung 1918-1945. Von Avraham Barkai und Paul Mendes-Flohr mit einem Epilog von Steven M. Lowenstein. München 1997. S. 193-224.

BARKAI, AVRAHAM [Existenzkampf]: Der wirtschaftliche Existenzkampf der Juden im Dritten Reich, 1933-1938. In: Die Juden im Nationalsozialistischen Deutschland. The Jews in Nazi Germany 1933-1943. Herausgegeben von Arnold Paucker mit Silvia Gilchrist und Barbara Suchy. Mit einem Geleitwort von Fred Grubel und einer Einleitung von Peter Pulzer. Tübingen 1986. S. 153-166. (Schriftenreihe wissenschaftlicher Abhandlungen des Leo Baeck Instituts. 45).

BARKAI, AVRAHAM [Orientierungen]: Politische Orientierungen und Krisenbewußtsein. In: Deutsch-Jüdische Geschichte in der Neuzeit. Band IV. Aufbruch und Zerstörung 1918-1945. Von Avraham Barkai und Paul Mendes-Flohr mit einem Epilog von Steven M. Lowenstein. München 1997. S. 102-124.

BARKAI, AVRAHAM [Schicksalsjahr]: „Schicksalsjahr 1938". Kontinuität und Verschärfung der wirtschaftlichen Ausplünderung der deutschen Juden. In: Das Unrechtsregime. Internationale Forschung über den Nationalsozialismus. [Festschrift für Werner Jochmann zum 65. Geburtstag]. Band 2. Verfolgung – Exil – Belasteter Neubeginn. Herausgegeben von Ursula Büttner unter Mitwirkung von Werner Johe und Angelika Voß. Hamburg 1986. S. 45-68. (Hamburger Beiträge zur Sozial- und Zeitgeschichte. Band XXII).

BARKAI, AVRAHAM [Selbsthilfe]: Selbsthilfe im Dilemma „Gehen oder Bleiben?" In: Deutsch-Jüdische Geschichte in der Neuzeit. Band IV. Aufbruch und Zerstörung 1918-1945. Von Avraham Barkai und Paul Mendes-Flohr mit einem Epilog von Steven M. Lowenstein. München 1997. S. 301-318.

BARKAI, AVRAHAM [Warburg]: Max Warburg im Jahre 1933. Mißglückte Versuche zur Milderung der Judenverfolgung. In: Peter Freimark [u.a.] (Hrsg.): Juden in Deutschland. Emanzipation, Integration, Verfolgung und Vernichtung. 25 Jahre Institut für die Geschichte der deutschen Juden Hamburg. Hamburg 1991. S. 390-405. (Hamburger Beiträge zur Geschichte der deutschen Juden. Band XVII).

BARTH, ERWIN: Joseph Goebbels und die Formierung des Führer-Mythos 1917 bis 1934. Erlangen, Jena 1999. (Erlanger Studien. Band 119).

BAUER, YEHUDA: Vom christlichen Judenhaß zum modernen Antisemitismus – Ein Erklärungsversuch. In: Jahrbuch für Antisemitismusforschung 1 (1992) S. 77-90.

BAUR, JOHANNES: Die Revolution und die „Weisen von Zion". Zur Entwicklung des Rußlandbildes in der frühen NSDAP. In: Deutschland und die Russische Revolution 1917-1924. Herausgegeben von Gerd Koenen und Lew Kopelew. München 1998. S. 165-190. (West-östliche Spiegelungen. Reihe A. Band 5).

BEIN, ALEX [Judenfrage]: Die Judenfrage. Biographie eines Weltproblems. Band I. Stuttgart 1980.

BEIN, ALEXANDER [Parasit]: „Der jüdische Parasit". Bemerkungen zur Semantik der Judenfrage. In: VfZG 13 (1965) S. 121-149.

BEISSWENGER, MICHAEL: Totalitäre Sprache und textuelle Konstruktion von Welt am Beispiel ausgewählter Aufsätze von Joseph Goebbels über „die Juden". Stuttgart 2000.

BENDERSKY, JOSEPH W.[n.e.]: The „Jewish Threat". Anti-Semitic Politics of the U.S. Army. New York 2000.

BENZ, WOLFGANG [Barbarei]: Der Rückfall in die Barbarei. Bericht über den Pogrom. In: Der Judenpogrom 1938. Von der „Reichskristallnacht" zum Völkermord. Mit Beiträgen von Uwe Dietrich Adam [u.a.]. Herausgegeben von Walter H. Pehle. Frankfurt am Main 1988. S. 13-51.

BENZ, WOLFGANG [Diffamierung]: Diffamierung aus dem Dunkel. Die Legende von der Verschwörung des Judentums in den „Protokollen der Weisen von Zion". In: Große Verschwörungen. Staatsstreich und Tyrannensturz von der Antike bis zur Gegenwart. Herausgegeben von Uwe Schultz. München 1998. S. 205-217.

BENZ, WOLFGANG [Endlösung]: „Endlösung". Zur Geschichte des Begriffs. In: Heiner Lichtenstein / Otto R. Romberg (Hrsg.): Täter – Opfer – Folgen. Der Holocaust in Geschichte und Gegenwart. Zweite, erweiterte Auflage Bonn 1997. S. 11-23. (Schriftenreihe. Band 335).

BENZ, WOLFGANG [Geschichte]: Geschichte des Dritten Reiches. München 2000.

BENZ, WOLFGANG [Holocaust]: Der Holocaust. München 1995. (Beck'sche Reihe 2022).

BENZ, WOLFGANG [Judenverfolgung]: Die Deutschen und die Judenverfolgung. Mentalitätsgeschichtliche Aspekte. In: Ursula Büttner (Hrsg.): Die Deutschen und die Judenverfolgung im Dritten Reich. (Werner Jochmann zum 70. Geburtstag). Hamburg 1992. S. 51-65. (Hamburger Beiträge zur Sozial- und Zeitgeschichte. Band XXIX).

BENZ, WOLFGANG (Hrsg.) [Juden]: Die Juden in Deutschland 1933-1945. Leben unter nationalsozialistischer Herrschaft. Unter Mitarbeit von Volker Dahm [u.a.] herausgegeben von Wolfgang Benz. München 1988. (Veröffentlichungen des Instituts für Zeitgeschichte).

BENZ, WOLFGANG [Kaufman]: Judenvernichtung aus Notwehr? Die Legenden um Theodore N. Kaufman. In: VfZG 29 (1981) S. 615-630.

BENZ, WOLFGANG [Novemberpogrom]: Der Novemberpogrom 1938. In: Die Juden in Deutschland 1933-1945. Leben unter nationalsozialistischer Herrschaft. Unter Mitarbeit von Volker Dahm [u.a.] herausgegeben von Wolfgang Benz. München 1988. S. 499-544. (Veröffentlichungen des Instituts für Zeitgeschichte).

BENZ, WOLFGANG [Prolog]: Prolog. Der 30. Januar 1933. Die deutschen Juden und der Beginn der nationalsozialistischen Herrschaft. In: Die Juden in Deutschland 1933-1945. Leben unter nationalsozialistischer Herrschaft. Unter Mitarbeit von Volker Dahm [u.a.] herausgegeben von Wolfgang Benz. München 1988. S. 15-33. (Veröffentlichungen des Instituts für Zeitgeschichte).

BENZ, WOLFGANG / KWIET, KONRAD / MATTHÄUS, JÜRGEN (Hrsg.): Einsatz im „Reichskommissariat Ostland". Dokumente zum Völkermord im Baltikum und in Weißrußland 1941-1944. Berlin 1998. (Reihe Nationalsozialistische Besatzungspolitik in Europa 1939-1945 / National Socialist Occupation Policy in Europe 1939-1945. Band 6).

BERGH, HENDRIK VAN: Die Wahrheit über Katyn. Der Massenmord an polnischen Offizieren. Mit einem Vorwort von Friedrich August Frhr. von der Heydte. Berg am See 1986.

BERING, DIETZ [Bernhard Weiß]: Bernhard Weiß gegen Joseph Goebbels. Der Kampf um den Namen „Isidor". In: Wissenschaftskolleg – Institute for Advanced Study – zu Berlin. Jahrbuch 1981/82. S. 17-34.

BERING, DIETZ [Kampf]: Kampf um Namen. Bernhard Weiß gegen Joseph Goebbels. Stuttgart 1991.

BERING, DIETZ [Notwendigkeit]: Von der Notwendigkeit politischer Beleidigungsprozesse - Der Beginn der Auseinandersetzungen zwischen Polizeivizepräsident Bernhard Weiß und der NSDAP. In: Juden in der Weimarer Republik. Herausgegeben von Walter Grab / Julius H. Schoeps mit Beiträgen von Abraham Barkai [u.a.]. Stuttgart, Bonn 1986. S. 305-329. (Studien zur Geistesgeschichte. Band 6).

BERING, DIETZ [Stigma]: Der Name als Stigma. Antisemitismus im deutschen Alltag 1812-1933. Stuttgart 1987.

BERNATZKY, JÜRGEN: Der nationalsozialistische Antisemitismus im Spiegel des politischen Plakates. „Juden – Läuse – Flecktyphus". In: Antisemitismus. Erscheinungsformen der Judenfeindschaft gestern und heute. Bielefeld 1991. S. 389-417.

BERSCHEL, HOLGER: Bürokratie und Terror. Das Judenreferat der Gestapo Düsseldorf 1935-1945. Essen 2001. (Düsseldorfer Studien zur Neueren Landesgeschichte und zur Geschichte Nordrhein-Westfalens. Band 58).

BLASIUS, DIRK: Die Ausstellung „Entartete Musik" von 1938. Ein Beitrag zum Kontinuitätsproblem der deutschen Geschichte. In: Archiv für Kulturgeschichte 82 (2000) S. 391-406.

BOBERACH, HEINZ [Stimmungsumschwung]: Stimmungsumschwung in der deutschen Bevölkerung. In: Stalingrad. Mythos und Wirklichkeit einer Schlacht. Mit Beiträgen von Sabine R. Arnold [u.a.]. Herausgegeben von Wolfgang Wette und Gerd R. Ueberschär. Frankfurt am Main 1992. S. 61-66. (Die Zeit des Nationalsozialismus. Eine Buchreihe).

BOCK, GISELA: Zwangssterilisation im Nationalsozialismus. Studien zur Rassenpolitik und Frauenpolitik. Opladen 1986. (Schriften des Zentralinstituts für sozialwissenschaftliche Forschung der Freien Universität Berlin. Band 48).

BÖHNKE, WILFRIED: Die NSDAP im Ruhrgebiet 1920-1933. Eine Regionalstudie zur Entstehung und zum Aufstieg der Staatspartei des Dritten Reichs in der Weimarer Republik. Phil. Diss. Marburg/Lahn 1970.

BOELCKE, WILLI A.[n.e.] [Kundgebung]: Goebbels und die Kundgebung im Berliner Sportpalast vom 18. Februar 1943. Vorgeschichte und Verlauf. In: Jahrbuch für die Geschichte Mittel- und Ostdeutschlands 19 (1970) S. 234-255.

BOHSE, JÖRG: Inszenierte Kriegsbegeisterung und ohnmächtiger Friedenswille. Meinungslenkung und Propaganda im Nationalsozialismus. Stuttgart 1988.

BOLLMUS, REINHARD [Amt]: Das Amt Rosenberg und seine Gegner. Studien zum Machtkampf im nationalsozialistischen Herrschaftssystem. Stuttgart 1970. (Studien zur Zeitgeschichte).

BOLLMUS, REINHARD [Rosenberg]: Alfred Rosenberg – 'Chefideologe' des Nationalsozialismus? In: Die braune Elite I. 22 biographische Skizzen. Herausgegeben von Ronald Smelser und Rainer Zitelmann. Darmstadt ³1994. S. 223-235.

BORCHARDT, KNUT: Wachstum und Wechsellagen 1914-1970. In: Handbuch der deutschen Wirtschafts- und Sozialgeschichte. Herausgegeben von Hermann Aubin † und Wolfgang Zorn. Band 2. Stuttgart 1976. S. 685-740.

BORRESHOLM, BORIS VON (Hrsg.): Dr. Goebbels. Nach Aufzeichnungen aus seiner Umgebung. Herausgegeben unter Mitarbeit von Karena Niehoff. Berlin 1949.

BRADY, ROBERT: The National Chamber of Culture (Reichskulturkammer) (1937). In: The Nazification of Art. Art, Design, Music, Architecture and Film in the Third Reich. Edited by Brandon Taylor and Wilfried van der Will. Winchester, Hampshire 1990. S. 80-88. (Winchester studies in art and criticism).

BRAHAM, RANDOLPH L.[n.e.] [Holocaust]: The Holocaust in Hungary. A retrospective Analysis. In: The Holocaust and History. The Known, the Unknown, the Disputed and the Reexamined. Edited by Michael Berenbaum and Abraham J. Peck. Published in association with the United States Holocaust Memorial Museum Washington D.C. Bloomington, Indianapolis 1998. S. 427-438.

BRAHAM, RANDOLPH L.[n.e.] [Influence]: The Influence of the War on the Jewish Policies of the German Satellite States. In: The Shoah and the War. Edited by: Asher Cohen [u.a.]. Institute for Research of the Shoah [...]. New York [u.a.] 1992. S. 125-143. (Studies on the Shoah. Volume 3).

BRAMSTED, ERNEST K[OHN]: Goebbels und die nationalsozialistische Propaganda 1925-1945. Frankfurt am Main 1971. [Originalausgabe Michigan 1965].

BRANDT, AHASVER VON: Werkzeug des Historikers. Eine Einführung in die historischen Hilfswissenschaften. 13. Auflage. Stuttgart [u.a.] 1992. (Urban-Taschenbücher. Band 33).

BRECHTKEN, MAGNUS: „Madagaskar für die Juden". Antisemitische Idee und politische Praxis 1885-1945. München 1997. (Studien zur Zeitgeschichte. Band 53).

BREITMAN, RICHARD [Himmler]: Der Architekt der „Endlösung": Himmler und die Vernichtung der europäischen Juden. Aus dem Englischen übersetzt von Karl und Heidi Nicolai. Paderborn [u.a.] 1996. (Sammlung Schöningh zur Geschichte und Gegenwart).

BREITMAN, RICHARD [Secrets]: Official Secrets. What the Nazis planned, what the British and Americans knew. New York 1998.

BREITMAN, RICHARD [Staatsgeheimnisse]: Staatsgeheimnisse. Die Verbrechen der Nazis – von den Alliierten toleriert. Aus dem Amerikanischen von Ursel Schäfer und Heike Schlatterer. München 1999.

BRENNER, HILDEGARD [Kunst]: Die Kunst im politischen Machtkampf der Jahre 1933/34. In: VfZG 10 (1962) S. 17-42.

BRENNER, HILDEGARD [Kunstpolitik]: Die Kunstpolitik des Nationalsozialismus. Hamburg 1963. (Rowohlts deutsche Enzyklopädie. Zeitgeschichte).

BRONNER, STEPHEN ERIC: Ein Gerücht über die Juden. Die „Protokolle der Weisen von Zion" und der alltägliche Antisemitismus. Berlin 1999.

BROSZAT, MARTIN [Anfänge]: Die Anfänge der Berliner NSDAP 1926/27. In: VfZG 8 (1960) S. 85-118.

BROSZAT, MARTIN [Hitler]: Hitler und die Genesis der „Endlösung". Aus Anlaß der Thesen von David Irving. In: VfZG 25 (1977) S. 739-775.

BROWN, JEREMY R.[n.e.] S.[n.e.]: The Berlin NSDAP in the Kampfzeit (Research Materials). In: German History 7 (1989) S. 241-247.

BROWNING, CHRISTOPHER R.[n.e.] [Genesis]: Zur Genesis der „Endlösung". Eine Antwort an Martin Broszat. In: VfZG 29 (1981) S. 97-109.

BROWNING, CHRISTOPHER R.[n.e.] [Judenmord]: Judenmord. NS-Politik, Zwangsarbeit und das Verhalten der Täter. Aus dem Englischen übersetzt von Karl Heinz Siber. Frankfurt am Main 2001.

BROWNING, CHRISTOPHER R.[n.e.] [Weg]: Der Weg zur „Endlösung". Entscheidungen und Täter. Aus dem Amerikanischen von Jürgen P. Krause. Bonn 1998.

BUCHER, PETER [Goebbels]: Goebbels und die Deutsche Wochenschau. Nationalsozialistische Filmpropaganda im Zweiten Weltkrieg 1939-1945. In: MGM 40 (1986) Heft 2 S. 53-69.

BUCHER, PETER [Tagebücher]: Die Tagebücher von Joseph Goebbels. In: 1999 3 (1988) Heft 2 S. 89-95.

BÜTTNER, URSULA: Die deutsche Bevölkerung und die Judenverfolgung. 1933-1945. In: Ursula Büttner (Hrsg.): Die Deutschen und die Judenverfolgung im Dritten Reich. (Werner Jochmann zum 70. Geburtstag). Hamburg 1992. S. 67-88. (Hamburger Beiträge zur Sozial- und Zeitgeschichte. Band XXIX).

BURCKHARDT, JACOB: Über das Studium der Geschichte. Der Text der „Weltgeschichtlichen Betrachtungen" auf Grund der Vorarbeiten von Ernst Ziegler nach den Handschriften herausgegeben von Peter Ganz. München 1982.

BURLEIGH, MICHAEL: Die Zeit des Nationalsozialismus. Eine Gesamtdarstellung. Aus dem Englischen übersetzt von Udo Rennert und Karl Heinz Siber. Frankfurt am Main 2000.

BURRIN, PHILIPPE: Hitler und die Juden. Die Entscheidung für den Völkermord. Aus dem Französischen von Ilse Strasmann. Frankfurt am Main 1993.

COHN, NORMAN: „Die Protokolle der Weisen von Zion". Der Mythos von der jüdischen Weltverschwörung. Aus dem Englischen von Karl Röhmer. Mit einer kommentierten Bibliographie von Michael Hagemeister. Baden-Baden, Zürich 1998. [Erstausgabe u.d.T.: Warrant for Genocide. New York 1966].

CONWAY, JOHN S[EYMOUR]: Der Holocaust in Ungarn. Neue Kontroversen und Überlegungen. In: VfZG 32 (1984) S. 179-212.

DAHM, VOLKER [Anfänge]: Anfänge und Ideologie der Reichskulturkammer. Die „Berufsgemeinschaft" als Instrument kulturpolitischer Steuerung und sozialer Reglementierung. In: VfZG 34 (1986) S. 53-84.

DAHM, VOLKER [Buch]: Das jüdische Buch im Dritten Reich. Zweite, überarbeitete Auflage. München 1993.

DAHM, VOLKER [Schrifttumspolitik]: Die nationalsozialistische Schrifttumspolitik nach dem 10. Mai 1933. In: Ulrich Walberer (Hrsg.): 10. Mai 1933. Bücherverbrennung in Deutschland und die Folgen. Mit Beiträgen von Wolfgang Benz [u.a.]. Frankfurt am Main 1983. S. 36-83. (Informationen zur Zeit).

DAHM, VOLKER [Volksgemeinschaft]: Die nationalsozialistische Volksgemeinschaft und ihre Organisationen. In: Die tödliche Utopie. Bilder, Texte, Dokumente, Daten zum Dritten Reich. Herausgegeben von Horst Möller, Volker Dahm und Hartmut Mehringer unter Mitarbeit von Albert A. Feiber. 3. erweiterte und überarbeitete Auflage. München, Berlin 2001. S. 95-150. (Veröffentlichung des Instituts für Zeitgeschichte). [Obersalzberg – Orts- und Zeitgeschichte. Eine ständige Dokumentation des Instituts für Zeitgeschichte in Berchtesgaden. Text- und Bildband mit Exponatnachweis].

DAOUD-HANNA, THOMAS: Die NSDAP und der Film bis zur Machtergreifung. Köln [u.a.] 1996. (Medien in Geschichte und Gegenwart. Band 4).

„DAS WAR EIN VORSPIEL NUR..." Bücherverbrennung Deutschland 1933: Voraussetzungen und Folgen. Ausstellung der Akademie der Künste vom 8. Mai bis 3. Juli 1983. Berlin, Wien 1983.

DAWIDOWOCZ, LUCY S.[n.e.]: The War against the Jews 1933-1945. London 1975.

DESCHNER, GÜNTHER [Heydrich]: Reinhard Heydrich – Technokrat der Sicherheit. In: Die braune Elite I. 22 biographische Skizzen. Herausgegeben von Ronald Smelser und Rainer Zitelmann. Darmstadt ³1994. S. 98-114

DESCHNER, GÜNTHER [Statthalter]: Reinhard Heydrich. Statthalter der totalen Macht. Biographie. Esslingen am Neckar 1977.

DEUTSCHKRON, INGE: Ich trug den gelben Stern. Köln 1978.

DIECKMANN, CHRISTOPH: Der Krieg und die Ermordung der litauischen Juden. In: Nationalsozialistische Vernichtungspolitik 1939-1945. Neue Forschungen und Kontroversen. Mit Beiträgen von Götz Aly [u.a.]. Herausgegeben von Ulrich Herbert. Frankfurt am Main 1998. S. 292-329. (Die Zeit des Nationalsozialismus. Eine Buchreihe).

DIEHL, KATRIN: Die jüdische Presse im Dritten Reich. Zwischen Selbstbehauptung und Fremdbestimmung. Tübingen 1997. (Conditio Judaica 17. Studien und Quellen zur deutsch-jüdischen Literatur- und Kulturgeschichte).

DÖRP, PETER [Remarque I]: Goebbels' Kampf gegen Remarque. Eine Untersuchung über die Hintergründe des Hasses und der Agitation Goebbels' gegen den Roman *Im Westen nichts Neues* von Erich Maria Remarque. In: Erich Maria Remarque Jahrbuch I/1991 S. 48-64.

DÖRP, PETER [Remarque II]: Goebbels' Kampf gegen Remarque (2). Eine Untersuchung über die Hintergründe des Hasses und der Agitation Goebbels' gegen den amerikanischen Spielfilm *Im Westen nichts Neues* nach dem gleichnamigen Bestsellerroman von Erich Maria Remarque. In: Erich Maria Remarque Jahrbuch III/1993 S. 45-72.

DÖSCHER, HANS-JÜRGEN [Reichskristallnacht]: „Reichskristallnacht". Die November-Pogrome 1938. Frankfurt am Main, Berlin 1988.

DÖSCHER, HANS-JÜRGEN [SS]: SS und Auswärtiges Amt im Dritten Reich. Diplomatie im Schatten der „Endlösung". Frankfurt am Main, Berlin 1991. (Zeitgeschichte. Ullstein Buch Nr. 33149). [Erstausgabe u.d.T.: Das Auswärtige Amt im Dritten Reich. Berlin 1987].

DRECHSLER, KARL: Die Zersetzungsarbeit der Geheimsender des Goebbels-Ministeriums in Frankreich Mai/Juni 1940. In: ZfG 9 (1961) S. 1597-1607.

DROBISCH, KLAUS: Die Judenreferate des Geheimen Staatspolizeiamtes und des Sicherheitsdienstes der SS 1933 bis 1939. In: Jahrbuch für Antisemitismusforschung 2 (1993) S. 230-254.

DROYSEN, JOHANN GUSTAV: Historik. Vorlesungen über Enzyklopädie und Methodologie der Geschichte. Im Auftrage der Preußischen Akademie der Wissenschaften herausgegeben von Rudolf Hübner. München, Berlin 1937.

DUSSEL, KONRAD: Der NS-Staat und die „deutsche Kunst". In: Karl Dietrich Bracher / Manfred Funke / Hans-Adolf Jacobsen (Hrsg.): Deutschland 1933-1945. Neue Studien zur nationalsozialistischen Herrschaft. Düsseldorf 1992. S. 256-272. (Bonner Schriften zur Politik und Zeitgeschichte. Band 23).

EBERMAYER, ERICH / ROOS, HANS: Gefährtin des Teufels. Leben und Tod der Magda Goebbels. Hamburg 1952. [Entspricht im wesentlichen: Erich Ebermayer / Hans-Otto Meissner: Evil Genius. Translated and freely adapted by Louis Hagen. London 1973].

ECKE, FELIX: Die Nürnberger Gesetze. Ein Kapitel „Recht" im Unrechtsstaat. In: Rechtsgeschichte in den beiden deutschen Staaten (1988-1990). Beispiele, Parallelen, Positionen. Herausgegeben von Heinz Mohnhaupt. Frankfurt am Main 1991. S. 586-603. (IUS COMMUNE. Sonderhefte. Studien zur Rechtsgeschichte. 53).

ENZYKLOPÄDIE DES HOLOCAUST. Die Verfolgung und Ermordung der europäischen Juden. 4 Bände. Hauptherausgeber: Israel Gutman. Herausgeber der deutschen Ausgabe: Eberhard Jäckel, Peter Longerich, Julius H. Schoeps. München, Zürich ²1998.

ERCKENS, GÜNTER: Juden in Mönchengladbach. Jüdisches Leben in den früheren Gemeinden M.Gladbach, Rheydt, Odenkirchen, Giesenkirchen-Schelsen, Rheindahlen, Wickrath und Wanlo. Unter Mitarbeit von Kurt Shimon Wallach. Band 2. Mönchengladbach 1989. (Beiträge zur Geschichte der Stadt Mönchengladbach. 26).

ERDMANN, KARL DIETRICH [Band 4/I]: Der Erste Weltkrieg - Die Weimarer Republik. Stuttgart ⁹1973. (Gebhardt. Handbuch der Deutschen Geschichte. Band 4. 1. Teilband).

ERDMANN, KARL DIETRICH [Band 4/II]: Die Zeit der Weltkriege. 2. Teilband. Deutschland unter der Herrschaft des Nationalsozialismus 1933-1939. Der Zweite Weltkrieg. Das Ende des Reiches und die Entstehung der Republik Österreich, der Bundesrepublik Deutschland und der Deutschen Demokratischen Republik. Stuttgart ⁹1978 (Nachdruck). (Gebhardt. Handbuch der Deutschen Geschichte. Band 4. 2. Teilband).

ESSNER, CORNELIA: Die „Nürnberger Gesetze" oder die Verwaltung des Rassenwahns 1933-1945. Paderborn 2002.

FALTER, JÜRGEN W.[n.e.]: Die Parteistatistische Erhebung der NSDAP 1939. Einige Ergebnisse aus dem Gau Groß-Berlin. In: Weltbürgerkrieg der Ideologien. Antworten an Ernst Nolte. Festschrift zum 70. Geburtstag. Herausgegeben von Thomas Nipperdey [u.a.]. Frankfurt am Main, Berlin 1993. S. 175-203.

FAUSTMANN, UWE JULIUS: Die Reichskulturkammer. Aufbau, Funktion und Grundlagen einer Körperschaft des öffentlichen Rechts im nationalsozialistischen Regime. Aachen 1995. (Berichte aus der Rechtswissenschaft).

FELDMAN, GERALD D.[n.e.] [Allianz]: Die Allianz und die deutsche Versicherungswirtschaft 1933-1945. Aus dem Englischen übersetzt von Karl Heinz Siber. München 2001.

FELDMAN, GERALD D.[n.e.] [Flüchtlinge]: Flüchtlinge mit leeren Taschen. Wie die Juden im Dritten Reich um ihre Versicherungsvermögen gebracht wurden. In: FAZ 9.11.1998 Nr. 260 S. 52.

FELKEN, DETLEF: Oswald Spengler. Konservativer Denker zwischen Kaiserreich und Diktatur. München 1988.

FEST, JOACHIM C.[n.e.] [Gesicht]: Das Gesicht des Dritten Reiches. Profile einer totalitären Herrschaft. München 1963.

FEST, JOACHIM [Hitler]: Hitler. Unveränderter, mit einem Vorwort des Autors versehener Nachdruck der 1973 im Propyläen Verlag erschienenen Ausgabe. Berlin 1996.

FEST, JOACHIM [Porträtskizze]: Joseph Goebbels. Eine Porträtskizze. In: VfZG 43 (1995) S. 565-580.

FEST, JOACHIM [Speer]: Speer. Eine Biographie. Berlin 1999.

FETSCHER, IRING [Goebbels]: Joseph Goebbels im Berliner Sportpalast 1943. „Wollt ihr den totalen Krieg?" Hamburg 1998.

FETSCHER, IRING [Stalin]: Stalin – gehaßt, bewundert und beneidet. Die Tagebücher des Joseph Goebbels. In: Die Neue Gesellschaft. Frankfurter Hefte 44 (1997) S. 934-937.

FIGGE, REINHARD: Die Opposition der NSDAP im Reichstag. Diss. Köln 1963.

FISCHER, ALBERT [Schacht]: Hjalmar Schacht und Deutschlands „Judenfrage". Der „Wirtschaftsdiktator" und die Vertreibung der Juden aus der deutschen Wirtschaft. Köln [u.a.] 1995. (Wirtschafts- und Sozialhistorische Studien. Band 2).

FISCHER, CONAN [Enemies]: Class Enemies or Class Brothers? Communist-Nazi Relations in Germany 1929-1933. In: European History Quarterly 15 (1985) S. 259-279.

FISCHER, WOLFRAM [Wirtschaft]: Wirtschaft, Gesellschaft und Staat in Europa 1914-1980. In: Handbuch der europäischen Wirtschafts- und Sozialgeschichte. Herausgegeben von Wolfram Fischer [u.a.]. Band 6. Europäische Wirtschafts- und Sozialgeschichte vom Ersten Weltkrieg bis zur Gegenwart. Stuttgart 1987. S. 1-221.

FLAKER, ALEKSANDER: 'Gesunde' oder 'kranke' Kunst? In: Städtische Kunsthalle Düsseldorf. „Die Axt hat geblüht..." Europäische Konflikte der 30er Jahre in Erinnerung an die frühe Avantgarde. Herausgegeben von Jürgen Harten, Hans-Werner Schmidt und Marie Luise Syring. Düsseldorf 1987. S. 115-121. (1937. Europa vor dem 2. Weltkrieg).

FLEISCHHAUER, INGEBORG [Reich]: Das Dritte Reich und die Deutschen in der Sowjetunion. Stuttgart 1983. (Schriftenreihe der Vierteljahreshefte für Zeitgeschichte. Nummer 46).

FLEISCHHAUER, INGEBORG [Unterschied]: „Unternehmen Barbarossa" und die Zwangsumsiedlung der Deutschen in der UdSSR. In: VfZG 30 (1982) S. 299-321.

FLEMING, GERALD: Hitler und die Endlösung. „Es ist des Führers Wunsch ..." Vorwort von Wolfgang Scheffler. Wiesbaden, München 1982.

FOX, JOHN P.[n.e.] [Attitudes]: British Attitudes to Jewish Refugees from Central and Eastern Europe in the Nineteenth and Twentieth Centuries. In: Second Chance. Two Centuries of German-speaking Jews in the United Kingdom. Coordinating Editor Werner E. Mosse. Editors Julius Carlebach [u.a.]. Tübingen 1991. S. 465-484. (Schriftenreihe wissenschaftlicher Abhandlungen des Leo Baeck Instituts. 48).

FOX, JOHN P.[n.e.] [Katyn]: Der Fall Katyn und die Propaganda des NS-Regimes. In: VfZG 30 (1982) S. 462-499.

FOX, JOHN P.[n.e]. [Rescue]: The British Attitudes to Rescue: Definitions and Perspectives. In: The Shoah and the War. Edited by: Asher Cohen [u.a.]. Institute for Research of the Shoah [...]. New York [u.a.] 1992. S. 355-372. (Studies on the Shoah. Volume 3).

FRAENKEL, HEINRICH / MANVELL, ROGER: Goebbels. Eine Biographie. Herrsching 1960.

FREDBORG, ARVID: Behind the Steel Wall. A swedish Journalist in Berlin 1941-43. New York 1944. [Originalausgabe u.d.T.: Bakom Stålvallen. Som svensk korrespondent i Berlin 1941-43. Stockholm 1943].

FREEDEN, HERBERT: Kultur „nur für Juden": „Kulturkampf" in der jüdischen Presse in Nazideutschland. In: Die Juden im Nationalsozialistischen Deutschland. The Jews in Nazi Germany 1933-1943. Herausgegeben von Arnold Paucker mit Silvia Gilchrist und Barbara Suchy. Mit einem Geleitwort von Fred Grubel und einer Einleitung von Peter Pulzer. Tübingen 1986. S. 259-271. (Schriftenreihe wissenschaftlicher Abhandlungen des Leo Baeck Instituts. 45).

FREI, NORBERT [Hrsg.]: Medizin und Gesundheitspolitik in der NS-Zeit. München 1991. (Schriftenreihe der Vierteljahreshefte für Zeitgeschichte. Sondernummer).

FREI, NORBERT / SCHMITZ, JOHANNES: Journalismus im Dritten Reich. München ²1989. (Beck'sche Reihe BsR 376).

FRENZEL, ELISABETH: Stoffe der Weltliteratur. Ein Lexikon dichtungsgeschichtlicher Längsschnitte. 2., überarbeitete Auflage. Stuttgart 1963. (Kröners Taschenausgabe. Band 300).

FRIEDLANDER, HENRY: Der Weg zum NS-Genozid. Von der Euthanasie zur Endlösung. Aus dem Amerikanischen von Johanna Friedman, Martin Richter und Barbara Schaden. Darmstadt 1997. [Originalausgabe Chapel Hill und London 1995].

FRIEDLÄNDER, SAUL [Genese]: Die Genese der „Endlösung". Zu Phillippe Burrins Thesen. In: Jahrbuch für Antisemitismusforschung 1 (1992) S. 166-181.

FRIEDLÄNDER, SAUL [Reich]: Das Dritte Reich und die Juden. Erster Band. Die Jahre der Verfolgung 1933-1939. Aus dem Englischen übersetzt von Martin Pfeiffer. München 1998.

FRIEDRICH, JULIUS: Wer spielte falsch? Hitler. Hindenburg. Der Kronprinz. Hugenberg. Schleicher. Ein Tatsachenbericht aus Deutschlands jüngster Vergangenheit nach authentischem Material. Hamburg [o.J.].

FRÖHLICH, ELKE [Anweisungen]: Die Anweisungen des Reichsministeriums für Volksaufklärung und Propaganda bezüglich des Kulturproblems in okkupierten Gebieten. In: Polish Academy of Sciences, Committee of Historical Sciences, Institute of History: Inter arma non silent Musae. The War and the Culture 1939-1945. Edited and with a Foreword by Czeslaw Madajczyk. Warszawa 1977. S. 217-244.

FRÖHLICH, ELKE [Goebbels]: Joseph Goebbels. Der Propagandist. In: Die braune Elite I. 22 biographische Skizzen. Herausgegeben von Ronald Smelser und Rainer Zitelmann. Darmstadt ³1994. S. 52-68.

FRÖHLICH, ELKE [Katyn]: Katyn in neuem Licht? Goebbels und der Mord an den polnischen Offizieren im 2. Weltkrieg. In: GWU 37 (1986) S. 234 f.

FRÖHLICH, ELKE [Krisenjahr]: Hitler und Goebbels im Krisenjahr 1944. Aus den Tagebüchern des Reichspropagandaministers. In: VfZG 38 (1990) S. 195-224.

FRÖHLICH, ELKE [Pressekonferenz]: Die Kulturpolitische Pressekonferenz des Reichspropagandaministeriums. In: VfZG 22 (1974) S. 347-381.

FRÖHLICH, ELKE [Tagebuch]: Joseph Goebbels und sein Tagebuch. Zu den handschriftlichen Aufzeichnungen von 1924 bis 1941. In: VfZG 35 (1987) S. 489-552.

FUCHS, KONRAD / RAAB, HERIBERT: DTV-Wörterbuch zur Geschichte. Band 1. A-K. München ⁸1992.

GEIST, JOHANN FRIEDRICH / KÜRVERS, KLAUS: Tatort Berlin, Pariser Platz. Die Zerstörung und „Entjudung" Berlins. In: 1945. Krieg – Zerstörung – Aufbau. Architektur und Stadtplanung 1940-1960. Berlin 1995. S. 55-118. (Schriftenreihe der Akademie der Künste. Band 23).

GENSCHEL, HELMUT: Die Verdrängung der Juden aus der Wirtschaft im Dritten Reich. Göttingen [u.a.] 1966. (Göttinger Bausteine zur Geschichtswissenschaft. Band 38).

GERBER, BARBARA: Jud Süß. Aufstieg und Fall im frühen 18. Jahrhundert. Ein Beitrag zur Historischen Antisemitismus- und Rezeptionsforschung. Hamburg 1990. (Hamburger Beiträge zur Geschichte der deutschen Juden. Band XVI).

GERLACH, CHRISTIAN [Krieg]: Krieg, Ernährung, Völkermord. Forschungen zur deutschen Vernichtungspolitik im Zweiten Weltkrieg. Hamburg 1998.

GERLACH, CHRISTIAN [Morde]: Kalkulierte Morde. Die deutsche Wirtschafts- und Vernichtungspolitik in Weißrußland 1941 bis 1944. Hamburg ²2000.

GERLACH, CHRISTIAN / ALY, GÖTZ: Das letzte Kapitel. Realpolitik, Ideologie und der Mord an den ungarischen Juden 1944/1945. Stuttgart, München 2002.

GIDAL, NACHUM T.[n.e.]: Die Juden in Deutschland. Von der Römerzeit bis zur Weimarer Republik. Mit einem Geleitwort von Marion Gräfin Dönhoff. Köln 1997.

GILLESSEN, GÜNTHER: Die Benennung des Fürchterlichen. „Reichskristallnacht" oder Pogrom? Auswärtige Berichte. In: FAZ, 6. November 1999, Nr. 259, S. III (Bilder und Zeiten).

GINZEL, GÜNTHER B[ERND] (Hrsg.) [Antisemitismus]: Antisemitismus. Erscheinungsformen der Judenfeindschaft gestern und heute. Bielefeld 1991.

GINZEL, GÜNTHER B[ERND] (Hrsg.) [Judenhaß]: Vom religiösen zum rassischen Judenhaß. „Deutschland, Christenvolk, ermanne dich!" Gegen Juden, „Judengenossen" und „jüdischen Geist". In: Antisemitismus. Erscheinungsformen der Judenfeindschaft gestern und heute. Herausgegeben von Günther B. Ginzel. Bielefeld 1991. S. 125-169.

GISEVIUS, HANS BERND: Bis zum bitteren Ende. Vom Reichstagsbrand bis zum 20. Juli 1944. Vom Verfasser auf den neuesten Stand gebrachte Sonderausgabe. Zürich 1961.

GLASER, HERMANN: Bildungsbürgertum und Nationalismus. Politik und Kultur im Wilhelminischen Deutschland. München 1993. (Deutsche Geschichte der neuesten Zeit vom 19. Jahrhundert bis zur Gegenwart).

GLASNER, HANS G.[n.e.]: Antisemitismus – auch von Links? In: Antisemitismus. Erscheinungsformen der Judenfeindschaft gestern und heute. Herausgegeben von Günther B. Ginzel. Bielefeld 1991. S. 249-268.

GOELDEL, DENIS: „Revolution", „Sozialismus" und „Demokratie": Bedeutungswandel dreier Begriffe am Beispiel von Moeller van den Bruck. In: Manfred Gangl, Gérard Raulet (Hrsg.): Intellektuellendiskurse in der Weimarer Republik. Zur politischen Kultur einer Gemengelage. Frankfurt [u.a.] 1994. S. 37-51.

GRAF, HANS-DIETER: Nationalsozialistische Schrifttumspolitik. Goebbels' Weg zur Oberaufsicht über das Presse- und Buchverbotswesen im Dritten Reich. In: Buchhandelsgeschichte Heft 3/1991. Beilage zum Börsenblatt für den Deutschen Buchhandel Nr. 76 vom 24. September 1991. B 111-118.

GRAML, HERMANN [Genesis]: Zur Genesis der „Endlösung". In: Der Judenpogrom 1938. Von der „Reichskristallnacht" zum Völkermord. Mit Beiträgen von Uwe Dietrich Adam [u.a.]. Herausgegeben von Walter H. Pehle. Frankfurt am Main 1988. S. 160-175.

GRAML, HERMANN [November]: Der 9. November 1938. „Reichskristallnacht". Bonn ⁶1958. (Schriftenreihe der Bundeszentrale für Heimatdienst. Heft 2).

GRAML, HERMANN [Reichskristallnacht]: Reichskristallnacht. Antisemitismus und Judenverfolgung im Dritten Reich. München 1988. (Deutsche Geschichte der neuesten Zeit vom 19. Jahrhundert bis zur Gegenwart).

GREIVE, HERMANN: Geschichte des modernen Antisemitismus in Deutschland. Darmstadt 1983. (Grundzüge. Band 53).

GRENVILLE, JOHN A[SHLEY] S[OAMES]: Die „Endlösung" und die „Judenmischlinge" im Dritten Reich. In: Das Unrechtsregime. Internationale Forschung über den Nationalsozialismus. [Festschrift für Werner Jochmann zum 65. Geburtstag]. Band 2. Verfolgung – Exil – Belasteter Neubeginn. Herausgegeben von Ursula Büttner unter Mitwirkung von Werner Johe und Angelika Voß. Hamburg 1986. S. 91-121. (Hamburger Beiträge zur Sozial- und Zeitgeschichte. Band XXII).

GRUCHMANN, LOTHAR [Blutschutzgesetz]: „Blutschutzgesetz" und Justiz. Zur Entstehung und Auswirkung des Nürnberger Gesetzes vom 15. September 1935. In: VfZG 31 (1983) S. 418-442.

GRUCHMANN, LOTHAR [Euthanasie]: Euthanasie und Justiz im Dritten Reich. In: VfZG 20 (1972) S. 235-279.

GRUCHMANN, LOTHAR [Justiz]: Justiz im Dritten Reich 1933-1940. Anpassung und Unterwerfung in der Ära Gürtner. München 1988. (Quellen und Darstellungen zur Zeitgeschichte. Herausgegeben vom Institut für Zeitgeschichte. Band 28).

GRUCHMANN, LOTHAR [Schweden]: Schweden im Zweiten Weltkrieg. Ergebnisse eines Stockholmer Forschungsprojekts. In: VfZG 25 (1977) S. 591-657.

GRUNER, WOLF [Arbeitseinsatz]: Der Geschlossene Arbeitseinsatz deutscher Juden. Zur Zwangsarbeit als Element der Verfolgung 1938-1943. Berlin 1997. (Dokumente, Texte, Materialien. Band 20).

GRUNER, WOLF [Grundstücke]: Die Grundstücke der „Reichsfeinde". Zur „Arisierung" von Immobilien durch Städte und Gemeinden 1938-1945. In: „Arisierung" im Nationalsozialismus. Volksgemeinschaft, Raub und Gedächtnis. Herausgegeben im Auftrag des Fritz Bauer Instituts von Irmtrud Wojak und Peter Hayes. Frankfurt, New York 2000. S. 125-156. (Jahrbuch 2000 zur Geschichte und Wirkung des Holocaust).

GRUNER, WOLF [Judenverfolgung]: Die NS-Judenverfolgung und die Kommunen. Zur wechselseitigen Dynamisierung von zentraler und lokaler Politik 1933-1941. In: VfZG 48 (2000) S. 75-126.

GRUNER, WOLF [Judenverfolgung Berlin]: Judenverfolgung in Berlin 1933-1945. Eine Chronologie der Behördenmaßnahmen in der Reichshauptstadt. Berlin 1996. (Stiftung Topographie des Terrors).

GRUNER, WOLF [Reichshauptstadt]: Die Reichshauptstadt und die Verfolgung der Berliner Juden 1933-1945. In: Jüdische Geschichte in Berlin. Essays und Studien. Herausgegeben von Reinhard Rürup. Berlin 1995. S. 229-266.

GRUNER, WOLF [Zwangsarbeit]: Zwangsarbeit und Verfolgung. Österreichische Juden im NS-Staat 1938-1945. Innsbruck [u.a.] 2000. (Der Nationalsozialismus und seine Folgen. Band 1).

DIE GRUNEWALD-RAMPE. Die Deportation der Berliner Juden. Annegret Ehmann [u.a.]. 2., korrigierte Auflage. Berlin 1993. (Begleitmaterial zum Schulfernsehen).

HAMANN, BRIGITTE: Hitlers Wien. Lehrjahre eines Diktators. München, Zürich [2]1996.

HAMBURGER, ERNEST: Jüdische Parlamentarier in Berlin 1848-1933. In: Gegenwart und Rückblick. Festgabe für die Jüdische Gemeinde zu Berlin 25 Jahre nach dem Neubeginn. Herausgegeben von Herbert A. Strauss und Kurt R. Grossmann. Heidelberg 1970. S. 56-85.

HAMPICKE, EVELYN / LOEWY, HANNO: Juden ohne Maske. Vorläufige Bemerkungen zur Geschichte eines Kompilationsfilmes. In: Fritz Bauer Institut (Hrsg.): „Beseitigung jüdischen Einflusses ..." Antisemitische Forschung, Eliten und Karrieren im Nationalsozialismus. Frankfurt [am Main], New York 1999. S. 255-274. (Jahrbuch 1998/99 zur Geschichte und Wirkung des Holocaust).

HANSEN, NIELS: Die Katastrophe der Juden in Ungarn. Eine kritische Untersuchung der Haltung des IKRK in Genf. In: TRIBÜNE 28 (1989) Heft 111 S. 126-134.

HAUG, WOLFGANG FRITZ: Antisemitismus in marxistischer Sicht. In: Herbert A. Strauss / Norbert Kampe (Hrsg.): Antisemitismus. Von der Judenfeindschaft zum Holocaust. Frankfurt [am Main], New York 1985. S. 234-255.

HEIBER, HELMUT [Goebbels]: Joseph Goebbels. München [2]1974.

HEIBER, HELMUT [Grünspan]: Der Fall Grünspan. In: VfZG 5 (1957) S. 134-172.

HEIBER, HELMUT [Redakteure]: Joseph Goebbels und seine Redakteure. Einige Bemerkungen zu einer neuen Biographie. In: VfZG 9 (1961) S. 66-75.

HENKE, JOSEF: Hitlers England-Konzeption. Formulierung und Realisationsversuche. In: Manfred Funke (Hrsg.): Hitler, Deutschland und die Mächte. Materialien zur Außenpolitik des Dritten Reiches. Düsseldorf 1976. S. 584-603. (Bonner Schriften zur Politik und Zeitgeschichte. 12).

HENSCHEL, HILDEGARD: Aus der Arbeit der Jüdischen Gemeinde Berlin während der Jahre 1941-1943. Gemeindearbeit und Evakuierung von Berlin 16. Oktober 1941–16. Juni 1943. In: Zeitschrift für die Geschichte der Juden 9 (1972) S. 33-52.

HERBERT, ULRICH [Best]: Best. Biographische Studien über Radikalismus, Weltanschauung und Vernunft, 1903-1989. Bonn [2]1996.

HERBERT, ULRICH [Fremdarbeiter]: Fremdarbeiter. Politik und Praxis des „Ausländer-Einsatzes" in der Kriegswirtschaft des Dritten Reiches. Berlin, Bonn 1985.

HERBERT, ULRICH [Militärverwaltung]: Die deutsche Militärverwaltung in Paris und die Deportation der französischen Juden. In: Nationalsozialistische Vernichtungspolitik 1939-1945. Neue Forschungen und Kontroversen. Mit Beiträgen von Götz Aly [u.a.]. Herausgegeben von Ulrich Herbert. Frankfurt am Main 1998. S. 170-208. (Die Zeit des Nationalsozialismus. Eine Buchreihe).

HERBERT, ULRICH [Reichskristallnacht]: Von der „Reichskristallnacht" zum „Holocaust". Der 9. November und das Ende des „Radauantisemitismus". In: Thomas Hofmann / Hanno Loewy / Harry Stein (Hrsg.): Pogromnacht und Holocaust. Frankfurt, Weimar, Buchenwald... Die schwierige Erinnerung an die Stationen der Vernichtung. Weimar [u.a.] 1994. S. 58-80. [Druck auch in: Ulrich Herbert: Arbeit, Volkstum, Weltanschauung. Über Fremde und Deutsche im 20. Jahrhundert. Frankfurt am Main 1995. S. 59-77].

HERBERT, ULRICH [Vernichtungspolitik]: Vernichtungspolitik. Neue Antworten und Fragen zur Geschichte des „Holocaust". In: Nationalsozialistische Vernichtungspolitik 1939-1945. Neue Forschungen und Kontroversen. Mit Beiträgen von Götz Aly [u.a.]. Herausgegeben von Ulrich Herbert. Frankfurt am Main 1998. S. 9-66. (Die Zeit des Nationalsozialismus. Eine Buchreihe).

HERBST, LUDOLF: Walther Funk – Vom Journalisten zum Reichswirtschaftsminister. In: Die braune Elite II. 21 weitere biographische Skizzen. Herausgegeben von Ronald Smelser, Enrico Syring und Rainer Zitelmann. Darmstadt 1993. S. 91-102.

HILBERG, RAUL: Die Vernichtung der europäischen Juden. Die Gesamtgeschichte des Holocaust. Berlin 1982.

HILDEBRAND, KLAUS [Das Dritte Reich]: Das Dritte Reich. München [5]1995. (Oldenbourg Grundriß der Geschichte. Band 17).

HILDEBRAND, KLAUS [Das Vergangene Reich]: Das vergangene Reich. Deutsche Außenpolitik von Bismarck bis Hitler 1871-1945. Stuttgart 1995.

HILLGRUBER, ANDREAS [Endlösung]: Die „Endlösung" und das deutsche Ostimperium als Kernstück des rassenideologischen Programms des Nationalsozialismus. In: VfZG 20 (1972) S. 133-153.

HILLGRUBER, ANDREAS [England]: England in Hitlers außenpolitischer Konzeption. In: HZ 218 (1974) S. 65-84.

HILLGRUBER, ANDREAS [Hitlers Strategie]: Hitlers Strategie. Politik und Kriegführung 1940-1941. Frankfurt am Main 1965.

HOCHHUTH, ROLF [Hrsg.] [Goebbels]: Joseph Goebbels. Tagebücher 1945. Die letzten Aufzeichnungen. Einführung Rolf Hochhuth. Hamburg 1977.

HOCHHUTH, ROLF [Täter]: Täter und Denker. Profile und Probleme von Cäsar bis Jünger. Stuttgart 1987.

HOCKERTS, HANS GÜNTER [Edition]: Die Edition der Goebbels-Tagebücher. In: 50 Jahre Institut für Zeitgeschichte. Eine Bilanz. Herausgegeben von Horst Möller und Udo Wengst. München 1999. S. 249-264.

HOCKERTS, HANS GÜNTER [Tagebücher]: Die Goebbels-Tagebücher 1932-1941. Eine neue Hauptquelle der nationalsozialistischen Kirchenpolitik. In: Politik und Konfession. Festschrift für Konrad Repgen zum 60. Geburtstag. Herausgegeben von Dieter Albrecht [u.a.]. Berlin 1983. S. 359-392.

HÖHN, GERHARD: Krisologie und Verheißungen eines jungen Dr. phil. – Versuch über Joseph Goebbels Tagebuchroman *Michael Vormann*. In: Manfred Gangl, Gérard Raulet (Hrsg.): Intellektuellendiskurse in der Weimarer Republik. Zur politischen Kultur einer Gemengelage. Frankfurt [u.a.] 1994. S. 245-255.

HÖHNE, HEINZ [Illusionen]: Die Zeit der Illusionen. Hitler und die Anfänge des Dritten Reiches 1933-1936. Düsseldorf [u.a.] 1991.

HÖHNE, HEINZ [Orden]: Der Orden unter dem Totenkopf. Die Geschichte der SS. Gütersloh 1967.

HÖVER, ULRICH: Joseph Goebbels – ein nationaler Sozialist. Bonn, Berlin 1992.

HOFER, WALTHER [Diktatur]: Die Diktatur Hitlers bis zum Beginn des Zweiten Weltkrieges. In: Deutsche Geschichte der neuesten Zeit von Bismarcks Entlassung bis zur Gegenwart. 2. Teil. Von 1933 bis 1945. Von Walther Hofer und Herbert Michaelis. 2., unveränderte Auflage. [Vierter Abschnitt]. Wiesbaden 1979. (Handbuch der Deutschen Geschichte. Begründet von Otto Brandt. Fortgeführt von Arnold Oskar Meyer. Neu herausgegeben von Leo Just unter Mitwirkung von Walther Bußmann [u.a.]. Band IV. 2. Teil).

HOFER, WALTHER [Stufen]: Stufen der Judenverfolgung im Dritten Reich 1933-1939. In: Herbert A. Strauss / Norbert Kampe (Hrsg.): Antisemitismus. Von der Judenfeindschaft zum Holocaust. Frankfurt [am Main], New York 1985. S. 172-185.

HOLLSTEIN, DOROTHEA: Antisemitische Filmpropaganda. Die Darstellung des Juden im nationalsozialistischen Spielfilm. München-Pullach, Berlin 1971. (Kommunikation und Politik. Band 1).

HORNSHØJ-MØLLER, STIG: „Der ewige Jude". Quellenkritische Analyse eines antisemitischen Propagandafilms. Begleitpublikation zur Filmedition G 171 „Der ewige Jude". Göttingen 1995. (Beiträge zu zeitgeschichtlichen Filmquellen. Band 2).

HORNSHØJ-MØLLER, STIG / CULBERT, DAVID: 'Der ewige Jude' (1940): Joseph Goebbels' unequaled monument to anti-Semitism. In: HJFRT 12 (1992) No. 1. S. 41-67.

HUBER, ERNST RUDOLF: Deutsche Verfassungsgeschichte seit 1789. Band V: Weltkrieg, Revolution und Reichserneuerung 1914-1919. Stuttgart [u.a.] 1978.

ISENBART, JAN: Britische Flugblattpropaganda gegen Deutschland im Zweiten Weltkrieg. In: Jürgen Wilke (Hrsg.): Pressepolitik und Propaganda. Historische Studien vom Vormärz bis zum Kalten Krieg. Köln [u.a.] 1997. S. 191-256. (Medien in Geschichte und Gegenwart. Band 7).

IRVING, DAVID [Goebbels]: Goebbels. Macht und Magie. Kiel 1997.

JACOBSEN, HANS-ADOLF [Außenpolitik]: Nationalsozialistische Außenpolitik 1933-1938. Frankfurt am Main, Berlin 1968.

JACOBSEN, HANS-ADOLF [1939-1945]: 1939-1945. Der Zweite Weltkrieg in Chronik und Dokumenten. Fünfte vollständig überarbeitete und wesentlich erweiterte Auflage. Darmstadt 1961.

JÄCKEL, EBERHARD [Entschlußbildung]: Die Entschlußbildung als historisches Problem. In: Der Mord and den Juden im Zweiten Weltkrieg. Entschlußbildung und Verwirklichung. Herausgeben von Eberhard Jäckel und Jürgen Rohwer. Stuttgart 1985. S. 9-17.

JÄCKEL, EBERHARD [Frankreich]: Frankreich in Hitlers Europa. Die deutsche Frankreichpolitik im Zweiten Weltkrieg. Stuttgart 1966. (Quellen und Darstellungen zur Zeitgeschichte. Band 14).

JÄCKEL, EBERHARD [Herrschaft]: Hitlers Herrschaft. Vollzug einer Weltanschauung. Stuttgart 1986.

JÄCKEL, EBERHARD [Purpose]: On the Purpose of the Wannsee Conference. In: Perspectives on the Holocaust. Essays in Honor of Raul Hilberg. Edited by James S. Pacy and Alan P. Wertheimer. Boulder, Colorado [u.a.] 1995. S. 39-49.

JÄCKEL, EBERHARD [Tagebücher]: Die Tagebücher von Joseph Goebbels. In: HZ 248 (1989) S. 637-648.

JÄCKEL, EBERHARD [Weltanschauung]: Hitlers Weltanschauung. Entwurf einer Herrschaft. Erweiterte und überarbeitete Neuausgabe. Stuttgart ²1983.

JANSEN, HANS: Der Madagaskar-Plan. Die beabsichtigte Deportation der europäischen Juden nach Madagaskar. Vorwort von Simon Wiesenthal. Aus dem Niederländischen von Markus Jung [u.a.]. München 1997.

JOCHHEIM, GERNOT: Frauenprotest in der Rosenstraße. „Gebt uns unsere Männer wieder". Berlin 1993. (Reihe Deutsche Vergangenheit. Stätten der Geschichte Berlins. Band 85).

JOCHMANN, WERNER [Funktion]: Die Funktion des Antisemitismus in der Weimarer Republik. In: Antisemitismus. Von religiöser Judenfeindschaft zur Rassenideologie. Herausgegeben von Günter Brakelmann und Martin Rosowski. Göttingen 1989. S. 147-178. (Kleine Vandenhoeck-Reihe 1547). [= Der Antisemitismus und seine Bedeutung für den Untergang der Weimarer Republik. In: Werner Jochmann: Gesellschaftskrise und Judenfeindschaft in Deutschland 1870-1945. Hamburg 1988. S. 171-194. (Hamburger Beiträge zur Sozial- und Zeitgeschichte. Band XXIII)].

JOCHMANN, WERNER [Struktur]: Struktur und Funktion des deutschen Antisemitismus 1878-1914. In: Herbert A. Strauss / Norbert Kampe (Hrsg.): Antisemitismus. Von der Judenfeindschaft zum Holocaust. Frankfurt [am Main], New York 1985. S. 99-142. [= Antisemitismus im Deutschen Kaiserreich 1871-1914. In: Werner Jochmann: Gesellschaftskrise und Judenfeindschaft in Deutschland 1870-1945. Hamburg 1988. S. 30-98. (Hamburger Beiträge zur Sozial- und Zeitgeschichte. Band XXIII)].

JOHNSON, ERIC A.[n.e.]: Der nationalsozialistische Terror. Gestapo, Juden und gewöhnliche Deutsche. Aus dem Englischen von Udo Rennert. Berlin 2001.

JONCA, KAROL: Die Radikalisierung des Antisemitismus. Der Fall Herschel Grynszpan und die „Reichskristallnacht". In: Karl Dietrich Bracher [u.a.] (Hrsg.): Deutschland zwischen Krieg und Frieden. Beiträge zur Politik und Kultur im 20. Jahrhundert. Festschrift für Hans-Adolf Jacobsen. Düsseldorf 1991. S. 43-55.

KAISER, JOCHEN-CHRISTOPH / NOWAK, KURT / SCHWARTZ, MICHAEL: Eugenik, Sterilisation, „Euthanasie". Politische Biologie in Deutschland 1895-1945. Eine Dokumentation. Berlin 1992.

KAISER, WOLF: Die Wannsee-Konferenz. SS-Führer und Ministerialbeamte im Einvernehmen über die Ermordung der europäischen Juden. In: Heiner Lichtenstein / Otto R. Romberg (Hrsg.): Täter – Opfer – Folgen. Der Holocaust in Geschichte und Gegenwart. Zweite, erweiterte Auflage Bonn 1997. S. 24-37. (Schriftenreihe. Band 335).

KAMPE, NORBERT: „Endlösung" durch Auswanderung? Zu den widersprüchlichen Zielvorstellungen antisemitischer Politik bis 1941. In: Der Zweite Weltkrieg. Analysen. Grundzüge. Forschungsbilanz. Im Auftrag des Militärgeschichtlichen Forschungsamtes herausgegeben von Wolfgang Michalka. München, Zürich 1989. S. 827-843. (Serie Piper. Band 811).

KELE, MAX H.[n.e.]: Nazis and Workers. National Socialist Appeals to German Labor, 1919-1933. Chapel Hill 1972.

KELLENBENZ, HERMANN: Deutsche Wirtschaftsgeschichte. Band II. Vom Ausgang des 18. Jahrhunderts bis zum Ende des Zweiten Weltkriegs. München 1981.

KEMPNER, ROBERT M[AX] W[ASSILII] [Ermordung]: Die Ermordung von 35000 Berliner Juden. Der Judenmordprozeß in Berlin schreibt Geschichte. In: Gegenwart und Rückblick. Festgabe für die Jüdische Gemeinde zu Berlin 25 Jahre nach dem Neubeginn. Herausgegeben von Herbert A. Strauss und Kurt R. Grossmann. Heidelberg 1970. S. 180-205.

KERSHAW, IAN [Greiser]: Arthur Greiser – Ein Motor der „Endlösung". In: Die braune Elite II. 21 weitere biographische Skizzen. Herausgegeben von Ronald Smelser, Enrico Syring und Rainer Zitelmann. Darmstadt 1993. S. 116-127.

KERSHAW, IAN [Hitler Band I]: Hitler. 1889-1936. Aus dem Englischen von Jürgen Peter Krause und Jörg W. Rademacher. Stuttgart 1998.

KERSHAW, IAN [Hitler Band II]: Hitler. 1936-1945. Aus dem Englischen von Klaus Kochmann. Stuttgart 2000.

KERSHAW, IAN [Opinion]: German Popular Opinion and the „Jewish Question", 1939-1943: Some further reflections. In: Die Juden im Nationalsozialistischen Deutschland. The Jews in Nazi Germany 1933-1943. Herausgegeben von Arnold Paucker mit Silvia Gilchrist und Barbara Suchy. Mit einem Geleitwort von Fred Grubel und einer Einleitung von Peter Pulzer. Tübingen 1986. S. 365-386. (Schriftenreihe wissenschaftlicher Abhandlungen des Leo Baeck Instituts. 45).

KERSHAW, IAN [Propaganda]: How effective was Nazi Propaganda? In: Nazi propaganda. The Power and the Limitations. Edited by David Welch. London [u.a.] 1983. S. 180-205.

KESSEMEIER, CARIN: Der Leitartikler Goebbels in den NS-Organen „Der Angriff" und „Das Reich". Münster 1967. (Studien zur Publizistik. Münstersche Reihe. Band 5).

KETTERLE, MARGIT: Remarque. In: Biographisches Lexikon zur Weimarer Republik. Herausgegeben von Wolfgang Benz und Hermann Graml. München 1988. S. 268.

KISSENKOETTER, UDO: Gregor Straßer – NS-Parteiorganisator oder Weimarer Politiker? In: Die braune Elite I. 22 biographische Skizzen. Herausgegeben von Ronald Smelser und Rainer Zitelmann. Darmstadt ³1994. S. 273-285.

KITCHEN, MARTIN: British Policy towards the Soviet Union during the Second World War. London 1986.

KIVELITZ, CHRISTOPH: Die Propagandaausstellung in europäischen Diktaturen. Konfrontation und Vergleich: Nationalsozialismus in Deutschland, Faschismus in Italien und die UdSSR der Stalinzeit. Bochum 1999. (Europa in der Geschichte. Schriften zur Entwicklung des modernen Europa. Band 2).

KLABUNDE, ANJA: Magda Goebbels. Annäherung an ein Leben. München ³1999.

KLARSFELD, SERGE [Influence]: The Influence of the War on the Final Solution in France. In: The Shoah and the War. Edited by: Asher Cohen [u.a.]. Institute for Research of the Shoah [...]. New York [u.a.] 1992. S. 271-281. (Studies on the Shoah. Volume 3).

KLARSFELD, SERGE [Vichy]: Vichy - Auschwitz. Die Zusammenarbeit der deutschen und französischen Behörden bei der „Endlösung der Judenfrage" in Frankreich. Aus dem Französischen übersetzt von Ahlrich Meyer. Nördlingen 1989. (Schriften der Hamburger Stiftung für Sozialgeschichte des 20. Jahrhunderts, Band 9).

KLEMPERER, VICTOR [LTI]: LTI. Notizbuch eines Philologen. Leipzig 1996.

KLINGLER, WALTER: Nationalsozialistische Rundfunkpolitik 1942-1945. Organisation, Programm und die Hörer. Phil. Diss. [Masch.] Mannheim 1983.

KNILLI, FRIEDRICH / ZIELINSKI, SIEGFRIED: Der Jude als Sittenverderber. „Weinend floh der Engel der Unschuld". Kleine Mediengeschichte des Joseph Süß Oppenheimer 1737/38 bis 1984. In: Antisemitismus. Erscheinungsformen der Judenfeindschaft gestern und heute. Herausgegeben von Günther B. Ginzel. Bielefeld 1991. S. 327-335.

KNÜTTER, HANS-HELMUTH: Die Juden und die deutsche Linke in der Weimarer Republik 1918-1933. Düsseldorf 1971. (Bonner Schriften zur Politik und Zeitgeschichte. 4).

KOCH, GERTRUD [Einstellung]: Die Einstellung ist die Einstellung. Visuelle Konstruktionen des Judentums. Frankfurt am Main 1992. (Edition Suhrkamp 1674. Neue Folge Band 674).

KOCH, PETER-FERDINAND [Hrsg.] [Tagebücher]: Die Tagebücher des Doktor Joseph Goebbels. Geschichte & Vermarktung. Hamburg und München 1988.

KÖRTE, MONA / STOCKHAMMER, ROBERT: Ahasvers Spur. Dichtungen und Dokumente vom „Ewigen Juden". Leipzig 1995. (Reclam Bibliothek. Band 1538).

KOHLMANN-VIAND, DORIS: NS-Pressepolitik im Zweiten Weltkrieg. Die 'Vertraulichen Informationen' als Mittel der Presselenkung. München [u.a.] 1991. (Kommunikation und Politik. Band 23).

KOPELEW, LEW: Fragen bleiben. In: Deutschland und die Russische Revolution 1917-1924. Herausgegeben von Gerd Koenen und Lew Kopelew. München 1998. S. 805-826. (Westöstliche Spiegelungen. Reihe A. Band 5).

KRAUSNICK, HELMUT [Einsatzgruppen]: Hitlers Einsatzgruppen. Die Truppe des Weltanschauungskrieges 1938-1942. Frankfurt am Main 1998. (Die Zeit des Nationalsozialismus. Eine Buchreihe). [Erstausgabe u.d.T.: Die Truppe des Weltanschauungskrieges. Die Einsatzgruppen der Sicherheitspolizei und des SD 1938-1942. Stuttgart 1981].

KRAUSNICK, HELMUT [Hitler]: Hitler und die Befehle an die Einsatzgruppen im Sommer 1941. In: Der Mord an den Juden im Zweiten Weltkrieg. Entschlußbildung und Verwirklichung. Herausgegeben von Eberhard Jäckel und Jürgen Rohwer. Stuttgart 1985. S. 88-106.

KREBS, ALBERT: Tendenzen und Gestalten der NSDAP. Erinnerungen an die Frühzeit der Partei von Albert Krebs. Stuttgart 1959. (Quellen und Darstellungen zur Zeitgeschichte. Band 6).

KROLL, FRANK-LOTHAR: Utopie als Ideologie. Geschichtsdenken und politisches Handeln im Dritten Reich. Paderborn [u.a.] 1998.

KROPAT, WOLF-ARNO [Kristallnacht]: Kristallnacht in Hessen. Der Judenpogrom vom November 1938. Eine Dokumentation. Wiesbaden 1988. (Schriften der Kommission für die Geschichte der Juden in Hessen X).

KROPAT, WOLF-ARNO [Reichskristallnacht]: „Reichskristallnacht". Der Judenpogrom vom 7. bis 10. November 1938 - Urheber, Täter, Hintergründe. Mit ausgewählten Dokumenten. Wiesbaden 1997. (Schriften der Kommission für die Geschichte der Juden in Hessen XV).

KRÜGER, ARND: „Wenn die Olympiade vorbei, schlagen wir die Juden zu Brei!" Das Verhältnis der Juden zu den Olympischen Spielen von 1936. In: MENORA 5 (1994) S. 331-346.

KRUPPA, BERND: Rechtsradikalismus in Berlin 1918-1928. Berlin, New York 1988.

KUBE, ALFRED: Pour le mérite und Hakenkreuz. Hermann Göring im Dritten Reich. München 1986. (Quellen und Darstellungen zur Zeitgeschichte. Band 24).

KÜHNL, REINHARD [Linke]: Die nationalsozialistische Linke 1925-1930. Meisenheim am Glan 1966. (Marburger Abhandlungen zur Politischen Wissenschaft. Band 6). [= Phil. Diss. Marburg 1965].

KULKA, OTTO DOV [Rassengesetze]: Die Nürnberger Rassengesetze und die deutsche Bevölkerung im Lichte geheimer NS-Lage- und Stimmungsberichte. In: VfZG 32 (1984) S. 582-624.

KWIET, KONRAD [Auftakt]: Auftakt zum Holocaust. Ein Polizeibataillon im Osteinsatz. In: Der Nationalsozialismus. Studien zur Ideologie und Herrschaft. Mit Beiträgen von Hellmuth Auerbach [u.a.]. Herausgegeben von Wolfgang Benz, Hans Buchheim, Hans Mommsen. Hermann Graml zum 65. Geburtstag. Frankfurt am Main 1993. S. 191-208. (Die Zeit des Nationalsozialismus. Eine Buchreihe).

KWIET, KONRAD [Ausgrenzung]: Nach dem Pogrom: Stufen der Ausgrenzung. In: Die Juden in Deutschland 1933-1945. Leben unter nationalsozialistischer Herrschaft. Unter Mitarbeit von Volker Dahm [u.a.] herausgegeben von Wolfgang Benz. München 1988. S. 545-659. (Veröffentlichungen des Instituts für Zeitgeschichte).

LAUBER, HEINZ: Judenpogrom. „Reichskristallnacht" November 1938 in Großdeutschland. Daten – Fakten – Dokumente – Quellentexte - Thesen und Bewertungen. Gerlingen 1981. (Aktuelles Taschenbuch).

LEMMONS, RUSSEL: Goebbels and *Der Angriff.* Lexington, 1994.

LÉMONON, MICHEL: Die Verbreitung der Rassenlehre Gobineaus in Deutschland. In: Das Unrechtsregime. Internationale Forschung über den Nationalsozialismus. [Festschrift für Werner Jochmann zum 65. Geburtstag]. Band 1. Ideologie – Herrschaftssystem – Wirkung in Europa. Herausgegeben von Ursula Büttner unter Mitwirkung von Werner Johe und Angelika Voß. Hamburg 1986. S. 39-48. (Hamburger Beiträge zur Sozial- und Zeitgeschichte. Band XXI).

LÖW, KONRAD [Denken]: Paralleles Denken, disparates Gedenken. Friedrich Engels und Dr. Joseph Goebbels - zwei Elberfelder spielen zweite Geige. In: Vergangenheitsbewältigung. Herausgegeben von Eckhard Jesse und Konrad Löw. Berlin 1997. S. 89-105. (Schriftenreihe der Gesellschaft für Deutschlandforschung. Band 54).

LOEWENBERG, PETER: The Kristallnacht as a Public Degradation Ritual. In: LEO BAECK INSTITUTE. YEAR BOOK XXXII (1987) S. 309-323.

LONDON, LOUISE: British Immigration Control Procedures and Jewish Refugees 1933-1939. In: Second Chance. Two Centuries of German-speaking Jews in the United Kingdom. Coordinating Editor Werner E. Mosse. Editors Julius Carlebach [u.a.]. Tübingen 1991. S. 485-517. (Schriftenreihe wissenschaftlicher Abhandlungen des Leo Baeck Instituts 48).

LONGERICH, PETER [Bataillone]: Die braunen Bataillone. Geschichte der SA. München 1989.

LONGERICH, PETER [Befehl]: Der ungeschriebene Befehl. Hitler und der Weg zur „Endlösung". München, Zürich 2001.

LONGERICH, PETER (Hrsg.) [Ermordung]: Die Ermordung der europäischen Juden. Eine umfassende Dokumentation des Holocaust 1941-1945. München, Zürich 1989.

LONGERICH, PETER [Hitlers Stellvertreter]: Hitlers Stellvertreter. Führung der Partei und Kontrolle des Staatsapparates durch den Stab Heß und die Partei-Kanzlei Bormann. München [u.a.] 1992.

LONGERICH, PETER [Massenmord]: Vom Massenmord zur „Endlösung". Die Erschießungen von jüdischen Zivilisten in den ersten Monaten des Ostfeldzuges im Kontext des nationalsozialistischen Judenmords. In: Zwei Wege nach Moskau. Vom Hitler-Stalin-Pakt zum „Unternehmen Barbarossa". Im Auftrag des Militärgeschichtlichen Forschungsamtes herausgegeben von Bernd Wegner. München, Zürich 1991. S. 251-274. (Serie Piper. Band 1346).

LONGERICH, PETER [Politik]: Politik der Vernichtung. Eine Gesamtdarstellung der nationalsozialistischen Judenverfolgung. München, Zürich 1998.

LONGERICH, PETER [Propaganda]: Nationalsozialistische Propaganda. In: Karl Dietrich Bracher / Manfred Funke / Hans-Adolf Jacobsen (Hrsg.): Deutschland 1933-1945. Neue Studien zur nationalsozialistischen Herrschaft. Düsseldorf 1992. S. 291-314. (Bonner Schriften zur Politik und Zeitgeschichte. Band 23).

LONGERICH, PETER [Propagandisten]: Propagandisten im Krieg. Die Presseabteilung des Auswärtigen Amtes unter Ribbentrop. München 1987. (Studien zur Zeitgeschichte. Band 33).

LUDWIG, JOHANNES: Boykott – Enteignung – Mord. Die „Entjudung" der deutschen Wirtschaft. Hamburg ²1989.

LÜTTICHAU, MARIO-ANDREAS VON: „Deutsche Kunst" und „Entartete Kunst": Die Münchner Ausstellungen 1937. In: Die „Kunststadt" München 1937. Nationalsozialismus und „Entartete Kunst". Herausgegeben von Peter-Klaus Schuster. Mit Beiträgen von Karl Arndt [u.a.]. Darmstadt 5., vollständig überarbeitete und ergänzte Auflage 1998. S. 83-118.

MADAJCZYK, CZESLAW [Besatzungspolitik]: Deutsche Besatzungspolitik in Polen, in der UdSSR und in den Ländern Südosteuropas. In: Karl Dietrich Bracher / Manfred Funke / Hans-Adolf Jacobsen (Hrsg.): Deutschland 1933-1945. Neue Studien zur nationalsozialistischen Herrschaft. Düsseldorf 1992. S. 426-439. (Bonner Schriften zur Politik und Zeitgeschichte. Band 23).

MADAJCZYK, CZESLAW [Generalplan]: Was *Generalplan Ost* synchronous with the Final Solution? In: The Shoah and the War. Edited by: Asher Cohen [u.a.]. Institute for Research of the Shoah [...]. New York [u.a.] 1992. S. 145-159. (Studies on the Shoah. Volume 3). [= Besteht ein Synchronismus zwischen dem „Generalplan Ost" und der Endlösung der Judenfrage? In: Der Zweite Weltkrieg. Analysen. Grundzüge. Forschungsbilanz. Im Auftrag des Militärgeschichtlichen Forschungsamtes herausgegeben von Wolfgang Michalka. München, Zürich 1989. S. 844-857. (Serie Piper. Band 811)].

MAI, GUNTHER: Grzesinski, Albert. In: Biographisches Lexikon zur Weimarer Republik. Herausgegeben von Wolfgang Benz und Hermann Graml. München 1988. S. 115 f.

MAIER, DIETER: Arbeitseinsatz und Deportation. Die Mitwirkung der Arbeitsverwaltung bei der nationalsozialistischen Judenverfolgung in den Jahren 1938-1945. Berlin 1994. (Publikationen der Gedenkstätte Haus der Wannsee-Konferenz. Band 4).

MAIRGÜNTHER, WILFRED: Reichskristallnacht. Kiel 1987.

MANN, GOLO [Antisemitismus]: Über Antisemitismus. In: Geschichte und Geschichten. [Frankfurt am Main 1961]. S. 169-201.

MANN, GOLO [Harden]: Maximilian Harden. In: Geschichte und Geschichten. [Frankfurt am Main 1961]. S. 292-305.

MANNES, STEFAN: Antisemitismus im nationalsozialistischen Propagandafilm. *Jud Süß* und *Der ewige Jude*. Köln 1999. (Filmwissenschaft 5).

MARTENS, STEFAN: Hermann Göring. „Erster Paladin des Führers" und „Zweiter Mann im Reich". Paderborn 1985. (Sammlung Schöningh zur Geschichte und Gegenwart).

MARTIN, BERND [Friedensfrage]: Das „Dritte Reich" und die „Friedens"-Frage im Zweiten Weltkrieg. In: Nationalsozialistische Außenpolitik. Herausgegeben von Wolfgang Michalka. Darmstadt 1978. S. 526-549. (Wege der Forschung. Band CCXCVII).

MARTIN, HANS-LEO [Mann]: Unser Mann bei Goebbels. Verbindungsoffizier des Oberkommandos der Wehrmacht beim Reichspropagandaminister 1940-1944. Neckargemünd 1973.

MASER, WERNER: Hermann Göring. Hitlers janusköpfiger Paladin. Die politische Biographie. Berlin 2000.

MAUCH, CHRISTOF: Schattenkrieg gegen Hitler. Das Dritte Reich im Visier der amerikanischen Geheimdienste 1941 bis 1945. Stuttgart 1999.

MAUERSBERG, JASPER: Ideen und Konzeption Hugo Preuß' für die Verfassung der deutschen Republik 1919 und ihre Durchsetzung im Verfassungswerk von Weimar. Frankfurt am Main [u.a.] 1991. (Europäische Hochschulschriften. Reihe II. Rechtswissenschaft. Band 1145).

MAURER, TRUDE [Abschiebung]: Abschiebung und Attentat. Die Ausweisung der polnischen Juden und der Vorwand für die „Kristallnacht". In: Der Judenpogrom 1938. Von der „Reichskristallnacht" zum Völkermord. Mit Beiträgen von Uwe Dietrich Adam [u.a.]. Herausgegeben von Walter H. Pehle. Frankfurt am Main 1988. S. 52-73.

MAURER, TRUDE [Ostjuden]: Ostjuden in Deutschland 1918-1933. Hamburg 1986. (Hamburger Beiträge zur Geschichte der deutschen Juden. Band XII).

MAYER, GERHART: Der Held im Dienst einer nationalistischen Ideologie: Joseph Goebbels' Roman *Michael*. In: Joachim Schwend [u.a.] (Hrsg.): Literatur im Kontext – Literature in Context. Festschrift für Horst W. Drescher. Frankfurt am Main [u.a.] 1992 S. 391-400. (Scottish Studies. Bd./Vol. 14).

MCKALE, DONALD M.[n.e.]: From Weimar to Nazism: Abteilung III of the German Foreign Office and the Support of Antisemitism, 1931-1935. In: LEO BAECK INSTITUTE YEAR BOOK XXXII (1987) S. 197-307.

MCMASTERS HUNT, RICHARD: Joseph Goebbels: A Study of the Formation of his national-socialist Consciousness (1897-1926). Phil. Diss. Harvard University, Cambridge, Massachusetts 1960.

MEISSNER, KARL-HEINZ [München]: „München ist ein heißer Boden. Aber wir gewinnen ihn allmählich doch." Münchner Akademien, Galerien und Museen im Ausstellungsjahr 1937. In: Die „Kunststadt" München 1937. Nationalsozialismus und „Entartete Kunst". Herausgegeben von Peter-Klaus Schuster. Mit Beiträgen von Karl Arndt [u.a.]. Darmstadt 5., vollständig überarbeitete und ergänzte Auflage 1998. S. 37-55.

MEISSNER, KARL-HEINZ [Volk]: „Deutsches Volk, gib uns vier Jahre Zeit..." Nationalsozialistische Kunstpolitik 1933-1937. Große Deutsche Kunstausstellung - Ausstellung „Entartete Kunst", München 1937. In: Städtische Kunsthalle Düsseldorf. „Die Axt hat geblüht..." Europäische Konflikte der 30er Jahre in Erinnerung an die frühe Avantgarde. Herausgegeben von Jürgen Harten, Hans-Werner Schmidt und Marie Luise Syring. Düsseldorf 1987. S. 368-375. (1937. Europa vor dem 2. Weltkrieg).

MEISSNER, OTTO [Staatssekretär]: Staatssekretär unter Ebert – Hindenburg - Hitler. Der Schicksalsweg des deutschen Volkes von 1918-1945, wie ich ihn erlebte. Hamburg 1950.

MENDES-FLOHR, PAUL: Jüdisches Kulturleben unter dem Nationalsozialismus. In: Deutsch-Jüdische Geschichte in der Neuzeit. Band IV. Aufbruch und Zerstörung 1918-1945. Von Avraham Barkai und Paul Mendes-Flohr mit einem Epilog von Steven M. Lowenstein. München 1997. S. 272-300.

MEYER, AHLRICH: Die deutsche Besatzung in Frankreich 1940-1944. Widerstandsbekämpfung und Judenverfolgung. Darmstadt 2000.

MICHAELIS, HERBERT: Der Zweite Weltkrieg 1939-1945. In: Deutsche Geschichte der neuesten Zeit von Bismarcks Entlassung bis zur Gegenwart. 2. Teil. Von 1933 bis 1945. Von Walther Hofer und Herbert Michaelis. 2., unveränderte Auflage. [Fünfter Abschnitt]. Wiesbaden 1979. (Handbuch der Deutschen Geschichte. Begründet von Otto Brandt. Fortgeführt von Arnold Oskar Meyer. Neu herausgegeben von Leo Just unter Mitwirkung von Walther Bußmann [u.a.]. Band IV. 2. Teil).

MICHALKA, WOLFGANG: Ribbentrop und die deutsche Weltpolitik 1933-1940. Außenpolitische Konzeptionen und Entscheidungsprozesse im Dritten Reich. München 1980. (Veröffentlichungen des Historischen Instituts der Universität Mannheim. Band 5).

MICHEL, KAI: Vom Poeten zum Demagogen. Die schriftstellerischen Versuche Joseph Goebbels'. Köln [u.a.] 1999. (Literatur in der Geschichte / Geschichte in der Literatur. Band 47).

MICHELS, HELMUT: Ideologie und Propaganda. Die Rolle von Joseph Goebbels in der nationalsozialistischen Außenpolitik bis 1939. Frankfurt am Main [u.a.] 1992. (Europäische Hochschulschriften. Reihe III. Geschichte und ihre Hilfswissenschaften. Band 527).

MOELLER, FELIX [Blitzkrieg]: Blitzkrieg und nationalsozialistische Filmpropaganda. Aus den Tagesaufzeichnungen von Joseph Goebbels 1939 bis 1941. In: Propaganda. Meinungskampf, Verführung und politische Sinnstiftung (1789-1989). Mit Beiträgen von Sabine R. Arbold [u.a.]. Herausgegeben von Ute Daniel und Wolfram Siemann. Frankfurt am Main 1994. S. 133-146.

MOELLER, FELIX [Filmminister]: Der Filmminister. Goebbels und der Film im Dritten Reich. Mit einem Vorwort von Volker Schlöndorff. Berlin 1998.

MOHR, GUNDI: Praktiken der „Arisierung". Die wirtschaftliche „Entjudung" durch den nationalsozialistischen Staat. In: TRIBÜNE 28 (1989) Heft 111 S. 147-158.

MOLL, MARTIN [Microfiche]: Microfiche-Edition „Akten der Partei-Kanzlei der NSDAP". Eine zentrale Quelle zur Mediengeschichte des Dritten Reiches und ein notwendiges Korrektiv zu Goebbels' Tagebüchern. In: PUBLIZISTIK 37 (1992) S. 490-498.

MOLL, MARTIN [Reuth]: Ralf Georg Reuth (Buchbesprechung). In: PUBLIZISTIK 36 (1991) S. 272 f.

MOLTMANN, GÜNTER: Goebbels' Rede zum totalen Krieg am 18. Februar 1943. In: VfZG 12 (1964) S. 13-43.

MOMMSEN, HANS [Barbarei]: Barbarei und Genozid. In: Hans Mommsen: Von Weimar nach Auschwitz. Zur Geschichte Deutschlands in der Weltkriegsepoche. Ausgewählte Aufsätze. Stuttgart 1999. S. 268-294.

MOMMSEN, HANS [Funktion]: Die Funktion des Antisemitismus im „Dritten Reich". Das Beispiel des Novemberpogroms. In: Antisemitismus. Von religiöser Judenfeindschaft zur Rassenideologie. Herausgegeben von Günter Brakelmann und Martin Rosowski. Göttingen 1989. S. 179-192. (Kleine Vandenhoeck-Reihe 1547).

MOMMSEN, HANS [Realisierung]: Die Realisierung des Utopischen: Die „Endlösung der Judenfrage" im „Dritten Reich". In: Geschichte und Gesellschaft 9 (1983) S. 381-420.

MOMMSEN, HANS [Völkermord]: Was haben die Deutschen vom Völkermord an den Juden gewußt? In: Der Judenpogrom 1938. Von der „Reichskristallnacht" zum Völkermord. Mit Beiträgen von Uwe Dietrich Adam [u.a.]. Herausgegeben von Walter H. Pehle. Frankfurt am Main 1988. S. 176-200.

MOMMSEN, HANS / OBST, DIETER: Die Reaktion der deutschen Bevölkerung auf die Verfolgung der Juden 1933-1945. In: Herrschaftsalltag im Dritten Reich. Studien und Texte. Mit Beiträgen von Ralph Angermund [u.a.]. Herausgegeben von Hans Mommsen und Susanne Willems. Düsseldorf 1988. S. 374-421.

MOMMSEN, THEODOR [Geschichte]: Römische Geschichte. Dritter Band. Von Sullas Tod bis zur Schlacht von Thapsus. Siebente Auflage. Berlin 1882.

MOSER, JONNY: Die Entrechtung der Juden im Dritten Reich. Diskriminierung und Terror durch Gesetze, Verordnungen, Erlasse. In: Der Judenpogrom 1938. Von der „Reichskristallnacht" zum Völkermord. Mit Beiträgen von Uwe Dietrich Adam [u.a.]. Herausgegeben von Walter H. Pehle. Frankfurt am Main 1988. S. 118-131.

MOSSE, GEORGE L[ACHMANN]: Die Nationalisierung der Massen. Politische Symbolik und Massenbewegungen in Deutschland von den Napoleonischen Kriegen bis zum Dritten Reich. Berlin 1976.

MÜLLER, HANS-DIETER [Goebbels]: Der junge Goebbels. Zur ideologischen Entwicklung eines politischen Propagandisten. Phil. Diss. [Masch.] Freiburg 1974.

MÜLLER, ROLF-DIETER / UEBERSCHÄR, GERD R.[n.e.]: Hitlers Krieg im Osten 1941-1945. Ein Forschungsbericht. Darmstadt 2000.

NEBELIN, MANFRED: Deutsche Ungarnpolitik 1939-1941. Opladen 1989.

NEUHAUS, HELMUT: Der Germanist Dr. phil. Joseph Goebbels. Bemerkungen zur Sprache des Joseph Goebbels in seiner Dissertation aus dem Jahre 1922. In: ZfdPh 93 (1974) S. 398-416.

NILL, ULRICH: Die „geniale Vereinfachung". Anti-Intellektualismus in Ideologie und Sprachgebrauch bei Joseph Goebbels. Frankfurt am Main [u.a.] 1991. (Sprache in der Gesellschaft. Beiträge zur Sprachwissenschaft. Band 18).

NIPPERDEY, THOMAS / RÜRUP, REINHARD: Antisemitismus. In: Geschichtliche Grundbegriffe. Historisches Lexikon zur politisch-sozialen Sprache in Deutschland. Herausgegeben von Otto Brunner, Werner Conze, Reinhart Koselleck. Band 1 A-D. Stuttgart 1972. S. 129-153.

NOAKES, JEREMY: Wohin gehören die „Judenmischlinge"? Die Entstehung der ersten Durchführungsverordnungen zu den Nürnberger Gesetzen. In: Das Unrechtsregime. Internationale Forschung über den Nationalsozialismus. [Festschrift für Werner Jochmann zum 65. Geburtstag]. Band 2. Verfolgung – Exil – Belasteter Neubeginn. Herausgegeben von Ursula Büttner unter Mitwirkung von Werner Johe und Angelika Voß. Hamburg 1986. S. 69-89. (Hamburger Beiträge zur Sozial- und Zeitgeschichte. Band XXII).

NOLTE, ERNST: Der Faschismus in seiner Epoche. Die Action fancaise. Der italienische Faschismus. Der Nationalsozialismus. München 1963.

NOWAK, KURT [Widerstand]: Widerstand, Zustimmung, Hinnahme. Das Verhalten der Bevölkerung zur „Euthanasie". In: Medizin und Gesundheitspolitik in der NS-Zeit. Herausgegeben von Norbert Frei. München 1991. S. 235-251. (Schriftenreihe der Vierteljahreshefte für Zeitgeschichte. Sondernummer).

OBST, DIETER: „Reichskristallnacht". Ursachen und Verlauf des antisemitischen Pogroms vom November 1938. Frankfurt am Main [u.a.] 1991. (Europäische Hochschulschriften. Reihe III. Geschichte und ihre Hilfswissenschaften. Band 487).

OLTMANN, JOACHIM: Das Paradepferd der Totalitarismustheorie. Der Streik der Berliner Verkehrsarbeiter im November 1932. In: Blätter für deutsche und internationale Politik 27 (1982) Heft 11 S. 1374-1390.

OVEN, WILFRED VON [Goebbels]: Wer war Goebbels? Biographie aus der Nähe. München, Berlin 1987.

OVEN, WILFRED VON [Finale]: Finale Furioso. Mit Goebbels bis zum Ende. Tübingen 1974.

PÄTZOLD, KURT [Faschismus]: Faschismus. Rassenwahn. Judenverfolgung. Eine Studie zur politischen Strategie und Taktik des faschistischen deutschen Imperialismus (1933-1945). Berlin [Ost] 1975.

PÄTZOLD, KURT [Teilnehmer]: Die Teilnehmer der Wannsee-Konferenz. Überlegungen zu den fünfzehn Täterbiographien. In: ZG 19 (1992) S. 1-16.

PÄTZOLD, KURT (Hrsg.) [Verfolgung]: Verfolgung. Vertreibung. Vernichtung. Dokumente des faschistischen Antisemitismus 1933 bis 1942. Leipzig 1983. (Reclams Universal-Bibliothek Band 1008).

PÄTZOLD, KURT [Wannsee-Konferenz]: Die Wannsee-Konferenz – zu ihrem Platz in der Geschichte der Judenvernichtung. In: Faschismus und Rassismus. Kontroversen um Ideologie und Opfer. Herausgegeben von Werner Röhr in Zusammenarbeit mit Dietrich Eichholtz [u.a.]. Berlin 1992. S. 257–290.

PÄTZOLD, KURT / SCHWARZ, ERIKA: Tagesordnung: Judenmord. Die Wannsee-Konferenz am 20. Januar 1942. Eine Dokumentation zur Organisation der „Endlösung". Berlin ³1992. (Dokumente, Texte, Materialien. Band 3).

PÄTZOLD, KURT / WEISSBECKER, MANFRED: Geschichte der NSDAP 1920-1945. Köln 1998.

PAUCKER, ARNOLD [Abwehr]: Die Abwehr des Antisemitismus in den Jahren 1893-1933. In: Herbert A. Strauss / Norbert Kampe (Hrsg.): Antisemitismus. Von der Judenfeindschaft zum Holocaust. Frankfurt [am Main], New York 1985. S. 143-171.

PAUCKER, ARNOLD [Abwehrkampf]: Der jüdische Abwehrkampf gegen Antisemitismus und Nationalsozialismus in den letzten Jahren der Weimarer Republik. Hamburg 1968. (Hamburger Beiträge zur Zeitgeschichte. Band IV).

PAUCKER, ARNOLD [Haltung]: Die Haltung Englands und der USA zur Vernichtung der europäischen Juden im Zweiten Weltkrieg. In: Das Unrechtsregime. Internationale Forschung über den Nationalsozialismus. [Festschrift für Werner Jochmann zum 65. Geburtstag]. Band 2. Verfolgung – Exil – Belasteter Neubeginn. Herausgegeben von Ursula Büttner unter Mitwirkung von Werner Johe und Angelika Voß. Hamburg 1986. S. 149-162. (Hamburger Beiträge zur Sozial- und Zeitgeschichte. Band XXII).

PAUCKER, ARNOLD [Self-Defence]: Jewish Self-Defence. In: Die Juden im Nationalsozialistischen Deutschland. The Jews in Nazi Germany 1933-1943. Herausgegeben von Arnold Paucker mit Silvia Gilchrist und Barbara Suchy. Mit einem Geleitwort von Fred Grubel und einer Einleitung von Peter Pulzer. Tübingen 1986. S. 55-65. (Schriftenreihe wissenschaftlicher Abhandlungen des Leo Baeck Instituts. 45).

PETER, WOLFGANG: Zur nationalsozialistischen „Euthanasie": Ansatz und Entgrenzung. In: Der Zweite Weltkrieg. Analysen. Grundzüge. Forschungsbilanz. Im Auftrag des Militärgeschichtlichen Forschungsamtes herausgegeben von Wolfgang Michalka. München, Zürich 1989. S. 814-826. (Serie Piper. Band 811).

PEUSCHEL, HARALD: „Wollt ihr den totalen Krieg?": Joseph Goebbels. In: Harald Peuschel: Die Männer um Hitler. Braune Biographien: Martin Bormann, Joseph Goebbels, Hermann Göring, Reinhard Heydrich, Heinrich Himmler und andere. Düsseldorf 1982. S. 39-63.

PINKUS, BENJAMIN: Die Deportation der deutschen Minderheit in der Sowjetunion 1941-1945. In: Zwei Wege nach Moskau. Vom Hitler-Stalin-Pakt zum „Unternehmen Barbarossa". Im Auftrag des Militärgeschichtlichen Forschungsamtes herausgegeben von Bernd Wegner. München, Zürich 1991. S. 464-479. (Serie Piper. Band 1346).

PIPER, ERNST: Ernst Barlach und die nationalsozialistische Kunstpolitik. Eine dokumentarische Darstellung zur „entarteten Kunst". München, Zürich 1983.

POHL, DIETER [Judenverfolgung]: Nationalsozialistische Judenverfolgung in Ostgalizien 1941-1944. Organisation und Durchführung eines staatlichen Massenverbrechens. München 1996. (Studien zur Zeitgeschichte. Band 50).

POHL, DIETER [Rassenpolitik]: „Rassenpolitik", Judenverfolgung, Völkermord. In: Die tödliche Utopie. Bilder, Texte, Dokumente, Daten zum Dritten Reich. Herausgegeben von Horst Möller, Volker Dahm und Hartmut Mehringer unter Mitarbeit von Albert A. Feiber. 3. erweiterte und überarbeitete Auflage. München, Berlin 2001. S. 206-267. (Veröffentlichung des Instituts für Zeitgeschichte). [Obersalzberg – Orts- und Zeitgeschichte. Eine ständige Dokumentation des Instituts für Zeitgeschichte in Berchtesgaden. Text- und Bildband mit Exponatnachweis].

POLIAKOV, LÉON [Geschichte Band I]: Geschichte des Antisemitismus. I. Von der Antike bis zu den Kreuzzügen. Worms ²1979.

POLIAKOV, LÉON [Geschichte Band VI]: Geschichte des Antisemitismus. VI. Emanzipation und Rassenwahn. Worms 1987.

POLIAKOV, LÉON [Geschichte Band VIII]: Geschichte des Antisemitismus. VIII. Am Vorabend des Holocaust. Aus dem Französischen von Rudolf Pfisterer. Frankfurt am Main 1988.

PLUM, GÜNTER: Wirtschafts- und Erwerbsleben. In: Die Juden in Deutschland 1933-1945. Leben unter nationalsozialistischer Herrschaft. Unter Mitarbeit von Volker Dahm [u.a.] herausgegeben von Wolfgang Benz. München 1988. S. 268-313. (Veröffentlichungen des Instituts für Zeitgeschichte).

PRÜMM, KARL: Zu Gerhard Sauder „Der Germanist Goebbels als Redner bei der Berliner Bücherverbrennung". In: Horst Denkler / Eberhard Lämmert (Hrsg.): „Das war ein Vorspiel nur..." Berliner Colloqium zur Literaturpolitik im „Dritten Reich". Berlin 1985. S. 81-88. (Schriftenreihe der Akademie der Künste. Band 15).

PÜSCHEL, ALMUTH: Antisemitismus im deutschen Film der 20er und 30er Jahre. In: Faschismus und Rassismus. Kontroversen um Ideologie und Opfer. Herausgegeben von Werner Röhr in Zusammenarbeit mit Dietrich Eichholtz [u.a.]. Berlin 1992. S. 179-191.

QUANZ, CONSTANZE: Der Film als Propagandainstrument Joseph Goebbels'. Köln 2000. (Filmwissenschaft. 6).

RABENALT, ARTHUR MARIA: Joseph Goebbels und der „Großdeutsche" Film. Ausgewählt, durch historische Fakten ergänzt und herausgegeben von Herbert Holba. Berlin 1985.

REBENTISCH, DIETER: Führerstaat und Verwaltung im Zweiten Weltkrieg. Verfassungsentwicklung und Verwaltungspolitik 1939-1945. Stuttgart 1989. (Frankfurter Historische Abhandlungen. Band 29).

REIMANN, VIKTOR: Dr. Joseph Goebbels. Wien [u.a.] 1971.

REINHARZ, JEHUDA: Zionismus und die österreichische Linke vor dem Ersten Weltkrieg. In: Peter Freimark [u.a.] (Hrsg.): Juden in Deutschland. Emanzipation, Integration, Verfolgung und Vernichtung. 25 Jahre Institut für die Geschichte der deutschen Juden Hamburg. Hamburg 1991. S. 229-251. (Hamburger Beiträge zur Geschichte der deutschen Juden. Band XVII).

REITLINGER, GERALD: Die Endlösung. Hitlers Versuch der Ausrottung der Juden Europas 1939-1945. Ins Deutsche übertragen von J.W. Brügel. Berlin 1956. [Originalausgabe u.d.T.: The Final Solution – The Attempt to Exterminate the Jews of Europe 1939-1945. London 1953].

RENSMANN, LARS: Kritische Theorie über den Antisemitismus. Studien zu Struktur, Erklärungspotential und Aktualität. Berlin, Hamburg 1998. (Edition Philosophie und Sozialwissenschaften. 42).

REPGEN, KONRAD [Fortleben]: Vom Fortleben nationalsozialistischer Propaganda in der Gegenwart. Der Münchener Nuntius und Hitler 1933. In: Festschrift für Andreas Kraus zum 60. Geburtstag. Herausgegeben von Pankraz Fried und Walter Ziegler. Kallmünz 1982. S. 455-476. (Münchener Historische Studien. Abteilung Bayerische Geschichte. Band X).

REPGEN, KONRAD [Judenpogrom]: 1938 – Judenpogrom und katholischer Kirchenkampf. In: Antisemitismus. Von religiöser Judenfeindschaft zur Rassenideologie. Herausgegeben von Günter Brakelmann und Martin Rosowski. Göttingen 1989. S. 112-146. (Kleine Vandenhoeck-Reihe 1547).

REUTH, RALF GEORG [Glaube]: Glaube und Judenhaß als Konstanten im Leben des Joseph Goebbels. In: Joseph Goebbels. Tagebücher 1924-1945. Herausgegeben von Ralf Georg Reuth. Band 1. Einführung 1924-1929. München, Zürich ²1992. S. 20-46. (Serie Piper. Band 11411).

REUTH, RALF GEORG [Goebbels]: Goebbels. München, Zürich ²1991.

RIESS, CURT: Joseph Goebbels. Eine Biographie. Wiesbaden [1975]. [Unveränderte Neuauflage der Ausgabe Zürich 1949].

ROH, FRANZ: „Entartete" Kunst. Kunstbarbarei im Dritten Reich. Hannover [1962].

ROSEMAN, MARK: Die Wannsee-Konferenz. Wie die NS-Bürokratie den Holocaust organisierte. München, Berlin 2002.

ROSH, LEA / JÄCKEL, EBERHARD: „Der Tod ist ein Meister aus Deutschland". Deportation und Ermordung der Juden. Kollaboration und Verweigerung in Europa. Hamburg 1990.

Rost, Ludwig: Propaganda zur Vernichtung „unwerten Lebens" durch das Rassenpolitische Amt der NSDAP. In: 1999 [Zeitschrift für Sozialgeschichte des 20. und 21. Jahrhunderts] 3 (1988) Heft 3 S. 46-55.

Ruhl, Klaus-Jörg: Brauner Alltag. 1933-1939 in Deutschland. Düsseldorf 1981.

Sammons, Jeffrey L.[n.e.] (Hrsg.): Die Protokolle der Weisen von Zion. Die Grundlage des modernen Antisemitismus - eine Fälschung. Text und Kommentar. Göttingen 1998.

Sandkühler, Thomas: Die Ingangsetzung der „Endlösung" im Generalgouvernement am Beispiel des Distrikts Galizien, 1941/42. In: Lager, Zwangsarbeit, Vertreibung und Deportation. Dimensionen der Massenverbrechen in der Sowjetunion und in Deutschland 1933 bis 1945. Herausgegeben von Dittmar Dahlmann und Gerhard Hirschfeld. Essen 1999. S. 435-458. (Schriften der Bibliothek für Zeitgeschichte – Neue Folge. Band 10).

Sauder, Gerhard (Hrsg.) [Bücherverbrennung]: Die Bücherverbrennung. Zum 10. Mai 1933. München, Wien 1983.

Sauder, Gerhard [Germanist]: Der Germanist Goebbels als Redner bei der Berliner Bücherverbrennung. In: Horst Denkler / Eberhard Lämmert (Hrsg.): „Das war ein Vorspiel nur..." Berliner Colloqium zur Literaturpolitik im „Dritten Reich". Berlin 1985. S. 56-81. (Schriftenreihe der Akademie der Künste. Band 15).

Schaumburg-Lippe, Friedrich Christian Prinz zu: Dr. G. Ein Porträt des Propagandaministers. Wiesbaden ²1964.

Scheffler, Wolfgang: Der Brandanschlag im Berliner Lustgarten im Mai 1942 und seine Folgen. Eine quellenkritische Betrachtung. In: Berlin in Geschichte und Gegenwart. Jahrbuch des Landesarchivs Berlin. Berlin 1984. S. 91-118.

Scheil, Stefan: Die Entwicklung des politischen Antisemitismus in Deutschland zwischen 1881 und 1912. Eine wahlgeschichtliche Untersuchung. Berlin 1999. (Beiträge zur Politischen Wissenschaft. Band 107).

Schieder, Theodor: Europa im Zeitalter der Weltmächte. In: Handbuch der Europäischen Geschichte. Herausgegeben von Theodor Schieder. Band 7. 1. Teilband. Stuttgart 1979. S. 1-351.

Schildt, Gerhard: Die Arbeitsgemeinschaft Nord-West. Untersuchungen zur Geschichte der NSDAP 1925/26. (Diss.) Freiburg i.Br. 1964.

Schleunes, Karl A[lbert] [Entschlußbildung]: Nationalsozialistische Entschlußbildung und die Aktion T4. In: Der Mord an den Juden im Zweiten Weltkrieg. Entschlußbildung und Verwirklichung. Herausgegeben von Eberhard Jäckel und Jürgen Rohwer. Stuttgart 1985. S. 70-83.

Schleunes, Karl [War]: 1939: The Making of War and the Final Solution. In: The Shoah and the War. Edited by: Asher Cohen [u.a.]. Institute for Research of the Shoah [...]. New York [u.a.] 1992. S. 25-34. (Studies on the Shoah. Volume 3).

Schmidt, Ingrid / Ruppel, Helmut: „Eine schwere Prüfung ist über euch". Aspekte zur Geschichte des Jüdischen Kulturbunds. In: Geschlossene Vorstellung. Der Jüdische Kulturbund in Deutschland 1933-1941. Herausgegeben von der Akademie der Künste. Berlin 1992. S. 33-54. (Deutsche Vergangenheit. Band 60).

Schmuhl, Hans-Walter: Sterilisation, „Euthanasie", „Endlösung". Erbgesundheitspolitik unter den Bedingungen charismatischer Herrschaft. In: Medizin und Gesundheitspolitik in der NS-Zeit. Herausgegeben von Norbert Frei. München 1991. S. 295-308. (Schriftenreihe der Vierteljahreshefte für Zeitgeschichte. Sondernummer).

Schoeps, Julius H[ans]: Erlösungswahn und Vernichtungswille. Die sogenannte „Endlösung der Judenfrage" als Vision und Programm des Nationalsozialismus. In: Der Nationalsozialismus als politische Religion. Herausgegeben von Michael Ley und Julius H. Schoeps. Bodenheim b[ei] Mainz 1997. S. 262-271. (Studien zur Geistesgeschichte. Band 20).

SCHRADER, BÄRBEL (Hrsg.) [Remarque]: Der Fall Remarque. Im Westen nichts Neues. Eine Dokumentation. Leipzig 1992. (Reclam-Bibliothek. Band 1433).

SCHRADER, BÄRBEL / SCHERBERA, JÜRGEN [Hrsg.]: Kunstmetropole Berlin. 1918-1933. Die Kunststadt in der Novemberrevolution. Die „goldenen" Zwanziger. Die Kunststadt in der Krise. Dokumente und Selbstzeugnisse. Berlin [Ost], Weimar 1987.

SCHRADER, HANS-JÜRGEN [Goebbels]: Joseph Goebbels als Raabe-Redner. In: Jahrbuch der Raabe-Gesellschaft 1974. S. 112-115.

SCHÜDDEKOPF, OTTO-ERNST: Nationalbolschewismus in Deutschland 1918-1933. Frankfurt am Main [u.a.] 1973.

SCHULZ, GERHARD [Aufstieg]: Aufstieg des Nationalsozialismus. Krise und Revolution in Deutschland. Frankfurt am Main [u.a.] 1975.

SCHULZ, JÜRGEN MICHAEL [Tagebücher]: Die Tagebücher des Joseph Goebbels. In: HPB 43 (1995) S. 386-398.

SCHUHMANN, DIRK: Politische Gewalt in der Weimarer Republik 1918-1933. Kampf um die Straße und Furcht vor dem Bürgerkrieg. Essen 2001. (Veröffentlichungen des Instituts für soziale Bewegungen. Schriftenreihe A: Darstellungen. Band 17).

SCHUSTER, PETER-KLAUS: Die „Kunststadt" München 1937. Nationalsozialismus und „Entartete Kunst". Mit Beiträgen von Karl Arndt [u.a.]. Darmstadt 5., vollständig überarbeitete und ergänzte Auflage 1998.

SCHWARZENBECK, ENGELBERT: Nationalsozialistische Pressepolitik und die Sudetenkrise 1938. München 1979. (Minerva-Fachserie Geisteswissenschaften).

SCHWERIN VON KROSIGK, LUTZ GRAF: Es geschah in Deutschland. Menschenbilder unseres Jahrhunderts. Tübingen, Stuttgart 1951.

SEMMLER [RECTE: SEMLER], RUDOLF: Goebbels - the Man next to Hitler. By Rudolf Semmler. With an introduction by D. McLachlan and notes by G.S. Wagner. London 1947.

SIGMUND, ANNA MARIA: Die Frauen der Nazis. Stuttgart 1998.

SILAGI, DENIS: Ungarn seit 1918. Vom Ende des I. Weltkrieges bis zur Ära Kádár. In: Handbuch der europäischen Geschichte. Herausgegeben von Theodor Schieder. Band 7. Europa im Zeitalter der Weltmächte [...] 2. Teilband. Stuttgart 1979. S. 883-919.

SILBERNER, EDMUND [Kommunisten]: Kommunisten zur Judenfrage. Zur Geschichte von Theorie und Praxis des Kommunismus. Opladen 1983.

SILBERNER, EDMUND [Sozialisten]: Sozialisten zur Judenfrage. Ein Beitrag zur Geschichte des Sozialismus vom Anfang des 19. Jahrhunderts bis 1914. Aus dem Englischen übersetzt von Arthur Mandel. Berlin 1962.

SIMON, HERMANN: Die Berliner Juden unter dem Nationalsozialismus. In: Verdrängung und Vernichtung der Juden unter dem Nationalsozialismus. Herausgegeben von Arno Herzig und Ina Lorenz. Hamburg 1992. S. 249-266.

SINGER, HANS-JÜRGEN: Michael oder der leere Glaube. In: 1999 2 (1987) Heft 4 S. 68-79.

SIROIS, HERBERT: Zwischen Illusion und Krieg: Deutschland und die USA 1933-1941. Paderborn [u.a.] 2000. (Sammlung Schöningh zur Geschichte und Gegenwart).

SMELSER, RONALD: Robert Ley – Der braune Kollektivist. In: Die braune Elite I. 22 biographische Skizzen. Herausgegeben von Ronald Smelser und Rainer Zitelmann. Darmstadt ³1994. S. 173-187.

SÖSEMANN, BERND [Inszenierungen]: Inszenierungen für die Nachwelt. Editionswissenschaftliche und textkritische Untersuchungen zu Joseph Goebbels' Erinnerungen, diaristischen Notizen und täglichen Diktaten. In: Neuerscheinungen zur Geschichte des 20. Jahrhunderts. Herausgegeben von Lothar Gall. München 1992. S. 1-45. (Historische Zeitschrift – Sonderhefte. Band 16).

SÖSEMANN, BERND [Reuth]: Ralf Georg Reuth: Goebbels. In: HPB 39 (1991) S. 114 f.

SÖSEMANN, BERND [Sinn]: „Ein tieferer geschichtlicher Sinn aus dem Wahnsinn". Die Goebbels-Tagebuchaufzeichnungen als Quelle für das Verständnis des nationalsozialistischen Herrschaftssystems und seiner Propaganda. In: Weltbürgerkrieg der Ideologien. Antworten an Ernst Nolte. Festschrift zum 70. Geburtstag. Herausgegeben von Thomas Nipperdey [u.a.]. Frankfurt am Main, Berlin 1993. S. 136-174.

SÖSEMANN, BERND [Tagesaufzeichnungen]: Die Tagesaufzeichnungen des Joseph Goebbels und ihre unzulänglichen Veröffentlichungen. In: PUBLIZISTIK 37 (1992) S. 213-244.

SPEER, ALBERT [Erinnerungen]: Erinnerungen. Frankfurt am Main, Berlin 1996.

SPEER, ALBERT [Sklavenstaat]: Der Sklavenstaat. Meine Auseinandersetzungen mit der SS. Stuttgart 1981.

STEINERT, MARLIES G[ERTRUD]: Hitlers Krieg und die Deutschen. Stimmung und Haltung der deutschen Bevölkerung im Zweiten Weltkrieg. Düsseldorf, Wien 1970.

STEPHAN, WERNER: Joseph Goebbels. Dämon einer Diktatur. Stuttgart 1949.

STIRK, PETER M.[n.e.] R.[n.e.]: Anti-Americanism in National Socialist propaganda during the Second World War. In: Making the New Europe. European Unity and the Second World War. Edited by M.L. Smith and Peter M.R. Stirk. London and New York 1990 S. 66-86.

STOLLEIS, MICHAEL: Der Historiker als Richter – der Richter als Historiker. In: Geschichte vor Gericht. Historiker, Richter und die Suche nach Gerechtigkeit. Herausgegeben von Norbert Frei [u.a.]. München 2000. S. 173-182. (Beck'sche Reihe; 1355).

STOLTZFUS, NATHAN: Resistance of the Heart. Intermarriage and the Rosenstrasse Protest in Nazi Germany. New York, London 1996.

STRÄTZ, HANS-WOLFGANG: Die studentische „Aktion wider den undeutschen Geist" im Frühjahr 1933. In: VfZG 16 (1968) S. 347-372.

STRAUSS, HERBERT A[RTHUR] [Essays]: Essays on the History, Persecution and Emigration of German Jews. New York [u.a.] 1987. (Jewish Immigrants of the Nazi Period in the USA. Volume 6).

STREIM, ALFRED: Zur Eröffnung des allgemeinen Judenvernichtungsbefehls gegenüber den Einsatzgruppen. In: Der Mord an den Juden im Zweiten Weltkrieg. Entschlußbildung und Verwirklichung. Herausgegeben von Eberhard Jäckel und Jürgen Rohwer. Stuttgart 1985. S. 107-119.

STREIT, CHRISTIAN: Ostkrieg, Antibolschewismus und „Endlösung". In: Geschichte und Gesellschaft 17 (1991) S. 242-255.

STROTHMANN, DIETRICH: Die „Neuordnung" des Buchbesprechungswesens im 3. Reich und das Verbot der Kunstkritik. In: PUBLIZISTIK 5 (1960) S. 140-158.

SÜNDERMANN, HELMUT: Tagesparolen. Deutsche Presseanweisungen 1939-1945. Hitlers Propaganda und Kriegsführung. Aus dem Nachlaß herausgegeben von Gert Sudholt. Leoni am Starnberger See 1973. (Deutsche Argumente. 1).

SYWOTTEK, JUTTA: Mobilmachung für den totalen Krieg. Die propagandistische Vorbereitung der deutschen Bevölkerung auf den Zweiten Weltkrieg. Opladen 1976. (Studien zur modernen Geschichte. Band 18).

TAYLOR, BRANDON [Post-Modernism]: Post-Modernism in the Third Reich. In: The Nazification of Art. Art, Design, Music, Architecture and Film in the Third Reich. Edited by Brandon Taylor and Wilfried van der Will. Winchester, Hampshire 1990. S. 128-143. (Winchester studies in art and criticism).

TAYLOR, RICHARD [Propaganda]: Goebbels and the Function of Propaganda. In: Nazi propaganda. The Power and the Limitations. Edited by David Welch. London [u.a.] 1983. S. 29-44.

TEICHLER, HANS-JOACHIM: Berlin 1936 - ein Sieg der NS-Propaganda? Institutionen, Methoden und Ziele der Olympiapropaganda Berlin 1936. In: STADION Zeitschrift für Geschichte des Sports und der Körperkultur II (1976) S. 265-306.

TERVEEN, FRITZ: Die Rede des Reichsministers Dr. Goebbels vor den Filmschaffenden in Berlin am 28. Februar 1942. In: Publizistik 4 (1959) S. 29-48.

THALMANN, RITA: Der 9. November 1938. In: Antisemitismus. Von religiöser Judenfeindschaft zur Rassenideologie. Herausgegeben von Günter Brakelmann und Martin Rosowski. Göttingen 1989. S. 193-203. (Kleine Vandenhoeck-Reihe 1547).

THALMANN, RITA / FEINERMANN, EMMANUEL: Die Kristallnacht. Frankfurt am Main 1987. [Erstausgabe u.d.T.: Le Nuit de Cristal. Paris 1972].

TREVOR-ROPER, H[UGH] R[EDEWALD]: Hitlers letzte Tage. Zürich 1948.

TYRELL, ALBRECHT: Gottfried Feder – Der gescheiterte Programmatiker. In: Die braune Elite I. 22 biographische Skizzen. Herausgegeben von Ronald Smelser und Rainer Zitelmann. Darmstadt ³1994. S. 28-40.

UEBERSCHÄR, GERD R.[n.e.] [Entwicklung]: Die Entwicklung der deutsch-sowjetischen Beziehungen von 1939 bis 1941 und Hitlers Entschluß zum Überfall auf die UdSSR. In: Gerd R. Ueberschär / Lev A. Bezymenskij (Hrsg.): Der deutsche Angriff auf die Sowjetunion 1941. Die Kontroverse um die Präventivkriegsthese. Darmstadt 1998. S. 3-20.

UEBERSCHÄR, GERD R.[n.e.] [Pakt]: „Der Pakt mit dem Satan, um den Teufel auszutreiben". Der deutsch-sowjetische Nichtangriffsvertrag und Hitlers Kriegsabsicht gegen die UdSSR. In: Der Zweite Weltkrieg. Analysen. Grundzüge. Forschungsbilanz. Im Auftrag des Militärgeschichtlichen Forschungsamtes herausgegeben von Wolfgang Michalka. München, Zürich 1989. S. 568-585. (Serie Piper. Band 811).

UEBERSCHÄR, GERD R.[n.e.] [Widerstand]: Der militärische Widerstand, die antijüdischen Maßnahmen, „Polenmorde" und NS-Kriegsverbrechen in den ersten Kriegsjahren (1939-1941). In: Gerd R. Ueberschär (Hrsg.): NS-Verbrechen und der militärische Widerstand gegen Hitler. Darmstadt 2000. S. 31-43. (Schriftenreihe des Fritz Bauer Instituts. Band 18).

UZULIS, ANDRÉ [Kriegführung]: Psychologische Kriegführung und Hitlers Erfolg im Westen. Zur nationalsozialistischen Rundfunk- und Flugblattpropaganda gegenüber Frankreich 1939/40. In: ZfG 42 (1994) S. 139-153.

UZULIS, ANDRÉ [Kriegspropaganda]: Deutsche Kriegspropaganda gegen Frankreich 1939/40. In: Jürgen Wilke (Hrsg.): Pressepolitik und Propaganda. Historische Studien vom Vormärz bis zum Kalten Krieg. Köln [u.a.] 1997. S. 127-171. (Medien in Geschichte und Gegenwart. Band 7).

VASOLD, MANFRED [Braun]: Braun, Carl Otto. In: Biographisches Lexikon zur Weimarer Republik. Herausgegeben von Wolfgang Benz und Hermann Graml. München 1988. S. 39.

VASOLD, MANFRED [Severing]: Severing, Carl. In: Biographisches Lexikon zur Weimarer Republik. Herausgegeben von Wolfgang Benz und Hermann Graml. München 1988. S. 312 f.

VÖLKER, HEINZ-HERMANN: Zur Genesis der Endlösung. Die Auswanderung als „Lösung der Judenfrage"? In: TRIBÜNE 29 (1990) Heft 115 S. 88-104.

WAGENFÜHR, ROLF: Die deutsche Industrie im Kriege 1939-1945. Berlin ²1963. [Herausgegeben von Ferdinand Friedensburg, Deutsches Institut für Wirtschaftsforschung].

WAHLERN UND ABSTIMMUNGEN IN DER WEIMARER REPUBLIK. Materialien zum Wahl-
verhalten 1919-1933. Von Jürgen Falter, Thomas Lindenberger und Siegfried Schumann. Unter Mitarbeit von Dirk Hänisch [u.a.]. München 1986. (Statistische Arbeits-
bücher zur neueren deutschen Geschichte).

WALTER, DIRK: Antisemitische Kriminalität und Gewalt. Judenfeindschaft in der Weimarer Republik. Bonn 1999.

WAMBACH, LOVIS MAXIM: „Es ist gleichgültig, woran wir glauben, nur daß wir glauben." Bemerkungen zu Joseph Goebbels' Drama „Judas Iscariot" und zu seinen
„Michael-Romanen". Bremen 1996. (Schriftenreihe des Raphael-Lemkin-Institutes
für Xenophobie- und Genozidforschung an der Universität Bremen. Band 1).

WEINBERG, GERHARD L[UDWIG]: The Allies and the Holocaust. In: The Holocaust and
History. The Known, the Unknown, the Disputed and the Reexamined. Edited by
Michael Berenbaum and Abraham J. Peck. Published in association with the United
States Holocaust Memorial Museum Washington D.C. Bloomington, Indianapolis
1998. S. 480-491.

WEISS, HERMANN [Dänemark]: Dänemark. In: Dimension des Völkermords. Die Zahl
der jüdischen Opfer des Nationalsozialismus. Herausgegeben von Wolfgang Benz.
München 1991. S. 167-185. (Quellen und Darstellungen zur Zeitgeschichte. Band 33).

WEISS, HERMANN [Werwolf]: Werwolf. In: Enzyklopädie des Nationalsozialismus.
Herausgegeben von Wolfgang Benz, Hermann Graml und Hermann Weiß. Stuttgart
1997. S. 802-804.

WEISS, YFAAT [Juden]: Deutsche und polnische Juden vor dem Holocaust. Jüdische
Identität zwischen Staatsbürgerschaft und Ethnizität 1933-1940. Aus dem Hebräischen übersetzt von Matthias Schmidt. München 2000. (Schriftenreihe der Vierteljahreshefte für Zeitgeschichte. Band 81).

WETTE, WOLFRAM [Kriegspropaganda]: Deutsche Kriegspropaganda während des
Zweiten Weltkrieges. Die Beeinflussung der südosteuropäischen Satellitenstaaten
Ungarn, Rumänien und Bulgarien. In: Militärgeschichte. Probleme – Thesen – Wege.
Im Auftrag des Militärgeschichtlichen Forschungsamtes aus Anlaß seines 25jährigen
Bestehens ausgewählt und zusammengestellt von Manfred Messerschmidt [u.a.].
Stuttgart 1982. S. 311-326. (Beiträge zur Militär- und Kriegsgeschichte. 25. Band).

WETTE, WOLFRAM [Massensterben]: Das Massensterben als „Heldenepos". Stalingrad
in der NS-Propaganda. In: Stalingrad. Mythos und Wirklichkeit einer Schlacht. Mit
Beiträgen von Sabine R. Arnold [u.a.]. Herausgegeben von Wolfram Wette und Gerd
R. Ueberschär. Frankfurt am Main 1992. S. 43-60. (Die Zeit des Nationalsozialismus.
Eine Buchreihe).

WETTE, WOLFRAM [Mobilmachung]: Zur psychologischen Mobilmachung der deutschen Bevölkerung 1933-1939. In: Der Zweite Weltkrieg. Analysen. Grundzüge. Forschungsbilanz. Im Auftrag des Militärgeschichtlichen Forschungsamtes herausgegeben von Wolfgang Michalka. München, Zürich 1989. S. 205-223. (Serie Piper. Band
811).

WETTE, WOLFRAM [Propagandathese]: Die NS-Propagandathese vom angeblichen Prä-
ventivkriegscharakter des Überfalls. In: Gerd R. Ueberschär / Lev A. Bezymenskij
(Hrsg.): Der deutsche Angriff auf die Sowjetunion 1941. Die Kontroverse um die
Präventivkriegsthese. Darmstadt 1998. S. 38-47.

WETTE, WOLFRAM [Rassenfeind]: „Rassenfeind": Die rassistischen Elemente in der
deutschen Propaganda gegen die Sowjetunion. In: Hans-Adolf Jacobsen [u.a.]
(Hrsg.): Deutsch-russische Zeitenwende. Krieg und Frieden 1941-1995. Unter Mitwirkung von Oleg Prudkow. Baden-Baden 1995. S. 175-201. (Schriften der Paul-
Kleinewefers-Stiftung. Band 2).

WETTE, WOLFRAM [Rußlandbild]: Das Rußlandbild in der NS-Propaganda. Ein Problemaufriß. In: Das Rußlandbild im Dritten Reich. Herausgegeben von Hans-Erich Volkmann. Köln [u.a.] 1994. S. 55-78.

WETZEL, JULIANE: Auswanderung aus Deutschland. In: Die Juden in Deutschland 1933-1945. Leben unter nationalsozialistischer Herrschaft. Unter Mitarbeit von Volker Dahm [u.a.] herausgegeben von Wolfgang Benz. München 1988. S. 412-498. (Veröffentlichungen des Instituts für Zeitgeschichte).

WILDT, MICHAEL [Endlösung]: Vor der „Endlösung". Die Judenpolitik des SD 1935-1938. In: Lager, Zwangsarbeit, Vertreibung und Deportation. Dimensionen der Massenverbrechen in der Sowjetunion und in Deutschland 1933 bis 1945. Herausgegeben von Dittmar Dahlmann und Gerhard Hirschfeld. Essen 1999. S. 415-434. (Schriften der Bibliothek für Zeitgeschichte – Neue Folge. Band 10).

WINKLER, HEINRICH AUGUST: Die deutsche Gesellschaft der Weimarer Republik und der Antisemitismus – Juden als „Blitzableiter". In: Wolfgang Benz / Werner Bergmann [Hrsg.]: Vorurteil und Völkermord. Entwicklungslinien des Antisemitismus. Freiburg [u.a.] 1997. S. 341-362. (Herder/Spektrum. Band 4577).

WITTE, PETER: Zwei Entscheidungen in der „Endlösung der Judenfrage": Deportationen nach Lodz und Vernichtung in Chelmno. In: Theresienstädter Studien und Dokumente 2 (1995) S. 38-68.

WOLTON, THIERRY: Rot-Braun. Der Pakt gegen die Demokratie von 1939 bis heute. Aus dem Französischen von Hainer Kober. Hamburg 2000.

WYKES, ALAN: Joseph Goebbels. Der Reichspropagandaminister. Rastatt 1986. [Erstausgabe u.d.T.: Goebbels [o.O.] 1973].

YAHIL, LENI: Die Shoah. Überlebenskampf und Vernichtung der europäischen Juden. Aus dem Amerikanischen von H. Jochen Bußmann. München 1998.

ZEHNPFENNIG, BARBARA: Hitlers *Mein Kampf*. Eine Interpretation. München 2000.

ZEMAN, Z[BYNEK] A.[n.e.] B.[n.e.]: Nazi Propaganda. London [u.a.] 1964.

ZITELMANN, RAINER: Hitler-Bild im Wandel. In: Karl Dietrich Bracher / Manfred Funke / Hans-Adolf Jacobsen (Hrsg.): Deutschland 1933-1945. Neue Studien zur nationalsozialistischen Herrschaft. Düsseldorf 1992. S. 491-506. (Bonner Schriften zur Politik und Zeitgeschichte. Band 23).

ZUSCHLAG, CHRISTOPH: „Entartete Kunst". Ausstellungsstrategien im Nazi-Deutschland. Worms 1995. (Heidelberger Kunstgeschichtliche Abhandlungen. Neue Folge. Band 21).

PERSONENREGISTER

GEOGRAPHISCHES REGISTER

SACHREGISTER